# OECD
# Labour Force Statistics

2017

OECD
BETTER POLICIES FOR BETTER LIVES

This work is published under the responsibility of the Secretary-General of the OECD. The opinions expressed and arguments employed herein do not necessarily reflect the official views of OECD member countries.

This document, as well as any data and any map included herein, are without prejudice to the status of or sovereignty over any territory, to the delimitation of international frontiers and boundaries and to the name of any territory, city or area.

**Please cite this publication as:**
OECD (2018), *OECD Labour Force Statistics 2017*, OECD Publishing.
*http://dx.doi.org/10.1787/oecd_lfs-2017-en*

ISBN 978-92-64-28701-3 (print)
ISBN 978-92-64-28703-7 (PDF)

Series: OECD Labour Force Statistics
ISSN 2308-3379 (print)
ISSN 2308-3387 (online)

The statistical data for Israel are supplied by and under the responsibility of the relevant Israeli authorities. The use of such data by the OECD is without prejudice to the status of the Golan Heights, East Jerusalem and Israeli settlements in the West Bank under the terms of international law.

Corrigenda to OECD publications may be found on line at: *www.oecd.org/publishing/corrigenda*.

# Table of contents

## Follow OECD Publications on:

http://twitter.com/OECD_Pubs

http://www.facebook.com/OECDPublications

http://www.linkedin.com/groups/OECD-Publications-4645871

http://www.youtube.com/oecdilibrary

OECD Alerts http://www.oecd.org/oecddirect/

# *Conventional signs and abbreviations*

## Signs and abbreviations

*Totals may not add up due to rounding.*

| | |
|---|---|
| .. | Not available or not relevant |
| 0 | Nil or negligible. |
| . | Decimal point |
| e | Estimated value |
| \| | Break in series |

## Main country groupings

| | |
|---|---|
| **G7** | Canada, France, Germany, Italy, Japan, United Kingdom, United States. |
| **Euro area (19 countries)** | The 19 countries of the euro area. |
| **European Union (28 countries)** | The European Union of 28 countries. |
| **OECD-Total** | The 35 OECD countries. |

## Classification

The International Standard Industrial Classification (ISIC) Rev. 3 classification is available on line: *http://unstats.un.org/unsd/cr/registry/regcst.asp?Cl=2*.

The International Standard Industrial Classification (ISIC) Rev. 4 classification is available on line: *http://unstats.un.org/unsd/cr/registry/regcst.asp?Cl=27*.

## Note

Data on population are currently not updated by OECD, as an alternative, other data on population and demographic events are available from the United Nations database (*https://esa.un.org/unpd/wpp/Download/Standard/Population/*).

# International comparisons

# INTERNATIONAL COMPARISONS

## Table 1. Labour force, thousands

| | 2007 | 2008 | 2009 | 2010 | 2011 | 2012 | 2013 | 2014 | 2015 | 2016 |
|---|---|---|---|---|---|---|---|---|---|---|
| Australia | 10 912 | 11 206 | 11 442 | 11 628 | 11 815 | 11 973 | 12 137 | 12 278 | 12 510 | 12 668 |
| Austria | 4 124 | 4 166 | 4 205 | 4 220 | 4 246 | 4 293 | 4 336 | 4 358 | 4 400 | 4 490 |
| Belgium | 4 733 | 4 779 | 4 800 | 4 895 \| | 4 856 | 4 893 | 4 947 | 4 967 | 4 973 | 4 976 \| |
| Canada | 17 847 | 18 122 | 18 250 | 18 451 | 18 620 | 18 810 | 19 038 | 19 124 | 19 278 | 19 441 |
| Chile | 6 944 | 7 203 | 7 300 | 7 763 | 8 061 | 8 150 | 8 277 | 8 443 | 8 560 | 8 678 |
| Czech Republic | 5 199 | 5 232 | 5 286 | 5 269 \| | 5 223 | 5 257 | 5 306 | 5 298 | 5 310 | 5 350 |
| Denmark | 2 914 | 2 954 | 2 948 | 2 924 | 2 924 | 2 907 | 2 890 | 2 906 | 2 933 \| | 3 027 |
| Estonia | 689 | 694 | 687 | 682 | 688 | 683 | 680 | 674 | 683 | 691 |
| Finland | 2 675 \| | 2 703 | 2 678 | 2 672 | 2 682 | 2 690 | 2 676 | 2 679 | 2 689 | 2 685 |
| France | 27 708 | 27 897 | 28 132 | 28 236 | 28 248 | 28 482 | 28 625 \| | 29 429 | 29 477 | 29 556 |
| Germany | 41 590 | 41 677 | 41 699 \| | 40 838 \| | 41 186 | 41 351 | 41 713 | 41 961 | 42 160 | 43 041 |
| Greece | 4 982 | 4 998 \| | 5 041 | 5 029 | 4 936 | 4 890 | 4 844 | 4 811 | 4 808 | 4 805 |
| Hungary | 4 214 | 4 175 | 4 166 | 4 202 | 4 225 | 4 300 | 4 334 | 4 444 | 4 518 | 4 586 |
| Iceland | 180 \| | 182 | 179 | 179 | 179 | 179 | 183 | 187 | 191 | 196 |
| Ireland | 2 248 | 2 274 \| | 2 229 | 2 185 | 2 166 | 2 154 | 2 163 | 2 157 | 2 167 | 2 193 |
| Israel[1] | 2 894 | 2 957 | 3 073 | 3 147 | 3 204 \| | 3 606 | 3 678 | 3 778 | 3 846 | 3 925 |
| Italy | 24 375 | 24 755 | 24 605 | 24 583 | 24 660 | 25 257 | 25 259 | 25 515 | 25 498 | 25 770 |
| Japan | 66 843 | 66 740 | 66 500 | 66 318 | 65 955 \| | 65 652 | 65 928 | 66 088 | 66 248 | 66 731 |
| Korea | 24 216 | 24 347 | 24 394 | 24 748 | 25 099 | 25 501 | 25 873 | 26 536 | 26 913 | 27 247 |
| Latvia | 1 126 | 1 143 | 1 101 | 1 057 | 1 028 | 1 031 | 1 014 | 992 | 994 | 989 |
| Luxembourg | 211 | 213 \| | 229 | 231 | 236 | 249 | 254 | 261 \| | 276 | 278 |
| Mexico | 45 905 | 46 769 | 48 018 | 48 718 | 49 722 | 51 229 | 51 787 | 51 924 | 52 905 | 53 680 |
| Netherlands | 8 741 | 8 836 | 8 900 \| | 8 760 \| | 8 726 | 8 861 \| | 8 932 | 8 896 | 8 933 | 8 966 |
| New Zealand | 2 249 | 2 267 | 2 280 | 2 298 | 2 327 | 2 333 | 2 363 | 2 436 | 2 491 | 2 598 |
| Norway | 2 496 | 2 579 | 2 580 | 2 592 | 2 620 | 2 669 | 2 694 | 2 721 | 2 760 | 2 768 |
| Poland | 16 859 | 17 011 | 17 279 \| | 17 123 | 17 221 | 17 340 | 17 361 | 17 428 | 17 388 | 17 260 |
| Portugal | 5 533 | 5 535 | 5 486 | 5 490 \| | 5 428 | 5 383 | 5 285 | 5 226 | 5 195 | 5 178 |
| Slovak Republic | 2 653 | 2 689 | 2 690 | 2 707 \| | 2 680 | 2 707 | 2 715 | 2 722 | 2 738 | 2 759 |
| Slovenia | 1 035 | 1 042 | 1 042 | 1 041 | 1 019 | 1 013 | 1 008 | 1 015 | 1 008 | 995 |
| Spain | 22 426 | 23 066 | 23 260 | 23 365 | 23 434 | 23 444 | 23 190 | 22 955 | 22 922 | 22 823 |
| Sweden | 4 839 | 4 898 | 4 909 | 4 950 | 5 017 | 5 061 | 5 116 | 5 184 | 5 225 | 5 279 |
| Switzerland | 4 278 | 4 375 | 4 451 \| | 4 420 | 4 496 | 4 556 | 4 612 | 4 696 | 4 767 | 4 843 |
| Turkey | 22 769 | 23 472 | 24 324 | 25 288 | 26 424 | 27 021 | 27 961 \| | 28 774 | 29 654 | 30 524 |
| United Kingdom | 30 886 \| | 31 276 | 31 427 | 31 584 | 31 841 | 32 129 | 32 392 | 32 667 | 32 939 | 33 227 |
| United States | 153 124 | 154 287 | 154 142 | 153 889 | 153 617 | 154 975 | 155 389 | 155 922 | 157 130 | 159 187 |
| **OECD-Total** | **580 419 \|** | **586 520 \|** | **589 734 \|** | **591 480 \|** | **594 810 \|** | **601 026 \|** | **604 960 \|** | **609 451 \|** | **614 488 \|** | **621 409 \|** |
| G7 | 362 373 \| | 364 754 | 364 757 \| | 363 898 \| | 364 126 \| | 366 655 | 368 344 \| | 370 706 | 372 731 | 376 953 |
| Euro area | 156 927 | 158 548 | 158 889 | 158 103 | 158 312 | 159 472 | 159 728 | 160 719 | 161 009 | 162 291 |
| European Union[2] | 237 249 | 239 536 | 240 255 | 238 860 | 239 176 | 240 906 | 241 542 | 243 148 | 243 710 | 245 092 |
| Brazil | 96 829 | 98 824 | 100 551 | .. | 100 219 | 101 184 | 102 170 | 105 537 | 104 480 | .. |
| Colombia | 19 065 | 19 476 | 20 688 | 21 518 | 22 126 | 22 772 | 23 017 | 23 391 | 23 938 | 24 201 |
| Russian Federation | 75 159 | 75 757 | 75 658 | 75 440 | 75 779 | 75 676 | 75 529 | 75 428 | 76 588 | 76 636 |

*Disclaimer:* http://oe.cd/disclaimer

1. Information on data for Israel: http://oe.cd/israel-disclaimer.
2. European Union refer to European Union with 28 countries.

## Table 2. Labour force, index

2010=100

| | 2007 | 2008 | 2009 | 2010 | 2011 | 2012 | 2013 | 2014 | 2015 | 2016 |
|---|---|---|---|---|---|---|---|---|---|---|
| Australia | 93.8 | 96.4 | 98.4 | 100.0 | 101.6 | 103.0 | 104.4 | 105.6 | 107.6 | 108.9 |
| Austria | 97.7 | 98.7 | 99.6 | 100.0 | 100.6 | 101.7 | 102.7 | 103.3 | 104.3 | 106.4 |
| Belgium | 96.7 | 97.6 | 98.1 | 100.0 \| | 99.2 | 100.0 | 101.1 | 101.5 | 101.6 | 101.7 \| |
| Canada | 96.7 | 98.2 | 98.9 | 100.0 | 100.9 | 101.9 | 103.2 | 103.7 | 104.5 | 105.4 |
| Chile | 89.5 | 92.8 | 94.0 | 100.0 | 103.8 | 105.0 | 106.6 | 108.8 | 110.3 | 111.8 |
| Czech Republic | 98.7 | 99.3 | 100.3 | 100.0 \| | 99.1 | 99.8 | 100.7 | 100.6 | 100.8 | 101.5 |
| Denmark | 99.7 | 101.0 | 100.8 | 100.0 | 100.0 | 99.4 | 98.8 | 99.4 | 100.3 \| | 103.5 |
| Estonia | 101.1 | 101.8 | 100.7 | 100.0 | 100.9 | 100.2 | 99.7 | 98.9 | 100.2 | 101.4 |
| Finland | 100.1 \| | 101.2 | 100.2 | 100.0 | 100.4 | 100.7 | 100.2 | 100.3 | 100.6 | 100.5 |
| France | 98.1 | 98.8 | 99.6 | 100.0 | 100.0 | 100.9 | 101.4 \| | 104.2 | 104.4 | 104.7 |
| Germany | 101.8 | 102.1 | 102.1 \| | 100.0 \| | 100.9 | 101.3 | 102.1 | 102.7 | 103.2 | 105.4 |
| Greece | 99.1 | 99.4 \| | 100.2 | 100.0 | 98.2 | 97.2 | 96.3 | 95.7 | 95.6 | 95.5 |
| Hungary | 100.3 | 99.4 | 99.1 | 100.0 | 100.6 | 102.3 | 103.1 | 105.8 | 107.5 | 109.1 |
| Iceland | 100.1 \| | 101.7 | 99.9 | 100.0 | 99.6 | 99.6 | 102.1 | 104.1 | 106.6 | 109.5 |
| Ireland | 102.9 | 104.1 \| | 102.0 | 100.0 | 99.1 | 98.6 | 99.0 | 98.7 | 99.2 | 100.4 |
| Israel[1] | 92.0 | 94.0 | 97.6 | 100.0 | 101.8 \| | 114.6 | 116.9 | 120.1 | 122.2 | 124.7 |
| Italy | 99.2 | 100.7 | 100.1 | 100.0 | 100.3 | 102.7 | 102.8 | 103.8 | 103.7 | 104.8 |
| Japan | 100.8 | 100.6 | 100.3 | 100.0 | 99.5 \| | 99.0 | 99.4 | 99.7 | 99.9 | 100.6 |
| Korea | 97.8 | 98.4 | 98.6 | 100.0 | 101.4 | 103.0 | 104.5 | 107.2 | 108.7 | 110.1 |
| Latvia | 106.5 | 108.2 | 104.2 | 100.0 | 97.3 | 97.6 | 96.0 | 93.9 | 94.1 | 93.6 |
| Luxembourg | 91.6 | 92.3 \| | 99.1 | 100.0 | 102.3 | 107.8 | 109.8 | 113.0 \| | 119.5 | 120.4 |
| Mexico | 94.2 | 96.0 | 98.6 | 100.0 | 102.1 | 105.2 | 106.3 | 106.6 | 108.6 | 110.2 |
| Netherlands | 99.8 | 100.9 | 101.6 \| | 100.0 \| | 99.6 | 101.2 \| | 102.0 | 101.5 | 102.0 | 102.3 |
| New Zealand | 97.9 | 98.7 | 99.2 | 100.0 | 101.3 | 101.5 | 102.8 | 106.0 | 108.4 | 113.1 |
| Norway | 96.3 | 99.5 | 99.5 | 100.0 | 101.1 | 103.0 | 103.9 | 105.0 | 106.5 | 106.8 |
| Poland | 98.5 | 99.3 | 100.9 \| | 100.0 | 100.6 | 101.3 | 101.4 | 101.8 | 101.5 | 100.8 |
| Portugal | 100.8 | 100.8 | 99.9 | 100.0 \| | 98.9 | 98.0 | 96.3 | 95.2 | 94.6 | 94.3 |
| Slovak Republic | 98.0 | 99.4 | 99.4 | 100.0 \| | 99.0 | 100.0 | 100.3 | 100.6 | 101.2 | 101.9 |
| Slovenia | 99.4 | 100.0 | 100.0 | 100.0 | 97.9 | 97.3 | 96.8 | 97.4 | 96.8 | 95.5 |
| Spain | 96.0 | 98.7 | 99.6 | 100.0 | 100.3 | 100.3 | 99.3 | 98.2 | 98.1 | 97.7 |
| Sweden | 97.8 | 99.0 | 99.2 | 100.0 | 101.4 | 102.2 | 103.4 | 104.7 | 105.6 | 106.6 |
| Switzerland | 96.8 | 99.0 | 100.7 \| | 100.0 | 101.7 | 103.1 | 104.3 | 106.2 | 107.9 | 109.6 |
| Turkey | 90.0 | 92.8 | 96.2 | 100.0 | 104.5 | 106.9 | 110.6 \| | 113.8 | 117.3 | 120.7 |
| United Kingdom | 97.8 \| | 99.0 | 99.5 | 100.0 | 100.8 | 101.7 | 102.6 | 103.4 | 104.3 | 105.2 |
| United States | 99.5 | 100.3 | 100.2 | 100.0 | 99.8 | 100.7 | 101.0 | 101.3 | 102.1 | 103.4 |
| **OECD-Total** | **98.1 \|** | **99.2 \|** | **99.7 \|** | **100.0 \|** | **100.6 \|** | **101.6 \|** | **102.3 \|** | **103.0 \|** | **103.9 \|** | **105.1 \|** |
| G7 | 99.6 \| | 100.2 | 100.2 \| | 100.0 \| | 100.1 \| | 100.8 | 101.2 \| | 101.9 | 102.4 | 103.6 |
| Euro area | 99.3 | 100.3 | 100.5 | 100.0 | 100.1 | 100.9 | 101.0 | 101.7 | 101.8 | 102.6 |
| European Union[2] | 99.3 | 100.3 | 100.6 | 100.0 | 100.1 | 100.9 | 101.1 | 101.8 | 102.0 | 102.6 |
| Brazil | .. | .. | .. | .. | .. | .. | .. | .. | .. | .. |
| Colombia | 88.6 | 90.5 | 96.1 | 100.0 | 102.8 | 105.8 | 107.0 | 108.7 | 111.2 | 112.5 |
| Russian Federation | 99.6 | 100.4 | 100.3 | 100.0 | 100.4 | 100.3 | 100.1 | 100.0 | 101.5 | 101.6 |

*Disclaimer:* http://oe.cd/disclaimer

1. Information on data for Israel: http://oe.cd/israel-disclaimer.
2. European Union refer to European Union with 28 countries.

## Table 3. Female labour force, thousands

| | 2007 | 2008 | 2009 | 2010 | 2011 | 2012 | 2013 | 2014 | 2015 | 2016 |
|---|---|---|---|---|---|---|---|---|---|---|
| Australia | 4 938 | 5 083 | 5 208 | 5 285 | 5 392 | 5 475 | 5 560 | 5 645 | 5 774 | 5 884 |
| Austria | 1 885 | 1 915 | 1 948 | 1 959 | 1 981 | 2 009 | 2 032 | 2 048 | 2 064 | 2 102 |
| Belgium | 2 115 | 2 148 | 2 167 | 2 220 \| | 2 206 | 2 223 | 2 265 | 2 290 | 2 297 | 2 295 \| |
| Canada | 8 405 | 8 527 | 8 629 | 8 746 | 8 816 | 8 924 | 9 041 | 9 053 | 9 096 | 9 199 |
| Chile | 2 518 | 2 675 | 2 747 | 3 064 | 3 249 | 3 315 | 3 374 | 3 476 | 3 517 | 3 562 |
| Czech Republic | 2 269 | 2 267 | 2 287 | 2 280 \| | 2 275 | 2 300 | 2 337 | 2 330 | 2 347 | 2 373 |
| Denmark | 1 369 | 1 387 | 1 390 | 1 381 | 1 385 | 1 380 | 1 378 | 1 375 | 1 380 \| | 1 432 |
| Estonia | 335 | 339 | 337 | 338 | 340 | 336 | 334 | 327 | 333 | 336 |
| Finland | 1 295 \| | 1 303 | 1 301 | 1 287 | 1 287 | 1 298 | 1 293 | 1 296 | 1 303 | 1 293 |
| France | 13 101 | 13 218 | 13 366 | 13 428 | 13 455 | 13 566 | 13 691 \| | 14 131 | 14 166 | 14 224 |
| Germany | 18 906 | 18 959 | 19 048 \| | 18 791 \| | 19 049 | 19 096 | 19 339 | 19 472 | 19 583 | 19 949 |
| Greece | 2 051 | 2 061 \| | 2 115 | 2 138 | 2 120 | 2 127 | 2 109 | 2 120 | 2 143 | 2 148 |
| Hungary | 1 921 | 1 907 | 1 909 | 1 948 | 1 952 | 1 989 | 1 991 | 2 042 | 2 073 | 2 096 |
| Iceland | 82 \| | 83 | 83 | 85 | 85 | 85 | 87 | 89 | 91 | 92 |
| Ireland | 963 | 983 \| | 978 | 968 | 964 | 963 | 969 | 965 | 971 | 989 |
| Israel[1] | 1 347 | 1 377 | 1 448 | 1 483 | 1 505 \| | 1 688 | 1 722 | 1 781 | 1 813 | 1 857 |
| Italy | 9 855 | 10 131 | 10 088 | 10 124 | 10 235 | 10 629 | 10 670 | 10 828 | 10 744 | 10 920 |
| Japan | 27 679 | 27 708 | 27 821 | 27 828 | 27 700 \| | 27 693 | 28 095 | 28 318 | 28 516 | 28 919 |
| Korea | 10 092 | 10 139 | 10 076 | 10 256 | 10 416 | 10 609 | 10 802 | 11 149 | 11 370 | 11 529 |
| Latvia | 548 | 563 | 551 | 535 | 517 | 520 | 510 | 495 | 495 | 497 |
| Luxembourg | 94 | 92 \| | 99 | 101 | 104 | 111 | 112 | 116 \| | 125 | 126 |
| Mexico | 17 294 | 17 515 | 18 081 | 18 266 | 18 718 | 19 545 | 19 818 | 19 636 | 20 128 | 20 504 |
| Netherlands | 3 977 | 4 038 | 4 089 \| | 4 026 \| | 4 034 | 4 100 \| | 4 128 | 4 093 | 4 137 | 4 161 |
| New Zealand | 1 048 | 1 063 | 1 074 | 1 082 | 1 100 | 1 109 | 1 126 | 1 160 | 1 182 | 1 231 |
| Norway | 1 181 | 1 219 | 1 222 | 1 222 | 1 241 | 1 256 | 1 272 | 1 285 | 1 298 | 1 302 |
| Poland | 7 626 | 7 694 | 7 824 \| | 7 677 | 7 717 | 7 789 | 7 793 | 7 835 | 7 820 | 7 746 |
| Portugal | 2 616 | 2 621 | 2 622 | 2 643 \| | 2 591 | 2 591 | 2 560 | 2 545 | 2 538 | 2 526 |
| Slovak Republic | 1 186 | 1 201 | 1 193 | 1 210 \| | 1 185 | 1 200 | 1 210 | 1 212 | 1 234 | 1 248 |
| Slovenia | 473 | 476 | 478 | 476 | 468 | 468 | 462 | 467 | 463 | 464 |
| Spain | 9 532 | 9 941 | 10 228 | 10 405 | 10 576 | 10 704 | 10 669 | 10 595 | 10 602 | 10 609 |
| Sweden | 2 299 | 2 324 | 2 327 | 2 329 | 2 372 | 2 400 | 2 429 | 2 459 | 2 488 | 2 514 |
| Switzerland | 1 951 | 2 020 | 2 057 \| | 2 024 | 2 062 | 2 096 | 2 129 | 2 180 | 2 217 | 2 257 |
| Turkey | 5 897 | 6 218 | 6 715 | 7 250 | 7 749 | 8 064 | 8 543 \| | 8 722 | 9 199 | 9 630 |
| United Kingdom | 14 174 \| | 14 361 | 14 508 | 14 602 | 14 747 | 14 888 | 15 061 | 15 233 | 15 370 | 15 512 |
| United States | 70 988 | 71 767 | 72 019 | 71 904 | 71 642 | 72 648 | 72 722 | 73 039 | 73 510 | 74 432 |
| **OECD-Total** | **252 012 \|** | **255 324 \|** | **258 031 \|** | **259 359 \|** | **261 234 \|** | **265 194 \|** | **267 633 \|** | **269 807 \|** | **272 386 \|** | **275 955 \|** |
| G7 | 163 109 \| | 164 669 | 165 478 \| | 165 423 \| | 165 644 \| | 167 445 | 168 621 \| | 170 073 | 170 984 | 173 155 |
| Euro area | 69 912 | 70 974 | 71 622 | 71 677 | 72 125 | 72 958 | 73 363 | 74 023 | 74 220 | 74 914 |
| European Union[2] | 106 552 | 107 868 | 108 786 | 108 443 | 109 032 | 110 162 | 110 781 | 111 756 | 112 048 | 112 781 |
| Brazil | 42 459 | 43 294 | 44 385 | .. | 43 597 | 44 041 | 44 630 | 46 670 | 45 854 | .. |
| Colombia | 7 738 | 7 933 | 8 627 | 9 119 | 9 415 | 9 799 | 9 921 | 10 090 | 10 372 | 10 487 |
| Russian Federation | 37 056 | 37 076 | 37 131 | 36 866 | 37 063 | 36 956 | 36 809 | 36 700 | 37 155 | 37 166 |

*Disclaimer:* http://oe.cd/disclaimer

1. Information on data for Israel: http://oe.cd/israel-disclaimer.
2. European Union refer to European Union with 28 countries.

## Table 4. Male labour force, thousands

| | 2007 | 2008 | 2009 | 2010 | 2011 | 2012 | 2013 | 2014 | 2015 | 2016 |
|---|---|---|---|---|---|---|---|---|---|---|
| Australia | 5 974 | 6 123 | 6 234 | 6 343 | 6 424 | 6 498 | 6 577 | 6 633 | 6 736 | 6 784 |
| Austria | 2 238 | 2 251 | 2 257 | 2 261 | 2 265 | 2 284 | 2 304 | 2 310 | 2 336 | 2 388 |
| Belgium | 2 618 | 2 631 | 2 633 | 2 675 \| | 2 650 | 2 670 | 2 682 | 2 677 | 2 677 | 2 682 \| |
| Canada | 9 441 | 9 595 | 9 621 | 9 705 | 9 803 | 9 886 | 9 997 | 10 072 | 10 182 | 10 242 |
| Chile | 4 426 | 4 528 | 4 553 | 4 698 | 4 812 | 4 835 | 4 903 | 4 967 | 5 042 | 5 116 |
| Czech Republic | 2 930 | 2 966 | 2 999 | 2 989 \| | 2 948 | 2 957 | 2 969 | 2 968 | 2 963 | 2 977 |
| Denmark | 1 545 | 1 567 | 1 557 | 1 544 | 1 539 | 1 527 | 1 512 | 1 530 | 1 553 \| | 1 595 |
| Estonia | 354 | 355 | 350 | 344 | 348 | 347 | 346 | 347 | 350 | 356 |
| Finland | 1 380 \| | 1 400 | 1 377 | 1 385 | 1 395 | 1 392 | 1 383 | 1 383 | 1 386 | 1 392 |
| France | 14 607 | 14 679 | 14 766 | 14 808 | 14 793 | 14 916 | 14 934 \| | 15 298 | 15 312 | 15 332 |
| Germany | 22 683 | 22 719 | 22 652 \| | 22 047 \| | 22 137 | 22 255 | 22 374 | 22 490 | 22 577 | 23 092 |
| Greece | 2 931 | 2 937 \| | 2 926 | 2 891 | 2 816 | 2 763 | 2 735 | 2 691 | 2 665 | 2 657 |
| Hungary | 2 293 | 2 267 | 2 257 | 2 254 | 2 273 | 2 311 | 2 343 | 2 402 | 2 445 | 2 490 |
| Iceland | 98 \| | 100 | 96 | 94 | 94 | 93 | 96 | 98 | 100 | 104 |
| Ireland | 1 286 | 1 291 \| | 1 251 | 1 217 | 1 202 | 1 191 | 1 195 | 1 192 | 1 196 | 1 204 |
| Israel[1] | 1 547 | 1 580 | 1 625 | 1 664 | 1 699 \| | 1 918 | 1 956 | 1 998 | 2 032 | 2 069 |
| Italy | 14 520 | 14 624 | 14 517 | 14 459 | 14 425 | 14 628 | 14 589 | 14 687 | 14 754 | 14 850 |
| Japan | 39 168 | 39 042 | 38 688 | 38 502 | 38 247 \| | 37 956 | 37 828 | 37 765 | 37 728 | 37 811 |
| Korea | 14 124 | 14 208 | 14 318 | 14 492 | 14 683 | 14 891 | 15 071 | 15 387 | 15 543 | 15 718 |
| Latvia | 578 | 580 | 550 | 521 | 512 | 511 | 504 | 497 | 499 | 492 |
| Luxembourg | 118 | 121 \| | 130 | 130 | 132 | 138 | 141 | 145 \| | 150 | 152 |
| Mexico | 28 610 | 29 254 | 29 937 | 30 452 | 31 003 | 31 684 | 31 969 | 32 288 | 32 777 | 33 176 |
| Netherlands | 4 765 | 4 797 | 4 810 \| | 4 734 \| | 4 691 | 4 761 \| | 4 804 | 4 802 | 4 795 | 4 804 |
| New Zealand | 1 201 | 1 204 | 1 206 | 1 215 | 1 227 | 1 224 | 1 237 | 1 276 | 1 309 | 1 367 |
| Norway | 1 315 | 1 360 | 1 358 | 1 370 | 1 379 | 1 413 | 1 422 | 1 437 | 1 461 | 1 466 |
| Poland | 9 233 | 9 317 | 9 455 \| | 9 446 | 9 504 | 9 551 | 9 568 | 9 593 | 9 568 | 9 514 |
| Portugal | 2 918 | 2 914 | 2 865 | 2 847 \| | 2 837 | 2 791 | 2 725 | 2 681 | 2 657 | 2 652 |
| Slovak Republic | 1 467 | 1 488 | 1 497 | 1 497 \| | 1 496 | 1 507 | 1 506 | 1 510 | 1 505 | 1 511 |
| Slovenia | 562 | 565 | 564 | 565 | 551 | 546 | 546 | 548 | 545 | 531 |
| Spain | 12 894 | 13 125 | 13 033 | 12 959 | 12 858 | 12 740 | 12 521 | 12 359 | 12 320 | 12 214 |
| Sweden | 2 540 | 2 575 | 2 583 | 2 621 | 2 646 | 2 661 | 2 688 | 2 726 | 2 737 | 2 765 |
| Switzerland | 2 327 | 2 356 | 2 395 \| | 2 396 | 2 434 | 2 460 | 2 483 | 2 515 | 2 550 | 2 586 |
| Turkey | 16 872 | 17 254 | 17 609 | 18 038 | 18 674 | 18 957 | 19 418 \| | 20 052 | 20 455 | 20 894 |
| United Kingdom | 16 712 \| | 16 916 | 16 920 | 16 983 | 17 094 | 17 241 | 17 331 | 17 434 | 17 570 | 17 715 |
| United States | 82 136 | 82 520 | 82 123 | 81 985 | 81 975 | 82 327 | 82 667 | 82 882 | 83 620 | 84 755 |
| **OECD-Total** | **328 410 \|** | **331 205 \|** | **331 712 \|** | **332 134 \|** | **333 567 \|** | **335 830 \|** | **337 322 \|** | **339 639 \|** | **342 098 \|** | **345 452 \|** |
| G7 | 199 268 \| | 200 094 | 199 287 \| | 198 488 \| | 198 474 \| | 199 208 | 199 718 \| | 200 628 | 201 744 | 203 797 |
| Euro area | 87 015 | 87 574 | 87 267 | 86 426 | 86 187 | 86 514 | 86 365 | 86 696 | 86 789 | 87 377 |
| European Union[2] | 130 698 | 131 667 | 131 469 | 130 418 | 130 144 | 130 744 | 130 760 | 131 392 | 131 662 | 132 311 |
| Brazil | 54 370 | 55 530 | 56 166 | .. | 56 622 | 57 143 | 57 540 | 58 867 | 58 626 | .. |
| Colombia | 11 326 | 11 543 | 12 061 | 12 399 | 12 711 | 12 974 | 13 096 | 13 301 | 13 566 | 13 713 |
| Russian Federation | 38 103 | 38 681 | 38 527 | 38 575 | 38 717 | 38 720 | 38 720 | 38 729 | 39 433 | 39 470 |

*Disclaimer:* http://oe.cd/disclaimer

1. Information on data for Israel: http://oe.cd/israel-disclaimer.
2. European Union refer to European Union with 28 countries.

## Table 5. Employment, thousands

| | 2007 | 2008 | 2009 | 2010 | 2011 | 2012 | 2013 | 2014 | 2015 | 2016 |
|---|---|---|---|---|---|---|---|---|---|---|
| Australia | 10 434 | 10 731 | 10 806 | 11 022 | 11 215 | 11 347 | 11 451 | 11 532 | 11 752 | 11 943 |
| Austria | 3 924 | 3 994 | 3 982 | 4 017 | 4 052 | 4 084 | 4 105 | 4 113 | 4 148 | 4 220 |
| Belgium | 4 380 | 4 446 | 4 421 | 4 489 \| | 4 509 | 4 524 | 4 530 | 4 544 | 4 552 | 4 587 \| |
| Canada | 16 769 | 17 010 | 16 728 | 16 964 | 17 221 | 17 438 | 17 691 | 17 802 | 17 947 | 18 080 |
| Chile | 6 449 | 6 641 | 6 593 | 7 131 | 7 487 | 7 626 | 7 786 | 7 903 | 8 028 | 8 115 |
| Czech Republic | 4 922 | 5 003 | 4 934 | 4 885 \| | 4 873 | 4 890 | 4 937 | 4 974 | 5 042 | 5 139 |
| Denmark | 2 804 | 2 853 | 2 770 | 2 706 | 2 703 | 2 689 | 2 688 | 2 714 | 2 752 \| | 2 840 |
| Estonia | 658 | 656 | 594 | 568 | 603 | 615 | 621 | 625 | 641 | 645 |
| Finland | 2 492 \| | 2 531 | 2 457 | 2 447 | 2 474 | 2 483 | 2 457 | 2 447 | 2 437 | 2 448 |
| France | 25 587 | 25 926 | 25 674 | 25 731 | 25 759 | 25 804 | 25 785 \| | 26 396 | 26 424 | 26 584 |
| Germany | 37 989 | 38 541 | 38 471 \| | 37 993 \| | 38 787 | 39 126 | 39 531 | 39 871 | 40 211 | 41 267 |
| Greece | 4 564 | 4 610 \| | 4 556 | 4 390 | 4 054 | 3 695 | 3 513 | 3 536 | 3 611 | 3 674 |
| Hungary | 3 902 | 3 848 | 3 748 | 3 732 | 3 759 | 3 827 | 3 893 | 4 101 | 4 211 | 4 352 |
| Iceland | 176 \| | 177 | 166 | 166 | 166 | 168 | 173 | 178 | 184 | 190 |
| Ireland | 2 143 | 2 128 \| | 1 961 | 1 882 | 1 849 | 1 838 | 1 881 | 1 914 | 1 964 | 2 020 |
| Israel[1] | 2 682 | 2 777 | 2 841 | 2 938 | 3 025 \| | 3 359 | 3 450 | 3 556 | 3 644 | 3 737 |
| Italy | 22 894 | 23 090 | 22 699 | 22 527 | 22 598 | 22 566 | 22 191 | 22 279 | 22 465 | 22 758 |
| Japan | 64 275 | 64 092 | 63 145 | 62 982 | 62 934 \| | 62 797 | 63 266 | 63 712 | 64 015 | 64 649 |
| Korea | 23 433 | 23 577 | 23 506 | 23 829 | 24 244 | 24 681 | 25 066 | 25 599 | 25 936 | 26 235 |
| Latvia | 1 057 | 1 055 | 909 | 851 | 862 | 876 | 894 | 885 | 896 | 893 |
| Luxembourg | 203 | 202 \| | 217 | 221 | 225 | 236 | 239 | 246 \| | 257 | 260 |
| Mexico | 44 231 | 44 944 | 45 435 | 46 122 | 47 139 | 48 707 | 49 227 | 49 415 | 50 611 | 51 595 |
| Netherlands | 8 464 | 8 593 | 8 596 \| | 8 370 \| | 8 291 | 8 345 \| | 8 285 | 8 236 | 8 319 | 8 427 |
| New Zealand | 2 169 | 2 176 | 2 147 | 2 157 | 2 188 | 2 183 | 2 227 | 2 305 | 2 357 | 2 466 |
| Norway | 2 434 | 2 514 | 2 499 | 2 501 | 2 536 | 2 585 | 2 602 | 2 627 | 2 641 | 2 638 |
| Poland | 15 240 | 15 800 | 15 868 \| | 15 473 | 15 562 | 15 591 | 15 568 | 15 862 | 16 084 | 16 197 |
| Portugal | 5 093 | 5 117 | 4 969 | 4 898 \| | 4 740 | 4 547 | 4 429 | 4 500 | 4 549 | 4 605 |
| Slovak Republic | 2 358 | 2 434 | 2 366 | 2 318 \| | 2 315 | 2 329 | 2 329 | 2 363 | 2 424 | 2 492 |
| Slovenia | 985 | 996 | 981 | 966 | 936 | 924 | 906 | 917 | 917 | 915 |
| Spain | 20 580 | 20 470 | 19 107 | 18 724 | 18 421 | 17 633 | 17 139 | 17 344 | 17 866 | 18 342 |
| Sweden | 4 541 | 4 593 | 4 499 | 4 524 | 4 626 | 4 657 | 4 704 | 4 772 | 4 837 | 4 910 |
| Switzerland | 4 122 | 4 229 | 4 268 \| | 4 208 | 4 298 | 4 351 | 4 393 | 4 469 | 4 538 | 4 604 |
| Turkey | 20 750 | 21 193 | 21 271 | 22 593 | 24 099 | 24 819 | 25 520 \| | 25 931 | 26 619 | 27 216 |
| United Kingdom | 29 261 \| | 29 520 | 29 059 | 29 125 | 29 282 | 29 596 | 29 954 | 30 671 | 31 193 | 31 628 |
| United States | 146 047 | 145 363 | 139 878 | 139 064 | 139 869 | 142 469 | 143 929 | 146 305 | 148 833 | 151 436 |
| **OECD-Total** | **548 009 \|** | **551 830 \|** | **542 120 \|** | **542 513 \|** | **547 703 \|** | **553 406 \|** | **557 361 \|** | **564 643 \|** | **572 903 \|** | **582 105 \|** |
| G7 | 342 821 \| | 343 543 | 335 653 \| | 334 386 \| | 336 451 \| | 339 797 | 342 348 \| | 347 037 | 351 088 | 356 402 |
| Euro area | 145 354 | 146 759 | 143 820 | 142 198 | 142 296 | 141 457 | 140 670 | 142 078 | 143 559 | 146 053 |
| European Union[2] | 220 363 | 222 876 | 218 952 | 216 121 | 216 219 | 215 811 | 215 422 | 218 333 | 220 830 | 224 173 |
| Brazil | 88 990 | 91 814 | 92 226 | .. | 93 501 | 94 940 | 95 533 | 98 283 | 94 465 | .. |
| Colombia | 16 929 | 17 280 | 18 191 | 18 972 | 19 719 | 20 397 | 20 785 | 21 250 | 21 795 | 21 958 |
| Russian Federation | 70 570 | 70 965 | 69 305 | 69 804 | 70 857 | 71 545 | 71 391 | 71 539 | 72 324 | 72 393 |

*Disclaimer:* http://oe.cd/disclaimer

1. Information on data for Israel: http://oe.cd/israel-disclaimer.
2. European Union refer to European Union with 28 countries.

## Table 6. Employment, index

2010=100

| | 2007 | 2008 | 2009 | 2010 | 2011 | 2012 | 2013 | 2014 | 2015 | 2016 |
|---|---|---|---|---|---|---|---|---|---|---|
| Australia | 94.7 | 97.4 | 98.0 | 100.0 | 101.7 | 103.0 | 103.9 | 104.6 | 106.6 | 108.4 |
| Austria | 97.7 | 99.4 | 99.1 | 100.0 | 100.9 | 101.7 | 102.2 | 102.4 | 103.3 | 105.1 |
| Belgium | 97.6 | 99.0 | 98.5 | 100.0 \| | 100.5 | 100.8 | 100.9 | 101.2 | 101.4 | 102.2 \| |
| Canada | 98.9 | 100.3 | 98.6 | 100.0 | 101.5 | 102.8 | 104.3 | 104.9 | 105.8 | 106.6 |
| Chile | 90.4 | 93.1 | 92.5 | 100.0 | 105.0 | 106.9 | 109.2 | 110.8 | 112.6 | 113.8 |
| Czech Republic | 100.8 | 102.4 | 101.0 | 100.0 \| | 99.7 | 100.1 | 101.1 | 101.8 | 103.2 | 105.2 |
| Denmark | 103.6 | 105.4 | 102.4 | 100.0 | 99.9 | 99.4 | 99.3 | 100.3 | 101.7 \| | 104.9 |
| Estonia | 115.8 | 115.5 | 104.6 | 100.0 | 106.2 | 108.3 | 109.4 | 110.0 | 112.8 | 113.5 |
| Finland | 101.8 \| | 103.4 | 100.4 | 100.0 | 101.1 | 101.5 | 100.4 | 100.0 | 99.6 | 100.0 |
| France | 99.4 | 100.8 | 99.8 | 100.0 | 100.1 | 100.3 | 100.2 \| | 102.6 | 102.7 | 103.3 |
| Germany | 100.0 | 101.4 | 101.3 \| | 100.0 \| | 102.1 | 103.0 | 104.0 | 104.9 | 105.8 | 108.6 |
| Greece | 104.0 | 105.0 \| | 103.8 | 100.0 | 92.4 | 84.2 | 80.0 | 80.6 | 82.3 | 83.7 |
| Hungary | 104.5 | 103.1 | 100.4 | 100.0 | 100.7 | 102.5 | 104.3 | 109.9 | 112.8 | 116.6 |
| Iceland | 105.9 \| | 106.8 | 100.3 | 100.0 | 100.1 | 101.3 | 104.5 | 107.2 | 110.8 | 114.9 |
| Ireland | 113.9 | 113.1 \| | 104.2 | 100.0 | 98.2 | 97.6 | 99.9 | 101.7 | 104.3 | 107.3 |
| Israel[1] | 91.3 | 94.5 | 96.7 | 100.0 | 102.9 \| | 114.3 | 117.4 | 121.0 | 124.0 | 127.2 |
| Italy | 101.6 | 102.5 | 100.8 | 100.0 | 100.3 | 100.2 | 98.5 | 98.9 | 99.7 | 101.0 |
| Japan | 102.1 | 101.8 | 100.3 | 100.0 | 99.9 \| | 99.7 | 100.5 | 101.2 | 101.6 | 102.6 |
| Korea | 98.3 | 98.9 | 98.6 | 100.0 | 101.7 | 103.6 | 105.2 | 107.4 | 108.8 | 110.1 |
| Latvia | 124.3 | 124.0 | 106.8 | 100.0 | 101.3 | 102.9 | 105.1 | 104.0 | 105.3 | 105.0 |
| Luxembourg | 91.9 | 91.7 \| | 98.4 | 100.0 | 101.8 | 106.9 | 108.1 | 111.2 \| | 116.6 | 118.0 |
| Mexico | 95.9 | 97.4 | 98.5 | 100.0 | 102.2 | 105.6 | 106.7 | 107.1 | 109.7 | 111.9 |
| Netherlands | 101.1 | 102.7 | 102.7 \| | 100.0 \| | 99.1 | 99.7 \| | 99.0 | 98.4 | 99.4 | 100.7 |
| New Zealand | 100.5 | 100.9 | 99.6 | 100.0 | 101.5 | 101.2 | 103.3 | 106.9 | 109.3 | 114.3 |
| Norway | 97.3 | 100.5 | 99.9 | 100.0 | 101.4 | 103.4 | 104.0 | 105.0 | 105.6 | 105.5 |
| Poland | 98.5 | 102.1 | 102.6 \| | 100.0 | 100.6 | 100.8 | 100.6 | 102.5 | 103.9 | 104.7 |
| Portugal | 104.0 | 104.5 | 101.4 | 100.0 \| | 96.8 | 92.8 | 90.4 | 91.9 | 92.9 | 94.0 |
| Slovak Republic | 101.7 | 105.0 | 102.1 | 100.0 \| | 99.9 | 100.5 | 100.5 | 102.0 | 104.6 | 107.5 |
| Slovenia | 102.0 | 103.1 | 101.5 | 100.0 | 96.9 | 95.6 | 93.8 | 94.9 | 95.0 | 94.7 |
| Spain | 109.9 | 109.3 | 102.0 | 100.0 | 98.4 | 94.2 | 91.5 | 92.6 | 95.4 | 98.0 |
| Sweden | 100.4 | 101.5 | 99.5 | 100.0 | 102.3 | 102.9 | 104.0 | 105.5 | 106.9 | 108.5 |
| Switzerland | 98.0 | 100.5 | 101.4 \| | 100.0 | 102.1 | 103.4 | 104.4 | 106.2 | 107.9 | 109.4 |
| Turkey | 91.8 | 93.8 | 94.1 | 100.0 | 106.7 | 109.9 | 113.0 \| | 114.8 | 117.8 | 120.5 |
| United Kingdom | 100.5 \| | 101.4 | 99.8 | 100.0 | 100.5 | 101.6 | 102.8 | 105.3 | 107.1 | 108.6 |
| United States | 105.0 | 104.5 | 100.6 | 100.0 | 100.6 | 102.4 | 103.5 | 105.2 | 107.0 | 108.9 |
| **OECD-Total** | **101.0 \|** | **101.7 \|** | **99.9 \|** | **100.0 \|** | **101.0 \|** | **102.0 \|** | **102.7 \|** | **104.1 \|** | **105.6 \|** | **107.3 \|** |
| G7 | 102.5 \| | 102.7 | 100.4 \| | 100.0 \| | 100.6 \| | 101.6 | 102.4 \| | 103.8 | 105.0 | 106.6 |
| Euro area | 102.2 | 103.2 | 101.1 | 100.0 | 100.1 | 99.5 | 98.9 | 99.9 | 101.0 | 102.7 |
| European Union[2] | 102.0 | 103.1 | 101.3 | 100.0 | 100.0 | 99.9 | 99.7 | 101.0 | 102.2 | 103.7 |
| Brazil | .. | .. | .. | .. | .. | .. | .. | .. | .. | .. |
| Colombia | 89.2 | 91.1 | 95.9 | 100.0 | 103.9 | 107.5 | 109.6 | 112.0 | 114.9 | 115.7 |
| Russian Federation | 101.1 | 101.7 | 99.3 | 100.0 | 101.5 | 102.5 | 102.3 | 102.5 | 103.6 | 103.7 |

*Disclaimer:* http://oe.cd/disclaimer

1. Information on data for Israel: http://oe.cd/israel-disclaimer.
2. European Union refer to European Union with 28 countries.

## Table 7. Female employment, thousands

<table>
<tr><th></th><th>2007</th><th>2008</th><th>2009</th><th>2010</th><th>2011</th><th>2012</th><th>2013</th><th>2014</th><th>2015</th><th>2016</th></tr>
<tr><td>Australia</td><td>4 702</td><td>4 851</td><td>4 926</td><td>5 001</td><td>5 106</td><td>5 184</td><td>5 249</td><td>5 297</td><td>5 423</td><td>5 543</td></tr>
<tr><td>Austria</td><td>1 786</td><td>1 831</td><td>1 849</td><td>1 869</td><td>1 890</td><td>1 913</td><td>1 925</td><td>1 937</td><td>1 954</td><td>1 986</td></tr>
<tr><td>Belgium</td><td>1 937</td><td>1 985</td><td>1 991</td><td>2 031 |</td><td>2 047</td><td>2 058</td><td>2 080</td><td>2 108</td><td>2 118</td><td>2 121 |</td></tr>
<tr><td>Canada</td><td>7 930</td><td>8 045</td><td>8 024</td><td>8 113</td><td>8 199</td><td>8 315</td><td>8 445</td><td>8 474</td><td>8 524</td><td>8 625</td></tr>
<tr><td>Chile</td><td>2 301</td><td>2 421</td><td>2 453</td><td>2 769</td><td>2 967</td><td>3 053</td><td>3 142</td><td>3 236</td><td>3 277</td><td>3 312</td></tr>
<tr><td>Czech Republic</td><td>2 116</td><td>2 139</td><td>2 111</td><td>2 087 |</td><td>2 095</td><td>2 111</td><td>2 143</td><td>2 157</td><td>2 205</td><td>2 262</td></tr>
<tr><td>Denmark</td><td>1 312</td><td>1 336</td><td>1 316</td><td>1 292</td><td>1 282</td><td>1 276</td><td>1 278</td><td>1 282</td><td>1 291 |</td><td>1 336</td></tr>
<tr><td>Estonia</td><td>323</td><td>322</td><td>303</td><td>290</td><td>300</td><td>306</td><td>307</td><td>305</td><td>313</td><td>315</td></tr>
<tr><td>Finland</td><td>1 202 |</td><td>1 216</td><td>1 202</td><td>1 188</td><td>1 196</td><td>1 206</td><td>1 195</td><td>1 193</td><td>1 188</td><td>1 182</td></tr>
<tr><td>France</td><td>12 042</td><td>12 234</td><td>12 189</td><td>12 210</td><td>12 228</td><td>12 297</td><td>12 351 |</td><td>12 713</td><td>12 766</td><td>12 823</td></tr>
<tr><td>Germany</td><td>17 244</td><td>17 509</td><td>17 655 |</td><td>17 570 |</td><td>17 986</td><td>18 108</td><td>18 389</td><td>18 570</td><td>18 757</td><td>19 203</td></tr>
<tr><td>Greece</td><td>1 787</td><td>1 824 |</td><td>1 834</td><td>1 789</td><td>1 664</td><td>1 527</td><td>1 448</td><td>1 480</td><td>1 524</td><td>1 544</td></tr>
<tr><td>Hungary</td><td>1 773</td><td>1 755</td><td>1 723</td><td>1 740</td><td>1 738</td><td>1 778</td><td>1 789</td><td>1 880</td><td>1 927</td><td>1 989</td></tr>
<tr><td>Iceland</td><td>80 |</td><td>81</td><td>79</td><td>79</td><td>80</td><td>80</td><td>83</td><td>85</td><td>88</td><td>89</td></tr>
<tr><td>Ireland</td><td>922</td><td>935 |</td><td>898</td><td>872</td><td>860</td><td>857</td><td>865</td><td>875</td><td>897</td><td>925</td></tr>
<tr><td>Israel[1]</td><td>1 240</td><td>1 288</td><td>1 339</td><td>1 386</td><td>1 421 |</td><td>1 571</td><td>1 614</td><td>1 675</td><td>1 715</td><td>1 765</td></tr>
<tr><td>Italy</td><td>9 083</td><td>9 270</td><td>9 158</td><td>9 152</td><td>9 258</td><td>9 372</td><td>9 276</td><td>9 334</td><td>9 380</td><td>9 525</td></tr>
<tr><td>Japan</td><td>26 650</td><td>26 643</td><td>26 495</td><td>26 563</td><td>26 544 |</td><td>26 578</td><td>27 068</td><td>27 368</td><td>27 638</td><td>28 101</td></tr>
<tr><td>Korea</td><td>9 826</td><td>9 874</td><td>9 772</td><td>9 914</td><td>10 091</td><td>10 294</td><td>10 494</td><td>10 761</td><td>10 965</td><td>11 114</td></tr>
<tr><td>Latvia</td><td>517</td><td>524</td><td>474</td><td>448</td><td>445</td><td>447</td><td>453</td><td>446</td><td>452</td><td>455</td></tr>
<tr><td>Luxembourg</td><td>89</td><td>87 |</td><td>93</td><td>96</td><td>97</td><td>104</td><td>105</td><td>110 |</td><td>116</td><td>118</td></tr>
<tr><td>Mexico</td><td>16 600</td><td>16 803</td><td>17 109</td><td>17 314</td><td>17 753</td><td>18 584</td><td>18 829</td><td>18 679</td><td>19 228</td><td>19 696</td></tr>
<tr><td>Netherlands</td><td>3 832</td><td>3 917</td><td>3 948 |</td><td>3 844 |</td><td>3 816</td><td>3 845 |</td><td>3 827</td><td>3 776</td><td>3 836</td><td>3 891</td></tr>
<tr><td>New Zealand</td><td>1 008</td><td>1 020</td><td>1 011</td><td>1 013</td><td>1 032</td><td>1 034</td><td>1 055</td><td>1 090</td><td>1 113</td><td>1 164</td></tr>
<tr><td>Norway</td><td>1 153</td><td>1 191</td><td>1 190</td><td>1 186</td><td>1 204</td><td>1 223</td><td>1 230</td><td>1 243</td><td>1 246</td><td>1 251</td></tr>
<tr><td>Poland</td><td>6 838</td><td>7 082</td><td>7 146 |</td><td>6 907</td><td>6 914</td><td>6 940</td><td>6 927</td><td>7 084</td><td>7 217</td><td>7 264</td></tr>
<tr><td>Portugal</td><td>2 367</td><td>2 391</td><td>2 357</td><td>2 329 |</td><td>2 253</td><td>2 190</td><td>2 141</td><td>2 180</td><td>2 214</td><td>2 244</td></tr>
<tr><td>Slovak Republic</td><td>1 036</td><td>1 070</td><td>1 040</td><td>1 033 |</td><td>1 023</td><td>1 025</td><td>1 034</td><td>1 047</td><td>1 075</td><td>1 114</td></tr>
<tr><td>Slovenia</td><td>446</td><td>453</td><td>450</td><td>443</td><td>430</td><td>424</td><td>411</td><td>417</td><td>417</td><td>424</td></tr>
<tr><td>Spain</td><td>8 513</td><td>8 665</td><td>8 374</td><td>8 301</td><td>8 269</td><td>8 025</td><td>7 823</td><td>7 902</td><td>8 106</td><td>8 341</td></tr>
<tr><td>Sweden</td><td>2 150</td><td>2 171</td><td>2 140</td><td>2 130</td><td>2 188</td><td>2 215</td><td>2 237</td><td>2 270</td><td>2 307</td><td>2 348</td></tr>
<tr><td>Switzerland</td><td>1 863</td><td>1 940</td><td>1 964 |</td><td>1 919</td><td>1 963</td><td>1 996</td><td>2 024</td><td>2 072</td><td>2 108</td><td>2 144</td></tr>
<tr><td>Turkey</td><td>5 357</td><td>5 597</td><td>5 868</td><td>6 424</td><td>6 969</td><td>7 308</td><td>7 641 |</td><td>7 690</td><td>8 041</td><td>8 317</td></tr>
<tr><td>United Kingdom</td><td>13 471 |</td><td>13 630</td><td>13 576</td><td>13 598</td><td>13 664</td><td>13 788</td><td>14 001</td><td>14 346</td><td>14 582</td><td>14 786</td></tr>
<tr><td>United States</td><td>67 792</td><td>67 876</td><td>66 208</td><td>65 705</td><td>65 579</td><td>66 914</td><td>67 577</td><td>68 613</td><td>69 703</td><td>70 868</td></tr>
<tr><td>OECD-Total</td><td>237 285 |</td><td>239 973 |</td><td>238 264 |</td><td>238 606 |</td><td>240 552 |</td><td>243 944 |</td><td>246 456 |</td><td>249 694 |</td><td>253 709 |</td><td>258 181 |</td></tr>
<tr><td>G7</td><td>154 212 |</td><td>155 208</td><td>153 305 |</td><td>152 911 |</td><td>153 458 |</td><td>155 371</td><td>157 107 |</td><td>159 418</td><td>161 349</td><td>163 929</td></tr>
<tr><td>Euro area</td><td>64 057</td><td>65 161</td><td>64 733</td><td>64 366</td><td>64 662</td><td>64 606</td><td>64 528</td><td>65 312</td><td>66 040</td><td>67 156</td></tr>
<tr><td>European Union[2]</td><td>98 238</td><td>99 837</td><td>99 205</td><td>98 157</td><td>98 466</td><td>98 622</td><td>98 752</td><td>100 223</td><td>101 410</td><td>102 923</td></tr>
<tr><td>Brazil</td><td>37 884</td><td>39 154</td><td>39 504</td><td>..</td><td>39 637</td><td>40 434</td><td>40 851</td><td>42 558</td><td>40 483</td><td>..</td></tr>
<tr><td>Colombia</td><td>6 592</td><td>6 762</td><td>7 261</td><td>7 689</td><td>8 054</td><td>8 448</td><td>8 660</td><td>8 881</td><td>9 144</td><td>9 221</td></tr>
<tr><td>Russian Federation</td><td>34 921</td><td>34 827</td><td>34 242</td><td>34 304</td><td>34 824</td><td>35 075</td><td>34 913</td><td>34 934</td><td>35 187</td><td>35 192</td></tr>
</table>

*Disclaimer:* http://oe.cd/disclaimer

1. Information on data for Israel: http://oe.cd/israel-disclaimer.
2. European Union refer to European Union with 28 countries.

## Table 8. Female employment as a percentage of employment

*Percentage*

| | 2007 | 2008 | 2009 | 2010 | 2011 | 2012 | 2013 | 2014 | 2015 | 2016 |
|---|---|---|---|---|---|---|---|---|---|---|
| Australia | 45.1 | 45.2 | 45.6 | 45.4 | 45.5 | 45.7 | 45.8 | 45.9 | 46.1 | 46.4 |
| Austria | 45.5 | 45.8 | 46.4 | 46.5 | 46.6 | 46.8 | 46.9 | 47.1 | 47.1 | 47.1 |
| Belgium | 44.2 | 44.7 | 45.0 | 45.2 \| | 45.4 | 45.5 | 45.9 | 46.4 | 46.5 | 46.2 \| |
| Canada | 47.3 | 47.3 | 48.0 | 47.8 | 47.6 | 47.7 | 47.7 | 47.6 | 47.5 | 47.7 |
| Chile | 35.7 | 36.5 | 37.2 | 38.8 | 39.6 | 40.0 | 40.4 | 40.9 | 40.8 | 40.8 |
| Czech Republic | 43.0 | 42.8 | 42.8 | 42.7 \| | 43.0 | 43.2 | 43.4 | 43.4 | 43.7 | 44.0 |
| Denmark | 46.8 | 46.8 | 47.5 | 47.7 | 47.4 | 47.5 | 47.5 | 47.2 | 46.9 \| | 47.1 |
| Estonia | 49.1 | 49.0 | 51.0 | 51.1 | 49.8 | 49.7 | 49.3 | 48.8 | 48.8 | 48.9 |
| Finland | 48.2 \| | 48.1 | 48.9 | 48.6 | 48.3 | 48.6 | 48.7 | 48.8 | 48.8 | 48.3 |
| France | 47.1 | 47.2 | 47.5 | 47.5 | 47.5 | 47.7 | 47.9 \| | 48.2 | 48.3 | 48.2 |
| Germany | 45.4 | 45.4 | 45.9 \| | 46.2 \| | 46.4 | 46.3 | 46.5 | 46.6 | 46.6 | 46.5 |
| Greece | 39.1 | 39.6 \| | 40.2 | 40.8 | 41.0 | 41.3 | 41.2 | 41.9 | 42.2 | 42.0 |
| Hungary | 45.4 | 45.6 | 46.0 | 46.6 | 46.2 | 46.5 | 46.0 | 45.9 | 45.8 | 45.7 |
| Iceland | 45.4 \| | 45.6 | 47.4 | 47.8 | 48.0 | 47.9 | 47.8 | 47.8 | 47.7 | 46.9 |
| Ireland | 43.0 | 43.9 \| | 45.8 | 46.3 | 46.5 | 46.6 | 46.0 | 45.7 | 45.7 | 45.8 |
| Israel[1] | 46.2 | 46.4 | 47.1 | 47.2 | 47.0 \| | 46.8 | 46.8 | 47.1 | 47.1 | 47.2 |
| Italy | 39.7 | 40.1 | 40.3 | 40.6 | 41.0 | 41.5 | 41.8 | 41.9 | 41.8 | 41.9 |
| Japan | 41.5 | 41.6 | 42.0 | 42.2 | 42.2 \| | 42.3 | 42.8 | 43.0 | 43.2 | 43.5 |
| Korea | 41.9 | 41.9 | 41.6 | 41.6 | 41.6 | 41.7 | 41.9 | 42.0 | 42.3 | 42.4 |
| Latvia | 48.9 | 49.6 | 52.1 | 52.7 | 51.7 | 51.1 | 50.7 | 50.4 | 50.5 | 50.9 |
| Luxembourg | 44.0 | 42.9 \| | 42.8 | 43.4 | 43.3 | 44.1 | 44.0 | 44.6 \| | 45.2 | 45.2 |
| Mexico | 37.5 | 37.4 | 37.7 | 37.5 | 37.7 | 38.2 | 38.2 | 37.8 | 38.0 | 38.2 |
| Netherlands | 45.3 | 45.6 | 45.9 \| | 45.9 \| | 46.0 | 46.1 \| | 46.2 | 45.9 | 46.1 | 46.2 |
| New Zealand | 46.5 | 46.9 | 47.1 | 47.0 | 47.2 | 47.4 | 47.4 | 47.3 | 47.2 | 47.2 |
| Norway | 47.4 | 47.4 | 47.6 | 47.4 | 47.5 | 47.3 | 47.3 | 47.3 | 47.2 | 47.4 |
| Poland | 44.9 | 44.8 | 45.0 \| | 44.6 | 44.4 | 44.5 | 44.5 | 44.7 | 44.9 | 44.8 |
| Portugal | 46.5 | 46.7 | 47.4 | 47.5 \| | 47.5 | 48.2 | 48.3 | 48.4 | 48.7 | 48.7 |
| Slovak Republic | 43.9 | 44.0 | 43.9 | 44.6 \| | 44.2 | 44.0 | 44.4 | 44.3 | 44.3 | 44.7 |
| Slovenia | 45.2 | 45.5 | 45.9 | 45.8 | 45.9 | 45.9 | 45.4 | 45.5 | 45.4 | 46.3 |
| Spain | 41.4 | 42.3 | 43.8 | 44.3 | 44.9 | 45.5 | 45.6 | 45.6 | 45.4 | 45.5 |
| Sweden | 47.4 | 47.3 | 47.6 | 47.1 | 47.3 | 47.6 | 47.6 | 47.6 | 47.7 | 47.8 |
| Switzerland | 45.2 | 45.9 | 46.0 \| | 45.6 | 45.7 | 45.9 | 46.1 | 46.4 | 46.4 | 46.6 |
| Turkey | 25.8 | 26.4 | 27.6 | 28.4 | 28.9 | 29.4 | 29.9 \| | 29.7 | 30.2 | 30.6 |
| United Kingdom | 46.0 \| | 46.2 | 46.7 | 46.7 | 46.7 | 46.6 | 46.7 | 46.8 | 46.7 | 46.7 |
| United States | 46.4 | 46.7 | 47.3 | 47.2 | 46.9 | 47.0 | 47.0 | 46.9 | 46.8 | 46.8 |
| **OECD-Total** | **43.3 \|** | **43.5 \|** | **44.0 \|** | **44.0 \|** | **43.9 \|** | **44.1 \|** | **44.2 \|** | **44.2 \|** | **44.3 \|** | **44.4 \|** |
| G7 | 45.0 \| | 45.2 | 45.7 \| | 45.7 \| | 45.6 \| | 45.7 | 45.9 \| | 45.9 | 46.0 | 46.0 |
| Euro area | 44.1 | 44.4 | 45.0 | 45.3 | 45.4 | 45.7 | 45.9 | 46.0 | 46.0 | 46.0 |
| European Union[2] | 44.6 | 44.8 | 45.3 | 45.4 | 45.5 | 45.7 | 45.8 | 45.9 | 45.9 | 45.9 |
| Brazil | 42.6 | 42.6 | 42.8 | .. | 42.4 | 42.6 | 42.8 | 43.3 | 42.9 | .. |
| Colombia | 38.9 | 39.1 | 39.9 | 40.5 | 40.8 | 41.4 | 41.7 | 41.8 | 42.0 | 42.0 |
| Russian Federation | 49.5 | 49.1 | 49.4 | 49.1 | 49.1 | 49.0 | 48.9 | 48.8 | 48.7 | 48.6 |

*Disclaimer:* http://oe.cd/disclaimer

1. Information on data for Israel: http://oe.cd/israel-disclaimer.
2. European Union refer to European Union with 28 countries.

## Table 9. Male employment, thousands

| | 2007 | 2008 | 2009 | 2010 | 2011 | 2012 | 2013 | 2014 | 2015 | 2016 |
|---|---|---|---|---|---|---|---|---|---|---|
| Australia | 5 732 | 5 880 | 5 879 | 6 021 | 6 109 | 6 164 | 6 202 | 6 235 | 6 329 | 6 399 |
| Austria | 2 138 | 2 164 | 2 133 | 2 148 | 2 162 | 2 171 | 2 180 | 2 175 | 2 194 | 2 234 |
| Belgium | 2 444 | 2 461 | 2 429 | 2 458 \| | 2 462 | 2 466 | 2 451 | 2 435 | 2 434 | 2 466 \| |
| Canada | 8 839 | 8 965 | 8 703 | 8 852 | 9 023 | 9 123 | 9 246 | 9 328 | 9 423 | 9 455 |
| Chile | 4 147 | 4 221 | 4 139 | 4 361 | 4 520 | 4 573 | 4 645 | 4 667 | 4 751 | 4 803 |
| Czech Republic | 2 806 | 2 863 | 2 824 | 2 798 \| | 2 778 | 2 779 | 2 794 | 2 817 | 2 837 | 2 877 |
| Denmark | 1 492 | 1 517 | 1 454 | 1 415 | 1 421 | 1 413 | 1 410 | 1 433 | 1 461 \| | 1 503 |
| Estonia | 335 | 334 | 291 | 278 | 303 | 309 | 315 | 320 | 328 | 329 |
| Finland | 1 290 \| | 1 315 | 1 255 | 1 259 | 1 278 | 1 277 | 1 261 | 1 254 | 1 249 | 1 267 |
| France | 13 545 | 13 692 | 13 485 | 13 520 | 13 531 | 13 508 | 13 434 \| | 13 684 | 13 658 | 13 761 |
| Germany | 20 745 | 21 033 | 20 816 \| | 20 423 \| | 20 802 | 21 019 | 21 143 | 21 301 | 21 454 | 22 065 |
| Greece | 2 777 | 2 787 \| | 2 722 | 2 601 | 2 390 | 2 168 | 2 065 | 2 056 | 2 086 | 2 129 |
| Hungary | 2 129 | 2 094 | 2 025 | 1 993 | 2 021 | 2 049 | 2 104 | 2 221 | 2 283 | 2 362 |
| Iceland | 96 \| | 96 | 88 | 86 | 86 | 87 | 90 | 93 | 96 | 101 |
| Ireland | 1 222 | 1 194 \| | 1 064 | 1 010 | 989 | 981 | 1 016 | 1 039 | 1 067 | 1 095 |
| Israel[1] | 1 442 | 1 489 | 1 502 | 1 552 | 1 604 \| | 1 788 | 1 835 | 1 880 | 1 928 | 1 972 |
| Italy | 13 812 | 13 820 | 13 541 | 13 375 | 13 340 | 13 194 | 12 914 | 12 945 | 13 085 | 13 233 |
| Japan | 37 630 | 37 453 | 36 657 | 36 433 | 36 390 \| | 36 224 | 36 203 | 36 352 | 36 388 | 36 550 |
| Korea | 13 607 | 13 703 | 13 734 | 13 915 | 14 153 | 14 387 | 14 573 | 14 839 | 14 971 | 15 122 |
| Latvia | 540 | 531 | 435 | 403 | 416 | 428 | 441 | 438 | 444 | 438 |
| Luxembourg | 114 | 116 \| | 124 | 125 | 127 | 132 | 134 | 136 \| | 141 | 143 |
| Mexico | 27 631 | 28 141 | 28 327 | 28 807 | 29 386 | 30 123 | 30 398 | 30 737 | 31 384 | 31 899 |
| Netherlands | 4 631 | 4 676 | 4 648 \| | 4 526 \| | 4 475 | 4 501 \| | 4 459 | 4 460 | 4 482 | 4 536 |
| New Zealand | 1 161 | 1 156 | 1 136 | 1 144 | 1 156 | 1 149 | 1 172 | 1 216 | 1 244 | 1 302 |
| Norway | 1 281 | 1 323 | 1 309 | 1 315 | 1 332 | 1 362 | 1 371 | 1 384 | 1 395 | 1 387 |
| Poland | 8 403 | 8 718 | 8 722 \| | 8 566 | 8 648 | 8 651 | 8 641 | 8 778 | 8 867 | 8 933 |
| Portugal | 2 725 | 2 725 | 2 612 | 2 569 \| | 2 487 | 2 357 | 2 288 | 2 319 | 2 334 | 2 361 |
| Slovak Republic | 1 322 | 1 364 | 1 326 | 1 285 \| | 1 292 | 1 303 | 1 295 | 1 316 | 1 349 | 1 378 |
| Slovenia | 540 | 543 | 531 | 523 | 506 | 500 | 495 | 499 | 501 | 491 |
| Spain | 12 067 | 11 805 | 10 733 | 10 424 | 10 152 | 9 608 | 9 316 | 9 443 | 9 760 | 10 001 |
| Sweden | 2 390 | 2 422 | 2 359 | 2 394 | 2 438 | 2 442 | 2 468 | 2 502 | 2 530 | 2 562 |
| Switzerland | 2 259 | 2 289 | 2 304 \| | 2 289 | 2 335 | 2 355 | 2 369 | 2 398 | 2 430 | 2 461 |
| Turkey | 15 392 | 15 596 | 15 402 | 16 169 | 17 131 | 17 511 | 17 878 \| | 18 241 | 18 578 | 18 898 |
| United Kingdom | 15 790 \| | 15 890 | 15 483 | 15 527 | 15 618 | 15 808 | 15 953 | 16 325 | 16 611 | 16 842 |
| United States | 78 254 | 77 486 | 73 670 | 73 359 | 74 290 | 75 555 | 76 353 | 77 692 | 79 131 | 80 568 |
| **OECD-Total** | **310 729 \|** | **311 862 \|** | **303 863 \|** | **303 920 \|** | **307 151 \|** | **309 466 \|** | **310 911 \|** | **314 957 \|** | **319 203 \|** | **323 926 \|** |
| G7 | 188 615 \| | 188 340 | 182 354 \| | 181 488 \| | 182 993 \| | 184 430 | 185 247 \| | 187 627 | 189 749 | 192 474 |
| Euro area | 81 297 | 81 597 | 79 087 | 77 832 | 77 634 | 76 851 | 76 142 | 76 766 | 77 519 | 78 898 |
| European Union[2] | 122 125 | 123 039 | 119 748 | 117 964 | 117 753 | 117 190 | 116 670 | 118 110 | 119 419 | 121 250 |
| Brazil | 51 105 | 52 660 | 52 722 | .. | 53 864 | 54 506 | 54 682 | 55 725 | 53 982 | .. |
| Colombia | 10 336 | 10 518 | 10 931 | 11 283 | 11 666 | 11 950 | 12 125 | 12 369 | 12 650 | 12 737 |
| Russian Federation | 35 650 | 36 139 | 35 063 | 35 500 | 36 032 | 36 470 | 36 478 | 36 605 | 37 137 | 37 201 |

*Disclaimer:* http://oe.cd/disclaimer

1. Information on data for Israel: http://oe.cd/israel-disclaimer.
2. European Union refer to European Union with 28 countries.

## Table 10. Male employment as a percentage of employment

*Percentage*

| | 2007 | 2008 | 2009 | 2010 | 2011 | 2012 | 2013 | 2014 | 2015 | 2016 |
|---|---|---|---|---|---|---|---|---|---|---|
| Australia | 54.9 | 54.8 | 54.4 | 54.6 | 54.5 | 54.3 | 54.2 | 54.1 | 53.9 | 53.6 |
| Austria | 54.5 | 54.2 | 53.6 | 53.5 | 53.4 | 53.2 | 53.1 | 52.9 | 52.9 | 52.9 |
| Belgium | 55.8 | 55.3 | 55.0 | 54.8 \| | 54.6 | 54.5 | 54.1 | 53.6 | 53.5 | 53.8 \| |
| Canada | 52.7 | 52.7 | 52.0 | 52.2 | 52.4 | 52.3 | 52.3 | 52.4 | 52.5 | 52.3 |
| Chile | 64.3 | 63.5 | 62.8 | 61.2 | 60.4 | 60.0 | 59.6 | 59.1 | 59.2 | 59.2 |
| Czech Republic | 57.0 | 57.2 | 57.2 | 57.3 \| | 57.0 | 56.8 | 56.6 | 56.6 | 56.3 | 56.0 |
| Denmark | 53.2 | 53.2 | 52.5 | 52.3 | 52.6 | 52.5 | 52.5 | 52.8 | 53.1 \| | 52.9 |
| Estonia | 50.9 | 51.0 | 49.0 | 48.9 | 50.2 | 50.3 | 50.7 | 51.2 | 51.2 | 51.1 |
| Finland | 51.8 \| | 51.9 | 51.1 | 51.4 | 51.7 | 51.4 | 51.3 | 51.2 | 51.2 | 51.7 |
| France | 52.9 | 52.8 | 52.5 | 52.5 | 52.5 | 52.3 | 52.1 \| | 51.8 | 51.7 | 51.8 |
| Germany | 54.6 | 54.6 | 54.1 \| | 53.8 \| | 53.6 | 53.7 | 53.5 | 53.4 | 53.4 | 53.5 |
| Greece | 60.9 | 60.4 \| | 59.8 | 59.2 | 59.0 | 58.7 | 58.8 | 58.1 | 57.8 | 58.0 |
| Hungary | 54.6 | 54.4 | 54.0 | 53.4 | 53.8 | 53.5 | 54.0 | 54.1 | 54.2 | 54.3 |
| Iceland | 54.6 \| | 54.4 | 52.7 | 52.2 | 52.0 | 52.1 | 52.2 | 52.2 | 52.3 | 53.1 |
| Ireland | 57.0 | 56.1 \| | 54.2 | 53.7 | 53.5 | 53.4 | 54.0 | 54.3 | 54.3 | 54.2 |
| Israel[1] | 53.8 | 53.6 | 52.9 | 52.8 | 53.0 \| | 53.2 | 53.2 | 52.9 | 52.9 | 52.8 |
| Italy | 60.3 | 59.9 | 59.7 | 59.4 | 59.0 | 58.5 | 58.2 | 58.1 | 58.2 | 58.1 |
| Japan | 58.5 | 58.4 | 58.1 | 57.8 | 57.8 \| | 57.7 | 57.2 | 57.1 | 56.8 | 56.5 |
| Korea | 58.1 | 58.1 | 58.4 | 58.4 | 58.4 | 58.3 | 58.1 | 58.0 | 57.7 | 57.6 |
| Latvia | 51.1 | 50.4 | 47.9 | 47.3 | 48.3 | 48.9 | 49.3 | 49.6 | 49.5 | 49.1 |
| Luxembourg | 56.0 | 57.1 \| | 57.1 | 56.6 | 56.6 | 55.9 | 55.9 | 55.4 \| | 54.8 | 54.8 |
| Mexico | 62.5 | 62.6 | 62.3 | 62.5 | 62.3 | 61.8 | 61.8 | 62.2 | 62.0 | 61.8 |
| Netherlands | 54.7 | 54.4 | 54.1 \| | 54.1 \| | 54.0 | 53.9 \| | 53.8 | 54.1 | 53.9 | 53.8 |
| New Zealand | 53.5 | 53.1 | 52.9 | 53.0 | 52.8 | 52.6 | 52.6 | 52.7 | 52.8 | 52.8 |
| Norway | 52.6 | 52.6 | 52.4 | 52.6 | 52.5 | 52.7 | 52.7 | 52.7 | 52.8 | 52.6 |
| Poland | 55.1 | 55.2 | 55.0 \| | 55.4 | 55.6 | 55.5 | 55.5 | 55.3 | 55.1 | 55.2 |
| Portugal | 53.5 | 53.3 | 52.6 | 52.5 \| | 52.5 | 51.8 | 51.7 | 51.5 | 51.3 | 51.3 |
| Slovak Republic | 56.1 | 56.0 | 56.1 | 55.4 \| | 55.8 | 56.0 | 55.6 | 55.7 | 55.7 | 55.3 |
| Slovenia | 54.8 | 54.5 | 54.1 | 54.2 | 54.1 | 54.1 | 54.6 | 54.5 | 54.6 | 53.7 |
| Spain | 58.6 | 57.7 | 56.2 | 55.7 | 55.1 | 54.5 | 54.4 | 54.4 | 54.6 | 54.5 |
| Sweden | 52.6 | 52.7 | 52.4 | 52.9 | 52.7 | 52.4 | 52.5 | 52.4 | 52.3 | 52.2 |
| Switzerland | 54.8 | 54.1 | 54.0 \| | 54.4 | 54.3 | 54.1 | 53.9 | 53.6 | 53.6 | 53.4 |
| Turkey | 74.2 | 73.6 | 72.4 | 71.6 | 71.1 | 70.6 | 70.1 \| | 70.3 | 69.8 | 69.4 |
| United Kingdom | 54.0 \| | 53.8 | 53.3 | 53.3 | 53.3 | 53.4 | 53.3 | 53.2 | 53.3 | 53.3 |
| United States | 53.6 | 53.3 | 52.7 | 52.8 | 53.1 | 53.0 | 53.0 | 53.1 | 53.2 | 53.2 |
| **OECD-Total** | **56.7 \|** | **56.5 \|** | **56.1 \|** | **56.0 \|** | **56.1 \|** | **55.9 \|** | **55.8 \|** | **55.8 \|** | **55.7 \|** | **55.6 \|** |
| G7 | 55.0 \| | 54.8 | 54.3 \| | 54.3 \| | 54.4 \| | 54.3 | 54.1 \| | 54.1 | 54.0 | 54.0 |
| Euro area | 55.9 | 55.6 | 55.0 | 54.7 | 54.6 | 54.3 | 54.1 | 54.0 | 54.0 | 54.0 |
| European Union[2] | 55.4 | 55.2 | 54.7 | 54.6 | 54.5 | 54.3 | 54.2 | 54.1 | 54.1 | 54.1 |
| Brazil | 57.4 | 57.4 | 57.2 | .. | 57.6 | 57.4 | 57.2 | 56.7 | 57.1 | .. |
| Colombia | 61.1 | 60.9 | 60.1 | 59.5 | 59.2 | 58.6 | 58.3 | 58.2 | 58.0 | 58.0 |
| Russian Federation | 50.5 | 50.9 | 50.6 | 50.9 | 50.9 | 51.0 | 51.1 | 51.2 | 51.3 | 51.4 |

*Disclaimer:* http://oe.cd/disclaimer

1. Information on data for Israel: http://oe.cd/israel-disclaimer.
2. European Union refer to European Union with 28 countries.

## Table 11. Employment in agriculture, thousands

| | 2007 | 2008 | 2009 | 2010 | 2011 | 2012 | 2013 | 2014 | 2015 | 2016 |
|---|---|---|---|---|---|---|---|---|---|---|
| Australia | 346 | 345 | 348 | 355 | 315 | 317 | 299 | 323 | 311 | 315 |
| Austria | 231 \| | 210 | 212 | 209 | 200 | 191 | 188 | 199 | 188 | 184 |
| Belgium | 81 \| | 69 | 66 | 61 \| | 59 | 53 | 62 | 55 | 54 | 57 \| |
| Canada | 419 | 406 | 395 | 379 | 376 | 375 | 382 | 370 | 360 | 352 |
| Chile | 774 | 764 | 737 | 756 | 768 | 761 \| | 728 | 727 | 737 | 758 |
| Czech Republic | 173 \| | 159 | 154 | 151 \| | 146 | 149 | 150 | 137 | 147 | 149 |
| Denmark | 83 \| | 73 | 72 | 65 | 65 | 70 | 68 | 67 | 69 \| | 71 |
| Estonia | 31 | 26 | 24 | 24 | 27 | 28 | 26 | 24 | 25 | 25 |
| Finland | 111 \| | 114 | 113 | 108 | 104 | 103 | 101 | 104 | 103 | 94 |
| France | 880 | 706 | 749 | 745 | 746 | 750 | 786 \| | 744 | 716 | 754 |
| Germany | 858 | 688 | 647 \| | 626 \| | 638 | 611 | 572 | 570 | 561 | 540 |
| Greece | 520 \| | 514 \| | 533 | 544 | 501 | 481 | 481 | 480 | 466 | 455 |
| Hungary | 180 | 166 | 173 | 169 | 184 | 194 | 186 | 191 | 206 | 219 |
| Iceland | 6 \| | 8 | 8 | 9 | 9 | 9 | 8 | 8 | 8 | 7 |
| Ireland | 116 | 115 \| | 96 | 85 | 83 | 86 | 107 | 109 | 110 | 113 |
| Israel[1] | 43 | 48 | 48 | 48 | 43 | 51 \| | 43 | 40 | 37 | 38 |
| Italy | 924 | 854 | 838 | 849 | 832 | 833 | 799 | 812 | 843 | 884 |
| Japan | 2 720 | 2 680 | 2 620 \| | 2 520 | 2 230 | 2 400 | 2 330 | 2 300 | 2 280 | 2 220 |
| Korea | 1 723 | 1 686 | 1 648 | 1 567 | 1 542 | 1 528 | 1 520 | 1 452 | 1 345 | 1 287 |
| Latvia | .. | 84 | 79 | 73 | 77 | 73 | 72 | 66 | 71 | 69 |
| Luxembourg | 4 | 3 \| | 3 | 2 | 3 | 3 | 4 | 3 \| | .. | .. |
| Mexico | 5 962 | 6 059 | 6 058 | 6 417 | 6 246 | 6 573 | 6 594 | 6 680 | 6 773 | 6 615 |
| Netherlands | 242 | 224 | 218 \| | 233 \| | 206 | 205 \| | 159 | 174 | 178 | 175 |
| New Zealand | 155 | 152 | 147 | 145 | 151 | 147 | 143 | 143 | 143 | 160 |
| Norway | 57 | 65 | 67 | 64 | 60 | 58 | 57 | 59 | 53 | 55 |
| Poland | 2 239 | 2 206 | 2 107 \| | 2 019 | 2 008 | 1 960 | 1 867 | 1 819 | 1 849 | 1 708 |
| Portugal | 584 | 585 | 569 | 549 \| | 484 | 491 | 453 | 389 | 343 | 318 |
| Slovak Republic | 99 | 96 | 85 | 75 \| | 71 | 75 | 77 | 83 | 77 | 72 |
| Slovenia | 96 | 85 | 89 | 85 | 80 | 77 | 77 | 88 | 64 | 46 |
| Spain | 873 | 828 | 788 | 786 | 755 | 743 | 737 | 736 | 737 | 775 |
| Sweden | 99 \| | 97 | 98 | 95 | 92 | 95 | 95 | 94 | 98 | 92 |
| Switzerland | 164 | 140 | 131 \| | 139 | 144 | 148 | 150 | 155 | 152 | 151 |
| Turkey | 4 847 | 4 994 | 4 881 | 5 355 | 5 822 | 5 846 | 5 850 \| | 5 468 | 5 432 | 5 307 |
| United Kingdom | 385 \| | 318 | 321 | 352 | 355 | 348 | 314 | 382 | 352 | 354 |
| United States | 2 095 | 2 168 | 2 103 | 2 206 | 2 254 | 2 186 | 2 130 | 2 237 | 2 422 | 2 460 |
| **OECD-Total** | **..** | **27 789 \|** | **27 380 \|** | **27 820 \|** | **27 883 \|** | **27 900 \|** | **27 536 \|** | **27 157 \|** | **27 092 e** | **26 785 e** |
| G7 | 8 279 \| | 7 827 | 7 676 \| | 7 683 \| | 7 492 \| | 7 346 | 7 163 \| | 7 213 | 7 342 | 7 373 |
| Euro area | 5 990 | 5 336 | 5 245 | 5 181 | 4 989 | 4 929 | 4 823 | 4 774 | 4 675 | 4 686 |
| European Union[2] | 12 214 | 11 522 | 11 322 | 11 184 | 10 770 | 10 682 | 10 363 | 10 264 | 9 934 | 9 555 |
| Brazil | 15 940 | 15 694 | 15 393 | .. | 14 323 | 13 569 | 13 568 | 14 025 | 13 171 | .. |
| Colombia | 3 142 | 3 176 | 3 440 | 3 561 | 3 634 | 3 622 | 3 549 | 3 495 | 3 544 | 3 571 |
| Russian Federation | 6 268 | 6 058 | 5 739 | 5 418 | 5 446 | 5 242 | 4 992 | 4 811 | 4 853 | 4 863 |

*Disclaimer:* http://oe.cd/disclaimer

1. Information on data for Israel: http://oe.cd/israel-disclaimer.
2. European Union refer to European Union with 28 countries.

## Table 12. Employment in agriculture, index

2010=100

| | 2007 | 2008 | 2009 | 2010 | 2011 | 2012 | 2013 | 2014 | 2015 | 2016 |
|---|---|---|---|---|---|---|---|---|---|---|
| Australia | 97.3 | 97.1 | 98.1 | 100.0 | 88.8 | 89.2 | 84.2 | 91.0 | 87.7 | 88.7 |
| Austria | 110.4 \| | 100.2 | 101.2 | 100.0 | 95.5 | 91.2 | 89.7 | 95.0 | 89.8 | 87.6 |
| Belgium | 134.0 \| | 113.8 | 108.4 | 100.0 \| | 96.6 | 87.4 | 101.5 | 91.2 | 88.3 | 94.6 \| |
| Canada | 110.6 | 107.0 | 104.3 | 100.0 | 99.1 | 98.9 | 100.8 | 97.7 | 95.0 | 93.0 |
| Chile | 102.3 | 101.1 | 97.4 | 100.0 | 101.6 | 100.7 \| | 96.3 | 96.2 | 97.5 | 100.3 |
| Czech Republic | 114.5 \| | 105.0 | 101.7 | 100.0 \| | 96.3 | 98.6 | 98.9 | 90.4 | 97.5 | 98.6 |
| Denmark | 127.4 \| | 111.0 | 109.3 | 100.0 | 99.0 | 106.3 | 104.0 | 102.7 | 104.7 \| | 108.7 |
| Estonia | 129.3 | 106.8 | 100.7 | 100.0 | 111.3 | 115.5 | 110.7 | 100.8 | 104.5 | 104.7 |
| Finland | 102.7 \| | 105.3 | 104.8 | 100.0 | 96.4 | 95.1 | 93.5 | 95.9 | 94.8 | 87.2 |
| France | 118.2 | 94.8 | 100.6 | 100.0 | 100.2 | 100.7 | 105.6 \| | 99.9 | 96.2 | 101.2 |
| Germany | 137.1 | 109.9 | 103.4 \| | 100.0 \| | 101.9 | 97.6 | 91.4 | 91.0 | 89.5 | 86.2 |
| Greece | 95.5 \| | 94.4 \| | 97.9 | 100.0 | 92.0 | 88.3 | 88.4 | 88.2 | 85.6 | 83.5 |
| Hungary | 106.4 | 98.0 | 101.9 | 100.0 | 108.4 | 114.4 | 109.7 | 112.7 | 121.6 | 129.3 |
| Iceland | 64.3 \| | 87.8 | 86.5 | 100.0 | 98.4 | 100.3 | 83.0 | 87.0 | 83.8 | 80.3 |
| Ireland | 136.2 | 135.3 \| | 113.0 | 100.0 | 97.3 | 100.7 | 125.3 | 127.9 | 128.9 | 132.4 |
| Israel[1] | 90.8 | 100.3 | 100.3 | 100.0 | 89.0 | 107.7 \| | 90.1 | 83.7 | 78.1 | 78.9 |
| Italy | 108.8 | 100.6 | 98.7 | 100.0 | 98.0 | 98.2 | 94.1 | 95.6 | 99.3 | 104.1 |
| Japan | 107.9 | 106.3 | 104.0 \| | 100.0 | 88.5 | 95.2 | 92.5 | 91.3 | 90.5 | 88.1 |
| Korea | 110.0 | 107.6 | 105.2 | 100.0 | 98.4 | 97.5 | 97.0 | 92.7 | 85.9 | 82.1 |
| Latvia | .. | 114.5 | 108.5 | 100.0 | 104.6 | 100.0 | 98.2 | 90.5 | 97.0 | 93.7 |
| Luxembourg | 161.3 | 144.1 \| | 123.7 | 100.0 | 115.1 | 132.3 | 158.1 | 148.4 \| | .. | .. |
| Mexico | 92.9 | 94.4 | 94.4 | 100.0 | 97.3 | 102.4 | 102.8 | 104.1 | 105.5 | 103.1 |
| Netherlands | 104.0 | 96.1 | 93.7 \| | 100.0 \| | 88.5 | 88.2 \| | 68.4 | 74.8 | 76.5 | 75.3 |
| New Zealand | 106.9 | 104.8 | 101.4 | 100.0 | 104.1 | 101.4 | 98.6 | 98.6 | 98.6 | 110.3 |
| Norway | 88.7 | 101.5 | 105.9 | 100.0 | 94.2 | 90.3 | 89.9 | 92.5 | 83.2 | 86.3 |
| Poland | 110.9 | 109.3 | 104.4 \| | 100.0 | 99.5 | 97.1 | 92.5 | 90.1 | 91.6 | 84.6 |
| Portugal | 106.5 | 106.7 | 103.7 | 100.0 \| | 88.2 | 89.6 | 82.6 | 70.9 | 62.4 | 58.0 |
| Slovak Republic | 132.5 | 128.5 | 113.3 | 100.0 \| | 95.1 | 100.5 | 102.8 | 110.3 | 102.8 | 96.0 |
| Slovenia | 113.6 | 100.4 | 104.9 | 100.0 | 94.4 | 90.9 | 90.3 | 103.4 | 75.6 | 53.8 |
| Spain | 111.1 | 105.4 | 100.3 | 100.0 | 96.1 | 94.6 | 93.7 | 93.6 | 93.7 | 98.5 |
| Sweden | 104.6 \| | 102.3 | 103.0 | 100.0 | 96.7 | 100.7 | 100.4 | 98.8 | 103.3 | 97.1 |
| Switzerland | 117.8 | 100.8 | 94.5 \| | 100.0 | 104.0 | 106.4 | 107.7 | 111.5 | 109.4 | 108.5 |
| Turkey | 90.5 | 93.3 | 91.1 | 100.0 | 108.7 | 109.2 | 109.2 \| | 102.1 | 101.4 | 99.1 |
| United Kingdom | 109.5 \| | 90.5 | 91.2 | 100.0 | 100.9 | 99.1 | 89.3 | 108.5 | 100.2 | 100.6 |
| United States | 95.0 | 98.3 | 95.3 | 100.0 | 102.2 | 99.1 | 96.5 | 101.4 | 109.8 | 111.5 |
| **OECD-Total** | .. | **99.9 \|** | **98.4 \|** | **100.0 \|** | **100.2 \|** | **100.3 \|** | **99.0 \|** | **97.6 \|** | **97.4 e** | **96.3 e** |
| G7 | 107.8 \| | 101.9 | 99.9 \| | 100.0 \| | 97.5 \| | 95.6 | 93.2 \| | 93.9 | 95.6 | 96.0 |
| Euro area | 115.6 | 103.0 | 101.2 | 100.0 | 96.3 | 95.1 | 93.1 | 92.2 | 90.2 | 90.4 |
| European Union[2] | 109.2 | 103.0 | 101.2 | 100.0 | 96.3 | 95.5 | 92.7 | 91.8 | 88.8 | 85.4 |
| Brazil | .. | .. | .. | .. | .. | .. | .. | .. | .. | .. |
| Colombia | 88.2 | 89.2 | 96.6 | 100.0 | 102.0 | 101.7 | 99.7 | 98.1 | 99.5 | 100.3 |
| Russian Federation | 115.7 | 111.8 | 105.9 | 100.0 | 100.5 | 96.7 | 92.1 | 88.8 | 89.6 | 89.8 |

*Disclaimer:* http://oe.cd/disclaimer

1. Information on data for Israel: http://oe.cd/israel-disclaimer.
2. European Union refer to European Union with 28 countries.

## Table 13. Employment in industry, thousands

| | 2007 | 2008 | 2009 | 2010 | 2011 | 2012 | 2013 | 2014 | 2015 | 2016 |
|---|---|---|---|---|---|---|---|---|---|---|
| Australia | 2 280 | 2 396 | 2 353 | 2 389 | 2 408 | 2 432 | 2 413 | 2 428 | 2 371 | 2 401 |
| Austria | 1 098 \| | 1 048 | 994 | 1 000 | 1 055 | 1 065 | 1 063 | 1 059 | 1 069 | 1 079 |
| Belgium | 1 070 \| | 1 097 | 1 038 | 1 049 \| | 1 047 | 984 | 984 e | 973 e | 978 e | 976 e |
| Canada | 3 538 | 3 561 | 3 312 | 3 336 | 3 415 | 3 488 | 3 518 | 3 516 | 3 500 | 3 468 |
| Chile | 1 533 | 1 587 | 1 531 | 1 637 | 1 750 | 1 817 \| | 1 886 | 1 883 | 1 904 | 1 884 |
| Czech Republic | 1 979 \| | 2 027 | 1 903 | 1 856 \| | 1 873 | 1 864 | 1 852 | 1 892 | 1 917 | 1 956 |
| Denmark | 650 \| | 659 e | 563 e | 532 e | 538 e | 529 | 522 | 521 | 529 \| | 524 e |
| Estonia | 231 | 229 e | 186 e | 172 e | 193 e | 189 e | .. | .. | .. | .. |
| Finland | 639 \| | 634 | 586 | 568 | 566 | 563 | 559 | 533 | 527 | 541 |
| France | 5 943 | 5 993 | 5 789 | 5 688 | 5 677 | 5 590 | 5 449 \| | 5 375 | 5 317 | 5 325 |
| Germany | 11 357 | 11 309 | 11 078 \| | 10 756 \| | 10 952 | 11 031 | 10 981 | 11 184 | 11 134 | 11 300 |
| Greece | 1 015 \| | 1 024 \| | 963 | 860 | 717 | 611 | 547 | 530 | 539 | 560 |
| Hungary | 1 283 | 1 240 | 1 168 | 1 146 | 1 159 | 1 140 | 1 164 | 1 246 | 1 275 | 1 323 |
| Iceland | 37 \| | 38 e | 31 e | 30 e | 30 e | 30 e | 31 e | .. | .. | .. |
| Ireland | 577 | 527 \| | 417 | 366 | 348 | 336 | 342 | 348 | 374 | 394 |
| Israel[1] | 582 | 597 | 570 | 587 | 595 | 585 \| | 609 | 622 | 634 | 645 |
| Italy | 7 003 | 6 881 | 6 637 | 6 445 | 6 393 | 6 224 | 6 002 | 5 993 | 5 976 | 5 945 |
| Japan | 17 870 | 17 460 | 16 910 \| | 16 440 | 15 570 | 16 260 | 16 290 | 16 370 | 16 260 | 16 240 e |
| Korea | 6 027 | 5 954 | 5 747 | 5 945 | 6 005 | 6 041 | 6 117 | 6 309 | 6 503 | 6 530 |
| Latvia | .. | 312 e | 223 e | 197 e | 199 e | 207 e | 214 e | 213 e | 216 e | 218 e |
| Luxembourg | 34 | 29 \| | 26 | 26 | 28 | 27 | 26 | 24 \| | 27 | 26 |
| Mexico | 11 416 | 11 671 | 10 915 | 11 172 | 11 449 | 11 559 | 11 770 | 12 134 | 12 543 | 13 152 |
| Netherlands | 1 569 | 1 514 | 1 426 \| | 1 335 \| | 1 270 | 1 292 \| | 1 254 | 1 232 | 1 261 | 1 276 |
| New Zealand | 478 | 473 | 451 | 450 | 444 | 439 | 449 | 478 | 517 | 503 |
| Norway | 515 | 517 | 505 | 492 | 513 | 522 | 527 | 535 | 530 | 512 |
| Poland | 4 681 | 5 036 | 4 934 \| | 4 686 | 4 772 | 4 740 | 4 752 | 4 836 | 4 896 | 5 074 |
| Portugal | 1 578 | 1 483 | 1 382 | 1 335 \| | 1 273 | 1 144 | 1 050 | 1 074 | 1 108 | 1 128 |
| Slovak Republic | 928 | 977 | 897 | 860 \| | 868 | 874 | 834 | 837 | 875 | 909 |
| Slovenia | 343 | 348 | 323 | 314 | 295 | 285 | 280 | 282 | 290 | 301 |
| Spain | 5 959 | 5 697 | 4 697 | 4 302 | 4 009 | 3 645 | 3 385 | 3 373 | 3 556 | 3 596 |
| Sweden | 979 \| | 975 | 904 | 898 | 918 | 910 | 896 | 883 | 879 | 888 |
| Switzerland | 923 | 893 | 893 \| | 899 | 916 | 904 | 924 | 921 | 917 | 923 |
| Turkey | 5 550 | 5 678 | 5 382 | 5 924 | 6 377 | 6 460 | 6 735 \| | 7 224 | 7 247 | 7 287 |
| United Kingdom | 6 440 \| | 6 474 | 5 661 | 5 554 | 5 576 | 5 588 | 5 599 | 5 767 | 5 780 | 5 807 |
| United States | 28 895 | 27 697 | 24 611 | 23 888 | 24 193 | 24 608 | 25 206 | 26 001 | 26 191 | 26 528 |
| **OECD-Total** | **..** | **133 235 e** | **124 180 e** | **122 280 e** | **122 862 e** | **123 198 e** | **123 667 e** | **125 974 e** | **127 095 e** | **128 620 e** |
| G7 | 80 722 \| | 79 088 | 73 370 \| | 71 517 \| | 71 606 \| | 72 235 | 72 486 \| | 73 642 | 73 604 | 74 066 |
| Euro area | 40 110 | 39 671 | 37 144 | 35 712 | 35 335 | 34 506 | 33 592 | 33 643 | 33 868 | 34 205 |
| European Union[2] | 60 436 | 60 814 | 56 706 | 54 327 | 53 993 | 53 060 | 52 101 | 52 600 | 52 902 | 53 629 |
| Brazil | 19 738 | 21 001 | 20 612 | .. | 20 506 | 21 700 | 21 754 | 22 036 | 20 462 | .. |
| Colombia | 3 454 | 3 482 | 3 648 | 3 811 | 4 102 | 4 242 | 4 085 | 4 224 | 4 302 | 4 241 |
| Russian Federation | 20 635 | 20 569 | 19 109 | 19 402 | 19 452 | 19 867 | 19 794 | 19 685 | 19 658 | 19 507 |

*Disclaimer:* http://oe.cd/disclaimer

1. Information on data for Israel: http://oe.cd/israel-disclaimer.
2. European Union refer to European Union with 28 countries.

## Table 14. Employment in industry, index

2010=100

| | 2007 | 2008 | 2009 | 2010 | 2011 | 2012 | 2013 | 2014 | 2015 | 2016 |
|---|---|---|---|---|---|---|---|---|---|---|
| Australia | 95.4 | 100.3 | 98.5 | 100.0 | 100.8 | 101.8 | 101.0 | 101.6 | 99.3 | 100.5 |
| Austria | 109.8 \| | 104.7 | 99.4 | 100.0 | 105.4 | 106.5 | 106.3 | 105.9 | 106.8 | 107.8 |
| Belgium | 102.0 \| | 104.5 | 98.9 | 100.0 \| | 99.8 | 93.8 | 93.8 e | 92.7 e | 93.2 e | 93.0 e |
| Canada | 106.0 | 106.7 | 99.3 | 100.0 | 102.3 | 104.5 | 105.4 | 105.4 | 104.9 | 103.9 |
| Chile | 93.6 | 97.0 | 93.5 | 100.0 | 106.9 | 111.0 \| | 115.2 | 115.0 | 116.3 | 115.1 |
| Czech Republic | 106.7 \| | 109.2 | 102.6 | 100.0 \| | 101.0 | 100.5 | 99.8 | 102.0 | 103.3 | 105.4 |
| Denmark | 122.1 e | 123.8 e | 105.7 e | 100.0 e | 101.1 e | 99.4 e | 98.1 e | 97.9 e | 99.4 e | 98.5 e |
| Estonia | 134.3 e | 133.1 e | 108.4 e | 100.0 e | 112.4 e | 110.2 e | 110.5 e | 111.6 e | 113.5 e | 111.1 e |
| Finland | 112.6 \| | 111.6 | 103.3 | 100.0 | 99.8 | 99.3 | 98.5 | 94.0 | 92.8 | 95.2 |
| France | 104.5 | 105.4 | 101.8 | 100.0 | 99.8 | 98.3 | 95.8 \| | 94.5 | 93.5 | 93.6 |
| Germany | 105.6 | 105.1 | 103.0 \| | 100.0 \| | 101.8 | 102.6 | 102.1 | 104.0 | 103.5 | 105.1 |
| Greece | 118.1 \| | 119.1 \| | 112.0 | 100.0 | 83.4 | 71.1 | 63.6 | 61.6 | 62.7 | 65.1 |
| Hungary | 111.9 | 108.2 | 101.9 | 100.0 | 101.2 | 99.5 | 101.5 | 108.7 | 111.3 | 115.5 |
| Iceland | 123.1 e | 127.9 e | 105.5 e | 100.0 e | 101.2 e | 100.3 e | 106.0 e | 106.4 e | 108.9 e | 110.5 e |
| Ireland | 157.6 | 143.9 \| | 113.9 | 100.0 | 95.0 | 91.6 | 93.5 | 95.1 | 102.0 | 107.5 |
| Israel[1] | 99.0 | 101.7 | 97.1 | 100.0 | 101.4 | 99.7 \| | 103.7 | 105.9 | 108.0 | 109.9 |
| Italy | 108.7 | 106.8 | 103.0 | 100.0 | 99.2 | 96.6 | 93.1 | 93.0 | 92.7 | 92.2 |
| Japan | 108.7 | 106.2 | 102.9 \| | 100.0 | 94.7 | 98.9 | 99.1 | 99.6 | 98.9 | 98.8 e |
| Korea | 101.4 | 100.1 | 96.7 | 100.0 | 101.0 | 101.6 | 102.9 | 106.1 | 109.4 | 109.8 |
| Latvia | .. | 158.4 e | 113.1 e | 100.0 e | 101.1 e | 105.2 e | 108.8 e | 108.2 e | 109.7 e | 110.4 e |
| Luxembourg | 129.7 | 108.0 \| | 97.4 | 100.0 | 104.3 | 103.2 | 96.4 | 92.2 \| | 101.4 | 97.4 |
| Mexico | 102.2 | 104.5 | 97.7 | 100.0 | 102.5 | 103.5 | 105.4 | 108.6 | 112.3 | 117.7 |
| Netherlands | 117.5 | 113.4 | 106.8 \| | 100.0 \| | 95.2 | 96.8 \| | 94.0 | 92.3 | 94.4 | 95.6 |
| New Zealand | 106.2 | 105.1 | 100.2 | 100.0 | 98.7 | 97.6 | 99.8 | 106.2 | 114.9 | 111.8 |
| Norway | 104.7 | 104.9 | 102.6 | 100.0 | 104.2 | 106.1 | 107.0 | 108.7 | 107.7 | 104.0 |
| Poland | 99.9 | 107.5 | 105.3 \| | 100.0 | 101.8 | 101.2 | 101.4 | 103.2 | 104.5 | 108.3 |
| Portugal | 118.2 | 111.1 | 103.5 | 100.0 \| | 95.3 | 85.7 | 78.6 | 80.4 | 83.0 | 84.5 |
| Slovak Republic | 107.9 | 113.5 | 104.3 | 100.0 \| | 100.9 | 101.6 | 97.0 | 97.4 | 101.7 | 105.6 |
| Slovenia | 109.5 | 111.1 | 103.2 | 100.0 | 94.1 | 90.8 | 89.2 | 89.9 | 92.5 | 96.1 |
| Spain | 138.5 | 132.4 | 109.2 | 100.0 | 93.2 | 84.7 | 78.7 | 78.4 | 82.7 | 83.6 |
| Sweden | 109.1 \| | 108.6 | 100.7 | 100.0 | 102.2 | 101.4 | 99.8 | 98.3 | 97.9 | 98.9 |
| Switzerland | 102.7 | 99.4 | 99.3 \| | 100.0 | 101.9 | 100.7 | 102.8 | 102.5 | 102.0 | 102.8 |
| Turkey | 93.7 | 95.8 | 90.8 | 100.0 | 107.6 | 109.0 | 113.7 \| | 121.9 | 122.3 | 123.0 |
| United Kingdom | 115.9 \| | 116.6 | 101.9 | 100.0 | 100.4 | 100.6 | 100.8 | 103.8 | 104.1 | 104.5 |
| United States | 121.0 | 115.9 | 103.0 | 100.0 | 101.3 | 103.0 | 105.5 | 108.8 | 109.6 | 111.0 |
| **OECD-Total** | .. | **109.0 e** | **101.6 e** | **100.0 e** | **100.5 e** | **100.8 e** | **101.1 e** | **103.0 e** | **103.9 e** | **105.2 e** |
| G7 | 112.9 \| | 110.6 | 102.6 \| | 100.0 \| | 100.1 \| | 101.0 | 101.4 \| | 103.0 | 102.9 | 103.6 |
| Euro area | 112.3 | 111.1 | 104.0 | 100.0 | 98.9 | 96.6 | 94.1 | 94.2 | 94.8 | 95.8 |
| European Union[2] | 111.2 | 111.9 | 104.4 | 100.0 | 99.4 | 97.7 | 95.9 | 96.8 | 97.4 | 98.7 |
| Brazil | .. | .. | .. | .. | .. | .. | .. | .. | .. | .. |
| Colombia | 90.6 | 91.4 | 95.7 | 100.0 | 107.6 | 111.3 | 107.2 | 110.8 | 112.9 | 111.3 |
| Russian Federation | 106.4 | 106.0 | 98.5 | 100.0 | 100.3 | 102.4 | 102.0 | 101.5 | 101.3 | 100.5 |

*Disclaimer:* http://oe.cd/disclaimer

1. Information on data for Israel: http://oe.cd/israel-disclaimer.
2. European Union refer to European Union with 28 countries.

## Table 15. Employment in services, thousands

| | 2007 | 2008 | 2009 | 2010 | 2011 | 2012 | 2013 | 2014 | 2015 | 2016 |
|---|---|---|---|---|---|---|---|---|---|---|
| Australia | 7 809 | 7 991 | 8 104 | 8 278 | 8 492 | 8 599 | 8 739 | 8 781 | 9 069 | 9 227 |
| Austria | 2 594 \| | 2 736 | 2 776 | 2 807 | 2 798 | 2 828 | 2 854 | 2 855 | 2 892 | 2 958 |
| Belgium | 3 229 \| | 3 280 | 3 317 | 3 379 \| | 3 403 | 3 487 | 3 485 e | 3 516 e | 3 520 e | 3 553 e |
| Canada | 12 812 | 13 044 | 13 020 | 13 249 | 13 431 | 13 575 | 13 791 | 13 916 | 14 087 | 14 260 |
| Chile | 4 142 | 4 290 | 4 324 | 4 737 | 4 969 | 5 047 \| | 5 172 | 5 293 | 5 387 | 5 473 |
| Czech Republic | 2 770 \| | 2 816 | 2 877 | 2 878 \| | 2 854 | 2 877 | 2 936 | 2 945 | 2 977 | 3 033 |
| Denmark | 2 070 \| | 2 121 e | 2 136 e | 2 108 e | 2 100 e | 2 090 | 2 097 | 2 126 | 2 154 \| | 2 244 e |
| Estonia | 396 | 402 e | 384 e | 372 e | 384 e | 398 e | .. | .. | .. | .. |
| Finland | 1 741 \| | 1 783 | 1 758 | 1 772 | 1 803 | 1 817 | 1 797 | 1 810 | 1 807 | 1 813 |
| France | 18 764 | 19 227 | 19 136 | 19 298 | 19 336 | 19 464 | 19 549 \| | 20 278 | 20 390 | 20 505 |
| Germany | 25 774 | 26 544 | 26 746 \| | 26 612 \| | 27 197 | 27 485 | 27 979 | 28 117 | 28 516 | 29 428 |
| Greece | 3 029 \| | 3 072 \| | 3 060 | 2 986 | 2 836 | 2 603 | 2 486 | 2 527 | 2 606 | 2 659 |
| Hungary | 2 439 | 2 442 | 2 407 | 2 417 | 2 416 | 2 493 | 2 543 | 2 664 | 2 730 | 2 809 |
| Iceland | 133 \| | 131 e | 127 e | 127 e | 127 e | 129 e | 134 e | .. | .. | .. |
| Ireland | 1 450 | 1 486 \| | 1 448 | 1 431 | 1 418 | 1 416 | 1 432 | 1 457 | 1 480 | 1 513 |
| Israel[1] | 2 067 | 2 139 | 2 223 | 2 303 | 2 387 \| | 2 722 \| | 2 797 | 2 894 | 2 973 | 3 054 |
| Italy | 14 967 | 15 355 | 15 224 | 15 233 | 15 374 | 15 508 | 15 390 | 15 474 | 15 646 | 15 929 |
| Japan | 43 680 | 43 950 | 43 610 \| | 44 020 | 45 090 | 44 040 | 44 490 | 44 840 | 45 220 | 45 940 e |
| Korea | 15 683 | 15 938 | 16 110 | 16 317 | 16 697 | 17 111 | 17 430 | 17 838 | 18 088 | 18 418 |
| Latvia | .. | 659 e | 606 e | 580 e | 586 e | 595 e | 608 e | 605 e | 609 e | 607 e |
| Luxembourg | 165 | 170 \| | 189 | 192 | 195 | 206 | 210 | 218 \| | .. | .. |
| Mexico | 26 673 | 27 563 | 28 055 \| | 29 008 | 29 197 | 30 871 | 30 932 | 30 488 | 31 020 | 31 666 |
| Netherlands | 6 653 | 6 855 | 6 952 \| | 6 803 \| | 6 815 | 6 848 \| | 6 872 | 6 830 | 6 880 | 6 976 |
| New Zealand | 1 535 | 1 551 | 1 549 | 1 562 | 1 593 | 1 597 | 1 635 | 1 684 | 1 697 | 1 803 |
| Norway | 1 862 | 1 933 | 1 927 | 1 945 | 1 963 | 2 006 | 2 017 | 2 032 | 2 058 | 2 071 |
| Poland | 8 320 | 8 558 | 8 827 \| | 8 769 | 8 782 | 8 891 | 8 949 | 9 206 | 9 338 | 9 415 |
| Portugal | 2 930 | 3 048 | 3 018 | 3 015 \| | 2 983 | 2 912 | 2 927 | 3 037 | 3 099 | 3 159 |
| Slovak Republic | 1 330 | 1 361 | 1 384 | 1 382 \| | 1 376 | 1 380 | 1 418 | 1 443 | 1 472 | 1 512 |
| Slovenia | 546 | 563 | 568 | 568 | 561 | 562 | 550 | 547 | 563 | 568 |
| Spain | 13 747 | 13 945 | 13 621 | 13 637 | 13 658 | 13 244 | 13 017 | 13 235 | 13 573 | 13 971 |
| Sweden | 3 462 \| | 3 521 | 3 498 | 3 531 | 3 617 | 3 652 | 3 713 | 3 796 | 3 860 | 3 930 |
| Switzerland | 3 036 | 3 196 | 3 244 \| | 3 170 | 3 238 | 3 299 | 3 319 | 3 393 | 3 470 | 3 530 |
| Turkey | 10 352 | 10 521 | 11 008 | 11 313 | 11 900 | 12 513 | 12 935 \| | 13 240 | 13 940 | 14 621 |
| United Kingdom | 22 436 \| | 22 728 | 23 077 | 23 219 | 23 351 | 23 660 | 24 041 | 24 522 | 25 061 | 25 467 |
| United States | 115 058 | 115 498 | 113 163 | 112 970 | 113 422 | 115 675 | 116 594 | 118 067 | 120 220 | 122 448 |
| **OECD-Total** | **..** | **390 783 e** | **390 535 e** | **392 387 e** | **396 913 e** | **402 235 e** | **406 105 e** | **411 454 e** | **418 650 e** | **426 629 e** |
| G7 | 253 820 \| | 256 628 | 254 607 \| | 255 187 \| | 257 354 \| | 260 215 | 262 698 \| | 266 183 | 270 141 | 274 962 |
| Euro area | 99 254 | 101 752 | 101 431 | 101 304 | 101 972 | 102 022 | 102 255 | 103 661 | 105 016 | 107 163 |
| European Union[2] | 147 714 | 150 540 | 150 924 | 150 610 | 151 456 | 152 069 | 152 957 | 155 469 | 157 994 | 160 990 |
| Brazil | 53 312 | 55 119 | 56 221 | .. | 58 671 | 59 671 | 60 211 | 62 221 | 60 832 | .. |
| Colombia | 10 510 | 10 783 | 11 332 | 11 841 | 12 284 | 12 832 | 13 414 | 13 784 | 14 172 | 14 344 |
| Russian Federation | 43 867 | 44 375 | 44 562 | 45 114 | 45 959 | 46 437 | 46 605 | 47 044 | 47 812 | 48 023 |

*Disclaimer:* http://oe.cd/disclaimer

1. Information on data for Israel: http://oe.cd/israel-disclaimer.
2. European Union refer to European Union with 28 countries.

## Table 16. Employment in services, index

2010=100

| | 2007 | 2008 | 2009 | 2010 | 2011 | 2012 | 2013 | 2014 | 2015 | 2016 |
|---|---|---|---|---|---|---|---|---|---|---|
| Australia | 94.3 | 96.5 | 97.9 | 100.0 | 102.6 | 103.9 | 105.6 | 106.1 | 109.6 | 111.5 |
| Austria | 92.4 \| | 97.5 | 98.9 | 100.0 | 99.7 | 100.8 | 101.7 | 101.7 | 103.0 | 105.4 |
| Belgium | 95.6 \| | 97.1 | 98.2 | 100.0 \| | 100.7 | 103.2 | 103.1 e | 104.0 e | 104.2 e | 105.2 e |
| Canada | 96.7 | 98.4 | 98.3 | 100.0 | 101.4 | 102.5 | 104.1 | 105.0 | 106.3 | 107.6 |
| Chile | 87.4 | 90.6 | 91.3 | 100.0 | 104.9 | 106.5 \| | 109.2 | 111.7 | 113.7 | 115.5 |
| Czech Republic | 96.2 \| | 97.8 | 100.0 | 100.0 \| | 99.1 | 99.9 | 102.0 | 102.3 | 103.4 | 105.4 |
| Denmark | 98.2 e | 100.6 e | 101.3 e | 100.0 e | 99.6 e | 99.1 e | 99.5 e | 100.8 e | 102.2 e | 106.4 e |
| Estonia | 106.4 e | 107.9 e | 103.1 e | 100.0 e | 103.0 e | 106.9 e | 108.8 e | 109.9 e | 113.1 e | 115.1 e |
| Finland | 98.3 \| | 100.7 | 99.2 | 100.0 | 101.8 | 102.6 | 101.4 | 102.2 | 102.0 | 102.3 |
| France | 97.2 | 99.6 | 99.2 | 100.0 | 100.2 | 100.9 | 101.3 \| | 105.1 | 105.7 | 106.3 |
| Germany | 96.9 | 99.7 | 100.5 \| | 100.0 \| | 102.2 | 103.3 | 105.1 | 105.7 | 107.2 | 110.6 |
| Greece | 101.4 \| | 102.9 \| | 102.5 | 100.0 | 95.0 | 87.2 | 83.2 | 84.6 | 87.3 | 89.1 |
| Hungary | 100.9 | 101.0 | 99.6 | 100.0 | 100.0 | 103.2 | 105.2 | 110.2 | 112.9 | 116.2 |
| Iceland | 104.9 e | 103.3 e | 100.1 e | 100.0 e | 100.0 e | 101.6 e | 105.7 e | 108.8 e | 113.2 e | 118.5 e |
| Ireland | 101.3 | 103.8 \| | 101.2 | 100.0 | 99.1 | 99.0 | 100.1 | 101.8 | 103.5 | 105.8 |
| Israel[1] | 89.7 | 92.9 | 96.5 | 100.0 | 103.6 \| | 118.2 \| | 121.5 | 125.6 | 129.1 | 132.6 |
| Italy | 98.3 | 100.8 | 99.9 | 100.0 | 100.9 | 101.8 | 101.0 | 101.6 | 102.7 | 104.6 |
| Japan | 99.2 | 99.8 | 99.1 \| | 100.0 | 102.4 | 100.0 | 101.1 | 101.9 | 102.7 | 104.4 e |
| Korea | 96.1 | 97.7 | 98.7 | 100.0 | 102.3 | 104.9 | 106.8 | 109.3 | 110.9 | 112.9 |
| Latvia | .. | 113.5 e | 104.4 e | 100.0 e | 100.9 e | 102.5 e | 104.7 e | 104.3 e | 104.9 e | 104.6 e |
| Luxembourg | 85.8 | 88.8 \| | 98.2 | 100.0 | 101.3 | 107.1 | 109.1 | 113.4 \| | .. | .. |
| Mexico | 92.0 | 95.0 | 96.7 \| | 100.0 | 100.6 | 106.4 | 106.6 | 105.1 | 106.9 | 109.2 |
| Netherlands | 97.8 | 100.8 | 102.2 \| | 100.0 \| | 100.2 | 100.7 \| | 101.0 | 100.4 | 101.1 | 102.5 |
| New Zealand | 98.3 | 99.3 | 99.2 | 100.0 | 102.0 | 102.2 | 104.7 | 107.8 | 108.6 | 115.4 |
| Norway | 95.8 | 99.4 | 99.1 | 100.0 | 100.9 | 103.1 | 103.7 | 104.5 | 105.8 | 106.5 |
| Poland | 94.9 | 97.6 | 100.7 \| | 100.0 | 100.2 | 101.4 | 102.1 | 105.0 | 106.5 | 107.4 |
| Portugal | 97.2 | 101.1 | 100.1 | 100.0 \| | 99.0 | 96.6 | 97.1 | 100.7 | 102.8 | 104.8 |
| Slovak Republic | 96.2 | 98.4 | 100.1 | 100.0 \| | 99.5 | 99.8 | 102.6 | 104.4 | 106.5 | 109.3 |
| Slovenia | 96.1 | 99.1 | 100.1 | 100.0 | 98.8 | 99.0 | 96.8 | 96.4 | 99.2 | 100.1 |
| Spain | 100.8 | 102.3 | 99.9 | 100.0 | 100.2 | 97.1 | 95.5 | 97.1 | 99.5 | 102.5 |
| Sweden | 98.1 \| | 99.7 | 99.1 | 100.0 | 102.4 | 103.4 | 105.2 | 107.5 | 109.3 | 111.3 |
| Switzerland | 95.8 | 100.8 | 102.3 \| | 100.0 | 102.1 | 104.1 | 104.7 | 107.0 | 109.5 | 111.4 |
| Turkey | 91.5 | 93.0 | 97.3 | 100.0 | 105.2 | 110.6 | 114.3 \| | 117.0 | 123.2 | 129.2 |
| United Kingdom | 96.6 \| | 97.9 | 99.4 | 100.0 | 100.6 | 101.9 | 103.5 | 105.6 | 107.9 | 109.7 |
| United States | 101.8 | 102.2 | 100.2 | 100.0 | 100.4 | 102.4 | 103.2 | 104.5 | 106.4 | 108.4 |
| **OECD-Total** | **..** | **99.6 e** | **99.5 e** | **100.0 e** | **101.2 e** | **102.5 e** | **103.5 e** | **104.9 e** | **106.7 e** | **108.7 e** |
| G7 | 99.5 \| | 100.6 | 99.8 \| | 100.0 \| | 100.8 \| | 102.0 | 102.9 \| | 104.3 | 105.9 | 107.7 |
| Euro area | 98.0 | 100.4 | 100.1 | 100.0 | 100.7 | 100.7 | 100.9 | 102.3 | 103.7 | 105.8 |
| European Union[2] | 98.1 | 100.0 | 100.2 | 100.0 | 100.6 | 101.0 | 101.6 | 103.2 | 104.9 | 106.9 |
| Brazil | .. | .. | .. | .. | .. | .. | .. | .. | .. | .. |
| Colombia | 88.8 | 91.1 | 95.7 | 100.0 | 103.7 | 108.4 | 113.3 | 116.4 | 119.7 | 121.1 |
| Russian Federation | 97.2 | 98.4 | 98.8 | 100.0 | 101.9 | 102.9 | 103.3 | 104.3 | 106.0 | 106.4 |

*Disclaimer:* http://oe.cd/disclaimer

1. Information on data for Israel: http://oe.cd/israel-disclaimer.
2. European Union refer to European Union with 28 countries.

## Table 17. Employment by sector: agriculture as a percentage of employment

*Percentage*

<table>
<tr><th></th><th>2007</th><th>2008</th><th>2009</th><th>2010</th><th>2011</th><th>2012</th><th>2013</th><th>2014</th><th>2015</th><th>2016</th></tr>
<tr><td>Australia</td><td>3.3</td><td>3.2</td><td>3.2</td><td>3.2</td><td>2.8</td><td>2.8</td><td>2.6</td><td>2.8</td><td>2.6</td><td>2.6</td></tr>
<tr><td>Austria</td><td>5.9 |</td><td>5.3</td><td>5.3</td><td>5.2</td><td>4.9</td><td>4.7</td><td>4.6</td><td>4.8</td><td>4.5</td><td>4.3</td></tr>
<tr><td>Belgium</td><td>1.9 |</td><td>1.6</td><td>1.5</td><td>1.4 |</td><td>1.3</td><td>1.2</td><td>1.4</td><td>1.2</td><td>1.2</td><td>1.3 |</td></tr>
<tr><td>Canada</td><td>2.5</td><td>2.4</td><td>2.4</td><td>2.2</td><td>2.2</td><td>2.1</td><td>2.2</td><td>2.1</td><td>2.0</td><td>1.9</td></tr>
<tr><td>Chile</td><td>12.0</td><td>11.5</td><td>11.2</td><td>10.6</td><td>10.3</td><td>10.0 |</td><td>9.4</td><td>9.2</td><td>9.2</td><td>9.3</td></tr>
<tr><td>Czech Republic</td><td>3.5 |</td><td>3.2</td><td>3.1</td><td>3.1 |</td><td>3.0</td><td>3.0</td><td>3.0</td><td>2.7</td><td>2.9</td><td>2.9</td></tr>
<tr><td>Denmark</td><td>3.0 |</td><td>2.5</td><td>2.6</td><td>2.4</td><td>2.4</td><td>2.6</td><td>2.5</td><td>2.5</td><td>2.5 |</td><td>2.5</td></tr>
<tr><td>Estonia</td><td>4.7</td><td>3.9</td><td>4.1</td><td>4.2</td><td>4.4</td><td>4.5</td><td>4.3</td><td>3.9</td><td>3.9</td><td>3.9</td></tr>
<tr><td>Finland</td><td>4.5 |</td><td>4.5</td><td>4.6</td><td>4.4</td><td>4.2</td><td>4.1</td><td>4.1</td><td>4.2</td><td>4.2</td><td>3.9</td></tr>
<tr><td>France</td><td>3.4</td><td>2.7</td><td>2.9</td><td>2.9</td><td>2.9</td><td>2.9</td><td>3.0 |</td><td>2.8</td><td>2.7</td><td>2.8</td></tr>
<tr><td>Germany</td><td>2.3</td><td>1.8</td><td>1.7 |</td><td>1.6 |</td><td>1.6</td><td>1.6</td><td>1.4</td><td>1.4</td><td>1.4</td><td>1.3</td></tr>
<tr><td>Greece</td><td>11.4 |</td><td>11.1 |</td><td>11.7</td><td>12.4</td><td>12.3</td><td>13.0</td><td>13.7</td><td>13.6</td><td>12.9</td><td>12.4</td></tr>
<tr><td>Hungary</td><td>4.6</td><td>4.3</td><td>4.6</td><td>4.5</td><td>4.9</td><td>5.1</td><td>4.8</td><td>4.7</td><td>4.9</td><td>5.0</td></tr>
<tr><td>Iceland</td><td>3.4 |</td><td>4.6</td><td>4.8</td><td>5.6</td><td>5.5</td><td>5.5</td><td>4.4</td><td>4.5</td><td>4.2</td><td>3.9</td></tr>
<tr><td>Ireland</td><td>5.4</td><td>5.4 |</td><td>4.9</td><td>4.5</td><td>4.5</td><td>4.7</td><td>5.7</td><td>5.7</td><td>5.6</td><td>5.6</td></tr>
<tr><td>Israel[1]</td><td>1.6</td><td>1.7</td><td>1.7</td><td>1.6</td><td>1.4 |</td><td>1.5 |</td><td>1.2</td><td>1.1</td><td>1.0</td><td>1.0</td></tr>
<tr><td>Italy</td><td>4.0</td><td>3.7</td><td>3.7</td><td>3.8</td><td>3.7</td><td>3.7</td><td>3.6</td><td>3.6</td><td>3.8</td><td>3.9</td></tr>
<tr><td>Japan</td><td>4.2</td><td>4.2</td><td>4.1 |</td><td>4.0</td><td>3.5</td><td>3.8</td><td>3.7</td><td>3.6</td><td>3.6</td><td>3.4</td></tr>
<tr><td>Korea</td><td>7.4</td><td>7.2</td><td>7.0</td><td>6.6</td><td>6.4</td><td>6.2</td><td>6.1</td><td>5.7</td><td>5.2</td><td>4.9</td></tr>
<tr><td>Latvia</td><td>..</td><td>8.0</td><td>8.7</td><td>8.6</td><td>8.9</td><td>8.4</td><td>8.1</td><td>7.5</td><td>7.9</td><td>7.7</td></tr>
<tr><td>Luxembourg</td><td>1.8</td><td>1.7 |</td><td>1.3</td><td>1.1</td><td>1.2</td><td>1.3</td><td>1.5</td><td>1.4 |</td><td>..</td><td>..</td></tr>
<tr><td>Mexico</td><td>13.5</td><td>13.4</td><td>13.5 |</td><td>13.8</td><td>13.3</td><td>13.4</td><td>13.4</td><td>13.5</td><td>13.5</td><td>12.9</td></tr>
<tr><td>Netherlands</td><td>2.9</td><td>2.6</td><td>2.5 |</td><td>2.8 |</td><td>2.5</td><td>2.5 |</td><td>1.9</td><td>2.1</td><td>2.1</td><td>2.1</td></tr>
<tr><td>New Zealand</td><td>7.1</td><td>7.0</td><td>6.8</td><td>6.7</td><td>6.9</td><td>6.7</td><td>6.4</td><td>6.2</td><td>6.1</td><td>6.5</td></tr>
<tr><td>Norway</td><td>2.3</td><td>2.6</td><td>2.7</td><td>2.5</td><td>2.4</td><td>2.2</td><td>2.2</td><td>2.2</td><td>2.0</td><td>2.1</td></tr>
<tr><td>Poland</td><td>14.7</td><td>14.0</td><td>13.3 |</td><td>13.0</td><td>12.9</td><td>12.6</td><td>12.0</td><td>11.5</td><td>11.5</td><td>10.5</td></tr>
<tr><td>Portugal</td><td>11.5</td><td>11.4</td><td>11.4</td><td>11.2 |</td><td>10.2</td><td>10.8</td><td>10.2</td><td>8.6</td><td>7.5</td><td>6.9</td></tr>
<tr><td>Slovak Republic</td><td>4.2</td><td>4.0</td><td>3.6</td><td>3.2 |</td><td>3.1</td><td>3.2</td><td>3.3</td><td>3.5</td><td>3.2</td><td>2.9</td></tr>
<tr><td>Slovenia</td><td>9.8</td><td>8.6</td><td>9.1</td><td>8.8</td><td>8.6</td><td>8.3</td><td>8.5</td><td>9.6</td><td>7.0</td><td>5.0</td></tr>
<tr><td>Spain</td><td>4.2</td><td>4.0</td><td>4.1</td><td>4.2</td><td>4.1</td><td>4.2</td><td>4.3</td><td>4.2</td><td>4.1</td><td>4.2</td></tr>
<tr><td>Sweden</td><td>2.2 |</td><td>2.1</td><td>2.2</td><td>2.1</td><td>2.0</td><td>2.0</td><td>2.0</td><td>2.0</td><td>2.0</td><td>1.9</td></tr>
<tr><td>Switzerland</td><td>4.0</td><td>3.3</td><td>3.1 |</td><td>3.3</td><td>3.4</td><td>3.4</td><td>3.4</td><td>3.5</td><td>3.3</td><td>3.3</td></tr>
<tr><td>Turkey</td><td>23.4</td><td>23.6</td><td>22.9</td><td>23.7</td><td>24.2</td><td>23.6</td><td>22.9 |</td><td>21.1</td><td>20.4</td><td>19.5</td></tr>
<tr><td>United Kingdom</td><td>1.3 |</td><td>1.1</td><td>1.1</td><td>1.2</td><td>1.2</td><td>1.2</td><td>1.0</td><td>1.2</td><td>1.1</td><td>1.1</td></tr>
<tr><td>United States</td><td>1.4</td><td>1.5</td><td>1.5</td><td>1.6</td><td>1.6</td><td>1.5</td><td>1.5</td><td>1.5</td><td>1.6</td><td>1.6</td></tr>
<tr><td>OECD-Total</td><td>..</td><td>5.0 |</td><td>5.1 |</td><td>5.1 |</td><td>5.1 |</td><td>5.0 |</td><td>4.9 |</td><td>4.8 |</td><td>4.7 e</td><td>4.6 e</td></tr>
<tr><td>G7</td><td>2.4 |</td><td>2.3</td><td>2.3 |</td><td>2.3 |</td><td>2.2 |</td><td>2.2</td><td>2.1 |</td><td>2.1</td><td>2.1</td><td>2.1</td></tr>
<tr><td>Euro area</td><td>4.1</td><td>3.6</td><td>3.6</td><td>3.6</td><td>3.5</td><td>3.5</td><td>3.4</td><td>3.4</td><td>3.3</td><td>3.2</td></tr>
<tr><td>European Union[2]</td><td>5.5</td><td>5.2</td><td>5.2</td><td>5.2</td><td>5.0</td><td>4.9</td><td>4.8</td><td>4.7</td><td>4.5</td><td>4.3</td></tr>
<tr><td>Brazil</td><td>17.9</td><td>17.1</td><td>16.7</td><td>..</td><td>15.3</td><td>14.3</td><td>14.2</td><td>14.3</td><td>13.9</td><td>..</td></tr>
<tr><td>Colombia</td><td>18.4</td><td>18.2</td><td>18.7</td><td>18.5</td><td>18.2</td><td>17.5</td><td>16.9</td><td>16.3</td><td>16.1</td><td>16.1</td></tr>
<tr><td>Russian Federation</td><td>8.9</td><td>8.5</td><td>8.3</td><td>7.7</td><td>7.7</td><td>7.3</td><td>7.0</td><td>6.7</td><td>6.7</td><td>6.7</td></tr>
</table>

*Disclaimer:* http://oe.cd/disclaimer

1. Information on data for Israel: http://oe.cd/israel-disclaimer.
2. European Union refer to European Union with 28 countries.

## Table 18. Employment by sector: industry as a percentage of employment

*Percentage*

| | 2007 | 2008 | 2009 | 2010 | 2011 | 2012 | 2013 | 2014 | 2015 | 2016 |
|---|---|---|---|---|---|---|---|---|---|---|
| Australia | 21.9 | 22.3 | 21.8 | 21.7 | 21.5 | 21.4 | 21.1 | 21.1 | 20.2 | 20.1 |
| Austria | 28.0 \| | 26.2 | 25.0 | 24.9 | 26.0 | 26.1 | 25.9 | 25.8 | 25.8 | 25.6 |
| Belgium | 24.4 \| | 24.7 | 23.5 | 23.4 \| | 23.2 | 21.8 | 21.7 e | 21.4 e | 21.5 e | 21.3 e |
| Canada | 21.1 | 20.9 | 19.8 | 19.7 | 19.8 | 20.0 | 19.9 | 19.8 | 19.5 | 19.2 |
| Chile | 23.8 | 23.9 | 23.2 | 23.0 | 23.4 | 23.8 \| | 24.2 | 23.8 | 23.7 | 23.2 |
| Czech Republic | 40.2 \| | 40.5 | 38.6 | 38.0 \| | 38.4 | 38.1 | 37.5 | 38.0 | 38.0 | 38.1 |
| Denmark | 23.2 \| | 23.1 e | 20.3 e | 19.7 e | 19.9 e | 19.7 | 19.4 | 19.2 | 19.2 \| | 18.5 e |
| Estonia | 35.1 | 34.8 e | 31.3 e | 30.2 e | 32.0 e | 30.8 e | .. | .. | .. | .. |
| Finland | 25.7 \| | 25.0 | 23.9 | 23.2 | 22.9 | 22.7 | 22.7 | 21.8 | 21.6 | 22.1 |
| France | 23.2 | 23.1 | 22.5 | 22.1 | 22.0 | 21.7 | 21.1 \| | 20.4 | 20.1 | 20.0 |
| Germany | 29.9 | 29.3 | 28.8 \| | 28.3 \| | 28.2 | 28.2 | 27.8 | 28.1 | 27.7 | 27.4 |
| Greece | 22.2 \| | 22.2 \| | 21.1 | 19.6 | 17.7 | 16.5 | 15.6 | 15.0 | 14.9 | 15.2 |
| Hungary | 32.9 | 32.2 | 31.2 | 30.7 | 30.8 | 29.8 | 29.9 | 30.4 | 30.3 | 30.4 |
| Iceland | 20.8 \| | 21.4 e | 18.8 e | 17.9 e | 18.1 e | 17.7 e | 18.2 e | .. | .. | .. |
| Ireland | 26.9 | 24.8 \| | 21.3 | 19.5 | 18.8 | 18.3 | 18.2 | 18.2 | 19.0 | 19.5 |
| Israel[1] | 21.6 | 21.5 | 20.1 | 20.0 | 19.7 \| | 17.4 \| | 17.7 | 17.5 | 17.4 | 17.3 |
| Italy | 30.6 | 29.8 | 29.2 | 28.6 | 28.3 | 27.6 | 27.0 | 26.9 | 26.6 | 26.1 |
| Japan | 27.8 | 27.2 | 26.8 \| | 26.1 | 24.8 | 25.9 | 25.8 | 25.8 | 25.5 | 25.2 e |
| Korea | 25.7 | 25.3 | 24.4 | 24.9 | 24.8 | 24.5 | 24.4 | 24.6 | 25.1 | 24.9 |
| Latvia | .. | 29.6 e | 24.5 e | 23.2 e | 23.1 e | 23.7 e | 24.0 e | 24.1 e | 24.1 e | 24.3 e |
| Luxembourg | 16.9 | 14.1 \| | 11.9 | 12.0 | 12.3 | 11.6 | 10.7 | 9.9 \| | 10.4 | 9.9 |
| Mexico | 25.9 | 25.8 | 24.2 \| | 24.0 | 24.4 | 23.6 | 23.9 | 24.6 | 24.9 | 25.6 |
| Netherlands | 18.5 | 17.6 | 16.6 \| | 15.9 \| | 15.3 | 15.5 \| | 15.1 | 15.0 | 15.2 | 15.1 |
| New Zealand | 22.0 | 21.7 | 21.0 | 20.9 | 20.3 | 20.1 | 20.2 | 20.7 | 21.9 | 20.4 |
| Norway | 21.2 | 20.5 | 20.2 | 19.7 | 20.2 | 20.2 | 20.3 | 20.4 | 20.1 | 19.4 |
| Poland | 30.7 | 31.9 | 31.1 \| | 30.3 | 30.7 | 30.4 | 30.5 | 30.5 | 30.4 | 31.3 |
| Portugal | 31.0 | 29.0 | 27.8 | 27.3 \| | 26.9 | 25.1 | 23.7 | 23.9 | 24.3 | 24.5 |
| Slovak Republic | 39.4 | 40.1 | 37.9 | 37.1 \| | 37.5 | 37.5 | 35.8 | 35.4 | 36.1 | 36.5 |
| Slovenia | 34.9 | 35.0 | 33.0 | 32.5 | 31.5 | 30.8 | 30.9 | 30.8 | 31.6 | 32.9 |
| Spain | 29.0 | 27.8 | 24.6 | 23.0 | 21.8 | 20.7 | 19.7 | 19.4 | 19.9 | 19.6 |
| Sweden | 21.6 \| | 21.2 | 20.1 | 19.9 | 19.8 | 19.5 | 19.1 | 18.5 | 18.2 | 18.1 |
| Switzerland | 22.4 | 21.1 | 20.9 \| | 21.4 | 21.3 | 20.8 | 21.0 | 20.6 | 20.2 | 20.1 |
| Turkey | 26.7 | 26.8 | 25.3 | 26.2 | 26.5 | 26.0 | 26.4 \| | 27.9 | 27.2 | 26.8 |
| United Kingdom | 22.0 \| | 21.9 | 19.5 | 19.1 | 19.0 | 18.9 | 18.7 | 18.8 | 18.5 | 18.4 |
| United States | 19.8 | 19.1 | 17.6 | 17.2 | 17.3 | 17.3 | 17.5 | 17.8 | 17.6 | 17.5 |
| **OECD-Total** | .. | **24.1 e** | **22.9 e** | **22.5 e** | **22.4 e** | **22.3 e** | **22.2 e** | **22.3 e** | **22.2 e** | **22.1 e** |
| G7 | 23.5 \| | 23.0 | 21.9 \| | 21.4 \| | 21.3 \| | 21.3 | 21.2 \| | 21.2 | 21.0 | 20.8 |
| Euro area | 27.6 | 27.0 | 25.8 | 25.1 | 24.8 | 24.4 | 23.9 | 23.7 | 23.6 | 23.4 |
| European Union[2] | 27.4 | 27.3 | 25.9 | 25.1 | 25.0 | 24.6 | 24.2 | 24.1 | 24.0 | 23.9 |
| Brazil | 22.2 | 22.9 | 22.3 | .. | 21.9 | 22.9 | 22.8 | 22.4 | 21.7 | .. |
| Colombia | 20.2 | 20.0 | 19.8 | 19.8 | 20.5 | 20.5 | 19.4 | 19.6 | 19.5 | 19.1 |
| Russian Federation | 29.2 | 29.0 | 27.5 | 27.7 | 27.5 | 27.8 | 27.7 | 27.5 | 27.2 | 26.9 |

*Disclaimer:* http://oe.cd/disclaimer

1. Information on data for Israel: http://oe.cd/israel-disclaimer.
2. European Union refer to European Union with 28 countries.

## Table 19. Employment by sector: services as a percentage of employment

*Percentage*

| | 2007 | 2008 | 2009 | 2010 | 2011 | 2012 | 2013 | 2014 | 2015 | 2016 |
|---|---|---|---|---|---|---|---|---|---|---|
| Australia | 74.8 | 74.5 | 75.0 | 75.1 | 75.7 | 75.8 | 76.3 | 76.1 | 77.2 | 77.3 |
| Austria | 66.1 \| | 68.5 | 69.7 | 69.9 | 69.0 | 69.2 | 69.5 | 69.4 | 69.7 | 70.1 |
| Belgium | 73.7 \| | 73.8 | 75.0 | 75.3 \| | 75.5 | 77.1 | 76.9 e | 77.4 e | 77.3 e | 77.5 e |
| Canada | 76.4 | 76.7 | 77.8 | 78.1 | 78.0 | 77.8 | 78.0 | 78.2 | 78.5 | 78.9 |
| Chile | 64.2 | 64.6 | 65.6 | 66.4 | 66.4 | 66.2 \| | 66.4 | 67.0 | 67.1 | 67.4 |
| Czech Republic | 56.3 \| | 56.3 | 58.3 | 58.9 \| | 58.6 | 58.8 | 59.5 | 59.2 | 59.1 | 59.0 |
| Denmark | 73.8 \| | 74.3 e | 77.1 e | 77.9 e | 77.7 e | 77.7 | 78.0 | 78.3 | 78.3 \| | 79.0 e |
| Estonia | 60.2 | 61.3 e | 64.6 e | 65.6 e | 63.6 e | 64.7 e | .. | .. | .. | .. |
| Finland | 69.9 \| | 70.5 | 71.5 | 72.4 | 72.9 | 73.2 | 73.1 | 74.0 | 74.2 | 74.1 |
| France | 73.3 | 74.2 | 74.5 | 75.0 | 75.1 | 75.4 | 75.8 \| | 76.8 | 77.2 | 77.1 |
| Germany | 67.8 | 68.9 | 69.5 \| | 70.0 \| | 70.1 | 70.2 | 70.8 | 70.5 | 70.9 | 71.3 |
| Greece | 66.4 \| | 66.6 \| | 67.2 | 68.0 | 70.0 | 70.5 | 70.7 | 71.5 | 72.2 | 72.4 |
| Hungary | 62.5 | 63.5 | 64.2 | 64.8 | 64.3 | 65.1 | 65.3 | 65.0 | 64.8 | 64.6 |
| Iceland | 75.8 \| | 74.0 e | 76.3 e | 76.5 e | 76.4 e | 76.7 e | 77.4 e | .. | .. | .. |
| Ireland | 67.6 | 69.8 \| | 73.8 | 76.0 | 76.7 | 77.1 | 76.1 | 76.1 | 75.4 | 74.9 |
| Israel[1] | 76.8 | 76.8 | 78.2 | 78.4 | 78.9 \| | 81.0 \| | 81.1 | 81.4 | 81.6 | 81.7 |
| Italy | 65.4 | 66.5 | 67.1 | 67.6 | 68.0 | 68.7 | 69.4 | 69.5 | 69.6 | 70.0 |
| Japan | 68.0 | 68.6 | 69.1 \| | 69.9 | 71.7 | 70.2 | 70.5 | 70.6 | 70.9 | 71.3 e |
| Korea | 66.9 | 67.6 | 68.5 | 68.5 | 68.9 | 69.3 | 69.5 | 69.7 | 69.7 | 70.2 |
| Latvia | .. | 62.5 e | 66.7 e | 68.2 e | 68.0 e | 68.0 e | 68.0 e | 68.4 e | 68.0 e | 68.0 e |
| Luxembourg | 81.2 | 84.2 \| | 86.8 | 87.0 | 86.5 | 87.1 | 87.8 | 88.7 \| | .. | .. |
| Mexico | 60.6 | 60.9 | 62.3 \| | 62.3 | 62.3 | 63.0 | 62.7 | 61.8 | 61.6 | 61.6 |
| Netherlands | 78.6 | 79.8 | 80.9 \| | 81.3 \| | 82.2 | 82.1 \| | 82.9 | 82.9 | 82.7 | 82.8 |
| New Zealand | 70.8 | 71.3 | 72.1 | 72.4 | 72.8 | 73.2 | 73.4 | 73.1 | 72.0 | 73.1 |
| Norway | 76.5 | 76.9 | 77.1 | 77.8 | 77.4 | 77.6 | 77.5 | 77.4 | 77.9 | 78.5 |
| Poland | 54.6 | 54.2 | 55.6 \| | 56.7 | 56.4 | 57.0 | 57.5 | 58.0 | 58.1 | 58.1 |
| Portugal | 57.5 | 59.6 | 60.7 | 61.5 \| | 62.9 | 64.0 | 66.1 | 67.5 | 68.1 | 68.6 |
| Slovak Republic | 56.4 | 55.9 | 58.5 | 59.7 \| | 59.4 | 59.2 | 60.9 | 61.1 | 60.7 | 60.7 |
| Slovenia | 55.4 | 56.5 | 57.9 | 58.8 | 59.9 | 60.8 | 60.7 | 59.7 | 61.4 | 62.1 |
| Spain | 66.8 | 68.1 | 71.3 | 72.8 | 74.1 | 75.1 | 76.0 | 76.3 | 76.0 | 76.2 |
| Sweden | 76.2 \| | 76.7 | 77.7 | 78.1 | 78.2 | 78.4 | 78.9 | 79.5 | 79.8 | 80.0 |
| Switzerland | 73.6 | 75.6 | 76.0 \| | 75.3 | 75.3 | 75.8 | 75.6 | 75.9 | 76.5 | 76.7 |
| Turkey | 49.9 | 49.6 | 51.8 | 50.1 | 49.4 | 50.4 | 50.7 \| | 51.1 | 52.4 | 53.7 |
| United Kingdom | 76.7 \| | 77.0 | 79.4 | 79.7 | 79.7 | 79.9 | 80.3 | 80.0 | 80.3 | 80.5 |
| United States | 78.8 | 79.5 | 80.9 | 81.2 | 81.1 | 81.2 | 81.0 | 80.7 | 80.8 | 80.9 |
| **OECD-Total** | **..** | **70.8 e** | **72.0 e** | **72.3 e** | **72.5 e** | **72.7 e** | **72.9 e** | **72.9 e** | **73.1 e** | **73.3 e** |
| G7 | 74.0 \| | 74.7 | 75.9 \| | 76.3 \| | 76.5 \| | 76.6 | 76.7 \| | 76.7 | 76.9 | 77.1 |
| Euro area | 68.3 | 69.3 | 70.5 | 71.2 | 71.7 | 72.1 | 72.7 | 73.0 | 73.2 | 73.4 |
| European Union[2] | 67.0 | 67.5 | 68.9 | 69.7 | 70.0 | 70.5 | 71.0 | 71.2 | 71.5 | 71.8 |
| Brazil | 59.9 | 60.0 | 61.0 | .. | 62.7 | 62.9 | 63.0 | 63.3 | 64.4 | .. |
| Colombia | 61.4 | 61.8 | 61.5 | 61.6 | 61.4 | 62.0 | 63.7 | 64.1 | 64.4 | 64.7 |
| Russian Federation | 62.0 | 62.5 | 64.2 | 64.5 | 64.9 | 64.9 | 65.3 | 65.8 | 66.1 | 66.3 |

*Disclaimer:* http://oe.cd/disclaimer

1. Information on data for Israel: http://oe.cd/israel-disclaimer.
2. European Union refer to European Union with 28 countries.

## Table 20. Self-employment, thousands

| | 2007 | 2008 | 2009 | 2010 | 2011 | 2012 | 2013 | 2014 | 2015 | 2016 |
|---|---|---|---|---|---|---|---|---|---|---|
| Australia[1] | 1 220 | 1 231 | 1 245 | 1 269 | 1 242 | 1 179 | 1 158 | 1 176 | 1 212 | 1 204 |
| Austria | 537 | 541 | 543 | 555 | 538 | 534 | 542 | 547 | 539 | 537 |
| Belgium | 649 | 632 | 654 | 645 | 645 | 649 | 683 | 664 | 691 | 680 \| |
| Canada[1] | 1 561 | 1 566 | 1 595 | 1 575 | 1 555 | 1 550 | 1 562 | 1 559 | 1 548 | 1 551 |
| Chile | 1 809 | 1 783 | 1 824 | 1 889 | 1 975 | 1 912 | 1 980 | 2 045 | 2 059 | 2 148 |
| Czech Republic | 796 \| | 807 | 827 | 866 \| | 880 | 900 | 882 | 895 | 874 | 882 |
| Denmark | 253 \| | 252 | 259 | 246 | 246 | 245 | .. | 241 | 238 \| | 257 |
| Estonia | .. | .. | .. | .. | .. | .. | .. | .. | .. | .. |
| Finland | 313 \| | 324 | 335 | 328 | 331 | 337 | 330 | 343 | 346 | 344 |
| France | 2 810 | 2 738 | 2 811 | 2 957 | 2 995 | 2 953 | 2 907 \| | 3 061 | 3 062 | 3 140 |
| Germany | 4 556 | 4 492 | 4 459 \| | 4 396 \| | 4 525 | 4 528 | 4 426 | 4 368 | 4 324 | 4 302 |
| Greece | 1 613 | 1 614 \| | 1 607 | 1 563 | 1 468 | 1 354 | 1 300 | 1 272 | 1 262 | 1 252 |
| Hungary | 486 | 470 | 473 | 460 | 457 | 449 | 439 | 449 | 457 | 467 |
| Iceland | .. | .. | .. | .. | .. | .. | .. | .. | .. | .. |
| Ireland | 363 | 371 \| | 345 | 318 | 303 | 302 | 325 | 332 | 337 | 341 |
| Israel[2] | 341 | 353 | 366 | 375 | 383 | 426 | 434 | 445 | 460 | 477 |
| Italy | 5 981 | 5 877 | 5 668 | 5 694 | 5 658 | 5 621 | 5 508 | 5 499 | 5 477 | 5 447 |
| Japan | 8 580 | 8 310 | 7 960 \| | 7 680 | 7 090 | 7 390 | 7 280 | 7 240 | 7 050 | 6 800 |
| Korea | 7 463 | 7 371 | 7 052 | 6 858 | 6 847 | 6 969 | 6 872 | 6 857 | 6 707 | 6 689 |
| Latvia | 116 | 108 | 105 | 98 | 98 | 100 | 103 | 102 | .. | .. |
| Luxembourg | .. | .. | .. | .. | .. | .. | .. | .. | .. | .. |
| Mexico | 15 207 | 15 487 | 15 358 | 16 160 | 15 796 | 16 511 | 16 263 | 15 808 | 16 167 | 16 221 |
| Netherlands | 1 113 | 1 131 | 1 162 \| | 1 257 \| | 1 256 | 1 282 | 1 330 | 1 368 | 1 401 | 1 417 |
| New Zealand | 373 | 376 | 353 | 350 | 366 | 363 | 343 | 352 | 348 | 441 |
| Norway | 195 | 196 | 202 | 193 | 178 | 180 | 182 | 189 | 186 | 183 |
| Poland | 3 575 | 3 621 | 3 608 \| | 3 555 | 3 558 | 3 491 | 3 399 | 3 387 | 3 415 | 3 356 |
| Portugal | 1 263 | 1 245 | 1 194 | 1 133 \| | 1 021 | 1 004 | 972 | 888 | 838 | 818 |
| Slovak Republic | .. | .. | 371 | .. | .. | .. | .. | .. | 367 | .. |
| Slovenia | 157 | 141 | 159 | 167 | 157 | 150 | 153 | 170 | 151 | 130 |
| Spain | 3 603 | 3 596 | 3 215 | 3 123 | 3 020 | 3 051 | 3 061 | 3 051 | 3 087 | 3 107 |
| Sweden | 481 \| | 478 | 481 | 495 | 482 | 487 | 498 | 493 | 496 | 490 |
| Switzerland | .. | .. | .. | 662 | 662 | 666 | 674 | 682 | 675 | 693 |
| Turkey | 8 204 | 8 267 | 8 503 | 8 834 | 9 228 | 9 200 | 9 168 \| | 8 801 | 8 748 | 8 831 |
| United Kingdom | 3 917 | 3 937 | 3 950 | 4 073 | 4 152 | 4 325 | 4 367 | 4 670 | 4 672 | 4 880 |
| United States[1] | 10 544 | 10 202 | 9 922 | 9 798 | 9 555 | 9 639 | 9 509 | 9 444 | 9 609 | 9 692 |
| **OECD-Total** | .. | .. | .. | .. | .. | .. | .. | .. | .. | .. |
| G7 | .. | .. | .. | .. | .. | .. | .. | .. | .. | .. |
| Euro area | 23 763 | 23 475 | 22 951 | 22 901 | 22 683 | 22 528 | 22 320 | 22 357 | 22 326 | 22 348 |
| European Union[3] | 37 191 | 36 879 | 36 352 | 36 416 | 36 001 | 35 946 | 35 584 | 35 872 | 35 564 | 35 503 |
| Brazil | 30 916 | 31 022 | 30 693 | .. | 29 561 | 29 643 | 29 761 | 31 721 | 31 118 | .. |
| Colombia | 7 879 | 8 838 | 9 728 | 10 319 | 10 841 | 11 064 | 11 069 | 11 130 | 11 298 | 11 373 |
| Russian Federation | 5 178 | 5 189 | 5 145 | 4 776 | 5 029 | 4 948 | 5 195 | 5 161 | 5 214 | 5 424 |

*Disclaimer:* http://oe.cd/disclaimer

1. It should be noted that in the case of Australia, Canada and United States self-employed data excludes "incorporated self-employed".
2. Information on data for Israel: http://oe.cd/israel-disclaimer.
3. European Union refer to European Union with 28 countries.

## Table 21. Self-employment as a percentage of employment

*Percentage*

| | 2007 | 2008 | 2009 | 2010 | 2011 | 2012 | 2013 | 2014 | 2015 | 2016 |
|---|---|---|---|---|---|---|---|---|---|---|
| Australia[1] | 11.7 | 11.5 | 11.5 | 11.5 | 11.1 | 10.4 | 10.1 | 10.2 | 10.3 | 10.1 |
| Austria | 13.7 | 13.5 | 13.6 | 13.8 | 13.3 | 13.1 | 13.2 | 13.3 | 13.0 | 12.7 |
| Belgium | 14.8 | 14.2 | 14.8 | 14.4 \| | 14.3 | 14.3 | 15.1 | 14.6 | 15.2 | 14.8 \| |
| Canada[1] | 9.3 | 9.2 | 9.5 | 9.3 | 9.0 | 8.9 | 8.8 | 8.8 | 8.6 | 8.6 |
| Chile | 28.1 | 26.8 | 27.7 | 26.5 | 26.4 | 25.1 | 25.4 | 25.9 | 25.6 | 26.5 |
| Czech Republic | 16.2 \| | 16.1 | 16.8 | 17.7 \| | 18.1 | 18.4 | 17.9 | 18.0 | 17.3 | 17.2 |
| Denmark | 9.0 \| | 8.8 | 9.3 | 9.1 | 9.1 | 9.1 | .. | 8.9 | 8.7 \| | 9.1 |
| Estonia | .. | .. | .. | .. | .. | .. | .. | .. | .. | .. |
| Finland | 12.6 \| | 12.8 | 13.6 | 13.4 | 13.4 | 13.6 | 13.4 | 14.0 | 14.2 | 14.0 |
| France | 11.0 | 10.6 | 10.9 | 11.5 | 11.6 | 11.4 | 11.3 \| | 11.6 | 11.6 | 11.8 |
| Germany | 12.0 | 11.7 | 11.6 \| | 11.6 \| | 11.7 | 11.6 | 11.2 | 11.0 | 10.8 | 10.4 |
| Greece | 35.3 | 35.0 \| | 35.3 | 35.6 | 36.2 | 36.6 | 37.0 | 36.0 | 35.0 | 34.1 |
| Hungary | 12.5 | 12.2 | 12.6 | 12.3 | 12.1 | 11.7 | 11.3 | 10.9 | 10.8 | 10.7 |
| Iceland | .. | .. | .. | .. | .. | .. | .. | .. | .. | .. |
| Ireland | 16.9 | 17.4 \| | 17.6 | 16.9 | 16.4 | 16.4 | 17.3 | 17.3 | 17.2 | 16.9 |
| Israel[2] | 12.7 | 12.7 | 12.9 | 12.8 | 12.6 \| | 12.7 | 12.6 | 12.5 | 12.6 | 12.8 |
| Italy | 26.1 | 25.5 | 25.0 | 25.3 | 25.0 | 24.9 | 24.8 | 24.7 | 24.4 | 23.9 |
| Japan | 13.3 | 13.0 | 12.6 \| | 12.2 | 11.3 | 11.8 | 11.5 | 11.4 | 11.1 | 10.6 |
| Korea | 31.8 | 31.3 | 30.0 | 28.8 | 28.2 | 28.2 | 27.4 | 26.8 | 25.9 | 25.5 |
| Latvia | 11.0 | 10.2 | 11.5 | 11.5 | 11.3 | 11.4 | 11.6 | 11.5 | .. | .. |
| Luxembourg | .. | .. | .. | .. | .. | .. | .. | .. | .. | .. |
| Mexico | 34.5 | 34.2 | 34.1 \| | 34.7 | 33.7 | 33.7 | 33.0 | 32.1 | 32.1 | 31.5 |
| Netherlands | 13.1 | 13.2 | 13.5 \| | 15.0 \| | 15.2 | 15.4 \| | 16.1 | 16.6 | 16.8 | 16.8 |
| New Zealand | 17.2 | 17.3 | 16.4 | 16.2 | 16.7 | 16.6 | 15.4 | 15.3 | 14.8 | 17.9 |
| Norway | 8.0 | 7.8 | 8.1 | 7.7 | 7.0 | 6.9 | 7.0 | 7.2 | 7.0 | 7.0 |
| Poland | 23.5 | 22.9 | 22.7 \| | 23.0 | 22.9 | 22.4 | 21.8 | 21.4 | 21.2 | 20.7 |
| Portugal | 24.8 | 24.3 | 24.0 | 23.1 \| | 21.5 | 22.1 | 21.9 | 19.7 | 18.4 | 17.8 |
| Slovak Republic | .. | .. | 15.7 | .. | .. | .. | .. | .. | 15.2 | .. |
| Slovenia | 15.9 | 14.1 | 16.2 | 17.3 | 16.8 | 16.2 | 16.9 | 18.6 | 16.5 | 14.2 |
| Spain | 17.5 | 17.6 | 16.8 | 16.7 | 16.4 | 17.3 | 17.9 | 17.6 | 17.3 | 16.9 |
| Sweden | 10.6 \| | 10.4 | 10.7 | 10.9 | 10.4 | 10.5 | 10.6 | 10.3 | 10.3 | 10.0 |
| Switzerland | .. | .. | .. | 15.7 | 15.4 | 15.3 | 15.3 | 15.3 | 14.9 | 15.1 |
| Turkey | 39.5 | 39.0 | 40.0 | 39.1 | 38.3 | 37.1 | 35.9 \| | 33.9 | 32.9 | 32.4 |
| United Kingdom | 13.4 \| | 13.3 | 13.6 | 14.0 | 14.2 | 14.6 | 14.6 | 15.2 | 15.0 | 15.4 |
| United States[1] | 7.2 | 7.0 | 7.1 | 7.0 | 6.8 | 6.8 | 6.6 | 6.5 | 6.5 | 6.4 |
| **OECD-Total** | .. | .. | .. | .. | .. | .. | .. | .. | .. | .. |
| G7 | .. | .. | .. | .. | .. | .. | .. | .. | .. | .. |
| Euro area | 16.3 | 16.0 | 16.0 | 16.1 | 15.9 | 15.9 | 15.9 | 15.7 | 15.6 | 15.3 |
| European Union[3] | 16.9 | 16.5 | 16.6 | 16.8 | 16.7 | 16.7 | 16.5 | 16.4 | 16.1 | 15.8 |
| Brazil | 34.7 | 33.8 | 33.3 | .. | 31.6 | 31.2 | 31.2 | 32.3 | 32.9 | .. |
| Colombia | 46.1 | 50.7 | 52.8 | 53.7 | 54.2 | 53.5 | 52.6 | 51.8 | 51.3 | 51.3 |
| Russian Federation | 7.3 | 7.3 | 7.4 | 6.8 | 7.1 | 6.9 | 7.3 | 7.2 | 7.2 | 7.5 |

*Disclaimer:* http://oe.cd/disclaimer

1. It should be noted that in the case of Australia, Canada and United States self-employed data excludes "incorporated self-employed".
2. Information on data for Israel: http://oe.cd/israel-disclaimer.
3. European Union refer to European Union with 28 countries.

## Table 22. Female self-employment as a percentage of female employment

*Percentage*

| | 2007 | 2008 | 2009 | 2010 | 2011 | 2012 | 2013 | 2014 | 2015 | 2016 |
|---|---|---|---|---|---|---|---|---|---|---|
| Australia | 8.8 | 8.7 | 8.7 | 8.8 | 8.5 | 8.2 | 7.9 | 8.0 | 8.2 | 8.2 |
| Austria | 11.5 | 11.1 | 11.2 | 11.2 | 10.7 | 10.5 | 10.5 | 10.5 | 10.4 | 10.0 |
| Belgium | 11.5 | 10.8 | 11.3 | 10.8 \| | 10.5 | 10.5 | 10.7 | 10.9 | 11.1 | 10.6 \| |
| Canada | 8.0 | 7.9 | 8.4 | 8.2 | 8.0 | 8.0 | 8.1 | 8.0 | 8.0 | 8.1 |
| Chile | 25.0 | 24.4 | 25.2 | 24.9 | 26.0 | 24.8 | 25.1 | 25.6 | 25.2 | 26.0 |
| Czech Republic | 10.6 \| | 10.6 | 11.4 | 12.2 \| | 12.9 | 13.4 | 13.5 | 12.8 | 12.8 | 13.2 |
| Denmark | 5.3 \| | 5.0 | 5.4 | 5.6 | 5.4 e | 5.6 e | 5.6 e | 5.5 e | 5.4 e | 5.9 e |
| Estonia | .. | .. | .. | .. | .. | .. | .. | .. | .. | .. |
| Finland | 8.2 \| | 8.6 | 9.0 | 9.0 | 8.8 | 8.9 | 8.8 | 9.3 | 9.5 | 9.4 |
| France | 7.4 | 7.3 | 7.3 | 7.6 | 7.8 | 7.7 | 7.7 \| | 8.2 | 8.2 | 8.4 |
| Germany | 9.2 | 8.8 | 8.4 \| | 8.4 \| | 8.5 | 8.4 | 8.1 | 8.0 | 7.8 | 7.6 |
| Greece | 30.7 | 30.7 \| | 30.5 | 31.0 | 31.4 | 31.4 | 31.9 | 30.4 | 29.6 | 29.5 |
| Hungary | 9.2 | 8.6 | 9.2 | 8.9 | 8.5 | 8.7 | 8.2 | 7.8 | 8.0 | 8.2 |
| Iceland | .. | .. | .. | .. | .. | .. | .. | .. | .. | .. |
| Ireland | 7.2 | 7.5 \| | 7.5 | 7.6 | 7.4 | 7.5 | 8.2 | 8.1 | 8.2 | 8.3 |
| Israel[1] | 8.2 | 8.0 | 8.2 | 8.0 | 8.3 \| | 8.7 | 9.0 | 9.1 | 9.0 | 9.2 |
| Italy | 20.0 | 19.3 | 18.5 | 18.5 | 18.3 | 18.3 | 18.3 | 18.5 | 18.3 | 18.1 |
| Japan | 13.1 | 12.4 | 11.9 \| | 11.3 | 10.4 | 10.7 | 10.4 | 10.2 | 9.7 | 9.1 |
| Korea | 31.2 | 30.4 | 28.8 | 27.1 | 26.4 | 26.0 | 25.3 | 24.6 | 23.6 | 22.8 |
| Latvia | 8.9 | 7.5 | .. | .. | .. | .. | .. | .. | .. | .. |
| Luxembourg | .. | .. | .. | .. | .. | .. | .. | .. | .. | .. |
| Mexico | 35.0 | 35.0 | 34.8 \| | 35.5 | 34.7 | 35.1 | 33.8 | 32.7 | 32.8 | 32.7 |
| Netherlands | 10.0 | 10.1 | 10.5 \| | 11.5 \| | 11.6 | 11.7 \| | 12.2 | 12.7 | 13.4 | 13.2 |
| New Zealand | 12.6 | 12.5 | 11.9 | 11.8 | 12.7 | 12.4 | 11.7 | 11.8 | 11.5 | 14.3 |
| Norway | 4.6 | 4.4 | 4.9 | .. | .. | .. | 4.4 | .. | .. | .. |
| Poland | 20.9 | 20.4 | 20.1 \| | 20.1 | 19.8 | 19.2 | 18.4 | 17.7 | 17.6 | 16.8 |
| Portugal | 22.9 | 22.6 | 21.5 | 20.4 \| | 17.2 | 17.7 | 17.4 | 14.9 | 13.9 | 13.4 |
| Slovak Republic | .. | .. | .. | .. | .. | .. | .. | .. | .. | .. |
| Slovenia | 13.2 | 11.3 | 12.8 | 14.0 | 13.4 | 12.8 | 13.6 | 16.0 | 13.5 | 10.7 |
| Spain | 13.3 | 13.1 | 12.6 | 12.3 | 12.2 | 12.7 | 13.1 | 13.0 | 12.8 | 12.7 |
| Sweden | 5.8 \| | 5.9 | 6.2 | 6.4 | 6.0 | 5.9 | 6.2 | 6.2 | 6.2 | 6.1 |
| Switzerland | .. | .. | .. | 13.1 | 12.9 | 12.9 | 13.0 | 13.0 | 13.1 | 13.0 |
| Turkey | 47.6 | 46.9 | 48.9 | 49.3 | 48.4 | 45.7 | 43.4 \| | 39.8 | 38.2 | 36.5 |
| United Kingdom | 8.2 \| | 8.2 | 8.5 | 9.0 | 9.3 | 9.7 | 9.8 | 10.5 | 10.4 | 10.9 |
| United States | 5.8 | 5.6 | 5.7 | 5.6 | 5.5 | 5.6 | 5.6 | 5.4 | 5.3 | 5.2 |
| **OECD-Total** | .. | .. | .. | .. | .. | .. | .. | .. | .. | .. |
| G7 | .. | .. | .. | .. | .. | .. | .. | .. | .. | .. |
| Euro area | 12.2 | 11.9 | 11.6 | 11.7 | 11.5 | 11.5 | 11.4 | 11.4 | 11.3 | 11.2 |
| European Union[2] | 12.9 | 12.6 | 12.5 | 12.6 | 12.4 | 12.4 | 12.3 | 12.2 | 12.0 | 11.8 |
| Brazil | 32.4 | 31.6 | 30.6 | .. | 27.5 | 27.1 | 26.8 | 28.3 | 28.2 | .. |
| Colombia | 44.8 | 48.6 | 51.3 | 52.5 | 53.7 | 53.5 | 52.1 | 50.7 | 50.0 | 49.9 |
| Russian Federation | 6.6 | 6.6 | 6.7 | 6.0 | 6.3 | 6.0 | 6.4 | 6.3 | 6.3 | 6.4 |

*Disclaimer:* http://oe.cd/disclaimer

1. Information on data for Israel: http://oe.cd/israel-disclaimer.
2. European Union refer to European Union with 28 countries.

## Table 23. Male self-employment as a percentage of male employment

*Percentage*

| | 2007 | 2008 | 2009 | 2010 | 2011 | 2012 | 2013 | 2014 | 2015 | 2016 |
|---|---|---|---|---|---|---|---|---|---|---|
| Australia | 14.1 | 13.7 | 13.9 | 13.8 | 13.2 | 12.2 | 12.0 | 12.1 | 12.1 | 11.7 |
| Austria | 15.5 | 15.6 | 15.8 | 16.1 | 15.5 | 15.4 | 15.5 | 15.8 | 15.3 | 15.1 |
| Belgium | 17.4 | 17.0 | 17.7 | 17.3 \| | 17.5 | 17.6 | 18.8 | 17.9 | 18.7 | 18.4 \| |
| Canada | 10.4 | 10.3 | 10.6 | 10.3 | 10.0 | 9.7 | 9.5 | 9.4 | 9.2 | 9.0 |
| Chile | 29.8 | 28.2 | 29.1 | 27.5 | 26.6 | 25.3 | 25.7 | 26.0 | 25.9 | 26.8 |
| Czech Republic | 20.4 \| | 20.2 | 20.8 | 21.9 \| | 21.9 | 22.2 | 21.2 | 21.9 | 20.9 | 20.3 |
| Denmark | 12.3 e | 12.2 e | 12.9 e | 12.3 e | 12.4 e | 12.3 e | 12.1 e | 11.9 e | 11.6 e | 11.8 e |
| Estonia | .. | .. | .. | .. | .. | .. | .. | .. | .. | .. |
| Finland | 16.6 \| | 16.7 | 18.0 | 17.6 | 17.6 | 18.0 | 17.8 | 18.4 | 18.7 | 18.4 |
| France | 14.2 | .. | 14.2 | 15.0 | 15.1 | 14.9 | 14.5 \| | 14.8 | .. | 15.0 |
| Germany | 14.3 | 14.0 | 14.3 \| | 14.3 \| | 14.4 | 14.3 | 13.9 | 13.5 | 13.4 | 12.8 |
| Greece | 38.3 | 37.8 \| | 38.5 | 38.7 | 39.5 | 40.3 | 40.6 | 40.0 | 38.9 | 37.4 |
| Hungary | 15.2 | 15.3 | 15.5 | 15.3 | 15.2 | 14.4 | 13.9 | 13.6 | 13.3 | 12.9 |
| Iceland | .. | .. | .. | .. | .. | .. | .. | .. | .. | .. |
| Ireland | 24.2 | 25.2 \| | 26.1 | 24.9 | 24.2 | 24.3 | 25.0 | 25.2 | 24.7 | 24.1 |
| Israel[1] | 16.5 | 16.7 | 17.0 | 17.0 | 16.5 \| | 16.2 | 15.8 | 15.6 | 15.9 | 16.0 |
| Italy | 30.1 | 29.6 | 29.4 | 29.9 | 29.7 | 29.6 | 29.5 | 29.2 | 28.7 | 28.1 |
| Japan | 13.5 | 13.3 | 13.1 \| | 12.8 | 11.9 | 12.6 | 12.4 | 12.3 | 12.1 | 11.7 |
| Korea | 32.3 | 31.9 | 30.8 | 30.0 | 29.6 | 29.8 | 29.0 | 28.4 | 27.5 | 27.5 |
| Latvia | 12.9 | 13.0 | 14.5 | .. | .. | .. | .. | .. | .. | .. |
| Luxembourg | .. | .. | .. | .. | .. | .. | .. | .. | .. | .. |
| Mexico | 34.2 | 33.7 | 33.7 \| | 34.2 | 33.1 | 32.8 | 32.5 | 31.7 | 31.7 | 30.8 |
| Netherlands | 15.7 | 15.8 | 16.1 \| | 18.0 \| | 18.2 | 18.5 \| | 19.3 | 20.0 | 19.8 | 19.9 |
| New Zealand | 21.2 | 21.5 | 20.5 | 20.1 | 20.5 | 20.4 | 18.8 | 18.3 | 17.7 | 21.0 |
| Norway | 11.0 | 10.8 | .. | .. | .. | .. | .. | .. | .. | .. |
| Poland | 25.5 | 25.0 | 24.9 \| | 25.3 | 25.3 | 25.0 | 24.5 | 24.3 | 24.2 | 23.9 |
| Portugal | 26.5 | 25.8 | 26.3 | 25.6 \| | 25.4 | 26.2 | 26.2 | 24.3 | 22.7 | 21.9 |
| Slovak Republic | .. | .. | .. | .. | .. | .. | .. | .. | .. | .. |
| Slovenia | 18.1 | 16.5 | 19.0 | 20.0 | 19.7 | 19.2 | 19.6 | 20.7 | 19.0 | 17.2 |
| Spain | 20.5 | 20.8 | 20.1 | 20.2 | 19.8 | 21.1 | 21.9 | 21.5 | 21.0 | 20.5 |
| Sweden | 14.9 \| | 14.4 | 14.7 | 15.0 | 14.4 | 14.5 | 14.6 | 14.1 | 13.9 | 13.5 |
| Switzerland | .. | .. | .. | 17.9 | 17.5 | 17.3 | 17.3 | 17.2 | 16.4 | 16.8 |
| Turkey | 36.7 | 36.2 | 36.6 | 35.1 | 34.2 | 33.5 | 32.7 \| | 31.5 | 30.6 | 30.6 |
| United Kingdom | 17.8 \| | 17.8 | 18.0 | 18.3 | 18.5 | 18.9 | 18.8 | 19.4 | 19.0 | 19.4 |
| United States | 8.4 | 8.3 | 8.4 | 8.3 | 8.0 | 7.8 | 7.5 | 7.4 | 7.5 | 7.5 |
| **OECD-Total** | .. | .. | .. | .. | .. | .. | .. | .. | .. | .. |
| G7 | .. | .. | .. | .. | .. | .. | .. | .. | .. | .. |
| Euro area | 19.6 | 19.3 | 19.5 | 19.8 | 19.7 | 19.7 | 19.6 | 19.4 | 19.1 | 18.8 |
| European Union[2] | 20.1 | 19.8 | 20.0 | 20.4 | 20.2 | 20.2 | 20.1 | 20.0 | 19.6 | 19.2 |
| Brazil | 36.5 | 35.4 | 35.3 | .. | 34.6 | 34.3 | 34.4 | 35.3 | 36.5 | .. |
| Colombia | 46.8 | 52.0 | 53.8 | 54.5 | 54.4 | 53.4 | 52.9 | 52.5 | 52.3 | 52.4 |
| Russian Federation | 8.0 | 8.0 | 8.2 | 7.7 | 7.9 | 7.8 | 8.1 | 8.1 | 8.1 | 8.6 |

*Disclaimer:* http://oe.cd/disclaimer

1. Information on data for Israel: http://oe.cd/israel-disclaimer.
2. European Union refer to European Union with 28 countries.

## Table 24. Part-time employment as a percentage of employment

*Percentage*

| | 2007 | 2008 | 2009 | 2010 | 2011 | 2012 | 2013 | 2014 | 2015 | 2016 |
|---|---|---|---|---|---|---|---|---|---|---|
| Australia | 23.7 | 23.8 | 24.6 | 24.8 | 24.7 | 24.6 | 24.9 | 25.2 | 25.2 | 25.9 |
| Austria | 17.3 | 17.8 | 18.7 | 19.2 | 19.0 | 19.4 | 19.9 | 20.9 | 21.0 | 20.9 |
| Belgium | 18.1 | 18.3 | 18.2 | 18.3 | 18.8 | 18.7 | 18.2 | 18.1 | 18.2 | 17.8 |
| Canada | 18.3 | 18.6 | 19.3 | 19.6 | 19.3 | 19.0 | 19.1 | 19.3 | 18.9 | 19.2 |
| Chile | 8.0 | 9.1 | 10.5 | 17.4 | 17.2 | 16.7 | 16.5 | 17.0 | 16.8 | 17.4 |
| Czech Republic | 3.5 | 3.5 | 3.9 | 4.3 | 3.9 | 4.3 | 4.9 | 4.8 | 4.7 | 4.9 |
| Denmark | 17.3 | 17.8 | 18.8 | 19.2 | 19.2 | 19.4 | 19.2 | 19.7 | 20.0 | 21.7 |
| Estonia | 6.8 | 6.3 | 8.5 | 8.8 | 8.9 | 8.2 | 8.0 | 7.6 | 8.6 | 8.7 |
| Finland | 11.7 | 11.5 | 12.2 | 12.5 | 12.7 | 13.0 | 13.0 | 13.3 | 13.4 | 14.0 |
| France | 13.3 | 13.0 | 13.5 | 13.7 | 13.7 | 13.9 | 14.0 | 14.3 | 14.4 | 14.2 |
| Germany | 22.0 | 21.8 | 21.9 | 21.8 | 22.3 | 22.2 | 22.6 | 22.3 | 22.4 | 22.1 |
| Greece | 7.7 | 7.9 | 8.5 | 8.9 | 9.1 | 9.8 | 10.3 | 11.2 | 11.1 | 11.0 |
| Hungary | 3.1 | 3.4 | 3.8 | 4.0 | 5.2 | 5.2 | 4.9 | 4.5 | 4.4 | 4.0 |
| Iceland | 15.9 | 15.1 | 17.5 | 18.4 | 17.0 | 17.3 | 17.4 | 16.7 | 17.2 | 17.7 |
| Ireland | 19.9 | 20.9 | 23.8 | 24.9 | 25.7 | 25.0 | 24.2 | 23.4 | 23.3 | 22.8 |
| Israel[1] | 16.1 | 16.0 | 16.1 | 15.2 | 14.9 | 16.1 | 15.9 | 16.0 | 15.9 | 15.5 |
| Italy | 15.3 | 16.0 | 15.9 | 16.4 | 16.7 | 17.8 | 18.5 | 18.8 | 18.7 | 18.6 |
| Japan | 18.9 | 19.6 | 20.3 | 20.2 | 20.6 | 20.5 | 21.9 | 22.7 | 22.7 | 22.8 |
| Korea | 8.9 | 9.3 | 9.9 | 10.7 | 13.5 | 10.2 | 11.1 | 10.5 | 10.6 | 10.9 |
| Latvia | 5.4 | 6.0 | 7.4 | 8.2 | 8.0 | 8.3 | 7.6 | 6.6 | 6.8 | 7.3 |
| Luxembourg | 13.1 | 13.4 | 16.4 | 15.8 | 16.0 | 15.5 | 15.3 | 15.5 | 14.9 | 13.6 |
| Mexico | 17.8 | 17.7 | 18.3 | 18.2 | 18.4 | 18.9 | 18.4 | 18.2 | 18.1 | 17.7 |
| Netherlands | 35.9 | 36.1 | 36.7 | 37.1 | 37.0 | 37.6 | 38.5 | 38.3 | 38.5 | 37.7 |
| New Zealand | 21.9 | 22.1 | 22.4 | 21.8 | 22.1 | 22.3 | 21.6 | 21.5 | 21.3 | 21.2 |
| Norway | 20.4 | 20.3 | 20.4 | 20.1 | 20.0 | 19.8 | 19.5 | 18.8 | 19.4 | 19.2 |
| Poland | 10.1 | 9.3 | 8.7 | 8.7 | 8.3 | 8.0 | 7.7 | 7.1 | 6.4 | 6.0 |
| Portugal | 10.0 | 9.9 | 9.8 | 9.6 | 11.7 | 12.5 | 12.0 | 11.0 | 10.5 | 9.1 |
| Slovak Republic | 2.4 | 2.6 | 2.9 | 3.7 | 4.0 | 3.8 | 4.3 | 4.9 | 5.7 | 5.8 |
| Slovenia | 7.8 | 7.5 | 8.3 | 9.4 | 8.6 | 7.9 | 8.6 | 9.6 | 9.2 | 8.0 |
| Spain | 10.5 | 10.9 | 11.6 | 12.2 | 12.7 | 13.6 | 14.7 | 14.7 | 14.5 | 14.1 |
| Sweden | 14.4 | 14.4 | 14.6 | 14.5 | 14.3 | 14.3 | 14.3 | 14.2 | 14.1 | 13.8 |
| Switzerland | 25.4 | 25.9 | 26.5 | 26.3 | 25.9 | 26.2 | 26.5 | 27.1 | 27.0 | 27.0 |
| Turkey | 8.1 | 8.5 | 11.1 | 11.5 | 11.7 | 11.8 | 12.3 | 10.6 | 9.9 | 9.5 |
| United Kingdom | 22.9 | 23.0 | 23.9 | 24.6 | 24.7 | 25.0 | 24.6 | 24.1 | 24.0 | 23.8 |
| United States | .. | .. | .. | .. | .. | .. | .. | .. | .. | .. |
| **OECD-Total** | **15.4** | **15.6** | **16.5** | **16.6** | **16.8** | **16.8** | **17.0** | **16.9** | **16.8** | **16.7** |
| G7 | .. | .. | .. | .. | .. | .. | .. | .. | .. | .. |
| Euro area | .. | .. | .. | .. | .. | .. | .. | .. | .. | .. |
| European Union | 15.8 | 15.8 | 16.3 | 16.6 | 16.8 | 17.2 | 17.4 | 17.3 | 17.2 | 17.0 |
| Brazil | 18.3 | 18.0 | 17.8 | .. | 16.0 | 16.2 | 16.4 | 17.1 | 17.9 | .. |
| Colombia | 14.5 | 14.0 | 15.1 | 16.3 | 16.9 | 18.0 | 17.8 | 16.5 | 16.6 | 15.9 |
| Russian Federation | 5.1 | 5.0 | 4.7 | 4.3 | 4.1 | 4.1 | 4.3 | 4.0 | 4.2 | 4.3 |

*Disclaimer:* http://oe.cd/disclaimer

1. Information on data for Israel: http://oe.cd/israel-disclaimer.

## Table 25. Female share of part-time employment

*Percentage*

| | 2007 | 2008 | 2009 | 2010 | 2011 | 2012 | 2013 | 2014 | 2015 | 2016 |
|---|---|---|---|---|---|---|---|---|---|---|
| Australia | 71.5 | 71.7 | 70.8 | 70.4 | 70.8 | 71.1 | 70.3 | 69.9 | 69.5 | 68.8 |
| Austria | 82.4 | 80.5 | 80.4 | 80.0 | 80.5 | 80.6 | 78.9 | 78.6 | 78.4 | 78.3 |
| Belgium | 80.7 | 81.3 | 80.6 | 80.4 | 79.9 | 79.8 | 80.8 | 79.1 | 78.9 | 79.4 |
| Canada | 68.0 | 67.7 | 67.6 | 67.6 | 66.6 | 67.3 | 66.7 | 66.6 | 66.4 | 65.6 |
| Chile | 56.9 | 56.4 | 56.0 | 58.1 | 58.7 | 59.2 | 59.2 | 60.2 | 59.4 | 58.6 |
| Czech Republic | 72.3 | 72.1 | 68.7 | 69.2 | 72.9 | 69.7 | 71.2 | 70.5 | 69.5 | 70.9 |
| Denmark | 63.3 | 61.3 | 62.0 | 63.2 | 62.1 | 60.9 | 61.1 | 61.0 | 60.3 | 57.7 |
| Estonia | 73.2 | 70.4 | 67.6 | 67.9 | 71.7 | 71.7 | 69.3 | 66.1 | 69.8 | 67.2 |
| Finland | 63.7 | 63.0 | 63.6 | 62.2 | 61.0 | 61.7 | 62.2 | 61.4 | 59.5 | 60.8 |
| France | 80.5 | 79.9 | 79.9 | 78.1 | 77.4 | 77.5 | 77.0 | 75.6 | 75.2 | 74.7 |
| Germany | 80.7 | 80.3 | 80.4 | 80.9 | 79.7 | 79.2 | 78.6 | 78.1 | 77.9 | 78.1 |
| Greece | 67.7 | 67.7 | 68.0 | 66.3 | 63.4 | 63.7 | 62.3 | 60.8 | 61.9 | 61.9 |
| Hungary | 68.6 | 64.7 | 64.5 | 65.7 | 61.2 | 64.9 | 62.5 | 62.8 | 63.6 | 64.8 |
| Iceland | 72.7 | 71.2 | 70.0 | 67.6 | 68.0 | 65.8 | 67.5 | 66.2 | 65.6 | 65.1 |
| Ireland | 79.8 | 78.7 | 76.2 | 75.1 | 74.5 | 73.3 | 71.9 | 72.2 | 72.1 | 72.4 |
| Israel[1] | 73.3 | 72.3 | 72.6 | 72.9 | 71.7 | 67.9 | 68.5 | 68.6 | 68.3 | 68.5 |
| Italy | 78.2 | 77.1 | 77.7 | 77.1 | 76.9 | 75.3 | 74.1 | 73.4 | 73.5 | 73.6 |
| Japan | 71.5 | 70.4 | 69.9 | 70.3 | 71.0 | 70.8 | 70.3 | 69.8 | 69.8 | 70.3 |
| Korea | 58.9 | 59.0 | 59.3 | 60.3 | 56.6 | 61.0 | 60.5 | 62.2 | 62.6 | 63.6 |
| Latvia | 67.5 | 68.0 | 64.3 | 64.9 | 63.6 | 65.6 | 65.5 | 69.2 | 69.7 | 67.7 |
| Luxembourg | 93.9 | 92.6 | 81.2 | 83.7 | 82.2 | 80.5 | 80.3 | 80.1 | 80.8 | 80.4 |
| Mexico | 60.0 | 59.0 | 58.3 | 58.1 | 57.6 | 57.5 | 57.4 | 57.5 | 57.8 | 58.1 |
| Netherlands | 75.5 | 75.6 | 75.0 | 75.0 | 75.4 | 74.5 | 73.3 | 72.6 | 72.7 | 73.3 |
| New Zealand | 73.2 | 72.9 | 72.2 | 72.5 | 73.4 | 74.0 | 73.2 | 72.0 | 72.3 | 71.3 |
| Norway | 72.9 | 71.7 | 70.8 | 70.3 | 71.1 | 69.4 | 69.4 | 69.8 | 67.1 | 67.1 |
| Poland | 67.0 | 68.1 | 68.4 | 66.9 | 66.9 | 67.6 | 67.9 | 67.1 | 67.0 | 68.2 |
| Portugal | 66.7 | 68.4 | 67.9 | 65.8 | 59.8 | 58.6 | 58.0 | 57.9 | 59.3 | 62.5 |
| Slovak Republic | 74.0 | 67.1 | 59.0 | 58.6 | 61.6 | 59.4 | 58.0 | 58.2 | 59.9 | 59.0 |
| Slovenia | 56.2 | 58.3 | 57.3 | 58.5 | 58.0 | 59.5 | 59.1 | 59.5 | 59.8 | 64.8 |
| Spain | 80.0 | 80.2 | 78.8 | 77.9 | 76.4 | 76.0 | 73.4 | 74.0 | 73.3 | 72.8 |
| Sweden | 65.0 | 64.6 | 64.2 | 63.0 | 62.7 | 62.0 | 61.2 | 61.1 | 60.7 | 61.8 |
| Switzerland | 81.3 | 81.2 | 81.2 | 80.5 | 80.0 | 80.0 | 79.8 | 78.5 | 78.2 | 77.4 |
| Turkey | 59.6 | 58.7 | 58.4 | 58.0 | 60.0 | 60.0 | 59.9 | 57.7 | 58.2 | 57.4 |
| United Kingdom | 77.2 | 76.2 | 76.0 | 75.0 | 74.8 | 73.9 | 73.8 | 74.2 | 73.7 | 74.1 |
| United States | .. | .. | .. | .. | .. | .. | .. | .. | .. | .. |
| **OECD-Total** | **71.5** | **70.8** | **70.2** | **70.0** | **69.4** | **69.5** | **68.9** | **68.9** | **68.7** | **68.8** |
| G7 | .. | .. | .. | .. | .. | .. | .. | .. | .. | .. |
| Euro area | .. | .. | .. | .. | .. | .. | .. | .. | .. | .. |
| European Union | 77.2 | 76.7 | 76.5 | 75.9 | 75.4 | 74.8 | 74.2 | 73.8 | 73.6 | 73.8 |
| Brazil | 67.6 | 67.8 | 67.5 | .. | 65.1 | 64.4 | 64.2 | 64.8 | 63.2 | .. |
| Colombia | 61.3 | 64.6 | 65.7 | 65.5 | 66.0 | 65.9 | 66.5 | 67.5 | 68.3 | 69.0 |
| Russian Federation | 64.8 | 64.5 | 65.2 | 64.3 | 65.4 | 64.5 | 65.5 | 65.1 | 64.9 | 62.9 |

*Disclaimer:* http://oe.cd/disclaimer

1. Information on data for Israel: http://oe.cd/israel-disclaimer.

## Table 26. Female part-time employment as a percentage of female employment

*Percentage*

| | 2007 | 2008 | 2009 | 2010 | 2011 | 2012 | 2013 | 2014 | 2015 | 2016 |
|---|---|---|---|---|---|---|---|---|---|---|
| Australia | 37.7 | 37.7 | 38.2 | 38.6 | 38.4 | 38.2 | 38.1 | 38.4 | 38.0 | 38.4 |
| Austria | 31.4 | 31.3 | 32.4 | 33.0 | 32.8 | 33.5 | 33.4 | 34.9 | 35.0 | 34.7 |
| Belgium | 32.2 | 32.5 | 31.8 | 31.7 | 32.4 | 32.1 | 31.4 | 30.5 | 30.2 | 30.0 |
| Canada | 26.3 | 26.6 | 27.2 | 27.7 | 27.0 | 26.7 | 26.7 | 27.0 | 26.4 | 26.4 |
| Chile | 13.9 | 15.2 | 17.0 | 25.7 | 25.5 | 24.6 | 24.3 | 25.0 | 24.5 | 25.0 |
| Czech Republic | 5.9 | 5.8 | 6.2 | 7.0 | 6.6 | 7.0 | 8.0 | 7.7 | 7.4 | 8.0 |
| Denmark | 23.4 | 23.3 | 24.5 | 25.4 | 25.2 | 24.9 | 24.7 | 25.4 | 25.8 | 26.7 |
| Estonia | 10.1 | 9.0 | 11.3 | 11.7 | 12.9 | 11.9 | 11.3 | 10.3 | 12.2 | 11.9 |
| Finland | 15.5 | 15.1 | 15.9 | 16.0 | 16.0 | 16.5 | 16.7 | 16.8 | 16.4 | 17.7 |
| France | 22.8 | 22.1 | 22.7 | 22.5 | 22.3 | 22.6 | 22.5 | 22.5 | 22.3 | 22.0 |
| Germany | 39.1 | 38.5 | 38.3 | 38.2 | 38.3 | 38.0 | 38.1 | 37.5 | 37.4 | 36.9 |
| Greece | 13.3 | 13.6 | 14.4 | 14.5 | 14.0 | 15.1 | 15.6 | 16.2 | 16.3 | 16.1 |
| Hungary | 4.5 | 4.6 | 5.2 | 5.4 | 6.7 | 7.0 | 6.5 | 6.0 | 6.0 | 5.5 |
| Iceland | 25.4 | 23.6 | 25.8 | 25.9 | 24.1 | 23.7 | 24.6 | 23.2 | 23.7 | 24.6 |
| Ireland | 35.0 | 35.5 | 37.4 | 38.2 | 39.1 | 37.5 | 36.2 | 35.4 | 35.4 | 34.8 |
| Israel[1] | 25.3 | 24.5 | 24.5 | 23.3 | 22.5 | 23.6 | 23.4 | 23.5 | 23.3 | 22.8 |
| Italy | 29.8 | 30.5 | 30.5 | 31.0 | 31.2 | 32.2 | 32.8 | 32.9 | 32.8 | 32.6 |
| Japan | 32.6 | 33.2 | 33.8 | 33.9 | 34.8 | 34.5 | 36.2 | 37.2 | 36.9 | 37.1 |
| Korea | 12.5 | 13.2 | 14.2 | 15.5 | 18.5 | 15.0 | 16.2 | 15.6 | 15.9 | 16.5 |
| Latvia | 7.4 | 8.2 | 9.0 | 10.0 | 9.8 | 10.7 | 9.9 | 9.0 | 9.4 | 9.7 |
| Luxembourg | 27.6 | 28.9 | 31.1 | 30.4 | 30.2 | 28.1 | 27.7 | 27.7 | 26.7 | 24.1 |
| Mexico | 28.5 | 27.8 | 28.2 | 28.1 | 28.0 | 28.4 | 27.6 | 27.5 | 27.5 | 26.9 |
| Netherlands | 59.9 | 59.8 | 59.9 | 60.6 | 60.6 | 60.9 | 61.1 | 60.6 | 60.7 | 59.8 |
| New Zealand | 34.5 | 34.4 | 34.3 | 33.7 | 34.4 | 35.0 | 33.5 | 32.7 | 32.7 | 32.1 |
| Norway | 31.6 | 30.8 | 30.4 | 29.8 | 30.0 | 29.1 | 28.8 | 27.7 | 27.6 | 27.2 |
| Poland | 15.0 | 14.1 | 13.1 | 13.1 | 12.5 | 12.2 | 11.8 | 10.7 | 9.6 | 9.0 |
| Portugal | 14.4 | 14.5 | 14.0 | 13.2 | 14.5 | 14.9 | 14.1 | 12.9 | 12.6 | 11.5 |
| Slovak Republic | 4.0 | 4.0 | 4.0 | 4.8 | 5.6 | 5.1 | 5.6 | 6.4 | 7.8 | 7.6 |
| Slovenia | 9.7 | 9.6 | 10.4 | 12.1 | 10.9 | 10.3 | 11.2 | 12.5 | 12.1 | 11.1 |
| Spain | 20.1 | 20.4 | 20.7 | 21.2 | 21.4 | 22.4 | 23.4 | 23.6 | 23.1 | 22.3 |
| Sweden | 19.7 | 19.6 | 19.8 | 19.4 | 19.0 | 18.6 | 18.4 | 18.3 | 18.0 | 17.8 |
| Switzerland | 45.6 | 45.9 | 46.7 | 46.4 | 45.4 | 45.7 | 45.9 | 45.9 | 45.5 | 44.9 |
| Turkey | 18.6 | 19.0 | 23.5 | 23.4 | 24.3 | 24.2 | 24.5 | 20.6 | 19.0 | 17.8 |
| United Kingdom | 38.2 | 37.7 | 38.7 | 39.3 | 39.3 | 39.4 | 38.7 | 38.1 | 37.7 | 37.5 |
| United States | .. | .. | .. | .. | .. | .. | .. | .. | .. | .. |
| **OECD-Total** | **25.3** | **25.3** | **26.1** | **26.2** | **26.4** | **26.4** | **26.4** | **26.2** | **25.9** | **25.8** |
| G7 | .. | .. | .. | .. | .. | .. | .. | .. | .. | .. |
| Euro area | .. | .. | .. | .. | .. | .. | .. | .. | .. | .. |
| European Union[2] | 27.3 | 27.1 | 27.4 | 27.7 | 27.8 | 28.1 | 28.1 | 27.7 | 27.5 | 27.2 |
| Brazil | 29.1 | 28.7 | 28.1 | .. | 24.6 | 24.6 | 24.7 | 25.6 | 26.5 | .. |
| Colombia | 22.8 | 23.1 | 24.8 | 26.3 | 27.3 | 28.6 | 28.4 | 26.6 | 27.0 | 26.1 |
| Russian Federation | 6.6 | 6.5 | 6.2 | 5.6 | 5.4 | 5.4 | 5.8 | 5.3 | 5.6 | 5.6 |

*Disclaimer:* http://oe.cd/disclaimer

1. Information on data for Israel: http://oe.cd/israel-disclaimer.
2. European Union refer to European Union with 28 countries.

## Table 27. Male part-time employment as a percentage of male employment

*Percentage*

| | 2007 | 2008 | 2009 | 2010 | 2011 | 2012 | 2013 | 2014 | 2015 | 2016 |
|---|---|---|---|---|---|---|---|---|---|---|
| Australia | 12.3 | 12.3 | 13.2 | 13.5 | 13.2 | 13.1 | 13.6 | 14.0 | 14.3 | 15.1 |
| Austria | 5.6 | 6.4 | 6.8 | 7.2 | 7.0 | 7.1 | 7.9 | 8.5 | 8.6 | 8.6 |
| Belgium | 6.4 | 6.3 | 6.6 | 6.7 | 7.0 | 7.1 | 6.6 | 7.2 | 7.3 | 6.9 |
| Canada | 11.1 | 11.4 | 12.0 | 12.1 | 12.3 | 11.9 | 12.2 | 12.3 | 12.1 | 12.6 |
| Chile | 5.2 | 6.0 | 7.1 | 12.0 | 11.8 | 11.3 | 11.3 | 11.5 | 11.5 | 12.2 |
| Czech Republic | 1.7 | 1.7 | 2.1 | 2.3 | 1.9 | 2.3 | 2.5 | 2.5 | 2.5 | 2.6 |
| Denmark | 11.9 | 13.0 | 13.6 | 13.5 | 13.8 | 14.4 | 14.2 | 14.6 | 15.0 | 17.3 |
| Estonia | 3.6 | 3.6 | 5.6 | 5.8 | 5.0 | 4.6 | 4.9 | 5.0 | 5.1 | 5.6 |
| Finland | 8.2 | 8.2 | 8.7 | 9.2 | 9.6 | 9.7 | 9.6 | 10.0 | 10.6 | 10.6 |
| France | 4.9 | 4.9 | 5.1 | 5.7 | 5.9 | 6.0 | 6.2 | 6.7 | 6.9 | 7.0 |
| Germany | 7.8 | 7.9 | 7.9 | 7.8 | 8.4 | 8.6 | 9.0 | 9.1 | 9.3 | 9.1 |
| Greece | 4.1 | 4.2 | 4.6 | 5.1 | 5.6 | 6.1 | 6.6 | 7.5 | 7.3 | 7.2 |
| Hungary | 1.8 | 2.3 | 2.6 | 2.6 | 3.9 | 3.5 | 3.5 | 3.2 | 3.0 | 2.6 |
| Iceland | 8.0 | 8.0 | 10.0 | 11.4 | 10.4 | 11.4 | 10.9 | 10.8 | 11.3 | 11.6 |
| Ireland | 7.4 | 8.3 | 11.0 | 12.1 | 12.8 | 13.1 | 13.1 | 12.5 | 12.3 | 11.9 |
| Israel[1] | 8.1 | 8.4 | 8.4 | 7.9 | 8.0 | 9.6 | 9.4 | 9.4 | 9.4 | 9.1 |
| Italy | 5.5 | 6.1 | 6.0 | 6.3 | 6.5 | 7.5 | 8.3 | 8.6 | 8.5 | 8.5 |
| Japan | 9.2 | 9.9 | 10.5 | 10.4 | 10.3 | 10.3 | 11.3 | 12.0 | 12.0 | 11.9 |
| Korea | 6.3 | 6.5 | 6.9 | 7.2 | 10.0 | 6.8 | 7.5 | 6.8 | 6.9 | 6.8 |
| Latvia | 3.4 | 3.8 | 5.5 | 6.1 | 6.1 | 5.9 | 5.4 | 4.1 | 4.2 | 4.8 |
| Luxembourg | 1.4 | 1.7 | 5.4 | 4.6 | 5.0 | 5.4 | 5.4 | 5.6 | 5.2 | 4.9 |
| Mexico | 11.4 | 11.6 | 12.2 | 12.2 | 12.5 | 13.0 | 12.8 | 12.4 | 12.3 | 12.0 |
| Netherlands | 16.1 | 16.2 | 17.0 | 17.2 | 16.9 | 17.8 | 19.2 | 19.4 | 19.5 | 18.7 |
| New Zealand | 11.0 | 11.2 | 11.8 | 11.3 | 11.1 | 11.0 | 11.0 | 11.4 | 11.2 | 11.6 |
| Norway | 10.5 | 10.9 | 11.3 | 11.4 | 11.0 | 11.5 | 11.3 | 10.8 | 12.1 | 12.0 |
| Poland | 6.0 | 5.3 | 5.0 | 5.2 | 5.0 | 4.7 | 4.5 | 4.2 | 3.8 | 3.4 |
| Portugal | 6.3 | 5.9 | 6.0 | 6.3 | 9.1 | 10.1 | 9.9 | 9.1 | 8.5 | 6.8 |
| Slovak Republic | 1.1 | 1.5 | 2.1 | 2.7 | 2.7 | 2.7 | 3.3 | 3.7 | 4.1 | 4.2 |
| Slovenia | 6.3 | 5.7 | 6.6 | 7.2 | 6.7 | 5.9 | 6.4 | 7.1 | 6.7 | 5.2 |
| Spain | 3.6 | 3.8 | 4.4 | 4.9 | 5.4 | 6.0 | 7.3 | 7.1 | 7.2 | 7.1 |
| Sweden | 9.5 | 9.6 | 10.0 | 10.1 | 10.1 | 10.3 | 10.6 | 10.5 | 10.6 | 10.1 |
| Switzerland | 8.7 | 9.0 | 9.2 | 9.4 | 9.5 | 9.7 | 10.0 | 10.9 | 11.0 | 11.4 |
| Turkey | 4.4 | 4.8 | 6.4 | 6.7 | 6.6 | 6.7 | 7.0 | 6.4 | 5.9 | 5.8 |
| United Kingdom | 9.7 | 10.2 | 10.8 | 11.6 | 11.7 | 12.3 | 12.2 | 11.7 | 11.9 | 11.6 |
| United States | .. | .. | .. | .. | .. | .. | .. | .. | .. | .. |
| **OECD-Total** | **7.8** | **8.1** | **8.8** | **8.9** | **9.2** | **9.2** | **9.5** | **9.5** | **9.5** | **9.4** |
| G7 | .. | .. | .. | .. | .. | .. | .. | .. | .. | .. |
| Euro area | .. | .. | .. | .. | .. | .. | .. | .. | .. | .. |
| European Union[2] | 6.5 | 6.7 | 7.0 | 7.3 | 7.6 | 8.0 | 8.3 | 8.4 | 8.4 | 8.3 |
| Brazil | 10.3 | 10.1 | 10.1 | .. | 9.7 | 10.0 | 10.2 | 10.6 | 11.5 | .. |
| Colombia | 9.2 | 8.1 | 8.6 | 9.4 | 9.7 | 10.4 | 10.2 | 9.2 | 9.1 | 8.5 |
| Russian Federation | 3.5 | 3.5 | 3.3 | 3.0 | 2.8 | 2.9 | 2.9 | 2.7 | 2.9 | 3.1 |

*Disclaimer:* http://oe.cd/disclaimer

1. Information on data for Israel: http://oe.cd/israel-disclaimer.
2. European Union refer to European Union with 28 countries.

## Table 28. Unemployment, thousands

| | 2007 | 2008 | 2009 | 2010 | 2011 | 2012 | 2013 | 2014 | 2015 | 2016 |
|---|---|---|---|---|---|---|---|---|---|---|
| Australia | 478 | 474 | 636 | 606 | 600 | 625 | 686 | 746 | 758 | 725 |
| Austria | 200 | 172 | 223 | 203 | 194 | 209 | 231 | 245 | 252 | 270 |
| Belgium | 353 | 333 | 380 | 406 \| | 347 | 369 | 417 | 423 | 422 | 390 \| |
| Canada | 1 077 | 1 112 | 1 523 | 1 486 | 1 399 | 1 372 | 1 347 | 1 322 | 1 331 | 1 361 |
| Chile | 496 | 562 | 707 | 632 | 574 | 524 | 491 | 540 | 532 | 563 |
| Czech Republic | 277 | 230 | 352 | 384 \| | 351 | 367 | 369 | 324 | 268 | 211 |
| Denmark | 111 | 101 | 177 | 218 | 221 | 219 | 202 | 191 | 181 \| | 187 |
| Estonia | 32 | 38 | 93 | 114 | 85 | 69 | 59 | 50 | 42 | 47 |
| Finland | 183 \| | 172 | 221 | 224 | 209 | 207 | 219 | 232 | 252 | 237 |
| France | 2 122 | 1 970 | 2 458 | 2 505 | 2 489 | 2 677 | 2 840 \| | 3 033 | 3 054 | 2 972 |
| Germany | 3 601 | 3 136 | 3 228 \| | 2 845 \| | 2 399 | 2 224 | 2 182 | 2 090 | 1 950 | 1 774 |
| Greece | 418 | 388 \| | 485 | 639 | 882 | 1 195 | 1 330 | 1 274 | 1 197 | 1 131 |
| Hungary | 312 | 326 | 418 | 469 | 466 | 473 | 441 | 343 | 308 | 235 |
| Iceland | 4 \| | 5 | 13 | 14 | 13 | 11 | 10 | 9 | 8 | 6 |
| Ireland | 105 | 146 \| | 268 | 303 | 317 | 316 | 282 | 243 | 204 | 173 |
| Israel[1] | 212 | 180 | 232 | 209 | 180 \| | 247 | 228 | 223 | 202 | 188 |
| Italy | 1 481 | 1 664 | 1 907 | 2 056 | 2 061 | 2 691 | 3 069 | 3 236 | 3 033 | 3 012 |
| Japan | 2 568 | 2 650 | 3 356 | 3 336 | 3 018 \| | 2 848 | 2 651 | 2 359 | 2 219 | 2 080 |
| Korea | 783 | 769 | 889 | 920 | 855 | 820 | 807 | 937 | 976 | 1 012 |
| Latvia | 68 | 88 | 193 | 206 | 167 | 155 | 120 | 108 | 98 | 95 |
| Luxembourg | 9 | 11 \| | 12 | 10 | 12 | 13 | 15 | 15 \| | 18 | 17 |
| Mexico | 1 673 | 1 826 | 2 583 | 2 596 | 2 583 | 2 522 | 2 560 | 2 509 | 2 294 | 2 085 |
| Netherlands | 278 | 243 | 304 \| | 390 \| | 434 | 516 \| | 647 | 660 | 614 | 539 |
| New Zealand | 81 | 91 | 133 | 141 | 139 | 150 | 136 | 131 | 134 | 133 |
| Norway | 62 | 66 | 80 | 91 | 84 | 83 | 92 | 95 | 119 | 129 |
| Poland | 1 619 | 1 211 | 1 411 \| | 1 650 | 1 659 | 1 749 | 1 793 | 1 567 | 1 304 | 1 063 |
| Portugal | 441 | 418 | 517 | 591 \| | 688 | 836 | 855 | 726 | 647 | 573 |
| Slovak Republic | 296 | 256 | 323 | 389 \| | 365 | 378 | 386 | 359 | 314 | 267 |
| Slovenia | 50 | 46 | 61 | 75 | 83 | 90 | 102 | 98 | 90 | 80 |
| Spain | 1 846 | 2 596 | 4 154 | 4 640 | 5 013 | 5 811 | 6 051 | 5 610 | 5 056 | 4 481 |
| Sweden | 298 | 305 | 410 | 426 | 392 | 404 | 412 | 412 | 388 | 369 |
| Switzerland | 156 | 147 | 183 \| | 212 | 198 | 204 | 219 | 227 | 229 | 238 |
| Turkey | 2 019 | 2 279 | 3 053 | 2 696 | 2 324 | 2 202 | 2 442 \| | 2 843 | 3 035 | 3 308 |
| United Kingdom | 1 625 \| | 1 756 | 2 369 | 2 459 | 2 559 | 2 534 | 2 438 | 1 996 | 1 746 | 1 599 |
| United States | 7 078 | 8 924 | 14 265 | 14 825 | 13 747 | 12 506 | 11 460 | 9 616 | 8 296 | 7 751 |
| **OECD-Total** | **32 411 \|** | **34 692 \|** | **47 614 \|** | **48 968 \|** | **47 104 \|** | **47 613 \|** | **47 588 \|** | **44 790 \|** | **41 571 \|** | **39 302 \|** |
| G7 | 19 552 \| | 21 213 | 29 104 \| | 29 512 \| | 27 673 \| | 26 851 | 25 985 \| | 23 652 | 21 630 | 20 549 |
| Euro area | 11 573 | 11 790 | 15 069 | 15 906 | 16 017 | 18 015 | 19 059 | 18 641 | 17 450 | 16 237 |
| European Union[2] | 16 886 | 16 660 | 21 303 | 22 739 | 22 957 | 25 095 | 26 120 | 24 815 | 22 881 | 20 919 |
| Brazil | 7 839 | 7 010 | 8 325 | .. | 6 718 | 6 244 | 6 637 | 7 254 | 10 014 | .. |
| Colombia | 2 136 | 2 196 | 2 496 | 2 546 | 2 406 | 2 375 | 2 232 | 2 141 | 2 143 | 2 242 |
| Russian Federation | 4 588 | 4 791 | 6 403 | 5 636 | 4 922 | 4 131 | 4 137 | 3 889 | 4 264 | 4 243 |

*Disclaimer:* http://oe.cd/disclaimer

1. Information on data for Israel: http://oe.cd/israel-disclaimer.
2. European Union refer to European Union with 28 countries.

## Table 29. Unemployment as a percentage of labour force

*Percentage*

| | 2007 | 2008 | 2009 | 2010 | 2011 | 2012 | 2013 | 2014 | 2015 | 2016 |
|---|---|---|---|---|---|---|---|---|---|---|
| Australia | 4.4 | 4.2 | 5.6 | 5.2 | 5.1 | 5.2 | 5.7 | 6.1 | 6.1 | 5.7 |
| Austria | 4.9 | 4.1 | 5.3 | 4.8 | 4.6 | 4.9 | 5.3 | 5.6 | 5.7 | 6.0 |
| Belgium | 7.5 | 7.0 | 7.9 | 8.3 \| | 7.1 | 7.5 | 8.4 | 8.5 | 8.5 | 7.8 \| |
| Canada | 6.1 | 6.1 | 8.4 | 8.1 | 7.5 | 7.3 | 7.1 | 6.9 | 6.9 | 7.0 |
| Chile | 7.1 | 7.8 | 9.7 | 8.2 | 7.1 | 6.4 | 5.9 | 6.4 | 6.2 | 6.5 |
| Czech Republic | 5.3 | 4.4 | 6.7 | 7.3 \| | 6.7 | 7.0 | 7.0 | 6.1 | 5.0 | 4.0 |
| Denmark | 3.8 | 3.4 | 6.0 | 7.5 | 7.6 | 7.5 | 7.0 | 6.6 | 6.2 \| | 6.2 |
| Estonia | 4.6 | 5.4 | 13.5 | 16.7 | 12.3 | 10.0 | 8.6 | 7.4 | 6.2 | 6.8 |
| Finland | 6.9 \| | 6.4 | 8.2 | 8.4 | 7.8 | 7.7 | 8.2 | 8.7 | 9.4 | 8.8 |
| France | 7.7 | 7.1 | 8.7 | 8.9 | 8.8 | 9.4 | 9.9 \| | 10.3 | 10.4 | 10.1 |
| Germany | 8.7 | 7.5 | 7.7 \| | 7.0 \| | 5.8 | 5.4 | 5.2 | 5.0 | 4.6 | 4.1 |
| Greece | 8.4 | 7.8 \| | 9.6 | 12.7 | 17.9 | 24.4 | 27.5 | 26.5 | 24.9 | 23.5 |
| Hungary | 7.4 | 7.8 | 10.0 | 11.2 | 11.0 | 11.0 | 10.2 | 7.7 | 6.8 | 5.1 |
| Iceland | 2.2 \| | 2.9 | 7.2 | 7.5 | 7.0 | 6.0 | 5.4 | 4.9 | 4.0 | 3.0 |
| Ireland | 4.7 | 6.4 \| | 12.0 | 13.9 | 14.6 | 14.7 | 13.0 | 11.3 | 9.4 | 7.9 |
| Israel[1] | 7.3 | 6.1 | 7.5 | 6.6 | 5.6 \| | 6.9 | 6.2 | 5.9 | 5.2 | 4.8 |
| Italy | 6.1 | 6.7 | 7.7 | 8.4 | 8.4 | 10.7 | 12.1 | 12.7 | 11.9 | 11.7 |
| Japan | 3.8 | 4.0 | 5.1 | 5.1 | 4.6 | 4.4 | 4.0 | 3.6 | 3.4 | 3.1 |
| Korea | 3.3 | 3.2 | 3.7 | 3.7 | 3.4 | 3.2 | 3.1 | 3.5 | 3.6 | 3.7 |
| Latvia | 6.1 | 7.7 | 17.6 | 19.5 | 16.2 | 15.1 | 11.9 | 10.8 | 9.9 | 9.6 |
| Luxembourg | 4.1 | 5.1 \| | 5.1 | 4.4 | 4.9 | 5.1 | 5.8 | 5.9 \| | 6.7 | 6.3 |
| Mexico | 3.6 | 3.9 | 5.4 | 5.3 | 5.2 | 4.9 | 4.9 | 4.8 | 4.3 | 3.9 |
| Netherlands | 3.2 | 2.8 | 3.4 \| | 4.5 \| | 5.0 | 5.8 \| | 7.2 | 7.4 | 6.9 | 6.0 |
| New Zealand | 3.6 | 4.0 | 5.8 | 6.2 | 6.0 | 6.4 | 5.8 | 5.4 | 5.4 | 5.1 |
| Norway | 2.5 | 2.5 | 3.1 | 3.5 | 3.2 | 3.1 | 3.4 | 3.5 | 4.3 | 4.7 |
| Poland | 9.6 | 7.1 | 8.2 \| | 9.6 | 9.6 | 10.1 | 10.3 | 9.0 | 7.5 | 6.2 |
| Portugal | 8.0 | 7.6 | 9.4 | 10.8 \| | 12.7 | 15.5 | 16.2 | 13.9 | 12.4 | 11.1 |
| Slovak Republic | 11.1 | 9.5 | 12.0 | 14.4 \| | 13.6 | 14.0 | 14.2 | 13.2 | 11.5 | 9.7 |
| Slovenia | 4.8 | 4.4 | 5.8 | 7.2 | 8.2 | 8.8 | 10.1 | 9.7 | 9.0 | 8.0 |
| Spain | 8.2 | 11.2 | 17.9 | 19.9 | 21.4 | 24.8 | 26.1 | 24.4 | 22.1 | 19.6 |
| Sweden | 6.2 | 6.2 | 8.3 | 8.6 | 7.8 | 8.0 | 8.1 | 8.0 | 7.4 | 7.0 |
| Switzerland | .. | .. | .. | 4.8 | 4.4 | 4.5 | 4.7 | 4.8 | 4.8 | 4.9 |
| Turkey | 8.9 | 9.7 | 12.6 | 10.7 | 8.8 | 8.2 | 8.7 \| | 9.9 | 10.2 | 10.8 |
| United Kingdom | 5.3 \| | 5.6 | 7.5 | 7.8 | 8.0 | 7.9 | 7.5 | 6.1 | 5.3 | 4.8 |
| United States | 4.6 | 5.8 | 9.3 | 9.6 | 9.0 | 8.1 | 7.4 | 6.2 | 5.3 | 4.9 |
| **OECD-Total** | **5.6 \|** | **5.9 \|** | **8.1 \|** | **8.3 \|** | **7.9 \|** | **7.9 \|** | **7.9 \|** | **7.3 \|** | **6.8 \|** | **6.3 \|** |
| G7 | 5.4 \| | 5.8 | 8.0 \| | 8.1 \| | 7.6 \| | 7.3 | 7.1 \| | 6.4 | 5.8 | 5.5 |
| Euro area | 7.4 | 7.4 | 9.5 | 10.1 | 10.1 | 11.3 | 11.9 | 11.6 | 10.8 | 10.0 |
| European Union[2] | 7.1 | 7.0 | 8.9 | 9.5 | 9.6 | 10.4 | 10.8 | 10.2 | 9.4 | 8.5 |
| Brazil | 8.1 | 7.1 | 8.3 | .. | 6.7 | 6.2 | 6.5 | 6.9 | 9.6 | .. |
| Colombia | 11.2 | 11.3 | 12.1 | 11.8 | 10.9 | 10.4 | 9.7 | 9.2 | 9.0 | 9.3 |
| Russian Federation | 6.1 | 6.4 | 8.4 | 7.5 | 6.5 | 5.5 | 5.5 | 5.2 | 5.6 | 5.5 |

*Disclaimer:* http://oe.cd/disclaimer

1. Information on data for Israel: http://oe.cd/israel-disclaimer.
2. European Union refer to European Union with 28 countries.

## Table 30. Duration of unemployment: less than one month

*Thousands of persons*

| | 2007 | 2008 | 2009 | 2010 | 2011 | 2012 | 2013 | 2014 | 2015 | 2016 |
|---|---|---|---|---|---|---|---|---|---|---|
| Australia | 142.0 | 143.6 | 159.7 | 151.1 | 151.5 | 151.4 | 153.1 | 158.5 | 150.1 | 143.2 |
| Austria | 21.9 | 20.0 | 25.4 | 19.0 | 21.1 | 20.3 | 20.8 | 23.3 | 22.3 | 23.9 |
| Belgium | 21.2 | 24.0 | 27.4 | 21.7 | 15.7 | 17.5 | 14.0 | 15.4 | 14.2 | 14.9 |
| Canada | 310.4 | 327.7 | 361.4 | 329.8 | 325.8 | 324.5 | 310.8 | 307.2 | 312.9 | 314.8 |
| Chile | .. | .. | .. | .. | .. | .. | .. | .. | .. | .. |
| Czech Republic | 17.0 | 15.4 | 28.5 | 24.7 | 25.6 | 22.9 | 24.0 | 24.3 | 19.1 | 18.0 |
| Denmark | 32.3 | 35.1 | 40.1 | 37.0 | 36.6 | 34.3 | 35.5 | 34.5 | 32.4 | 33.7 |
| Estonia | 4.7 | 7.0 | 10.5 | 8.1 | 7.9 | 6.2 | 4.3 | 5.0 | 4.4 | 6.8 |
| Finland | 25.3 | 25.5 | 27.9 | 27.2 | 28.0 | 26.5 | 26.6 | 26.7 | 29.4 | 29.2 |
| France | 96.9 | 100.4 | 113.2 | 100.9 | 100.6 | 115.9 | 130.2 | 129.9 | 125.4 | 131.5 |
| Germany | 224.0 | 209.7 | 246.7 | 215.2 | 219.5 | 219.1 | 203.0 | 205.4 | 200.4 | 209.2 |
| Greece | 23.5 | 25.6 | 34.8 | 40.9 | 44.6 | 47.8 | 41.3 | 31.9 | 34.0 | 31.5 |
| Hungary | 15.0 | 15.2 | 19.9 | 17.7 | 30.0 | 40.5 | 51.1 | 38.6 | 34.1 | 31.2 |
| Iceland | 1.7 | 2.0 | 2.4 | 2.0 | 2.1 | 2.1 | 2.0 | 2.3 | 2.1 | 1.9 |
| Ireland | 9.4 | 12.3 | 19.8 | 13.2 | 13.3 | 12.5 | 12.2 | 10.8 | 9.6 | 9.5 |
| Israel[1] | 45.6 | 37.4 | 45.1 | 43.9 | 37.9 | 66.4 | 56.7 | 57.1 | 50.5 | 60.2 |
| Italy | 121.8 | 140.4 | 140.0 | 141.2 | 130.4 | 139.7 | 144.3 | 139.4 | 167.3 | 185.3 |
| Japan | 390.0 | 380.0 | 440.0 | 320.0 | 300.0 | 340.0 | 290.0 | 280.0 | 270.0 | 260.0 |
| Korea | .. | .. | .. | .. | .. | .. | .. | .. | .. | .. |
| Latvia | 24.1 | 22.0 | 12.9 | 8.2 | 8.5 | 8.7 | 9.4 | 7.1 | 6.5 | 5.5 |
| Luxembourg | 0.6 | 1.2 | 0.7 | 1.3 | 0.9 | 1.0 | 0.8 | 1.4 | 2.6 | 0.9 |
| Mexico | 852.4 | 918.6 | 1 132.1 | 1 074.1 | 1 088.4 | 1 053.6 | 1 102.5 | 1 072.5 | 1 008.2 | 929.3 |
| Netherlands | 13.5 | 15.8 | 22.5 | 26.1 | 28.3 | 39.7 | 42.7 | 40.0 | 35.5 | 35.6 |
| New Zealand | 27.5 | 31.1 | 36.6 | 32.2 | 35.6 | 37.0 | 31.5 | 31.1 | 33.7 | 32.9 |
| Norway | 19.2 | 24.8 | 22.8 | 23.9 | 21.5 | 21.3 | 23.4 | 23.2 | 25.3 | 25.6 |
| Poland | 132.6 | 185.5 | 199.7 | 218.1 | 195.9 | 192.9 | 195.6 | 183.4 | 149.5 | 138.1 |
| Portugal | 27.8 | 29.3 | 33.0 | 30.6 | 34.4 | 33.6 | 27.2 | 27.6 | 26.4 | 28.3 |
| Slovak Republic | 16.3 | 19.4 | 36.8 | 25.8 | 21.4 | 25.1 | 23.9 | 23.0 | 31.1 | 28.2 |
| Slovenia | 2.5 | 2.9 | 3.6 | 3.0 | 3.1 | 3.5 | 3.1 | 2.1 | 3.4 | 2.0 |
| Spain | 343.9 | 416.2 | 396.7 | 348.4 | 369.1 | 365.6 | 348.8 | 331.3 | 329.1 | 338.2 |
| Sweden | 86.9 | 99.1 | 99.7 | 95.7 | 89.9 | 93.2 | 93.5 | 99.8 | 93.2 | 92.6 |
| Switzerland | 12.1 | 16.6 | 18.9 | 17.9 | 19.7 | 22.7 | 18.1 | 21.9 | 18.7 | 20.4 |
| Turkey | 65.0 | 85.0 | 102.0 | 124.0 | 115.0 | 99.0 | 118.0 | 142.0 | 159.0 | 165.0 |
| United Kingdom | 266.6 | 292.5 | 294.5 | 254.9 | 267.9 | 275.8 | 266.6 | 252.6 | 250.9 | 243.8 |
| United States | 2 540.0 | 2 932.0 | 3 165.0 | 2 771.0 | 2 678.0 | 2 644.0 | 2 583.0 | 2 470.0 | 2 397.0 | 4 582.0 |
| **OECD-Total** | **5 933.8** | **6 613.3** | **7 320.5** | **6 569.0** | **6 468.1** | **6 504.1** | **6 408.1** | **6 219.4** | **6 048.3** | **8 173.4** |
| G7 | .. | .. | .. | .. | .. | .. | .. | .. | .. | .. |
| Euro area | .. | .. | .. | .. | .. | .. | .. | .. | .. | .. |
| European Union | 1 661.9 | 1 911.8 | 1 978.4 | 1 819.9 | 1 795.3 | 1 837.0 | 1 810.3 | 1 734.8 | 1 700.4 | 1 703.2 |
| Brazil | .. | .. | .. | .. | .. | .. | .. | .. | .. | .. |
| Colombia | 380.6 | 394.7 | 427.6 | 456.4 | 485.9 | 521.5 | 499.6 | 492.9 | 480.8 | 468.2 |
| Russian Federation | 492.1 | 611.4 | 794.7 | 625.4 | 521.9 | 472.9 | 494.3 | 479.3 | 491.7 | 437.3 |

*Disclaimer:* http://oe.cd/disclaimer

1. Information on data for Israel: http://oe.cd/israel-disclaimer.

## Table 31. Duration of unemployment: more than 1 month and less than 3 months

*Thousands of persons*

| | 2007 | 2008 | 2009 | 2010 | 2011 | 2012 | 2013 | 2014 | 2015 | 2016 |
|---|---|---|---|---|---|---|---|---|---|---|
| Australia | 130.4 | 132.5 | 170.6 | 153.7 | 157.3 | 165.3 | 182.2 | 179.0 | 186.0 | 173.3 |
| Austria | 48.7 | 45.3 | 56.6 | 53.4 | 49.9 | 56.5 | 58.7 | 58.6 | 57.4 | 60.8 |
| Belgium | 56.4 | 57.6 | 63.6 | 63.0 | 56.9 | 65.8 | 72.3 | 63.5 | 68.1 | 62.5 |
| Canada | 410.0 | 419.9 | 572.7 | 524.7 | 492.4 | 493.6 | 485.9 | 479.9 | 492.1 | 497.7 |
| Chile | .. | .. | .. | .. | .. | .. | .. | .. | .. | .. |
| Czech Republic | 25.2 | 23.8 | 58.1 | 46.2 | 46.7 | 47.5 | 45.5 | 42.8 | 31.8 | 28.5 |
| Denmark | 28.1 | 26.1 | 49.6 | 50.7 | 48.5 | 44.8 | 43.4 | 42.0 | 38.6 | 45.6 |
| Estonia | 4.3 | 7.0 | 17.0 | 11.6 | 8.8 | 7.5 | 9.8 | 7.7 | 7.6 | 9.9 |
| Finland | 50.9 | 57.7 | 72.6 | 64.2 | 63.7 | 64.9 | 68.9 | 68.6 | 72.7 | 66.6 |
| France | 413.4 | 409.8 | 475.0 | 453.4 | 454.3 | 499.2 | 504.8 | 471.6 | 468.8 | 458.3 |
| Germany | 448.6 | 427.2 | 496.9 | 414.9 | 360.8 | 352.3 | 346.4 | 336.8 | 305.3 | 309.3 |
| Greece | 57.3 | 60.6 | 86.2 | 98.1 | 118.9 | 116.0 | 91.9 | 78.3 | 70.4 | 68.7 |
| Hungary | 35.9 | 37.5 | 48.8 | 44.6 | 50.2 | 42.9 | 33.7 | 29.8 | 30.5 | 22.3 |
| Iceland | 0.7 | 1.7 | 3.7 | 2.8 | 2.4 | 2.0 | 2.4 | 2.0 | 1.7 | 1.6 |
| Ireland | 25.0 | 36.8 | 51.9 | 35.4 | 30.2 | 30.5 | 28.2 | 25.4 | 21.6 | 19.7 |
| Israel[1] | 44.0 | 40.8 | 55.9 | 47.1 | 43.8 | 59.9 | 53.8 | 51.9 | 46.0 | 51.3 |
| Italy | 228.5 | 265.3 | 276.1 | 268.4 | 235.4 | 315.0 | 328.6 | 319.2 | 308.3 | 321.0 |
| Japan | 520.0 | 560.0 | 730.0 | 610.0 | 510.0 | 500.0 | 480.0 | 490.0 | 450.0 | 440.0 |
| Korea | 470.8 | 479.3 | 567.5 | 617.8 | 576.7 | 524.1 | 515.4 | 592.5 | 580.4 | 567.0 |
| Latvia | 24.6 | 38.4 | 32.8 | 18.5 | 16.6 | 19.4 | 14.1 | 13.7 | 11.8 | 11.3 |
| Luxembourg | 1.8 | 2.3 | 2.5 | 1.8 | 2.4 | 3.0 | 3.3 | 3.5 | 3.1 | 2.1 |
| Mexico | 522.1 | 571.9 | 875.4 | 917.0 | 915.5 | 895.4 | 868.6 | 876.5 | 806.4 | 702.7 |
| Netherlands | 61.0 | 60.6 | 81.1 | 97.1 | 103.4 | 115.6 | 123.4 | 113.1 | 108.1 | 103.6 |
| New Zealand | 19.8 | 26.7 | 37.4 | 39.7 | 37.7 | 37.4 | 33.7 | 31.9 | 31.9 | 28.5 |
| Norway | 15.2 | 18.0 | 22.1 | 22.6 | 20.3 | 21.7 | 23.8 | 22.2 | 28.0 | 27.2 |
| Poland | 199.5 | 225.6 | 290.1 | 317.0 | 285.3 | 283.0 | 274.8 | 248.1 | 149.6 | 141.4 |
| Portugal | 61.5 | 63.7 | 76.3 | 66.7 | 104.4 | 115.0 | 97.0 | 84.9 | 89.3 | 81.1 |
| Slovak Republic | 15.8 | 15.4 | 33.0 | 24.9 | 23.2 | 24.8 | 22.6 | 22.1 | 23.7 | 25.0 |
| Slovenia | 8.7 | 8.7 | 13.6 | 10.3 | 13.6 | 13.5 | 12.5 | 12.0 | 11.9 | 10.4 |
| Spain | 525.8 | 770.1 | 901.4 | 818.0 | 813.0 | 873.3 | 804.5 | 754.0 | 730.7 | 702.7 |
| Sweden | 70.5 | 69.4 | 98.5 | 91.8 | 88.6 | 89.4 | 89.2 | 87.9 | 80.6 | 73.8 |
| Switzerland | 23.5 | 23.9 | 35.4 | 36.7 | 32.8 | 37.1 | 41.6 | 37.9 | 41.9 | 41.1 |
| Turkey | 620.0 | 716.0 | 870.0 | 800.0 | 765.0 | 747.0 | 808.0 | 1 054.0 | 1 105.0 | 1 213.0 |
| United Kingdom | 408.7 | 433.5 | 530.9 | 483.0 | 506.6 | 473.3 | 470.4 | 391.3 | 388.3 | 386.2 |
| United States | 2 231.0 | 2 806.0 | 3 828.0 | 3 268.0 | 2 994.0 | 2 867.0 | 2 759.0 | 2 431.0 | 2 304.0 | 2 227.0 |
| **OECD-Total** | **7 807.8** | **8 939.3** | **11 581.4** | **10 573.1** | **10 029.1** | **10 003.9** | **9 798.5** | **9 523.8** | **9 151.6** | **8 981.4** |
| G7 | .. | .. | .. | .. | .. | .. | .. | .. | .. | .. |
| Euro area | .. | .. | .. | .. | .. | .. | .. | .. | .. | .. |
| European Union | 2 937.9 | 3 289.9 | 4 015.9 | 3 732.8 | 3 687.2 | 3 863.7 | 3 768.0 | 3 484.1 | 3 260.2 | 3 182.7 |
| Brazil | .. | .. | .. | .. | .. | .. | .. | .. | .. | .. |
| Colombia | 671.2 | 700.2 | 793.8 | 797.5 | 783.4 | 793.0 | 754.0 | 722.6 | 763.5 | 783.8 |
| Russian Federation | 753.6 | 916.0 | 1 390.2 | 1 036.3 | 956.2 | 883.9 | 893.4 | 852.3 | 969.8 | 892.9 |

*Disclaimer:* http://oe.cd/disclaimer

1. Information on data for Israel: http://oe.cd/israel-disclaimer.

## Table 32. Duration of unemployment: more than 3 months and less than 6 months

*Thousands of persons*

| | 2007 | 2008 | 2009 | 2010 | 2011 | 2012 | 2013 | 2014 | 2015 | 2016 |
|---|---|---|---|---|---|---|---|---|---|---|
| Australia | 76.0 | 71.8 | 115.5 | 99.3 | 96.8 | 101.6 | 116.2 | 123.8 | 126.9 | 121.8 |
| Austria | 40.7 | 33.4 | 51.7 | 42.9 | 39.2 | 41.6 | 50.6 | 49.0 | 48.0 | 50.2 |
| Belgium | 45.5 | 46.9 | 60.0 | 52.6 | 51.9 | 60.8 | 64.3 | 64.5 | 60.9 | 53.8 |
| Canada | 149.9 | 151.0 | 265.6 | 241.8 | 210.8 | 211.3 | 205.5 | 201.3 | 204.9 | 215.1 |
| Chile | .. | .. | .. | .. | .. | .. | .. | .. | .. | .. |
| Czech Republic | 36.4 | 31.2 | 71.9 | 59.4 | 57.8 | 59.7 | 57.7 | 49.4 | 39.0 | 35.0 |
| Denmark | 18.1 | 17.8 | 41.9 | 46.0 | 43.1 | 41.8 | 38.5 | 36.8 | 32.7 | 34.3 |
| Estonia | 4.1 | 5.9 | 20.6 | 18.0 | 9.0 | 8.4 | 10.0 | 7.0 | 7.7 | 8.7 |
| Finland | 36.3 | 33.3 | 49.5 | 43.0 | 40.5 | 38.9 | 42.8 | 47.2 | 47.9 | 43.7 |
| France | 347.0 | 344.8 | 462.9 | 421.1 | 407.7 | 440.8 | 500.0 | 479.6 | 481.9 | 458.7 |
| Germany | 404.5 | 398.8 | 476.0 | 401.8 | 311.1 | 314.4 | 312.3 | 293.9 | 278.7 | 257.6 |
| Greece | 62.5 | 57.1 | 80.6 | 100.8 | 127.4 | 139.6 | 122.2 | 96.1 | 86.7 | 90.1 |
| Hungary | 45.6 | 47.9 | 70.6 | 64.1 | 65.9 | 62.9 | 50.2 | 40.2 | 38.2 | 26.6 |
| Iceland | 0.2 | 0.5 | 3.2 | 2.3 | 2.2 | 1.8 | 1.6 | 1.7 | 1.1 | 0.8 |
| Ireland | 19.6 | 29.1 | 52.0 | 41.2 | 34.2 | 33.1 | 29.5 | 26.6 | 24.5 | 21.0 |
| Israel[1] | 30.5 | 27.8 | 41.1 | 31.6 | 29.1 | 38.5 | 33.9 | 32.3 | 29.0 | 33.7 |
| Italy | 220.9 | 254.4 | 310.1 | 311.6 | 307.4 | 377.4 | 396.1 | 381.5 | 356.6 | 353.1 |
| Japan | 370.0 | 430.0 | 580.0 | 500.0 | 410.0 | 420.0 | 360.0 | 330.0 | 340.0 | 260.0 |
| Korea | 220.6 | 215.7 | 241.3 | 237.9 | 220.0 | 225.9 | 227.3 | 273.7 | 298.3 | 311.7 |
| Latvia | 28.7 | 42.4 | 44.9 | 35.8 | 22.3 | 21.9 | 17.7 | 19.2 | 17.3 | 17.0 |
| Luxembourg | 2.0 | 2.0 | 2.8 | 2.3 | 2.2 | 2.3 | 3.5 | 3.1 | 3.6 | 2.3 |
| Mexico | 146.1 | 165.9 | 284.4 | 303.2 | 298.4 | 300.1 | 287.7 | 276.0 | 210.8 | 208.3 |
| Netherlands | 45.4 | 42.1 | 65.9 | 74.2 | 78.8 | 90.8 | 118.7 | 109.5 | 96.4 | 79.5 |
| New Zealand | 9.7 | 11.0 | 22.8 | 26.8 | 25.5 | 24.3 | 22.9 | 20.3 | 19.3 | 20.8 |
| Norway | 8.8 | 9.0 | 14.0 | 15.4 | 14.0 | 14.1 | 15.7 | 15.9 | 22.3 | 22.1 |
| Poland | 245.7 | 234.7 | 291.1 | 347.7 | 313.1 | 314.1 | 312.9 | 262.4 | 251.1 | 221.4 |
| Portugal | 64.1 | 57.7 | 77.5 | 76.4 | 103.2 | 121.6 | 104.7 | 77.1 | 75.8 | 70.9 |
| Slovak Republic | 19.5 | 20.4 | 37.9 | 36.9 | 31.4 | 31.8 | 30.6 | 26.7 | 26.5 | 24.6 |
| Slovenia | 8.0 | 7.8 | 13.0 | 14.3 | 14.2 | 13.6 | 14.9 | 13.8 | 12.5 | 9.4 |
| Spain | 333.6 | 533.9 | 919.9 | 797.0 | 811.5 | 890.4 | 841.8 | 719.5 | 657.7 | 624.9 |
| Sweden | 48.7 | 46.6 | 76.7 | 70.3 | 60.3 | 62.0 | 63.7 | 61.2 | 54.1 | 54.8 |
| Switzerland | 31.0 | 32.4 | 39.6 | 35.4 | 30.2 | 36.1 | 38.8 | 33.6 | 38.1 | 36.9 |
| Turkey | 591.0 | 697.0 | 938.0 | 732.0 | 616.0 | 651.0 | 719.0 | 694.0 | 709.0 | 793.0 |
| United Kingdom | 296.7 | 318.4 | 478.3 | 425.2 | 454.7 | 424.7 | 398.2 | 309.2 | 288.9 | 284.7 |
| United States | 1 062.0 | 1 426.0 | 2 776.0 | 2 372.0 | 2 063.0 | 1 861.0 | 1 805.0 | 1 497.0 | 1 265.0 | 1 160.0 |
| **OECD-Total** | **5 069.5** | **5 844.7** | **9 076.9** | **8 080.3** | **7 402.6** | **7 478.3** | **7 414.5** | **6 673.1** | **6 251.4** | **6 006.7** |
| G7 | .. | .. | .. | .. | .. | .. | .. | .. | .. | .. |
| Euro area | .. | .. | .. | .. | .. | .. | .. | .. | .. | .. |
| European Union | 2 523.5 | 2 754.4 | 4 010.0 | 3 709.8 | 3 597.2 | 3 807.1 | 3 795.4 | 3 389.2 | 3 179.4 | 2 975.5 |
| Brazil | .. | .. | .. | .. | .. | .. | .. | .. | .. | .. |
| Colombia | 346.7 | 393.9 | 442.6 | 447.0 | 402.6 | 392.1 | 364.9 | 336.9 | 336.8 | 390.2 |
| Russian Federation | 621.8 | 707.5 | 1 277.6 | 1 250.9 | 839.4 | 773.6 | 688.8 | 660.0 | 759.1 | 761.6 |

*Disclaimer:* http://oe.cd/disclaimer

1. Information on data for Israel: http://oe.cd/israel-disclaimer.

## Table 33. Duration of unemployment: more than 6 months and less than 1 year

*Thousands of persons*

| | 2007 | 2008 | 2009 | 2010 | 2011 | 2012 | 2013 | 2014 | 2015 | 2016 |
|---|---|---|---|---|---|---|---|---|---|---|
| Australia | 55.7 | 55.8 | 96.8 | 89.0 | 81.1 | 88.2 | 103.5 | 120.8 | 117.3 | 114.2 |
| Austria | 34.5 | 31.4 | 41.0 | 36.4 | 32.8 | 38.5 | 44.3 | 47.4 | 50.5 | 47.9 |
| Belgium | 51.6 | 45.8 | 60.6 | 70.1 | 54.6 | 59.6 | 73.9 | 68.4 | 60.2 | 53.9 |
| Canada | 74.7 | 80.1 | 148.1 | 158.2 | 132.0 | 114.8 | 120.8 | 118.5 | 120.3 | 127.6 |
| Chile | .. | .. | .. | .. | .. | .. | .. | .. | .. | .. |
| Czech Republic | 50.3 | 44.1 | 83.6 | 88.3 | 76.4 | 74.1 | 75.9 | 63.0 | 48.6 | 38.4 |
| Denmark | 14.2 | 8.6 | 28.6 | 40.4 | 39.3 | 36.6 | 33.3 | 29.9 | 28.4 | 29.8 |
| Estonia | 2.8 | 6.1 | 19.6 | 24.7 | 10.5 | 8.9 | 8.4 | 7.5 | 6.3 | 6.6 |
| Finland | 27.0 | 22.7 | 33.0 | 35.2 | 27.0 | 29.4 | 32.0 | 33.5 | 36.1 | 31.9 |
| France | 372.0 | 339.7 | 500.6 | 487.1 | 459.5 | 504.2 | 542.6 | 541.6 | 564.5 | 502.7 |
| Germany | 469.3 | 433.7 | 518.1 | 454.1 | 350.3 | 321.2 | 337.3 | 317.1 | 298.4 | 257.6 |
| Greece | 67.1 | 61.8 | 87.4 | 114.3 | 155.9 | 185.6 | 182.3 | 131.3 | 130.6 | 125.9 |
| Hungary | 67.3 | 71.2 | 101.2 | 107.0 | 92.4 | 106.5 | 86.4 | 66.8 | 61.3 | 43.5 |
| Iceland | 0.1 | 0.2 | 2.2 | 2.6 | 1.5 | 1.3 | 1.1 | 1.6 | 0.8 | 0.4 |
| Ireland | 18.6 | 26.9 | 64.5 | 62.9 | 49.6 | 43.8 | 39.9 | 34.5 | 28.6 | 24.2 |
| Israel[1] | 27.2 | 22.1 | 32.5 | 28.3 | 21.3 | 32.2 | 28.0 | 24.9 | 23.2 | 23.2 |
| Italy | 196.8 | 232.0 | 321.8 | 327.6 | 305.3 | 413.8 | 438.9 | 395.7 | 396.9 | 375.4 |
| Japan | 400.0 | 350.0 | 580.0 | 580.0 | 440.0 | 450.0 | 380.0 | 330.0 | 320.0 | 250.0 |
| Korea | 87.4 | 71.2 | 75.4 | 61.0 | 54.9 | 67.4 | 60.9 | 68.1 | 93.8 | 124.2 |
| Latvia | 21.7 | 31.2 | 52.2 | 50.6 | 28.4 | 24.3 | 20.3 | 20.9 | 17.6 | 18.9 |
| Luxembourg | 1.8 | 1.8 | 3.0 | 1.6 | 2.8 | 2.6 | 2.7 | 3.0 | 3.9 | 3.2 |
| Mexico | 48.4 | 54.3 | 116.5 | 126.3 | 100.9 | 101.8 | 109.6 | 106.7 | 84.9 | 75.4 |
| Netherlands | 44.6 | 36.0 | 55.6 | 80.0 | 71.7 | 87.5 | 120.7 | 125.4 | 98.0 | 80.8 |
| New Zealand | 7.6 | 8.6 | 21.4 | 26.5 | 27.9 | 27.8 | 25.9 | 23.1 | 24.2 | 22.8 |
| Norway | 9.9 | 7.9 | 13.7 | 19.7 | 17.3 | 16.1 | 17.3 | 18.2 | 22.5 | 30.9 |
| Poland | 298.4 | 213.6 | 274.6 | 346.4 | 340.1 | 350.9 | 355.0 | 305.5 | 241.0 | 190.6 |
| Portugal | 78.7 | 67.9 | 100.2 | 107.1 | 113.3 | 157.5 | 144.1 | 103.3 | 83.9 | 74.5 |
| Slovak Republic | 33.6 | 32.3 | 51.5 | 70.6 | 55.2 | 55.2 | 51.9 | 47.3 | 37.2 | 37.5 |
| Slovenia | 7.8 | 6.9 | 12.5 | 15.1 | 15.6 | 16.1 | 19.4 | 16.7 | 15.2 | 13.6 |
| Spain | 266.0 | 408.5 | 946.8 | 976.8 | 933.9 | 1 103.3 | 1 049.4 | 840.5 | 729.4 | 648.7 |
| Sweden | 39.6 | 37.6 | 64.7 | 69.8 | 55.3 | 56.6 | 58.7 | 55.2 | 50.4 | 50.2 |
| Switzerland | 24.2 | 21.7 | 32.3 | 45.7 | 34.9 | 31.9 | 43.6 | 43.1 | 37.1 | 43.0 |
| Turkey | 380.0 | 411.0 | 682.0 | 520.0 | 428.0 | 393.0 | 432.0 | 374.0 | 438.0 | 472.0 |
| United Kingdom | 262.1 | 282.2 | 478.0 | 489.1 | 467.9 | 473.7 | 416.6 | 323.2 | 273.4 | 242.4 |
| United States | 538.0 | 813.0 | 2 176.0 | 2 118.0 | 1 709.0 | 1 472.0 | 1 339.0 | 1 005.0 | 781.0 | 683.0 |
| **OECD-Total** | **4 078.9** | **4 337.9** | **7 875.9** | **7 830.7** | **6 786.7** | **6 946.5** | **6 795.6** | **5 811.4** | **5 323.3** | **4 864.9** |
| G7 | .. | .. | .. | .. | .. | .. | .. | .. | .. | .. |
| Euro area | .. | .. | .. | .. | .. | .. | .. | .. | .. | .. |
| European Union | 2 605.3 | 2 603.0 | 4 163.8 | 4 386.3 | 4 015.3 | 4 414.0 | 4 411.8 | 3 858.7 | 3 505.8 | 3 084.3 |
| Brazil | .. | .. | .. | .. | .. | .. | .. | .. | .. | .. |
| Colombia | 302.8 | 335.7 | 392.5 | 367.5 | 318.2 | 293.9 | 273.5 | 258.8 | 252.4 | 289.3 |
| Russian Federation | 814.4 | 809.0 | 1 015.6 | 966.3 | 986.8 | 724.1 | 779.1 | 805.9 | 879.1 | 894.8 |

*Disclaimer:* http://oe.cd/disclaimer

1. Information on data for Israel: http://oe.cd/israel-disclaimer.

## Table 34. Duration of unemployment: 1 year and over

*Thousands of persons*

| | 2007 | 2008 | 2009 | 2010 | 2011 | 2012 | 2013 | 2014 | 2015 | 2016 |
|---|---|---|---|---|---|---|---|---|---|---|
| Australia | 73.4 | 70.8 | 93.7 | 112.8 | 113.6 | 118.6 | 131.5 | 163.6 | 177.9 | 172.0 |
| Austria | 54.6 | 41.8 | 48.3 | 51.8 | 50.9 | 52.0 | 56.9 | 66.6 | 73.6 | 87.2 |
| Belgium | 177.3 | 158.0 | 167.7 | 197.5 | 167.4 | 164.6 | 191.6 | 211.2 | 218.0 | 200.9 |
| Canada | 76.3 | 76.7 | 116.6 | 172.7 | 182.8 | 166.5 | 165.7 | 163.5 | 147.8 | 151.8 |
| Chile | .. | .. | .. | .. | .. | .. | .. | .. | .. | .. |
| Czech Republic | 147.5 | 115.4 | 109.6 | 167.2 | 146.8 | 156.7 | 165.8 | 144.1 | 129.5 | 91.4 |
| Denmark | 17.8 | 13.7 | 16.8 | 44.1 | 53.9 | 61.3 | 51.5 | 48.2 | 48.6 | 41.7 |
| Estonia | 15.7 | 11.8 | 25.4 | 51.6 | 48.6 | 37.4 | 26.1 | 22.5 | 16.2 | 14.8 |
| Finland | 41.6 | 30.9 | 36.5 | 52.4 | 46.6 | 44.2 | 45.8 | 52.8 | 62.3 | 62.0 |
| France | 817.7 | 712.8 | 839.2 | 977.6 | 994.9 | 1 054.3 | 1 140.9 | 1 206.8 | 1 228.1 | 1 238.3 |
| Germany | 2 015.2 | 1 625.1 | 1 449.8 | 1 332.4 | 1 140.6 | 1 002.2 | 967.4 | 918.5 | 850.0 | 723.2 |
| Greece | 207.8 | 182.7 | 195.5 | 285.0 | 434.9 | 706.1 | 892.6 | 936.1 | 874.7 | 813.9 |
| Hungary | 148.2 | 154.5 | 177.3 | 236.0 | 227.4 | 220.3 | 219.6 | 167.9 | 143.8 | 111.0 |
| Iceland | 0.2 | 0.2 | 0.8 | 2.6 | 3.2 | 2.8 | 2.0 | 1.2 | 1.1 | 0.4 |
| Ireland | 31.2 | 38.0 | 77.2 | 147.4 | 185.7 | 193.3 | 169.0 | 141.3 | 114.4 | 92.1 |
| Israel[1] | 48.8 | 37.6 | 44.4 | 43.5 | 33.5 | 30.1 | 25.2 | 19.8 | 19.2 | 17.8 |
| Italy | 694.6 | 751.6 | 843.6 | 986.5 | 1 058.8 | 1 414.1 | 1 729.3 | 1 965.6 | 1 763.2 | 1 727.9 |
| Japan | 790.0 | 860.0 | 930.0 | 1 210.0 | 1 080.0 | 1 070.0 | 1 060.0 | 860.0 | 760.0 | 790.0 |
| Korea | 4.4 | 3.4 | 4.5 | 3.0 | 3.3 | 2.4 | 3.2 | 2.1 | 3.6 | 9.4 |
| Latvia | 36.8 | 42.3 | 49.7 | 92.6 | 90.7 | 80.7 | 57.9 | 46.1 | 44.4 | 39.2 |
| Luxembourg | 2.5 | 3.5 | 2.7 | 2.9 | 3.3 | 3.9 | 4.5 | 4.2 | 5.2 | 5.6 |
| Mexico | 29.9 | 27.4 | 39.6 | 47.9 | 51.6 | 43.2 | 40.1 | 38.8 | 35.8 | 38.8 |
| Netherlands | 106.9 | 81.1 | 74.2 | 105.6 | 140.2 | 168.3 | 224.4 | 257.6 | 261.1 | 223.4 |
| New Zealand | 4.1 | 3.5 | 8.1 | 12.2 | 12.4 | 19.4 | 15.8 | 16.8 | 16.6 | 17.3 |
| Norway | 5.1 | 3.8 | 6.0 | 8.5 | 9.6 | 6.9 | 8.1 | 10.6 | 13.0 | 15.1 |
| Poland | 742.3 | 351.4 | 355.9 | 421.1 | 524.2 | 608.1 | 654.4 | 567.5 | 511.9 | 371.9 |
| Portugal | 207.4 | 197.3 | 227.4 | 307.3 | 332.7 | 407.3 | 481.7 | 432.2 | 370.6 | 317.3 |
| Slovak Republic | 206.8 | 169.9 | 165.1 | 230.7 | 233.4 | 240.6 | 257.0 | 239.5 | 195.7 | 150.6 |
| Slovenia | 22.8 | 19.2 | 18.3 | 32.6 | 36.8 | 42.9 | 51.9 | 53.5 | 47.2 | 42.4 |
| Spain | 376.4 | 467.0 | 988.5 | 1 699.5 | 2 084.3 | 2 577.9 | 3 006.2 | 2 964.3 | 2 608.6 | 2 166.8 |
| Sweden | 36.0 | 34.7 | 49.7 | 68.4 | 65.5 | 64.1 | 62.5 | 61.5 | 59.4 | 54.9 |
| Switzerland | 62.6 | 49.4 | 54.4 | 74.5 | 77.9 | 73.7 | 72.3 | 85.9 | 88.9 | 92.0 |
| Turkey | 721.0 | 702.0 | 877.0 | 871.0 | 693.0 | 627.0 | 670.0 | 589.0 | 647.0 | 685.0 |
| United Kingdom | 384.9 | 422.7 | 578.9 | 797.4 | 853.4 | 876.5 | 878.6 | 709.6 | 531.5 | 433.3 |
| United States | 704.0 | 950.0 | 2 318.0 | 4 298.0 | 4 307.0 | 3 664.0 | 2 968.0 | 2 214.0 | 1 547.0 | 1 322.0 |
| **OECD-Total** | **9 011.9** | **8 410.3** | **10 990.6** | **15 144.4** | **15 488.9** | **16 001.5** | **16 497.4** | **15 383.0** | **13 616.0** | **12 321.3** |
| G7 | .. | .. | .. | .. | .. | .. | .. | .. | .. | .. |
| Euro area | .. | .. | .. | .. | .. | .. | .. | .. | .. | .. |
| European Union | 7 117.5 | 6 113.3 | 6 971.4 | 8 923.7 | 9 690.3 | 10 987.2 | 12 188.0 | 12 007.4 | 10 904.4 | 9 614.2 |
| Brazil | .. | .. | .. | .. | .. | .. | .. | .. | .. | .. |
| Colombia | 232.4 | 206.9 | 265.3 | 279.1 | 231.0 | 209.3 | 179.3 | 182.0 | 152.4 | 152.6 |
| Russian Federation | 1 836.7 | 1 653.0 | 1 805.6 | 1 665.3 | 1 618.1 | 1 276.3 | 1 281.8 | 1 091.9 | 1 164.3 | 1 254.7 |

*Disclaimer:* http://oe.cd/disclaimer

1. Information on data for Israel: http://oe.cd/israel-disclaimer.

# Country tables

# AUSTRALIA

## Table 1. Labour force

*Annual average estimates*

| | 2007 | 2008 | 2009 | 2010 | 2011 | 2012 | 2013 | 2014 | 2015 | 2016 |
|---|---|---|---|---|---|---|---|---|---|---|
| **Labour force, thousands** | | | | | | | | | | |
| All persons | 10 912 | 11 206 | 11 442 | 11 628 | 11 815 | 11 973 | 12 137 | 12 278 | 12 510 | 12 668 |
| Males | 5 974 | 6 123 | 6 234 | 6 343 | 6 424 | 6 498 | 6 577 | 6 633 | 6 736 | 6 784 |
| Females | 4 938 | 5 083 | 5 208 | 5 285 | 5 392 | 5 475 | 5 560 | 5 645 | 5 774 | 5 884 |
| **Unemployed, thousands** | | | | | | | | | | |
| All persons | 478 | 474 | 636 | 606 | 600 | 625 | 686 | 746 | 758 | 725 |
| Males | 241 | 242 | 355 | 322 | 314 | 334 | 375 | 398 | 408 | 385 |
| Females | 236 | 232 | 281 | 284 | 286 | 291 | 311 | 348 | 350 | 341 |
| **Employment, thousands** | | | | | | | | | | |
| All persons | 10 434 | 10 731 | 10 806 | 11 022 | 11 215 | 11 347 | 11 451 | 11 532 | 11 752 | 11 943 |
| Males | 5 732 | 5 880 | 5 879 | 6 021 | 6 109 | 6 164 | 6 202 | 6 235 | 6 329 | 6 399 |
| Females | 4 702 | 4 851 | 4 926 | 5 001 | 5 106 | 5 184 | 5 249 | 5 297 | 5 423 | 5 543 |
| **Employment (%)** | | | | | | | | | | |
| Males | 54.9 | 54.8 | 54.4 | 54.6 | 54.5 | 54.3 | 54.2 | 54.1 | 53.9 | 53.6 |
| Females | 45.1 | 45.2 | 45.6 | 45.4 | 45.5 | 45.7 | 45.8 | 45.9 | 46.1 | 46.4 |
| **Unemployment rate (% of labour force)** | | | | | | | | | | |
| All persons | 4.4 | 4.2 | 5.6 | 5.2 | 5.1 | 5.2 | 5.7 | 6.1 | 6.1 | 5.7 |
| Males | 4.0 | 4.0 | 5.7 | 5.1 | 4.9 | 5.1 | 5.7 | 6.0 | 6.1 | 5.7 |
| Females | 4.8 | 4.6 | 5.4 | 5.4 | 5.3 | 5.3 | 5.6 | 6.2 | 6.1 | 5.8 |
| **EMPLOYMENT - PROFESSIONAL STATUS, thousands** | | | | | | | | | | |
| **All activities** | **10 434** | **10 731** | **10 806** | **11 022** | **11 215** | **11 347** | **11 451** | **11 532** | **11 751** | **11 936** |
| Employees | 9 215 | 9 500 | 9 561 | 9 753 | 9 973 | 10 169 | 10 293 | 10 356 | 10 539 | 10 732 |
| Employers and persons working on own account | 1 191 | 1 205 | 1 218 | 1 240 | 1 217 | 1 155 | 1 132 | 1 149 | 1 185 | 1 178 |
| Unpaid family workers | 29 | 26 | 27 | 30 | 25 | 24 | 25 | 28 | 27 | 26 |
| **Employees as % of employment** | **88.3** | **88.5** | **88.5** | **88.5** | **88.9** | **89.6** | **89.9** | **89.8** | **89.7** | **89.9** |
| **Part-time employment (%)** | | | | | | | | | | |
| Part-time as % of employment | 23.7 | 23.8 | 24.6 | 24.8 | 24.7 | 24.6 | 24.9 | 25.2 | 25.2 | 25.9 |
| Male share of part time employment | 28.5 | 28.3 | 29.2 | 29.6 | 29.2 | 28.9 | 29.7 | 30.1 | 30.5 | 31.2 |
| Female share of part time employment | 71.5 | 71.7 | 70.8 | 70.4 | 70.8 | 71.1 | 70.3 | 69.9 | 69.5 | 68.8 |
| Male part-time as % of male employment | 12.3 | 12.3 | 13.2 | 13.5 | 13.2 | 13.1 | 13.6 | 14.0 | 14.3 | 15.1 |
| Female part-time as % of female employment | 37.7 | 37.7 | 38.2 | 38.6 | 38.4 | 38.2 | 38.1 | 38.4 | 38.0 | 38.4 |
| **Duration of unemployment (% of total unemployment)** | | | | | | | | | | |
| Less than one month | 29.7 | 30.3 | 25.1 | 24.9 | 25.2 | 24.2 | 22.3 | 21.3 | 19.8 | 19.8 |
| More than 1 month and less than 3 months | 27.3 | 27.9 | 26.8 | 25.4 | 26.2 | 26.4 | 26.5 | 24.0 | 24.5 | 23.9 |
| More than 3 months and less than 6 months | 15.9 | 15.1 | 18.2 | 16.4 | 16.1 | 16.3 | 16.9 | 16.6 | 16.7 | 16.8 |
| More than 6 months and less than 1 year | 11.7 | 11.8 | 15.2 | 14.7 | 13.5 | 14.1 | 15.1 | 16.2 | 15.5 | 15.8 |
| More than 1 year | 15.4 | 14.9 | 14.7 | 18.6 | 18.9 | 19.0 | 19.1 | 21.9 | 23.5 | 23.7 |

*Note:* Detailed metadata: http://metalinks.oecd.org/lfs/20180108/2b8f, http://metalinks.oecd.org/lfs/20180108/56a2, http://metalinks.oecd.org/lfs/20180108/e76c and http://metalinks.oecd.org/lfs/20180108/d0d5.

*Disclaimer:* http://oe.cd/disclaimer

# AUSTRALIA

## Table 2. Participation rates and unemployment rates by age and sex

*Annual average estimates, percentage*

| | 2007 | 2008 | 2009 | 2010 | 2011 | 2012 | 2013 | 2014 | 2015 | 2016 |
|---|---|---|---|---|---|---|---|---|---|---|
| **Participation rates** | | | | | | | | | | |
| **Males** | | | | | | | | | | |
| 15-19 | 58.0 | 58.5 | 55.7 | 54.6 | 53.5 | 52.9 | 51.8 | 51.8 | 51.8 | 51.0 |
| 20-24 | 85.2 | 84.8 | 84.1 | 83.4 | 82.8 | 82.3 | 81.6 | 80.6 | 82.3 | 81.8 |
| 25-34 | 92.2 | 92.4 | 91.1 | 91.3 | 91.8 | 91.0 | 91.1 | 90.7 | 91.0 | 91.3 |
| 35-44 | 91.5 | 91.7 | 91.3 | 91.4 | 91.4 | 91.4 | 91.0 | 91.0 | 91.2 | 91.3 |
| 45-54 | 88.6 | 88.7 | 88.6 | 88.8 | 88.4 | 88.0 | 88.2 | 87.7 | 88.6 | 87.7 |
| 55-59 | 77.1 | 76.4 | 78.3 | 80.2 | 80.7 | 80.0 | 80.8 | 80.3 | 80.5 | 79.4 |
| 60-64 | 56.4 | 57.8 | 59.4 | 61.5 | 61.8 | 62.6 | 62.5 | 63.1 | 64.1 | 63.4 |
| 15-24 | 71.8 | 72.0 | 70.4 | 69.6 | 68.8 | 68.2 | 67.4 | 66.9 | 67.9 | 67.3 |
| 25-54 | 90.8 | 90.9 | 90.4 | 90.6 | 90.6 | 90.1 | 90.1 | 89.9 | 90.3 | 90.2 |
| 55-64 | 67.7 | 67.6 | 69.3 | 71.2 | 71.7 | 71.8 | 72.1 | 72.2 | 72.8 | 71.9 |
| 65 and over | 13.4 | 14.1 | 15.3 | 15.4 | 16.1 | 16.9 | 16.8 | 16.9 | 16.4 | 16.6 |
| 15-64 | 83.0 | 83.0 | 82.6 | 82.9 | 82.8 | 82.5 | 82.4 | 82.1 | 82.7 | 82.3 |
| **Females** | | | | | | | | | | |
| 15-19 | 60.7 | 59.9 | 58.2 | 57.6 | 57.3 | 56.7 | 55.9 | 55.8 | 56.1 | 56.0 |
| 20-24 | 78.2 | 78.6 | 76.5 | 75.9 | 76.6 | 75.8 | 75.4 | 75.5 | 76.2 | 75.6 |
| 25-34 | 72.9 | 74.1 | 73.3 | 72.9 | 73.8 | 73.9 | 74.4 | 74.6 | 75.5 | 75.2 |
| 35-44 | 74.4 | 74.8 | 75.3 | 74.3 | 75.2 | 75.5 | 75.2 | 75.1 | 76.2 | 76.7 |
| 45-54 | 77.0 | 77.3 | 78.0 | 78.3 | 78.0 | 77.4 | 77.9 | 78.0 | 78.0 | 78.8 |
| 55-59 | 59.3 | 60.7 | 63.4 | 64.5 | 65.2 | 65.7 | 65.3 | 66.1 | 66.3 | 67.5 |
| 60-64 | 35.7 | 37.9 | 41.1 | 42.7 | 43.8 | 44.4 | 45.1 | 45.1 | 47.1 | 49.1 |
| 15-24 | 69.7 | 69.5 | 67.7 | 67.2 | 67.5 | 66.8 | 66.2 | 66.2 | 66.7 | 66.4 |
| 25-54 | 74.8 | 75.4 | 75.5 | 75.1 | 75.6 | 75.6 | 75.8 | 75.9 | 76.6 | 76.8 |
| 55-64 | 48.6 | 50.1 | 52.9 | 54.1 | 55.0 | 55.7 | 55.8 | 56.2 | 57.3 | 58.8 |
| 65 and over | 5.0 | 5.4 | 6.0 | 6.8 | 7.0 | 7.8 | 8.0 | 8.3 | 8.6 | 9.0 |
| 15-64 | 69.4 | 70.0 | 70.1 | 70.0 | 70.5 | 70.4 | 70.5 | 70.5 | 71.2 | 71.6 |
| **All persons** | | | | | | | | | | |
| 15-24 | 70.8 | 70.7 | 69.1 | 68.4 | 68.1 | 67.5 | 66.8 | 66.6 | 67.3 | 66.9 |
| 25-54 | 82.7 | 83.1 | 82.9 | 82.8 | 83.1 | 82.8 | 82.9 | 82.8 | 83.4 | 83.4 |
| 55-64 | 58.1 | 58.9 | 61.1 | 62.6 | 63.3 | 63.7 | 63.9 | 64.1 | 64.9 | 65.2 |
| 65 and over | 8.8 | 9.4 | 10.2 | 10.8 | 11.2 | 12.0 | 12.1 | 12.3 | 12.2 | 12.6 |
| 15-64 | 76.2 | 76.5 | 76.4 | 76.4 | 76.6 | 76.4 | 76.4 | 76.3 | 76.9 | 76.9 |
| **Unemployment rates** | | | | | | | | | | |
| **Males** | | | | | | | | | | |
| 15-19 | 14.1 | 12.7 | 17.8 | 17.6 | 16.7 | 18.4 | 17.6 | 19.5 | 20.5 | 19.2 |
| 20-24 | 6.4 | 6.6 | 9.2 | 8.6 | 9.1 | 9.0 | 10.4 | 11.0 | 10.8 | 10.9 |
| 25-34 | 3.7 | 3.6 | 5.5 | 4.7 | 4.3 | 4.5 | 5.3 | 5.2 | 5.1 | 4.7 |
| 35-44 | 2.6 | 2.6 | 4.0 | 3.3 | 3.3 | 3.5 | 4.1 | 4.3 | 4.5 | 3.5 |
| 45-54 | 2.5 | 2.6 | 4.0 | 3.2 | 3.1 | 3.4 | 3.8 | 4.1 | 4.0 | 3.9 |
| 55-59 | 2.7 | 2.8 | 3.3 | 3.7 | 3.6 | 3.8 | 4.0 | 4.0 | 4.5 | 4.1 |
| 60-64 | 3.0 | 3.4 | 4.3 | 3.7 | 3.8 | 3.7 | 4.8 | 4.8 | 5.3 | 5.8 |
| 15-24 | 9.5 | 9.0 | 12.5 | 11.9 | 11.9 | 12.5 | 13.0 | 14.1 | 14.3 | 13.9 |
| 25-54 | 3.0 | 2.9 | 4.5 | 3.7 | 3.6 | 3.8 | 4.4 | 4.6 | 4.6 | 4.1 |
| 55-64 | 2.8 | 3.1 | 3.7 | 3.7 | 3.7 | 3.7 | 4.3 | 4.3 | 4.8 | 4.8 |
| 65 and over | 1.2 | 0.9 | 1.4 | 1.7 | 1.2 | 1.9 | 1.7 | 2.6 | 1.6 | 1.8 |
| 15-64 | 4.1 | 4.0 | 5.8 | 5.2 | 5.0 | 5.3 | 5.9 | 6.1 | 6.2 | 5.8 |
| Total | 4.0 | 4.0 | 5.7 | 5.1 | 4.9 | 5.1 | 5.7 | 6.0 | 6.1 | 5.7 |
| **Females** | | | | | | | | | | |
| 15-19 | 13.5 | 13.0 | 15.0 | 16.2 | 15.6 | 15.1 | 15.2 | 17.4 | 16.6 | 15.8 |
| 20-24 | 6.1 | 5.5 | 7.1 | 7.6 | 7.5 | 8.2 | 8.8 | 9.2 | 8.9 | 8.5 |
| 25-34 | 4.6 | 4.5 | 5.4 | 5.4 | 4.9 | 5.1 | 5.4 | 5.6 | 5.8 | 5.4 |
| 35-44 | 3.9 | 4.0 | 4.7 | 4.3 | 4.6 | 4.4 | 4.7 | 5.4 | 5.5 | 5.2 |
| 45-54 | 3.2 | 3.3 | 3.6 | 3.5 | 3.6 | 3.5 | 3.9 | 4.3 | 4.4 | 4.3 |
| 55-59 | 2.7 | 1.8 | 3.1 | 2.5 | 3.1 | 3.3 | 3.1 | 3.7 | 3.5 | 3.8 |
| 60-64 | 2.5 | 2.4 | 2.4 | 2.8 | 2.5 | 2.8 | 3.2 | 4.0 | 3.6 | 3.3 |
| 15-24 | 9.2 | 8.6 | 10.4 | 11.1 | 10.8 | 11.0 | 11.3 | 12.5 | 11.9 | 11.4 |
| 25-54 | 3.9 | 3.9 | 4.6 | 4.4 | 4.4 | 4.4 | 4.7 | 5.1 | 5.2 | 5.0 |
| 55-64 | 2.6 | 2.0 | 2.9 | 2.6 | 2.9 | 3.1 | 3.2 | 3.8 | 3.5 | 3.6 |
| 65 and over | 1.1 | 1.2 | 1.0 | 1.2 | 1.1 | 1.2 | 1.2 | 1.6 | 1.4 | 1.2 |
| 15-64 | 4.8 | 4.6 | 5.5 | 5.5 | 5.4 | 5.4 | 5.7 | 6.3 | 6.2 | 5.9 |
| Total | 4.8 | 4.6 | 5.4 | 5.4 | 5.3 | 5.3 | 5.6 | 6.2 | 6.1 | 5.8 |
| **All persons** | | | | | | | | | | |
| 15-24 | 9.4 | 8.8 | 11.5 | 11.6 | 11.4 | 11.7 | 12.2 | 13.3 | 13.1 | 12.7 |
| 25-54 | 3.4 | 3.4 | 4.5 | 4.0 | 3.9 | 4.1 | 4.6 | 4.8 | 4.9 | 4.5 |
| 55-64 | 2.7 | 2.6 | 3.3 | 3.2 | 3.3 | 3.5 | 3.8 | 4.1 | 4.3 | 4.3 |
| 65 and over | 1.2 | 1.0 | 1.3 | 1.5 | 1.1 | 1.6 | 1.5 | 2.2 | 1.5 | 1.5 |
| 15-64 | 4.4 | 4.3 | 5.7 | 5.3 | 5.2 | 5.3 | 5.8 | 6.2 | 6.2 | 5.9 |

*Note:* Detailed metadata at:http://metalinks.oecd.org/lfs/20180108/10b3

*Disclaimer:* http://oe.cd/disclaimer

# AUSTRALIA

## Table 3. Employment and employees: breakdown by activity - ISIC Rev. 4

*Annual average estimates*

| | | 2007 | 2008 | 2009 | 2010 | 2011 | 2012 | 2013 | 2014 | 2015 | 2016 |
|---|---|---|---|---|---|---|---|---|---|---|---|
| | **EMPLOYMENT** | | | | | | | | | | |
| | **By activity, thousands** | | | | | | | | | | |
| **A-U** | **All activities** | .. | .. | .. | .. | .. | .. | .. | .. | .. | .. |
| A | Agriculture, hunting and forestry | .. | .. | .. | .. | .. | .. | .. | .. | .. | .. |
| **B-F** | **Industry** | .. | .. | .. | .. | .. | .. | .. | .. | .. | .. |
| B | Mining and quarrying | .. | .. | .. | .. | .. | .. | .. | .. | .. | .. |
| C | Manufacturing | .. | .. | .. | .. | .. | .. | .. | .. | .. | .. |
| D | Electricity, gas, steam, air cond. supply | .. | .. | .. | .. | .. | .. | .. | .. | .. | .. |
| E | Water supply, sewerage, waste mgt, remediation | .. | .. | .. | .. | .. | .. | .. | .. | .. | .. |
| F | Construction | .. | .. | .. | .. | .. | .. | .. | .. | .. | .. |
| **G-U** | **Services** | .. | .. | .. | .. | .. | .. | .. | .. | .. | .. |
| G | Wholesale, retail trade, vehicle, motorcycle repair | .. | .. | .. | .. | .. | .. | .. | .. | .. | .. |
| H | Transportation and storage | .. | .. | .. | .. | .. | .. | .. | .. | .. | .. |
| I | Accommodation and food service activities | .. | .. | .. | .. | .. | .. | .. | .. | .. | .. |
| J | Information and communication | .. | .. | .. | .. | .. | .. | .. | .. | .. | .. |
| K | Financial and insurance activities | .. | .. | .. | .. | .. | .. | .. | .. | .. | .. |
| L | Real estate activities | .. | .. | .. | .. | .. | .. | .. | .. | .. | .. |
| M | Professional, scientific and technical activities | .. | .. | .. | .. | .. | .. | .. | .. | .. | .. |
| N | Administrative and support service activities | .. | .. | .. | .. | .. | .. | .. | .. | .. | .. |
| O | Public administration, defence, social security | .. | .. | .. | .. | .. | .. | .. | .. | .. | .. |
| P | Education | .. | .. | .. | .. | .. | .. | .. | .. | .. | .. |
| Q | Human health and social work activities | .. | .. | .. | .. | .. | .. | .. | .. | .. | .. |
| R | Arts, entertainment and recreation | .. | .. | .. | .. | .. | .. | .. | .. | .. | .. |
| S | Other service activities | .. | .. | .. | .. | .. | .. | .. | .. | .. | .. |
| T | Households as employers and own-use activities | .. | .. | .. | .. | .. | .. | .. | .. | .. | .. |
| U | Activities of extraterritorial organizations, bodies | .. | .. | .. | .. | .. | .. | .. | .. | .. | .. |
| | **EMPLOYEES** | | | | | | | | | | |
| | **By activity, thousands** | | | | | | | | | | |
| **A-U** | **All activities** | .. | .. | .. | .. | .. | .. | .. | .. | .. | .. |
| A | Agriculture, hunting and forestry | 172.1 | 170.1 | 173.8 | 180.1 | 178.8 | 187.5 | 174.9 | 177.3 | 172.6 | 190.8 |
| **B-F** | **Industry** | **1 927.1** | **2 024.6** | **1 981.9** | **2 027.4** | **2 043.8** | **2 104.5** | **2 094.1** | **2 099.2** | **2 037.4** | **2 070.6** |
| B | Mining and quarrying | .. | .. | .. | .. | .. | .. | .. | .. | .. | .. |
| C | Manufacturing | .. | .. | .. | .. | .. | .. | .. | .. | .. | .. |
| D | Electricity, gas, steam, air cond. supply | .. | .. | .. | .. | .. | .. | .. | .. | .. | .. |
| E | Water supply, sewerage, waste mgt, remediation | .. | .. | .. | .. | .. | .. | .. | .. | .. | .. |
| F | Construction | .. | .. | .. | .. | .. | .. | .. | .. | .. | .. |
| **G-U** | **Services** | **7 075.6** | **7 257.9** | **7 357.2** | **7 497.6** | **7 700.5** | **7 833.2** | **7 983.4** | **8 076.5** | **8 333.6** | **8 461.1** |
| G | Wholesale, retail trade, vehicle, motorcycle repair | .. | .. | .. | .. | .. | .. | .. | .. | .. | .. |
| H | Transportation and storage | .. | .. | .. | .. | .. | .. | .. | .. | .. | .. |
| I | Accommodation and food service activities | .. | .. | .. | .. | .. | .. | .. | .. | .. | .. |
| J | Information and communication | .. | .. | .. | .. | .. | .. | .. | .. | .. | .. |
| K | Financial and insurance activities | .. | .. | .. | .. | .. | .. | .. | .. | .. | .. |
| L | Real estate activities | .. | .. | .. | .. | .. | .. | .. | .. | .. | .. |
| M | Professional, scientific and technical activities | .. | .. | .. | .. | .. | .. | .. | .. | .. | .. |
| N | Administrative and support service activities | .. | .. | .. | .. | .. | .. | .. | .. | .. | .. |
| O | Public administration, defence, social security | .. | .. | .. | .. | .. | .. | .. | .. | .. | .. |
| P | Education | .. | .. | .. | .. | .. | .. | .. | .. | .. | .. |
| Q | Human health and social work activities | .. | .. | .. | .. | .. | .. | .. | .. | .. | .. |
| R | Arts, entertainment and recreation | .. | .. | .. | .. | .. | .. | .. | .. | .. | .. |
| S | Other service activities | .. | .. | .. | .. | .. | .. | .. | .. | .. | .. |
| T | Households as employers and own-use activities | .. | .. | .. | .. | .. | .. | .. | .. | .. | .. |
| U | Activities of extraterritorial organizations, bodies | .. | .. | .. | .. | .. | .. | .. | .. | .. | .. |

*Note:* Detailed metadata:http://metalinks.oecd.org/lfs/20180108/56a2
*Disclaimer:* http://oe.cd/disclaimer

# AUSTRIA

## Table 1. Labour force

*Annual average estimates*

| | 2007 | 2008 | 2009 | 2010 | 2011 | 2012 | 2013 | 2014 | 2015 | 2016 |
|---|---|---|---|---|---|---|---|---|---|---|
| **Labour force, thousands** | | | | | | | | | | |
| All persons | 4 124 | 4 166 | 4 205 | 4 220 | 4 246 | 4 293 | 4 336 | 4 358 | 4 400 | 4 490 |
| Males | 2 238 | 2 251 | 2 257 | 2 261 | 2 265 | 2 284 | 2 304 | 2 310 | 2 336 | 2 388 |
| Females | 1 885 | 1 915 | 1 948 | 1 959 | 1 981 | 2 009 | 2 032 | 2 048 | 2 064 | 2 102 |
| **Unemployed, thousands** | | | | | | | | | | |
| All persons | 200 | 172 | 223 | 203 | 194 | 209 | 231 | 245 | 252 | 270 |
| Males | 100 | 88 | 124 | 113 | 103 | 113 | 124 | 135 | 142 | 153 |
| Females | 100 | 84 | 99 | 91 | 91 | 96 | 108 | 110 | 110 | 117 |
| **Employment, thousands** | | | | | | | | | | |
| All persons | 3 924 | 3 994 | 3 982 | 4 017 | 4 052 | 4 084 | 4 105 | 4 113 | 4 148 | 4 220 |
| Males | 2 138 | 2 164 | 2 133 | 2 148 | 2 162 | 2 171 | 2 180 | 2 175 | 2 194 | 2 234 |
| Females | 1 786 | 1 831 | 1 849 | 1 869 | 1 890 | 1 913 | 1 925 | 1 937 | 1 954 | 1 986 |
| **Employment (%)** | | | | | | | | | | |
| Males | 54.5 | 54.2 | 53.6 | 53.5 | 53.4 | 53.2 | 53.1 | 52.9 | 52.9 | 52.9 |
| Females | 45.5 | 45.8 | 46.4 | 46.5 | 46.6 | 46.8 | 46.9 | 47.1 | 47.1 | 47.1 |
| **Unemployment rate (% of labour force)** | | | | | | | | | | |
| All persons | 4.9 | 4.1 | 5.3 | 4.8 | 4.6 | 4.9 | 5.3 | 5.6 | 5.7 | 6.0 |
| Males | 4.5 | 3.9 | 5.5 | 5.0 | 4.6 | 4.9 | 5.4 | 5.8 | 6.1 | 6.4 |
| Females | 5.3 | 4.4 | 5.1 | 4.6 | 4.6 | 4.8 | 5.3 | 5.4 | 5.3 | 5.5 |
| **EMPLOYMENT - PROFESSIONAL STATUS, thousands** | | | | | | | | | | |
| **All activities** | **3 924** | **3 994** | **3 982** | **4 017** | **4 052** | **4 084** | **4 105** | **4 113** | **4 148** | **4 220** |
| Employees | 3 385 | 3 452 | 3 437 | 3 460 | 3 513 | 3 549 | 3 561 | 3 564 | 3 606 | 3 680 |
| Employers and persons working on own account | 445 | 449 | 456 | 468 | 456 | 455 | 466 | 464 | 472 | 473 |
| Unpaid family workers | 92 | 92 | 87 | 87 | 82 | 79 | 76 | 83 | 67 | 64 |
| **Employees as % of employment** | **86.3** | **86.4** | **86.3** | **86.1** | **86.7** | **86.9** | **86.8** | **86.7** | **86.9** | **87.2** |
| **Part-time employment (%)** | | | | | | | | | | |
| Part-time as % of employment | 17.3 | 17.8 | 18.7 | 19.2 | 19.0 | 19.4 | 19.9 | 20.9 | 21.0 | 20.9 |
| Male share of part time employment | 17.6 | 19.5 | 19.6 | 20.0 | 19.5 | 19.4 | 21.1 | 21.4 | 21.6 | 21.7 |
| Female share of part time employment | 82.4 | 80.5 | 80.4 | 80.0 | 80.5 | 80.6 | 78.9 | 78.6 | 78.4 | 78.3 |
| Male part-time as % of male employment | 5.6 | 6.4 | 6.8 | 7.2 | 7.0 | 7.1 | 7.9 | 8.5 | 8.6 | 8.6 |
| Female part-time as % of female employment | 31.4 | 31.3 | 32.4 | 33.0 | 32.8 | 33.5 | 33.4 | 34.9 | 35.0 | 34.7 |
| **Duration of unemployment (% of total unemployment)** | | | | | | | | | | |
| Less than one month | 10.9 | 11.6 | 11.4 | 9.4 | 10.9 | 9.7 | 9.0 | 9.5 | 8.9 | 8.9 |
| More than 1 month and less than 3 months | 24.3 | 26.3 | 25.4 | 26.2 | 25.7 | 27.1 | 25.4 | 23.9 | 22.8 | 22.5 |
| More than 3 months and less than 6 months | 20.3 | 19.4 | 23.2 | 21.1 | 20.2 | 19.9 | 21.9 | 20.0 | 19.1 | 18.6 |
| More than 6 months and less than 1 year | 17.2 | 18.3 | 18.4 | 17.9 | 16.9 | 18.4 | 19.2 | 19.3 | 20.0 | 17.7 |
| More than 1 year | 27.2 | 24.3 | 21.7 | 25.4 | 26.3 | 24.9 | 24.6 | 27.2 | 29.2 | 32.3 |

*Note:* Detailed metadata: http://metalinks.oecd.org/lfs/20180108/dbd3, http://metalinks.oecd.org/lfs/20180108/56a2, http://metalinks.oecd.org/lfs/20180108/d7c4 and http://metalinks.oecd.org/lfs/20180108/74d1.

# AUSTRIA

## Table 2. Participation rates and unemployment rates by age and sex

*Annual average estimates, percentage*

| | 2007 | 2008 | 2009 | 2010 | 2011 | 2012 | 2013 | 2014 | 2015 | 2016 |
|---|---|---|---|---|---|---|---|---|---|---|
| **Participation rates** | | | | | | | | | | |
| **Males** | | | | | | | | | | |
| 15-19 | 48.2 | 48.0 | 48.4 | 48.3 | 48.1 | 47.0 | 45.8 | 44.4 | 41.6 | 42.2 |
| 20-24 | 77.1 | 77.5 | 77.1 | 76.5 | 78.4 | 77.9 | 76.9 | 74.7 | 76.7 | 75.4 |
| 25-34 | 92.9 | 92.3 | 92.1 | 91.0 | 91.2 | 91.8 | 91.3 | 91.0 | 91.1 | 91.7 |
| 35-44 | 95.0 | 94.8 | 94.6 | 94.1 | 94.5 | 94.5 | 94.1 | 93.8 | 93.8 | 93.5 |
| 45-54 | 89.4 | 88.9 | 89.0 | 90.5 | 90.2 | 90.7 | 91.0 | 89.9 | 90.3 | 90.5 |
| 55-59 | 66.6 | 70.1 | 71.0 | 71.7 | 73.1 | 74.0 | 75.0 | 76.9 | 77.2 | 79.2 |
| 60-64 | 25.3 | 26.9 | 27.9 | 29.1 | 25.9 | 27.8 | 31.6 | 32.1 | 32.3 | 38.3 |
| 15-24 | 62.9 | 62.9 | 62.9 | 62.6 | 63.6 | 63.1 | 62.3 | 60.7 | 60.7 | 60.2 |
| 25-54 | 92.5 | 92.1 | 91.9 | 91.9 | 92.0 | 92.3 | 92.1 | 91.5 | 91.6 | 91.8 |
| 55-64 | 47.6 | 49.9 | 50.5 | 51.4 | 50.4 | 52.2 | 55.1 | 56.8 | 57.4 | 61.2 |
| 65 and over | 6.7 | 7.3 | 7.9 | 7.5 | 7.0 | 6.9 | 7.4 | 7.6 | 7.5 | 7.0 |
| 15-64 | 80.0 | 80.0 | 80.0 | 80.0 | 79.9 | 80.2 | 80.4 | 80.0 | 80.1 | 80.7 |
| **Females** | | | | | | | | | | |
| 15-19 | 40.2 | 41.1 | 39.0 | 36.6 | 37.1 | 38.0 | 35.9 | 35.0 | 34.4 | 33.3 |
| 20-24 | 71.0 | 70.6 | 72.7 | 70.5 | 71.3 | 71.1 | 72.4 | 72.8 | 70.7 | 72.2 |
| 25-34 | 78.3 | 79.7 | 81.3 | 81.3 | 81.7 | 83.8 | 83.5 | 83.7 | 83.3 | 84.9 |
| 35-44 | 84.1 | 83.9 | 85.0 | 84.7 | 85.9 | 85.8 | 86.2 | 85.6 | 85.9 | 85.5 |
| 45-54 | 78.4 | 78.7 | 79.6 | 80.9 | 82.0 | 82.6 | 84.0 | 84.3 | 84.0 | 84.5 |
| 55-59 | 42.4 | 46.4 | 47.9 | 51.5 | 50.4 | 53.3 | 55.4 | 55.6 | 59.7 | 62.8 |
| 60-64 | 10.6 | 12.2 | 13.0 | 14.4 | 14.8 | 13.9 | 14.7 | 16.0 | 16.5 | 18.3 |
| 15-24 | 56.0 | 56.2 | 56.2 | 54.0 | 54.8 | 55.4 | 55.3 | 55.4 | 54.1 | 54.6 |
| 25-54 | 80.5 | 80.9 | 82.1 | 82.4 | 83.2 | 84.0 | 84.5 | 84.5 | 84.4 | 84.9 |
| 55-64 | 27.5 | 30.1 | 31.1 | 33.6 | 33.0 | 34.5 | 36.4 | 37.5 | 40.2 | 42.7 |
| 65 and over | 2.8 | 3.0 | 3.3 | 3.5 | 3.4 | 3.5 | 3.4 | 3.5 | 3.6 | 3.5 |
| 15-64 | 67.1 | 67.8 | 68.7 | 68.9 | 69.3 | 70.0 | 70.7 | 70.8 | 70.9 | 71.7 |
| **All persons** | | | | | | | | | | |
| 15-24 | 59.4 | 59.5 | 59.5 | 58.3 | 59.2 | 59.2 | 58.8 | 58.0 | 57.4 | 57.5 |
| 25-54 | 86.5 | 86.5 | 87.0 | 87.1 | 87.6 | 88.1 | 88.3 | 88.0 | 88.0 | 88.4 |
| 55-64 | 37.2 | 39.7 | 40.5 | 42.2 | 41.4 | 43.1 | 45.5 | 46.9 | 48.6 | 51.7 |
| 65 and over | 4.5 | 4.8 | 5.2 | 5.2 | 5.0 | 4.9 | 5.1 | 5.3 | 5.3 | 5.0 |
| 15-64 | 73.5 | 73.9 | 74.3 | 74.4 | 74.6 | 75.1 | 75.5 | 75.4 | 75.5 | 76.2 |
| **Unemployment rates** | | | | | | | | | | |
| **Males** | | | | | | | | | | |
| 15-19 | 10.7 | 10.0 | 12.2 | 9.9 | 9.3 | 9.7 | 10.3 | 9.7 | 11.3 | 13.7 |
| 20-24 | 8.4 | 7.5 | 10.6 | 9.4 | 8.5 | 9.4 | 8.9 | 11.1 | 11.0 | 11.4 |
| 25-34 | 4.6 | 4.1 | 5.9 | 6.1 | 4.7 | 5.4 | 6.7 | 7.0 | 6.6 | 7.2 |
| 35-44 | 3.3 | 2.9 | 4.5 | 3.9 | 3.7 | 3.7 | 4.0 | 4.4 | 5.1 | 5.3 |
| 45-54 | 3.8 | 3.3 | 4.6 | 4.0 | 3.4 | 4.1 | 4.5 | 4.9 | 4.8 | 4.7 |
| 55-59 | 3.9 | 2.1 | 3.2 | 3.4 | 4.5 | 3.8 | 4.5 | 5.3 | 6.1 | 6.1 |
| 60-64 | 1.8 | 1.5 | 1.9 | 1.3 | 3.9 | 4.3 | 3.3 | 2.1 | 4.4 | 5.2 |
| 15-24 | 9.3 | 8.4 | 11.2 | 9.6 | 8.8 | 9.6 | 9.4 | 10.6 | 11.1 | 12.1 |
| 25-54 | 3.8 | 3.4 | 4.9 | 4.6 | 3.9 | 4.4 | 5.0 | 5.4 | 5.5 | 5.7 |
| 55-64 | 3.4 | 1.9 | 2.9 | 2.9 | 4.4 | 3.9 | 4.2 | 4.5 | 5.7 | 5.9 |
| 65 and over | 0.3 | 0.3 | 0.4 | 0.4 | 0.3 | 0.3 | 0.1 | 0.9 | 0.2 | 0.2 |
| 15-64 | 4.6 | 4.0 | 5.6 | 5.1 | 4.6 | 5.0 | 5.5 | 5.9 | 6.2 | 6.6 |
| Total | 4.5 | 3.9 | 5.5 | 5.0 | 4.5 | 4.9 | 5.4 | 5.8 | 6.1 | 6.4 |
| **Females** | | | | | | | | | | |
| 15-19 | 13.6 | 13.3 | 13.1 | 12.8 | 12.6 | 11.5 | 14.0 | 13.5 | 11.7 | 14.6 |
| 20-24 | 7.5 | 6.0 | 8.6 | 7.7 | 7.4 | 8.1 | 8.3 | 8.5 | 9.3 | 8.6 |
| 25-34 | 5.7 | 5.0 | 5.7 | 5.9 | 5.3 | 5.6 | 6.4 | 6.7 | 6.0 | 5.8 |
| 35-44 | 4.6 | 3.5 | 4.2 | 3.4 | 4.0 | 4.4 | 4.9 | 5.2 | 4.9 | 5.7 |
| 45-54 | 3.9 | 3.3 | 3.8 | 3.5 | 3.2 | 3.2 | 3.5 | 3.5 | 3.9 | 4.1 |
| 55-59 | 4.1 | 3.3 | 2.8 | 2.3 | 2.9 | 3.3 | 3.6 | 3.3 | 4.0 | 4.5 |
| 60-64 | 1.1 | 0.6 | 1.3 | 0.6 | 1.1 | 0.4 | 1.6 | 1.1 | 0.7 | 0.7 |
| 15-24 | 9.6 | 8.6 | 10.1 | 9.4 | 9.1 | 9.2 | 10.0 | 9.9 | 10.0 | 10.2 |
| 25-54 | 4.7 | 3.8 | 4.5 | 4.2 | 4.1 | 4.3 | 4.8 | 5.0 | 4.9 | 5.1 |
| 55-64 | 3.5 | 2.7 | 2.5 | 1.9 | 2.5 | 2.7 | 3.2 | 2.8 | 3.4 | 3.8 |
| 65 and over | 0.6 | 0.1 | 0.4 | 0.2 | 0.9 | 0.5 | 0.6 | 0.6 | 0.7 | 0.9 |
| 15-64 | 5.4 | 4.5 | 5.2 | 4.7 | 4.6 | 4.8 | 5.4 | 5.5 | 5.4 | 5.6 |
| Total | 5.3 | 4.4 | 5.1 | 4.6 | 4.6 | 4.8 | 5.3 | 5.4 | 5.3 | 5.5 |
| **All persons** | | | | | | | | | | |
| 15-24 | 9.4 | 8.5 | 10.7 | 9.5 | 8.9 | 9.4 | 9.7 | 10.3 | 10.6 | 11.2 |
| 25-54 | 4.2 | 3.6 | 4.7 | 4.4 | 4.0 | 4.3 | 4.9 | 5.2 | 5.2 | 5.4 |
| 55-64 | 3.4 | 2.2 | 2.7 | 2.5 | 3.6 | 3.4 | 3.8 | 3.8 | 4.7 | 5.0 |
| 65 and over | 0.4 | 0.3 | 0.4 | 0.3 | 0.5 | 0.4 | 0.3 | 0.8 | 0.4 | 0.5 |
| 15-64 | 4.9 | 4.2 | 5.4 | 4.9 | 4.6 | 4.9 | 5.4 | 5.7 | 5.8 | 6.1 |

*Note:* Detailed metadata at:http://metalinks.oecd.org/lfs/20180108/10b3
*Disclaimer:* http://oe.cd/disclaimer

## Table 3. Employment and employees: breakdown by activity - ISIC Rev. 4

*Annual average estimates*

| | | 2007 | 2008 | 2009 | 2010 | 2011 | 2012 | 2013 | 2014 | 2015 | 2016 |
|---|---|---|---|---|---|---|---|---|---|---|---|
| | **EMPLOYMENT** | | | | | | | | | | |
| | **By activity, thousands** | | | | | | | | | | |
| **A-U** | **All activities** | .. | **3 994.1** | **3 982.2** | **4 016.7** | **4 052.4** | **4 084.5** | **4 104.7** | **4 112.7** | **4 148.3** | **4 220.3** |
| A | Agriculture, hunting and forestry | 231.3 \| | 209.8 | 212.0 | 209.4 | 200.1 | 191.0 | 187.8 | 198.9 | 188.0 | 183.5 |
| **B-F** | **Industry** | **1 098.5 \|** | **1 047.9** | **994.4** | **1 000.5** | **1 054.8** | **1 065.3** | **1 063.4** | **1 059.1** | **1 068.8** | **1 078.8** |
| B | Mining and quarrying | .. | 10.3 | 10.0 | 9.8 | 10.8 | 9.0 | 7.3 | 6.2 | 7.3 | 8.1 |
| C | Manufacturing | .. | 627.3 | 595.4 | 612.1 | 642.0 | 645.0 | 642.8 | 643.5 | 662.7 | 673.1 |
| D | Electricity, gas, steam, air cond. supply | .. | 22.7 | 24.0 | 26.2 | 30.8 | 27.0 | 28.5 | 31.3 | 30.4 | 29.2 |
| E | Water supply, sewerage, waste mgt, remediation | .. | 19.8 | 19.0 | 17.9 | 16.9 | 16.0 | 20.6 | 20.7 | 20.5 | 18.4 |
| F | Construction | .. | 367.8 | 346.1 | 334.5 | 354.3 | 368.4 | 364.3 | 357.4 | 347.9 | 350.1 |
| **G-U** | **Services** | **2 593.9 \|** | **2 736.4** | **2 775.9** | **2 806.8** | **2 797.6** | **2 828.2** | **2 853.5** | **2 854.7** | **2 891.6** | **2 958.0** |
| G | Wholesale, retail trade, vehicle, motorcycle repair | .. | 645.3 | 630.6 | 612.3 | 616.8 | 613.6 | 600.3 | 601.5 | 598.7 | 608.0 |
| H | Transportation and storage | .. | 197.4 | 195.9 | 192.1 | 201.8 | 205.5 | 211.3 | 202.3 | 206.3 | 208.4 |
| I | Accommodation and food service activities | .. | 243.4 | 249.3 | 246.2 | 243.7 | 257.8 | 240.5 | 235.3 | 238.8 | 258.4 |
| J | Information and communication | .. | 95.3 | 104.9 | 107.6 | 100.1 | 103.2 | 112.7 | 120.7 | 117.0 | 131.9 |
| K | Financial and insurance activities | .. | 141.2 | 141.1 | 144.9 | 148.1 | 144.2 | 144.4 | 137.3 | 134.3 | 133.1 |
| L | Real estate activities | .. | 31.9 | 30.2 | 37.0 | 38.8 | 36.4 | 37.4 | 35.6 | 39.0 | 41.5 |
| M | Professional, scientific and technical activities | .. | 208.5 | 207.6 | 213.6 | 211.1 | 223.9 | 234.6 | 235.5 | 234.0 | 235.5 |
| N | Administrative and support service activities | .. | 132.0 | 136.2 | 137.1 | 142.6 | 132.6 | 135.6 | 138.6 | 134.7 | 137.0 |
| O | Public administration, defence, social security | .. | 272.3 | 269.4 | 273.3 | 269.6 | 268.5 | 269.7 | 273.0 | 279.7 | 271.6 |
| P | Education | .. | 231.0 | 248.1 | 257.1 | 254.5 | 259.0 | 275.5 | 281.4 | 283.5 | 288.9 |
| Q | Human health and social work activities | .. | 352.1 | 379.2 | 389.0 | 382.1 | 388.9 | 400.3 | 404.6 | 420.6 | 435.5 |
| R | Arts, entertainment and recreation | .. | 70.6 | 68.6 | 72.2 | 70.3 | 74.1 | 71.8 | 70.6 | 82.3 | 73.7 |
| S | Other service activities | .. | 96.9 | 97.0 | 105.4 | 103.3 | 104.6 | 104.9 | 103.7 | 105.6 | 119.1 |
| T | Households as employers and own-use activities | .. | 11.8 | 9.9 | 10.6 | 8.9 | 10.3 | 9.9 | 9.0 | 9.0 | 10.2 |
| U | Activities of extraterritorial organizations, bodies | .. | 6.9 | 8.1 | 8.3 | 6.2 | 5.7 | .. | 6.1 | 8.0 | 5.3 |
| | **EMPLOYEES** | | | | | | | | | | |
| | **By activity, thousands** | | | | | | | | | | |
| **A-U** | **All activities** | .. | **3 453.2** | **3 439.0** | **3 461.9** | **3 514.4** | **3 550.5** | **3 562.9** | **3 566.2** | **3 609.1** | **3 683.4** |
| A | Agriculture, hunting and forestry | .. | 28.8 | 32.8 | 33.8 | 26.9 | 26.8 | 25.9 | 28.3 | 30.4 | 30.7 |
| **B-F** | **Industry** | .. | **984.3** | **935.7** | **941.0** | **992.2** | **1 000.3** | **996.0** | **993.4** | **1 000.7** | **1 013.3** |
| B | Mining and quarrying | .. | 10.0 | 9.9 | 9.5 | 10.5 | 9.0 | 6.9 | 5.7 | 7.1 | 8.1 |
| C | Manufacturing | .. | 596.6 | 569.3 | 587.4 | 614.0 | 616.6 | 612.7 | 617.0 | 635.6 | 644.3 |
| D | Electricity, gas, steam, air cond. supply | .. | 22.2 | 23.6 | 25.9 | 30.3 | 26.0 | 27.6 | 30.2 | 30.1 | 28.4 |
| E | Water supply, sewerage, waste mgt, remediation | .. | 18.8 | 18.8 | 17.0 | 16.4 | 15.4 | 19.7 | 19.9 | 20.1 | 17.7 |
| F | Construction | .. | 336.6 | 314.1 | 301.2 | 321.0 | 333.3 | 329.1 | 320.7 | 307.9 | 314.8 |
| **G-U** | **Services** | .. | **2 440.1** | **2 470.6** | **2 487.1** | **2 495.3** | **2 523.4** | **2 541.0** | **2 544.5** | **2 578.1** | **2 639.4** |
| G | Wholesale, retail trade, vehicle, motorcycle repair | .. | 579.7 | 562.7 | 542.1 | 552.2 | 553.4 | 538.5 | 539.6 | 539.4 | 544.4 |
| H | Transportation and storage | .. | 184.9 | 182.3 | 176.8 | 188.8 | 191.9 | 195.7 | 188.6 | 191.7 | 194.4 |
| I | Accommodation and food service activities | .. | 194.4 | 207.7 | 203.7 | 202.3 | 209.8 | 199.9 | 194.4 | 201.6 | 216.8 |
| J | Information and communication | .. | 80.3 | 89.4 | 90.1 | 82.7 | 86.5 | 96.0 | 103.4 | 98.0 | 110.0 |
| K | Financial and insurance activities | .. | 134.0 | 131.2 | 135.9 | 138.1 | 135.3 | 136.9 | 129.5 | 125.5 | 125.3 |
| L | Real estate activities | .. | 26.7 | 25.6 | 29.5 | 31.0 | 29.4 | 29.9 | 26.8 | 27.8 | 33.3 |
| M | Professional, scientific and technical activities | .. | 151.9 | 150.9 | 152.4 | 154.0 | 163.4 | 170.8 | 170.7 | 170.8 | 174.8 |
| N | Administrative and support service activities | .. | 120.4 | 120.5 | 123.0 | 126.6 | 120.0 | 124.6 | 126.7 | 121.7 | 125.2 |
| O | Public administration, defence, social security | .. | 272.3 | 269.4 | 273.3 | 269.6 | 268.5 | 269.7 | 273.0 | 279.7 | 271.6 |
| P | Education | .. | 220.4 | 239.0 | 246.6 | 246.3 | 250.5 | 263.7 | 272.3 | 273.0 | 278.1 |
| Q | Human health and social work activities | .. | 325.0 | 348.9 | 356.8 | 349.3 | 358.6 | 362.7 | 367.7 | 384.0 | 399.3 |
| R | Arts, entertainment and recreation | .. | 50.6 | 46.0 | 51.6 | 51.4 | 53.3 | 51.1 | 50.7 | 61.5 | 55.8 |
| S | Other service activities | .. | 81.6 | 79.7 | 87.4 | 88.7 | 88.4 | 88.8 | 87.4 | 87.2 | 96.8 |
| T | Households as employers and own-use activities | .. | 11.1 | 9.5 | 9.8 | 8.2 | 9.1 | 8.3 | 7.7 | 8.3 | 8.6 |
| U | Activities of extraterritorial organizations, bodies | .. | 6.9 | 8.1 | 8.3 | 6.2 | 5.7 | .. | 6.1 | 8.0 | 5.3 |

*Note:* Detailed metadata:http://metalinks.oecd.org/lfs/20180108/56a2
*Disclaimer:* http://oe.cd/disclaimer

# BELGIUM

## Table 1. Labour force

*Annual average estimates*

| | 2007 | 2008 | 2009 | 2010 | 2011 | 2012 | 2013 | 2014 | 2015 | 2016 |
|---|---|---|---|---|---|---|---|---|---|---|
| **Labour force, thousands** | | | | | | | | | | |
| All persons | 4 733 | 4 779 | 4 800 | 4 895 \| | 4 856 | 4 893 | 4 947 | 4 967 | 4 973 | 4 976 \| |
| Males | 2 618 | 2 631 | 2 633 | 2 675 \| | 2 650 | 2 670 | 2 682 | 2 677 | 2 677 | 2 682 \| |
| Females | 2 115 | 2 148 | 2 167 | 2 220 \| | 2 206 | 2 223 | 2 265 | 2 290 | 2 297 | 2 295 \| |
| **Unemployed, thousands** | | | | | | | | | | |
| All persons | 353 | 333 | 380 | 406 \| | 347 | 369 | 417 | 423 | 422 | 390 \| |
| Males | 174 | 170 | 204 | 217 \| | 188 | 204 | 232 | 241 | 243 | 216 \| |
| Females | 179 | 163 | 176 | 189 \| | 158 | 165 | 185 | 182 | 178 | 173 \| |
| **Employment, thousands** | | | | | | | | | | |
| All persons | 4 380 | 4 446 | 4 421 | 4 489 \| | 4 509 | 4 524 | 4 530 | 4 544 | 4 552 | 4 587 \| |
| Males | 2 444 | 2 461 | 2 429 | 2 458 \| | 2 462 | 2 466 | 2 451 | 2 435 | 2 434 | 2 466 \| |
| Females | 1 937 | 1 985 | 1 991 | 2 031 \| | 2 047 | 2 058 | 2 080 | 2 108 | 2 118 | 2 121 \| |
| **Employment (%)** | | | | | | | | | | |
| Males | 55.8 | 55.3 | 55.0 | 54.8 \| | 54.6 | 54.5 | 54.1 | 53.6 | 53.5 | 53.8 \| |
| Females | 44.2 | 44.7 | 45.0 | 45.2 \| | 45.4 | 45.5 | 45.9 | 46.4 | 46.5 | 46.2 \| |
| **Unemployment rate (% of labour force)** | | | | | | | | | | |
| All persons | 7.5 | 7.0 | 7.9 | 8.3 \| | 7.1 | 7.5 | 8.4 | 8.5 | 8.5 | 7.8 \| |
| Males | 6.7 | 6.5 | 7.7 | 8.1 \| | 7.1 | 7.6 | 8.6 | 9.0 | 9.1 | 8.1 \| |
| Females | 8.4 | 7.6 | 8.1 | 8.5 \| | 7.2 | 7.4 | 8.2 | 7.9 | 7.8 | 7.6 \| |
| **EMPLOYMENT - PROFESSIONAL STATUS, thousands** | | | | | | | | | | |
| **All activities** | **4 380** | **4 446** | **4 421** | **4 489 \|** | **4 509** | **4 524** | **4 530** | **4 544** | **4 552** | **4 587 \|** |
| Employees | 3 729 | 3 810 | 3 766 | 3 839 \| | 3 861 | 3 873 | 3 844 | 3 877 | 3 858 | 3 904 \| |
| Employers and persons working on own account | 593 | 579 | 599 | 601 | 595 | 611 | 642 | 623 | 650 | 644 \| |
| Unpaid family workers | 57 | 54 | 55 | 44 | 50 | 38 | 41 | 41 | 41 | 37 \| |
| **Employees as % of employment** | **85.1** | **85.7** | **85.2** | **85.5 \|** | **85.6** | **85.6** | **84.9** | **85.3** | **84.8** | **85.1 \|** |
| **Part-time employment (%)** | | | | | | | | | | |
| Part-time as % of employment | 18.1 | 18.3 | 18.2 | 18.3 | 18.8 | 18.7 | 18.2 | 18.1 | 18.2 | 17.8 |
| Male share of part time employment | 19.3 | 18.7 | 19.4 | 19.6 | 20.1 | 20.2 | 19.2 | 20.9 | 21.1 | 20.6 |
| Female share of part time employment | 80.7 | 81.3 | 80.6 | 80.4 | 79.9 | 79.8 | 80.8 | 79.1 | 78.9 | 79.4 |
| Male part-time as % of male employment | 6.4 | 6.3 | 6.6 | 6.7 | 7.0 | 7.1 | 6.6 | 7.2 | 7.3 | 6.9 |
| Female part-time as % of female employment | 32.2 | 32.5 | 31.8 | 31.7 | 32.4 | 32.1 | 31.4 | 30.5 | 30.2 | 30.0 |
| **Duration of unemployment (% of total unemployment)** | | | | | | | | | | |
| Less than one month | 6.0 | 7.2 | 7.2 | 5.4 | 4.5 | 4.7 | 3.4 | 3.6 | 3.4 | 3.9 |
| More than 1 month and less than 3 months | 16.0 | 17.3 | 16.8 | 15.6 | 16.4 | 17.9 | 17.4 | 15.0 | 16.2 | 16.2 |
| More than 3 months and less than 6 months | 12.9 | 14.1 | 15.8 | 13.0 | 15.0 | 16.5 | 15.4 | 15.2 | 14.4 | 13.9 |
| More than 6 months and less than 1 year | 14.7 | 13.8 | 16.0 | 17.3 | 15.8 | 16.2 | 17.8 | 16.2 | 14.3 | 14.0 |
| More than 1 year | 50.4 | 47.6 | 44.2 | 48.8 | 48.3 | 44.7 | 46.0 | 49.9 | 51.7 | 52.0 |

*Note:* Detailed metadata: http://metalinks.oecd.org/lfs/20180108/1579, http://metalinks.oecd.org/lfs/20180108/56a2, http://metalinks.oecd.org/lfs/20180108/74c1 and http://metalinks.oecd.org/lfs/20180108/fde6.

*Disclaimer:* http://oe.cd/disclaimer

## Table 2. Participation rates and unemployment rates by age and sex

*Annual average estimates, percentage*

| | 2007 | 2008 | 2009 | 2010 | 2011 | 2012 | 2013 | 2014 | 2015 | 2016 |
|---|---|---|---|---|---|---|---|---|---|---|
| **Participation rates** | | | | | | | | | | |
| **Males** | | | | | | | | | | |
| 15-19 | 10.9 | 12.0 | 10.9 | 10.5 | 10.3 | 10.5 | 8.6 | 8.3 | 8.2 | 8.2 |
| 20-24 | 62.2 | 60.7 | 59.2 | 59.5 | 56.8 | 57.7 | 56.6 | 54.1 | 55.5 | 51.8 |
| 25-34 | 93.5 | 93.7 | 92.9 | 92.8 | 91.3 | 91.0 | 91.2 | 91.3 | 89.8 | 90.0 |
| 35-44 | 94.4 | 94.2 | 93.5 | 93.7 | 92.6 | 92.7 | 92.7 | 92.4 | 91.6 | 92.3 |
| 45-54 | 89.6 | 89.0 | 89.1 | 90.1 | 88.3 | 88.7 | 88.8 | 88.6 | 88.4 | 89.0 |
| 55-59 | 61.7 | 62.8 | 62.6 | 66.2 | 66.7 | 66.8 | 69.5 | 70.2 | 72.1 | 72.9 |
| 60-64 | 23.8 | 23.5 | 25.7 | 27.2 | 27.1 | 26.8 | 29.0 | 29.7 | 29.4 | 30.8 |
| 15-24 | 36.1 | 36.0 | 34.9 | 35.2 | 34.1 | 35.0 | 33.7 | 32.3 | 32.8 | 30.7 |
| 25-54 | 92.5 | 92.3 | 91.8 | 92.2 | 90.7 | 90.7 | 90.9 | 90.7 | 89.9 | 90.4 |
| 55-64 | 44.4 | 44.4 | 45.2 | 47.6 | 47.8 | 47.9 | 50.5 | 51.3 | 52.2 | 53.6 |
| 65 and over | 3.0 | 2.9 | 3.1 | 3.2 | 3.4 | 4.0 | 3.6 | 3.8 | 4.2 | 3.6 |
| 15-64 | 73.6 | 73.3 | 72.8 | 73.4 | 72.3 | 72.5 | 72.7 | 72.4 | 72.2 | 72.3 |
| **Females** | | | | | | | | | | |
| 15-19 | 8.0 | 7.2 | 7.9 | 7.5 | 8.8 | 6.4 | 6.1 | 6.6 | 5.9 | 5.5 |
| 20-24 | 55.1 | 54.3 | 51.5 | 51.0 | 49.2 | 47.3 | 48.0 | 47.2 | 46.3 | 44.4 |
| 25-34 | 83.2 | 84.7 | 84.2 | 84.0 | 81.4 | 82.2 | 81.2 | 82.6 | 81.2 | 81.1 |
| 35-44 | 81.2 | 82.1 | 81.9 | 84.0 | 81.7 | 81.4 | 82.8 | 82.9 | 82.5 | 82.3 |
| 45-54 | 70.2 | 70.9 | 72.3 | 73.8 | 73.6 | 74.3 | 75.6 | 76.6 | 77.1 | 76.4 |
| 55-59 | 40.8 | 42.4 | 43.8 | 45.7 | 48.7 | 51.0 | 55.1 | 56.2 | 59.5 | 62.1 |
| 60-64 | 12.1 | 11.8 | 13.6 | 15.0 | 16.0 | 17.2 | 18.7 | 19.6 | 20.7 | 20.5 |
| 15-24 | 31.6 | 30.8 | 29.9 | 29.8 | 29.8 | 27.9 | 28.2 | 28.1 | 27.1 | 26.2 |
| 25-54 | 78.0 | 79.0 | 79.2 | 80.4 | 78.7 | 79.1 | 79.7 | 80.6 | 80.2 | 79.8 |
| 55-64 | 27.5 | 27.9 | 29.3 | 30.9 | 33.0 | 34.9 | 37.8 | 39.0 | 41.2 | 42.8 |
| 65 and over | 0.9 | 1.0 | 0.7 | 1.2 | 1.1 | 1.1 | 1.4 | 1.2 | 1.4 | 1.2 |
| 15-64 | 60.4 | 60.8 | 60.9 | 61.8 | 61.1 | 61.3 | 62.3 | 63.0 | 63.0 | 62.9 |
| **All persons** | | | | | | | | | | |
| 15-24 | 33.9 | 33.4 | 32.4 | 32.5 | 32.0 | 31.5 | 31.0 | 30.2 | 30.0 | 28.5 |
| 25-54 | 85.3 | 85.7 | 85.6 | 86.3 | 84.7 | 85.0 | 85.3 | 85.6 | 85.1 | 85.1 |
| 55-64 | 35.9 | 36.1 | 37.2 | 39.2 | 40.3 | 41.4 | 44.1 | 45.1 | 46.6 | 48.1 |
| 65 and over | 1.8 | 1.8 | 1.7 | 2.1 | 2.0 | 2.3 | 2.3 | 2.3 | 2.6 | 2.2 |
| 15-64 | 67.1 | 67.1 | 66.9 | 67.7 | 66.7 | 66.9 | 67.5 | 67.7 | 67.6 | 67.6 |
| **Unemployment rates** | | | | | | | | | | |
| **Males** | | | | | | | | | | |
| 15-19 | 27.5 | 24.4 | 26.6 | 34.1 | 30.1 | 31.8 | 38.3 | 31.5 | 31.8 | 28.3 |
| 20-24 | 15.2 | 15.9 | 20.5 | 20.4 | 16.8 | 18.5 | 22.8 | 22.9 | 22.7 | 20.8 |
| 25-34 | 8.3 | 7.4 | 9.4 | 9.7 | 8.8 | 9.6 | 10.0 | 11.0 | 10.6 | 9.8 |
| 35-44 | 5.3 | 5.3 | 6.2 | 6.4 | 5.9 | 6.4 | 7.2 | 8.0 | 7.7 | 6.5 |
| 45-54 | 4.4 | 4.4 | 4.8 | 5.8 | 4.7 | 4.9 | 5.7 | 5.8 | 6.4 | 5.8 |
| 55-59 | 4.0 | 4.1 | 5.5 | 4.4 | 4.4 | 4.3 | 6.0 | 6.2 | 7.0 | 6.1 |
| 60-64 | 2.3 | 2.1 | 3.9 | 3.8 | 2.4 | 3.3 | 4.1 | 3.9 | 4.6 | 0.0 |
| 15-24 | 17.1 | 17.3 | 21.5 | 22.4 | 18.7 | 20.4 | 24.7 | 24.0 | 23.8 | 21.7 |
| 25-54 | 5.9 | 5.7 | 6.7 | 7.2 | 6.4 | 6.9 | 7.5 | 8.2 | 8.2 | 7.3 |
| 55-64 | 3.6 | 3.6 | 5.0 | 4.2 | 3.9 | 4.1 | 5.5 | 5.6 | 6.3 | 5.4 |
| 65 and over | 1.7 | 1.4 | 0.8 | 0.4 | 0.4 | 1.6 | 0.4 | 0.2 | 1.1 | 0.0 |
| 15-64 | 6.7 | 6.5 | 7.8 | 8.2 | 7.2 | 7.7 | 8.7 | 9.1 | 9.2 | 8.1 |
| Total | 6.7 | 6.5 | 7.7 | 8.1 | 7.1 | 7.7 | 8.6 | 9.0 | 9.1 | 8.1 |
| **Females** | | | | | | | | | | |
| 15-19 | 32.9 | 27.4 | 29.9 | 36.6 | 26.7 | 24.1 | 27.7 | 36.4 | 28.2 | 16.7 |
| 20-24 | 19.1 | 17.6 | 21.4 | 20.4 | 17.4 | 18.2 | 21.9 | 20.6 | 19.1 | 17.0 |
| 25-34 | 9.3 | 8.7 | 9.3 | 9.9 | 8.5 | 9.3 | 9.6 | 9.3 | 9.8 | 9.6 |
| 35-44 | 6.7 | 5.8 | 6.1 | 6.9 | 5.6 | 5.9 | 7.0 | 6.6 | 6.4 | 6.0 |
| 45-54 | 6.1 | 5.3 | 5.2 | 5.6 | 5.0 | 4.7 | 5.1 | 5.0 | 5.4 | 5.1 |
| 55-59 | 5.3 | 5.7 | 5.6 | 5.7 | 4.5 | 5.0 | 5.8 | 5.6 | 5.1 | 6.5 |
| 60-64 | 5.5 | 5.2 | 4.0 | 3.9 | 3.4 | 5.2 | 3.6 | 3.5 | 3.5 | 0.0 |
| 15-24 | 20.9 | 18.7 | 22.5 | 22.4 | 18.7 | 18.9 | 22.5 | 22.3 | 20.0 | 18.2 |
| 25-54 | 7.4 | 6.6 | 6.9 | 7.5 | 6.3 | 6.6 | 7.2 | 7.0 | 7.1 | 6.9 |
| 55-64 | 5.3 | 5.6 | 5.2 | 5.2 | 4.2 | 5.1 | 5.3 | 5.1 | 4.7 | 6.0 |
| 65 and over | 0.0 | 0.7 | 0.2 | 1.8 | 1.6 | 0.6 | 2.3 | 1.5 | 0.4 | 0.0 |
| 15-64 | 8.5 | 7.6 | 8.1 | 8.6 | 7.2 | 7.4 | 8.2 | 8.0 | 7.8 | 7.6 |
| Total | 8.4 | 7.6 | 8.1 | 8.5 | 7.2 | 7.4 | 8.2 | 7.9 | 7.8 | 7.6 |
| **All persons** | | | | | | | | | | |
| 15-24 | 18.8 | 18.0 | 21.9 | 22.4 | 18.7 | 19.8 | 23.7 | 23.2 | 22.1 | 20.1 |
| 25-54 | 6.6 | 6.1 | 6.8 | 7.3 | 6.4 | 6.7 | 7.4 | 7.6 | 7.7 | 7.1 |
| 55-64 | 4.2 | 4.4 | 5.1 | 4.6 | 4.0 | 4.5 | 5.4 | 5.4 | 5.6 | 5.7 |
| 65 and over | 1.2 | 1.2 | 0.7 | 0.9 | 0.8 | 1.4 | 1.0 | 0.6 | 0.9 | 0.0 |
| 15-64 | 7.5 | 7.0 | 8.0 | 8.4 | 7.2 | 7.6 | 8.5 | 8.6 | 8.6 | 7.9 |

*Note:* Detailed metadata at:http://metalinks.oecd.org/lfs/20180108/10b3
*Disclaimer:* http://oe.cd/disclaimer

## Table 3. Employment and employees: breakdown by activity - ISIC Rev. 4

*Annual average estimates*

| | | 2007 | 2008 | 2009 | 2010 | 2011 | 2012 | 2013 | 2014 | 2015 | 2016 |
|---|---|---|---|---|---|---|---|---|---|---|---|
| | **EMPLOYMENT** | | | | | | | | | | |
| | **By activity, thousands** | | | | | | | | | | |
| **A-U** | **All activities** | .. | **4 445.9** | **4 420.7** | **4 488.7** | **4 509.3** | **4 523.9** | **4 530.3** | **4 543.6** | **4 551.6** | **4 586.7 \|** |
| A | Agriculture, hunting and forestry | 81.3 \| | 69.1 | 65.8 | 60.7 \| | 58.6 | 53.0 | 61.6 | 55.4 | 53.6 | 57.4 \| |
| **B-F** | **Industry** | **1 069.8 \|** | **1 096.8** | **1 037.8** | **1 049.3 \|** | **1 047.2** | **984.3** | **984.1 e** | **972.6 e** | **977.6 e** | **976.2 e** |
| B | Mining and quarrying | .. | .. | .. | .. | .. | 7.1 | .. | .. | .. | .. |
| C | Manufacturing | .. | 710.3 | 656.2 | 652.9 | 641.4 | 595.0 | 588.9 | 581.5 | 589.3 | 570.8 \| |
| D | Electricity, gas, steam, air cond. supply | .. | 32.4 | 29.4 | 30.8 | 29.2 | 26.5 | 27.2 | 24.7 | 22.7 | 26.4 \| |
| E | Water supply, sewerage, waste mgt, remediation | .. | 26.7 | 30.3 | 38.3 | 34.6 | 30.9 | 32.7 | 35.7 | 36.7 | 38.5 \| |
| F | Construction | .. | 322.3 | 316.3 | 322.7 | 337.5 | 324.9 | 329.7 | 325.1 | 323.3 | 335.1 \| |
| **G-U** | **Services** | **3 229.2 \|** | **3 280.0** | **3 317.2** | **3 378.8 \|** | **3 403.5** | **3 486.6** | **3 484.6 e** | **3 515.6 e** | **3 520.5 e** | **3 553.2 e** |
| G | Wholesale, retail trade, vehicle, motorcycle repair | .. | 567.6 | 571.6 | 589.5 | 588.4 | 607.1 | 629.6 | 608.6 | 616.9 | 606.9 \| |
| H | Transportation and storage | .. | 283.1 | 266.6 | 267.0 | 272.2 | 254.8 | 241.8 | 246.5 | 248.9 | 252.4 \| |
| I | Accommodation and food service activities | .. | 143.0 | 142.7 | 143.0 | 149.5 | 154.0 | 145.3 | 154.5 | 155.6 | 152.1 \| |
| J | Information and communication | .. | 129.7 | 140.6 | 152.8 | 138.1 | 150.4 | 141.4 | 144.1 | 141.8 | 140.5 \| |
| K | Financial and insurance activities | .. | 175.9 | 157.6 | 158.0 | 161.0 | 157.0 | 158.2 | 153.4 | 148.6 | 138.0 \| |
| L | Real estate activities | .. | 23.1 | 20.6 | 22.5 | 23.8 | 26.1 | 29.6 | 29.9 | 29.2 | 32.5 \| |
| M | Professional, scientific and technical activities | .. | 198.9 | 208.4 | 197.2 | 210.6 | 212.3 | 222.7 | 232.7 | 234.3 | 237.9 \| |
| N | Administrative and support service activities | .. | 168.5 | 177.5 | 174.9 | 187.3 | 233.9 | 257.7 | 264.8 | 260.0 | 264.4 \| |
| O | Public administration, defence, social security | .. | 429.6 | 418.5 | 407.9 | 401.4 | 406.1 | 383.1 | 380.0 | 379.8 | 394.8 \| |
| P | Education | .. | 378.1 | 393.3 | 414.2 | 412.9 | 411.0 | 398.6 | 432.3 | 422.5 | 429.5 \| |
| Q | Human health and social work activities | .. | 567.3 | 590.2 | 608.2 | 614.1 | 657.0 | 634.0 | 652.9 | 668.0 | 682.2 \| |
| R | Arts, entertainment and recreation | .. | 61.5 | 59.9 | 64.8 | 70.5 | 65.5 | 73.2 | 65.3 | 65.0 | 73.0 \| |
| S | Other service activities | .. | 93.3 | 92.5 | 98.8 | 97.8 | 96.3 | 105.8 | 99.2 | 105.0 | 100.9 \| |
| T | Households as employers and own-use activities | .. | 29.5 | 34.5 | 38.1 | 37.3 | 16.9 | 22.6 | .. | .. | .. |
| U | Activities of extraterritorial organizations, bodies | .. | 31.0 | 42.6 | 42.1 | 38.2 | 38.5 | 42.1 | 42.4 | 43.1 | 45.2 \| |
| | **EMPLOYEES** | | | | | | | | | | |
| | **By activity, thousands** | | | | | | | | | | |
| **A-U** | **All activities** | .. | **3 813.5** | **3 766.5** | **3 844.1** | **3 864.4** | **3 874.9** | **3 847.2** | **3 879.6** | **3 860.7** | **3 906.2 \|** |
| A | Agriculture, hunting and forestry | .. | 17.5 | 19.2 | 14.4 | 14.6 | 15.0 | 12.8 | 12.9 | 10.2 | 13.5 \| |
| **B-F** | **Industry** | .. | .. | .. | .. | .. | **857.5** | .. | .. | .. | .. |
| B | Mining and quarrying | .. | .. | .. | .. | .. | 6.4 | .. | .. | .. | .. |
| C | Manufacturing | .. | 668.2 | 612.9 | 612.5 | 602.1 | 557.0 | 552.5 | 544.1 | 548.9 | 535.2 \| |
| D | Electricity, gas, steam, air cond. supply | .. | 31.7 | 28.6 | 30.3 | 28.4 | 26.0 | 26.1 | 24.4 | 21.8 | 25.7 \| |
| E | Water supply, sewerage, waste mgt, remediation | .. | 26.0 | 29.0 | 37.4 | 34.2 | 29.4 | 32.2 | 34.1 | 35.0 | 36.4 \| |
| F | Construction | .. | 242.8 | 231.3 | 235.4 | 243.1 | 238.7 | 232.9 | 239.7 | 225.1 | 232.6 \| |
| **G-U** | **Services** | .. | .. | .. | .. | .. | **3 002.5** | .. | .. | .. | .. |
| G | Wholesale, retail trade, vehicle, motorcycle repair | .. | 431.0 | 433.7 | 462.7 | 457.0 | 488.7 | 494.8 | 488.7 | 495.7 | 493.7 \| |
| H | Transportation and storage | .. | 268.1 | 247.5 | 254.1 | 259.0 | 238.4 | 227.2 | 234.5 | 234.9 | 237.5 \| |
| I | Accommodation and food service activities | .. | 97.7 | 91.6 | 89.9 | 100.4 | 97.6 | 98.0 | 104.1 | 97.5 | 105.4 \| |
| J | Information and communication | .. | 110.4 | 120.6 | 129.9 | 115.2 | 123.8 | 114.9 | 118.7 | 113.9 | 114.5 \| |
| K | Financial and insurance activities | .. | 156.9 | 141.8 | 140.3 | 141.5 | 140.5 | 141.0 | 135.7 | 135.0 | 121.7 \| |
| L | Real estate activities | .. | 15.1 | 13.7 | 14.6 | 16.6 | 16.5 | 19.6 | 18.9 | 19.4 | 21.8 \| |
| M | Professional, scientific and technical activities | .. | 124.3 | 128.4 | 123.5 | 133.8 | 129.5 | 135.5 | 137.6 | 140.8 | 138.4 \| |
| N | Administrative and support service activities | .. | 151.5 | 158.0 | 152.0 | 167.6 | 211.6 | 235.2 | 236.6 | 237.5 | 239.6 \| |
| O | Public administration, defence, social security | .. | 427.6 | 416.9 | 405.0 | 398.5 | 402.9 | 380.2 | 377.6 | 377.9 | 392.5 \| |
| P | Education | .. | 372.8 | 389.8 | 408.8 | 409.1 | 405.5 | 392.1 | 425.2 | 414.8 | 422.6 \| |
| Q | Human health and social work activities | .. | 497.0 | 515.1 | 531.5 | 543.1 | 575.8 | 557.1 | 573.3 | 583.0 | 598.3 \| |
| R | Arts, entertainment and recreation | .. | 49.4 | 48.8 | 52.3 | 56.3 | 53.4 | 59.0 | 53.1 | 52.0 | 57.6 \| |
| S | Other service activities | .. | 61.6 | 57.8 | 65.7 | 64.9 | 64.6 | 70.7 | 64.3 | 67.9 | 66.8 \| |
| T | Households as employers and own-use activities | .. | 28.5 | 33.7 | 37.8 | 37.1 | 15.7 | 19.9 | .. | .. | .. |
| U | Activities of extraterritorial organizations, bodies | .. | 30.5 | 42.5 | 41.8 | 37.5 | 38.0 | 41.1 | 42.2 | 42.3 | 44.6 \| |

*Note:* Detailed metadata:http://metalinks.oecd.org/lfs/20180108/56a2
*Disclaimer:* http://oe.cd/disclaimer

# CANADA

## Table 1. Labour force

*Annual average estimates*

| | 2007 | 2008 | 2009 | 2010 | 2011 | 2012 | 2013 | 2014 | 2015 | 2016 |
|---|---|---|---|---|---|---|---|---|---|---|
| **Labour force, thousands** | | | | | | | | | | |
| All persons | 17 847 | 18 122 | 18 250 | 18 451 | 18 620 | 18 810 | 19 038 | 19 124 | 19 278 | 19 441 |
| Males | 9 441 | 9 595 | 9 621 | 9 705 | 9 803 | 9 886 | 9 997 | 10 072 | 10 182 | 10 242 |
| Females | 8 405 | 8 527 | 8 629 | 8 746 | 8 816 | 8 924 | 9 041 | 9 053 | 9 096 | 9 199 |
| **Unemployed, thousands** | | | | | | | | | | |
| All persons | 1 077 | 1 112 | 1 523 | 1 486 | 1 399 | 1 372 | 1 347 | 1 322 | 1 331 | 1 361 |
| Males | 602 | 630 | 918 | 853 | 781 | 763 | 750 | 744 | 760 | 787 |
| Females | 475 | 482 | 605 | 633 | 618 | 609 | 596 | 578 | 572 | 574 |
| **Employment, thousands** | | | | | | | | | | |
| All persons | 16 769 | 17 010 | 16 728 | 16 964 | 17 221 | 17 438 | 17 691 | 17 802 | 17 947 | 18 080 |
| Males | 8 839 | 8 965 | 8 703 | 8 852 | 9 023 | 9 123 | 9 246 | 9 328 | 9 423 | 9 455 |
| Females | 7 930 | 8 045 | 8 024 | 8 113 | 8 199 | 8 315 | 8 445 | 8 474 | 8 524 | 8 625 |
| **Employment (%)** | | | | | | | | | | |
| Males | 52.7 | 52.7 | 52.0 | 52.2 | 52.4 | 52.3 | 52.3 | 52.4 | 52.5 | 52.3 |
| Females | 47.3 | 47.3 | 48.0 | 47.8 | 47.6 | 47.7 | 47.7 | 47.6 | 47.5 | 47.7 |
| **Unemployment rate (% of labour force)** | | | | | | | | | | |
| All persons | 6.1 | 6.1 | 8.4 | 8.1 | 7.5 | 7.3 | 7.1 | 6.9 | 6.9 | 7.0 |
| Males | 6.4 | 6.6 | 9.5 | 8.8 | 8.0 | 7.7 | 7.5 | 7.4 | 7.5 | 7.7 |
| Females | 5.6 | 5.7 | 7.0 | 7.2 | 7.0 | 6.8 | 6.6 | 6.4 | 6.3 | 6.2 |
| **EMPLOYMENT - PROFESSIONAL STATUS, thousands** | | | | | | | | | | |
| **All activities** | **16 769** | **17 010** | **16 728** | **16 964** | **17 221** | **17 438** | **17 691** | **17 802** | **17 947** | **18 080** |
| Employees | 15 209 | 15 444 | 15 133 | 15 390 | 15 666 | 15 888 | 16 129 | 16 243 | 16 399 | 16 529 |
| Employers and persons working on own account | 1 535 | 1 541 | 1 574 | 1 557 | 1 535 | 1 531 | 1 541 | 1 537 | 1 526 | 1 528 |
| Unpaid family workers | 25 | 25 | 21 | 18 | 21 | 19 | 22 | 22 | 22 | 24 |
| **Employees as % of employment** | **90.7** | **90.8** | **90.5** | **90.7** | **91.0** | **91.1** | **91.2** | **91.2** | **91.4** | **91.4** |
| **Part-time employment (%)** | | | | | | | | | | |
| Part-time as % of employment | 18.3 | 18.6 | 19.3 | 19.6 | 19.3 | 19.0 | 19.1 | 19.3 | 18.9 | 19.2 |
| Male share of part time employment | 32.0 | 32.3 | 32.4 | 32.4 | 33.4 | 32.7 | 33.3 | 33.4 | 33.6 | 34.4 |
| Female share of part time employment | 68.0 | 67.7 | 67.6 | 67.6 | 66.6 | 67.3 | 66.7 | 66.6 | 66.4 | 65.6 |
| Male part-time as % of male employment | 11.1 | 11.4 | 12.0 | 12.1 | 12.3 | 11.9 | 12.2 | 12.3 | 12.1 | 12.6 |
| Female part-time as % of female employment | 26.3 | 26.6 | 27.2 | 27.7 | 27.0 | 26.7 | 26.7 | 27.0 | 26.4 | 26.4 |
| **Duration of unemployment (% of total unemployment)** | | | | | | | | | | |
| Less than one month | 30.4 | 31.0 | 24.7 | 23.1 | 24.2 | 24.8 | 24.1 | 24.2 | 24.5 | 24.1 |
| More than 1 month and less than 3 months | 40.1 | 39.8 | 39.1 | 36.8 | 36.6 | 37.7 | 37.7 | 37.8 | 38.5 | 38.1 |
| More than 3 months and less than 6 months | 14.7 | 14.3 | 18.1 | 16.9 | 15.7 | 16.1 | 15.9 | 15.8 | 16.0 | 16.5 |
| More than 6 months and less than 1 year | 7.3 | 7.6 | 10.1 | 11.1 | 9.8 | 8.8 | 9.4 | 9.3 | 9.4 | 9.8 |
| More than 1 year | 7.5 | 7.3 | 8.0 | 12.1 | 13.6 | 12.7 | 12.9 | 12.9 | 11.6 | 11.6 |

*Note:* Detailed metadata: http://metalinks.oecd.org/lfs/20180108/630b, http://metalinks.oecd.org/lfs/20180108/56a2, http://metalinks.oecd.org/lfs/20180108/44a0 and http://metalinks.oecd.org/lfs/20180108/86b1.

# CANADA

## Table 2. Participation rates and unemployment rates by age and sex

*Annual average estimates, percentage*

| | 2007 | 2008 | 2009 | 2010 | 2011 | 2012 | 2013 | 2014 | 2015 | 2016 |
|---|---|---|---|---|---|---|---|---|---|---|
| **Participation rates** | | | | | | | | | | |
| **Males** | | | | | | | | | | |
| 15-19 | 54.1 | 54.7 | 51.6 | 49.5 | 49.6 | 48.5 | 48.3 | 47.9 | 48.5 | 47.3 |
| 20-24 | 80.7 | 81.0 | 79.2 | 78.6 | 79.1 | 77.3 | 77.9 | 77.7 | 77.3 | 77.0 |
| 25-34 | 91.8 | 91.6 | 90.7 | 90.7 | 90.5 | 91.1 | 90.4 | 90.1 | 90.8 | 90.6 |
| 35-44 | 92.4 | 93.1 | 92.1 | 91.9 | 92.0 | 92.7 | 92.6 | 92.3 | 92.7 | 92.7 |
| 45-54 | 89.3 | 89.9 | 89.7 | 89.4 | 89.6 | 89.0 | 89.3 | 89.3 | 89.4 | 89.6 |
| 55-59 | 77.5 | 76.9 | 76.2 | 77.2 | 77.2 | 78.2 | 77.7 | 78.2 | 79.7 | 79.8 |
| 60-64 | 53.9 | 54.8 | 56.8 | 57.2 | 57.6 | 57.2 | 59.5 | 59.5 | 60.2 | 61.7 |
| 15-24 | 67.4 | 67.9 | 65.4 | 64.2 | 64.6 | 63.3 | 63.8 | 63.8 | 64.1 | 63.5 |
| 25-54 | 91.1 | 91.5 | 90.8 | 90.6 | 90.7 | 90.8 | 90.7 | 90.5 | 90.9 | 90.9 |
| 55-64 | 67.0 | 66.8 | 67.3 | 68.0 | 68.1 | 68.5 | 69.4 | 69.7 | 70.7 | 71.4 |
| 65 and over | 12.9 | 14.2 | 15.2 | 16.0 | 16.4 | 16.9 | 17.6 | 18.2 | 18.0 | 17.9 |
| 15-64 | 82.4 | 82.6 | 81.7 | 81.4 | 81.4 | 81.3 | 81.4 | 81.3 | 81.8 | 81.8 |
| **Females** | | | | | | | | | | |
| 15-19 | 56.6 | 57.4 | 54.5 | 53.8 | 53.1 | 51.1 | 51.4 | 51.9 | 51.4 | 50.8 |
| 20-24 | 76.2 | 76.0 | 75.8 | 75.4 | 75.1 | 75.1 | 74.8 | 75.5 | 75.4 | 75.0 |
| 25-34 | 81.8 | 81.1 | 81.8 | 81.8 | 81.1 | 81.5 | 81.7 | 81.2 | 80.6 | 82.0 |
| 35-44 | 83.1 | 82.7 | 82.7 | 82.9 | 82.9 | 83.0 | 83.8 | 82.9 | 82.6 | 82.5 |
| 45-54 | 81.4 | 81.8 | 81.9 | 82.4 | 82.4 | 82.8 | 82.7 | 81.7 | 82.7 | 82.0 |
| 55-59 | 63.9 | 65.8 | 66.8 | 67.5 | 68.3 | 69.2 | 69.8 | 69.2 | 68.6 | 71.0 |
| 60-64 | 40.3 | 40.7 | 43.5 | 43.9 | 44.3 | 45.5 | 47.3 | 47.5 | 47.9 | 48.1 |
| 15-24 | 66.5 | 66.8 | 65.3 | 64.8 | 64.5 | 63.7 | 63.8 | 64.6 | 64.4 | 64.0 |
| 25-54 | 82.1 | 81.9 | 82.1 | 82.3 | 82.2 | 82.5 | 82.7 | 81.9 | 82.0 | 82.2 |
| 55-64 | 53.3 | 54.3 | 56.0 | 56.5 | 57.1 | 58.2 | 59.5 | 59.2 | 59.0 | 60.3 |
| 65 and over | 5.6 | 6.7 | 6.7 | 7.4 | 8.0 | 8.7 | 9.1 | 9.4 | 9.5 | 10.1 |
| 15-64 | 74.2 | 74.2 | 74.2 | 74.3 | 74.1 | 74.3 | 74.7 | 74.2 | 74.2 | 74.4 |
| **All persons** | | | | | | | | | | |
| 15-24 | 67.0 | 67.3 | 65.3 | 64.5 | 64.5 | 63.5 | 63.8 | 64.2 | 64.2 | 63.7 |
| 25-54 | 86.6 | 86.7 | 86.5 | 86.5 | 86.4 | 86.6 | 86.7 | 86.2 | 86.4 | 86.5 |
| 55-64 | 60.0 | 60.5 | 61.6 | 62.2 | 62.5 | 63.3 | 64.4 | 64.4 | 64.8 | 65.8 |
| 65 and over | 8.9 | 10.1 | 10.5 | 11.3 | 11.8 | 12.4 | 13.0 | 13.4 | 13.4 | 13.7 |
| 15-64 | 78.3 | 78.4 | 78.0 | 77.8 | 77.8 | 77.8 | 78.0 | 77.8 | 78.0 | 78.1 |
| **Unemployment rates** | | | | | | | | | | |
| **Males** | | | | | | | | | | |
| 15-19 | 16.4 | 17.0 | 23.2 | 22.8 | 21.9 | 22.0 | 21.3 | 20.0 | 19.9 | 19.7 |
| 20-24 | 9.5 | 10.4 | 15.2 | 13.9 | 12.5 | 12.6 | 11.8 | 12.3 | 12.4 | 12.3 |
| 25-34 | 6.4 | 6.0 | 9.2 | 8.5 | 7.5 | 7.5 | 7.3 | 7.6 | 7.1 | 7.7 |
| 35-44 | 5.1 | 5.2 | 7.7 | 6.9 | 5.9 | 5.4 | 5.3 | 5.2 | 5.6 | 5.7 |
| 45-54 | 4.7 | 5.0 | 7.4 | 6.9 | 6.1 | 6.1 | 5.8 | 5.3 | 5.8 | 6.1 |
| 55-59 | 5.2 | 5.3 | 7.9 | 7.1 | 6.8 | 6.3 | 6.6 | 6.6 | 6.2 | 6.5 |
| 60-64 | 5.1 | 6.4 | 8.4 | 7.9 | 7.8 | 7.1 | 7.2 | 6.9 | 7.2 | 7.7 |
| 15-24 | 12.3 | 13.0 | 18.3 | 17.3 | 16.1 | 16.1 | 15.2 | 15.0 | 15.0 | 14.8 |
| 25-54 | 5.3 | 5.4 | 8.1 | 7.4 | 6.5 | 6.3 | 6.1 | 6.0 | 6.2 | 6.5 |
| 55-64 | 5.2 | 5.8 | 8.1 | 7.4 | 7.2 | 6.6 | 6.8 | 6.7 | 6.6 | 7.0 |
| 65 and over | 3.6 | 2.8 | 4.8 | 5.0 | 4.9 | 4.7 | 4.7 | 4.8 | 4.9 | 5.5 |
| 15-64 | 6.5 | 6.7 | 9.7 | 8.9 | 8.1 | 7.8 | 7.6 | 7.5 | 7.6 | 7.8 |
| Total | 6.4 | 6.6 | 9.5 | 8.8 | 8.0 | 7.7 | 7.5 | 7.4 | 7.5 | 7.7 |
| **Females** | | | | | | | | | | |
| 15-19 | 13.2 | 14.0 | 16.9 | 17.4 | 17.1 | 18.2 | 17.6 | 16.9 | 16.5 | 15.9 |
| 20-24 | 7.8 | 7.2 | 9.0 | 9.2 | 9.3 | 9.4 | 9.0 | 9.0 | 8.3 | 8.7 |
| 25-34 | 4.9 | 5.1 | 6.6 | 7.0 | 6.6 | 6.4 | 6.2 | 5.8 | 5.9 | 5.9 |
| 35-44 | 5.2 | 4.9 | 6.3 | 6.7 | 6.3 | 5.9 | 5.2 | 5.4 | 5.5 | 5.3 |
| 45-54 | 4.2 | 4.4 | 5.5 | 5.5 | 5.4 | 5.1 | 5.4 | 5.2 | 4.9 | 5.0 |
| 55-59 | 4.9 | 5.0 | 5.7 | 5.3 | 5.7 | 5.6 | 5.5 | 5.3 | 5.4 | 5.3 |
| 60-64 | 4.9 | 4.8 | 5.6 | 6.2 | 6.5 | 5.9 | 6.2 | 5.8 | 5.4 | 6.2 |
| 15-24 | 10.1 | 10.1 | 12.3 | 12.5 | 12.4 | 12.7 | 12.2 | 11.9 | 11.3 | 11.3 |
| 25-54 | 4.8 | 4.8 | 6.1 | 6.4 | 6.0 | 5.8 | 5.6 | 5.5 | 5.4 | 5.4 |
| 55-64 | 4.9 | 4.9 | 5.6 | 5.6 | 6.0 | 5.7 | 5.8 | 5.5 | 5.4 | 5.6 |
| 65 and over | 3.4 | 2.9 | 3.7 | 4.4 | 4.5 | 4.3 | 3.8 | 3.1 | 4.0 | 3.1 |
| 15-64 | 5.7 | 5.7 | 7.1 | 7.3 | 7.1 | 6.9 | 6.7 | 6.5 | 6.4 | 6.3 |
| Total | 5.7 | 5.7 | 7.0 | 7.2 | 7.0 | 6.8 | 6.6 | 6.4 | 6.3 | 6.2 |
| **All persons** | | | | | | | | | | |
| 15-24 | 11.2 | 11.6 | 15.3 | 14.9 | 14.3 | 14.4 | 13.7 | 13.5 | 13.2 | 13.1 |
| 25-54 | 5.1 | 5.1 | 7.1 | 6.9 | 6.3 | 6.0 | 5.9 | 5.8 | 5.8 | 6.0 |
| 55-64 | 5.1 | 5.4 | 7.0 | 6.6 | 6.6 | 6.2 | 6.3 | 6.2 | 6.1 | 6.4 |
| 65 and over | 3.6 | 2.9 | 4.4 | 4.8 | 4.8 | 4.6 | 4.4 | 4.1 | 4.5 | 4.5 |
| 15-64 | 6.1 | 6.2 | 8.4 | 8.1 | 7.6 | 7.4 | 7.2 | 7.0 | 7.0 | 7.1 |

*Note:* Detailed metadata at:http://metalinks.oecd.org/lfs/20180108/10b3
*Disclaimer:* http://oe.cd/disclaimer

# CANADA

## Table 3. Employment and employees: breakdown by activity - ISIC Rev. 3

*Annual average estimates*

| | | 2007 | 2008 | 2009 | 2010 | 2011 | 2012 | 2013 | 2014 | 2015 | 2016 |
|---|---|---|---|---|---|---|---|---|---|---|---|
| | **EMPLOYMENT** | | | | | | | | | | |
| | **By activity, thousands** | | | | | | | | | | |
| **A-X** | **All activities** | **16 769** | **17 010** | **16 728** | **16 964** | **17 221** | **17 438** | **17 691** | **17 802** | **17 947** | **18 080** |
| A | Agriculture, hunting and forestry | 391 | 379 | 372 | 354 | 351 | 354 | 361 | 351 | 342 | 334 |
| B | Fishing | 28 | 26 | 24 | 25 | 24 | 21 | 21 | 19 | 18 | 18 |
| C | Mining and quarrying | 259 | 266 | 246 | 252 | 272 | 297 | 300 | 308 | 290 | 264 |
| D | Manufacturing | 2 026 | 1 927 | 1 745 | 1 711 | 1 722 | 1 747 | 1 723 | 1 711 | 1 712 | 1 695 |
| E | Electricity, gas and water supply | 138 | 146 | 144 | 141 | 137 | 133 | 135 | 137 | 137 | 137 |
| F | Construction | 1 116 | 1 222 | 1 177 | 1 232 | 1 284 | 1 312 | 1 360 | 1 361 | 1 361 | 1 372 |
| G | Wholesale, retail trade: vehicle repair, household gds | 2 930 | 2 955 | 2 919 | 2 948 | 2 952 | 2 943 | 2 985 | 3 018 | 3 005 | 3 020 |
| H | Hotels and restaurants | 1 072 | 1 089 | 1 076 | 1 098 | 1 141 | 1 170 | 1 170 | 1 208 | 1 211 | 1 213 |
| I | Transport, storage and communication | 1 202 | 1 215 | 1 180 | 1 170 | 1 212 | 1 217 | 1 224 | 1 231 | 1 243 | 1 234 |
| J | Financial intermediation | 745 | 762 | 753 | 765 | 747 | 756 | 767 | 780 | 791 | 808 |
| K | Real estate, renting and business activities | 2 124 | 2 177 | 2 138 | 2 212 | 2 280 | 2 267 | 2 352 | 2 362 | 2 427 | 2 472 |
| L | Public adm., defence; social sec., excl. armed forces | 863 | 908 | 915 | 918 | 917 | 921 | 915 | 907 | 905 | 925 |
| M | Education | 1 174 | 1 164 | 1 151 | 1 166 | 1 170 | 1 210 | 1 227 | 1 237 | 1 274 | 1 270 |
| N | Health and social work | 1 839 | 1 890 | 1 962 | 2 042 | 2 084 | 2 141 | 2 190 | 2 220 | 2 292 | 2 339 |
| O | Other community, social, personal service activities | 803 | 809 | 849 | 854 | 852 | 866 | 880 | 881 | 878 | 916 |
| P | Private households with employed persons | 59 | 73 | 75 | 75 | 71 | 82 | 78 | 70 | 59 | 61 |
| Q | Extra-territorial organisations and bodies | 3 | 2 | 3 | 2 | 3 | 4 | 4 | 4 | 3 | 2 |
| X | Not classifiable by economic activities | 0 | 0 | 0 | 0 | 0 | 0 | 0 | 0 | 0 | 0 |
| | **By sector, thousands** | | | | | | | | | | |
| A-B | Agriculture | 419 | 406 | 395 | 379 | 376 | 375 | 382 | 370 | 360 | 352 |
| C-F | Industry | 3 538 | 3 561 | 3 312 | 3 336 | 3 415 | 3 488 | 3 518 | 3 516 | 3 500 | 3 468 |
| G-Q | Services | 12 812 | 13 044 | 13 020 | 13 249 | 13 431 | 13 575 | 13 791 | 13 916 | 14 087 | 14 260 |
| | **By sector, percentages** | | | | | | | | | | |
| A-B | Agriculture | 2.5 | 2.4 | 2.4 | 2.2 | 2.2 | 2.1 | 2.2 | 2.1 | 2.0 | 1.9 |
| C-F | Industry | 21.1 | 20.9 | 19.8 | 19.7 | 19.8 | 20.0 | 19.9 | 19.8 | 19.5 | 19.2 |
| G-Q | Services | 76.4 | 76.7 | 77.8 | 78.1 | 78.0 | 77.8 | 78.0 | 78.2 | 78.5 | 78.9 |
| | **EMPLOYEES** | | | | | | | | | | |
| | **By activity, thousands** | | | | | | | | | | |
| **A-X** | **All activities** | **15 209** | **15 444** | **15 133** | **15 390** | **15 666** | **15 888** | **16 129** | **16 243** | **16 399** | **16 529** |
| A | Agriculture, hunting and forestry | 230 | 230 | 223 | 219 | 213 | 226 | 225 | 225 | 226 | 222 |
| B | Fishing | 16 | 15 | 14 | 14 | 15 | 12 | 13 | 12 | 12 | 12 |
| C | Mining and quarrying | 255 | 262 | 244 | 249 | 270 | 293 | 296 | 304 | 286 | 262 |
| D | Manufacturing | 1 990 | 1 893 | 1 711 | 1 680 | 1 694 | 1 722 | 1 700 | 1 684 | 1 688 | 1 666 |
| E | Electricity, gas and water supply | 138 | 146 | 144 | 141 | 137 | 133 | 135 | 137 | 137 | 137 |
| F | Construction | 932 | 1 016 | 969 | 1 030 | 1 083 | 1 105 | 1 157 | 1 161 | 1 159 | 1 176 |
| G | Wholesale, retail trade: vehicle repair, household gds | 2 744 | 2 781 | 2 740 | 2 776 | 2 788 | 2 775 | 2 835 | 2 863 | 2 858 | 2 874 |
| H | Hotels and restaurants | 1 033 | 1 049 | 1 041 | 1 060 | 1 110 | 1 139 | 1 133 | 1 170 | 1 172 | 1 177 |
| I | Transport, storage and communication | 1 104 | 1 118 | 1 088 | 1 078 | 1 121 | 1 127 | 1 126 | 1 131 | 1 144 | 1 137 |
| J | Financial intermediation | 700 | 722 | 707 | 719 | 704 | 707 | 727 | 734 | 744 | 760 |
| K | Real estate, renting and business activities | 1 725 | 1 762 | 1 714 | 1 783 | 1 839 | 1 832 | 1 917 | 1 927 | 1 992 | 2 033 |
| L | Public adm., defence; social sec., excl. armed forces | 863 | 908 | 915 | 918 | 917 | 921 | 915 | 907 | 905 | 925 |
| M | Education | 1 130 | 1 123 | 1 105 | 1 116 | 1 124 | 1 164 | 1 175 | 1 179 | 1 224 | 1 219 |
| N | Health and social work | 1 660 | 1 714 | 1 785 | 1 866 | 1 911 | 1 963 | 2 008 | 2 040 | 2 099 | 2 144 |
| O | Other community, social, personal service activities | 654 | 658 | 686 | 692 | 690 | 707 | 708 | 720 | 714 | 742 |
| P | Private households with employed persons | 33 | 45 | 45 | 46 | 48 | 57 | 56 | 48 | 38 | 42 |
| Q | Extra-territorial organisations and bodies | 3 | 2 | 3 | 2 | 3 | 4 | 4 | 4 | 3 | 2 |
| X | Not classifiable by economic activities | 0 | 0 | 0 | 0 | 0 | 0 | 0 | 0 | 0 | 0 |
| | **By sector, thousands** | | | | | | | | | | |
| A-B | Agriculture | 246 | 245 | 237 | 233 | 228 | 239 | 238 | 237 | 238 | 234 |
| C-F | Industry | 3 314 | 3 318 | 3 068 | 3 100 | 3 183 | 3 253 | 3 288 | 3 285 | 3 270 | 3 240 |
| G-Q | Services | 11 648 | 11 882 | 11 828 | 12 057 | 12 254 | 12 396 | 12 603 | 12 721 | 12 892 | 13 055 |
| | **By sector, percentages** | | | | | | | | | | |
| A-B | Agriculture | 1.6 | 1.6 | 1.6 | 1.5 | 1.5 | 1.5 | 1.5 | 1.5 | 1.4 | 1.4 |
| C-F | Industry | 21.8 | 21.5 | 20.3 | 20.1 | 20.3 | 20.5 | 20.4 | 20.2 | 19.9 | 19.6 |
| G-Q | Services | 76.6 | 76.9 | 78.2 | 78.3 | 78.2 | 78.0 | 78.1 | 78.3 | 78.6 | 79.0 |

*Note:* Detailed metadata:http://metalinks.oecd.org/lfs/20180108/56a2
*Disclaimer:* http://oe.cd/disclaimer

# CHILE

## Table 1. Labour force

*Annual average estimates*

| | 2007 | 2008 | 2009 | 2010 | 2011 | 2012 | 2013 | 2014 | 2015 | 2016 |
|---|---|---|---|---|---|---|---|---|---|---|
| **Labour force, thousands** | | | | | | | | | | |
| All persons | 6 944 | 7 203 | 7 300 | 7 763 | 8 061 | 8 150 | 8 277 | 8 443 | 8 560 | 8 678 |
| Males | 4 426 | 4 528 | 4 553 | 4 698 | 4 812 | 4 835 | 4 903 | 4 967 | 5 042 | 5 116 |
| Females | 2 518 | 2 675 | 2 747 | 3 064 | 3 249 | 3 315 | 3 374 | 3 476 | 3 517 | 3 562 |
| **Unemployed, thousands** | | | | | | | | | | |
| All persons | 496 | 562 | 707 | 632 | 574 | 524 | 491 | 540 | 532 | 563 |
| Males | 279 | 307 | 414 | 337 | 292 | 262 | 259 | 300 | 291 | 313 |
| Females | 217 | 254 | 293 | 295 | 281 | 262 | 232 | 240 | 240 | 250 |
| **Employment, thousands** | | | | | | | | | | |
| All persons | 6 449 | 6 641 | 6 593 | 7 131 | 7 487 | 7 626 | 7 786 | 7 903 | 8 028 | 8 115 |
| Males | 4 147 | 4 221 | 4 139 | 4 361 | 4 520 | 4 573 | 4 645 | 4 667 | 4 751 | 4 803 |
| Females | 2 301 | 2 421 | 2 453 | 2 769 | 2 967 | 3 053 | 3 142 | 3 236 | 3 277 | 3 312 |
| **Employment (%)** | | | | | | | | | | |
| Males | 64.3 | 63.5 | 62.8 | 61.2 | 60.4 | 60.0 | 59.6 | 59.1 | 59.2 | 59.2 |
| Females | 35.7 | 36.5 | 37.2 | 38.8 | 39.6 | 40.0 | 40.4 | 40.9 | 40.8 | 40.8 |
| **Unemployment rate (% of labour force)** | | | | | | | | | | |
| All persons | 7.1 | 7.8 | 9.7 | 8.2 | 7.1 | 6.4 | 5.9 | 6.4 | 6.2 | 6.5 |
| Males | 6.3 | 6.8 | 9.1 | 7.2 | 6.1 | 5.4 | 5.3 | 6.0 | 5.8 | 6.1 |
| Females | 8.6 | 9.5 | 10.7 | 9.6 | 8.7 | 7.9 | 6.9 | 6.9 | 6.8 | 7.0 |
| **EMPLOYMENT - PROFESSIONAL STATUS, thousands** | | | | | | | | | | |
| **All activities** | **6 449** | **6 641** | **6 592** | **7 131** | **7 487** | **7 626** | **7 786** | **7 903** | **8 028** | **8 115** |
| Employees | 4 640 | 4 858 | 4 768 | 4 908 | 5 147 | 5 360 | 5 479 | 5 531 | 5 657 | 5 661 |
| Employers and persons working on own account | 1 693 | 1 671 | 1 715 | 1 784 | 1 873 | 1 814 | 1 873 | 1 939 | 1 963 | 2 049 |
| Unpaid family workers | 116 | 112 | 109 | 105 | 102 | 99 | 106 | 106 | 96 | 99 |
| **Employees as % of employment** | **71.9** | **73.2** | **72.3** | **68.8** | **68.7** | **70.3** | **70.4** | **70.0** | **70.5** | **69.8** |
| **Part-time employment (%)** | | | | | | | | | | |
| Part-time as % of employment | 8.0 | 9.1 | 10.5 | 17.4 | 17.2 | 16.7 | 16.5 | 17.0 | 16.8 | 17.4 |
| Male share of part time employment | 43.1 | 43.6 | 44.0 | 41.9 | 41.3 | 40.8 | 40.8 | 39.8 | 40.6 | 41.4 |
| Female share of part time employment | 56.9 | 56.4 | 56.0 | 58.1 | 58.7 | 59.2 | 59.2 | 60.2 | 59.4 | 58.6 |
| Male part-time as % of male employment | 5.2 | 6.0 | 7.1 | 12.0 | 11.8 | 11.3 | 11.3 | 11.5 | 11.5 | 12.2 |
| Female part-time as % of female employment | 13.9 | 15.2 | 17.0 | 25.7 | 25.5 | 24.6 | 24.3 | 25.0 | 24.5 | 25.0 |
| **Duration of unemployment (% of total unemployment)** | | | | | | | | | | |
| Less than one month | .. | .. | .. | .. | .. | .. | .. | .. | .. | .. |
| More than 1 month and less than 3 months | .. | .. | .. | .. | .. | .. | .. | .. | .. | .. |
| More than 3 months and less than 6 months | .. | .. | .. | .. | .. | .. | .. | .. | .. | .. |
| More than 6 months and less than 1 year | .. | .. | .. | .. | .. | .. | .. | .. | .. | .. |
| More than 1 year | .. | .. | .. | .. | .. | .. | .. | .. | .. | .. |

*Note:* Detailed metadata: http://metalinks.oecd.org/lfs/20180108/de26, http://metalinks.oecd.org/lfs/20180108/56a2, http://metalinks.oecd.org/lfs/20180108/0894 and http://metalinks.oecd.org/lfs/20180108/d860.

*Disclaimer:* http://oe.cd/disclaimer

## Table 2. Participation rates and unemployment rates by age and sex

*Annual average estimates, percentage*

| | 2007 | 2008 | 2009 | 2010 | 2011 | 2012 | 2013 | 2014 | 2015 | 2016 |
|---|---|---|---|---|---|---|---|---|---|---|
| **Participation rates** | | | | | | | | | | |
| **Males** | | | | | | | | | | |
| 15-19 | 24.4 | 25.7 | 24.0 | 23.4 | 23.8 | 21.8 | 19.9 | 18.5 | 18.7 | 16.3 |
| 20-24 | 70.5 | 73.2 | 69.5 | 67.1 | 66.2 | 64.2 | 63.0 | 64.2 | 63.7 | 62.1 |
| 25-34 | 91.0 | 90.8 | 90.3 | 90.3 | 91.2 | 89.4 | 89.4 | 88.5 | 88.5 | 88.0 |
| 35-44 | 94.9 | 94.7 | 94.3 | 94.4 | 94.1 | 94.3 | 94.5 | 94.1 | 93.9 | 94.0 |
| 45-54 | 93.2 | 93.4 | 93.6 | 92.7 | 93.3 | 93.6 | 93.0 | 92.6 | 93.1 | 92.5 |
| 55-59 | 85.9 | 86.6 | 86.4 | 87.5 | 87.7 | 89.5 | 89.7 | 88.2 | 89.2 | 88.4 |
| 60-64 | 72.3 | 73.8 | 75.6 | 75.6 | 77.2 | 79.7 | 80.6 | 82.5 | 81.1 | 80.4 |
| 15-24 | 44.0 | 46.8 | 44.6 | 43.8 | 44.3 | 42.1 | 41.1 | 40.8 | 40.8 | 39.2 |
| 25-54 | 93.0 | 93.0 | 92.7 | 92.5 | 92.9 | 92.5 | 92.3 | 91.7 | 91.8 | 91.4 |
| 55-64 | 79.8 | 80.8 | 81.6 | 82.2 | 82.9 | 85.0 | 85.7 | 85.8 | 85.6 | 84.8 |
| 65 and over | 30.3 | 30.8 | 31.3 | 32.9 | 35.3 | 36.1 | 35.2 | 35.8 | 36.6 | 38.3 |
| 15-64 | 78.5 | 79.3 | 78.6 | 77.8 | 78.6 | 78.0 | 78.1 | 77.6 | 77.7 | 77.4 |
| **Females** | | | | | | | | | | |
| 15-19 | 13.0 | 15.5 | 15.5 | 14.9 | 16.0 | 15.4 | 14.2 | 13.7 | 12.5 | 12.6 |
| 20-24 | 49.2 | 51.9 | 50.9 | 47.1 | 48.1 | 46.5 | 46.7 | 46.1 | 45.8 | 45.0 |
| 25-34 | 60.6 | 64.7 | 65.8 | 66.4 | 68.4 | 67.9 | 68.2 | 69.0 | 67.9 | 69.6 |
| 35-44 | 57.9 | 61.7 | 62.8 | 65.0 | 67.0 | 66.8 | 67.2 | 68.9 | 70.2 | 70.2 |
| 45-54 | 53.1 | 54.7 | 56.3 | 58.5 | 61.6 | 63.1 | 64.4 | 64.4 | 65.0 | 65.1 |
| 55-59 | 44.0 | 46.4 | 47.7 | 48.9 | 51.2 | 54.7 | 55.4 | 55.6 | 56.4 | 55.9 |
| 60-64 | 28.9 | 30.2 | 31.5 | 31.4 | 33.7 | 37.3 | 36.2 | 39.2 | 39.2 | 40.9 |
| 15-24 | 29.7 | 31.9 | 32.0 | 30.4 | 32.0 | 31.6 | 31.1 | 30.6 | 29.9 | 29.2 |
| 25-54 | 57.3 | 60.4 | 61.6 | 63.2 | 65.5 | 65.8 | 66.5 | 67.3 | 67.5 | 68.2 |
| 55-64 | 36.8 | 38.6 | 40.0 | 40.8 | 43.2 | 46.8 | 47.0 | 48.4 | 48.6 | 49.0 |
| 65 and over | 10.6 | 11.1 | 10.3 | 10.1 | 12.1 | 11.8 | 12.7 | 13.4 | 13.3 | 13.3 |
| 15-64 | 47.6 | 50.2 | 51.1 | 51.8 | 53.9 | 54.6 | 54.9 | 55.7 | 55.8 | 56.1 |
| **All persons** | | | | | | | | | | |
| 15-24 | 37.0 | 39.5 | 38.6 | 37.5 | 38.4 | 37.1 | 36.3 | 36.0 | 35.7 | 34.6 |
| 25-54 | 75.1 | 76.5 | 77.0 | 77.6 | 79.0 | 78.9 | 79.2 | 79.3 | 79.4 | 79.6 |
| 55-64 | 57.6 | 59.0 | 59.9 | 60.6 | 62.2 | 65.0 | 65.9 | 66.6 | 66.5 | 66.4 |
| 65 and over | 19.3 | 19.8 | 19.6 | 20.2 | 22.6 | 23.0 | 22.9 | 23.5 | 23.8 | 24.4 |
| 15-64 | 63.0 | 64.7 | 64.8 | 64.8 | 66.2 | 66.3 | 66.4 | 66.6 | 66.8 | 66.8 |
| **Unemployment rates** | | | | | | | | | | |
| **Males** | | | | | | | | | | |
| 15-19 | 28.2 | 30.9 | 35.1 | 19.6 | 19.0 | 17.2 | 20.5 | 18.3 | 17.9 | 17.6 |
| 20-24 | 13.5 | 15.1 | 18.7 | 15.5 | 13.7 | 13.3 | 11.7 | 13.1 | 12.5 | 13.6 |
| 25-34 | 6.8 | 7.6 | 10.6 | 8.7 | 7.6 | 6.5 | 6.8 | 7.8 | 8.5 | 8.5 |
| 35-44 | 5.0 | 5.1 | 7.2 | 5.1 | 4.1 | 3.9 | 3.8 | 4.7 | 4.1 | 4.7 |
| 45-54 | 4.3 | 4.4 | 6.4 | 4.6 | 3.5 | 3.1 | 3.3 | 3.7 | 3.5 | 4.1 |
| 55-59 | 4.3 | 4.2 | 6.2 | 4.6 | 3.6 | 3.5 | 2.8 | 3.6 | 3.0 | 3.8 |
| 60-64 | 5.5 | 5.4 | 9.1 | 4.2 | 4.0 | 3.4 | 3.2 | 4.1 | 3.5 | 3.8 |
| 15-24 | 18.2 | 19.9 | 23.5 | 16.6 | 15.2 | 14.3 | 13.9 | 14.3 | 13.8 | 14.4 |
| 25-54 | 5.4 | 5.7 | 8.1 | 6.1 | 5.0 | 4.4 | 4.5 | 5.3 | 5.3 | 5.7 |
| 55-64 | 4.8 | 4.7 | 7.4 | 4.5 | 3.8 | 3.5 | 3.0 | 3.8 | 3.2 | 3.8 |
| 65 and over | 2.5 | 3.0 | 4.3 | 3.1 | 2.8 | 2.3 | 2.1 | 3.2 | 2.5 | 2.6 |
| 15-64 | 7.2 | 7.8 | 10.3 | 7.4 | 6.3 | 5.7 | 5.5 | 6.3 | 6.1 | 6.4 |
| Total | 7.0 | 7.5 | 10.0 | 7.2 | 6.1 | 5.4 | 5.3 | 6.0 | 5.8 | 6.1 |
| **Females** | | | | | | | | | | |
| 15-19 | 39.0 | 40.5 | 42.8 | 29.5 | 26.3 | 26.4 | 26.3 | 25.7 | 24.6 | 23.4 |
| 20-24 | 23.2 | 25.5 | 27.2 | 19.0 | 19.4 | 16.9 | 17.1 | 18.1 | 16.6 | 16.1 |
| 25-34 | 12.2 | 12.5 | 14.5 | 11.0 | 10.4 | 9.8 | 8.3 | 7.6 | 8.2 | 8.8 |
| 35-44 | 6.4 | 7.4 | 9.5 | 8.0 | 7.0 | 6.3 | 5.6 | 5.8 | 5.8 | 6.0 |
| 45-54 | 7.4 | 9.1 | 9.6 | 6.8 | 5.1 | 5.1 | 3.7 | 4.1 | 4.7 | 4.7 |
| 55-59 | 5.3 | 5.0 | 5.7 | 4.2 | 4.3 | 3.0 | 3.2 | 3.2 | 2.9 | 4.3 |
| 60-64 | 3.5 | 3.3 | 4.3 | 3.7 | 3.6 | 4.3 | 2.3 | 3.2 | 2.6 | 3.9 |
| 15-24 | 26.9 | 29.5 | 31.2 | 21.7 | 21.1 | 19.1 | 19.2 | 19.7 | 18.2 | 17.6 |
| 25-54 | 8.7 | 9.6 | 11.2 | 8.6 | 7.4 | 7.0 | 5.8 | 5.8 | 6.1 | 6.4 |
| 55-64 | 4.6 | 4.4 | 5.2 | 4.0 | 4.1 | 3.5 | 2.9 | 3.2 | 2.8 | 4.2 |
| 65 and over | 5.8 | 10.5 | 8.7 | 1.8 | 2.0 | 2.3 | 1.7 | 2.3 | 2.9 | 2.0 |
| 15-64 | 11.1 | 12.2 | 13.5 | 9.9 | 8.9 | 8.1 | 7.1 | 7.1 | 7.0 | 7.3 |
| Total | 10.9 | 12.1 | 13.4 | 9.6 | 8.7 | 7.9 | 6.9 | 6.9 | 6.8 | 7.0 |
| **All persons** | | | | | | | | | | |
| 15-24 | 21.6 | 23.7 | 26.6 | 18.6 | 17.5 | 16.3 | 16.1 | 16.5 | 15.5 | 15.6 |
| 25-54 | 6.6 | 7.3 | 9.3 | 7.1 | 6.0 | 5.5 | 5.1 | 5.5 | 5.7 | 6.0 |
| 55-64 | 4.7 | 4.6 | 6.7 | 4.3 | 3.9 | 3.5 | 2.9 | 3.6 | 3.1 | 3.9 |
| 65 and over | 3.5 | 5.3 | 5.6 | 2.7 | 2.6 | 2.3 | 2.0 | 2.9 | 2.6 | 2.4 |
| 15-64 | 8.7 | 9.5 | 11.6 | 8.4 | 7.4 | 6.7 | 6.2 | 6.6 | 6.5 | 6.8 |

*Note:* Detailed metadata at:http://metalinks.oecd.org/lfs/20180108/10b3
*Disclaimer:* http://oe.cd/disclaimer

# CHILE

## Table 3. Employment and employees: breakdown by activity - ISIC Rev. 4

*Annual average estimates*

| | | 2007 | 2008 | 2009 | 2010 | 2011 | 2012 | 2013 | 2014 | 2015 | 2016 |
|---|---|---|---|---|---|---|---|---|---|---|---|
| | **EMPLOYMENT** | | | | | | | | | | |
| | **By activity, thousands** | | | | | | | | | | |
| **A-U** | **All activities** | .. | .. | .. | .. | .. | .. | .. | .. | .. | .. |
| A | Agriculture, hunting and forestry | .. | .. | .. | .. | .. | .. | .. | .. | .. | .. |
| **B-F** | **Industry** | .. | .. | .. | .. | .. | .. | .. | .. | .. | .. |
| B | Mining and quarrying | .. | .. | .. | .. | .. | .. | .. | .. | .. | .. |
| C | Manufacturing | .. | .. | .. | .. | .. | .. | .. | .. | .. | .. |
| D | Electricity, gas, steam, air cond. supply | .. | .. | .. | .. | .. | .. | .. | .. | .. | .. |
| E | Water supply, sewerage, waste mgt, remediation | .. | .. | .. | .. | .. | .. | .. | .. | .. | .. |
| F | Construction | .. | .. | .. | .. | .. | .. | .. | .. | .. | .. |
| **G-U** | **Services** | .. | .. | .. | .. | .. | .. | .. | .. | .. | .. |
| G | Wholesale, retail trade, vehicle, motorcycle repair | .. | .. | .. | .. | .. | .. | .. | .. | .. | .. |
| H | Transportation and storage | .. | .. | .. | .. | .. | .. | .. | .. | .. | .. |
| I | Accommodation and food service activities | .. | .. | .. | .. | .. | .. | .. | .. | .. | .. |
| J | Information and communication | .. | .. | .. | .. | .. | .. | .. | .. | .. | .. |
| K | Financial and insurance activities | .. | .. | .. | .. | .. | .. | .. | .. | .. | .. |
| L | Real estate activities | .. | .. | .. | .. | .. | .. | .. | .. | .. | .. |
| M | Professional, scientific and technical activities | .. | .. | .. | .. | .. | .. | .. | .. | .. | .. |
| N | Administrative and support service activities | .. | .. | .. | .. | .. | .. | .. | .. | .. | .. |
| O | Public administration, defence, social security | .. | .. | .. | .. | .. | .. | .. | .. | .. | .. |
| P | Education | .. | .. | .. | .. | .. | .. | .. | .. | .. | .. |
| Q | Human health and social work activities | .. | .. | .. | .. | .. | .. | .. | .. | .. | .. |
| R | Arts, entertainment and recreation | .. | .. | .. | .. | .. | .. | .. | .. | .. | .. |
| S | Other service activities | .. | .. | .. | .. | .. | .. | .. | .. | .. | .. |
| T | Households as employers and own-use activities | .. | .. | .. | .. | .. | .. | .. | .. | .. | .. |
| U | Activities of extraterritorial organizations, bodies | .. | .. | .. | .. | .. | .. | .. | .. | .. | .. |
| | **EMPLOYEES** | | | | | | | | | | |
| | **By activity, thousands** | | | | | | | | | | |
| **A-U** | **All activities** | .. | .. | .. | .. | .. | .. | .. | .. | .. | .. |
| A | Agriculture, hunting and forestry | .. | .. | .. | .. | .. | .. | 439.1 | 437.0 | 488.1 | 500.2 |
| **B-F** | **Industry** | .. | .. | .. | .. | .. | .. | **1 463.1** | **1 428.4** | **1 427.6** | **1 397.6** |
| B | Mining and quarrying | .. | .. | .. | .. | .. | .. | .. | .. | .. | .. |
| C | Manufacturing | .. | .. | .. | .. | .. | .. | .. | .. | .. | .. |
| D | Electricity, gas, steam, air cond. supply | .. | .. | .. | .. | .. | .. | .. | .. | .. | .. |
| E | Water supply, sewerage, waste mgt, remediation | .. | .. | .. | .. | .. | .. | .. | .. | .. | .. |
| F | Construction | .. | .. | .. | .. | .. | .. | .. | .. | .. | .. |
| **G-U** | **Services** | .. | .. | .. | .. | .. | .. | **3 577.3** | **3 665.5** | **3 741.2** | **3 762.9** |
| G | Wholesale, retail trade, vehicle, motorcycle repair | .. | .. | .. | .. | .. | .. | .. | .. | .. | .. |
| H | Transportation and storage | .. | .. | .. | .. | .. | .. | .. | .. | .. | .. |
| I | Accommodation and food service activities | .. | .. | .. | .. | .. | .. | .. | .. | .. | .. |
| J | Information and communication | .. | .. | .. | .. | .. | .. | .. | .. | .. | .. |
| K | Financial and insurance activities | .. | .. | .. | .. | .. | .. | .. | .. | .. | .. |
| L | Real estate activities | .. | .. | .. | .. | .. | .. | .. | .. | .. | .. |
| M | Professional, scientific and technical activities | .. | .. | .. | .. | .. | .. | .. | .. | .. | .. |
| N | Administrative and support service activities | .. | .. | .. | .. | .. | .. | .. | .. | .. | .. |
| O | Public administration, defence, social security | .. | .. | .. | .. | .. | .. | .. | .. | .. | .. |
| P | Education | .. | .. | .. | .. | .. | .. | .. | .. | .. | .. |
| Q | Human health and social work activities | .. | .. | .. | .. | .. | .. | .. | .. | .. | .. |
| R | Arts, entertainment and recreation | .. | .. | .. | .. | .. | .. | .. | .. | .. | .. |
| S | Other service activities | .. | .. | .. | .. | .. | .. | .. | .. | .. | .. |
| T | Households as employers and own-use activities | .. | .. | .. | .. | .. | .. | .. | .. | .. | .. |
| U | Activities of extraterritorial organizations, bodies | .. | .. | .. | .. | .. | .. | .. | .. | .. | .. |

*Note:* Detailed metadata:http://metalinks.oecd.org/lfs/20180108/56a2
*Disclaimer:* http://oe.cd/disclaimer

# CZECH REPUBLIC

## Table 1. Labour force

*Annual average estimates*

| | 2007 | 2008 | 2009 | 2010 | 2011 | 2012 | 2013 | 2014 | 2015 | 2016 |
|---|---|---|---|---|---|---|---|---|---|---|
| **Labour force, thousands** | | | | | | | | | | |
| All persons | 5 199 | 5 232 | 5 286 | 5 269 \| | 5 223 | 5 257 | 5 306 | 5 298 | 5 310 | 5 350 |
| Males | 2 930 | 2 966 | 2 999 | 2 989 \| | 2 948 | 2 957 | 2 969 | 2 968 | 2 963 | 2 977 |
| Females | 2 269 | 2 267 | 2 287 | 2 280 \| | 2 275 | 2 300 | 2 337 | 2 330 | 2 347 | 2 373 |
| **Unemployed, thousands** | | | | | | | | | | |
| All persons | 277 | 230 | 352 | 384 \| | 351 | 367 | 369 | 324 | 268 | 211 |
| Males | 124 | 103 | 175 | 191 \| | 171 | 178 | 175 | 151 | 125 | 101 |
| Females | 153 | 127 | 177 | 193 \| | 180 | 189 | 194 | 172 | 143 | 111 |
| **Employment, thousands** | | | | | | | | | | |
| All persons | 4 922 | 5 003 | 4 934 | 4 885 \| | 4 873 | 4 890 | 4 937 | 4 974 | 5 042 | 5 139 |
| Males | 2 806 | 2 863 | 2 824 | 2 798 \| | 2 778 | 2 779 | 2 794 | 2 817 | 2 837 | 2 877 |
| Females | 2 116 | 2 139 | 2 111 | 2 087 \| | 2 095 | 2 111 | 2 143 | 2 157 | 2 205 | 2 262 |
| **Employment (%)** | | | | | | | | | | |
| Males | 57.0 | 57.2 | 57.2 | 57.3 \| | 57.0 | 56.8 | 56.6 | 56.6 | 56.3 | 56.0 |
| Females | 43.0 | 42.8 | 42.8 | 42.7 \| | 43.0 | 43.2 | 43.4 | 43.4 | 43.7 | 44.0 |
| **Unemployment rate (% of labour force)** | | | | | | | | | | |
| All persons | 5.3 | 4.4 | 6.7 | 7.3 \| | 6.7 | 7.0 | 7.0 | 6.1 | 5.0 | 4.0 |
| Males | 4.2 | 3.5 | 5.8 | 6.4 \| | 5.8 | 6.0 | 5.9 | 5.1 | 4.2 | 3.4 |
| Females | 6.7 | 5.6 | 7.7 | 8.5 \| | 7.9 | 8.2 | 8.3 | 7.4 | 6.1 | 4.7 |
| **EMPLOYMENT - PROFESSIONAL STATUS, thousands** | | | | | | | | | | |
| **All activities** | **4 922** | **5 003** | **4 934** | **4 885 \|** | **4 873** | **4 890** | **4 937** | **4 974** | **5 042** | **5 139** |
| Employees | 4 121 | 4 191 | 4 102 | 4 013 \| | 3 989 | 3 986 | 4 051 | 4 074 | 4 161 | 4 251 |
| Employers and persons working on own account | 766 \| | 775 | 798 | 836 \| | 854 | 872 | 835 | 866 | 844 | 855 |
| Unpaid family workers | 30 \| | 31 | 30 | 30 \| | 26 | 28 | 47 | 30 | 30 | 27 |
| **Employees as % of employment** | **83.7** | **83.8** | **83.1** | **82.2 \|** | **81.9** | **81.5** | **82.1** | **81.9** | **82.5** | **82.7** |
| **Part-time employment (%)** | | | | | | | | | | |
| Part-time as % of employment | 3.5 | 3.5 | 3.9 | 4.3 | 3.9 | 4.3 | 4.9 | 4.8 | 4.7 | 4.9 |
| Male share of part time employment | 27.7 | 27.9 | 31.3 | 30.8 | 27.1 | 30.3 | 28.8 | 29.5 | 30.5 | 29.1 |
| Female share of part time employment | 72.3 | 72.1 | 68.7 | 69.2 | 72.9 | 69.7 | 71.2 | 70.5 | 69.5 | 70.9 |
| Male part-time as % of male employment | 1.7 | 1.7 | 2.1 | 2.3 | 1.9 | 2.3 | 2.5 | 2.5 | 2.5 | 2.6 |
| Female part-time as % of female employment | 5.9 | 5.8 | 6.2 | 7.0 | 6.6 | 7.0 | 8.0 | 7.7 | 7.4 | 8.0 |
| **Duration of unemployment (% of total unemployment)** | | | | | | | | | | |
| Less than one month | 6.1 | 6.7 | 8.1 | 6.4 | 7.2 | 6.4 | 6.5 | 7.5 | 7.1 | 8.5 |
| More than 1 month and less than 3 months | 9.1 | 10.4 | 16.5 | 12.0 | 13.2 | 13.2 | 12.3 | 13.2 | 11.9 | 13.5 |
| More than 3 months and less than 6 months | 13.2 | 13.6 | 20.4 | 15.4 | 16.4 | 16.5 | 15.6 | 15.3 | 14.6 | 16.6 |
| More than 6 months and less than 1 year | 18.2 | 19.2 | 23.8 | 22.9 | 21.6 | 20.5 | 20.6 | 19.5 | 18.1 | 18.2 |
| More than 1 year | 53.4 | 50.2 | 31.2 | 43.3 | 41.6 | 43.4 | 44.9 | 44.5 | 48.3 | 43.2 |

*Note:* Detailed metadata: http://metalinks.oecd.org/lfs/20180108/cd09, http://metalinks.oecd.org/lfs/20180108/56a2, http://metalinks.oecd.org/lfs/20180108/1776 and http://metalinks.oecd.org/lfs/20180108/7358.

*Disclaimer:* http://oe.cd/disclaimer

# CZECH REPUBLIC

## Table 2. Participation rates and unemployment rates by age and sex

*Annual average estimates, percentage*

| | 2007 | 2008 | 2009 | 2010 | 2011 | 2012 | 2013 | 2014 | 2015 | 2016 |
|---|---|---|---|---|---|---|---|---|---|---|
| **Participation rates** | | | | | | | | | | |
| **Males** | | | | | | | | | | |
| 15-19 | 8.7 | 8.4 | 9.1 | 8.4 | 8.0 | 8.1 | 7.0 | 8.7 | 7.3 | 6.3 |
| 20-24 | 62.8 | 60.8 | 62.1 | 60.0 | 58.2 | 58.7 | 59.4 | 59.9 | 60.2 | 62.6 |
| 25-34 | 95.0 | 94.1 | 94.4 | 95.2 | 94.7 | 94.3 | 94.6 | 94.8 | 94.2 | 94.4 |
| 35-44 | 96.6 | 97.1 | 97.0 | 97.2 | 97.1 | 97.1 | 97.3 | 97.0 | 97.1 | 97.1 |
| 45-54 | 93.5 | 93.1 | 93.7 | 93.9 | 94.0 | 94.8 | 95.2 | 94.8 | 94.5 | 94.3 |
| 55-59 | 81.6 | 84.7 | 84.0 | 85.3 | 85.7 | 86.4 | 87.1 | 88.5 | 88.1 | 89.0 |
| 60-64 | 39.3 | 40.7 | 40.2 | 38.2 | 38.6 | 41.1 | 44.8 | 47.7 | 49.4 | 54.2 |
| 15-24 | 36.7 | 35.9 | 37.3 | 36.2 | 35.6 | 36.4 | 36.8 | 38.1 | 37.4 | 37.5 |
| 25-54 | 95.0 | 94.8 | 95.1 | 95.5 | 95.3 | 95.5 | 95.8 | 95.6 | 95.4 | 95.4 |
| 55-64 | 62.4 | 64.2 | 63.2 | 62.5 | 62.6 | 64.0 | 66.1 | 67.9 | 68.3 | 70.9 |
| 65 and over | 7.1 | 7.2 | 7.5 | 7.1 | 6.7 | 6.8 | 7.1 | 7.1 | 7.9 | 8.8 |
| 15-64 | 78.1 | 78.1 | 78.5 | 78.6 | 78.7 | 79.5 | 80.5 | 81.2 | 81.4 | 82.2 |
| **Females** | | | | | | | | | | |
| 15-19 | 5.5 | 6.3 | 6.6 | 5.3 | 5.2 | 5.0 | 4.8 | 5.8 | 5.9 | 5.8 |
| 20-24 | 47.0 | 44.4 | 43.5 | 42.5 | 39.8 | 42.3 | 42.1 | 41.1 | 43.6 | 42.5 |
| 25-34 | 67.3 | 66.2 | 66.5 | 65.8 | 66.5 | 65.7 | 68.4 | 67.9 | 67.6 | 69.1 |
| 35-44 | 86.6 | 85.3 | 85.3 | 85.2 | 85.7 | 85.9 | 85.5 | 84.8 | 84.0 | 84.5 |
| 45-54 | 89.7 | 89.9 | 90.2 | 90.2 | 90.3 | 92.0 | 92.4 | 92.1 | 92.5 | 92.1 |
| 55-59 | 53.1 | 55.7 | 58.0 | 60.2 | 63.3 | 66.6 | 70.3 | 74.4 | 77.2 | 80.2 |
| 60-64 | 14.9 | 15.1 | 15.5 | 15.5 | 16.0 | 17.2 | 19.3 | 20.4 | 22.4 | 26.1 |
| 15-24 | 26.9 | 26.1 | 26.1 | 25.3 | 24.2 | 25.9 | 26.1 | 26.1 | 27.4 | 26.2 |
| 25-54 | 80.3 | 79.6 | 79.9 | 79.8 | 80.4 | 80.9 | 81.9 | 81.6 | 81.4 | 82.1 |
| 55-64 | 35.2 | 36.1 | 37.2 | 38.0 | 39.4 | 41.6 | 44.2 | 46.3 | 48.3 | 51.2 |
| 65 and over | 2.7 | 2.8 | 3.2 | 3.2 | 3.3 | 3.3 | 3.8 | 3.5 | 4.1 | 4.6 |
| 15-64 | 61.5 | 61.0 | 61.5 | 61.5 | 62.2 | 63.5 | 65.1 | 65.6 | 66.5 | 67.6 |
| **All persons** | | | | | | | | | | |
| 15-24 | 31.9 | 31.1 | 31.8 | 30.9 | 30.1 | 31.3 | 31.5 | 32.2 | 32.5 | 32.0 |
| 25-54 | 87.8 | 87.3 | 87.7 | 87.8 | 88.0 | 88.3 | 89.1 | 88.8 | 88.6 | 88.9 |
| 55-64 | 48.2 | 49.5 | 49.6 | 49.7 | 50.6 | 52.4 | 54.8 | 56.8 | 58.0 | 60.8 |
| 65 and over | 4.5 | 4.5 | 4.9 | 4.8 | 4.6 | 4.7 | 5.2 | 5.0 | 5.7 | 6.3 |
| 15-64 | 69.8 | 69.7 | 70.1 | 70.2 | 70.5 | 71.6 | 72.9 | 73.5 | 74.0 | 75.0 |
| **Unemployment rates** | | | | | | | | | | |
| **Males** | | | | | | | | | | |
| 15-19 | 25.2 | 21.7 | 33.4 | 38.6 | 40.0 | 48.3 | 40.1 | 35.8 | 31.1 | 22.7 |
| 20-24 | 8.7 | 8.4 | 14.5 | 15.8 | 15.6 | 16.7 | 16.7 | 12.8 | 9.5 | 8.9 |
| 25-34 | 3.4 | 3.0 | 5.9 | 6.0 | 5.4 | 6.2 | 6.3 | 5.7 | 5.5 | 3.7 |
| 35-44 | 3.1 | 2.3 | 3.9 | 4.0 | 3.7 | 3.6 | 3.8 | 3.3 | 2.7 | 2.4 |
| 45-54 | 4.0 | 3.1 | 4.5 | 5.6 | 5.0 | 4.7 | 4.6 | 4.2 | 3.2 | 2.4 |
| 55-59 | 5.2 | 4.0 | 6.0 | 7.5 | 6.8 | 6.5 | 5.8 | 4.9 | 4.5 | 4.0 |
| 60-64 | 2.7 | 2.2 | 4.5 | 4.1 | 3.7 | 4.1 | 4.6 | 4.1 | 3.3 | 3.6 |
| 15-24 | 10.6 | 9.8 | 16.6 | 18.3 | 18.1 | 19.9 | 18.6 | 15.0 | 11.3 | 9.9 |
| 25-54 | 3.5 | 2.8 | 4.8 | 5.2 | 4.6 | 4.8 | 4.9 | 4.3 | 3.7 | 2.8 |
| 55-64 | 4.5 | 3.5 | 5.6 | 6.5 | 5.9 | 5.7 | 5.4 | 4.6 | 4.0 | 3.8 |
| 65 and over | 1.2 | 0.9 | 0.5 | 0.8 | 0.9 | 2.5 | 1.2 | 1.1 | 1.1 | 0.6 |
| 15-64 | 4.3 | 3.5 | 5.9 | 6.5 | 5.9 | 6.1 | 6.0 | 5.2 | 4.3 | 3.4 |
| Total | 4.2 | 3.5 | 5.8 | 6.4 | 5.8 | 6.0 | 5.9 | 5.1 | 4.2 | 3.4 |
| **Females** | | | | | | | | | | |
| 15-19 | 29.7 | 28.1 | 36.1 | 40.2 | 44.6 | 43.6 | 47.6 | 38.5 | 32.7 | 26.8 |
| 20-24 | 8.9 | 7.6 | 14.1 | 16.1 | 15.1 | 16.7 | 17.0 | 14.9 | 12.6 | 9.7 |
| 25-34 | 7.8 | 6.5 | 9.5 | 10.1 | 9.1 | 9.7 | 9.6 | 8.9 | 7.4 | 6.6 |
| 35-44 | 6.4 | 4.8 | 6.4 | 7.4 | 7.2 | 7.5 | 8.0 | 7.0 | 5.8 | 3.9 |
| 45-54 | 5.9 | 5.1 | 6.3 | 6.8 | 6.7 | 6.5 | 6.4 | 5.9 | 4.5 | 3.5 |
| 55-59 | 5.5 | 5.1 | 6.5 | 7.2 | 6.4 | 6.8 | 7.1 | 6.1 | 5.8 | 4.4 |
| 60-64 | 1.9 | 2.7 | 3.0 | 3.6 | 3.0 | 3.0 | 3.6 | 2.9 | 2.0 | 2.3 |
| 15-24 | 11.0 | 9.9 | 16.7 | 18.5 | 17.9 | 19.0 | 19.4 | 17.1 | 14.4 | 11.4 |
| 25-54 | 6.7 | 5.4 | 7.3 | 8.0 | 7.6 | 7.8 | 7.9 | 7.1 | 5.8 | 4.5 |
| 55-64 | 4.8 | 4.6 | 5.8 | 6.5 | 5.7 | 6.0 | 6.4 | 5.4 | 4.9 | 3.8 |
| 65 and over | 1.0 | 0.8 | 0.8 | 2.5 | 2.2 | 3.4 | 2.0 | 1.4 | 1.2 | 1.1 |
| 15-64 | 6.8 | 5.7 | 7.8 | 8.5 | 8.0 | 8.3 | 8.4 | 7.5 | 6.2 | 4.8 |
| Total | 6.7 | 5.6 | 7.7 | 8.5 | 7.9 | 8.2 | 8.3 | 7.4 | 6.1 | 4.7 |
| **All persons** | | | | | | | | | | |
| 15-24 | 10.7 | 9.9 | 16.6 | 18.3 | 18.0 | 19.5 | 19.0 | 15.9 | 12.6 | 10.5 |
| 25-54 | 4.9 | 4.0 | 5.9 | 6.4 | 5.9 | 6.1 | 6.2 | 5.6 | 4.6 | 3.5 |
| 55-64 | 4.6 | 3.9 | 5.7 | 6.5 | 5.8 | 5.8 | 5.8 | 4.9 | 4.4 | 3.8 |
| 65 and over | 1.1 | 0.9 | 0.6 | 1.5 | 1.4 | 2.9 | 1.5 | 1.3 | 1.1 | 0.8 |
| 15-64 | 5.4 | 4.4 | 6.8 | 7.4 | 6.8 | 7.0 | 7.0 | 6.2 | 5.1 | 4.0 |

*Note:* Detailed metadata at:http://metalinks.oecd.org/lfs/20180108/10b3

*Disclaimer:* http://oe.cd/disclaimer

## Table 3. Employment and employees: breakdown by activity - ISIC Rev. 4

*Annual average estimates*

| | | 2007 | 2008 | 2009 | 2010 | 2011 | 2012 | 2013 | 2014 | 2015 | 2016 |
|---|---|---|---|---|---|---|---|---|---|---|---|
| | **EMPLOYMENT** | | | | | | | | | | |
| | **By activity, thousands** | | | | | | | | | | |
| **A-U** | **All activities** | **4 907.7** | **5 002.5** | **4 934.3** | **4 885.3** | **4 872.7** | **4 890.0** | **4 937.1** | **4 974.3** | **5 041.9** | **5 138.6** |
| A | Agriculture, hunting and forestry | 173.2 | 158.8 | 153.8 | 151.3 | 145.6 | 149.1 | 149.6 | 136.7 | 147.5 | 149.1 |
| **B-F** | **Industry** | **1 979.3** | **2 027.3** | **1 903.1** | **1 855.6** | **1 873.4** | **1 864.2** | **1 852.0** | **1 892.2** | **1 917.1** | **1 956.1** |
| B | Mining and quarrying | 53.8 | 55.2 | 52.2 | 47.9 | 46.1 | 43.3 | 41.1 | 35.7 | 37.9 | 38.9 |
| C | Manufacturing | 1 348.3 | 1 378.5 | 1 242.7 | 1 235.9 | 1 287.7 | 1 299.1 | 1 285.3 | 1 329.9 | 1 376.9 | 1 428.7 |
| D | Electricity, gas, steam, air cond. supply | 56.2 | 60.1 | 57.8 | 56.8 | 57.7 | 50.9 | 54.0 | 57.2 | 49.2 | 52.8 |
| E | Water supply, sewerage, waste mgt, remediation | 51.6 | 52.7 | 53.8 | 50.2 | 51.0 | 46.0 | 51.3 | 55.5 | 57.1 | 49.5 |
| F | Construction | 465.8 | 480.8 | 496.7 | 464.9 | 431.0 | 424.9 | 420.3 | 414.0 | 396.0 | 386.3 |
| **G-U** | **Services** | **2 769.5** | **2 816.5** | **2 877.4** | **2 878.4** | **2 853.7** | **2 876.7** | **2 935.5** | **2 945.5** | **2 977.4** | **3 033.4** |
| G | Wholesale, retail trade, vehicle, motorcycle repair | 598.9 | 619.2 | 630.9 | 593.8 | 597.4 | 601.9 | 605.4 | 590.2 | 615.7 | 605.8 |
| H | Transportation and storage | 323.2 | 327.5 | 330.7 | 328.1 | 322.2 | 308.9 | 301.9 | 296.0 | 297.6 | 314.2 |
| I | Accommodation and food service activities | 181.5 | 176.9 | 186.0 | 190.1 | 185.0 | 177.5 | 178.5 | 195.2 | 197.2 | 182.9 |
| J | Information and communication | 115.0 | 117.9 | 129.2 | 137.1 | 145.4 | 125.3 | 139.8 | 148.7 | 141.5 | 147.6 |
| K | Financial and insurance activities | 102.7 | 115.9 | 110.4 | 115.3 | 122.5 | 136.7 | 137.4 | 121.5 | 118.1 | 117.2 |
| L | Real estate activities | 35.6 | 40.2 | 40.7 | 40.1 | 41.9 | 45.7 | 48.8 | 46.2 | 44.9 | 39.0 |
| M | Professional, scientific and technical activities | 189.1 | 195.1 | 201.7 | 202.1 | 198.7 | 212.4 | 220.8 | 222.4 | 237.5 | 251.5 |
| N | Administrative and support service activities | 119.4 | 128.0 | 117.8 | 113.0 | 114.5 | 115.9 | 129.4 | 129.8 | 129.0 | 128.7 |
| O | Public administration, defence, social security | 302.9 | 317.0 | 321.3 | 329.4 | 314.8 | 305.6 | 315.9 | 319.4 | 316.3 | 330.2 |
| P | Education | 292.3 | 283.9 | 295.6 | 295.6 | 295.5 | 318.9 | 322.6 | 326.1 | 322.8 | 338.6 |
| Q | Human health and social work activities | 331.6 | 321.3 | 326.3 | 339.9 | 324.8 | 333.4 | 339.3 | 353.5 | 351.6 | 360.4 |
| R | Arts, entertainment and recreation | 81.4 | 82.4 | 83.3 | 82.9 | 82.7 | 80.5 | 80.3 | 81.2 | 81.7 | 92.8 |
| S | Other service activities | 85.8 | 88.4 | 91.9 | 93.7 | 88.2 | 91.9 | 93.1 | 87.6 | 90.0 | 86.6 |
| T | Households as employers and own-use activities | 2.7 | 2.6 | 10.8 | 16.0 | 18.1 | 20.5 | 21.9 | 26.7 | 31.8 | 36.0 |
| U | Activities of extraterritorial organizations, bodies | 1.0 | .. | .. | .. | 1.3 | 1.5 | .. | .. | .. | .. |
| | **EMPLOYEES** | | | | | | | | | | |
| | **By activity, thousands** | | | | | | | | | | |
| **A-U** | **All activities** | **4 111.0** | **4 195.8** | **4 107.0** | **4 019.2** | **3 993.2** | **3 989.5** | **4 055.2** | **4 079.3** | **4 167.7** | **4 256.8** |
| A | Agriculture, hunting and forestry | 134.9 | 125.2 | 122.8 | 111.4 | 103.4 | 108.8 | 113.3 | 100.6 | 110.1 | 108.8 |
| **B-F** | **Industry** | **1 695.7** | **1 741.3** | **1 614.6** | **1 566.3** | **1 585.1** | **1 578.6** | **1 570.1** | **1 602.8** | **1 653.2** | **1 687.8** |
| B | Mining and quarrying | 52.6 | 54.1 | 50.3 | 46.5 | 46.0 | 43.1 | 40.4 | 35.3 | 37.8 | 38.6 |
| C | Manufacturing | 1 248.6 | 1 285.5 | 1 157.3 | 1 140.9 | 1 182.3 | 1 196.0 | 1 180.7 | 1 231.6 | 1 281.7 | 1 323.3 |
| D | Electricity, gas, steam, air cond. supply | 52.8 | 56.0 | 52.7 | 52.9 | 54.3 | 48.5 | 51.4 | 53.8 | 47.4 | 50.8 |
| E | Water supply, sewerage, waste mgt, remediation | 48.6 | 50.3 | 51.4 | 47.2 | 48.6 | 43.8 | 48.6 | 52.2 | 53.5 | 47.6 |
| F | Construction | 293.0 | 295.5 | 302.9 | 278.9 | 253.9 | 247.2 | 249.0 | 229.9 | 232.7 | 227.6 |
| **G-U** | **Services** | **2 280.5** | **2 329.4** | **2 369.6** | **2 341.5** | **2 304.7** | **2 302.2** | **2 371.9** | **2 375.9** | **2 404.5** | **2 460.2** |
| G | Wholesale, retail trade, vehicle, motorcycle repair | 453.7 | 471.1 | 485.9 | 456.3 | 453.6 | 449.4 | 459.2 | 450.4 | 474.9 | 475.0 |
| H | Transportation and storage | 281.9 | 293.7 | 294.9 | 291.2 | 285.7 | 276.0 | 272.2 | 263.9 | 267.4 | 287.3 |
| I | Accommodation and food service activities | 147.0 | 142.5 | 151.5 | 151.7 | 148.2 | 142.4 | 146.0 | 161.2 | 158.8 | 144.2 |
| J | Information and communication | 96.1 | 95.0 | 101.5 | 102.8 | 109.5 | 95.1 | 110.6 | 115.9 | 110.1 | 111.9 |
| K | Financial and insurance activities | 77.3 | 92.8 | 85.3 | 86.4 | 88.8 | 96.2 | 98.5 | 89.3 | 87.4 | 86.1 |
| L | Real estate activities | 21.8 | 24.7 | 25.4 | 24.1 | 24.9 | 24.5 | 26.4 | 22.1 | 22.1 | 21.0 |
| M | Professional, scientific and technical activities | 121.5 | 106.7 | 112.9 | 105.4 | 104.9 | 116.9 | 124.2 | 113.9 | 128.3 | 135.5 |
| N | Administrative and support service activities | 83.3 | 106.0 | 98.5 | 92.5 | 93.8 | 96.1 | 106.1 | 106.4 | 107.7 | 105.9 |
| O | Public administration, defence, social security | 298.5 | 313.3 | 318.4 | 325.3 | 311.9 | 303.1 | 313.9 | 317.1 | 315.2 | 328.7 |
| P | Education | 281.8 | 271.6 | 283.3 | 283.6 | 280.2 | 301.0 | 302.6 | 306.2 | 305.8 | 316.7 |
| Q | Human health and social work activities | 305.8 | 299.6 | 298.7 | 310.4 | 296.3 | 299.9 | 305.6 | 322.8 | 324.0 | 337.1 |
| R | Arts, entertainment and recreation | 60.3 | 62.9 | 63.7 | 63.9 | 61.6 | 59.4 | 61.6 | 63.2 | 59.2 | 69.9 |
| S | Other service activities | 48.7 | 48.0 | 46.2 | 44.9 | 40.7 | 38.1 | 40.8 | 39.5 | 37.9 | 34.0 |
| T | Households as employers and own-use activities | 1.9 | 1.5 | 2.8 | 2.0 | 2.8 | 2.5 | 3.6 | 3.2 | 4.0 | 5.2 |
| U | Activities of extraterritorial organizations, bodies | 0.8 | .. | .. | .. | 1.3 | 1.5 | .. | .. | .. | .. |

*Note:* Detailed metadata:http://metalinks.oecd.org/lfs/20180108/56a2
*Disclaimer:* http://oe.cd/disclaimer

# DENMARK

## Table 1. Labour force

*Annual average estimates*

| | 2007 | 2008 | 2009 | 2010 | 2011 | 2012 | 2013 | 2014 | 2015 | 2016 |
|---|---|---|---|---|---|---|---|---|---|---|
| **Labour force, thousands** | | | | | | | | | | |
| All persons | 2 914 | 2 954 | 2 948 | 2 924 | 2 924 | 2 907 | 2 890 | 2 906 | 2 933 \| | 3 027 |
| Males | 1 545 | 1 567 | 1 557 | 1 544 | 1 539 | 1 527 | 1 512 | 1 530 | 1 553 \| | 1 595 |
| Females | 1 369 | 1 387 | 1 390 | 1 381 | 1 385 | 1 380 | 1 378 | 1 375 | 1 380 \| | 1 432 |
| **Unemployed, thousands** | | | | | | | | | | |
| All persons | 111 | 101 | 177 | 218 | 221 | 219 | 202 | 191 | 181 \| | 187 |
| Males | 53 | 50 | 103 | 129 | 118 | 115 | 102 | 98 | 92 \| | 92 |
| Females | 57 | 52 | 74 | 89 | 103 | 104 | 100 | 94 | 89 \| | 95 |
| **Employment, thousands** | | | | | | | | | | |
| All persons | 2 804 | 2 853 | 2 770 | 2 706 | 2 703 | 2 689 | 2 688 | 2 714 | 2 752 \| | 2 840 |
| Males | 1 492 | 1 517 | 1 454 | 1 415 | 1 421 | 1 413 | 1 410 | 1 433 | 1 461 \| | 1 503 |
| Females | 1 312 | 1 336 | 1 316 | 1 292 | 1 282 | 1 276 | 1 278 | 1 282 | 1 291 \| | 1 336 |
| **Employment (%)** | | | | | | | | | | |
| Males | 53.2 | 53.2 | 52.5 | 52.3 | 52.6 | 52.5 | 52.5 | 52.8 | 53.1 \| | 52.9 |
| Females | 46.8 | 46.8 | 47.5 | 47.7 | 47.4 | 47.5 | 47.5 | 47.2 | 46.9 \| | 47.1 |
| **Unemployment rate (% of labour force)** | | | | | | | | | | |
| All persons | 3.8 | 3.4 | 6.0 | 7.5 | 7.6 | 7.5 | 7.0 | 6.6 | 6.2 \| | 6.2 |
| Males | 3.4 | 3.2 | 6.6 | 8.4 | 7.7 | 7.5 | 6.7 | 6.4 | 5.9 \| | 5.8 |
| Females | 4.2 | 3.7 | 5.3 | 6.5 | 7.5 | 7.5 | 7.3 | 6.8 | 6.4 \| | 6.6 |
| **EMPLOYMENT - PROFESSIONAL STATUS, thousands** | | | | | | | | | | |
| **All activities** | **2 804** | **2 853** | **2 770** | **2 706** | **2 703** | **2 689** | **2 688** | **2 714** | **2 752 \|** | **2 840** |
| Employees | 2 551 | 2 600 | 2 512 | 2 460 | 2 456 | 2 443 | 2 445 | 2 473 | 2 514 \| | 2 582 |
| Employers and persons working on own account | 236 \| | 241 | 248 | 239 | 239 | 238 | 237 | 235 | 230 \| | 235 |
| Unpaid family workers | 16 \| | 12 | 11 | 8 | 7 | 7 | .. | 6 | 8 \| | 22 |
| **Employees as % of employment** | **91.0** | **91.2** | **90.7** | **90.9** | **90.9** | **90.9** | **91.0** | **91.1** | **91.3 \|** | **90.9** |
| **Part-time employment (%)** | | | | | | | | | | |
| Part-time as % of employment | 17.3 | 17.8 | 18.8 | 19.2 | 19.2 | 19.4 | 19.2 | 19.7 | 20.0 | 21.7 |
| Male share of part time employment | 36.7 | 38.7 | 38.0 | 36.8 | 37.9 | 39.1 | 38.9 | 39.0 | 39.7 | 42.3 |
| Female share of part time employment | 63.3 | 61.3 | 62.0 | 63.2 | 62.1 | 60.9 | 61.1 | 61.0 | 60.3 | 57.7 |
| Male part-time as % of male employment | 11.9 | 13.0 | 13.6 | 13.5 | 13.8 | 14.4 | 14.2 | 14.6 | 15.0 | 17.3 |
| Female part-time as % of female employment | 23.4 | 23.3 | 24.5 | 25.4 | 25.2 | 24.9 | 24.7 | 25.4 | 25.8 | 26.7 |
| **Duration of unemployment (% of total unemployment)** | | | | | | | | | | |
| Less than one month | 29.2 | 34.7 | 22.7 | 17.0 | 16.5 | 15.7 | 17.6 | 18.0 | 18.0 | 18.2 |
| More than 1 month and less than 3 months | 25.5 | 25.8 | 28.0 | 23.2 | 21.9 | 20.5 | 21.5 | 21.9 | 21.3 | 24.6 |
| More than 3 months and less than 6 months | 16.4 | 17.6 | 23.7 | 21.1 | 19.4 | 19.1 | 19.0 | 19.2 | 18.1 | 18.5 |
| More than 6 months and less than 1 year | 12.8 | 8.5 | 16.1 | 18.5 | 17.8 | 16.7 | 16.4 | 15.6 | 15.7 | 16.1 |
| More than 1 year | 16.1 | 13.5 | 9.5 | 20.2 | 24.4 | 28.0 | 25.5 | 25.2 | 26.9 | 22.5 |

*Note:* Detailed metadata: http://metalinks.oecd.org/lfs/20180108/220a, http://metalinks.oecd.org/lfs/20180108/56a2, http://metalinks.oecd.org/lfs/20180108/21f2 and http://metalinks.oecd.org/lfs/20180108/5be6.

*Disclaimer:* http://oe.cd/disclaimer

## Table 2. Participation rates and unemployment rates by age and sex

*Annual average estimates, percentage*

| | 2007 | 2008 | 2009 | 2010 | 2011 | 2012 | 2013 | 2014 | 2015 | 2016 |
|---|---|---|---|---|---|---|---|---|---|---|
| **Participation rates** | | | | | | | | | | |
| **Males** | | | | | | | | | | |
| 15-19 | 62.2 | 64.2 | 63.3 | 58.0 | 57.7 | 53.5 | 50.0 | 49.7 | 49.3 | 58.2 |
| 20-24 | 82.8 | 82.1 | 80.7 | 77.7 | 76.8 | 74.7 | 71.9 | 71.9 | 73.1 | 71.1 |
| 25-34 | 92.3 | 92.5 | 90.8 | 90.0 | 89.3 | 88.5 | 88.4 | 87.2 | 87.3 | 88.7 |
| 35-44 | 94.0 | 94.8 | 93.6 | 94.3 | 93.9 | 92.5 | 92.5 | 93.4 | 93.5 | 92.9 |
| 45-54 | 90.4 | 92.2 | 91.8 | 91.3 | 91.0 | 90.6 | 89.4 | 90.1 | 91.3 | 90.6 |
| 55-59 | 86.8 | 87.9 | 88.9 | 86.1 | 84.5 | 86.6 | 85.7 | 86.0 | 86.2 | 86.3 |
| 60-64 | 47.4 | 47.2 | 48.8 | 50.2 | 52.2 | 52.4 | 53.8 | 58.2 | 58.3 | 62.3 |
| 15-24 | 72.0 | 72.8 | 71.7 | 67.6 | 67.1 | 64.1 | 61.1 | 61.0 | 61.7 | 65.0 |
| 25-54 | 92.3 | 93.3 | 92.2 | 92.0 | 91.5 | 90.6 | 90.2 | 90.3 | 90.8 | 90.8 |
| 55-64 | 66.9 | 66.9 | 68.1 | 67.8 | 68.3 | 69.9 | 70.2 | 72.6 | 72.7 | 74.9 |
| 65 and over | 8.8 | 8.7 | 8.4 | 9.0 | 9.5 | 10.2 | 9.7 | 10.2 | 11.0 | 12.6 |
| 15-64 | 83.7 | 84.3 | 83.6 | 82.6 | 82.3 | 81.4 | 80.6 | 81.1 | 81.6 | 82.6 |
| **Females** | | | | | | | | | | |
| 15-19 | 62.8 | 66.3 | 63.0 | 61.0 | 60.1 | 57.5 | 54.7 | 53.2 | 53.7 | 60.1 |
| 20-24 | 76.1 | 77.0 | 77.4 | 74.1 | 74.1 | 70.4 | 69.8 | 70.2 | 70.4 | 73.8 |
| 25-34 | 83.1 | 84.5 | 85.2 | 82.8 | 81.6 | 81.5 | 80.8 | 79.4 | 79.5 | 79.8 |
| 35-44 | 87.7 | 87.6 | 87.7 | 86.4 | 87.2 | 86.9 | 87.0 | 86.0 | 85.8 | 85.4 |
| 45-54 | 84.8 | 86.9 | 86.4 | 86.2 | 84.9 | 85.5 | 86.0 | 85.3 | 84.3 | 85.8 |
| 55-59 | 79.5 | 79.1 | 78.7 | 78.8 | 79.3 | 79.5 | 79.3 | 78.8 | 80.9 | 82.4 |
| 60-64 | 31.5 | 28.5 | 29.7 | 33.9 | 37.3 | 38.3 | 39.9 | 41.2 | 43.3 | 48.5 |
| 15-24 | 69.1 | 71.5 | 70.0 | 67.4 | 67.1 | 64.0 | 62.4 | 62.0 | 62.5 | 67.3 |
| 25-54 | 85.3 | 86.4 | 86.5 | 85.3 | 84.7 | 84.9 | 84.8 | 83.8 | 83.4 | 83.8 |
| 55-64 | 55.1 | 53.0 | 53.5 | 55.9 | 58.0 | 58.9 | 59.9 | 60.3 | 62.6 | 66.4 |
| 65 and over | 2.8 | 2.7 | 2.6 | 3.0 | 3.7 | 4.1 | 3.7 | 4.5 | 3.6 | 4.9 |
| 15-64 | 76.4 | 77.0 | 76.8 | 76.0 | 76.1 | 75.8 | 75.6 | 75.0 | 75.3 | 77.2 |
| **All persons** | | | | | | | | | | |
| 15-24 | 70.6 | 72.2 | 70.9 | 67.5 | 67.1 | 64.1 | 61.7 | 61.5 | 62.1 | 66.2 |
| 25-54 | 88.9 | 89.9 | 89.4 | 88.7 | 88.2 | 87.8 | 87.5 | 87.1 | 87.1 | 87.4 |
| 55-64 | 61.0 | 59.9 | 60.8 | 61.8 | 63.2 | 64.4 | 65.0 | 66.4 | 67.6 | 70.6 |
| 65 and over | 5.4 | 5.3 | 5.2 | 5.7 | 6.3 | 6.8 | 6.4 | 7.1 | 6.9 | 8.4 |
| 15-64 | 80.1 | 80.7 | 80.2 | 79.4 | 79.3 | 78.6 | 78.1 | 78.1 | 78.5 | 80.0 |
| **Unemployment rates** | | | | | | | | | | |
| **Males** | | | | | | | | | | |
| 15-19 | 9.8 | 7.9 | 15.0 | 18.8 | 19.0 | 17.8 | 17.9 | 16.7 | 13.5 | 15.9 |
| 20-24 | 5.9 | 7.0 | 11.8 | 13.9 | 13.1 | 12.6 | 11.8 | 11.8 | 10.4 | 11.1 |
| 25-34 | 3.6 | 3.3 | 7.4 | 9.6 | 9.0 | 9.3 | 7.3 | 7.6 | 7.3 | 7.1 |
| 35-44 | 2.6 | 2.5 | 4.8 | 6.4 | 5.0 | 5.9 | 4.9 | 4.4 | 4.5 | 3.9 |
| 45-54 | 2.0 | 1.7 | 5.3 | 6.2 | 5.6 | 5.2 | 5.3 | 4.6 | 4.7 | 3.7 |
| 55-59 | 3.5 | 3.1 | 6.1 | 8.6 | 7.6 | 6.3 | 5.6 | 5.5 | 4.2 | 3.7 |
| 60-64 | 2.1 | 1.3 | 2.4 | 3.6 | 5.0 | 4.6 | 4.5 | 4.3 | 3.7 | 2.1 |
| 15-24 | 7.6 | 7.4 | 13.3 | 16.1 | 15.7 | 14.8 | 14.3 | 13.7 | 11.6 | 13.1 |
| 25-54 | 2.7 | 2.5 | 5.7 | 7.3 | 6.3 | 6.6 | 5.7 | 5.4 | 5.4 | 4.8 |
| 55-64 | 3.0 | 2.4 | 4.7 | 6.7 | 6.6 | 5.7 | 5.2 | 5.1 | 4.0 | 4.0 |
| 65 and over | 1.8 | 0.7 | 0.0 | 1.2 | 1.0 | 0.4 | 0.6 | 0.2 | 0.9 | 0.0 |
| 15-64 | 3.5 | 3.2 | 6.8 | 8.5 | 7.9 | 7.7 | 6.9 | 6.6 | 6.1 | 6.0 |
| Total | 3.4 | 3.2 | 6.6 | 8.4 | 7.7 | 7.5 | 6.7 | 6.4 | 5.9 | 5.8 |
| **Females** | | | | | | | | | | |
| 15-19 | 8.5 | 10.9 | 12.5 | 13.9 | 15.4 | 15.4 | 13.9 | 12.3 | 10.7 | 13.4 |
| 20-24 | 6.4 | 6.6 | 8.4 | 9.9 | 10.5 | 11.9 | 10.3 | 10.9 | 9.6 | 9.1 |
| 25-34 | 4.9 | 3.9 | 6.7 | 7.8 | 10.5 | 9.8 | 10.0 | 9.3 | 8.6 | 10.1 |
| 35-44 | 3.1 | 2.6 | 4.3 | 5.5 | 6.1 | 6.1 | 6.2 | 5.8 | 5.1 | 5.5 |
| 45-54 | 2.9 | 2.1 | 3.1 | 4.6 | 5.0 | 5.1 | 5.2 | 4.8 | 5.1 | 4.2 |
| 55-59 | 4.7 | 3.4 | 4.0 | 4.8 | 5.6 | 6.4 | 5.7 | 4.7 | 5.0 | 4.6 |
| 60-64 | 2.1 | 1.3 | 1.8 | 2.0 | 2.8 | 2.9 | 3.8 | 4.1 | 4.5 | 0.0 |
| 15-24 | 7.4 | 8.7 | 10.3 | 11.8 | 12.7 | 13.5 | 11.8 | 11.5 | 10.1 | 10.9 |
| 25-54 | 3.6 | 2.8 | 4.6 | 5.9 | 6.9 | 6.8 | 6.9 | 6.4 | 6.1 | 6.4 |
| 55-64 | 4.0 | 2.8 | 3.4 | 4.0 | 4.7 | 5.3 | 5.1 | 4.5 | 4.8 | 4.1 |
| 65 and over | 2.2 | 0.7 | 0.3 | 0.2 | 0.9 | 1.1 | 0.0 | 0.6 | 0.2 | 0.0 |
| 15-64 | 4.2 | 3.8 | 5.4 | 6.5 | 7.6 | 7.7 | 7.4 | 6.9 | 6.5 | 6.8 |
| Total | 4.2 | 3.7 | 5.3 | 6.5 | 7.5 | 7.5 | 7.3 | 6.8 | 6.4 | 6.6 |
| **All persons** | | | | | | | | | | |
| 15-24 | 7.5 | 8.0 | 11.8 | 14.0 | 14.2 | 14.1 | 13.1 | 12.6 | 10.8 | 12.0 |
| 25-54 | 3.1 | 2.6 | 5.2 | 6.6 | 6.6 | 6.7 | 6.3 | 5.9 | 5.7 | 5.5 |
| 55-64 | 3.4 | 2.6 | 4.1 | 5.5 | 5.7 | 5.5 | 5.1 | 4.8 | 4.4 | 4.0 |
| 65 and over | 1.9 | 0.7 | 0.1 | 0.9 | 0.9 | 0.6 | 0.4 | 0.3 | 0.7 | 0.0 |
| 15-64 | 3.8 | 3.5 | 6.1 | 7.6 | 7.7 | 7.7 | 7.2 | 6.8 | 6.3 | 6.3 |

*Note:* Detailed metadata at:http://metalinks.oecd.org/lfs/20180108/10b3
*Disclaimer:* http://oe.cd/disclaimer

# DENMARK

## Table 3. Employment and employees: breakdown by activity - ISIC Rev. 4

*Annual average estimates*

| | | 2007 | 2008 | 2009 | 2010 | 2011 | 2012 | 2013 | 2014 | 2015 | 2016 |
|---|---|---|---|---|---|---|---|---|---|---|---|
| | **EMPLOYMENT** | | | | | | | | | | |
| | **By activity, thousands** | | | | | | | | | | |
| **A-U** | **All activities** | **2 752.0** | **2 852.8** | **2 770.5** | **2 706.2** | **2 702.7** | **2 688.7** | **2 687.6** | **2 714.1** | **2 752.0** | **2 839.7** |
| A | Agriculture, hunting and forestry | 83.4 | 72.7 | 71.6 | 65.5 | 64.8 | 69.6 | 68.1 | 67.2 | 68.5 | 71.2 |
| **B-F** | **Industry** | **650.3** | **659.2 e** | **562.6 e** | **532.4 e** | **538.1 e** | **529.2** | **522.1** | **521.3** | **529.2** | **524.5 e** |
| B | Mining and quarrying | 4.0 | .. | .. | .. | .. | 5.5 | 5.9 | 5.6 | 5.6 | .. |
| C | Manufacturing | 411.0 | 421.1 | 353.8 | 340.9 | 342.3 | 333.8 | 325.0 | 321.8 | 328.6 | 332.4 |
| D | Electricity, gas, steam, air cond. supply | 15.0 | 15.3 | 15.8 | 15.8 | 16.5 | 16.9 | 16.0 | 14.5 | 13.9 | 14.8 |
| E | Water supply, sewerage, waste mgt, remediation | 21.0 | 22.1 | 14.4 | 12.5 | 15.0 | 15.9 | 15.9 | 16.3 | 15.8 | 15.1 |
| F | Construction | 193.0 | 196.8 | 173.9 | 158.1 | 159.6 | 157.1 | 159.4 | 163.1 | 165.4 | 156.8 |
| **G-U** | **Services** | **2 070.0** | **2 120.9 e** | **2 136.3 e** | **2 108.3 e** | **2 099.8 e** | **2 089.8** | **2 097.4** | **2 125.6** | **2 154.3** | **2 244.0 e** |
| G | Wholesale, retail trade, vehicle, motorcycle repair | 410.0 | 436.4 | 416.8 | 396.7 | 392.1 | 380.7 | 380.3 | 377.6 | 397.5 | 426.1 |
| H | Transportation and storage | 146.0 | 143.2 | 138.8 | 125.7 | 129.6 | 130.1 | 125.8 | 132.1 | 126.3 | 128.4 |
| I | Accommodation and food service activities | 81.0 | 85.7 | 89.8 | 87.9 | 94.5 | 99.0 | 100.0 | 105.0 | 119.4 | 120.6 |
| J | Information and communication | 103.0 | 111.8 | 106.6 | 111.8 | 110.1 | 107.9 | 111.0 | 109.6 | 114.2 | 119.7 |
| K | Financial and insurance activities | 86.0 | 86.4 | 92.7 | 87.0 | 84.7 | 82.2 | 78.1 | 78.0 | 74.2 | 77.1 |
| L | Real estate activities | 30.0 | 32.5 | 26.2 | 26.7 | 27.5 | 26.7 | 24.4 | 27.4 | 32.0 | 33.9 |
| M | Professional, scientific and technical activities | 133.0 | 139.3 | 139.8 | 139.6 | 138.1 | 136.0 | 133.9 | 141.8 | 147.5 | 155.7 |
| N | Administrative and support service activities | 74.0 | 77.1 | 87.2 | 88.8 | 84.9 | 86.3 | 93.2 | 96.5 | 105.4 | 107.4 |
| O | Public administration, defence, social security | 137.0 | 170.2 | 176.1 | 157.7 | 151.1 | 154.5 | 159.7 | 150.1 | 144.8 | 152.2 |
| P | Education | 215.0 | 206.6 | 219.3 | 230.6 | 242.0 | 245.1 | 249.2 | 256.7 | 261.5 | 253.9 |
| Q | Human health and social work activities | 497.0 | 502.5 | 506.5 | 518.4 | 509.3 | 497.2 | 496.1 | 504.5 | 478.9 | 491.2 |
| R | Arts, entertainment and recreation | 55.0 | 57.2 | 64.2 | 60.9 | 62.5 | 64.3 | 62.4 | 65.7 | 69.4 | 72.3 |
| S | Other service activities | 63.0 | 64.7 | 64.5 | 69.5 | 66.2 | 68.6 | 70.1 | 68.7 | 70.9 | 75.3 |
| T | Households as employers and own-use activities | 4.0 | .. | 5.8 | 5.8 | .. | 5.8 | .. | .. | .. | .. |
| U | Activities of extraterritorial organizations, bodies | 4.0 | .. | .. | .. | .. | .. | .. | .. | .. | .. |
| | **EMPLOYEES** | | | | | | | | | | |
| | **By activity, thousands** | | | | | | | | | | |
| **A-U** | **All activities** | **2 507.0** | **2 600.4** | **2 511.5** | **2 459.8** | **2 456.4** | **2 443.3** | **2 445.6** | **2 473.2** | **2 514.0** | **2 582.4** |
| A | Agriculture, hunting and forestry | 37.0 | 36.4 | 37.3 | 34.5 | 32.0 | 34.9 | 34.0 | 36.6 | 42.5 | 40.5 |
| **B-F** | **Industry** | **592.0** | **..** | **..** | **..** | **..** | **484.7** | **478.3** | **477.9** | **485.7** | **..** |
| B | Mining and quarrying | 4.0 | .. | .. | .. | .. | 5.3 | 5.9 | 5.6 | 5.6 | .. |
| C | Manufacturing | 396.0 | 406.7 | 340.3 | 326.2 | 329.4 | 320.3 | 312.7 | 310.3 | 315.6 | 320.2 |
| D | Electricity, gas, steam, air cond. supply | 15.0 | 15.3 | 15.5 | 15.8 | 16.5 | 16.8 | 16.0 | 14.4 | 13.7 | 14.8 |
| E | Water supply, sewerage, waste mgt, remediation | 20.0 | 22.0 | 14.0 | 12.2 | 14.6 | 15.7 | 15.3 | 15.9 | 15.7 | 14.8 |
| F | Construction | 157.0 | 157.8 | 138.6 | 125.9 | 127.9 | 126.7 | 128.5 | 131.8 | 135.2 | 129.4 |
| **G-U** | **Services** | **1 878.0** | **..** | **..** | **..** | **..** | **1 923.7** | **1 933.4** | **1 958.7** | **1 985.8** | **..** |
| G | Wholesale, retail trade, vehicle, motorcycle repair | 370.0 | 396.1 | 373.1 | 357.3 | 354.2 | 346.3 | 344.9 | 344.6 | 364.3 | 391.0 |
| H | Transportation and storage | 134.0 | 131.0 | 126.5 | 115.7 | 120.1 | 120.9 | 117.5 | 123.5 | 117.3 | 119.3 |
| I | Accommodation and food service activities | 71.0 | 75.9 | 76.5 | 78.1 | 82.1 | 86.3 | 88.8 | 94.1 | 107.3 | 109.3 |
| J | Information and communication | 93.0 | 100.1 | 93.2 | 101.0 | 98.7 | 94.2 | 96.3 | 95.5 | 100.6 | 104.9 |
| K | Financial and insurance activities | 85.0 | 85.0 | 91.1 | 84.9 | 82.5 | 79.9 | 76.1 | 76.0 | 71.7 | 75.1 |
| L | Real estate activities | 27.0 | 28.0 | 22.4 | 23.8 | 24.1 | 23.0 | 21.4 | 24.8 | 29.3 | 29.8 |
| M | Professional, scientific and technical activities | 106.0 | 109.8 | 109.3 | 106.9 | 105.4 | 103.7 | 102.5 | 106.1 | 111.3 | 119.0 |
| N | Administrative and support service activities | 63.0 | 65.0 | 74.4 | 76.2 | 74.5 | 74.8 | 80.1 | 83.0 | 91.7 | 94.2 |
| O | Public administration, defence, social security | 137.0 | 170.1 | 175.7 | 157.4 | 150.9 | 154.4 | 159.5 | 150.0 | 144.3 | 151.6 |
| P | Education | 210.0 | 203.3 | 215.1 | 226.9 | 236.7 | 239.8 | 244.6 | 251.4 | 255.3 | 245.7 |
| Q | Human health and social work activities | 476.0 | 483.9 | 486.2 | 497.1 | 487.6 | 476.4 | 475.4 | 484.7 | 460.6 | 469.1 |
| R | Arts, entertainment and recreation | 48.0 | 50.9 | 56.5 | 52.7 | 54.5 | 57.2 | 56.4 | 58.1 | 61.9 | 64.3 |
| S | Other service activities | 53.0 | 53.0 | 53.6 | 55.9 | 53.9 | 56.2 | 57.1 | 55.8 | 58.4 | 61.9 |
| T | Households as employers and own-use activities | 4.0 | .. | 5.8 | 5.3 | .. | .. | .. | .. | .. | .. |
| U | Activities of extraterritorial organizations, bodies | 3.0 | .. | .. | .. | .. | .. | .. | .. | .. | .. |

*Note:* Detailed metadata:http://metalinks.oecd.org/lfs/20180108/56a2
*Disclaimer:* http://oe.cd/disclaimer

# ESTONIA

## Table 1. Labour force

*Annual average estimates*

| | 2007 | 2008 | 2009 | 2010 | 2011 | 2012 | 2013 | 2014 | 2015 | 2016 |
|---|---|---|---|---|---|---|---|---|---|---|
| **Labour force, thousands** | | | | | | | | | | |
| All persons | 689 | 694 | 687 | 682 | 688 | 683 | 680 | 674 | 683 | 691 |
| Males | 354 | 355 | 350 | 344 | 348 | 347 | 346 | 347 | 350 | 356 |
| Females | 335 | 339 | 337 | 338 | 340 | 336 | 334 | 327 | 333 | 336 |
| **Unemployed, thousands** | | | | | | | | | | |
| All persons | 32 | 38 | 93 | 114 | 85 | 69 | 59 | 50 | 42 | 47 |
| Males | 19 | 20 | 58 | 66 | 45 | 38 | 31 | 27 | 22 | 26 |
| Females | 13 | 17 | 35 | 48 | 39 | 31 | 27 | 22 | 20 | 20 |
| **Employment, thousands** | | | | | | | | | | |
| All persons | 658 | 656 | 594 | 568 | 603 | 615 | 621 | 625 | 641 | 645 |
| Males | 335 | 334 | 291 | 278 | 303 | 309 | 315 | 320 | 328 | 329 |
| Females | 323 | 322 | 303 | 290 | 300 | 306 | 307 | 305 | 313 | 315 |
| **Employment (%)** | | | | | | | | | | |
| Males | 50.9 | 51.0 | 49.0 | 48.9 | 50.2 | 50.3 | 50.7 | 51.2 | 51.2 | 51.1 |
| Females | 49.1 | 49.0 | 51.0 | 51.1 | 49.8 | 49.7 | 49.3 | 48.8 | 48.8 | 48.9 |
| **Unemployment rate (% of labour force)** | | | | | | | | | | |
| All persons | 4.6 | 5.4 | 13.5 | 16.7 | 12.3 | 10.0 | 8.6 | 7.4 | 6.2 | 6.8 |
| Males | 5.4 | 5.7 | 16.7 | 19.3 | 13.1 | 10.9 | 9.1 | 7.9 | 6.2 | 7.4 |
| Females | 3.8 | 5.1 | 10.3 | 14.1 | 11.6 | 9.1 | 8.2 | 6.8 | 6.1 | 6.1 |
| **EMPLOYMENT - PROFESSIONAL STATUS, thousands** | | | | | | | | | | |
| **All activities** | **658** | **656** | **594** | **568** | **603** | **615** | **621** | **625** | **641** | **645** |
| Employees | 597 | 604 | 544 | 520 | 551 | 560 | 565 | 568 | 581 | 584 |
| Employers and persons working on own account | 59 | 51 | 48 | 47 | 51 | 53 | 55 | 56 | 59 | 60 |
| Unpaid family workers | .. | .. | .. | .. | .. | .. | .. | .. | .. | .. |
| **Employees as % of employment** | **90.8** | **92.1** | **91.7** | **91.5** | **91.3** | **91.1** | **90.9** | **90.9** | **90.6** | **90.5** |
| **Part-time employment (%)** | | | | | | | | | | |
| Part-time as % of employment | 6.8 | 6.3 | 8.5 | 8.8 | 8.9 | 8.2 | 8.0 | 7.6 | 8.6 | 8.7 |
| Male share of part time employment | 26.8 | 29.6 | 32.4 | 32.1 | 28.3 | 28.3 | 30.7 | 33.9 | 30.2 | 32.8 |
| Female share of part time employment | 73.2 | 70.4 | 67.6 | 67.9 | 71.7 | 71.7 | 69.3 | 66.1 | 69.8 | 67.2 |
| Male part-time as % of male employment | 3.6 | 3.6 | 5.6 | 5.8 | 5.0 | 4.6 | 4.9 | 5.0 | 5.1 | 5.6 |
| Female part-time as % of female employment | 10.1 | 9.0 | 11.3 | 11.7 | 12.9 | 11.9 | 11.3 | 10.3 | 12.2 | 11.9 |
| **Duration of unemployment (% of total unemployment)** | | | | | | | | | | |
| Less than one month | 14.9 | 18.5 | 11.2 | 7.1 | 9.3 | 9.0 | 7.4 | 10.0 | 10.5 | 14.5 |
| More than 1 month and less than 3 months | 13.5 | 18.6 | 18.3 | 10.2 | 10.4 | 11.0 | 16.7 | 15.5 | 18.0 | 21.2 |
| More than 3 months and less than 6 months | 13.0 | 15.6 | 22.1 | 15.8 | 10.6 | 12.3 | 17.1 | 14.1 | 18.3 | 18.6 |
| More than 6 months and less than 1 year | 8.9 | 16.1 | 21.0 | 21.7 | 12.4 | 13.0 | 14.3 | 15.0 | 15.0 | 14.1 |
| More than 1 year | 49.8 | 31.2 | 27.3 | 45.3 | 57.3 | 54.7 | 44.5 | 45.3 | 38.3 | 31.6 |

*Note:* Detailed metadata: http://metalinks.oecd.org/lfs/20180108/05bd, http://metalinks.oecd.org/lfs/20180108/56a2, http://metalinks.oecd.org/lfs/20180108/f585 and http://metalinks.oecd.org/lfs/20180108/9ae4.
*Disclaimer:* http://oe.cd/disclaimer

# ESTONIA

## Table 2. Participation rates and unemployment rates by age and sex

*Annual average estimates, percentage*

| | 2007 | 2008 | 2009 | 2010 | 2011 | 2012 | 2013 | 2014 | 2015 | 2016 |
|---|---|---|---|---|---|---|---|---|---|---|
| **Participation rates** | | | | | | | | | | |
| **Males** | | | | | | | | | | |
| 15-19 | 16.7 | 14.5 | 13.7 | 9.4 | 13.0 | 14.3 | 10.2 | 10.1 | 13.1 | 15.2 |
| 20-24 | 72.1 | 74.8 | 72.2 | 68.2 | 68.0 | 69.3 | 65.9 | 66.4 | 73.7 | 74.7 |
| 25-34 | 95.5 | 95.8 | 92.9 | 93.1 | 93.4 | 92.8 | 93.6 | 93.2 | 94.9 | 94.0 |
| 35-44 | 94.2 | 94.0 | 94.0 | 93.6 | 94.2 | 94.4 | 94.3 | 95.0 | 93.5 | 94.5 |
| 45-54 | 89.8 | 87.2 | 87.4 | 87.5 | 88.3 | 88.9 | 88.7 | 87.5 | 88.5 | 91.4 |
| 55-59 | 77.8 | 78.6 | 75.5 | 75.4 | 77.7 | 76.7 | 78.4 | 77.5 | 77.5 | 79.4 |
| 60-64 | 40.7 | 53.2 | 56.5 | 50.8 | 53.9 | 51.5 | 53.3 | 59.5 | 56.5 | 59.9 |
| 15-24 | 44.3 | 45.4 | 44.9 | 42.3 | 44.8 | 46.6 | 43.1 | 43.1 | 47.5 | 48.1 |
| 25-54 | 93.2 | 92.4 | 91.5 | 91.5 | 92.1 | 92.1 | 92.3 | 92.0 | 92.4 | 93.3 |
| 55-64 | 62.4 | 67.9 | 67.3 | 64.3 | 66.7 | 65.0 | 66.7 | 69.1 | 67.7 | 70.2 |
| 65 and over | 21.9 | 21.9 | 19.6 | 17.5 | 17.1 | 21.0 | 22.1 | 24.2 | 23.3 | 24.7 |
| 15-64 | 77.5 | 78.1 | 77.5 | 76.7 | 78.2 | 78.5 | 78.6 | 79.3 | 80.4 | 81.7 |
| **Females** | | | | | | | | | | |
| 15-19 | 11.8 | 12.2 | 9.8 | 9.2 | 10.6 | 9.4 | 10.1 | 9.8 | 13.5 | 15.8 |
| 20-24 | 52.2 | 60.4 | 55.0 | 53.9 | 55.3 | 57.0 | 57.7 | 56.7 | 56.3 | 59.8 |
| 25-34 | 75.8 | 74.3 | 73.8 | 75.5 | 76.8 | 74.0 | 73.2 | 74.8 | 75.5 | 71.5 |
| 35-44 | 85.4 | 87.1 | 87.6 | 88.1 | 86.8 | 86.4 | 86.1 | 83.2 | 82.8 | 83.0 |
| 45-54 | 88.6 | 89.1 | 89.6 | 90.4 | 90.1 | 89.6 | 89.1 | 87.6 | 90.4 | 90.8 |
| 55-59 | 75.8 | 78.4 | 80.6 | 80.4 | 80.6 | 79.8 | 80.3 | 80.8 | 81.3 | 84.4 |
| 60-64 | 41.8 | 41.6 | 48.3 | 46.4 | 45.4 | 49.6 | 52.3 | 51.6 | 57.0 | 58.0 |
| 15-24 | 32.1 | 37.1 | 34.0 | 34.1 | 36.3 | 37.1 | 38.1 | 37.0 | 37.7 | 40.2 |
| 25-54 | 83.4 | 83.7 | 83.8 | 84.8 | 84.7 | 83.4 | 82.8 | 81.8 | 82.8 | 81.6 |
| 55-64 | 61.0 | 62.2 | 65.9 | 64.3 | 63.5 | 65.0 | 66.5 | 66.5 | 69.4 | 71.3 |
| 65 and over | 16.9 | 15.9 | 14.2 | 14.8 | 18.3 | 19.1 | 19.2 | 18.6 | 22.5 | 26.8 |
| 15-64 | 68.8 | 70.3 | 70.5 | 71.0 | 71.4 | 71.3 | 71.7 | 71.2 | 72.9 | 73.1 |
| **All persons** | | | | | | | | | | |
| 15-24 | 38.4 | 41.4 | 39.6 | 38.3 | 40.7 | 42.0 | 40.7 | 40.1 | 42.8 | 44.3 |
| 25-54 | 88.3 | 88.0 | 87.6 | 88.1 | 88.4 | 87.7 | 87.6 | 87.0 | 87.7 | 87.6 |
| 55-64 | 61.6 | 64.7 | 66.5 | 64.3 | 64.9 | 65.0 | 66.6 | 67.6 | 68.6 | 70.8 |
| 65 and over | 18.8 | 18.2 | 16.2 | 15.8 | 17.9 | 19.8 | 20.3 | 20.8 | 22.8 | 26.0 |
| 15-64 | 73.0 | 74.1 | 74.0 | 73.8 | 74.7 | 74.8 | 75.1 | 75.2 | 76.6 | 77.4 |
| **Unemployment rates** | | | | | | | | | | |
| **Males** | | | | | | | | | | |
| 15-19 | 22.9 | 21.8 | 55.2 | 69.9 | 43.8 | 35.7 | 27.6 | 34.8 | 22.3 | 25.0 |
| 20-24 | 9.2 | 10.2 | 25.9 | 29.9 | 19.5 | 18.6 | 15.3 | 15.9 | 11.6 | 12.9 |
| 25-34 | 4.3 | 3.9 | 14.6 | 17.4 | 12.7 | 10.0 | 8.8 | 7.4 | 5.0 | 6.4 |
| 35-44 | 4.2 | 4.0 | 14.7 | 15.8 | 9.3 | 8.1 | 7.7 | 6.1 | 6.0 | 4.9 |
| 45-54 | 4.0 | 7.1 | 18.1 | 19.2 | 12.4 | 11.4 | 8.5 | 8.0 | 4.9 | 7.3 |
| 55-59 | 5.7 | 5.5 | 14.7 | 21.9 | 16.1 | 12.9 | 9.1 | 7.1 | 6.6 | 10.4 |
| 60-64 | 10.1 | 4.8 | 7.0 | 14.7 | 12.5 | 3.6 | 6.6 | 3.8 | 7.4 | 8.1 |
| 15-24 | 11.8 | 12.0 | 30.0 | 33.8 | 22.5 | 20.8 | 16.5 | 17.8 | 12.9 | 14.6 |
| 25-54 | 4.2 | 4.9 | 15.8 | 17.4 | 11.4 | 9.8 | 8.3 | 7.1 | 5.3 | 6.2 |
| 55-64 | 6.9 | 5.3 | 11.9 | 19.3 | 14.8 | 9.4 | 8.2 | 5.8 | 6.9 | 9.5 |
| 65 and over | 1.5 | 0.9 | 0.0 | 3.1 | 3.2 | 3.5 | 5.6 | 3.5 | 3.0 | 3.3 |
| 15-64 | 5.5 | 5.9 | 17.0 | 19.6 | 13.2 | 11.0 | 9.1 | 7.9 | 6.3 | 7.5 |
| Total | 5.4 | 5.7 | 16.6 | 19.2 | 13.0 | 10.8 | 9.0 | 7.8 | 6.2 | 7.4 |
| **Females** | | | | | | | | | | |
| 15-19 | 15.3 | 29.8 | 44.5 | 46.3 | 40.4 | 30.0 | 31.7 | 17.2 | 20.9 | 17.6 |
| 20-24 | 5.3 | 7.8 | 18.3 | 27.2 | 17.8 | 17.1 | 18.2 | 9.1 | 10.6 | 9.1 |
| 25-34 | 3.7 | 5.7 | 11.3 | 13.4 | 12.8 | 11.8 | 9.5 | 9.9 | 5.7 | 7.2 |
| 35-44 | 5.2 | 4.8 | 9.4 | 12.9 | 10.7 | 6.8 | 8.1 | 6.2 | 6.2 | 5.7 |
| 45-54 | 3.6 | 4.1 | 8.7 | 12.1 | 11.2 | 9.4 | 7.3 | 5.8 | 5.5 | 4.3 |
| 55-59 | 1.3 | 3.3 | 8.4 | 17.1 | 10.2 | 6.2 | 5.8 | 6.1 | 7.6 | 8.1 |
| 60-64 | 0.0 | 2.6 | 5.1 | 8.1 | 6.7 | 4.1 | 2.1 | 3.6 | 2.1 | 5.1 |
| 15-24 | 7.2 | 11.3 | 21.8 | 29.5 | 20.6 | 18.5 | 19.7 | 10.0 | 12.2 | 10.6 |
| 25-54 | 4.2 | 4.8 | 9.7 | 12.7 | 11.5 | 9.2 | 8.2 | 7.2 | 5.8 | 5.6 |
| 55-64 | 0.9 | 3.1 | 7.3 | 14.0 | 9.0 | 5.4 | 4.4 | 5.1 | 5.4 | 6.9 |
| 65 and over | 0.0 | 3.0 | 7.3 | 3.2 | 4.5 | 4.3 | 1.0 | 2.5 | 4.4 | 2.3 |
| 15-64 | 3.9 | 5.2 | 10.4 | 14.5 | 11.9 | 9.3 | 8.5 | 7.0 | 6.2 | 6.3 |
| Total | 3.8 | 5.1 | 10.3 | 14.1 | 11.6 | 9.1 | 8.2 | 6.8 | 6.1 | 6.1 |
| **All persons** | | | | | | | | | | |
| 15-24 | 9.9 | 11.7 | 26.6 | 32.0 | 21.7 | 19.8 | 17.9 | 14.3 | 12.6 | 12.8 |
| 25-54 | 4.2 | 4.9 | 12.8 | 15.1 | 11.5 | 9.5 | 8.3 | 7.2 | 5.5 | 5.9 |
| 55-64 | 3.6 | 4.1 | 9.3 | 16.3 | 11.6 | 7.2 | 6.0 | 5.4 | 6.0 | 8.1 |
| 65 and over | 0.7 | 2.0 | 4.0 | 3.2 | 4.0 | 4.0 | 2.9 | 2.9 | 3.8 | 2.7 |
| 15-64 | 4.7 | 5.6 | 13.8 | 17.1 | 12.6 | 10.2 | 8.8 | 7.5 | 6.3 | 6.9 |

*Note:* Detailed metadata at:http://metalinks.oecd.org/lfs/20180108/10b3
*Disclaimer:* http://oe.cd/disclaimer

## Table 3. Employment and employees: breakdown by activity - ISIC Rev. 4

*Annual average estimates*

| | | 2007 | 2008 | 2009 | 2010 | 2011 | 2012 | 2013 | 2014 | 2015 | 2016 |
|---|---|---|---|---|---|---|---|---|---|---|---|
| | **EMPLOYMENT** | | | | | | | | | | |
| | **By activity, thousands** | | | | | | | | | | |
| **A-U** | **All activities** | **654.1 \|** | **656.0** | **593.9** | **568.0** | **603.2** | **614.9** | **621.4** | **624.8** | **640.9** | **644.6** |
| A | Agriculture, hunting and forestry | 30.9 | 25.5 | 24.1 | 23.9 | 26.6 | 27.6 | 26.5 | 24.1 | 25.0 | 25.0 |
| **B-F** | **Industry** | **230.7** | **228.6 e** | **186.1 e** | **171.7 e** | **193.0 e** | **189.3 e** | .. | .. | .. | .. |
| B | Mining and quarrying | 5.5 \| | .. | .. | 6.7 | .. | .. | 4.8 | .. | .. | .. |
| C | Manufacturing | 130.8 \| | 133.9 | 112.3 | 106.7 | 119.1 | 115.5 | 116.4 | 114.0 | 120.6 | 120.7 |
| D | Electricity, gas, steam, air cond. supply | 8.8 \| | 8.2 | 7.5 | 8.6 | 8.1 | 9.2 | 7.2 | 8.1 | 7.6 | .. |
| E | Water supply, sewerage, waste mgt, remediation | 2.3 \| | .. | .. | .. | .. | .. | .. | .. | .. | .. |
| F | Construction | 82.6 \| | 80.6 | 58.1 | 47.7 | 58.9 | 58.2 | 56.6 | 58.7 | 61.8 | 57.9 |
| **G-U** | **Services** | **396.0** | **401.9 e** | **383.7 e** | **372.4 e** | **383.6 e** | **398.0 e** | .. | .. | .. | .. |
| G | Wholesale, retail trade, vehicle, motorcycle repair | 87.0 \| | 92.4 | 83.0 | 80.0 | 81.1 | 79.1 | 81.1 | 81.2 | 83.9 | 83.7 |
| H | Transportation and storage | 54.3 \| | 51.1 | 50.6 | 44.4 | 48.3 | 51.1 | 47.0 | 50.8 | 46.7 | 50.9 |
| I | Accommodation and food service activities | 22.0 \| | 22.9 | 19.4 | 18.9 | 18.4 | 18.8 | 23.4 | 25.8 | 26.1 | 26.5 |
| J | Information and communication | 13.7 \| | 15.7 | 14.7 | 12.7 | 16.7 | 18.5 | 19.7 | 22.1 | 26.3 | 28.4 |
| K | Financial and insurance activities | 9.5 \| | 10.5 | 11.4 | 9.4 | 10.3 | 10.9 | 10.2 | 8.2 | 9.5 | 11.0 |
| L | Real estate activities | 9.8 \| | 10.4 | 9.1 | 10.2 | 10.7 | 10.8 | 11.7 | 11.5 | 10.3 | 11.8 |
| M | Professional, scientific and technical activities | 17.9 \| | 21.0 | 21.0 | 21.0 | 23.1 | 23.3 | 26.2 | 26.7 | 25.5 | 24.7 |
| N | Administrative and support service activities | 18.2 \| | 17.2 | 17.1 | 19.1 | 17.4 | 21.2 | 22.7 | 18.8 | 18.6 | 21.3 |
| O | Public administration, defence, social security | 35.4 \| | 38.2 | 37.0 | 40.3 | 39.3 | 40.1 | 43.0 | 45.1 | 42.4 | 39.7 |
| P | Education | 54.7 \| | 59.7 | 61.9 | 55.7 | 56.5 | 61.8 | 56.1 | 55.0 | 60.6 | 57.6 |
| Q | Human health and social work activities | 36.1 \| | 30.9 | 32.9 | 34.2 | 34.6 | 34.5 | 36.5 | 38.7 | 39.1 | 39.4 |
| R | Arts, entertainment and recreation | 17.8 \| | 15.1 | 14.1 | 14.6 | 14.3 | 14.9 | 17.1 | 16.6 | 14.2 | 17.5 |
| S | Other service activities | 16.8 \| | 13.1 | 10.3 | 10.9 | 9.8 | 10.7 | 11.4 | 11.4 | 15.2 | 14.4 |
| T | Households as employers and own-use activities | .. | .. | .. | .. | .. | .. | .. | .. | .. | .. |
| U | Activities of extraterritorial organizations, bodies | .. | .. | .. | .. | .. | .. | .. | .. | .. | .. |
| | **EMPLOYEES** | | | | | | | | | | |
| | **By activity, thousands** | | | | | | | | | | |
| **A-U** | **All activities** | **593.9 \|** | **604.5** | **544.4** | **519.9** | **550.6** | **560.5** | **564.6** | **567.9** | **581.0** | **583.6** |
| A | Agriculture, hunting and forestry | 19.7 \| | 16.9 | 17.8 | 17.5 | 18.2 | 20.7 | 20.4 | 18.3 | 18.6 | 18.0 |
| **B-F** | **Industry** | **211.1 \|** | .. | .. | .. | .. | .. | .. | .. | .. | .. |
| B | Mining and quarrying | 5.5 \| | .. | .. | 6.7 | .. | .. | 4.7 | .. | .. | .. |
| C | Manufacturing | 124.8 \| | 130.1 | 108.1 | 101.9 | 114.9 | 111.3 | 111.5 | 108.6 | 114.9 | 114.2 |
| D | Electricity, gas, steam, air cond. supply | 8.7 \| | 7.7 | 7.2 | 8.6 | 8.1 | 9.1 | 7.0 | 8.0 | 7.5 | .. |
| E | Water supply, sewerage, waste mgt, remediation | 2.3 \| | .. | .. | .. | .. | .. | .. | .. | .. | .. |
| F | Construction | 69.8 \| | 72.8 | 51.4 | 41.9 | 50.5 | 50.0 | 48.4 | 51.0 | 53.0 | 47.6 |
| **G-U** | **Services** | **363.1 \|** | .. | .. | .. | .. | .. | .. | .. | .. | .. |
| G | Wholesale, retail trade, vehicle, motorcycle repair | 76.9 \| | 83.4 | 74.8 | 71.4 | 73.2 | 70.5 | 72.3 | 71.4 | 72.3 | 74.8 |
| H | Transportation and storage | 49.9 \| | 46.1 | 46.1 | 40.5 | 43.2 | 45.8 | 43.1 | 46.5 | 42.5 | 46.0 |
| I | Accommodation and food service activities | 21.0 \| | 21.7 | 17.3 | 18.0 | 17.3 | 17.0 | 21.7 | 24.1 | 24.9 | 25.4 |
| J | Information and communication | 13.1 \| | 14.9 | 13.3 | 11.2 | 15.1 | 15.7 | 16.7 | 19.7 | 23.7 | 24.6 |
| K | Financial and insurance activities | 8.9 \| | 10.1 | 11.3 | 9.4 | 10.0 | 10.3 | 9.6 | 8.0 | 9.3 | 10.8 |
| L | Real estate activities | 8.8 \| | 9.0 | .. | 8.4 | 9.0 | 10.0 | 10.7 | 10.2 | 8.4 | 9.5 |
| M | Professional, scientific and technical activities | 14.1 \| | 16.1 | 15.0 | 15.1 | 16.8 | 16.9 | 18.6 | 19.1 | 20.0 | 19.1 |
| N | Administrative and support service activities | 17.2 \| | 16.3 | 16.3 | 18.1 | 16.9 | 19.8 | 21.0 | 16.9 | 17.1 | 20.5 |
| O | Public administration, defence, social security | 35.4 \| | 38.2 | 37.0 | 40.3 | 39.3 | 40.1 | 43.0 | 45.1 | 42.4 | 39.7 |
| P | Education | 54.1 \| | 58.5 | 61.0 | 54.7 | 55.5 | 60.2 | 54.9 | 54.3 | 59.7 | 56.8 |
| Q | Human health and social work activities | 35.2 \| | 30.4 | 31.7 | 32.9 | 33.3 | 33.5 | 35.0 | 37.3 | 37.3 | 37.4 |
| R | Arts, entertainment and recreation | 16.4 \| | 13.8 | 12.7 | 13.1 | 12.4 | 13.1 | 14.8 | 15.0 | 12.3 | 16.3 |
| S | Other service activities | 12.0 \| | 8.8 | .. | 7.3 | 7.0 | 7.8 | 7.4 | 6.6 | 10.6 | 9.3 |
| T | Households as employers and own-use activities | 0.0 \| | .. | .. | .. | .. | .. | .. | .. | .. | .. |
| U | Activities of extraterritorial organizations, bodies | 0.0 \| | .. | .. | .. | .. | .. | .. | .. | .. | .. |

*Note:* Detailed metadata:http://metalinks.oecd.org/lfs/20180108/56a2
*Disclaimer:* http://oe.cd/disclaimer

# FINLAND

## Table 1. Labour force

*Annual average estimates*

| | 2007 | 2008 | 2009 | 2010 | 2011 | 2012 | 2013 | 2014 | 2015 | 2016 |
|---|---|---|---|---|---|---|---|---|---|---|
| **Labour force, thousands** | | | | | | | | | | |
| All persons | 2 675 | 2 703 | 2 678 | 2 672 | 2 682 | 2 690 | 2 676 | 2 679 | 2 689 | 2 685 |
| Males | 1 380 | 1 400 | 1 377 | 1 385 | 1 395 | 1 392 | 1 383 | 1 383 | 1 386 | 1 392 |
| Females | 1 295 | 1 303 | 1 301 | 1 287 | 1 287 | 1 298 | 1 293 | 1 296 | 1 303 | 1 293 |
| **Unemployed, thousands** | | | | | | | | | | |
| All persons | 183 | 172 | 221 | 224 | 209 | 207 | 219 | 232 | 252 | 237 |
| Males | 90 | 85 | 122 | 126 | 117 | 115 | 122 | 129 | 137 | 126 |
| Females | 93 | 87 | 99 | 98 | 91 | 92 | 97 | 103 | 115 | 111 |
| **Employment, thousands** | | | | | | | | | | |
| All persons | 2 492 | 2 531 | 2 457 | 2 447 | 2 474 | 2 483 | 2 457 | 2 447 | 2 437 | 2 448 |
| Males | 1 290 | 1 315 | 1 255 | 1 259 | 1 278 | 1 277 | 1 261 | 1 254 | 1 249 | 1 267 |
| Females | 1 202 | 1 216 | 1 202 | 1 188 | 1 196 | 1 206 | 1 195 | 1 193 | 1 188 | 1 182 |
| **Employment (%)** | | | | | | | | | | |
| Males | 51.8 | 51.9 | 51.1 | 51.4 | 51.7 | 51.4 | 51.3 | 51.2 | 51.2 | 51.7 |
| Females | 48.2 | 48.1 | 48.9 | 48.6 | 48.3 | 48.6 | 48.7 | 48.8 | 48.8 | 48.3 |
| **Unemployment rate (% of labour force)** | | | | | | | | | | |
| All persons | 6.9 | 6.4 | 8.2 | 8.4 | 7.8 | 7.7 | 8.2 | 8.7 | 9.4 | 8.8 |
| Males | 6.5 | 6.1 | 8.9 | 9.1 | 8.4 | 8.3 | 8.8 | 9.3 | 9.9 | 9.0 |
| Females | 7.2 | 6.7 | 7.6 | 7.6 | 7.1 | 7.0 | 7.5 | 7.9 | 8.8 | 8.6 |
| **EMPLOYMENT - PROFESSIONAL STATUS, thousands** | | | | | | | | | | |
| **All activities** | **2 492** | **2 531** | **2 457** | **2 447** | **2 474** | **2 483** | **2 457** | **2 447** | **2 437** | **2 448** |
| Employees | 2 178 | 2 207 | 2 123 | 2 120 | 2 143 | 2 146 | 2 127 | 2 105 | 2 090 | 2 105 |
| Employers and persons working on own account | 300 | 311 | 321 | 314 | 319 | 325 | 319 | 331 | 335 | 331 |
| Unpaid family workers | 14 | 13 | 13 | 14 | 12 | 12 | 11 | 12 | 11 | 13 |
| **Employees as % of employment** | **87.4** | **87.2** | **86.4** | **86.6** | **86.6** | **86.4** | **86.6** | **86.0** | **85.8** | **86.0** |
| **Part-time employment (%)** | | | | | | | | | | |
| Part-time as % of employment | 11.7 | 11.5 | 12.2 | 12.5 | 12.7 | 13.0 | 13.0 | 13.3 | 13.4 | 14.0 |
| Male share of part time employment | 36.3 | 37.0 | 36.4 | 37.8 | 39.0 | 38.3 | 37.8 | 38.6 | 40.5 | 39.2 |
| Female share of part time employment | 63.7 | 63.0 | 63.6 | 62.2 | 61.0 | 61.7 | 62.2 | 61.4 | 59.5 | 60.8 |
| Male part-time as % of male employment | 8.2 | 8.2 | 8.7 | 9.2 | 9.6 | 9.7 | 9.6 | 10.0 | 10.6 | 10.6 |
| Female part-time as % of female employment | 15.5 | 15.1 | 15.9 | 16.0 | 16.0 | 16.5 | 16.7 | 16.8 | 16.4 | 17.7 |
| **Duration of unemployment (% of total unemployment)** | | | | | | | | | | |
| Less than one month | 14.0 | 15.0 | 12.7 | 12.3 | 13.6 | 13.0 | 12.3 | 11.7 | 11.8 | 12.5 |
| More than 1 month and less than 3 months | 28.1 | 33.9 | 33.1 | 28.9 | 31.0 | 31.8 | 31.9 | 30.0 | 29.3 | 28.5 |
| More than 3 months and less than 6 months | 20.0 | 19.6 | 22.6 | 19.4 | 19.7 | 19.1 | 19.8 | 20.6 | 19.3 | 18.7 |
| More than 6 months and less than 1 year | 14.9 | 13.3 | 15.0 | 15.9 | 13.1 | 14.4 | 14.8 | 14.6 | 14.5 | 13.7 |
| More than 1 year | 23.0 | 18.2 | 16.6 | 23.6 | 22.6 | 21.7 | 21.2 | 23.1 | 25.1 | 26.6 |

*Note:* Detailed metadata: http://metalinks.oecd.org/lfs/20180108/2f5a, http://metalinks.oecd.org/lfs/20180108/56a2, http://metalinks.oecd.org/lfs/20180108/7b0e and http://metalinks.oecd.org/lfs/20180108/dcdc.

*Disclaimer:* http://oe.cd/disclaimer

# FINLAND

## Table 2. Participation rates and unemployment rates by age and sex

*Annual average estimates, percentage*

| | 2007 | 2008 | 2009 | 2010 | 2011 | 2012 | 2013 | 2014 | 2015 | 2016 |
|---|---|---|---|---|---|---|---|---|---|---|
| **Participation rates** | | | | | | | | | | |
| **Males** | | | | | | | | | | |
| 15-19 | 35.5 | 34.7 | 26.0 | 29.9 | 32.3 | 31.7 | 25.8 | 32.9 | 33.1 | 32.4 |
| 20-24 | 78.0 | 79.3 | 68.5 | 73.7 | 74.7 | 74.1 | 67.4 | 72.5 | 72.6 | 71.9 |
| 25-34 | 91.0 | 92.1 | 90.8 | 90.6 | 90.3 | 89.2 | 89.3 | 88.2 | 88.8 | 88.1 |
| 35-44 | 92.5 | 93.2 | 93.3 | 92.6 | 92.9 | 92.9 | 92.2 | 92.0 | 90.9 | 91.2 |
| 45-54 | 87.5 | 88.5 | 88.7 | 88.9 | 89.4 | 89.6 | 88.8 | 88.7 | 89.1 | 89.9 |
| 55-59 | 71.4 | 74.1 | 75.0 | 76.0 | 77.5 | 76.9 | 76.4 | 77.2 | 78.6 | 80.5 |
| 60-64 | 43.4 | 44.9 | 42.0 | 44.4 | 45.6 | 47.2 | 47.7 | 46.8 | 47.8 | 50.1 |
| 15-24 | 56.3 | 56.4 | 47.2 | 52.1 | 53.7 | 53.6 | 47.8 | 54.1 | 54.1 | 53.8 |
| 25-54 | 90.3 | 91.2 | 90.8 | 90.6 | 90.8 | 90.5 | 90.0 | 89.6 | 89.6 | 89.7 |
| 55-64 | 59.2 | 60.5 | 58.9 | 60.0 | 61.4 | 61.7 | 61.6 | 61.9 | 63.1 | 65.1 |
| 65 and over | 10.3 | 10.7 | 10.0 | 11.0 | 11.9 | 12.4 | 12.5 | 13.7 | 14.5 | 13.7 |
| 15-64 | 77.4 | 78.1 | 75.8 | 76.7 | 77.5 | 77.3 | 76.0 | 77.1 | 77.4 | 77.9 |
| **Females** | | | | | | | | | | |
| 15-19 | 37.2 | 36.9 | 34.5 | 32.9 | 32.5 | 35.6 | 36.7 | 35.5 | 35.6 | 36.2 |
| 20-24 | 69.3 | 70.4 | 68.8 | 67.1 | 69.2 | 67.9 | 68.5 | 68.7 | 69.3 | 69.2 |
| 25-34 | 79.6 | 79.9 | 79.7 | 77.2 | 76.9 | 76.6 | 76.1 | 75.7 | 76.1 | 75.3 |
| 35-44 | 87.3 | 87.6 | 87.3 | 86.6 | 86.7 | 86.3 | 84.7 | 84.7 | 84.8 | 84.8 |
| 45-54 | 89.2 | 89.4 | 89.1 | 88.8 | 89.0 | 89.2 | 88.9 | 89.4 | 89.3 | 88.1 |
| 55-59 | 75.1 | 76.3 | 79.0 | 79.9 | 79.3 | 81.5 | 82.0 | 83.0 | 84.6 | 83.4 |
| 60-64 | 38.6 | 40.6 | 40.9 | 42.0 | 42.6 | 44.2 | 46.1 | 49.0 | 50.3 | 51.9 |
| 15-24 | 53.7 | 53.7 | 51.2 | 49.4 | 50.6 | 51.9 | 52.8 | 52.5 | 53.3 | 53.2 |
| 25-54 | 85.6 | 85.9 | 85.6 | 84.4 | 84.4 | 84.2 | 83.4 | 83.4 | 83.5 | 82.8 |
| 55-64 | 58.3 | 59.0 | 59.8 | 60.3 | 60.5 | 62.8 | 64.1 | 65.8 | 67.4 | 67.6 |
| 65 and over | 4.4 | 4.0 | 4.7 | 5.0 | 5.8 | 6.5 | 6.5 | 6.9 | 7.9 | 8.2 |
| 15-64 | 73.9 | 74.0 | 73.5 | 72.5 | 72.7 | 73.4 | 73.5 | 73.8 | 74.4 | 74.1 |
| **All persons** | | | | | | | | | | |
| 15-24 | 55.0 | 55.1 | 49.2 | 50.8 | 52.2 | 52.7 | 50.2 | 53.3 | 53.7 | 53.5 |
| 25-54 | 88.0 | 88.6 | 88.2 | 87.6 | 87.6 | 87.4 | 86.8 | 86.6 | 86.6 | 86.3 |
| 55-64 | 58.8 | 59.7 | 59.3 | 60.2 | 60.9 | 62.2 | 62.9 | 63.9 | 65.3 | 66.4 |
| 65 and over | 7.1 | 7.1 | 7.1 | 7.8 | 8.7 | 9.3 | 9.3 | 10.1 | 11.0 | 10.8 |
| 15-64 | 75.7 | 76.1 | 74.6 | 74.6 | 75.1 | 75.4 | 74.8 | 75.5 | 75.9 | 76.0 |
| **Unemployment rates** | | | | | | | | | | |
| **Males** | | | | | | | | | | |
| 15-19 | 23.0 | 23.3 | 36.4 | 28.0 | 24.1 | 25.0 | 34.1 | 25.5 | 27.5 | 26.6 |
| 20-24 | 10.9 | 11.5 | 20.0 | 19.0 | 17.3 | 14.7 | 19.2 | 18.6 | 20.5 | 17.0 |
| 25-34 | 5.6 | 5.1 | 8.5 | 7.9 | 7.9 | 7.6 | 7.9 | 8.6 | 9.1 | 8.4 |
| 35-44 | 3.9 | 3.7 | 5.9 | 6.7 | 6.1 | 5.8 | 6.1 | 6.8 | 6.8 | 6.5 |
| 45-54 | 5.1 | 4.1 | 6.8 | 7.7 | 6.2 | 6.5 | 6.6 | 7.3 | 7.6 | 7.5 |
| 55-59 | 8.2 | 6.7 | 7.5 | 8.2 | 8.8 | 8.4 | 7.9 | 9.2 | 9.8 | 8.7 |
| 60-64 | 4.3 | 3.8 | 6.3 | 5.7 | 5.6 | 7.6 | 7.6 | 6.9 | 8.0 | 7.4 |
| 15-24 | 14.8 | 15.3 | 24.5 | 21.6 | 19.3 | 17.7 | 23.0 | 20.6 | 22.5 | 19.6 |
| 25-54 | 4.8 | 4.3 | 7.1 | 7.4 | 6.7 | 6.6 | 6.9 | 7.6 | 7.9 | 7.5 |
| 55-64 | 6.9 | 5.7 | 7.1 | 7.3 | 7.6 | 8.1 | 7.8 | 8.3 | 9.1 | 8.2 |
| 65 and over | 0.0 | 0.0 | 0.0 | 0.0 | 0.0 | 0.0 | 0.0 | 0.0 | 0.0 | 1.4 |
| 15-64 | 6.5 | 6.0 | 9.1 | 9.2 | 8.5 | 8.3 | 9.0 | 9.4 | 10.0 | 9.2 |
| Total | 6.4 | 5.9 | 9.0 | 9.0 | 8.3 | 8.2 | 8.7 | 9.1 | 9.7 | 8.9 |
| **Females** | | | | | | | | | | |
| 15-19 | 24.1 | 25.4 | 28.1 | 29.1 | 28.3 | 28.1 | 27.6 | 27.3 | 28.3 | 29.4 |
| 20-24 | 13.0 | 11.4 | 13.9 | 13.5 | 13.6 | 12.7 | 11.7 | 13.4 | 15.7 | 13.2 |
| 25-34 | 6.7 | 6.6 | 8.0 | 7.4 | 7.0 | 7.5 | 8.2 | 8.2 | 9.7 | 8.9 |
| 35-44 | 5.9 | 5.4 | 5.2 | 6.3 | 5.0 | 5.0 | 6.3 | 5.9 | 6.6 | 7.0 |
| 45-54 | 5.0 | 4.4 | 5.4 | 5.4 | 4.8 | 4.8 | 5.2 | 5.8 | 6.5 | 6.5 |
| 55-59 | 6.6 | 6.0 | 6.5 | 5.8 | 5.2 | 5.0 | 6.3 | 5.8 | 6.9 | 6.9 |
| 60-64 | 4.5 | 3.9 | 3.7 | 5.7 | 5.7 | 4.6 | 4.5 | 7.4 | 7.4 | 6.9 |
| 15-24 | 16.8 | 16.2 | 18.8 | 18.9 | 18.4 | 18.0 | 17.2 | 18.0 | 19.6 | 18.6 |
| 25-54 | 5.8 | 5.4 | 6.1 | 6.3 | 5.5 | 5.7 | 6.4 | 6.5 | 7.5 | 7.4 |
| 55-64 | 6.0 | 5.3 | 5.5 | 5.8 | 5.4 | 4.9 | 5.6 | 6.4 | 7.1 | 6.9 |
| 65 and over | .. | 0.0 | 0.0 | 0.0 | 0.0 | 0.0 | 0.0 | 0.0 | 0.0 | 2.2 |
| 15-64 | 7.3 | 6.8 | 7.6 | 7.8 | 7.2 | 7.1 | 7.7 | 8.0 | 9.0 | 8.7 |
| Total | 7.3 | 6.7 | 7.5 | 7.7 | 7.1 | 7.0 | 7.6 | 7.9 | 8.8 | 8.6 |
| **All persons** | | | | | | | | | | |
| 15-24 | 15.7 | 15.7 | 21.6 | 20.3 | 18.9 | 17.8 | 20.0 | 19.3 | 21.1 | 19.1 |
| 25-54 | 5.3 | 4.8 | 6.6 | 6.9 | 6.2 | 6.2 | 6.7 | 7.1 | 7.7 | 7.4 |
| 55-64 | 6.5 | 5.5 | 6.3 | 6.5 | 6.5 | 6.4 | 6.7 | 7.3 | 8.0 | 7.5 |
| 65 and over | 0.0 | 0.0 | 0.0 | 0.0 | 0.0 | 0.0 | 0.0 | 0.0 | 0.0 | 1.7 |
| 15-64 | 6.9 | 6.4 | 8.4 | 8.5 | 7.9 | 7.8 | 8.3 | 8.7 | 9.5 | 8.9 |

*Note:* Detailed metadata at:http://metalinks.oecd.org/lfs/20180108/10b3
*Disclaimer:* http://oe.cd/disclaimer

## Table 3. Employment and employees: breakdown by activity - ISIC Rev. 4

*Annual average estimates*

| | | 2007 | 2008 | 2009 | 2010 | 2011 | 2012 | 2013 | 2014 | 2015 | 2016 |
|---|---|---|---|---|---|---|---|---|---|---|---|
| | **EMPLOYMENT** | | | | | | | | | | |
| | **By activity, thousands** | | | | | | | | | | |
| **A-U** | **All activities** | **2 482.0** | **2 530.9** | **2 457.3** | **2 447.5** | **2 473.7** | **2 483.2** | **2 456.7** | **2 447.3** | **2 436.8** | **2 448.1** |
| A | Agriculture, hunting and forestry | 111.1 | 113.9 | 113.3 | 108.1 | 104.2 | 102.9 | 101.1 | 103.7 | 102.6 | 94.3 |
| **B-F** | **Industry** | **639.3** | **633.5** | **586.1** | **567.6** | **566.3** | **563.4** | **558.9** | **533.4** | **527.0** | **540.6** |
| B | Mining and quarrying | 5.0 | 5.0 | 5.3 | 7.2 | 6.2 | 6.4 | 6.4 | 5.6 | 6.5 | 6.4 |
| C | Manufacturing | 423.0 | 417.3 | 379.2 | 362.0 | 359.6 | 356.7 | 350.3 | 331.5 | 328.2 | 327.2 |
| D | Electricity, gas, steam, air cond. supply | 13.0 | 14.6 | 15.9 | 14.9 | 14.4 | 14.3 | 14.0 | 14.4 | 13.3 | 17.1 |
| E | Water supply, sewerage, waste mgt, remediation | 10.0 | 10.9 | 11.0 | 11.4 | 10.0 | 10.6 | 12.7 | 13.2 | 10.8 | 11.6 |
| F | Construction | 174.0 | 185.8 | 174.8 | 172.2 | 176.2 | 175.3 | 175.6 | 168.8 | 168.3 | 178.2 |
| **G-U** | **Services** | **1 741.3** | **1 783.5** | **1 757.9** | **1 771.8** | **1 803.2** | **1 817.0** | **1 796.8** | **1 810.2** | **1 807.3** | **1 813.2** |
| G | Wholesale, retail trade, vehicle, motorcycle repair | 305.0 | 310.5 | 296.0 | 298.3 | 303.2 | 300.0 | 296.4 | 290.5 | 283.8 | 290.4 |
| H | Transportation and storage | 151.0 | 152.8 | 153.3 | 156.0 | 147.4 | 143.8 | 142.3 | 140.0 | 137.2 | 140.8 |
| I | Accommodation and food service activities | 84.0 | 88.5 | 85.1 | 82.7 | 82.8 | 86.3 | 86.5 | 85.6 | 87.3 | 85.1 |
| J | Information and communication | 95.0 | 94.8 | 93.5 | 95.0 | 99.4 | 101.2 | 100.0 | 100.5 | 105.8 | 101.1 |
| K | Financial and insurance activities | 51.0 | 51.8 | 50.8 | 49.1 | 53.6 | 51.1 | 48.7 | 50.5 | 48.8 | 51.2 |
| L | Real estate activities | 19.0 | 19.8 | 19.3 | 21.4 | 21.9 | 23.3 | 22.6 | 23.3 | 24.4 | 23.6 |
| M | Professional, scientific and technical activities | 140.0 | 151.5 | 145.9 | 149.9 | 155.0 | 161.1 | 164.1 | 168.6 | 170.5 | 162.6 |
| N | Administrative and support service activities | 109.0 | 102.0 | 98.1 | 99.7 | 97.7 | 100.5 | 96.4 | 100.7 | 107.0 | 108.9 |
| O | Public administration, defence, social security | 110.0 | 117.0 | 116.1 | 116.5 | 116.3 | 112.8 | 110.9 | 105.7 | 106.1 | 110.6 |
| P | Education | 168.0 | 165.1 | 164.3 | 174.1 | 178.8 | 175.3 | 174.8 | 180.4 | 178.7 | 173.1 |
| Q | Human health and social work activities | 370.0 | 382.0 | 388.5 | 378.9 | 395.6 | 408.7 | 399.5 | 402.5 | 404.5 | 409.2 |
| R | Arts, entertainment and recreation | 51.0 | 51.8 | 53.1 | 55.0 | 59.5 | 59.3 | 61.7 | 63.5 | 60.9 | 63.0 |
| S | Other service activities | 75.0 | 75.0 | 75.0 | 74.8 | 72.9 | 73.8 | 73.5 | 75.9 | 73.6 | 74.5 |
| T | Households as employers and own-use activities | 8.0 | 8.5 | 8.7 | 8.1 | 8.1 | 8.1 | 8.4 | 10.5 | 9.4 | 10.0 |
| U | Activities of extraterritorial organizations, bodies | 1.0 | .. | .. | .. | .. | .. | .. | .. | .. | .. |
| | **EMPLOYEES** | | | | | | | | | | |
| | **By activity, thousands** | | | | | | | | | | |
| **A-U** | **All activities** | **2 169.0** | **2 206.8** | **2 122.7** | **2 119.6** | **2 143.0** | **2 146.1** | **2 126.6** | **2 104.6** | **2 090.4** | **2 104.6** |
| A | Agriculture, hunting and forestry | 32.0 | 35.2 | 34.1 | 32.7 | 32.7 | 31.1 | 33.1 | 31.8 | 31.7 | 29.8 |
| **B-F** | **Industry** | **564.0** | **566.2** | **518.2** | **504.6** | **501.7** | **496.7** | **492.9** | **466.1** | **459.5** | **469.3** |
| B | Mining and quarrying | 4.0 | 4.4 | 4.3 | 6.4 | 5.9 | 5.8 | 5.6 | 4.7 | 5.9 | 5.8 |
| C | Manufacturing | 400.0 | 391.8 | 355.5 | 340.9 | 336.6 | 333.4 | 327.4 | 307.6 | 305.0 | 304.0 |
| D | Electricity, gas, steam, air cond. supply | 13.0 | 14.5 | 15.9 | 14.9 | 14.4 | 14.3 | 13.9 | 14.4 | 13.2 | 17.0 |
| E | Water supply, sewerage, waste mgt, remediation | 10.0 | 10.5 | 10.3 | 10.8 | 9.8 | 10.2 | 12.1 | 12.1 | 9.7 | 10.9 |
| F | Construction | 137.0 | 145.0 | 132.2 | 131.6 | 135.1 | 133.1 | 133.9 | 127.4 | 125.9 | 131.6 |
| **G-U** | **Services** | **1 573.0** | **1 605.5** | **1 570.5** | **1 582.4** | **1 608.6** | **1 618.3** | **1 600.6** | **1 606.7** | **1 599.2** | **1 605.5** |
| G | Wholesale, retail trade, vehicle, motorcycle repair | 264.0 | 271.5 | 257.2 | 257.9 | 261.9 | 260.5 | 258.8 | 251.3 | 245.2 | 254.0 |
| H | Transportation and storage | 131.0 | 132.3 | 128.9 | 130.8 | 123.5 | 119.9 | 121.0 | 119.6 | 116.2 | 120.8 |
| I | Accommodation and food service activities | 73.0 | 78.2 | 74.1 | 71.4 | 72.8 | 76.2 | 76.1 | 74.1 | 75.0 | 72.7 |
| J | Information and communication | 89.0 | 89.1 | 86.3 | 86.2 | 91.2 | 92.4 | 91.2 | 90.4 | 94.6 | 91.5 |
| K | Financial and insurance activities | 49.0 | 49.3 | 48.5 | 47.2 | 50.9 | 48.9 | 47.1 | 47.7 | 45.9 | 48.7 |
| L | Real estate activities | 16.0 | 16.9 | 16.0 | 16.9 | 18.1 | 18.6 | 18.3 | 19.6 | 19.8 | 19.4 |
| M | Professional, scientific and technical activities | 110.0 | 119.4 | 115.9 | 120.4 | 121.0 | 123.3 | 126.1 | 129.7 | 129.8 | 120.5 |
| N | Administrative and support service activities | 101.0 | 91.0 | 84.2 | 86.9 | 86.2 | 88.8 | 85.2 | 88.8 | 93.7 | 93.6 |
| O | Public administration, defence, social security | 110.0 | 116.7 | 115.9 | 116.5 | 116.3 | 112.8 | 110.9 | 105.7 | 106.1 | 110.6 |
| P | Education | 165.0 | 161.3 | 160.8 | 170.4 | 174.2 | 171.9 | 171.8 | 176.0 | 173.8 | 169.2 |
| Q | Human health and social work activities | 355.0 | 363.7 | 368.5 | 362.2 | 377.1 | 388.7 | 378.1 | 381.4 | 381.9 | 385.8 |
| R | Arts, entertainment and recreation | 41.0 | 40.2 | 41.5 | 42.6 | 45.0 | 45.7 | 45.6 | 48.0 | 47.2 | 48.5 |
| S | Other service activities | 55.0 | 56.0 | 55.2 | 53.2 | 51.9 | 51.9 | 51.8 | 53.6 | 52.6 | 52.2 |
| T | Households as employers and own-use activities | 8.0 | 8.3 | 8.5 | 7.8 | 8.0 | 8.0 | 8.3 | 10.2 | 9.3 | 9.7 |
| U | Activities of extraterritorial organizations, bodies | 1.0 | .. | .. | .. | .. | .. | .. | .. | .. | .. |

*Note:* Detailed metadata:http://metalinks.oecd.org/lfs/20180108/56a2
*Disclaimer:* http://oe.cd/disclaimer

## Table 1. Labour force

*Annual average estimates*

| | 2007 | 2008 | 2009 | 2010 | 2011 | 2012 | 2013 | 2014 | 2015 | 2016 |
|---|---|---|---|---|---|---|---|---|---|---|
| **Labour force, thousands** | | | | | | | | | | |
| All persons | 27 708 | 27 897 | 28 132 | 28 236 | 28 248 | 28 482 | 28 625 \| | 29 429 | 29 477 | 29 556 |
| Males | 14 607 | 14 679 | 14 766 | 14 808 | 14 793 | 14 916 | 14 934 \| | 15 298 | 15 312 | 15 332 |
| Females | 13 101 | 13 218 | 13 366 | 13 428 | 13 455 | 13 566 | 13 691 \| | 14 131 | 14 166 | 14 224 |
| **Unemployed, thousands** | | | | | | | | | | |
| All persons | 2 122 | 1 970 | 2 458 | 2 505 | 2 489 | 2 677 | 2 840 \| | 3 033 | 3 054 | 2 972 |
| Males | 1 062 | 987 | 1 281 | 1 287 | 1 262 | 1 408 | 1 500 \| | 1 614 | 1 654 | 1 571 |
| Females | 1 059 | 984 | 1 176 | 1 217 | 1 227 | 1 270 | 1 340 \| | 1 418 | 1 400 | 1 402 |
| **Employment, thousands** | | | | | | | | | | |
| All persons | 25 587 | 25 926 | 25 674 | 25 731 | 25 759 | 25 804 | 25 785 \| | 26 396 | 26 424 | 26 584 |
| Males | 13 545 | 13 692 | 13 485 | 13 520 | 13 531 | 13 508 | 13 434 \| | 13 684 | 13 658 | 13 761 |
| Females | 12 042 | 12 234 | 12 189 | 12 210 | 12 228 | 12 297 | 12 351 \| | 12 713 | 12 766 | 12 823 |
| **Employment (%)** | | | | | | | | | | |
| Males | 52.9 | 52.8 | 52.5 | 52.5 | 52.5 | 52.3 | 52.1 \| | 51.8 | 51.7 | 51.8 |
| Females | 47.1 | 47.2 | 47.5 | 47.5 | 47.5 | 47.7 | 47.9 \| | 48.2 | 48.3 | 48.2 |
| **Unemployment rate (% of labour force)** | | | | | | | | | | |
| All persons | 7.7 | 7.1 | 8.7 | 8.9 | 8.8 | 9.4 | 9.9 \| | 10.3 | 10.4 | 10.1 |
| Males | 7.3 | 6.7 | 8.7 | 8.7 | 8.5 | 9.4 | 10.0 \| | 10.6 | 10.8 | 10.2 |
| Females | 8.1 | 7.4 | 8.8 | 9.1 | 9.1 | 9.4 | 9.8 \| | 10.0 | 9.9 | 9.9 |
| **EMPLOYMENT - PROFESSIONAL STATUS, thousands** | | | | | | | | | | |
| **All activities** | **25 587** | **25 926** | **25 674** | **25 731** | **25 759** | **25 804** | **25 785 \|** | **26 396** | **26 424** | **26 584** |
| Employees | 22 774 | 23 186 | 22 861 | 22 770 | 22 759 | 22 846 | 22 873 \| | 23 329 | 23 353 | 23 435 |
| Employers and persons working on own account | 2 640 | 2 579 | 2 652 | 2 815 | 2 862 | 2 832 | 2 794 \| | 2 946 | 2 961 | 3 034 |
| Unpaid family workers | 170 | 159 | 159 | 142 | 133 | 121 | 113 \| | 115 | 101 | 106 |
| **Employees as % of employment** | **89.0** | **89.4** | **89.0** | **88.5** | **88.4** | **88.5** | **88.7 \|** | **88.4** | **88.4** | **88.2** |
| **Part-time employment (%)** | | | | | | | | | | |
| Part-time as % of employment | 13.3 | 13.0 | 13.5 | 13.7 | 13.7 | 13.9 | 14.0 | 14.3 | 14.4 | 14.2 |
| Male share of part time employment | 19.5 | 20.1 | 20.1 | 21.9 | 22.6 | 22.5 | 23.0 | 24.4 | 24.8 | 25.3 |
| Female share of part time employment | 80.5 | 79.9 | 79.9 | 78.1 | 77.4 | 77.5 | 77.0 | 75.6 | 75.2 | 74.7 |
| Male part-time as % of male employment | 4.9 | 4.9 | 5.1 | 5.7 | 5.9 | 6.0 | 6.2 | 6.7 | 6.9 | 7.0 |
| Female part-time as % of female employment | 22.8 | 22.1 | 22.7 | 22.5 | 22.3 | 22.6 | 22.5 | 22.5 | 22.3 | 22.0 |
| **Duration of unemployment (% of total unemployment)** | | | | | | | | | | |
| Less than one month | 4.7 | 5.3 | 4.7 | 4.1 | 4.2 | 4.4 | 4.6 | 4.6 | 4.4 | 4.7 |
| More than 1 month and less than 3 months | 20.2 | 21.5 | 19.9 | 18.6 | 18.8 | 19.1 | 17.9 | 16.7 | 16.3 | 16.4 |
| More than 3 months and less than 6 months | 17.0 | 18.1 | 19.4 | 17.3 | 16.9 | 16.9 | 17.7 | 16.9 | 16.8 | 16.4 |
| More than 6 months and less than 1 year | 18.2 | 17.8 | 20.9 | 20.0 | 19.0 | 19.3 | 19.3 | 19.1 | 19.7 | 18.0 |
| More than 1 year | 39.9 | 37.4 | 35.1 | 40.1 | 41.2 | 40.3 | 40.5 | 42.7 | 42.8 | 44.4 |

*Note:* Detailed metadata: http://metalinks.oecd.org/lfs/20180108/5619, http://metalinks.oecd.org/lfs/20180108/56a2, http://metalinks.oecd.org/lfs/20180108/7738 and http://metalinks.oecd.org/lfs/20180108/f96e.

*Disclaimer:* http://oe.cd/disclaimer

## Table 2. Participation rates and unemployment rates by age and sex

*Annual average estimates, percentage*

| | 2007 | 2008 | 2009 | 2010 | 2011 | 2012 | 2013 | 2014 | 2015 | 2016 |
|---|---|---|---|---|---|---|---|---|---|---|
| **Participation rates** | | | | | | | | | | |
| **Males** | | | | | | | | | | |
| 15-19 | 20.6 | 19.3 | 19.1 | 19.6 | 17.9 | 17.4 | 17.2 | 16.8 | 16.2 | 16.5 |
| 20-24 | 64.5 | 66.1 | 67.4 | 65.9 | 65.0 | 64.3 | 64.7 | 65.4 | 66.8 | 66.2 |
| 25-34 | 94.6 | 94.7 | 94.6 | 94.4 | 93.6 | 93.1 | 93.5 | 93.3 | 92.5 | 92.4 |
| 35-44 | 95.7 | 96.0 | 95.9 | 95.3 | 95.1 | 95.1 | 94.7 | 94.8 | 94.4 | 94.5 |
| 45-54 | 92.1 | 92.5 | 92.4 | 92.9 | 92.4 | 92.4 | 91.8 | 91.3 | 91.2 | 91.2 |
| 55-59 | 61.5 | 61.8 | 65.2 | 68.8 | 72.1 | 76.6 | 77.6 | 77.8 | 78.7 | 80.2 |
| 60-64 | 17.3 | 18.9 | 20.1 | 20.0 | 21.1 | 24.7 | 26.5 | 27.3 | 30.2 | 30.2 |
| 15-24 | 41.9 | 42.2 | 42.9 | 42.6 | 41.3 | 40.8 | 40.8 | 40.5 | 40.5 | 40.0 |
| 25-54 | 94.1 | 94.4 | 94.3 | 94.2 | 93.7 | 93.6 | 93.3 | 93.1 | 92.7 | 92.7 |
| 55-64 | 42.5 | 42.4 | 44.0 | 45.0 | 46.8 | 50.8 | 52.3 | 53.1 | 55.1 | 56.0 |
| 65 and over | 1.9 | 2.0 | 2.0 | 2.3 | 2.7 | 3.1 | 3.1 | 3.3 | 3.6 | 3.9 |
| 15-64 | 74.7 | 74.7 | 75.0 | 74.9 | 74.6 | 75.3 | 75.5 | 75.4 | 75.5 | 75.6 |
| **Females** | | | | | | | | | | |
| 15-19 | 12.4 | 12.3 | 13.1 | 12.2 | 12.2 | 11.6 | 11.8 | 11.6 | 11.0 | 11.7 |
| 20-24 | 57.4 | 57.0 | 58.6 | 57.3 | 56.0 | 55.4 | 55.6 | 56.1 | 58.2 | 58.4 |
| 25-34 | 80.8 | 81.5 | 81.3 | 81.6 | 80.9 | 80.9 | 81.7 | 80.9 | 80.2 | 80.3 |
| 35-44 | 83.6 | 84.5 | 85.0 | 84.9 | 84.7 | 85.0 | 85.0 | 85.3 | 85.2 | 84.8 |
| 45-54 | 81.4 | 82.2 | 82.8 | 83.4 | 83.1 | 83.1 | 83.5 | 83.8 | 83.5 | 84.1 |
| 55-59 | 54.7 | 56.0 | 58.8 | 60.7 | 64.4 | 67.6 | 68.6 | 70.2 | 71.2 | 72.1 |
| 60-64 | 15.2 | 14.8 | 15.6 | 17.4 | 17.9 | 20.9 | 23.1 | 26.6 | 29.0 | 30.1 |
| 15-24 | 34.9 | 34.7 | 36.2 | 35.2 | 34.5 | 34.0 | 33.9 | 33.7 | 34.2 | 34.3 |
| 25-54 | 82.0 | 82.8 | 83.1 | 83.4 | 83.0 | 83.0 | 83.5 | 83.4 | 83.0 | 83.1 |
| 55-64 | 37.6 | 37.3 | 38.5 | 39.5 | 41.2 | 44.3 | 46.0 | 48.6 | 50.4 | 51.5 |
| 65 and over | 0.9 | 1.0 | 0.9 | 1.0 | 1.4 | 1.7 | 1.7 | 1.7 | 1.9 | 2.2 |
| 15-64 | 64.9 | 65.2 | 65.7 | 65.8 | 65.7 | 66.3 | 66.9 | 67.4 | 67.6 | 67.9 |
| **All persons** | | | | | | | | | | |
| 15-24 | 38.4 | 38.5 | 39.6 | 38.9 | 37.9 | 37.4 | 37.4 | 37.1 | 37.3 | 37.2 |
| 25-54 | 87.9 | 88.5 | 88.6 | 88.7 | 88.2 | 88.2 | 88.3 | 88.2 | 87.8 | 87.8 |
| 55-64 | 40.0 | 39.8 | 41.2 | 42.2 | 43.9 | 47.4 | 49.0 | 50.7 | 52.6 | 53.7 |
| 65 and over | 1.3 | 1.4 | 1.4 | 1.5 | 1.9 | 2.3 | 2.3 | 2.4 | 2.7 | 2.9 |
| 15-64 | 69.7 | 69.9 | 70.3 | 70.3 | 70.1 | 70.7 | 71.1 | 71.4 | 71.5 | 71.7 |
| **Unemployment rates** | | | | | | | | | | |
| **Males** | | | | | | | | | | |
| 15-19 | 22.8 | 20.7 | 27.9 | 25.9 | 27.8 | 31.2 | 29.6 | 30.8 | 31.4 | 30.7 |
| 20-24 | 16.8 | 17.9 | 22.9 | 21.0 | 19.6 | 22.2 | 22.2 | 22.8 | 23.4 | 22.9 |
| 25-34 | 8.1 | 7.0 | 9.6 | 10.0 | 10.0 | 11.1 | 12.3 | 12.3 | 12.2 | 11.3 |
| 35-44 | 5.7 | 5.0 | 6.4 | 6.8 | 6.7 | 7.3 | 7.6 | 7.9 | 8.1 | 7.6 |
| 45-54 | 4.7 | 4.5 | 5.2 | 5.3 | 5.6 | 6.2 | 6.7 | 6.7 | 7.6 | 7.1 |
| 55-59 | 4.7 | 4.3 | 5.7 | 6.4 | 6.2 | 6.9 | 8.0 | 8.2 | 7.5 | 7.6 |
| 60-64 | 4.3 | 3.8 | 5.7 | 4.6 | 4.2 | 5.1 | 6.0 | 7.0 | 8.6 | 8.9 |
| 15-24 | 18.3 | 18.5 | 24.0 | 22.2 | 21.4 | 24.1 | 23.8 | 24.5 | 25.1 | 24.6 |
| 25-54 | 6.1 | 5.5 | 7.0 | 7.3 | 7.3 | 8.1 | 8.8 | 8.9 | 9.2 | 8.6 |
| 55-64 | 4.7 | 4.2 | 5.7 | 6.0 | 5.8 | 6.5 | 7.5 | 7.9 | 7.8 | 7.9 |
| 65 and over | 1.4 | 3.1 | 3.6 | 2.3 | 0.9 | 1.0 | 2.6 | 2.5 | 2.1 | 1.7 |
| 15-64 | 7.3 | 6.7 | 8.7 | 8.7 | 8.6 | 9.5 | 10.1 | 10.3 | 10.6 | 10.1 |
| Total | 7.3 | 6.7 | 8.7 | 8.7 | 8.5 | 9.4 | 10.0 | 10.2 | 10.5 | 10.0 |
| **Females** | | | | | | | | | | |
| 15-19 | 30.2 | 28.1 | 34.6 | 34.8 | 31.3 | 34.2 | 35.3 | 34.9 | 33.7 | 33.1 |
| 20-24 | 17.1 | 15.9 | 18.8 | 20.6 | 20.8 | 20.9 | 22.1 | 19.6 | 20.5 | 21.5 |
| 25-34 | 9.6 | 8.4 | 10.1 | 10.4 | 10.8 | 11.0 | 11.3 | 11.9 | 11.7 | 11.8 |
| 35-44 | 6.8 | 6.7 | 7.4 | 7.8 | 7.9 | 7.9 | 8.0 | 8.0 | 7.9 | 7.8 |
| 45-54 | 5.5 | 5.1 | 6.0 | 5.9 | 6.0 | 6.7 | 7.1 | 6.9 | 6.6 | 6.7 |
| 55-59 | 4.4 | 3.9 | 5.4 | 5.8 | 6.1 | 6.1 | 6.9 | 6.9 | 7.0 | 6.2 |
| 60-64 | 2.4 | 2.8 | 3.9 | 4.4 | 4.0 | 5.5 | 5.4 | 6.3 | 5.7 | 6.1 |
| 15-24 | 19.5 | 18.1 | 21.6 | 23.0 | 22.6 | 23.1 | 24.4 | 22.2 | 22.7 | 23.5 |
| 25-54 | 7.2 | 6.7 | 7.7 | 7.9 | 8.1 | 8.4 | 8.7 | 8.8 | 8.6 | 8.6 |
| 55-64 | 4.1 | 3.7 | 5.1 | 5.5 | 5.6 | 5.9 | 6.5 | 6.7 | 6.6 | 6.2 |
| 65 and over | 1.4 | 1.8 | 2.3 | 2.6 | 1.6 | 1.8 | 2.7 | 2.9 | 1.8 | 3.4 |
| 15-64 | 8.1 | 7.5 | 8.8 | 9.1 | 9.2 | 9.4 | 9.8 | 9.7 | 9.6 | 9.6 |
| Total | 8.1 | 7.4 | 8.8 | 9.1 | 9.1 | 9.4 | 9.8 | 9.6 | 9.5 | 9.5 |
| **All persons** | | | | | | | | | | |
| 15-24 | 18.8 | 18.3 | 22.9 | 22.6 | 21.9 | 23.7 | 24.1 | 23.5 | 24.0 | 24.1 |
| 25-54 | 6.6 | 6.0 | 7.3 | 7.6 | 7.7 | 8.2 | 8.7 | 8.8 | 8.9 | 8.6 |
| 55-64 | 4.4 | 4.0 | 5.4 | 5.8 | 5.7 | 6.2 | 7.0 | 7.3 | 7.2 | 7.1 |
| 65 and over | 1.4 | 2.6 | 3.1 | 2.4 | 1.2 | 1.3 | 2.6 | 2.7 | 2.0 | 2.4 |
| 15-64 | 7.7 | 7.1 | 8.8 | 8.9 | 8.9 | 9.5 | 10.0 | 10.0 | 10.1 | 9.8 |

*Note:* Detailed metadata at:http://metalinks.oecd.org/lfs/20180108/10b3
*Disclaimer:* http://oe.cd/disclaimer

## Table 3. Employment and employees: breakdown by activity - ISIC Rev. 4

*Annual average estimates*

| | | 2007 | 2008 | 2009 | 2010 | 2011 | 2012 | 2013 | 2014 | 2015 | 2016 |
|---|---|---|---|---|---|---|---|---|---|---|---|
| **EMPLOYMENT** | | | | | | | | | | | |
| | **By activity, thousands** | | | | | | | | | | |
| **A-U** | **All activities** | .. | **25 926.4** | **25 674.4** | **25 730.9** | **25 759.3** | **25 804.5** | **25 785.3 \|** | **26 396.4** | **26 423.7** | **26 583.8** |
| A | Agriculture, hunting and forestry | 879.9 | 706.1 | 749.0 | 744.5 | 746.3 | 749.9 | 786.5 \| | 743.6 | 716.3 | 753.6 |
| **B-F** | **Industry** | **5 942.7** | **5 993.0** | **5 789.3** | **5 688.4** | **5 676.9** | **5 590.2** | **5 449.4 \|** | **5 375.1** | **5 317.5** | **5 325.1** |
| B | Mining and quarrying | .. | .. | .. | .. | .. | 27.8 | 28.4 | 29.0 | 27.5 | 27.9 |
| C | Manufacturing | .. | 3 726.7 | 3 514.1 | 3 373.3 | 3 392.8 | 3 303.6 | 3 216.7 \| | 3 210.7 | 3 225.2 | 3 231.2 |
| D | Electricity, gas, steam, air cond. supply | .. | 153.1 | 198.6 | 214.8 | 188.2 | 204.5 | 233.5 \| | 200.0 | 176.1 | 174.5 |
| E | Water supply, sewerage, waste mgt, remediation | .. | 172.9 | 179.8 | 185.2 | 193.3 | 189.8 | 189.2 \| | 187.7 | 191.8 | 192.2 |
| F | Construction | .. | 1 921.7 | 1 875.4 | 1 899.8 | 1 888.7 | 1 864.5 | 1 781.6 \| | 1 747.7 | 1 697.0 | 1 699.4 |
| **G-U** | **Services** | **18 764.2** | **19 227.4** | **19 136.2** | **19 298.0** | **19 336.1** | **19 464.4** | **19 549.5 \|** | **20 277.7** | **20 389.9** | **20 505.1** |
| G | Wholesale, retail trade, vehicle, motorcycle repair | .. | 3 360.0 | 3 405.1 | 3 359.9 | 3 243.0 | 3 265.9 | 3 255.9 \| | 3 396.4 | 3 370.6 | 3 427.7 |
| H | Transportation and storage | .. | 1 435.7 | 1 351.1 | 1 345.5 | 1 336.6 | 1 344.0 | 1 398.5 \| | 1 430.3 | 1 475.2 | 1 462.6 |
| I | Accommodation and food service activities | .. | 889.5 | 912.3 | 970.2 | 979.5 | 981.4 | 961.3 \| | 933.8 | 994.9 | 1 021.7 |
| J | Information and communication | .. | 670.1 | 720.9 | 736.3 | 752.5 | 745.0 | 701.0 \| | 720.3 | 744.9 | 740.4 |
| K | Financial and insurance activities | .. | 829.1 | 868.3 | 860.8 | 863.3 | 841.4 | 848.8 \| | 863.3 | 878.6 | 864.8 |
| L | Real estate activities | .. | 361.8 | 306.7 | 303.1 | 315.4 | 310.6 | 373.3 \| | 423.9 | 398.9 | 359.4 |
| M | Professional, scientific and technical activities | .. | 1 267.2 | 1 270.4 | 1 276.8 | 1 391.5 | 1 402.0 | 1 411.5 \| | 1 474.2 | 1 496.6 | 1 526.4 |
| N | Administrative and support service activities | .. | 932.0 | 897.1 | 923.9 | 939.4 | 989.7 | 965.8 \| | 1 017.4 | 998.6 | 1 041.9 |
| O | Public administration, defence, social security | .. | 2 672.9 | 2 612.5 | 2 572.8 | 2 509.7 | 2 447.6 | 2 350.1 \| | 2 445.7 | 2 430.1 | 2 431.3 |
| P | Education | .. | 1 795.8 | 1 740.6 | 1 751.3 | 1 730.0 | 1 847.9 | 1 843.0 \| | 1 967.1 | 1 996.1 | 1 995.4 |
| Q | Human health and social work activities | .. | 3 197.7 | 3 266.1 | 3 368.8 | 3 403.3 | 3 474.3 | 3 631.8 \| | 3 834.5 | 3 880.2 | 3 867.8 |
| R | Arts, entertainment and recreation | .. | 348.6 | 349.9 | 344.0 | 375.6 | 366.1 | 411.0 \| | 424.4 | 441.2 | 446.0 |
| S | Other service activities | .. | 701.3 | 688.2 | 725.5 | 729.3 | 705.1 | 695.8 \| | 687.4 | 642.0 | 656.3 |
| T | Households as employers and own-use activities | .. | 607.4 | 606.8 | 603.3 | 620.3 | 606.4 | 471.8 \| | 367.7 | 297.6 | 300.3 |
| U | Activities of extraterritorial organizations, bodies | .. | .. | .. | .. | 28.9 | .. | .. | .. | .. | .. |
| **EMPLOYEES** | | | | | | | | | | | |
| | **By activity, thousands** | | | | | | | | | | |
| **A-U** | **All activities** | **23 774.9 \|** | **23 188.2** | **22 863.7** | **22 773.8** | **22 763.9** | **22 851.4** | **22 877.4 \|** | **23 333.3** | **23 360.3** | **23 442.3** |
| A | Agriculture, hunting and forestry | 242.4 \| | 242.6 | 242.4 | 246.3 | 249.2 | 265.5 | 289.6 \| | 270.7 | 264.7 | 292.0 |
| **B-F** | **Industry** | **5 087.6 \|** | .. | .. | .. | .. | **5 011.3** | **4 894.6 \|** | **4 807.1** | **4 761.8** | **4 776.8** |
| B | Mining and quarrying | 27.2 \| | .. | .. | .. | .. | 27.4 | 27.3 | 28.0 | 26.6 | 26.3 |
| C | Manufacturing | 3 266.5 \| | 3 530.3 | 3 318.9 | 3 191.3 | 3 194.6 | 3 125.3 | 3 043.5 \| | 3 036.5 | 3 069.0 | 3 085.3 |
| D | Electricity, gas, steam, air cond. supply | 164.4 \| | 152.6 | 197.5 | 213.1 | 187.6 | 204.3 | 233.0 \| | 198.2 | 175.0 | 172.6 |
| E | Water supply, sewerage, waste mgt, remediation | 167.0 \| | 169.3 | 176.5 | 179.5 | 191.0 | 184.9 | 183.9 \| | 185.6 | 187.4 | 187.1 |
| F | Construction | 1 462.5 \| | 1 570.8 | 1 489.0 | 1 484.0 | 1 498.8 | 1 469.6 | 1 407.0 \| | 1 358.9 | 1 303.9 | 1 305.6 |
| **G-U** | **Services** | **18 444.8 \|** | .. | .. | .. | .. | **17 574.5** | **17 693.3 \|** | **18 255.5** | **18 333.8** | **18 373.4** |
| G | Wholesale, retail trade, vehicle, motorcycle repair | 3 039.4 \| | 2 907.9 | 2 951.2 | 2 863.2 | 2 764.0 | 2 806.1 | 2 826.1 \| | 2 921.3 | 2 917.0 | 2 959.1 |
| H | Transportation and storage | 1 358.8 \| | 1 361.3 | 1 290.0 | 1 281.2 | 1 265.5 | 1 273.5 | 1 325.8 \| | 1 355.3 | 1 402.0 | 1 377.6 |
| I | Accommodation and food service activities | 921.2 \| | 700.0 | 728.2 | 776.3 | 803.7 | 805.0 | 783.5 \| | 755.2 | 809.0 | 840.6 |
| J | Information and communication | 678.8 \| | 616.0 | 665.4 | 668.6 | 676.2 | 674.1 | 637.0 \| | 663.5 | 672.8 | 659.3 |
| K | Financial and insurance activities | 823.0 \| | 798.9 | 838.0 | 825.3 | 829.7 | 808.0 | 804.5 \| | 815.6 | 830.8 | 819.0 |
| L | Real estate activities | 240.6 \| | 310.5 | 261.7 | 257.1 | 257.0 | 248.4 | 315.8 \| | 347.3 | 320.0 | 298.8 |
| M | Professional, scientific and technical activities | 1 205.7 \| | 1 053.8 | 1 038.5 | 1 019.3 | 1 102.7 | 1 108.8 | 1 135.1 \| | 1 174.3 | 1 184.1 | 1 192.9 |
| N | Administrative and support service activities | 1 683.9 \| | 847.1 | 816.8 | 839.0 | 851.3 | 903.6 | 884.7 \| | 928.8 | 913.0 | 940.9 |
| O | Public administration, defence, social security | 2 543.3 \| | 2 671.9 | 2 611.0 | 2 572.2 | 2 508.9 | 2 445.7 | 2 347.8 \| | 2 442.4 | 2 426.7 | 2 427.4 |
| P | Education | 1 633.5 \| | 1 760.1 | 1 702.8 | 1 711.2 | 1 682.8 | 1 790.0 | 1 781.9 \| | 1 895.4 | 1 920.7 | 1 913.1 |
| Q | Human health and social work activities | 3 041.9 \| | 2 890.0 | 2 948.0 | 3 040.8 | 3 066.0 | 3 152.0 | 3 315.8 \| | 3 475.7 | 3 508.0 | 3 489.1 |
| R | Arts, entertainment and recreation | 252.5 \| | 274.4 | 282.2 | 276.9 | 295.1 | 287.9 | 314.4 \| | 333.7 | 350.6 | 348.4 |
| S | Other service activities | 522.5 \| | 557.3 | 544.1 | 564.5 | 569.2 | 540.8 | 543.2 \| | 524.9 | 470.8 | 486.6 |
| T | Households as employers and own-use activities | 479.7 \| | 606.7 | 605.3 | 602.3 | 619.4 | 605.2 | 468.6 \| | 365.4 | 296.5 | 300.3 |
| U | Activities of extraterritorial organizations, bodies | 19.9 \| | .. | .. | .. | 28.9 | .. | .. | .. | .. | .. |

*Note:* Detailed metadata:http://metalinks.oecd.org/lfs/20180108/56a2
*Disclaimer:* http://oe.cd/disclaimer

# GERMANY

## Table 1. Labour force

*Annual average estimates*

| | 2007 | 2008 | 2009 | 2010 | 2011 | 2012 | 2013 | 2014 | 2015 | 2016 |
|---|---|---|---|---|---|---|---|---|---|---|
| **Labour force, thousands** | | | | | | | | | | |
| All persons | 41 590 | 41 677 | 41 699 \| | 40 838 \| | 41 186 | 41 351 | 41 713 | 41 961 | 42 160 | 43 041 |
| Males | 22 683 | 22 719 | 22 652 \| | 22 047 \| | 22 137 | 22 255 | 22 374 | 22 490 | 22 577 | 23 092 |
| Females | 18 906 | 18 959 | 19 048 \| | 18 791 \| | 19 049 | 19 096 | 19 339 | 19 472 | 19 583 | 19 949 |
| **Unemployed, thousands** | | | | | | | | | | |
| All persons | 3 601 | 3 136 | 3 228 \| | 2 845 \| | 2 399 | 2 224 | 2 182 | 2 090 | 1 950 | 1 774 |
| Males | 1 938 | 1 686 | 1 836 \| | 1 624 \| | 1 336 | 1 236 | 1 231 | 1 188 | 1 123 | 1 028 |
| Females | 1 663 | 1 450 | 1 393 \| | 1 221 \| | 1 063 | 989 | 951 | 902 | 827 | 746 |
| **Employment, thousands** | | | | | | | | | | |
| All persons | 37 989 | 38 541 | 38 471 \| | 37 993 \| | 38 787 | 39 126 | 39 531 | 39 871 | 40 211 | 41 267 |
| Males | 20 745 | 21 033 | 20 816 \| | 20 423 \| | 20 802 | 21 019 | 21 143 | 21 301 | 21 454 | 22 065 |
| Females | 17 244 | 17 509 | 17 655 \| | 17 570 \| | 17 986 | 18 108 | 18 389 | 18 570 | 18 757 | 19 203 |
| **Employment (%)** | | | | | | | | | | |
| Males | 54.6 | 54.6 | 54.1 \| | 53.8 \| | 53.6 | 53.7 | 53.5 | 53.4 | 53.4 | 53.5 |
| Females | 45.4 | 45.4 | 45.9 \| | 46.2 \| | 46.4 | 46.3 | 46.5 | 46.6 | 46.6 | 46.5 |
| **Unemployment rate (% of labour force)** | | | | | | | | | | |
| All persons | 8.7 | 7.5 | 7.7 \| | 7.0 \| | 5.8 | 5.4 | 5.2 | 5.0 | 4.6 | 4.1 |
| Males | 8.5 | 7.4 | 8.1 \| | 7.4 \| | 6.0 | 5.6 | 5.5 | 5.3 | 5.0 | 4.5 |
| Females | 8.8 | 7.7 | 7.3 \| | 6.5 \| | 5.6 | 5.2 | 4.9 | 4.6 | 4.2 | 3.7 |
| **EMPLOYMENT - PROFESSIONAL STATUS, thousands** | | | | | | | | | | |
| **All activities** | **37 989** | **38 541** | **38 471 \|** | **37 993 \|** | **38 787** | **39 126** | **39 531** | **39 871** | **40 211** | **41 267** |
| Employees | 33 414 | 34 026 | 33 985 \| | 33 569 \| | 34 227 | 34 556 | 35 053 | 35 442 | 35 819 | 36 892 |
| Employers and persons working on own account | 4 160 | 4 143 | 4 215 \| | 4 180 \| | 4 295 | 4 317 | 4 237 | 4 192 | 4 164 | 4 145 |
| Unpaid family workers | 396 | 349 | 244 \| | 217 \| | 230 | 211 | 189 | 176 | 160 | 157 |
| **Employees as % of employment** | **88.0** | **88.3** | **88.3 \|** | **88.4 \|** | **88.2** | **88.3** | **88.7** | **88.9** | **89.1** | **89.4** |
| **Part-time employment (%)** | | | | | | | | | | |
| Part-time as % of employment | 22.0 | 21.8 | 21.9 | 21.8 | 22.3 | 22.2 | 22.6 | 22.3 | 22.4 | 22.1 |
| Male share of part time employment | 19.3 | 19.7 | 19.6 | 19.1 | 20.3 | 20.8 | 21.4 | 21.9 | 22.1 | 21.9 |
| Female share of part time employment | 80.7 | 80.3 | 80.4 | 80.9 | 79.7 | 79.2 | 78.6 | 78.1 | 77.9 | 78.1 |
| Male part-time as % of male employment | 7.8 | 7.9 | 7.9 | 7.8 | 8.4 | 8.6 | 9.0 | 9.1 | 9.3 | 9.1 |
| Female part-time as % of female employment | 39.1 | 38.5 | 38.3 | 38.2 | 38.3 | 38.0 | 38.1 | 37.5 | 37.4 | 36.9 |
| **Duration of unemployment (% of total unemployment)** | | | | | | | | | | |
| Less than one month | 6.3 | 6.8 | 7.7 | 7.6 | 9.2 | 9.9 | 9.4 | 9.9 | 10.4 | 11.9 |
| More than 1 month and less than 3 months | 12.6 | 13.8 | 15.6 | 14.7 | 15.1 | 15.9 | 16.0 | 16.3 | 15.8 | 17.6 |
| More than 3 months and less than 6 months | 11.4 | 12.9 | 14.9 | 14.3 | 13.1 | 14.2 | 14.4 | 14.2 | 14.4 | 14.7 |
| More than 6 months and less than 1 year | 13.2 | 14.0 | 16.3 | 16.1 | 14.7 | 14.5 | 15.6 | 15.3 | 15.4 | 14.7 |
| More than 1 year | 56.6 | 52.5 | 45.5 | 47.3 | 47.9 | 45.4 | 44.7 | 44.3 | 44.0 | 41.2 |

*Note:* Detailed metadata: http://metalinks.oecd.org/lfs/20180108/2e27, http://metalinks.oecd.org/lfs/20180108/56a2, http://metalinks.oecd.org/lfs/20180108/e46a and http://metalinks.oecd.org/lfs/20180108/4808.

*Disclaimer:* http://oe.cd/disclaimer

# GERMANY

## Table 2. Participation rates and unemployment rates by age and sex

*Annual average estimates, percentage*

| | 2007 | 2008 | 2009 | 2010 | 2011 | 2012 | 2013 | 2014 | 2015 | 2016 |
|---|---|---|---|---|---|---|---|---|---|---|
| **Participation rates** | | | | | | | | | | |
| **Males** | | | | | | | | | | |
| 15-19 | 35.0 | 35.7 | 34.7 | 33.6 | 33.1 | 31.0 | 31.2 | 30.9 | 29.4 | 31.2 |
| 20-24 | 74.7 | 74.9 | 74.3 | 73.2 | 73.9 | 72.1 | 71.8 | 70.9 | 70.3 | 69.8 |
| 25-34 | 91.0 | 90.7 | 90.6 | 90.7 | 90.8 | 90.8 | 90.6 | 90.2 | 90.0 | 89.2 |
| 35-44 | 96.2 | 96.0 | 95.6 | 95.6 | 95.5 | 95.4 | 95.2 | 95.0 | 94.5 | 93.9 |
| 45-54 | 93.2 | 92.9 | 92.8 | 92.6 | 93.0 | 92.9 | 92.8 | 92.5 | 92.8 | 92.8 |
| 55-59 | 82.9 | 83.6 | 84.1 | 84.8 | 85.6 | 85.7 | 85.9 | 86.3 | 86.1 | 87.4 |
| 60-64 | 45.3 | 46.8 | 50.8 | 53.7 | 56.2 | 58.9 | 61.8 | 63.3 | 62.7 | 64.6 |
| 15-24 | 54.9 | 55.6 | 55.2 | 54.7 | 55.2 | 53.2 | 52.9 | 52.1 | 50.5 | 51.0 |
| 25-54 | 93.8 | 93.5 | 93.2 | 93.1 | 93.2 | 93.1 | 92.9 | 92.6 | 92.5 | 92.0 |
| 55-64 | 65.8 | 67.2 | 69.3 | 70.7 | 71.8 | 73.1 | 74.5 | 75.5 | 75.3 | 76.9 |
| 65 and over | 5.3 | 5.7 | 5.9 | 5.7 | 6.6 | 7.1 | 7.7 | 8.2 | 8.6 | 9.3 |
| 15-64 | 81.8 | 82.1 | 82.2 | 82.4 | 82.7 | 82.5 | 82.6 | 82.5 | 82.1 | 82.2 |
| **Females** | | | | | | | | | | |
| 15-19 | 29.8 | 29.3 | 28.3 | 27.3 | 28.1 | 25.9 | 26.9 | 25.8 | 25.8 | 26.7 |
| 20-24 | 67.7 | 68.6 | 67.9 | 67.3 | 68.2 | 66.8 | 67.5 | 67.2 | 66.5 | 66.6 |
| 25-34 | 76.7 | 76.3 | 77.7 | 77.9 | 79.4 | 79.2 | 79.6 | 79.6 | 79.7 | 79.4 |
| 35-44 | 82.3 | 82.1 | 82.3 | 82.4 | 83.0 | 83.2 | 82.9 | 82.8 | 82.8 | 82.8 |
| 45-54 | 81.8 | 82.0 | 82.3 | 82.9 | 83.4 | 83.8 | 84.1 | 84.3 | 84.5 | 85.2 |
| 55-59 | 66.9 | 67.7 | 68.9 | 70.3 | 72.6 | 73.5 | 75.0 | 75.8 | 76.2 | 77.3 |
| 60-64 | 27.4 | 29.4 | 32.9 | 35.5 | 38.9 | 41.2 | 45.5 | 48.8 | 50.2 | 52.9 |
| 15-24 | 49.0 | 49.5 | 49.2 | 48.9 | 50.0 | 48.0 | 48.7 | 47.7 | 47.1 | 47.4 |
| 25-54 | 80.6 | 80.5 | 81.0 | 81.3 | 82.1 | 82.2 | 82.4 | 82.4 | 82.5 | 82.7 |
| 55-64 | 48.9 | 50.6 | 52.9 | 54.5 | 56.8 | 58.2 | 60.8 | 62.9 | 63.8 | 65.9 |
| 65 and over | 2.5 | 2.6 | 2.7 | 2.8 | 3.1 | 3.3 | 3.6 | 3.9 | 4.1 | 4.4 |
| 15-64 | 69.4 | 69.7 | 70.4 | 70.8 | 71.9 | 71.9 | 72.6 | 72.9 | 73.1 | 73.6 |
| **All persons** | | | | | | | | | | |
| 15-24 | 52.0 | 52.7 | 52.3 | 51.8 | 52.6 | 50.7 | 50.8 | 50.0 | 48.8 | 49.3 |
| 25-54 | 87.2 | 87.0 | 87.2 | 87.3 | 87.7 | 87.7 | 87.7 | 87.6 | 87.6 | 87.4 |
| 55-64 | 57.2 | 58.7 | 61.0 | 62.5 | 64.1 | 65.4 | 67.5 | 69.1 | 69.4 | 71.3 |
| 65 and over | 3.7 | 4.0 | 4.1 | 4.0 | 4.6 | 5.0 | 5.4 | 5.8 | 6.1 | 6.6 |
| 15-64 | 75.6 | 75.9 | 76.4 | 76.6 | 77.3 | 77.2 | 77.6 | 77.7 | 77.6 | 78.0 |
| **Unemployment rates** | | | | | | | | | | |
| **Males** | | | | | | | | | | |
| 15-19 | 12.6 | 10.6 | 10.7 | 10.4 | 9.7 | 9.0 | 8.8 | 9.0 | 7.8 | 8.1 |
| 20-24 | 12.0 | 10.7 | 12.5 | 10.5 | 8.8 | 8.5 | 8.4 | 8.1 | 7.9 | 7.7 |
| 25-34 | 9.3 | 8.2 | 9.7 | 8.7 | 7.0 | 6.4 | 6.6 | 6.3 | 6.1 | 5.5 |
| 35-44 | 7.0 | 6.1 | 6.7 | 6.5 | 5.0 | 4.7 | 4.5 | 4.5 | 4.3 | 4.1 |
| 45-54 | 7.7 | 6.6 | 7.1 | 6.4 | 5.1 | 4.5 | 4.4 | 4.3 | 3.9 | 3.3 |
| 55-59 | 10.0 | 8.3 | 8.1 | 7.9 | 6.3 | 5.7 | 5.8 | 5.1 | 4.9 | 3.7 |
| 60-64 | 9.0 | 7.7 | 7.5 | 8.3 | 6.8 | 6.8 | 6.5 | 6.2 | 5.7 | 4.8 |
| 15-24 | 12.2 | 10.7 | 12.0 | 10.4 | 9.1 | 8.6 | 8.5 | 8.4 | 7.9 | 7.8 |
| 25-54 | 7.8 | 6.9 | 7.6 | 7.1 | 5.6 | 5.1 | 5.1 | 5.0 | 4.7 | 4.2 |
| 55-64 | 9.7 | 8.1 | 8.0 | 8.1 | 6.5 | 6.1 | 6.1 | 5.5 | 5.2 | 4.1 |
| 65 and over | 1.1 | 1.0 | 1.2 | 0.7 | 0.9 | 0.8 | 0.9 | 0.8 | 0.8 | 0.0 |
| 15-64 | 8.6 | 7.5 | 8.2 | 7.6 | 6.1 | 5.7 | 5.6 | 5.4 | 5.1 | 4.5 |
| Total | 8.5 | 7.4 | 8.1 | 7.5 | 6.0 | 5.5 | 5.5 | 5.3 | 5.0 | 4.4 |
| **Females** | | | | | | | | | | |
| 15-19 | 13.0 | 11.4 | 11.9 | 10.9 | 10.1 | 9.0 | 7.9 | 8.4 | 8.0 | 7.7 |
| 20-24 | 10.3 | 9.5 | 9.1 | 8.1 | 7.0 | 6.7 | 6.8 | 6.6 | 5.9 | 5.5 |
| 25-34 | 8.9 | 7.8 | 7.6 | 7.0 | 5.9 | 5.5 | 5.6 | 5.2 | 4.7 | 4.4 |
| 35-44 | 7.6 | 6.8 | 6.6 | 5.8 | 4.9 | 4.7 | 4.3 | 4.2 | 3.9 | 3.5 |
| 45-54 | 8.2 | 7.1 | 6.7 | 5.9 | 4.8 | 4.5 | 4.2 | 3.9 | 3.6 | 2.9 |
| 55-59 | 11.9 | 9.5 | 8.3 | 7.4 | 6.4 | 5.4 | 4.8 | 4.2 | 3.9 | 3.3 |
| 60-64 | 9.3 | 7.4 | 7.4 | 7.0 | 6.2 | 5.8 | 6.0 | 5.4 | 4.5 | 4.0 |
| 15-24 | 11.1 | 10.0 | 9.8 | 8.8 | 7.8 | 7.3 | 7.1 | 7.1 | 6.5 | 6.1 |
| 25-54 | 8.1 | 7.2 | 6.9 | 6.2 | 5.2 | 4.9 | 4.6 | 4.4 | 4.0 | 3.5 |
| 55-64 | 11.2 | 8.9 | 8.0 | 7.3 | 6.3 | 5.5 | 5.2 | 4.6 | 4.1 | 3.6 |
| 65 and over | 0.9 | 0.8 | 0.8 | 0.8 | 0.7 | 1.3 | 0.9 | 0.6 | 0.8 | 0.0 |
| 15-64 | 8.9 | 7.7 | 7.4 | 6.6 | 5.7 | 5.2 | 5.0 | 4.7 | 4.3 | 3.8 |
| Total | 8.8 | 7.7 | 7.3 | 6.6 | 5.6 | 5.2 | 4.9 | 4.6 | 4.2 | 3.7 |
| **All persons** | | | | | | | | | | |
| 15-24 | 11.7 | 10.4 | 11.0 | 9.7 | 8.5 | 8.0 | 7.8 | 7.8 | 7.2 | 7.0 |
| 25-54 | 8.0 | 7.0 | 7.3 | 6.6 | 5.4 | 5.0 | 4.9 | 4.7 | 4.4 | 3.9 |
| 55-64 | 10.3 | 8.5 | 8.0 | 7.7 | 6.4 | 5.9 | 5.7 | 5.1 | 4.7 | 3.9 |
| 65 and over | 1.0 | 0.9 | 1.0 | 0.7 | 0.8 | 1.0 | 0.9 | 0.7 | 0.8 | 0.0 |
| 15-64 | 8.7 | 7.6 | 7.8 | 7.2 | 5.9 | 5.5 | 5.3 | 5.1 | 4.7 | 4.2 |

*Note:* Detailed metadata at:http://metalinks.oecd.org/lfs/20180108/10b3
*Disclaimer:* http://oe.cd/disclaimer

## Table 3. Employment and employees: breakdown by activity - ISIC Rev. 4

*Annual average estimates*

| | | 2007 | 2008 | 2009 | 2010 | 2011 | 2012 | 2013 | 2014 | 2015 | 2016 |
|---|---|---|---|---|---|---|---|---|---|---|---|
| | **EMPLOYMENT** | | | | | | | | | | |
| | **By activity, thousands** | | | | | | | | | | |
| **A-U** | **All activities** | .. | **38 541.5** | **38 471.1 \|** | **37 993.4 \|** | **38 787.2** | **39 126.5** | **39 531.4** | **39 871.3** | **40 210.9** | **41 267.3** |
| A | Agriculture, hunting and forestry | 858.0 | 687.9 | 647.2 \| | 625.9 \| | 637.9 | 610.6 | 571.8 | 569.6 | 560.5 | 539.9 |
| **B-F** | **Industry** | **11 357.2** | **11 309.2** | **11 078.3 \|** | **10 755.7 \|** | **10 952.1** | **11 031.0** | **10 980.9** | **11 184.5** | **11 134.1** | **11 299.8** |
| B | Mining and quarrying | .. | 108.3 | 103.9 \| | 93.5 \| | 96.8 | 93.3 | 83.5 | 87.9 | 82.3 | 84.8 |
| C | Manufacturing | .. | 8 106.7 | 7 848.0 \| | 7 580.2 \| | 7 694.4 | 7 717.6 | 7 648.4 | 7 808.3 | 7 759.4 | 7 903.8 |
| D | Electricity, gas, steam, air cond. supply | .. | 307.5 | 335.4 \| | 345.2 \| | 362.1 | 376.9 | 353.9 | 335.7 | 341.1 | 322.9 |
| E | Water supply, sewerage, waste mgt, remediation | .. | 223.1 | 225.0 \| | 207.1 \| | 222.1 | 219.8 | 210.0 | 220.9 | 227.0 | 229.4 |
| F | Construction | .. | 2 563.6 | 2 566.0 \| | 2 529.8 \| | 2 576.8 | 2 623.6 | 2 685.2 | 2 731.8 | 2 724.2 | 2 759.0 |
| **G-U** | **Services** | **25 773.5** | **26 544.4** | **26 745.6 \|** | **26 611.7 \|** | **27 197.2** | **27 484.9** | **27 978.7** | **28 117.3** | **28 516.3** | **29 427.7** |
| G | Wholesale, retail trade, vehicle, motorcycle repair | .. | 5 218.5 | 5 196.8 \| | 5 162.1 \| | 5 232.0 | 5 214.5 | 5 679.5 | 5 613.0 | 5 671.0 | 5 822.6 |
| H | Transportation and storage | .. | 1 842.3 | 1 820.4 \| | 1 780.7 \| | 1 834.5 | 1 869.9 | 1 913.2 | 1 924.5 | 1 958.4 | 2 017.3 |
| I | Accommodation and food service activities | .. | 1 457.0 | 1 488.7 \| | 1 423.8 \| | 1 472.5 | 1 504.9 | 1 509.0 | 1 527.5 | 1 548.7 | 1 578.8 |
| J | Information and communication | .. | 1 229.6 | 1 224.6 \| | 1 212.1 \| | 1 237.8 | 1 280.4 | 1 152.9 | 1 164.2 | 1 199.2 | 1 259.6 |
| K | Financial and insurance activities | .. | 1 312.8 | 1 322.5 \| | 1 305.5 \| | 1 289.2 | 1 290.8 | 1 278.5 | 1 274.4 | 1 248.0 | 1 300.3 |
| L | Real estate activities | .. | 224.3 | 276.3 \| | 262.3 \| | 269.2 | 271.4 | 221.9 | 195.5 | 213.5 | 216.3 |
| M | Professional, scientific and technical activities | .. | 1 837.0 | 1 904.0 \| | 1 893.9 \| | 2 007.5 | 1 986.9 | 2 140.6 | 2 166.7 | 2 223.2 | 2 344.5 |
| N | Administrative and support service activities | .. | 1 855.0 | 1 935.0 \| | 1 976.1 \| | 2 038.5 | 2 066.6 | 1 928.2 | 1 954.1 | 2 021.7 | 2 063.9 |
| O | Public administration, defence, social security | .. | 2 761.9 | 2 771.8 \| | 2 778.7 \| | 2 744.9 | 2 759.0 | 2 787.1 | 2 797.1 | 2 757.6 | 2 881.9 |
| P | Education | .. | 2 341.6 | 2 370.2 \| | 2 335.4 \| | 2 419.3 | 2 472.9 | 2 546.5 | 2 594.9 | 2 637.9 | 2 688.4 |
| Q | Human health and social work activities | .. | 4 363.4 | 4 526.9 \| | 4 612.8 \| | 4 766.5 | 4 872.9 | 4 857.5 | 4 970.0 | 5 106.3 | 5 283.0 |
| R | Arts, entertainment and recreation | .. | 531.9 | 536.4 \| | 537.5 \| | 529.1 | 551.0 | 533.1 | 536.9 | 560.6 | 558.4 |
| S | Other service activities | .. | 1 320.4 | 1 140.0 \| | 1 096.3 \| | 1 108.1 | 1 100.8 | 1 175.4 | 1 147.7 | 1 134.6 | 1 167.4 |
| T | Households as employers and own-use activities | .. | 216.2 | 203.2 \| | 204.3 \| | 221.7 | 217.2 | 235.6 | 230.6 | 217.4 | 226.7 |
| U | Activities of extraterritorial organizations, bodies | .. | 32.7 | 28.9 \| | 30.4 \| | 26.6 | .. | .. | .. | .. | .. |
| | **EMPLOYEES** | | | | | | | | | | |
| | **By activity, thousands** | | | | | | | | | | |
| **A-U** | **All activities** | .. | **34 049.5** | **34 012.0 \|** | **33 597.0** | **34 262.3** | **34 598.5** | **35 105.4** | **35 503.1** | **35 887.0** | **36 965.4** |
| A | Agriculture, hunting and forestry | .. | 316.6 | 290.8 \| | 285.3 | 290.3 | 281.9 | 270.9 | 271.7 | 281.7 | 284.4 |
| **B-F** | **Industry** | .. | **10 463.7** | **10 261.0 \|** | **9 942.9** | **10 129.1** | **10 181.7** | **10 136.6** | **10 354.6** | **10 328.1** | **10 492.3** |
| B | Mining and quarrying | .. | 105.8 | 102.0 \| | 91.6 | 95.1 | 91.7 | 81.8 | 85.9 | 80.5 | 82.5 |
| C | Manufacturing | .. | 7 756.4 | 7 525.7 \| | 7 260.7 | 7 380.0 | 7 395.9 | 7 326.6 | 7 498.2 | 7 457.5 | 7 598.2 |
| D | Electricity, gas, steam, air cond. supply | .. | 302.2 | 328.6 \| | 337.7 | 354.5 | 365.0 | 346.0 | 328.3 | 333.1 | 315.7 |
| E | Water supply, sewerage, waste mgt, remediation | .. | 214.1 | 218.7 \| | 199.2 | 212.1 | 209.5 | 201.7 | 212.2 | 218.1 | 220.7 |
| F | Construction | .. | 2 085.2 | 2 086.1 \| | 2 053.8 | 2 087.4 | 2 119.6 | 2 180.7 | 2 230.0 | 2 238.9 | 2 275.3 |
| **G-U** | **Services** | .. | **23 269.3** | **23 460.2 \|** | **23 368.8** | **23 842.9** | **24 134.9** | **24 698.0** | **24 876.8** | **25 277.2** | **26 188.7** |
| G | Wholesale, retail trade, vehicle, motorcycle repair | .. | 4 545.8 | 4 542.5 \| | 4 533.0 | 4 610.6 | 4 604.4 | 5 071.3 | 5 028.1 | 5 107.4 | 5 255.7 |
| H | Transportation and storage | .. | 1 711.5 | 1 702.0 \| | 1 665.7 | 1 716.2 | 1 753.7 | 1 800.5 | 1 817.0 | 1 851.2 | 1 919.1 |
| I | Accommodation and food service activities | .. | 1 171.2 | 1 221.7 \| | 1 174.6 | 1 219.0 | 1 254.9 | 1 270.1 | 1 286.9 | 1 311.5 | 1 353.2 |
| J | Information and communication | .. | 1 035.5 | 1 031.9 \| | 1 023.7 | 1 039.9 | 1 073.7 | 964.1 | 980.1 | 1 015.4 | 1 077.9 |
| K | Financial and insurance activities | .. | 1 159.9 | 1 164.0 \| | 1 153.9 | 1 142.3 | 1 148.6 | 1 141.6 | 1 132.8 | 1 105.8 | 1 153.4 |
| L | Real estate activities | .. | 174.3 | 209.5 \| | 199.6 | 197.4 | 201.6 | 164.2 | 140.9 | 156.9 | 164.9 |
| M | Professional, scientific and technical activities | .. | 1 343.4 | 1 341.0 \| | 1 310.6 | 1 387.8 | 1 373.9 | 1 540.4 | 1 571.0 | 1 632.7 | 1 743.5 |
| N | Administrative and support service activities | .. | 1 585.6 | 1 684.9 \| | 1 728.7 | 1 778.0 | 1 808.0 | 1 653.6 | 1 695.5 | 1 750.8 | 1 798.8 |
| O | Public administration, defence, social security | .. | 2 761.9 | 2 771.8 \| | 2 778.7 | 2 744.9 | 2 759.0 | 2 786.6 | 2 796.9 | 2 757.6 | 2 881.9 |
| P | Education | .. | 2 178.7 | 2 210.4 \| | 2 184.2 | 2 248.4 | 2 294.6 | 2 367.8 | 2 412.3 | 2 449.3 | 2 493.4 |
| Q | Human health and social work activities | .. | 3 959.9 | 4 106.6 \| | 4 188.7 | 4 324.7 | 4 428.5 | 4 432.1 | 4 528.0 | 4 649.1 | 4 826.6 |
| R | Arts, entertainment and recreation | .. | 363.0 | 360.7 \| | 356.2 | 346.0 | 359.3 | 358.2 | 359.7 | 371.5 | 380.2 |
| S | Other service activities | .. | 1 049.6 | 895.6 \| | 852.4 | 857.4 | 850.7 | 911.9 | 896.3 | 898.1 | 910.5 |
| T | Households as employers and own-use activities | .. | 196.7 | 188.9 \| | 188.4 | 204.0 | 198.2 | 215.7 | 210.9 | 202.0 | 211.0 |
| U | Activities of extraterritorial organizations, bodies | .. | 32.7 | 28.9 \| | 30.4 | 26.6 | .. | .. | .. | .. | .. |

*Note:* Detailed metadata:http://metalinks.oecd.org/lfs/20180108/56a2
*Disclaimer:* http://oe.cd/disclaimer

# GREECE

## Table 1. Labour force

*Annual average estimates*

| | 2007 | 2008 | 2009 | 2010 | 2011 | 2012 | 2013 | 2014 | 2015 | 2016 |
|---|---|---|---|---|---|---|---|---|---|---|
| **Labour force, thousands** | | | | | | | | | | |
| All persons | 4 982 | 4 998 \| | 5 041 | 5 029 | 4 936 | 4 890 | 4 844 | 4 811 | 4 808 | 4 805 |
| Males | 2 931 | 2 937 \| | 2 926 | 2 891 | 2 816 | 2 763 | 2 735 | 2 691 | 2 665 | 2 657 |
| Females | 2 051 | 2 061 \| | 2 115 | 2 138 | 2 120 | 2 127 | 2 109 | 2 120 | 2 143 | 2 148 |
| **Unemployed, thousands** | | | | | | | | | | |
| All persons | 418 | 388 \| | 485 | 639 | 882 | 1 195 | 1 330 | 1 274 | 1 197 | 1 131 |
| Males | 154 | 151 \| | 204 | 290 | 426 | 595 | 669 | 635 | 579 | 528 |
| Females | 265 | 237 \| | 281 | 349 | 456 | 600 | 661 | 639 | 618 | 603 |
| **Employment, thousands** | | | | | | | | | | |
| All persons | 4 564 | 4 610 \| | 4 556 | 4 390 | 4 054 | 3 695 | 3 513 | 3 536 | 3 611 | 3 674 |
| Males | 2 777 | 2 787 \| | 2 722 | 2 601 | 2 390 | 2 168 | 2 065 | 2 056 | 2 086 | 2 129 |
| Females | 1 787 | 1 824 \| | 1 834 | 1 789 | 1 664 | 1 527 | 1 448 | 1 480 | 1 524 | 1 544 |
| **Employment (%)** | | | | | | | | | | |
| Males | 60.9 | 60.4 \| | 59.8 | 59.2 | 59.0 | 58.7 | 58.8 | 58.1 | 57.8 | 58.0 |
| Females | 39.1 | 39.6 \| | 40.2 | 40.8 | 41.0 | 41.3 | 41.2 | 41.9 | 42.2 | 42.0 |
| **Unemployment rate (% of labour force)** | | | | | | | | | | |
| All persons | 8.4 | 7.8 \| | 9.6 | 12.7 | 17.9 | 24.4 | 27.5 | 26.5 | 24.9 | 23.5 |
| Males | 5.2 | 5.1 \| | 7.0 | 10.0 | 15.1 | 21.5 | 24.5 | 23.6 | 21.7 | 19.9 |
| Females | 12.9 | 11.5 \| | 13.3 | 16.3 | 21.5 | 28.2 | 31.3 | 30.2 | 28.9 | 28.1 |
| **EMPLOYMENT - PROFESSIONAL STATUS, thousands** | | | | | | | | | | |
| **All activities** | **4 564** | **4 610 \|** | **4 556** | **4 390** | **4 054** | **3 695** | **3 513** | **3 536** | **3 611** | **3 674** |
| Employees | 2 951 | 2 996 \| | 2 949 | 2 826 | 2 586 | 2 340 | 2 213 | 2 263 | 2 348 | 2 421 |
| Employers and persons working on own account | 1 323 | 1 343 \| | 1 341 | 1 314 | 1 246 | 1 169 | 1 128 | 1 106 | 1 104 | 1 109 |
| Unpaid family workers | 290 | 271 \| | 266 | 249 | 222 | 185 | 172 | 166 | 158 | 144 |
| **Employees as % of employment** | **64.6** | **65.0 \|** | **64.7** | **64.4** | **63.8** | **63.3** | **63.0** | **64.0** | **65.0** | **65.9** |
| **Part-time employment (%)** | | | | | | | | | | |
| Part-time as % of employment | 7.7 | 7.9 | 8.5 | 8.9 | 9.1 | 9.8 | 10.3 | 11.2 | 11.1 | 11.0 |
| Male share of part time employment | 32.3 | 32.3 | 32.0 | 33.7 | 36.6 | 36.3 | 37.7 | 39.2 | 38.1 | 38.1 |
| Female share of part time employment | 67.7 | 67.7 | 68.0 | 66.3 | 63.4 | 63.7 | 62.3 | 60.8 | 61.9 | 61.9 |
| Male part-time as % of male employment | 4.1 | 4.2 | 4.6 | 5.1 | 5.6 | 6.1 | 6.6 | 7.5 | 7.3 | 7.2 |
| Female part-time as % of female employment | 13.3 | 13.6 | 14.4 | 14.5 | 14.0 | 15.1 | 15.6 | 16.2 | 16.3 | 16.1 |
| **Duration of unemployment (% of total unemployment)** | | | | | | | | | | |
| Less than one month | 5.6 | 6.6 | 7.2 | 6.4 | 5.1 | 4.0 | 3.1 | 2.5 | 2.8 | 2.8 |
| More than 1 month and less than 3 months | 13.7 | 15.6 | 17.8 | 15.3 | 13.5 | 9.7 | 6.9 | 6.1 | 5.9 | 6.1 |
| More than 3 months and less than 6 months | 14.9 | 14.7 | 16.6 | 15.8 | 14.4 | 11.7 | 9.2 | 7.5 | 7.2 | 8.0 |
| More than 6 months and less than 1 year | 16.0 | 15.9 | 18.0 | 17.9 | 17.7 | 15.5 | 13.7 | 10.3 | 10.9 | 11.1 |
| More than 1 year | 49.7 | 47.1 | 40.4 | 44.6 | 49.3 | 59.1 | 67.1 | 73.5 | 73.1 | 72.0 |

*Note:* Detailed metadata: http://metalinks.oecd.org/lfs/20180108/6121, http://metalinks.oecd.org/lfs/20180108/56a2, http://metalinks.oecd.org/lfs/20180108/6e60 and http://metalinks.oecd.org/lfs/20180108/c6df.

*Disclaimer:* http://oe.cd/disclaimer

## Table 2. Participation rates and unemployment rates by age and sex

*Annual average estimates, percentage*

| | 2007 | 2008 | 2009 | 2010 | 2011 | 2012 | 2013 | 2014 | 2015 | 2016 |
|---|---|---|---|---|---|---|---|---|---|---|
| **Participation rates** | | | | | | | | | | |
| **Males** | | | | | | | | | | |
| 15-19 | 11.5 | 10.4 | 10.7 | 9.1 | 8.6 | 9.4 | 8.8 | 7.2 | 5.5 | 6.2 |
| 20-24 | 54.9 | 54.9 | 55.2 | 56.3 | 55.8 | 53.8 | 55.2 | 52.6 | 49.5 | 46.3 |
| 25-34 | 94.1 | 93.9 | 93.9 | 93.7 | 92.9 | 92.9 | 93.3 | 92.9 | 91.7 | 91.8 |
| 35-44 | 97.1 | 97.0 | 96.8 | 96.5 | 96.2 | 96.3 | 96.3 | 96.2 | 96.5 | 96.6 |
| 45-54 | 92.1 | 91.9 | 92.3 | 92.1 | 91.1 | 91.2 | 90.7 | 90.0 | 90.7 | 90.7 |
| 55-59 | 76.0 | 76.5 | 74.3 | 74.9 | 74.3 | 72.9 | 71.7 | 70.9 | 72.4 | 73.9 |
| 60-64 | 44.2 | 45.5 | 45.5 | 44.4 | 40.3 | 37.5 | 37.2 | 36.2 | 37.6 | 39.8 |
| 15-24 | 34.4 | 34.0 | 33.9 | 33.0 | 31.7 | 31.2 | 31.6 | 30.0 | 27.7 | 26.4 |
| 25-54 | 94.6 | 94.4 | 94.4 | 94.2 | 93.5 | 93.6 | 93.6 | 93.1 | 93.1 | 93.2 |
| 55-64 | 60.9 | 61.0 | 60.2 | 60.2 | 57.3 | 55.2 | 55.0 | 53.4 | 54.9 | 57.3 |
| 65 and over | 7.1 | 7.2 | 6.8 | 6.4 | 5.6 | 4.6 | 4.3 | 4.5 | 4.4 | 4.3 |
| 15-64 | 78.4 | 78.4 | 78.5 | 78.3 | 77.2 | 76.9 | 76.9 | 76.0 | 75.9 | 76.2 |
| **Females** | | | | | | | | | | |
| 15-19 | 7.5 | 7.1 | 6.9 | 6.1 | 6.1 | 7.0 | 6.5 | 6.5 | 4.9 | 4.9 |
| 20-24 | 46.8 | 44.8 | 47.4 | 46.6 | 46.5 | 47.3 | 45.5 | 45.2 | 45.1 | 41.8 |
| 25-34 | 74.9 | 75.0 | 76.8 | 77.3 | 77.9 | 81.0 | 81.5 | 81.9 | 83.0 | 81.2 |
| 35-44 | 72.7 | 72.9 | 74.0 | 76.0 | 76.5 | 76.8 | 77.4 | 78.4 | 81.4 | 81.3 |
| 45-54 | 58.9 | 59.9 | 62.0 | 63.3 | 63.7 | 64.3 | 64.5 | 67.2 | 69.5 | 71.4 |
| 55-59 | 35.7 | 37.8 | 39.2 | 41.2 | 39.2 | 40.8 | 40.5 | 38.5 | 38.2 | 44.0 |
| 60-64 | 20.6 | 19.9 | 20.3 | 21.4 | 20.6 | 19.0 | 20.8 | 21.0 | 21.1 | 22.7 |
| 15-24 | 27.5 | 26.1 | 27.4 | 27.1 | 26.6 | 27.0 | 25.3 | 26.1 | 24.3 | 22.9 |
| 25-54 | 69.2 | 69.5 | 71.1 | 72.4 | 72.8 | 74.0 | 74.3 | 75.6 | 77.7 | 77.7 |
| 55-64 | 28.2 | 28.7 | 29.5 | 31.1 | 29.9 | 30.0 | 31.0 | 29.9 | 29.5 | 33.6 |
| 65 and over | 2.1 | 2.0 | 2.2 | 2.1 | 2.0 | 1.4 | 1.4 | 1.5 | 2.1 | 2.3 |
| 15-64 | 54.8 | 55.0 | 56.5 | 57.5 | 57.5 | 58.3 | 58.3 | 59.0 | 59.9 | 60.4 |
| **All persons** | | | | | | | | | | |
| 15-24 | 31.0 | 30.1 | 30.7 | 30.0 | 29.1 | 29.1 | 28.4 | 28.0 | 26.0 | 24.6 |
| 25-54 | 81.8 | 81.9 | 82.8 | 83.2 | 83.1 | 83.7 | 83.9 | 84.3 | 85.4 | 85.5 |
| 55-64 | 44.2 | 44.4 | 44.4 | 45.2 | 43.1 | 42.1 | 42.4 | 41.1 | 41.6 | 44.9 |
| 65 and over | 4.3 | 4.3 | 4.2 | 4.0 | 3.6 | 2.8 | 2.7 | 2.8 | 3.1 | 3.2 |
| 15-64 | 66.5 | 66.7 | 67.4 | 67.8 | 67.3 | 67.5 | 67.5 | 67.4 | 67.8 | 68.2 |
| **Unemployment rates** | | | | | | | | | | |
| **Males** | | | | | | | | | | |
| 15-19 | 19.7 | 19.2 | 23.3 | 34.9 | 48.6 | 56.0 | 65.5 | 55.8 | 49.9 | 54.3 |
| 20-24 | 14.7 | 16.5 | 18.8 | 25.6 | 37.3 | 47.1 | 51.8 | 46.2 | 44.7 | 43.0 |
| 25-34 | 8.0 | 7.5 | 9.4 | 13.3 | 21.1 | 29.8 | 32.8 | 32.7 | 29.0 | 25.0 |
| 35-44 | 3.4 | 3.2 | 5.1 | 7.8 | 11.5 | 17.3 | 20.3 | 19.3 | 17.8 | 15.2 |
| 45-54 | 2.4 | 2.6 | 4.8 | 7.2 | 11.1 | 16.1 | 18.4 | 17.7 | 17.0 | 16.3 |
| 55-59 | 3.3 | 2.8 | 4.3 | 6.7 | 9.6 | 14.5 | 16.7 | 18.9 | 18.7 | 19.4 |
| 60-64 | 2.2 | 3.0 | 3.7 | 5.1 | 6.7 | 11.9 | 15.7 | 15.3 | 16.9 | 19.1 |
| 15-24 | 15.5 | 16.9 | 19.5 | 26.8 | 38.8 | 48.5 | 53.8 | 47.4 | 45.2 | 44.3 |
| 25-54 | 4.7 | 4.5 | 6.5 | 9.5 | 14.6 | 21.0 | 23.7 | 23.0 | 20.9 | 18.4 |
| 55-64 | 2.9 | 2.9 | 4.1 | 6.1 | 8.6 | 13.6 | 16.4 | 17.7 | 18.1 | 19.3 |
| 65 and over | 1.1 | 1.1 | 0.9 | 1.4 | 1.7 | 4.3 | 10.4 | 12.4 | 12.3 | 14.3 |
| 15-64 | 5.3 | 5.2 | 7.1 | 10.2 | 15.4 | 21.8 | 24.7 | 23.8 | 21.9 | 19.9 |
| Total | 5.2 | 5.1 | 7.0 | 10.0 | 15.1 | 21.5 | 24.5 | 23.6 | 21.7 | 19.9 |
| **Females** | | | | | | | | | | |
| 15-19 | 36.9 | 36.0 | 43.4 | 45.2 | 68.1 | 78.9 | 80.8 | 68.5 | 68.4 | 58.0 |
| 20-24 | 30.9 | 27.2 | 31.8 | 39.7 | 49.4 | 60.7 | 61.2 | 56.7 | 53.4 | 49.8 |
| 25-34 | 16.4 | 15.0 | 16.4 | 21.0 | 28.4 | 34.4 | 39.8 | 37.3 | 35.2 | 35.8 |
| 35-44 | 10.6 | 9.7 | 11.5 | 14.1 | 18.4 | 25.4 | 28.5 | 27.8 | 27.6 | 26.1 |
| 45-54 | 7.9 | 7.0 | 8.4 | 10.6 | 14.1 | 20.7 | 23.5 | 24.0 | 23.6 | 23.1 |
| 55-59 | 5.6 | 5.3 | 7.0 | 7.7 | 9.4 | 14.4 | 17.7 | 17.6 | 18.8 | 20.1 |
| 60-64 | 2.0 | 1.4 | 2.8 | 4.2 | 5.5 | 10.4 | 12.3 | 14.1 | 12.5 | 16.6 |
| 15-24 | 31.7 | 28.3 | 33.3 | 40.3 | 51.6 | 63.1 | 63.8 | 58.1 | 55.0 | 50.7 |
| 25-54 | 12.0 | 10.9 | 12.4 | 15.5 | 20.6 | 27.1 | 30.9 | 29.8 | 28.7 | 28.1 |
| 55-64 | 4.3 | 3.9 | 5.5 | 6.5 | 8.1 | 13.1 | 15.9 | 16.4 | 16.5 | 19.0 |
| 65 and over | 1.1 | 0.2 | 0.7 | 1.3 | 4.6 | 4.8 | 5.7 | 6.7 | 6.3 | 10.4 |
| 15-64 | 13.0 | 11.6 | 13.4 | 16.5 | 21.7 | 28.4 | 31.6 | 30.4 | 29.1 | 28.3 |
| Total | 12.9 | 11.5 | 13.3 | 16.3 | 21.5 | 28.2 | 31.3 | 30.2 | 28.9 | 28.1 |
| **All persons** | | | | | | | | | | |
| 15-24 | 22.7 | 21.9 | 25.7 | 33.0 | 44.7 | 55.3 | 58.3 | 52.4 | 49.8 | 47.3 |
| 25-54 | 7.8 | 7.2 | 9.0 | 12.1 | 17.2 | 23.7 | 26.9 | 26.0 | 24.4 | 22.8 |
| 55-64 | 3.4 | 3.2 | 4.6 | 6.2 | 8.4 | 13.5 | 16.2 | 17.2 | 17.5 | 19.2 |
| 65 and over | 1.1 | 0.8 | 0.8 | 1.3 | 2.6 | 4.4 | 9.1 | 10.8 | 10.0 | 12.8 |
| 15-64 | 8.5 | 7.9 | 9.8 | 12.9 | 18.1 | 24.7 | 27.7 | 26.7 | 25.1 | 23.7 |

*Note:* Detailed metadata at:http://metalinks.oecd.org/lfs/20180108/10b3
*Disclaimer:* http://oe.cd/disclaimer

# Table 3. Employment and employees: breakdown by activity - ISIC Rev. 4

*Annual average estimates*

| | | 2007 | 2008 | 2009 | 2010 | 2011 | 2012 | 2013 | 2014 | 2015 | 2016 |
|---|---|---|---|---|---|---|---|---|---|---|---|
| | **EMPLOYMENT** | | | | | | | | | | |
| | **By activity, thousands** | | | | | | | | | | |
| **A-U** | **All activities** | .. | **4 610.5 \|** | **4 556.0** | **4 389.8** | **4 054.4** | **3 695.0** | **3 513.2** | **3 536.3** | **3 610.7** | **3 673.6** |
| A | Agriculture, hunting and forestry | 519.7 \| | 513.8 \| | 532.9 | 544.2 | 500.7 | 480.5 | 481.1 | 479.9 | 465.7 | 454.5 |
| **B-F** | **Industry** | **1 015.4 \|** | **1 024.4 \|** | **962.8** | **859.9** | **717.2** | **611.2** | **546.6** | **529.7** | **539.4** | **560.0** |
| B | Mining and quarrying | .. | 17.0 \| | 14.3 | 13.3 | 11.2 | 11.1 | 9.6 | 11.3 | 10.4 | 13.5 |
| C | Manufacturing | .. | 545.0 \| | 518.8 | 468.3 | 409.7 | 351.4 | 324.7 | 316.5 | 334.5 | 347.7 |
| D | Electricity, gas, steam, air cond. supply | .. | 34.6 \| | 28.5 | 26.0 | 24.2 | 26.0 | 27.7 | 27.5 | 26.3 | 28.4 |
| E | Water supply, sewerage, waste mgt, remediation | .. | 30.6 \| | 30.5 | 32.7 | 26.4 | 21.8 | 22.3 | 22.8 | 23.1 | 23.4 |
| F | Construction | .. | 397.3 \| | 370.7 | 319.6 | 245.8 | 200.9 | 162.4 | 151.6 | 145.2 | 147.1 |
| **G-U** | **Services** | **3 028.9 \|** | **3 072.3 \|** | **3 060.3** | **2 985.7** | **2 836.5** | **2 603.3** | **2 485.5** | **2 526.7** | **2 605.6** | **2 659.0** |
| G | Wholesale, retail trade, vehicle, motorcycle repair | .. | 840.1 \| | 827.6 | 799.3 | 752.3 | 663.7 | 630.5 | 625.6 | 660.8 | 657.9 |
| H | Transportation and storage | .. | 215.3 \| | 217.0 | 208.2 | 196.4 | 178.2 | 173.0 | 171.5 | 168.4 | 184.9 |
| I | Accommodation and food service activities | .. | 322.2 \| | 321.0 | 308.5 | 295.7 | 272.1 | 259.2 | 297.1 | 325.6 | 341.2 |
| J | Information and communication | .. | 77.6 \| | 87.6 | 87.1 | 75.5 | 71.8 | 76.2 | 76.3 | 72.9 | 80.7 |
| K | Financial and insurance activities | .. | 121.4 \| | 114.6 | 115.8 | 113.7 | 111.1 | 107.1 | 93.0 | 88.3 | 94.3 |
| L | Real estate activities | .. | 8.8 \| | 8.5 | 6.2 | 5.7 | 5.8 | 3.0 | 3.9 | 6.0 | 5.6 |
| M | Professional, scientific and technical activities | .. | 237.1 \| | 234.9 | 217.5 | 214.0 | 217.9 | 197.4 | 196.1 | 208.6 | 201.7 |
| N | Administrative and support service activities | .. | 77.8 \| | 75.1 | 75.4 | 77.4 | 67.5 | 62.0 | 83.7 | 85.5 | 88.4 |
| O | Public administration, defence, social security | .. | 379.5 \| | 377.1 | 369.9 | 354.9 | 326.7 | 325.1 | 311.1 | 312.7 | 331.3 |
| P | Education | .. | 324.1 \| | 328.8 | 321.8 | 304.4 | 290.3 | 274.8 | 290.2 | 294.0 | 295.1 |
| Q | Human health and social work activities | .. | 236.0 \| | 234.4 | 245.9 | 238.2 | 223.6 | 212.8 | 209.2 | 214.2 | 218.4 |
| R | Arts, entertainment and recreation | .. | 59.3 \| | 54.0 | 49.1 | 47.5 | 40.3 | 42.9 | 47.0 | 45.2 | 49.6 |
| S | Other service activities | .. | 95.1 \| | 88.6 | 88.7 | 85.4 | 76.4 | 69.8 | 72.3 | 74.4 | 67.4 |
| T | Households as employers and own-use activities | .. | 76.6 \| | 89.9 | 90.9 | 73.6 | 56.1 | 50.4 | 48.5 | 46.9 | 40.1 |
| U | Activities of extraterritorial organizations, bodies | .. | .. | .. | .. | .. | .. | .. | .. | .. | .. |
| | **EMPLOYEES** | | | | | | | | | | |
| | **By activity, thousands** | | | | | | | | | | |
| **A-U** | **All activities** | .. | **2 996.2 \|** | **2 949.0** | **2 826.9** | **2 586.4** | **2 341.0** | **2 213.7** | **2 264.4** | **2 348.6** | **2 421.2** |
| A | Agriculture, hunting and forestry | .. | 38.5 \| | 48.2 | 52.7 | 47.7 | 45.9 | 44.5 | 45.2 | 46.1 | 46.5 |
| **B-F** | **Industry** | .. | **762.5 \|** | **708.4** | **624.9** | **513.5** | **425.4** | **378.8** | **381.4** | **394.5** | **418.9** |
| B | Mining and quarrying | .. | 15.6 \| | 13.1 | 12.0 | 9.5 | 9.9 | 8.8 | 10.4 | 9.3 | 11.9 |
| C | Manufacturing | .. | 403.7 \| | 382.5 | 345.2 | 300.0 | 252.3 | 232.5 | 232.3 | 251.0 | 268.7 |
| D | Electricity, gas, steam, air cond. supply | .. | 33.9 \| | 28.1 | 25.4 | 23.6 | 25.3 | 26.7 | 26.9 | 25.1 | 27.3 |
| E | Water supply, sewerage, waste mgt, remediation | .. | 29.6 \| | 29.5 | 31.7 | 25.4 | 21.4 | 21.4 | 22.1 | 22.3 | 22.5 |
| F | Construction | .. | 279.7 \| | 255.4 | 210.7 | 155.0 | 116.5 | 89.6 | 89.7 | 86.7 | 88.6 |
| **G-U** | **Services** | .. | **2 195.2 \|** | **2 192.3** | **2 149.3** | **2 025.2** | **1 869.8** | **1 790.4** | **1 837.8** | **1 908.1** | **1 955.9** |
| G | Wholesale, retail trade, vehicle, motorcycle repair | .. | 451.9 \| | 446.7 | 448.9 | 423.0 | 375.0 | 358.7 | 360.4 | 395.4 | 390.9 |
| H | Transportation and storage | .. | 154.1 \| | 151.1 | 146.2 | 134.9 | 120.8 | 118.1 | 117.5 | 117.6 | 133.4 |
| I | Accommodation and food service activities | .. | 186.8 \| | 193.4 | 180.0 | 171.7 | 159.9 | 154.3 | 194.9 | 213.0 | 223.1 |
| J | Information and communication | .. | 69.5 \| | 77.5 | 78.4 | 67.2 | 64.5 | 67.3 | 67.6 | 66.0 | 73.5 |
| K | Financial and insurance activities | .. | 109.5 \| | 102.6 | 104.7 | 101.7 | 98.8 | 94.4 | 80.5 | 75.6 | 81.5 |
| L | Real estate activities | .. | .. | .. | .. | .. | .. | .. | .. | 2.7 | 2.7 |
| M | Professional, scientific and technical activities | .. | 110.6 \| | 109.3 | 91.8 | 82.6 | 86.8 | 81.8 | 81.1 | 92.6 | 92.4 |
| N | Administrative and support service activities | .. | 63.7 \| | 60.8 | 59.4 | 62.2 | 57.5 | 51.1 | 71.2 | 69.6 | 67.7 |
| O | Public administration, defence, social security | .. | 379.5 \| | 377.1 | 369.9 | 354.9 | 326.7 | 325.1 | 311.0 | 312.7 | 331.3 |
| P | Education | .. | 298.9 \| | 301.9 | 294.9 | 278.2 | 268.7 | 251.9 | 266.1 | 270.7 | 270.9 |
| Q | Human health and social work activities | .. | 199.1 \| | 199.0 | 207.7 | 198.3 | 187.9 | 172.7 | 166.2 | 168.3 | 173.8 |
| R | Arts, entertainment and recreation | .. | 43.1 \| | 38.7 | 33.1 | 32.0 | 26.9 | 30.2 | 31.9 | 34.3 | 36.6 |
| S | Other service activities | .. | 54.1 \| | 47.2 | 45.4 | 44.9 | 40.6 | 37.5 | 42.8 | 43.6 | 38.9 |
| T | Households as employers and own-use activities | .. | 71.5 \| | 84.3 | 86.5 | 70.0 | 51.8 | 45.7 | 44.8 | 44.3 | 36.6 |
| U | Activities of extraterritorial organizations, bodies | .. | .. | .. | .. | .. | .. | .. | .. | .. | .. |

*Note:* Detailed metadata:http://metalinks.oecd.org/lfs/20180108/56a2

*Disclaimer:* http://oe.cd/disclaimer

# HUNGARY

## Table 1. Labour force

*Annual average estimates*

| | 2007 | 2008 | 2009 | 2010 | 2011 | 2012 | 2013 | 2014 | 2015 | 2016 |
|---|---|---|---|---|---|---|---|---|---|---|
| **Labour force, thousands** | | | | | | | | | | |
| All persons | 4 214 | 4 175 | 4 166 | 4 202 | 4 225 | 4 300 | 4 334 | 4 444 | 4 518 | 4 586 |
| Males | 2 293 | 2 267 | 2 257 | 2 254 | 2 273 | 2 311 | 2 343 | 2 402 | 2 445 | 2 490 |
| Females | 1 921 | 1 907 | 1 909 | 1 948 | 1 952 | 1 989 | 1 991 | 2 042 | 2 073 | 2 096 |
| **Unemployed, thousands** | | | | | | | | | | |
| All persons | 312 | 326 | 418 | 469 | 466 | 473 | 441 | 343 | 308 | 235 |
| Males | 164 | 174 | 232 | 262 | 252 | 262 | 239 | 182 | 162 | 127 |
| Females | 149 | 153 | 186 | 208 | 214 | 211 | 202 | 162 | 146 | 107 |
| **Employment, thousands** | | | | | | | | | | |
| All persons | 3 902 | 3 848 | 3 748 | 3 732 | 3 759 | 3 827 | 3 893 | 4 101 | 4 211 | 4 352 |
| Males | 2 129 | 2 094 | 2 025 | 1 993 | 2 021 | 2 049 | 2 104 | 2 221 | 2 283 | 2 362 |
| Females | 1 773 | 1 755 | 1 723 | 1 740 | 1 738 | 1 778 | 1 789 | 1 880 | 1 927 | 1 989 |
| **Employment (%)** | | | | | | | | | | |
| Males | 54.6 | 54.4 | 54.0 | 53.4 | 53.8 | 53.5 | 54.0 | 54.1 | 54.2 | 54.3 |
| Females | 45.4 | 45.6 | 46.0 | 46.6 | 46.2 | 46.5 | 46.0 | 45.9 | 45.8 | 45.7 |
| **Unemployment rate (% of labour force)** | | | | | | | | | | |
| All persons | 7.4 | 7.8 | 10.0 | 11.2 | 11.0 | 11.0 | 10.2 | 7.7 | 6.8 | 5.1 |
| Males | 7.1 | 7.7 | 10.3 | 11.6 | 11.1 | 11.3 | 10.2 | 7.6 | 6.6 | 5.1 |
| Females | 7.7 | 8.0 | 9.7 | 10.7 | 11.0 | 10.6 | 10.1 | 7.9 | 7.0 | 5.1 |
| **EMPLOYMENT - PROFESSIONAL STATUS, thousands** | | | | | | | | | | |
| **All activities** | **3 902** | **3 848** | **3 748** | **3 732** | **3 759** | **3 827** | **3 893** | **4 101** | **4 211** | **4 352** |
| Employees | 3 416 | 3 378 | 3 275 | 3 273 | 3 303 | 3 378 | 3 454 | 3 636 | 3 747 | 3 881 |
| Employers and persons working on own account | 469 | 457 | 458 | 447 | 441 | 434 | 426 | 436 | 445 | 454 |
| Unpaid family workers | 18 | 13 | 15 | 12 | 16 | 15 | 13 | 13 | 11 | 13 |
| **Employees as % of employment** | **87.5** | **87.8** | **87.4** | **87.7** | **87.9** | **88.3** | **88.7** | **88.7** | **89.0** | **89.2** |
| **Part-time employment (%)** | | | | | | | | | | |
| Part-time as % of employment | 3.1 | 3.4 | 3.8 | 4.0 | 5.2 | 5.2 | 4.9 | 4.5 | 4.4 | 4.0 |
| Male share of part time employment | 31.4 | 35.3 | 35.5 | 34.3 | 38.8 | 35.1 | 37.5 | 37.2 | 36.4 | 35.2 |
| Female share of part time employment | 68.6 | 64.7 | 64.5 | 65.7 | 61.2 | 64.9 | 62.5 | 62.8 | 63.6 | 64.8 |
| Male part-time as % of male employment | 1.8 | 2.3 | 2.6 | 2.6 | 3.9 | 3.5 | 3.5 | 3.2 | 3.0 | 2.6 |
| Female part-time as % of female employment | 4.5 | 4.6 | 5.2 | 5.4 | 6.7 | 7.0 | 6.5 | 6.0 | 6.0 | 5.5 |
| **Duration of unemployment (% of total unemployment)** | | | | | | | | | | |
| Less than one month | 4.8 | 4.7 | 4.8 | 3.8 | 6.4 | 8.6 | 11.6 | 11.3 | 11.1 | 13.3 |
| More than 1 month and less than 3 months | 11.5 | 11.5 | 11.7 | 9.5 | 10.8 | 9.1 | 7.7 | 8.7 | 9.9 | 9.5 |
| More than 3 months and less than 6 months | 14.6 | 14.7 | 16.9 | 13.7 | 14.1 | 13.3 | 11.4 | 11.7 | 12.4 | 11.4 |
| More than 6 months and less than 1 year | 21.6 | 21.8 | 24.2 | 22.8 | 19.8 | 22.5 | 19.6 | 19.4 | 19.9 | 18.5 |
| More than 1 year | 47.5 | 47.3 | 42.4 | 50.3 | 48.8 | 46.6 | 49.8 | 48.9 | 46.7 | 47.3 |

*Note:* Detailed metadata: http://metalinks.oecd.org/lfs/20180108/8f11, http://metalinks.oecd.org/lfs/20180108/56a2, http://metalinks.oecd.org/lfs/20180108/086b and http://metalinks.oecd.org/lfs/20180108/1152.

## Table 2. Participation rates and unemployment rates by age and sex

*Annual average estimates, percentage*

| | 2007 | 2008 | 2009 | 2010 | 2011 | 2012 | 2013 | 2014 | 2015 | 2016 |
|---|---|---|---|---|---|---|---|---|---|---|
| **Participation rates** | | | | | | | | | | |
| **Males** | | | | | | | | | | |
| 15-19 | 5.7 | 5.6 | 4.8 | 4.3 | 4.1 | 4.7 | 5.8 | 6.5 | 8.2 | 8.4 |
| 20-24 | 52.1 | 50.6 | 49.5 | 49.5 | 48.5 | 49.1 | 53.0 | 55.6 | 56.2 | 59.4 |
| 25-34 | 91.0 | 90.9 | 90.2 | 89.9 | 90.3 | 91.2 | 90.4 | 92.4 | 92.0 | 92.4 |
| 35-44 | 90.2 | 90.3 | 90.3 | 90.5 | 91.0 | 92.0 | 92.5 | 94.2 | 94.8 | 94.9 |
| 45-54 | 79.6 | 80.0 | 79.8 | 80.6 | 82.4 | 84.1 | 84.7 | 86.0 | 88.3 | 89.1 |
| 55-59 | 60.6 | 57.9 | 60.6 | 62.2 | 64.0 | 67.4 | 71.4 | 75.0 | 77.9 | 79.0 |
| 60-64 | 18.4 | 16.8 | 17.3 | 17.2 | 18.4 | 18.4 | 22.6 | 29.6 | 38.2 | 47.3 |
| 15-24 | 29.5 | 28.7 | 27.7 | 27.5 | 27.0 | 27.9 | 31.0 | 33.0 | 34.4 | 36.1 |
| 25-54 | 87.2 | 87.3 | 87.1 | 87.3 | 88.2 | 89.4 | 89.5 | 91.2 | 92.0 | 92.4 |
| 55-64 | 42.1 | 39.8 | 41.5 | 42.2 | 43.7 | 45.4 | 49.0 | 53.2 | 57.8 | 62.4 |
| 65 and over | 4.7 | 4.8 | 5.0 | 4.7 | 5.4 | 5.3 | 4.9 | 4.5 | 4.7 | 5.9 |
| 15-64 | 68.6 | 68.0 | 67.7 | 67.8 | 68.4 | 69.6 | 71.0 | 73.4 | 75.3 | 76.9 |
| **Females** | | | | | | | | | | |
| 15-19 | 3.1 | 3.0 | 3.0 | 3.1 | 2.6 | 2.8 | 3.7 | 4.6 | 4.9 | 5.3 |
| 20-24 | 39.3 | 38.8 | 38.8 | 39.6 | 39.2 | 42.2 | 41.1 | 43.9 | 46.2 | 47.4 |
| 25-34 | 67.0 | 65.9 | 65.3 | 66.1 | 66.0 | 67.9 | 69.2 | 70.4 | 70.7 | 70.4 |
| 35-44 | 77.4 | 77.9 | 78.4 | 78.5 | 77.7 | 79.1 | 79.0 | 80.9 | 81.2 | 81.6 |
| 45-54 | 75.8 | 76.5 | 77.2 | 79.1 | 79.5 | 82.2 | 82.7 | 84.5 | 86.1 | 86.3 |
| 55-59 | 41.9 | 40.9 | 43.7 | 50.5 | 54.7 | 54.3 | 55.7 | 60.5 | 63.2 | 67.4 |
| 60-64 | 9.6 | 10.1 | 10.1 | 10.0 | 11.7 | 11.8 | 11.8 | 14.1 | 18.6 | 23.3 |
| 15-24 | 21.8 | 21.5 | 21.5 | 22.0 | 21.5 | 23.4 | 23.6 | 25.9 | 27.5 | 28.2 |
| 25-54 | 73.2 | 73.3 | 73.6 | 74.6 | 74.4 | 76.4 | 77.1 | 78.8 | 79.6 | 79.8 |
| 55-64 | 26.9 | 26.6 | 28.1 | 31.7 | 34.8 | 34.5 | 34.7 | 37.4 | 39.9 | 43.5 |
| 65 and over | 2.3 | 2.3 | 2.2 | 2.4 | 2.7 | 2.7 | 2.5 | 2.3 | 2.7 | 2.9 |
| 15-64 | 54.9 | 54.7 | 55.0 | 56.3 | 56.6 | 58.0 | 58.6 | 60.7 | 62.2 | 63.5 |
| **All persons** | | | | | | | | | | |
| 15-24 | 25.7 | 25.1 | 24.7 | 24.8 | 24.3 | 25.7 | 27.4 | 29.5 | 31.0 | 32.3 |
| 25-54 | 80.1 | 80.3 | 80.3 | 80.9 | 81.3 | 82.9 | 83.3 | 85.0 | 85.8 | 86.1 |
| 55-64 | 33.7 | 32.6 | 34.1 | 36.5 | 38.8 | 39.5 | 41.2 | 44.6 | 48.1 | 52.1 |
| 65 and over | 3.2 | 3.3 | 3.3 | 3.4 | 3.8 | 3.8 | 3.5 | 3.2 | 3.5 | 4.2 |
| 15-64 | 61.6 | 61.2 | 61.2 | 61.9 | 62.4 | 63.7 | 64.7 | 67.0 | 68.6 | 70.1 |
| **Unemployment rates** | | | | | | | | | | |
| **Males** | | | | | | | | | | |
| 15-19 | 35.6 | 37.6 | 49.0 | 49.6 | 43.0 | 53.4 | 51.2 | 40.9 | 28.2 | 26.8 |
| 20-24 | 15.5 | 16.9 | 25.9 | 26.0 | 25.7 | 27.0 | 23.1 | 17.9 | 17.1 | 11.3 |
| 25-34 | 7.2 | 7.6 | 10.3 | 12.3 | 10.1 | 12.1 | 10.8 | 7.6 | 6.8 | 5.3 |
| 35-44 | 5.8 | 6.6 | 8.7 | 9.7 | 9.8 | 9.3 | 8.1 | 5.9 | 4.6 | 4.1 |
| 45-54 | 6.2 | 6.5 | 8.5 | 9.9 | 9.8 | 9.4 | 8.4 | 6.2 | 5.7 | 4.2 |
| 55-59 | 5.4 | 5.9 | 7.4 | 9.4 | 11.1 | 9.1 | 9.0 | 5.9 | 5.1 | 3.6 |
| 60-64 | 2.0 | 2.1 | 3.3 | 4.4 | 5.3 | 7.3 | 6.9 | 9.0 | 7.6 | 5.5 |
| 15-24 | 17.4 | 18.9 | 27.8 | 27.8 | 27.0 | 29.1 | 25.6 | 20.0 | 18.3 | 12.9 |
| 25-54 | 6.5 | 7.0 | 9.2 | 10.7 | 9.9 | 10.3 | 9.1 | 6.5 | 5.6 | 4.5 |
| 55-64 | 4.8 | 5.2 | 6.6 | 8.5 | 10.0 | 8.8 | 8.6 | 6.7 | 6.0 | 4.3 |
| 65 and over | 0.6 | 0.6 | 0.0 | 0.6 | 0.5 | 1.0 | 1.0 | 2.2 | 3.3 | 0.7 |
| 15-64 | 7.2 | 7.7 | 10.4 | 11.7 | 11.2 | 11.4 | 10.3 | 7.6 | 6.6 | 5.2 |
| Total | 7.1 | 7.7 | 10.3 | 11.6 | 11.1 | 11.3 | 10.2 | 7.6 | 6.6 | 5.1 |
| **Females** | | | | | | | | | | |
| 15-19 | 35.9 | 37.9 | 50.6 | 39.3 | 43.8 | 48.7 | 54.1 | 34.8 | 40.6 | 25.5 |
| 20-24 | 17.6 | 19.1 | 22.7 | 23.5 | 23.5 | 25.8 | 25.8 | 19.7 | 13.8 | 11.7 |
| 25-34 | 8.6 | 8.5 | 10.7 | 11.9 | 11.4 | 11.3 | 10.4 | 9.5 | 8.4 | 5.8 |
| 35-44 | 7.7 | 7.2 | 8.5 | 9.7 | 10.0 | 9.0 | 9.0 | 7.0 | 6.5 | 4.3 |
| 45-54 | 5.7 | 6.5 | 8.1 | 9.0 | 10.2 | 9.2 | 8.3 | 5.5 | 5.2 | 3.9 |
| 55-59 | 4.4 | 5.4 | 6.8 | 7.7 | 8.8 | 8.6 | 7.7 | 6.2 | 5.1 | 4.0 |
| 60-64 | 1.6 | 3.6 | 3.8 | 4.3 | 5.6 | 5.2 | 6.2 | 5.1 | 7.0 | 5.7 |
| 15-24 | 18.9 | 20.4 | 24.6 | 24.6 | 24.7 | 27.1 | 27.9 | 20.9 | 16.0 | 12.9 |
| 25-54 | 7.3 | 7.4 | 9.0 | 10.1 | 10.4 | 9.7 | 9.2 | 7.2 | 6.6 | 4.5 |
| 55-64 | 3.9 | 5.1 | 6.3 | 7.2 | 8.3 | 8.0 | 7.5 | 6.0 | 5.5 | 4.5 |
| 65 and over | 0.8 | 2.3 | 2.4 | 0.0 | 1.4 | 5.3 | 3.6 | 2.2 | 1.4 | 3.1 |
| 15-64 | 7.8 | 8.0 | 9.8 | 10.7 | 11.1 | 10.7 | 10.2 | 8.0 | 7.1 | 5.1 |
| Total | 7.7 | 8.0 | 9.7 | 10.7 | 11.0 | 10.6 | 10.1 | 7.9 | 7.0 | 5.1 |
| **All persons** | | | | | | | | | | |
| 15-24 | 18.0 | 19.5 | 26.4 | 26.4 | 26.0 | 28.2 | 26.6 | 20.4 | 17.3 | 12.9 |
| 25-54 | 6.9 | 7.2 | 9.1 | 10.4 | 10.2 | 10.0 | 9.1 | 6.8 | 6.0 | 4.5 |
| 55-64 | 4.4 | 5.1 | 6.5 | 7.9 | 9.2 | 8.4 | 8.1 | 6.4 | 5.8 | 4.4 |
| 65 and over | 0.7 | 1.3 | 1.0 | 0.3 | 0.9 | 2.8 | 2.1 | 2.2 | 2.5 | 1.7 |
| 15-64 | 7.5 | 7.9 | 10.1 | 11.3 | 11.1 | 11.1 | 10.2 | 7.8 | 6.8 | 5.1 |

*Note:* Detailed metadata at:http://metalinks.oecd.org/lfs/20180108/10b3

*Disclaimer:* http://oe.cd/disclaimer

## Table 3. Employment and employees: breakdown by activity - ISIC Rev. 4

*Annual average estimates*

| | | 2007 | 2008 | 2009 | 2010 | 2011 | 2012 | 2013 | 2014 | 2015 | 2016 |
|---|---|---|---|---|---|---|---|---|---|---|---|
| | **EMPLOYMENT** | | | | | | | | | | |
| | **By activity, thousands** | | | | | | | | | | |
| **A-U** | **All activities** | .. | **3 848.3** | **3 747.7** | **3 732.4** | **3 759.1** | **3 827.2** | **3 892.7** | **4 100.8** | **4 210.5** | **4 351.7** |
| A | Agriculture, hunting and forestry | 180.3 | 166.0 | 172.8 | 169.5 | 183.7 | 193.8 | 186.0 | 191.0 | 206.0 | 219.2 |
| **B-F** | **Industry** | **1 282.7** | **1 240.1** | **1 167.7** | **1 146.0** | **1 159.2** | **1 140.2** | **1 163.7** | **1 246.1** | **1 274.9** | **1 323.5** |
| B | Mining and quarrying | .. | 10.1 | 10.0 | 12.3 | 12.3 | 10.6 | 9.0 | 10.7 | 10.2 | 9.3 |
| C | Manufacturing | .. | 843.4 | 784.5 | 776.4 | 799.0 | 790.2 | 816.1 | 885.7 | 901.6 | 943.5 |
| D | Electricity, gas, steam, air cond. supply | .. | 32.1 | 37.5 | 36.1 | 36.5 | 34.4 | 30.0 | 35.7 | 33.6 | 32.6 |
| E | Water supply, sewerage, waste mgt, remediation | .. | 47.1 | 46.9 | 47.8 | 51.4 | 63.2 | 62.6 | 56.4 | 57.5 | 60.1 |
| F | Construction | .. | 307.4 | 288.8 | 273.4 | 260.1 | 241.8 | 246.1 | 257.7 | 272.1 | 278.0 |
| **G-U** | **Services** | **2 439.1** | **2 442.2** | **2 407.3** | **2 417.0** | **2 416.2** | **2 493.3** | **2 543.0** | **2 663.8** | **2 729.6** | **2 809.0** |
| G | Wholesale, retail trade, vehicle, motorcycle repair | .. | 577.9 | 545.2 | 536.9 | 539.1 | 540.7 | 531.5 | 551.4 | 540.8 | 543.3 |
| H | Transportation and storage | .. | 256.1 | 252.8 | 253.5 | 254.1 | 256.7 | 259.1 | 258.7 | 266.9 | 276.2 |
| I | Accommodation and food service activities | .. | 162.0 | 155.8 | 152.9 | 160.2 | 164.8 | 161.9 | 171.8 | 188.4 | 197.7 |
| J | Information and communication | .. | 95.4 | 89.4 | 93.7 | 89.3 | 102.6 | 112.6 | 103.9 | 102.6 | 118.4 |
| K | Financial and insurance activities | .. | 93.5 | 96.1 | 90.6 | 91.2 | 91.6 | 94.9 | 94.8 | 87.8 | 94.7 |
| L | Real estate activities | .. | 19.8 | 20.0 | 20.1 | 22.0 | 22.7 | 19.7 | 19.7 | 18.2 | 20.8 |
| M | Professional, scientific and technical activities | .. | 146.8 | 136.9 | 135.8 | 136.7 | 133.6 | 151.6 | 154.8 | 159.5 | 152.9 |
| N | Administrative and support service activities | .. | 105.6 | 116.9 | 112.0 | 112.9 | 135.4 | 140.3 | 148.1 | 160.3 | 167.5 |
| O | Public administration, defence, social security | .. | 275.3 | 291.9 | 306.9 | 297.3 | 306.3 | 345.4 | 384.3 | 423.5 | 445.3 |
| P | Education | .. | 305.1 | 312.2 | 316.0 | 316.6 | 315.6 | 311.3 | 324.2 | 317.7 | 326.2 |
| Q | Human health and social work activities | .. | 250.2 | 244.6 | 252.8 | 254.3 | 269.0 | 266.9 | 274.6 | 275.3 | 284.0 |
| R | Arts, entertainment and recreation | .. | 64.7 | 58.5 | 59.2 | 60.5 | 65.3 | 58.1 | 63.4 | 80.9 | 81.4 |
| S | Other service activities | .. | 87.1 | 84.2 | 82.7 | 78.1 | 84.2 | 82.6 | 93.4 | 95.7 | 89.5 |
| T | Households as employers and own-use activities | .. | .. | .. | .. | .. | .. | 3.6 | .. | 4.1 | 5.3 |
| U | Activities of extraterritorial organizations, bodies | .. | .. | .. | .. | .. | .. | 3.8 | .. | .. | .. |
| | **EMPLOYEES** | | | | | | | | | | |
| | **By activity, thousands** | | | | | | | | | | |
| **A-U** | **All activities** | .. | **3 378.4** | **3 274.8** | **3 272.7** | **3 302.5** | **3 378.1** | **3 453.8** | **3 636.4** | **3 747.0** | **3 880.9** |
| A | Agriculture, hunting and forestry | .. | 112.0 | 112.3 | 112.2 | 127.8 | 131.0 | 124.0 | 127.3 | 140.5 | 148.1 |
| **B-F** | **Industry** | .. | **1 134.3** | **1 063.8** | **1 044.4** | **1 062.3** | **1 051.8** | **1 074.5** | **1 152.9** | **1 177.7** | **1 223.2** |
| B | Mining and quarrying | .. | 9.6 | 9.5 | 12.1 | 11.9 | 9.9 | 8.9 | 10.6 | 10.1 | 8.7 |
| C | Manufacturing | .. | 802.1 | 742.8 | 733.9 | 760.2 | 754.6 | 777.2 | 845.0 | 860.0 | 899.1 |
| D | Electricity, gas, steam, air cond. supply | .. | 31.9 | 37.1 | 35.6 | 36.1 | 34.1 | 29.3 | 35.3 | 33.4 | 32.4 |
| E | Water supply, sewerage, waste mgt, remediation | .. | 46.3 | 45.8 | 46.8 | 50.3 | 62.1 | 61.4 | 54.5 | 56.1 | 59.2 |
| F | Construction | .. | 244.5 | 228.6 | 216.1 | 203.8 | 191.0 | 197.8 | 207.5 | 218.1 | 223.8 |
| **G-U** | **Services** | .. | **2 132.1** | **2 098.8** | **2 116.1** | **2 112.5** | **2 195.4** | **2 255.4** | **2 356.3** | **2 428.8** | **2 509.7** |
| G | Wholesale, retail trade, vehicle, motorcycle repair | .. | 475.0 | 446.1 | 443.0 | 449.1 | 447.7 | 445.2 | 464.4 | 461.5 | 464.4 |
| H | Transportation and storage | .. | 232.4 | 228.4 | 230.3 | 228.5 | 232.5 | 237.4 | 238.5 | 243.5 | 255.5 |
| I | Accommodation and food service activities | .. | 139.4 | 131.0 | 129.0 | 136.1 | 141.8 | 141.6 | 151.8 | 168.5 | 176.1 |
| J | Information and communication | .. | 80.7 | 73.7 | 77.3 | 73.6 | 86.0 | 91.6 | 88.7 | 89.0 | 98.4 |
| K | Financial and insurance activities | .. | 80.3 | 82.3 | 79.3 | 78.4 | 80.8 | 84.2 | 83.1 | 77.6 | 84.5 |
| L | Real estate activities | .. | 15.3 | 15.9 | 14.7 | 16.9 | 17.5 | 15.9 | 14.6 | 15.6 | 16.9 |
| M | Professional, scientific and technical activities | .. | 98.5 | 89.7 | 90.5 | 86.7 | 90.5 | 103.1 | 102.2 | 102.6 | 98.7 |
| N | Administrative and support service activities | .. | 92.9 | 102.7 | 98.3 | 98.6 | 118.9 | 126.4 | 131.9 | 142.4 | 150.2 |
| O | Public administration, defence, social security | .. | 274.1 | 291.5 | 305.5 | 294.9 | 305.0 | 344.6 | 383.1 | 422.4 | 444.1 |
| P | Education | .. | 298.7 | 304.9 | 306.1 | 309.4 | 310.5 | 305.1 | 316.9 | 311.1 | 320.0 |
| Q | Human health and social work activities | .. | 235.3 | 231.6 | 239.7 | 238.3 | 253.0 | 252.8 | 261.6 | 260.9 | 270.1 |
| R | Arts, entertainment and recreation | .. | 54.0 | 49.5 | 48.1 | 50.4 | 54.0 | 47.5 | 55.0 | 70.0 | 69.8 |
| S | Other service activities | .. | 52.9 | 48.8 | 50.3 | 47.9 | 52.5 | 52.9 | 59.3 | 58.8 | 54.3 |
| T | Households as employers and own-use activities | .. | .. | .. | .. | .. | .. | 3.5 | .. | 4.0 | 5.1 |
| U | Activities of extraterritorial organizations, bodies | .. | .. | .. | .. | .. | .. | 3.8 | .. | .. | .. |

*Note:* Detailed metadata:http://metalinks.oecd.org/lfs/20180108/56a2
*Disclaimer:* http://oe.cd/disclaimer

# ICELAND

## Table 1. Labour force

*Annual average estimates*

| | 2007 | 2008 | 2009 | 2010 | 2011 | 2012 | 2013 | 2014 | 2015 | 2016 |
|---|---|---|---|---|---|---|---|---|---|---|
| **Labour force, thousands** | | | | | | | | | | |
| All persons | 180 \| | 182 | 179 | 179 | 179 | 179 | 183 | 187 | 191 | 196 |
| Males | 98 \| | 100 | 96 | 94 | 94 | 93 | 96 | 98 | 100 | 104 |
| Females | 82 \| | 83 | 83 | 85 | 85 | 85 | 87 | 89 | 91 | 92 |
| **Unemployed, thousands** | | | | | | | | | | |
| All persons | 4 \| | 5 | 13 | 14 | 13 | 11 | 10 | 9 | 8 | 6 |
| Males | 2 \| | 3 | 8 | 8 | 7 | 6 | 5 | 5 | 4 | 3 |
| Females | 2 \| | 2 | 5 | 6 | 5 | 5 | 4 | 4 | 4 | 3 |
| **Employment, thousands** | | | | | | | | | | |
| All persons | 176 \| | 177 | 166 | 166 | 166 | 168 | 173 | 178 | 184 | 190 |
| Males | 96 \| | 96 | 88 | 86 | 86 | 87 | 90 | 93 | 96 | 101 |
| Females | 80 \| | 81 | 79 | 79 | 80 | 80 | 83 | 85 | 88 | 89 |
| **Employment (%)** | | | | | | | | | | |
| Males | 54.6 \| | 54.4 | 52.7 | 52.2 | 52.0 | 52.1 | 52.2 | 52.2 | 52.3 | 53.1 |
| Females | 45.4 \| | 45.6 | 47.4 | 47.8 | 48.0 | 47.9 | 47.8 | 47.8 | 47.7 | 46.9 |
| **Unemployment rate (% of labour force)** | | | | | | | | | | |
| All persons | 2.2 \| | 2.9 | 7.2 | 7.5 | 7.0 | 6.0 | 5.4 | 4.9 | 4.0 | 3.0 |
| Males | 2.2 \| | 3.3 | 8.6 | 8.3 | 7.8 | 6.3 | 5.6 | 5.0 | 3.9 | 2.9 |
| Females | 2.3 \| | 2.6 | 5.7 | 6.8 | 6.2 | 5.6 | 5.1 | 4.8 | 4.0 | 3.1 |
| **EMPLOYMENT - PROFESSIONAL STATUS, thousands** | | | | | | | | | | |
| **All activities** | **176 \|** | **177** | **166** | **166** | **166** | **168** | **173** | **178** | **184** | **190** |
| Employees | 151 | 154 | 146 | 144 | 144 | 145 | 150 | 155 | 161 | 168 |
| Employers and persons working on own account | 24 \| | 22 | 20 | 21 | 21 | 20 | 21 | 22 | 23 | 23 |
| Unpaid family workers | .. | .. | .. | .. | .. | .. | .. | .. | .. | .. |
| **Employees as % of employment** | **85.9 \|** | **87.0** | **87.7** | **86.9** | **87.0** | **86.1** | **86.9** | **87.4** | **87.7** | **88.0** |
| **Part-time employment (%)** | | | | | | | | | | |
| Part-time as % of employment | 15.9 | 15.1 | 17.5 | 18.4 | 17.0 | 17.3 | 17.4 | 16.7 | 17.2 | 17.7 |
| Male share of part time employment | 27.3 | 28.8 | 30.0 | 32.4 | 32.0 | 34.2 | 32.5 | 33.8 | 34.4 | 34.9 |
| Female share of part time employment | 72.7 | 71.2 | 70.0 | 67.6 | 68.0 | 65.8 | 67.5 | 66.2 | 65.6 | 65.1 |
| Male part-time as % of male employment | 8.0 | 8.0 | 10.0 | 11.4 | 10.4 | 11.4 | 10.9 | 10.8 | 11.3 | 11.6 |
| Female part-time as % of female employment | 25.4 | 23.6 | 25.8 | 25.9 | 24.1 | 23.7 | 24.6 | 23.2 | 23.7 | 24.6 |
| **Duration of unemployment (% of total unemployment)** | | | | | | | | | | |
| Less than one month | 56.9 | 43.3 | 19.5 | 16.1 | 18.6 | 20.9 | 21.6 | 26.7 | 31.3 | 36.6 |
| More than 1 month and less than 3 months | 24.7 | 38.1 | 30.1 | 23.0 | 21.2 | 20.1 | 26.6 | 22.3 | 24.7 | 31.3 |
| More than 3 months and less than 6 months | 7.3 | 11.2 | 25.8 | 18.4 | 19.0 | 18.2 | 17.6 | 19.7 | 15.9 | 15.4 |
| More than 6 months and less than 1 year | 3.1 | 3.4 | 17.6 | 21.2 | 13.4 | 12.8 | 12.2 | 17.7 | 11.9 | 8.0 |
| More than 1 year | 8.0 | 4.1 | 6.9 | 21.3 | 27.8 | 27.9 | 21.9 | 13.6 | 16.1 | 8.8 |

*Note:* Detailed metadata: http://metalinks.oecd.org/lfs/20180108/a9fa, http://metalinks.oecd.org/lfs/20180108/56a2, http://metalinks.oecd.org/lfs/20180108/2cb3 and http://metalinks.oecd.org/lfs/20180108/1f52.

*Disclaimer:* http://oe.cd/disclaimer

## Table 2. Participation rates and unemployment rates by age and sex

*Annual average estimates, percentage*

| | 2007 | 2008 | 2009 | 2010 | 2011 | 2012 | 2013 | 2014 | 2015 | 2016 |
|---|---|---|---|---|---|---|---|---|---|---|
| **Participation rates** | | | | | | | | | | |
| **Males** | | | | | | | | | | |
| 15-19 | 74.4 | 70.9 | 61.1 | 64.1 | 65.2 | 65.7 | 67.8 | 69.3 | 70.9 | 76.0 |
| 20-24 | 84.9 | 82.9 | 79.1 | 78.1 | 78.1 | 80.6 | 81.5 | 82.1 | 82.9 | 86.5 |
| 25-34 | 93.8 | 93.9 | 90.6 | 91.0 | 90.6 | 89.7 | 91.6 | 88.5 | 91.9 | 95.3 |
| 35-44 | 95.9 | 96.1 | 95.4 | 95.3 | 94.8 | 94.4 | 93.2 | 95.5 | 96.5 | 95.8 |
| 45-54 | 96.2 | 95.0 | 95.2 | 94.0 | 92.9 | 93.0 | 93.6 | 94.9 | 93.4 | 93.4 |
| 55-59 | 92.7 | 95.1 | 92.4 | 91.5 | 92.3 | 90.4 | 93.0 | 92.8 | 95.0 | 92.9 |
| 60-64 | 87.6 | 85.6 | 85.5 | 84.7 | 84.5 | 82.9 | 86.6 | 87.4 | 87.5 | 90.8 |
| 15-24 | 80.0 | 77.4 | 70.7 | 71.7 | 72.3 | 74.0 | 75.5 | 76.6 | 77.7 | 82.0 |
| 25-54 | 95.3 | 95.0 | 93.7 | 93.4 | 92.7 | 92.3 | 92.8 | 92.9 | 93.9 | 94.9 |
| 55-64 | 90.4 | 90.9 | 89.3 | 88.4 | 88.7 | 86.9 | 90.0 | 90.3 | 91.5 | 91.9 |
| 65 and over | 39.8 | 41.9 | 42.8 | 45.0 | 42.7 | 40.8 | 42.5 | 46.5 | 48.3 | 51.8 |
| 15-64 | 91.6 | 90.9 | 88.4 | 88.2 | 87.8 | 87.6 | 88.8 | 89.1 | 90.3 | 91.8 |
| **Females** | | | | | | | | | | |
| 15-19 | 81.3 | 79.3 | 74.8 | 74.8 | 74.1 | 75.1 | 82.5 | 74.0 | 78.6 | 81.5 |
| 20-24 | 79.1 | 80.4 | 77.4 | 77.9 | 77.3 | 82.0 | 82.4 | 81.6 | 83.6 | 84.1 |
| 25-34 | 81.4 | 80.2 | 79.0 | 78.7 | 81.0 | 82.1 | 83.4 | 83.4 | 84.0 | 85.0 |
| 35-44 | 88.4 | 85.3 | 87.0 | 90.0 | 86.6 | 87.5 | 87.9 | 87.8 | 87.8 | 89.8 |
| 45-54 | 86.5 | 87.7 | 88.4 | 87.6 | 88.2 | 88.5 | 88.4 | 87.8 | 90.6 | 91.6 |
| 55-59 | 87.1 | 85.4 | 87.5 | 85.4 | 84.1 | 80.9 | 80.2 | 85.2 | 83.1 | 82.0 |
| 60-64 | 72.7 | 69.2 | 66.7 | 73.0 | 74.1 | 75.9 | 76.6 | 80.9 | 82.9 | 78.8 |
| 15-24 | 80.1 | 79.9 | 76.2 | 76.5 | 75.9 | 78.8 | 82.5 | 78.4 | 81.5 | 83.0 |
| 25-54 | 85.4 | 84.4 | 84.7 | 85.3 | 85.2 | 86.1 | 86.6 | 86.3 | 87.5 | 88.8 |
| 55-64 | 80.7 | 78.1 | 78.1 | 79.8 | 79.5 | 78.6 | 78.5 | 83.3 | 83.0 | 80.5 |
| 65 and over | 27.7 | 29.2 | 27.7 | 27.8 | 25.9 | 27.2 | 28.2 | 27.5 | 29.6 | 29.4 |
| 15-64 | 83.6 | 82.5 | 82.0 | 82.7 | 82.4 | 83.3 | 84.3 | 84.2 | 85.5 | 86.2 |
| **All persons** | | | | | | | | | | |
| 15-24 | 80.1 | 78.6 | 73.4 | 74.0 | 74.1 | 76.3 | 78.9 | 77.5 | 79.5 | 82.5 |
| 25-54 | 90.6 | 89.9 | 89.3 | 89.4 | 89.0 | 89.2 | 89.7 | 89.6 | 90.7 | 91.9 |
| 55-64 | 85.7 | 84.7 | 83.8 | 84.2 | 84.1 | 82.8 | 84.3 | 86.8 | 87.3 | 86.3 |
| 65 and over | 33.5 | 35.4 | 35.0 | 36.2 | 34.1 | 34.0 | 35.3 | 36.9 | 38.9 | 40.6 |
| 15-64 | 87.8 | 86.9 | 85.3 | 85.5 | 85.2 | 85.5 | 86.6 | 86.7 | 87.9 | 89.0 |
| **Unemployment rates** | | | | | | | | | | |
| **Males** | | | | | | | | | | |
| 15-19 | 12.6 | 13.2 | 21.5 | 21.2 | 22.7 | 20.2 | 19.5 | 17.4 | 15.0 | 7.2 |
| 20-24 | 4.4 | 5.9 | 18.9 | 16.4 | 15.5 | 11.1 | 9.9 | 10.4 | 7.9 | 6.2 |
| 25-34 | 1.6 | 3.1 | 11.0 | 11.4 | 7.9 | 7.2 | 5.7 | 5.1 | 3.1 | 3.4 |
| 35-44 | 0.9 | 1.3 | 5.3 | 5.1 | 3.8 | 3.2 | 4.3 | 4.0 | 2.5 | 2.0 |
| 45-54 | 1.0 | 2.2 | 5.3 | 4.5 | 5.2 | 3.9 | 3.0 | 2.2 | 2.1 | 1.1 |
| 55-59 | 0.7 | 2.3 | 2.9 | 5.0 | 8.3 | 4.0 | 2.9 | 3.2 | 3.3 | 2.7 |
| 60-64 | 1.1 | 2.8 | 7.4 | 5.4 | 5.6 | 5.3 | 3.3 | 2.7 | 3.0 | 2.9 |
| 15-24 | 8.0 | 9.0 | 19.9 | 18.3 | 18.4 | 14.7 | 13.6 | 13.1 | 10.7 | 6.6 |
| 25-54 | 1.2 | 2.2 | 7.2 | 7.0 | 5.6 | 4.8 | 4.4 | 3.8 | 2.6 | 2.2 |
| 55-64 | 0.9 | 2.5 | 4.9 | 5.1 | 7.1 | 4.6 | 3.1 | 2.9 | 3.2 | 2.8 |
| 65 and over | 2.4 | 1.9 | 2.7 | 3.6 | 3.4 | 4.0 | 4.4 | 2.0 | 0.8 | 0.6 |
| 15-64 | 2.3 | 3.4 | 8.9 | 8.6 | 8.1 | 6.5 | 5.8 | 5.2 | 4.1 | 3.1 |
| Total | 2.3 | 3.3 | 8.6 | 8.3 | 7.8 | 6.4 | 5.7 | 5.1 | 3.9 | 2.9 |
| **Females** | | | | | | | | | | |
| 15-19 | 8.3 | 10.3 | 14.9 | 17.1 | 12.4 | 12.5 | 10.0 | 10.2 | 9.8 | 8.4 |
| 20-24 | 4.6 | 5.1 | 9.7 | 11.6 | 9.4 | 12.3 | 6.1 | 4.7 | 4.6 | 4.8 |
| 25-34 | 1.6 | 2.3 | 8.2 | 8.1 | 9.3 | 6.0 | 7.9 | 7.5 | 5.6 | 4.3 |
| 35-44 | 1.7 | 1.3 | 3.8 | 4.3 | 4.1 | 4.0 | 4.7 | 4.5 | 3.6 | 2.3 |
| 45-54 | 1.4 | 1.6 | 3.0 | 4.5 | 3.7 | 3.3 | 2.4 | 3.0 | 2.4 | 1.8 |
| 55-59 | 0.5 | 1.0 | 2.1 | 2.5 | 3.1 | 4.2 | 4.3 | 4.5 | 3.4 | 1.3 |
| 60-64 | 1.4 | .. | 2.3 | 5.0 | 4.2 | 3.7 | 2.3 | 1.5 | 3.1 | 1.7 |
| 15-24 | 6.3 | 7.5 | 12.0 | 14.1 | 10.7 | 12.4 | 7.8 | 6.9 | 6.7 | 6.4 |
| 25-54 | 1.6 | 1.7 | 4.9 | 5.6 | 5.7 | 4.4 | 4.9 | 5.0 | 3.8 | 2.8 |
| 55-64 | 0.9 | 0.6 | 2.2 | 3.5 | 3.6 | 4.0 | 3.4 | 3.2 | 3.3 | 1.5 |
| 65 and over | 1.1 | 1.2 | 2.2 | 3.5 | 5.3 | 2.3 | 1.1 | 1.5 | 0.5 | 0.5 |
| 15-64 | 2.4 | 2.6 | 5.8 | 6.8 | 6.2 | 5.8 | 5.2 | 5.0 | 4.3 | 3.2 |
| Total | 2.3 | 2.6 | 5.7 | 6.7 | 6.2 | 5.7 | 5.1 | 4.9 | 4.1 | 3.1 |
| **All persons** | | | | | | | | | | |
| 15-24 | 7.2 | 8.2 | 16.0 | 16.2 | 14.6 | 13.6 | 10.7 | 10.0 | 8.7 | 6.5 |
| 25-54 | 1.3 | 2.0 | 6.2 | 6.3 | 5.6 | 4.6 | 4.6 | 4.3 | 3.2 | 2.5 |
| 55-64 | 0.9 | 1.6 | 3.6 | 4.4 | 5.4 | 4.3 | 3.2 | 3.1 | 3.2 | 2.2 |
| 65 and over | 1.9 | 1.6 | 2.5 | 3.6 | 4.1 | 3.3 | 3.1 | 1.8 | 0.7 | 0.6 |
| 15-64 | 2.3 | 3.0 | 7.4 | 7.7 | 7.2 | 6.2 | 5.5 | 5.1 | 4.2 | 3.1 |

*Note:* Detailed metadata at:http://metalinks.oecd.org/lfs/20180108/10b3
*Disclaimer:* http://oe.cd/disclaimer

# ICELAND

## Table 3. Employment and employees: breakdown by activity - ISIC Rev. 4

*Annual average estimates*

| | | 2007 | 2008 | 2009 | 2010 | 2011 | 2012 | 2013 | 2014 | 2015 | 2016 |
|---|---|---|---|---|---|---|---|---|---|---|---|
| | **EMPLOYMENT** | | | | | | | | | | |
| | **By activity, thousands** | | | | | | | | | | |
| **A-U** | **All activities** | .. | **177.1** | **166.2** | **165.8** | **166.0** | **167.9** | **173.2** | **177.6** | **183.7** | **190.5** |
| A | Agriculture, hunting and forestry | 6.0 \| | 8.1 | 8.0 | 9.3 | 9.1 | 9.3 | 7.7 | 8.1 | 7.8 | 7.4 |
| **B-F** | **Industry** | **36.6 \|** | **38.0 e** | **31.3 e** | **29.7 e** | **30.1 e** | **29.8 e** | **31.5 e** | .. | .. | .. |
| B | Mining and quarrying | .. | .. | .. | .. | .. | .. | .. | .. | .. | .. |
| C | Manufacturing | .. | 18.7 | 18.3 | 17.7 | 18.6 | 19.4 | 19.7 | 19.7 | 18.8 | 19.2 |
| D | Electricity, gas, steam, air cond. supply | .. | 1.7 | 1.5 | 1.5 | 1.5 | .. | 1.2 | 1.5 | 1.5 | 1.6 |
| E | Water supply, sewerage, waste mgt, remediation | .. | .. | .. | .. | .. | .. | .. | .. | .. | .. |
| F | Construction | .. | 17.6 | 11.5 | 10.5 | 10.0 | 9.2 | 10.5 | 10.5 | 11.4 | 11.8 |
| **G-U** | **Services** | **133.0 \|** | **131.0 e** | **126.9 e** | **126.8 e** | **126.8 e** | **128.9 e** | **134.1 e** | .. | .. | .. |
| G | Wholesale, retail trade, vehicle, motorcycle repair | .. | 23.0 | 21.1 | 20.4 | 21.7 | 22.4 | 23.5 | 23.2 | 23.9 | 25.3 |
| H | Transportation and storage | .. | 9.3 | 9.5 | 8.9 | 8.9 | 8.7 | 9.2 | 10.1 | 11.3 | 12.9 |
| I | Accommodation and food service activities | .. | 6.3 | 7.6 | 7.9 | 8.7 | 8.2 | 10.0 | 10.6 | 11.1 | 11.7 |
| J | Information and communication | .. | 7.5 | 7.9 | 7.0 | 7.2 | 7.1 | 7.4 | 8.1 | 9.3 | 10.0 |
| K | Financial and insurance activities | .. | 9.0 | 7.8 | 7.9 | 8.3 | 7.4 | 7.1 | 6.8 | 6.3 | 6.3 |
| L | Real estate activities | .. | 1.3 | .. | .. | .. | .. | .. | .. | .. | .. |
| M | Professional, scientific and technical activities | .. | 9.4 | 9.5 | 9.9 | 9.9 | 9.7 | 9.8 | 10.6 | 11.3 | 11.9 |
| N | Administrative and support service activities | .. | 4.2 | 3.9 | 4.1 | 4.4 | 5.1 | 5.2 | 6.3 | 5.8 | 6.8 |
| O | Public administration, defence, social security | .. | 9.6 | 9.1 | 8.5 | 7.1 | 9.0 | 8.9 | 7.6 | 7.5 | 8.4 |
| P | Education | .. | 20.8 | 19.8 | 20.1 | 18.1 | 19.2 | 20.1 | 22.1 | 23.6 | 23.1 |
| Q | Human health and social work activities | .. | 19.5 | 19.2 | 20.9 | 20.2 | 18.9 | 20.4 | 20.3 | 20.9 | 21.0 |
| R | Arts, entertainment and recreation | .. | 5.9 | 5.1 | 4.9 | 5.6 | 6.0 | 5.9 | 5.9 | 6.3 | 6.4 |
| S | Other service activities | .. | 3.8 | 4.0 | 4.2 | 4.9 | 5.0 | 4.3 | 4.3 | 4.6 | 4.6 |
| T | Households as employers and own-use activities | .. | .. | .. | .. | .. | .. | .. | .. | .. | .. |
| U | Activities of extraterritorial organizations, bodies | .. | .. | .. | .. | .. | .. | .. | .. | .. | .. |
| | **EMPLOYEES** | | | | | | | | | | |
| | **By activity, thousands** | | | | | | | | | | |
| **A-U** | **All activities** | .. | **154.0** | **145.7** | **144.0** | **144.3** | **144.6** | **150.5** | **155.3** | **161.0** | **167.7** |
| A | Agriculture, hunting and forestry | .. | 4.4 | 4.5 | 5.4 | 5.1 | 5.6 | 4.3 | 5.1 | 5.0 | 4.5 |
| **B-F** | **Industry** | .. | .. | .. | .. | .. | .. | .. | .. | .. | .. |
| B | Mining and quarrying | .. | .. | .. | .. | .. | .. | .. | .. | .. | .. |
| C | Manufacturing | .. | 17.0 | 16.6 | 16.0 | 16.9 | 17.4 | 17.9 | 18.0 | 17.0 | 17.4 |
| D | Electricity, gas, steam, air cond. supply | .. | 1.7 | 1.5 | 1.5 | 1.5 | .. | 1.2 | 1.4 | 1.5 | 1.5 |
| E | Water supply, sewerage, waste mgt, remediation | .. | .. | .. | .. | .. | .. | .. | .. | .. | .. |
| F | Construction | .. | 12.4 | 8.1 | 7.2 | 7.2 | 6.3 | 7.2 | 6.9 | 7.8 | 8.5 |
| **G-U** | **Services** | .. | .. | .. | .. | .. | .. | .. | .. | .. | .. |
| G | Wholesale, retail trade, vehicle, motorcycle repair | .. | 21.0 | 19.0 | 18.1 | 19.3 | 20.0 | 21.2 | 21.0 | 21.8 | 22.9 |
| H | Transportation and storage | .. | 7.8 | 8.2 | 7.7 | 7.8 | 7.8 | 8.4 | 9.2 | 10.1 | 11.8 |
| I | Accommodation and food service activities | .. | 5.8 | 6.9 | 7.1 | 7.9 | 7.4 | 8.9 | 9.6 | 9.9 | 10.9 |
| J | Information and communication | .. | 6.7 | 6.9 | 6.1 | 6.6 | 6.1 | 6.2 | 6.9 | 7.9 | 8.6 |
| K | Financial and insurance activities | .. | 8.8 | 7.7 | 7.6 | 8.0 | 6.9 | 6.8 | 6.6 | 6.2 | 6.2 |
| L | Real estate activities | .. | .. | .. | .. | .. | .. | .. | .. | .. | .. |
| M | Professional, scientific and technical activities | .. | 7.3 | 7.6 | 7.8 | 8.2 | 7.5 | 7.5 | 8.2 | 8.8 | 9.1 |
| N | Administrative and support service activities | .. | 3.8 | 3.5 | 3.7 | 3.6 | 4.2 | 4.6 | 5.5 | 5.2 | 5.9 |
| O | Public administration, defence, social security | .. | 9.4 | 9.0 | 8.4 | 7.1 | 8.7 | 8.8 | 7.5 | 7.5 | 8.2 |
| P | Education | .. | 20.5 | 19.3 | 19.4 | 17.6 | 18.6 | 19.5 | 21.3 | 22.8 | 22.4 |
| Q | Human health and social work activities | .. | 18.1 | 17.9 | 19.5 | 18.4 | 17.0 | 18.5 | 18.5 | 19.3 | 19.5 |
| R | Arts, entertainment and recreation | .. | 4.5 | 4.1 | 3.9 | 4.5 | 5.1 | 4.8 | 4.8 | 5.0 | 5.2 |
| S | Other service activities | .. | 3.0 | 3.3 | 3.2 | 3.6 | 3.7 | 3.2 | 3.2 | 3.3 | 3.3 |
| T | Households as employers and own-use activities | .. | .. | .. | .. | .. | .. | .. | .. | .. | .. |
| U | Activities of extraterritorial organizations, bodies | .. | .. | .. | .. | .. | .. | .. | .. | .. | .. |

*Note:* Detailed metadata:http://metalinks.oecd.org/lfs/20180108/56a2

*Disclaimer:* http://oe.cd/disclaimer

# IRELAND

## Table 1. Labour force

*Annual average estimates*

| | 2007 | 2008 | 2009 | 2010 | 2011 | 2012 | 2013 | 2014 | 2015 | 2016 |
|---|---|---|---|---|---|---|---|---|---|---|
| **Labour force, thousands** | | | | | | | | | | |
| All persons | 2 248 | 2 274 \| | 2 229 | 2 185 | 2 166 | 2 154 | 2 163 | 2 157 | 2 167 | 2 193 |
| Males | 1 286 | 1 291 \| | 1 251 | 1 217 | 1 202 | 1 191 | 1 195 | 1 192 | 1 196 | 1 204 |
| Females | 963 | 983 \| | 978 | 968 | 964 | 963 | 969 | 965 | 971 | 989 |
| **Unemployed, thousands** | | | | | | | | | | |
| All persons | 105 | 146 \| | 268 | 303 | 317 | 316 | 282 | 243 | 204 | 173 |
| Males | 64 | 97 \| | 187 | 207 | 213 | 210 | 179 | 153 | 129 | 109 |
| Females | 41 | 49 \| | 80 | 95 | 104 | 106 | 104 | 90 | 74 | 64 |
| **Employment, thousands** | | | | | | | | | | |
| All persons | 2 143 | 2 128 \| | 1 961 | 1 882 | 1 849 | 1 838 | 1 881 | 1 914 | 1 964 | 2 020 |
| Males | 1 222 | 1 194 \| | 1 064 | 1 010 | 989 | 981 | 1 016 | 1 039 | 1 067 | 1 095 |
| Females | 922 | 935 \| | 898 | 872 | 860 | 857 | 865 | 875 | 897 | 925 |
| **Employment (%)** | | | | | | | | | | |
| Males | 57.0 | 56.1 \| | 54.2 | 53.7 | 53.5 | 53.4 | 54.0 | 54.3 | 54.3 | 54.2 |
| Females | 43.0 | 43.9 \| | 45.8 | 46.3 | 46.5 | 46.6 | 46.0 | 45.7 | 45.7 | 45.8 |
| **Unemployment rate (% of labour force)** | | | | | | | | | | |
| All persons | 4.7 | 6.4 \| | 12.0 | 13.9 | 14.6 | 14.7 | 13.0 | 11.3 | 9.4 | 7.9 |
| Males | 5.0 | 7.5 \| | 15.0 | 17.0 | 17.7 | 17.7 | 15.0 | 12.8 | 10.8 | 9.0 |
| Females | 4.3 | 4.9 \| | 8.2 | 9.8 | 10.8 | 11.0 | 10.7 | 9.4 | 7.6 | 6.5 |
| **EMPLOYMENT - PROFESSIONAL STATUS, thousands** | | | | | | | | | | |
| **All activities** | **2 143** | **2 128 \|** | **1 961** | **1 882** | **1 849** | **1 838** | **1 881** | **1 914** | **1 964** | **2 020** |
| Employees | 1 780 | 1 757 \| | 1 617 | 1 564 | 1 546 | 1 536 | 1 556 | 1 582 | 1 626 | 1 679 |
| Employers and persons working on own account | 347 | 356 \| | 329 | 305 | 293 | 289 | 310 | 318 | 323 | 326 |
| Unpaid family workers | 15 | 15 \| | 15 | 13 | 11 | 13 | 15 | 14 | 15 | 15 |
| **Employees as % of employment** | **83.1** | **82.6 \|** | **82.4** | **83.1** | **83.6** | **83.6** | **82.7** | **82.7** | **82.8** | **83.1** |
| **Part-time employment (%)** | | | | | | | | | | |
| Part-time as % of employment | 19.9 | 20.9 | 23.8 | 24.9 | 25.7 | 25.0 | 24.2 | 23.4 | 23.3 | 22.8 |
| Male share of part time employment | 20.2 | 21.3 | 23.8 | 24.9 | 25.5 | 26.7 | 28.1 | 27.8 | 27.9 | 27.6 |
| Female share of part time employment | 79.8 | 78.7 | 76.2 | 75.1 | 74.5 | 73.3 | 71.9 | 72.2 | 72.1 | 72.4 |
| Male part-time as % of male employment | 7.4 | 8.3 | 11.0 | 12.1 | 12.8 | 13.1 | 13.1 | 12.5 | 12.3 | 11.9 |
| Female part-time as % of female employment | 35.0 | 35.5 | 37.4 | 38.2 | 39.1 | 37.5 | 36.2 | 35.4 | 35.4 | 34.8 |
| **Duration of unemployment (% of total unemployment)** | | | | | | | | | | |
| Less than one month | 9.1 | 8.6 | 7.5 | 4.4 | 4.3 | 4.0 | 4.4 | 4.5 | 4.8 | 5.7 |
| More than 1 month and less than 3 months | 24.1 | 25.7 | 19.6 | 11.8 | 9.7 | 9.7 | 10.1 | 10.7 | 10.9 | 11.9 |
| More than 3 months and less than 6 months | 18.9 | 20.3 | 19.6 | 13.7 | 10.9 | 10.6 | 10.6 | 11.1 | 12.3 | 12.6 |
| More than 6 months and less than 1 year | 17.9 | 18.8 | 24.3 | 21.0 | 15.8 | 14.0 | 14.3 | 14.5 | 14.4 | 14.5 |
| More than 1 year | 30.0 | 26.5 | 29.1 | 49.1 | 59.3 | 61.7 | 60.6 | 59.2 | 57.6 | 55.3 |

*Note:* Detailed metadata: http://metalinks.oecd.org/lfs/20180108/f940, http://metalinks.oecd.org/lfs/20180108/56a2, http://metalinks.oecd.org/lfs/20180108/4fec and http://metalinks.oecd.org/lfs/20180108/f45f.

*Disclaimer:* http://oe.cd/disclaimer

## Table 2. Participation rates and unemployment rates by age and sex

*Annual average estimates, percentage*

| | 2007 | 2008 | 2009 | 2010 | 2011 | 2012 | 2013 | 2014 | 2015 | 2016 |
|---|---|---|---|---|---|---|---|---|---|---|
| **Participation rates** | | | | | | | | | | |
| **Males** | | | | | | | | | | |
| 15-19 | 31.1 | 27.6 | 23.2 | 18.4 | 16.1 | 18.0 | 16.9 | 15.0 | 16.4 | 19.2 |
| 20-24 | 82.0 | 80.5 | 76.4 | 71.2 | 68.3 | 67.1 | 67.9 | 66.5 | 65.1 | 69.7 |
| 25-34 | 92.3 | 92.5 | 91.6 | 90.6 | 89.0 | 90.0 | 88.1 | 88.7 | 88.3 | 87.5 |
| 35-44 | 93.1 | 92.8 | 92.4 | 91.6 | 91.7 | 91.2 | 91.9 | 92.1 | 92.2 | 91.8 |
| 45-54 | 89.1 | 89.1 | 87.5 | 86.8 | 86.6 | 86.1 | 88.4 | 88.0 | 88.5 | 87.7 |
| 55-59 | 77.5 | 76.3 | 76.6 | 74.2 | 74.1 | 73.4 | 76.3 | 77.9 | 79.7 | 80.6 |
| 60-64 | 60.6 | 60.5 | 57.1 | 55.1 | 55.7 | 54.6 | 56.4 | 57.3 | 62.4 | 61.2 |
| 15-24 | 59.6 | 56.8 | 51.7 | 45.9 | 42.6 | 42.3 | 41.5 | 38.9 | 38.3 | 41.5 |
| 25-54 | 91.7 | 91.7 | 90.7 | 89.9 | 89.2 | 89.3 | 89.5 | 89.7 | 89.8 | 89.2 |
| 55-64 | 69.8 | 69.0 | 67.5 | 65.2 | 65.4 | 64.6 | 66.9 | 68.3 | 71.5 | 71.5 |
| 65 and over | 16.1 | 16.5 | 14.9 | 13.9 | 13.8 | 14.0 | 14.5 | 15.6 | 16.6 | 16.9 |
| 15-64 | 81.6 | 81.0 | 79.3 | 77.4 | 76.7 | 76.7 | 77.2 | 77.1 | 77.6 | 77.7 |
| **Females** | | | | | | | | | | |
| 15-19 | 27.4 | 25.1 | 21.0 | 15.8 | 15.9 | 17.6 | 17.3 | 14.2 | 13.5 | 19.5 |
| 20-24 | 72.5 | 71.8 | 71.0 | 66.5 | 64.6 | 63.5 | 64.5 | 59.6 | 58.3 | 63.3 |
| 25-34 | 78.7 | 77.7 | 77.8 | 77.4 | 78.0 | 76.9 | 78.3 | 76.8 | 76.9 | 77.8 |
| 35-44 | 68.8 | 68.8 | 69.0 | 68.7 | 68.3 | 70.4 | 71.5 | 72.9 | 72.6 | 74.6 |
| 45-54 | 66.9 | 67.1 | 66.8 | 68.2 | 67.9 | 66.4 | 67.6 | 67.4 | 70.4 | 68.3 |
| 55-59 | 49.0 | 50.4 | 52.0 | 56.2 | 56.6 | 55.8 | 58.2 | 57.6 | 59.1 | 61.0 |
| 60-64 | 31.1 | 33.3 | 32.3 | 33.4 | 34.5 | 34.3 | 34.5 | 37.4 | 37.3 | 39.5 |
| 15-24 | 52.7 | 51.3 | 48.8 | 43.2 | 41.3 | 40.9 | 40.3 | 35.5 | 33.8 | 38.8 |
| 25-54 | 72.2 | 71.8 | 71.8 | 71.9 | 71.8 | 71.7 | 72.8 | 72.6 | 73.4 | 73.7 |
| 55-64 | 40.8 | 42.5 | 42.8 | 45.4 | 46.2 | 45.7 | 47.0 | 48.1 | 48.8 | 50.9 |
| 65 and over | 4.0 | 4.5 | 4.2 | 4.6 | 4.6 | 4.5 | 5.0 | 5.2 | 6.1 | 5.2 |
| 15-64 | 63.5 | 63.3 | 62.8 | 62.3 | 62.3 | 62.2 | 63.2 | 62.5 | 62.8 | 64.1 |
| **All persons** | | | | | | | | | | |
| 15-24 | 56.2 | 54.1 | 50.3 | 44.5 | 42.0 | 41.6 | 40.9 | 37.3 | 36.1 | 40.2 |
| 25-54 | 82.1 | 81.8 | 81.3 | 80.9 | 80.5 | 80.3 | 81.0 | 81.0 | 81.4 | 81.3 |
| 55-64 | 55.5 | 55.9 | 55.2 | 55.4 | 55.8 | 55.1 | 56.9 | 58.1 | 60.1 | 61.1 |
| 65 and over | 9.4 | 9.9 | 9.1 | 8.8 | 8.8 | 8.8 | 9.4 | 10.0 | 10.9 | 10.6 |
| 15-64 | 72.7 | 72.2 | 71.1 | 69.8 | 69.5 | 69.4 | 70.1 | 69.7 | 70.1 | 70.9 |
| **Unemployment rates** | | | | | | | | | | |
| **Males** | | | | | | | | | | |
| 15-19 | 18.3 | 21.8 | 39.8 | 41.9 | 46.3 | 51.2 | 43.5 | 38.9 | 31.8 | 25.6 |
| 20-24 | 8.5 | 13.0 | 29.8 | 32.5 | 33.4 | 35.6 | 29.6 | 25.2 | 21.8 | 18.9 |
| 25-34 | 4.9 | 7.2 | 18.0 | 18.8 | 21.4 | 20.4 | 18.1 | 15.9 | 12.8 | 11.3 |
| 35-44 | 3.6 | 5.1 | 12.4 | 14.7 | 14.9 | 15.5 | 13.7 | 11.5 | 9.1 | 8.1 |
| 45-54 | 3.8 | 4.5 | 10.4 | 13.5 | 13.5 | 13.9 | 12.8 | 10.8 | 9.5 | 8.2 |
| 55-59 | 2.9 | 4.1 | 7.7 | 10.6 | 11.8 | 14.9 | 12.9 | 11.9 | 9.0 | 8.7 |
| 60-64 | 1.7 | 2.8 | 8.0 | 10.3 | 11.2 | 11.3 | 11.5 | 11.2 | 9.0 | 7.1 |
| 15-24 | 10.7 | 14.9 | 31.9 | 34.3 | 35.8 | 38.9 | 32.5 | 28.0 | 24.2 | 20.6 |
| 25-54 | 4.2 | 5.8 | 14.0 | 15.9 | 16.9 | 16.8 | 14.9 | 12.7 | 10.4 | 9.1 |
| 55-64 | 2.4 | 3.6 | 7.8 | 10.5 | 11.6 | 13.5 | 12.3 | 11.6 | 9.0 | 8.1 |
| 65 and over | 0.6 | 0.3 | 0.9 | 0.9 | 1.2 | 1.7 | 2.4 | 1.4 | 1.1 | 1.2 |
| 15-64 | 5.0 | 6.9 | 15.7 | 17.4 | 18.2 | 18.6 | 16.3 | 14.0 | 11.4 | 10.1 |
| Total | 4.9 | 6.7 | 15.3 | 17.0 | 17.7 | 18.1 | 15.8 | 13.5 | 11.0 | 9.7 |
| **Females** | | | | | | | | | | |
| 15-19 | 16.2 | 17.2 | 32.5 | 38.8 | 33.8 | 45.3 | 42.4 | 39.1 | 29.2 | 24.1 |
| 20-24 | 7.9 | 7.7 | 15.6 | 18.4 | 21.4 | 21.7 | 22.0 | 22.0 | 17.8 | 14.3 |
| 25-34 | 3.9 | 4.2 | 8.1 | 9.8 | 11.1 | 10.9 | 10.9 | 9.7 | 7.9 | 7.2 |
| 35-44 | 3.8 | 3.3 | 6.6 | 8.7 | 9.2 | 9.6 | 9.5 | 7.4 | 6.6 | 6.6 |
| 45-54 | 3.1 | 2.9 | 4.5 | 6.6 | 7.2 | 7.9 | 9.1 | 7.7 | 7.3 | 5.2 |
| 55-59 | 2.5 | 2.9 | 3.9 | 5.7 | 5.7 | 5.2 | 8.3 | 7.3 | 6.1 | 3.8 |
| 60-64 | 1.0 | 1.8 | 1.8 | 4.2 | 5.4 | 5.8 | 8.2 | 5.6 | 6.2 | 5.1 |
| 15-24 | 9.8 | 9.7 | 18.8 | 21.8 | 23.7 | 26.7 | 26.5 | 25.6 | 20.3 | 17.0 |
| 25-54 | 3.7 | 3.6 | 6.7 | 8.6 | 9.4 | 9.7 | 9.9 | 8.3 | 7.3 | 6.4 |
| 55-64 | 2.0 | 2.5 | 3.2 | 5.2 | 5.6 | 5.4 | 8.3 | 6.7 | 6.1 | 4.3 |
| 65 and over | 1.9 | 0.0 | 1.7 | 3.1 | 0.7 | 0.8 | 2.6 | 1.8 | 3.0 | 2.3 |
| 15-64 | 4.7 | 4.6 | 8.3 | 10.1 | 10.8 | 11.2 | 11.5 | 9.8 | 8.3 | 7.2 |
| Total | 4.6 | 4.5 | 8.3 | 10.0 | 10.6 | 11.0 | 11.4 | 9.6 | 8.2 | 7.1 |
| **All persons** | | | | | | | | | | |
| 15-24 | 10.3 | 12.4 | 25.5 | 28.3 | 29.9 | 33.0 | 29.6 | 26.9 | 22.4 | 19.0 |
| 25-54 | 4.0 | 4.8 | 10.8 | 12.6 | 13.5 | 13.6 | 12.6 | 10.7 | 9.0 | 7.9 |
| 55-64 | 2.3 | 3.2 | 6.0 | 8.3 | 9.1 | 10.1 | 10.7 | 9.6 | 7.8 | 6.5 |
| 65 and over | 0.9 | 0.2 | 1.1 | 1.5 | 1.1 | 1.4 | 2.4 | 1.5 | 1.7 | 1.5 |
| 15-64 | 4.9 | 5.9 | 12.5 | 14.1 | 14.9 | 15.3 | 14.1 | 12.1 | 10.0 | 8.7 |

*Note:* Detailed metadata at:http://metalinks.oecd.org/lfs/20180108/10b3
*Disclaimer:* http://oe.cd/disclaimer

## Table 3. Employment and employees: breakdown by activity - ISIC Rev. 4

*Annual average estimates*

| | | 2007 | 2008 | 2009 | 2010 | 2011 | 2012 | 2013 | 2014 | 2015 | 2016 |
|---|---|---|---|---|---|---|---|---|---|---|---|
| | **EMPLOYMENT** | | | | | | | | | | |
| | **By activity, thousands** | | | | | | | | | | |
| **A-U** | **All activities** | **2 128.9** | **2 128.4** | **1 961.4** | **1 882.2** | **1 849.1** | **1 837.9** | **1 881.2** | **1 913.9** | **1 963.6** | **2 020.0** |
| A | Agriculture, hunting and forestry | 116.1 | 115.4 | 96.3 | 85.2 | 82.9 | 85.8 | 106.8 | 109.0 | 109.9 | 112.9 |
| **B-F** | **Industry** | **577.5** | **527.4** | **417.5** | **366.4** | **348.2** | **335.8** | **342.5** | **348.4** | **373.6** | **393.7** |
| B | Mining and quarrying | 10.7 | 11.4 | 7.3 | 7.1 | 5.8 | 6.5 | 6.7 | 6.0 | 7.1 | 5.2 |
| C | Manufacturing | 264.6 | 252.4 | 227.8 | 214.6 | 212.6 | 208.8 | 213.1 | 211.9 | 220.5 | 232.3 |
| D | Electricity, gas, steam, air cond. supply | 11.1 | 11.5 | 12.3 | 11.8 | 10.2 | 9.5 | 9.7 | 9.8 | 9.5 | 11.2 |
| E | Water supply, sewerage, waste mgt, remediation | 15.3 | 12.9 | 11.7 | 12.0 | 11.9 | 9.3 | 10.9 | 11.3 | 11.1 | 9.2 |
| F | Construction | 273.9 | 239.4 | 158.3 | 121.0 | 107.8 | 101.8 | 102.0 | 109.4 | 125.4 | 135.8 |
| **G-U** | **Services** | **1 449.6** | **1 485.6** | **1 447.6** | **1 430.6** | **1 418.0** | **1 416.3** | **1 432.0** | **1 456.5** | **1 480.1** | **1 513.5** |
| G | Wholesale, retail trade, vehicle, motorcycle repair | 301.8 | 310.7 | 282.6 | 276.7 | 273.2 | 271.4 | 272.3 | 272.4 | 273.9 | 277.2 |
| H | Transportation and storage | 94.1 | 94.0 | 95.7 | 93.5 | 94.9 | 90.1 | 88.2 | 89.4 | 91.8 | 95.4 |
| I | Accommodation and food service activities | 133.1 | 129.0 | 126.9 | 126.7 | 116.5 | 119.8 | 130.8 | 137.2 | 138.0 | 147.4 |
| J | Information and communication | 71.2 | 71.5 | 74.0 | 74.9 | 76.3 | 80.3 | 80.6 | 81.4 | 83.3 | 86.6 |
| K | Financial and insurance activities | 91.3 | 96.1 | 98.5 | 92.6 | 92.5 | 91.1 | 90.8 | 90.2 | 89.1 | 90.0 |
| L | Real estate activities | 10.8 | 10.9 | 9.6 | 9.3 | 9.6 | 10.3 | 8.6 | 9.8 | 11.6 | 11.5 |
| M | Professional, scientific and technical activities | 110.8 | 113.8 | 103.5 | 100.4 | 100.1 | 100.8 | 109.6 | 116.0 | 116.8 | 119.2 |
| N | Administrative and support service activities | 79.2 | 76.8 | 67.6 | 62.1 | 67.2 | 63.8 | 61.7 | 64.4 | 65.3 | 67.9 |
| O | Public administration, defence, social security | 95.8 | 105.2 | 106.3 | 104.7 | 101.3 | 98.7 | 95.4 | 96.5 | 99.7 | 101.1 |
| P | Education | 142.1 | 145.4 | 147.5 | 149.7 | 144.0 | 144.7 | 146.4 | 149.9 | 151.3 | 152.4 |
| Q | Human health and social work activities | 211.7 | 224.3 | 231.6 | 237.7 | 241.2 | 243.7 | 246.3 | 247.2 | 250.7 | 252.8 |
| R | Arts, entertainment and recreation | 41.9 | 45.2 | 42.1 | 43.1 | 43.2 | 42.0 | 41.8 | 41.6 | 43.7 | 49.2 |
| S | Other service activities | 45.5 | 44.6 | 45.7 | 42.9 | 44.3 | 46.4 | 46.2 | 45.1 | 47.9 | 48.5 |
| T | Households as employers and own-use activities | 9.6 | 10.0 | 7.8 | 7.3 | 7.7 | 8.1 | 7.0 | 6.4 | 8.6 | 7.1 |
| U | Activities of extraterritorial organizations, bodies | 1.1 | .. | .. | .. | .. | .. | 4.9 | 6.4 | .. | .. |
| | **EMPLOYEES** | | | | | | | | | | |
| | **By activity, thousands** | | | | | | | | | | |
| **A-U** | **All activities** | **1 772.7** | **1 757.2** | **1 616.8** | **1 564.2** | **1 546.0** | **1 536.0** | **1 555.8** | **1 582.0** | **1 626.4** | **1 679.5** |
| A | Agriculture, hunting and forestry | 21.8 | 21.2 | 16.4 | 16.6 | 18.2 | 17.8 | 23.7 | 24.4 | 23.0 | 24.1 |
| **B-F** | **Industry** | **478.4** | **425.5** | **332.4** | **296.9** | **289.0** | **276.8** | **281.1** | **286.0** | **305.7** | **324.1** |
| B | Mining and quarrying | 9.8 | 10.3 | 6.5 | 6.7 | 5.0 | 5.3 | 6.1 | 5.8 | 6.8 | 5.0 |
| C | Manufacturing | 241.7 | 228.4 | 203.9 | 194.9 | 195.3 | 191.3 | 194.4 | 192.2 | 201.5 | 210.7 |
| D | Electricity, gas, steam, air cond. supply | 10.5 | 10.9 | 11.6 | 11.2 | 9.8 | 9.2 | 9.0 | 9.3 | 8.6 | 10.8 |
| E | Water supply, sewerage, waste mgt, remediation | 14.1 | 11.9 | 10.9 | 11.3 | 11.2 | 8.2 | 10.2 | 10.9 | 10.2 | 8.4 |
| F | Construction | 202.3 | 163.9 | 99.5 | 73.0 | 67.9 | 62.9 | 61.5 | 67.9 | 78.5 | 89.2 |
| **G-U** | **Services** | **1 272.5** | **1 310.6** | **1 268.0** | **1 250.7** | **1 238.8** | **1 241.4** | **1 251.0** | **1 271.6** | **1 297.7** | **1 331.2** |
| G | Wholesale, retail trade, vehicle, motorcycle repair | 261.8 | 272.0 | 245.1 | 238.8 | 236.8 | 236.6 | 236.7 | 235.8 | 238.3 | 244.8 |
| H | Transportation and storage | 70.0 | 69.2 | 69.6 | 69.1 | 70.4 | 67.3 | 66.4 | 66.9 | 68.9 | 72.6 |
| I | Accommodation and food service activities | 117.2 | 113.9 | 111.6 | 110.2 | 100.9 | 105.7 | 116.8 | 121.6 | 122.6 | 132.0 |
| J | Information and communication | 63.4 | 63.0 | 65.4 | 64.9 | 64.4 | 68.9 | 68.5 | 70.4 | 72.8 | 75.3 |
| K | Financial and insurance activities | 86.9 | 92.0 | 94.4 | 88.3 | 88.0 | 86.9 | 86.1 | 85.3 | 83.8 | 86.0 |
| L | Real estate activities | 7.7 | 7.7 | 6.2 | 6.3 | 5.7 | 6.7 | 5.7 | 6.9 | 7.9 | 7.8 |
| M | Professional, scientific and technical activities | 82.2 | 84.3 | 73.3 | 70.5 | 69.9 | 70.7 | 76.6 | 82.7 | 84.9 | 88.3 |
| N | Administrative and support service activities | 70.0 | 66.5 | 57.8 | 53.7 | 58.0 | 54.4 | 52.5 | 55.8 | 58.0 | 58.4 |
| O | Public administration, defence, social security | 95.3 | 104.6 | 105.5 | 104.1 | 100.8 | 97.8 | 94.2 | 95.5 | 98.7 | 99.5 |
| P | Education | 136.0 | 138.2 | 140.6 | 141.6 | 136.5 | 137.9 | 139.1 | 142.3 | 142.7 | 144.9 |
| Q | Human health and social work activities | 200.6 | 214.0 | 217.8 | 224.0 | 228.4 | 228.8 | 232.1 | 232.9 | 236.9 | 239.1 |
| R | Arts, entertainment and recreation | 32.7 | 34.6 | 32.1 | 32.2 | 33.5 | 32.7 | 31.3 | 30.0 | 32.1 | 35.6 |
| S | Other service activities | 35.3 | 34.5 | 34.8 | 32.6 | 33.8 | 35.1 | 33.6 | 32.1 | 35.5 | 35.3 |
| T | Households as employers and own-use activities | 8.1 | 8.6 | 6.6 | 5.8 | 6.4 | 6.8 | 5.9 | 4.9 | 6.7 | 4.9 |
| U | Activities of extraterritorial organizations, bodies | 1.1 | .. | .. | .. | .. | .. | 4.6 | 6.2 | .. | .. |

*Note:* Detailed metadata:http://metalinks.oecd.org/lfs/20180108/56a2
*Disclaimer:* http://oe.cd/disclaimer

# ISRAEL

## Table 1. Labour force

*Annual average estimates*

| | 2007 | 2008 | 2009 | 2010 | 2011 | 2012 | 2013 | 2014 | 2015 | 2016 |
|---|---|---|---|---|---|---|---|---|---|---|
| **Labour force, thousands** | | | | | | | | | | |
| All persons | 2 894 | 2 957 | 3 073 | 3 147 | 3 204 \| | 3 606 | 3 678 | 3 778 | 3 846 | 3 925 |
| Males | 1 547 | 1 580 | 1 625 | 1 664 | 1 699 \| | 1 918 | 1 956 | 1 998 | 2 032 | 2 069 |
| Females | 1 347 | 1 377 | 1 448 | 1 483 | 1 505 \| | 1 688 | 1 722 | 1 781 | 1 813 | 1 857 |
| **Unemployed, thousands** | | | | | | | | | | |
| All persons | 212 | 180 | 232 | 209 | 180 \| | 247 | 228 | 223 | 202 | 188 |
| Males | 105 | 91 | 123 | 113 | 95 \| | 130 | 121 | 117 | 104 | 97 |
| Females | 107 | 90 | 109 | 96 | 85 \| | 118 | 108 | 105 | 98 | 92 |
| **Employment, thousands** | | | | | | | | | | |
| All persons | 2 682 | 2 777 | 2 841 | 2 938 | 3 025 \| | 3 359 | 3 450 | 3 556 | 3 644 | 3 737 |
| Males | 1 442 | 1 489 | 1 502 | 1 552 | 1 604 \| | 1 788 | 1 835 | 1 880 | 1 928 | 1 972 |
| Females | 1 240 | 1 288 | 1 339 | 1 386 | 1 421 \| | 1 571 | 1 614 | 1 675 | 1 715 | 1 765 |
| **Employment (%)** | | | | | | | | | | |
| Males | 53.8 | 53.6 | 52.9 | 52.8 | 53.0 \| | 53.2 | 53.2 | 52.9 | 52.9 | 52.8 |
| Females | 46.2 | 46.4 | 47.1 | 47.2 | 47.0 \| | 46.8 | 46.8 | 47.1 | 47.1 | 47.2 |
| **Unemployment rate (% of labour force)** | | | | | | | | | | |
| All persons | 7.3 | 6.1 | 7.5 | 6.6 | 5.6 \| | 6.9 | 6.2 | 5.9 | 5.2 | 4.8 |
| Males | 6.8 | 5.7 | 7.6 | 6.8 | 5.6 \| | 6.8 | 6.2 | 5.9 | 5.1 | 4.7 |
| Females | 7.9 | 6.5 | 7.5 | 6.5 | 5.6 \| | 7.0 | 6.2 | 5.9 | 5.4 | 4.9 |
| **EMPLOYMENT - PROFESSIONAL STATUS, thousands** | | | | | | | | | | |
| **All activities** | **2 692** | **2 784** | **2 841** | **2 938** | **3 025** | **3 359** | **3 450** | **3 556** | **3 644** | **3 737** |
| Employees | 2 351 | 2 431 | 2 475 | 2 564 | 2 642 | 2 933 | 3 015 | 3 111 | 3 183 | 3 260 |
| Employers and persons working on own account | 335 | 347 | 360 | 369 | 378 | 422 | 430 | 442 | 457 | 474 |
| Unpaid family workers | 6 | 6 | 6 | 6 | 5 | 5 | 4 | 4 | 4 | 3 |
| **Employees as % of employment** | **87.3** | **87.3** | **87.1** | **87.2** | **87.3** | **87.3** | **87.4** | **87.5** | **87.4** | **87.2** |
| **Part-time employment (%)** | | | | | | | | | | |
| Part-time as % of employment | 16.1 | 16.0 | 16.1 | 15.2 | 14.9 | 16.1 | 15.9 | 16.0 | 15.9 | 15.5 |
| Male share of part time employment | 26.7 | 27.7 | 27.4 | 27.1 | 28.3 | 32.1 | 31.5 | 31.4 | 31.7 | 31.5 |
| Female share of part time employment | 73.3 | 72.3 | 72.6 | 72.9 | 71.7 | 67.9 | 68.5 | 68.6 | 68.3 | 68.5 |
| Male part-time as % of male employment | 8.1 | 8.4 | 8.4 | 7.9 | 8.0 | 9.6 | 9.4 | 9.4 | 9.4 | 9.1 |
| Female part-time as % of female employment | 25.3 | 24.5 | 24.5 | 23.3 | 22.5 | 23.6 | 23.4 | 23.5 | 23.3 | 22.8 |
| **Duration of unemployment (% of total unemployment)** | | | | | | | | | | |
| Less than one month | 23.3 | 22.5 | 20.6 | 22.6 | 22.9 | 29.2 | 28.7 | 30.7 | 30.1 | 32.3 |
| More than 1 month and less than 3 months | 22.4 | 24.6 | 25.5 | 24.2 | 26.5 | 26.4 | 27.2 | 27.9 | 27.4 | 27.5 |
| More than 3 months and less than 6 months | 15.6 | 16.8 | 18.8 | 16.3 | 17.6 | 16.9 | 17.2 | 17.4 | 17.2 | 18.1 |
| More than 6 months and less than 1 year | 13.9 | 13.3 | 14.8 | 14.6 | 12.8 | 14.2 | 14.2 | 13.4 | 13.8 | 12.5 |
| More than 1 year | 24.9 | 22.7 | 20.3 | 22.4 | 20.2 | 13.3 | 12.7 | 10.6 | 11.5 | 9.6 |

*Note:* Detailed metadata: http://metalinks.oecd.org/lfs/20180108/420e, http://metalinks.oecd.org/lfs/20180108/56a2, http://metalinks.oecd.org/lfs/20180108/c55c and http://metalinks.oecd.org/lfs/20180108/40cc.

*Disclaimer:* http://oe.cd/disclaimer

## Table 2. Participation rates and unemployment rates by age and sex

*Annual average estimates, percentage*

| | 2007 | 2008 | 2009 | 2010 | 2011 | 2012 | 2013 | 2014 | 2015 | 2016 |
|---|---|---|---|---|---|---|---|---|---|---|
| **Participation rates** | | | | | | | | | | |
| **Males** | | | | | | | | | | |
| 15-19 | 40.1 | 38.8 | 33.4 | 35.4 | 33.5 | 29.2 | 30.3 | 29.4 | 29.7 | 28.6 |
| 20-24 | 78.2 | 77.5 | 76.9 | 75.0 | 73.1 | 73.3 | 73.7 | 74.3 | 72.7 | 71.8 |
| 25-34 | 86.1 | 86.9 | 84.7 | 84.9 | 85.0 | 84.8 | 84.2 | 84.5 | 85.2 | 83.7 |
| 35-44 | 88.7 | 88.7 | 89.6 | 90.0 | 89.3 | 90.0 | 89.8 | 90.2 | 90.1 | 90.2 |
| 45-54 | 86.2 | 85.7 | 86.6 | 86.5 | 85.8 | 85.9 | 85.5 | 85.7 | 86.4 | 87.1 |
| 55-59 | 75.0 | 75.5 | 74.9 | 74.6 | 76.8 | 79.3 | 81.7 | 80.7 | 79.8 | 79.8 |
| 60-64 | 63.0 | 63.2 | 65.3 | 67.0 | 67.4 | 71.1 | 71.1 | 71.4 | 73.1 | 73.5 |
| 15-24 | 58.3 | 57.1 | 54.4 | 54.4 | 52.6 | 50.4 | 51.0 | 50.9 | 49.9 | 49.0 |
| 25-54 | 87.0 | 87.1 | 86.8 | 87.0 | 86.7 | 86.9 | 86.5 | 86.8 | 87.3 | 86.9 |
| 55-64 | 70.3 | 70.4 | 70.8 | 71.3 | 72.6 | 75.5 | 76.7 | 76.2 | 76.6 | 76.8 |
| 65 and over | 18.5 | 19.4 | 19.8 | 21.1 | 22.9 | 24.8 | 26.6 | 27.0 | 26.9 | 29.5 |
| 15-64 | 77.0 | 76.8 | 76.1 | 76.3 | 75.9 | 75.9 | 76.0 | 76.1 | 76.1 | 75.6 |
| **Females** | | | | | | | | | | |
| 15-19 | 34.5 | 31.5 | 29.8 | 29.4 | 27.0 | 29.9 | 29.3 | 30.2 | 29.8 | 31.0 |
| 20-24 | 70.9 | 70.7 | 73.6 | 72.8 | 70.3 | 68.3 | 68.4 | 68.4 | 68.2 | 68.1 |
| 25-34 | 75.2 | 75.7 | 76.6 | 77.2 | 77.7 | 77.6 | 77.6 | 79.7 | 78.0 | 78.2 |
| 35-44 | 75.8 | 75.7 | 77.2 | 76.2 | 76.7 | 77.5 | 77.6 | 78.9 | 79.3 | 80.1 |
| 45-54 | 70.1 | 69.8 | 71.0 | 71.4 | 71.3 | 75.2 | 75.3 | 76.0 | 76.6 | 77.1 |
| 55-59 | 60.6 | 61.2 | 63.9 | 64.5 | 65.1 | 66.4 | 67.1 | 69.1 | 69.9 | 69.5 |
| 60-64 | 41.2 | 44.4 | 45.3 | 47.6 | 48.6 | 48.2 | 50.7 | 51.2 | 53.4 | 53.9 |
| 15-24 | 52.5 | 50.8 | 51.0 | 50.7 | 48.1 | 48.6 | 48.2 | 48.5 | 48.0 | 48.0 |
| 25-54 | 73.9 | 74.0 | 75.2 | 75.2 | 75.6 | 76.9 | 77.0 | 78.4 | 78.1 | 78.5 |
| 55-64 | 52.4 | 53.7 | 55.3 | 56.4 | 56.9 | 57.6 | 59.1 | 60.3 | 61.8 | 61.8 |
| 65 and over | 5.1 | 5.6 | 6.6 | 7.2 | 7.5 | 10.4 | 11.2 | 11.9 | 13.0 | 14.3 |
| 15-64 | 65.5 | 65.3 | 66.3 | 66.4 | 66.1 | 67.1 | 67.3 | 68.4 | 68.3 | 68.6 |
| **All persons** | | | | | | | | | | |
| 15-24 | 55.5 | 54.0 | 52.7 | 52.6 | 50.4 | 49.5 | 49.6 | 49.7 | 49.0 | 48.5 |
| 25-54 | 80.3 | 80.4 | 80.9 | 81.0 | 81.0 | 81.8 | 81.7 | 82.6 | 82.6 | 82.7 |
| 55-64 | 61.2 | 61.9 | 63.0 | 63.7 | 64.6 | 66.3 | 67.6 | 67.9 | 68.9 | 69.2 |
| 65 and over | 10.8 | 11.6 | 12.3 | 13.3 | 14.2 | 16.7 | 17.9 | 18.6 | 19.1 | 21.0 |
| 15-64 | 71.2 | 71.0 | 71.2 | 71.3 | 71.0 | 71.5 | 71.6 | 72.2 | 72.2 | 72.1 |
| **Unemployment rates** | | | | | | | | | | |
| **Males** | | | | | | | | | | |
| 15-19 | 19.5 | 14.1 | 16.6 | 19.1 | 14.2 | 16.3 | 14.1 | 13.6 | 12.3 | 10.7 |
| 20-24 | 13.0 | 10.7 | 15.1 | 12.7 | 10.8 | 9.6 | 8.8 | 8.6 | 7.4 | 7.1 |
| 25-34 | 6.8 | 5.8 | 8.8 | 8.2 | 7.5 | 7.3 | 6.9 | 7.0 | 5.3 | 5.0 |
| 35-44 | 7.1 | 6.4 | 8.0 | 6.9 | 5.3 | 5.4 | 4.5 | 4.0 | 3.9 | 3.5 |
| 45-54 | 8.6 | 8.4 | 10.3 | 8.9 | 6.7 | 5.2 | 5.1 | 4.8 | 4.2 | 3.4 |
| 55-59 | 6.3 | 4.8 | 6.2 | 5.4 | 5.2 | 5.2 | 5.2 | 4.3 | 4.7 | 4.5 |
| 60-64 | 9.6 | 7.7 | 8.5 | 8.8 | 6.8 | 5.0 | 4.8 | 4.3 | 4.0 | 4.4 |
| 15-24 | 15.3 | 11.9 | 15.6 | 14.8 | 11.9 | 11.6 | 10.4 | 10.1 | 8.9 | 8.2 |
| 25-54 | 7.4 | 6.7 | 8.9 | 7.9 | 6.5 | 6.1 | 5.5 | 5.3 | 4.5 | 4.0 |
| 55-64 | 7.4 | 5.9 | 7.1 | 6.8 | 5.9 | 5.1 | 5.0 | 4.3 | 4.4 | 4.5 |
| 65 and over | 8.6 | 6.1 | 6.4 | 5.7 | 5.7 | 4.7 | 4.2 | 4.0 | 3.5 | 2.9 |
| 15-64 | 9.0 | 7.6 | 9.9 | 9.0 | 7.4 | 6.8 | 6.3 | 6.0 | 5.2 | 4.8 |
| Total | 9.0 | 7.6 | 9.8 | 8.9 | 7.3 | 6.8 | 6.2 | 5.9 | 5.1 | 4.7 |
| **Females** | | | | | | | | | | |
| 15-19 | 19.0 | 10.8 | 14.7 | 17.6 | 14.0 | 13.1 | 10.8 | 12.7 | 10.9 | 9.5 |
| 20-24 | 16.5 | 14.1 | 13.4 | 11.9 | 10.8 | 12.5 | 10.6 | 10.4 | 9.1 | 8.8 |
| 25-34 | 9.0 | 7.2 | 8.7 | 7.6 | 6.7 | 7.9 | 7.4 | 6.2 | 6.2 | 5.8 |
| 35-44 | 9.1 | 8.1 | 9.9 | 7.3 | 7.1 | 5.7 | 5.3 | 4.9 | 4.4 | 4.0 |
| 45-54 | 6.6 | 5.1 | 6.8 | 5.9 | 4.7 | 4.4 | 4.3 | 4.1 | 3.7 | 3.2 |
| 55-59 | 4.9 | 5.1 | 6.0 | 5.0 | 4.3 | 4.3 | 4.1 | 4.3 | 3.4 | 3.2 |
| 60-64 | 8.1 | 6.4 | 7.6 | 7.0 | 6.1 | 4.5 | 3.1 | 3.2 | 3.4 | 2.7 |
| 15-24 | 17.3 | 13.1 | 13.8 | 13.6 | 11.7 | 12.7 | 10.7 | 11.1 | 9.7 | 9.1 |
| 25-54 | 8.4 | 6.9 | 8.6 | 7.1 | 6.3 | 6.2 | 5.8 | 5.2 | 4.9 | 4.4 |
| 55-64 | 6.0 | 5.6 | 6.6 | 5.8 | 5.0 | 4.4 | 3.7 | 3.9 | 3.4 | 3.0 |
| 65 and over | 0.0 | 0.0 | 0.0 | 0.0 | 0.0 | 3.5 | 2.8 | 3.1 | 3.1 | 3.3 |
| 15-64 | 9.9 | 8.0 | 9.3 | 8.1 | 7.1 | 7.1 | 6.3 | 6.0 | 5.5 | 5.0 |
| Total | 9.8 | 7.8 | 9.1 | 7.9 | 6.9 | 7.0 | 6.2 | 5.9 | 5.4 | 4.9 |
| **All persons** | | | | | | | | | | |
| 15-24 | 16.3 | 12.5 | 14.7 | 14.3 | 11.8 | 12.1 | 10.5 | 10.6 | 9.3 | 8.6 |
| 25-54 | 7.8 | 6.8 | 8.8 | 7.5 | 6.4 | 6.1 | 5.7 | 5.3 | 4.7 | 4.2 |
| 55-64 | 6.8 | 5.8 | 6.9 | 6.4 | 5.5 | 4.8 | 4.4 | 4.1 | 3.9 | 3.8 |
| 65 and over | 6.3 | 4.4 | 4.5 | 3.9 | 4.0 | 4.3 | 3.7 | 3.7 | 3.3 | 3.1 |
| 15-64 | 9.4 | 7.8 | 9.6 | 8.6 | 7.2 | 7.0 | 6.3 | 6.0 | 5.3 | 4.9 |

*Note:* Detailed metadata at:http://metalinks.oecd.org/lfs/20180108/10b3
*Disclaimer:* http://oe.cd/disclaimer

## Table 3. Employment and employees: breakdown by activity - ISIC Rev. 4

*Annual average estimates*

| | | 2007 | 2008 | 2009 | 2010 | 2011 | 2012 | 2013 | 2014 | 2015 | 2016 |
|---|---|---|---|---|---|---|---|---|---|---|---|
| | **EMPLOYMENT** | | | | | | | | | | |
| | **By activity, thousands** | | | | | | | | | | |
| **A-U** | **All activities** | .. | .. | .. | .. | .. | .. | **3 449.5** | **3 555.8** | **3 643.8** | **3 736.9** |
| A | Agriculture, hunting and forestry | .. | .. | .. | .. | .. | .. | 43.1 | 40.0 | 37.3 | 37.7 |
| **B-F** | **Industry** | .. | .. | .. | .. | .. | .. | **609.0** | **622.0** | **633.9** | **645.3** |
| B | Mining and quarrying | .. | .. | .. | .. | .. | .. | 3.3 | 3.0 | 3.2 | 3.1 |
| C | Manufacturing | .. | .. | .. | .. | .. | .. | 408.4 | 417.0 | 418.8 | 422.2 |
| D | Electricity, gas, steam, air cond. supply | .. | .. | .. | .. | .. | .. | 15.4 | 16.0 | 15.9 | 16.6 |
| E | Water supply, sewerage, waste mgt, remediation | .. | .. | .. | .. | .. | .. | 16.1 | 14.0 | 15.1 | 17.3 |
| F | Construction | .. | .. | .. | .. | .. | .. | 165.8 | 172.0 | 180.9 | 186.0 |
| **G-U** | **Services** | .. | .. | .. | .. | .. | .. | **2 797.5** | **2 893.8** | **2 972.6** | **3 053.9** |
| G | Wholesale, retail trade, vehicle, motorcycle repair | .. | .. | .. | .. | .. | .. | 402.7 | 406.0 | 420.1 | 429.6 |
| H | Transportation and storage | .. | .. | .. | .. | .. | .. | 146.6 | 147.0 | 151.1 | 154.5 |
| I | Accommodation and food service activities | .. | .. | .. | .. | .. | .. | 150.3 | 153.0 | 154.2 | 164.3 |
| J | Information and communication | .. | .. | .. | .. | .. | .. | 165.9 | 174.0 | 180.1 | 185.8 |
| K | Financial and insurance activities | .. | .. | .. | .. | .. | .. | 118.5 | 125.0 | 123.9 | 124.3 |
| L | Real estate activities | .. | .. | .. | .. | .. | .. | 28.2 | 29.0 | 28.0 | 32.7 |
| M | Professional, scientific and technical activities | .. | .. | .. | .. | .. | .. | 237.0 | 253.0 | 257.7 | 269.9 |
| N | Administrative and support service activities | .. | .. | .. | .. | .. | .. | 147.7 | 147.0 | 152.9 | 160.1 |
| O | Public administration, defence, social security | .. | .. | .. | .. | .. | .. | 362.7 | 367.0 | 371.0 | 375.7 |
| P | Education | .. | .. | .. | .. | .. | .. | 413.2 | 434.0 | 455.3 | 456.1 |
| Q | Human health and social work activities | .. | .. | .. | .. | .. | .. | 353.9 | 377.0 | 392.5 | 398.6 |
| R | Arts, entertainment and recreation | .. | .. | .. | .. | .. | .. | 61.4 | 67.0 | 66.8 | 71.3 |
| S | Other service activities | .. | .. | .. | .. | .. | .. | 89.4 | 87.0 | 84.7 | 89.9 |
| T | Households as employers and own-use activities | .. | .. | .. | .. | .. | .. | 64.1 | 67.0 | 66.1 | 67.3 |
| U | Activities of extraterritorial organizations, bodies | .. | .. | .. | .. | .. | .. | 2.2 | 3.0 | 3.0 | 2.7 |
| | **EMPLOYEES** | | | | | | | | | | |
| | **By activity, thousands** | | | | | | | | | | |
| **A-U** | **All activities** | .. | .. | .. | .. | .. | .. | .. | .. | .. | .. |
| A | Agriculture, hunting and forestry | .. | .. | .. | .. | .. | .. | 26.0 | 23.2 | 21.8 | 22.6 |
| **B-F** | **Industry** | .. | .. | .. | .. | .. | .. | **537.5** | **553.5** | **562.6** | **569.3** |
| B | Mining and quarrying | .. | .. | .. | .. | .. | .. | .. | .. | .. | .. |
| C | Manufacturing | .. | .. | .. | .. | .. | .. | .. | .. | .. | .. |
| D | Electricity, gas, steam, air cond. supply | .. | .. | .. | .. | .. | .. | .. | .. | .. | .. |
| E | Water supply, sewerage, waste mgt, remediation | .. | .. | .. | .. | .. | .. | .. | .. | .. | .. |
| F | Construction | .. | .. | .. | .. | .. | .. | .. | .. | .. | .. |
| **G-U** | **Services** | .. | .. | .. | .. | .. | .. | **2 451.6** | **2 533.9** | **2 599.0** | **2 667.7** |
| G | Wholesale, retail trade, vehicle, motorcycle repair | .. | .. | .. | .. | .. | .. | .. | .. | .. | .. |
| H | Transportation and storage | .. | .. | .. | .. | .. | .. | .. | .. | .. | .. |
| I | Accommodation and food service activities | .. | .. | .. | .. | .. | .. | .. | .. | .. | .. |
| J | Information and communication | .. | .. | .. | .. | .. | .. | .. | .. | .. | .. |
| K | Financial and insurance activities | .. | .. | .. | .. | .. | .. | .. | .. | .. | .. |
| L | Real estate activities | .. | .. | .. | .. | .. | .. | .. | .. | .. | .. |
| M | Professional, scientific and technical activities | .. | .. | .. | .. | .. | .. | .. | .. | .. | .. |
| N | Administrative and support service activities | .. | .. | .. | .. | .. | .. | .. | .. | .. | .. |
| O | Public administration, defence, social security | .. | .. | .. | .. | .. | .. | .. | .. | .. | .. |
| P | Education | .. | .. | .. | .. | .. | .. | .. | .. | .. | .. |
| Q | Human health and social work activities | .. | .. | .. | .. | .. | .. | .. | .. | .. | .. |
| R | Arts, entertainment and recreation | .. | .. | .. | .. | .. | .. | .. | .. | .. | .. |
| S | Other service activities | .. | .. | .. | .. | .. | .. | .. | .. | .. | .. |
| T | Households as employers and own-use activities | .. | .. | .. | .. | .. | .. | .. | .. | .. | .. |
| U | Activities of extraterritorial organizations, bodies | .. | .. | .. | .. | .. | .. | .. | .. | .. | .. |

*Note:* Detailed metadata:http://metalinks.oecd.org/lfs/20180108/56a2
*Disclaimer:* http://oe.cd/disclaimer

# ITALY

## Table 1. Labour force

*Annual average estimates*

| | 2007 | 2008 | 2009 | 2010 | 2011 | 2012 | 2013 | 2014 | 2015 | 2016 |
|---|---|---|---|---|---|---|---|---|---|---|
| **Labour force, thousands** | | | | | | | | | | |
| All persons | 24 375 | 24 755 | 24 605 | 24 583 | 24 660 | 25 257 | 25 259 | 25 515 | 25 498 | 25 770 |
| Males | 14 520 | 14 624 | 14 517 | 14 459 | 14 425 | 14 628 | 14 589 | 14 687 | 14 754 | 14 850 |
| Females | 9 855 | 10 131 | 10 088 | 10 124 | 10 235 | 10 629 | 10 670 | 10 828 | 10 744 | 10 920 |
| **Unemployed, thousands** | | | | | | | | | | |
| All persons | 1 481 | 1 664 | 1 907 | 2 056 | 2 061 | 2 691 | 3 069 | 3 236 | 3 033 | 3 012 |
| Males | 708 | 804 | 976 | 1 084 | 1 084 | 1 434 | 1 674 | 1 742 | 1 669 | 1 617 |
| Females | 773 | 861 | 930 | 972 | 977 | 1 257 | 1 394 | 1 494 | 1 364 | 1 395 |
| **Employment, thousands** | | | | | | | | | | |
| All persons | 22 894 | 23 090 | 22 699 | 22 527 | 22 598 | 22 566 | 22 191 | 22 279 | 22 465 | 22 758 |
| Males | 13 812 | 13 820 | 13 541 | 13 375 | 13 340 | 13 194 | 12 914 | 12 945 | 13 085 | 13 233 |
| Females | 9 083 | 9 270 | 9 158 | 9 152 | 9 258 | 9 372 | 9 276 | 9 334 | 9 380 | 9 525 |
| **Employment (%)** | | | | | | | | | | |
| Males | 60.3 | 59.9 | 59.7 | 59.4 | 59.0 | 58.5 | 58.2 | 58.1 | 58.2 | 58.1 |
| Females | 39.7 | 40.1 | 40.3 | 40.6 | 41.0 | 41.5 | 41.8 | 41.9 | 41.8 | 41.9 |
| **Unemployment rate (% of labour force)** | | | | | | | | | | |
| All persons | 6.1 | 6.7 | 7.7 | 8.4 | 8.4 | 10.7 | 12.1 | 12.7 | 11.9 | 11.7 |
| Males | 4.9 | 5.5 | 6.7 | 7.5 | 7.5 | 9.8 | 11.5 | 11.9 | 11.3 | 10.9 |
| Females | 7.8 | 8.5 | 9.2 | 9.6 | 9.5 | 11.8 | 13.1 | 13.8 | 12.7 | 12.8 |
| **EMPLOYMENT - PROFESSIONAL STATUS, thousands** | | | | | | | | | | |
| **All activities** | **22 894** | **23 090** | **22 699** | **22 527** | **22 598** | **22 566** | **22 191** | **22 279** | **22 465** | **22 758** |
| Employees | 16 910 | 17 209 | 17 026 | 16 829 | 16 936 | 16 942 | 16 679 | 16 777 | 16 983 | 17 305 |
| Employers and persons working on own account | 5 563 | 5 481 | 5 312 | 5 329 | 5 301 | 5 294 | 5 192 | 5 189 | 5 170 | 5 138 |
| Unpaid family workers | 418 | 396 | 356 | 366 | 357 | 327 | 316 | 309 | 307 | 310 |
| **Employees as % of employment** | **73.9** | **74.5** | **75.0** | **74.7** | **74.9** | **75.1** | **75.2** | **75.3** | **75.6** | **76.0** |
| **Part-time employment (%)** | | | | | | | | | | |
| Part-time as % of employment | 15.3 | 16.0 | 15.9 | 16.4 | 16.7 | 17.8 | 18.5 | 18.8 | 18.7 | 18.6 |
| Male share of part time employment | 21.8 | 22.9 | 22.3 | 22.9 | 23.1 | 24.7 | 25.9 | 26.6 | 26.5 | 26.4 |
| Female share of part time employment | 78.2 | 77.1 | 77.7 | 77.1 | 76.9 | 75.3 | 74.1 | 73.4 | 73.5 | 73.6 |
| Male part-time as % of male employment | 5.5 | 6.1 | 6.0 | 6.3 | 6.5 | 7.5 | 8.3 | 8.6 | 8.5 | 8.5 |
| Female part-time as % of female employment | 29.8 | 30.5 | 30.5 | 31.0 | 31.2 | 32.2 | 32.8 | 32.9 | 32.8 | 32.6 |
| **Duration of unemployment (% of total unemployment)** | | | | | | | | | | |
| Less than one month | 8.3 | 8.5 | 7.4 | 6.9 | 6.4 | 5.3 | 4.8 | 4.4 | 5.6 | 6.3 |
| More than 1 month and less than 3 months | 15.6 | 16.1 | 14.6 | 13.2 | 11.6 | 11.8 | 10.8 | 10.0 | 10.3 | 10.8 |
| More than 3 months and less than 6 months | 15.1 | 15.5 | 16.4 | 15.3 | 15.1 | 14.2 | 13.0 | 11.9 | 11.9 | 11.9 |
| More than 6 months and less than 1 year | 13.5 | 14.1 | 17.0 | 16.1 | 15.0 | 15.6 | 14.5 | 12.4 | 13.3 | 12.7 |
| More than 1 year | 47.5 | 45.7 | 44.6 | 48.5 | 52.0 | 53.2 | 56.9 | 61.4 | 58.9 | 58.3 |

*Note:* Detailed metadata: http://metalinks.oecd.org/lfs/20180108/4d6d, http://metalinks.oecd.org/lfs/20180108/56a2, http://metalinks.oecd.org/lfs/20180108/4eee and http://metalinks.oecd.org/lfs/20180108/fa3a.

*Disclaimer:* http://oe.cd/disclaimer

## Table 2. Participation rates and unemployment rates by age and sex

*Annual average estimates, percentage*

| | 2007 | 2008 | 2009 | 2010 | 2011 | 2012 | 2013 | 2014 | 2015 | 2016 |
|---|---|---|---|---|---|---|---|---|---|---|
| **Participation rates** | | | | | | | | | | |
| **Males** | | | | | | | | | | |
| 15-19 | 13.7 | 13.4 | 11.4 | 11.0 | 9.3 | 10.3 | 8.6 | 8.7 | 8.5 | 8.1 |
| 20-24 | 57.6 | 57.7 | 55.7 | 54.1 | 52.3 | 54.2 | 51.2 | 51.7 | 51.0 | 51.4 |
| 25-34 | 86.9 | 86.8 | 85.0 | 84.1 | 83.5 | 84.0 | 81.7 | 80.9 | 81.1 | 82.2 |
| 35-44 | 94.1 | 93.9 | 93.0 | 92.5 | 92.3 | 92.4 | 91.5 | 90.9 | 91.0 | 91.2 |
| 45-54 | 91.5 | 91.8 | 91.2 | 90.6 | 90.7 | 90.6 | 90.2 | 89.6 | 89.4 | 89.8 |
| 55-59 | 60.3 | 62.2 | 66.0 | 68.3 | 70.7 | 74.2 | 75.5 | 77.5 | 78.6 | 80.0 |
| 60-64 | 29.7 | 29.9 | 30.1 | 30.7 | 30.7 | 32.6 | 36.6 | 41.3 | 46.2 | 49.8 |
| 15-24 | 36.0 | 35.7 | 33.8 | 32.8 | 31.2 | 32.9 | 30.7 | 31.0 | 30.4 | 30.2 |
| 25-54 | 91.0 | 91.0 | 90.0 | 89.4 | 89.2 | 89.4 | 88.3 | 87.7 | 87.7 | 88.2 |
| 55-64 | 46.2 | 46.8 | 48.4 | 49.5 | 50.5 | 53.6 | 56.6 | 60.2 | 63.3 | 65.9 |
| 65 and over | 6.1 | 6.3 | 5.8 | 5.7 | 5.7 | 6.1 | 6.2 | 6.5 | 6.6 | 6.7 |
| 15-64 | 74.3 | 74.3 | 73.5 | 73.1 | 72.8 | 73.7 | 73.3 | 73.6 | 74.1 | 74.8 |
| **Females** | | | | | | | | | | |
| 15-19 | 8.4 | 8.4 | 6.9 | 6.2 | 6.2 | 6.9 | 6.1 | 5.6 | 5.3 | 5.3 |
| 20-24 | 41.5 | 42.0 | 39.7 | 39.2 | 38.3 | 39.7 | 39.2 | 39.1 | 36.9 | 39.3 |
| 25-34 | 66.0 | 67.0 | 65.9 | 64.5 | 64.3 | 66.0 | 64.5 | 64.9 | 63.9 | 64.1 |
| 35-44 | 66.6 | 67.9 | 67.3 | 67.5 | 67.7 | 69.1 | 69.2 | 69.7 | 69.0 | 70.2 |
| 45-54 | 59.3 | 60.7 | 60.2 | 61.2 | 61.8 | 64.2 | 64.2 | 64.2 | 64.4 | 65.5 |
| 55-59 | 34.5 | 36.4 | 39.5 | 41.7 | 45.0 | 48.4 | 49.9 | 51.1 | 51.6 | 53.2 |
| 60-64 | 10.8 | 11.8 | 12.1 | 12.2 | 13.0 | 15.8 | 18.7 | 24.4 | 26.4 | 28.9 |
| 15-24 | 25.4 | 25.5 | 23.7 | 23.1 | 22.8 | 24.0 | 23.4 | 23.1 | 21.7 | 22.8 |
| 25-54 | 64.1 | 65.3 | 64.6 | 64.5 | 64.7 | 66.5 | 66.1 | 66.4 | 65.9 | 66.8 |
| 55-64 | 23.4 | 24.6 | 26.0 | 26.9 | 28.8 | 32.2 | 34.7 | 38.3 | 39.6 | 41.7 |
| 65 and over | 1.2 | 1.3 | 1.3 | 1.3 | 1.4 | 1.4 | 1.5 | 1.6 | 1.7 | 1.9 |
| 15-64 | 50.6 | 51.6 | 51.1 | 51.1 | 51.4 | 53.4 | 53.6 | 54.4 | 54.1 | 55.2 |
| **All persons** | | | | | | | | | | |
| 15-24 | 30.8 | 30.7 | 28.8 | 28.1 | 27.1 | 28.6 | 27.1 | 27.1 | 26.2 | 26.6 |
| 25-54 | 77.5 | 78.1 | 77.2 | 76.9 | 76.9 | 77.8 | 77.1 | 77.0 | 76.8 | 77.5 |
| 55-64 | 34.5 | 35.4 | 36.9 | 37.9 | 39.3 | 42.5 | 45.3 | 48.9 | 51.1 | 53.4 |
| 65 and over | 3.3 | 3.4 | 3.2 | 3.2 | 3.2 | 3.4 | 3.5 | 3.7 | 3.8 | 4.0 |
| 15-64 | 62.4 | 62.9 | 62.3 | 62.0 | 62.1 | 63.5 | 63.4 | 63.9 | 64.0 | 64.9 |
| **Unemployment rates** | | | | | | | | | | |
| **Males** | | | | | | | | | | |
| 15-19 | 27.9 | 30.4 | 36.9 | 41.8 | 44.2 | 55.2 | 60.3 | 62.2 | 57.1 | 55.6 |
| 20-24 | 16.2 | 16.2 | 20.4 | 23.9 | 24.2 | 29.9 | 35.7 | 38.0 | 35.9 | 33.6 |
| 25-34 | 6.6 | 7.3 | 9.0 | 10.4 | 10.2 | 13.6 | 16.5 | 17.3 | 16.4 | 16.1 |
| 35-44 | 3.3 | 4.0 | 4.9 | 5.4 | 5.6 | 7.4 | 8.6 | 9.3 | 8.9 | 8.5 |
| 45-54 | 2.5 | 3.1 | 4.2 | 4.7 | 4.7 | 6.2 | 7.8 | 8.0 | 7.8 | 7.6 |
| 55-59 | 2.5 | 3.4 | 4.0 | 4.0 | 4.6 | 5.8 | 7.0 | 6.7 | 6.7 | 6.5 |
| 60-64 | 2.7 | 3.0 | 3.3 | 3.6 | 4.4 | 6.2 | 6.2 | 5.2 | 5.8 | 6.2 |
| 15-24 | 18.4 | 18.8 | 23.2 | 26.9 | 27.1 | 33.7 | 39.0 | 41.3 | 38.8 | 36.5 |
| 25-54 | 4.0 | 4.7 | 5.8 | 6.5 | 6.5 | 8.6 | 10.3 | 10.8 | 10.4 | 10.1 |
| 55-64 | 2.6 | 3.3 | 3.7 | 3.9 | 4.6 | 5.9 | 6.7 | 6.2 | 6.4 | 6.4 |
| 65 and over | 0.5 | 1.2 | 0.7 | 1.1 | 1.0 | 1.3 | 1.6 | 1.3 | 1.5 | 1.5 |
| 15-64 | 5.0 | 5.6 | 6.8 | 7.6 | 7.7 | 10.0 | 11.7 | 12.1 | 11.6 | 11.1 |
| Total | 4.9 | 5.5 | 6.7 | 7.5 | 7.5 | 9.8 | 11.5 | 11.9 | 11.3 | 10.9 |
| **Females** | | | | | | | | | | |
| 15-19 | 37.4 | 40.9 | 45.0 | 51.8 | 55.5 | 58.0 | 68.2 | 71.7 | 66.1 | 59.3 |
| 20-24 | 20.6 | 21.5 | 25.8 | 26.0 | 28.5 | 34.3 | 37.7 | 41.1 | 39.5 | 37.1 |
| 25-34 | 10.4 | 10.8 | 12.5 | 14.0 | 13.6 | 16.5 | 19.3 | 20.1 | 19.6 | 19.6 |
| 35-44 | 6.6 | 7.4 | 8.0 | 8.1 | 8.1 | 10.2 | 11.4 | 12.3 | 11.0 | 11.8 |
| 45-54 | 4.1 | 4.8 | 4.9 | 5.3 | 5.5 | 7.3 | 8.2 | 9.1 | 8.2 | 8.3 |
| 55-59 | 2.1 | 2.9 | 3.0 | 3.0 | 2.6 | 4.4 | 4.5 | 5.0 | 4.8 | 5.3 |
| 60-64 | 1.9 | 2.5 | 2.2 | 2.8 | 2.8 | 3.4 | 3.2 | 3.2 | 3.1 | 3.6 |
| 15-24 | 23.3 | 24.7 | 28.5 | 29.4 | 32.1 | 37.6 | 41.5 | 44.7 | 42.6 | 39.6 |
| 25-54 | 7.1 | 7.7 | 8.4 | 8.9 | 8.8 | 10.9 | 12.3 | 13.2 | 12.2 | 12.5 |
| 55-64 | 2.1 | 2.9 | 2.8 | 3.0 | 2.7 | 4.2 | 4.2 | 4.4 | 4.3 | 4.8 |
| 65 and over | 1.1 | 3.1 | 2.3 | 1.2 | 1.3 | 3.5 | 2.1 | 1.4 | 2.7 | 2.5 |
| 15-64 | 7.9 | 8.5 | 9.3 | 9.7 | 9.6 | 11.9 | 13.2 | 13.9 | 12.8 | 12.9 |
| Total | 7.8 | 8.5 | 9.2 | 9.6 | 9.5 | 11.8 | 13.1 | 13.8 | 12.7 | 12.8 |
| **All persons** | | | | | | | | | | |
| 15-24 | 20.4 | 21.2 | 25.3 | 27.9 | 29.2 | 35.3 | 40.0 | 42.7 | 40.3 | 37.8 |
| 25-54 | 5.3 | 6.0 | 6.9 | 7.5 | 7.5 | 9.6 | 11.2 | 11.8 | 11.2 | 11.1 |
| 55-64 | 2.4 | 3.1 | 3.4 | 3.6 | 3.8 | 5.3 | 5.7 | 5.5 | 5.5 | 5.7 |
| 65 and over | 0.7 | 1.6 | 1.0 | 1.2 | 1.1 | 1.8 | 1.7 | 1.3 | 1.8 | 1.7 |
| 15-64 | 6.2 | 6.8 | 7.9 | 8.5 | 8.5 | 10.8 | 12.3 | 12.9 | 12.1 | 11.9 |

*Note:* Detailed metadata at:http://metalinks.oecd.org/lfs/20180108/10b3
*Disclaimer:* http://oe.cd/disclaimer

# ITALY

## Table 3. Employment and employees: breakdown by activity - ISIC Rev. 4

*Annual average estimates*

| | | 2007 | 2008 | 2009 | 2010 | 2011 | 2012 | 2013 | 2014 | 2015 | 2016 |
|---|---|---|---|---|---|---|---|---|---|---|---|
| | **EMPLOYMENT** | | | | | | | | | | |
| | **By activity, thousands** | | | | | | | | | | |
| **A-U** | **All activities** | .. | **23 090.4** | **22 698.7** | **22 526.9** | **22 598.2** | **22 566.0** | **22 190.5** | **22 278.9** | **22 464.8** | **22 757.9** |
| A | Agriculture, hunting and forestry | 923.6 | 854.1 | 837.7 | 849.1 | 831.9 | 833.4 | 799.2 | 811.8 | 842.9 | 884.0 |
| **B-F** | **Industry** | **7 003.4** | **6 881.0** | **6 636.7** | **6 444.5** | **6 392.8** | **6 224.2** | **6 001.8** | **5 993.4** | **5 975.6** | **5 944.9** |
| B | Mining and quarrying | .. | 35.7 | 33.0 | 35.4 | 38.2 | 35.3 | 37.5 | 38.9 | 34.1 | 32.5 |
| C | Manufacturing | .. | 4 597.7 | 4 379.0 | 4 195.5 | 4 226.1 | 4 131.3 | 4 062.6 | 4 134.2 | 4 121.8 | 4 148.4 |
| D | Electricity, gas, steam, air cond. supply | .. | 117.3 | 114.4 | 113.4 | 129.5 | 136.5 | 123.9 | 107.8 | 113.9 | 125.5 |
| E | Water supply, sewerage, waste mgt, remediation | .. | 177.9 | 193.8 | 211.2 | 207.8 | 221.3 | 224.6 | 228.4 | 237.5 | 234.8 |
| F | Construction | .. | 1 952.5 | 1 916.6 | 1 889.0 | 1 791.2 | 1 699.9 | 1 553.2 | 1 484.1 | 1 468.3 | 1 403.8 |
| **G-U** | **Services** | **14 967.4** | **15 355.2** | **15 224.3** | **15 233.2** | **15 373.6** | **15 508.3** | **15 389.6** | **15 473.8** | **15 646.3** | **15 929.0** |
| G | Wholesale, retail trade, vehicle, motorcycle repair | .. | 3 452.4 | 3 363.6 | 3 305.4 | 3 252.2 | 3 331.2 | 3 287.5 | 3 226.5 | 3 194.2 | 3 241.6 |
| H | Transportation and storage | .. | 1 064.5 | 1 059.8 | 1 057.4 | 1 073.8 | 1 045.2 | 1 033.7 | 1 039.1 | 1 033.1 | 1 084.9 |
| I | Accommodation and food service activities | .. | 1 159.7 | 1 146.8 | 1 166.4 | 1 189.1 | 1 247.2 | 1 227.6 | 1 269.4 | 1 334.0 | 1 395.0 |
| J | Information and communication | .. | 541.5 | 536.6 | 522.6 | 544.4 | 554.7 | 549.0 | 551.4 | 561.5 | 562.1 |
| K | Financial and insurance activities | .. | 646.7 | 641.5 | 656.4 | 649.0 | 640.1 | 626.8 | 611.6 | 643.7 | 648.8 |
| L | Real estate activities | .. | 121.6 | 130.3 | 137.8 | 144.2 | 140.5 | 145.9 | 125.7 | 132.3 | 140.6 |
| M | Professional, scientific and technical activities | .. | 1 437.5 | 1 402.7 | 1 416.0 | 1 386.6 | 1 344.8 | 1 361.8 | 1 403.5 | 1 415.9 | 1 459.2 |
| N | Administrative and support service activities | .. | 839.7 | 823.3 | 832.4 | 851.0 | 867.0 | 894.9 | 907.4 | 968.4 | 991.3 |
| O | Public administration, defence, social security | .. | 1 433.1 | 1 413.2 | 1 405.5 | 1 435.3 | 1 370.4 | 1 305.8 | 1 279.7 | 1 293.3 | 1 262.2 |
| P | Education | .. | 1 596.3 | 1 573.3 | 1 537.2 | 1 537.6 | 1 494.5 | 1 489.6 | 1 513.3 | 1 508.6 | 1 542.8 |
| Q | Human health and social work activities | .. | 1 633.0 | 1 642.1 | 1 637.8 | 1 684.1 | 1 774.4 | 1 765.3 | 1 804.2 | 1 796.3 | 1 831.4 |
| R | Arts, entertainment and recreation | .. | 246.5 | 250.9 | 262.1 | 264.2 | 282.6 | 292.7 | 297.8 | 303.2 | 323.6 |
| S | Other service activities | .. | 736.2 | 759.0 | 761.6 | 722.6 | 713.2 | 687.5 | 652.1 | 658.8 | 667.4 |
| T | Households as employers and own-use activities | .. | 410.7 | 458.2 | 522.0 | 623.9 | 689.9 | 707.6 | 776.1 | 786.5 | 763.0 |
| U | Activities of extraterritorial organizations, bodies | .. | 36.2 | 23.1 | 12.9 | 15.7 | 12.6 | 14.0 | 16.0 | 16.6 | 15.4 |
| | **EMPLOYEES** | | | | | | | | | | |
| | **By activity, thousands** | | | | | | | | | | |
| **A-U** | **All activities** | .. | **17 213.3** | **17 030.5** | **16 832.6** | **16 939.8** | **16 945.2** | **16 682.5** | **16 780.2** | **16 987.6** | **17 310.5** |
| A | Agriculture, hunting and forestry | .. | 399.2 | 389.1 | 397.2 | 400.8 | 415.8 | 396.5 | 406.2 | 428.5 | 457.9 |
| **B-F** | **Industry** | .. | **5 480.4** | **5 290.1** | **5 110.8** | **5 102.8** | **4 986.1** | **4 820.4** | **4 817.6** | **4 836.9** | **4 862.3** |
| B | Mining and quarrying | .. | 31.1 | 29.1 | 32.0 | 34.7 | 31.2 | 31.6 | 36.2 | 33.3 | 31.6 |
| C | Manufacturing | .. | 3 931.4 | 3 771.0 | 3 607.2 | 3 654.7 | 3 586.3 | 3 540.9 | 3 600.8 | 3 605.0 | 3 644.3 |
| D | Electricity, gas, steam, air cond. supply | .. | 113.3 | 110.6 | 107.9 | 121.5 | 128.4 | 117.9 | 103.1 | 108.1 | 120.7 |
| E | Water supply, sewerage, waste mgt, remediation | .. | 166.2 | 182.6 | 194.9 | 194.1 | 207.5 | 210.6 | 216.1 | 227.1 | 225.2 |
| F | Construction | .. | 1 238.5 | 1 196.8 | 1 168.7 | 1 097.8 | 1 032.7 | 919.4 | 861.4 | 863.5 | 840.5 |
| **G-U** | **Services** | .. | **11 333.7** | **11 351.3** | **11 324.6** | **11 436.3** | **11 543.3** | **11 465.6** | **11 556.5** | **11 722.2** | **11 990.3** |
| G | Wholesale, retail trade, vehicle, motorcycle repair | .. | 2 044.3 | 2 000.7 | 1 957.3 | 1 914.0 | 2 007.6 | 1 976.6 | 1 938.5 | 1 915.7 | 1 964.0 |
| H | Transportation and storage | .. | 899.0 | 897.8 | 903.8 | 918.6 | 894.9 | 892.8 | 904.7 | 903.4 | 957.5 |
| I | Accommodation and food service activities | .. | 773.2 | 779.3 | 795.2 | 803.4 | 863.1 | 837.6 | 861.9 | 935.8 | 990.2 |
| J | Information and communication | .. | 416.1 | 420.7 | 409.2 | 405.0 | 416.3 | 419.5 | 420.1 | 427.4 | 440.6 |
| K | Financial and insurance activities | .. | 537.3 | 538.9 | 550.8 | 535.8 | 520.7 | 511.7 | 503.5 | 526.6 | 527.8 |
| L | Real estate activities | .. | 46.7 | 59.2 | 60.9 | 66.1 | 69.0 | 70.5 | 59.8 | 58.6 | 65.2 |
| M | Professional, scientific and technical activities | .. | 612.5 | 601.7 | 594.4 | 573.0 | 525.4 | 539.1 | 559.8 | 550.0 | 582.3 |
| N | Administrative and support service activities | .. | 690.1 | 697.4 | 702.0 | 711.8 | 713.6 | 746.8 | 756.6 | 815.2 | 839.5 |
| O | Public administration, defence, social security | .. | 1 408.4 | 1 394.8 | 1 391.7 | 1 417.7 | 1 358.8 | 1 293.0 | 1 267.6 | 1 285.1 | 1 256.3 |
| P | Education | .. | 1 503.3 | 1 484.8 | 1 445.3 | 1 448.7 | 1 404.4 | 1 399.3 | 1 421.1 | 1 413.2 | 1 454.8 |
| Q | Human health and social work activities | .. | 1 404.7 | 1 415.7 | 1 398.8 | 1 438.5 | 1 508.9 | 1 490.1 | 1 518.8 | 1 518.8 | 1 555.5 |
| R | Arts, entertainment and recreation | .. | 137.0 | 140.9 | 143.4 | 150.7 | 159.5 | 165.6 | 180.1 | 190.1 | 194.2 |
| S | Other service activities | .. | 416.3 | 438.7 | 437.4 | 418.8 | 402.6 | 409.1 | 382.7 | 391.1 | 397.5 |
| T | Households as employers and own-use activities | .. | 410.6 | 458.2 | 521.9 | 619.2 | 687.1 | 699.9 | 766.2 | 775.0 | 750.3 |
| U | Activities of extraterritorial organizations, bodies | .. | 34.5 | 22.8 | 12.7 | 14.9 | 11.7 | 14.0 | 15.5 | 16.3 | 14.9 |

*Note:* Detailed metadata:http://metalinks.oecd.org/lfs/20180108/56a2
*Disclaimer:* http://oe.cd/disclaimer

## Table 1. Labour force

*Annual average estimates*

| | 2007 | 2008 | 2009 | 2010 | 2011 | 2012 | 2013 | 2014 | 2015 | 2016 |
|---|---|---|---|---|---|---|---|---|---|---|
| **Labour force, thousands** | | | | | | | | | | |
| All persons | 66 843 | 66 740 | 66 500 | 66 318 | 65 955 \| | 65 652 | 65 928 | 66 088 | 66 248 | 66 731 |
| Males | 39 168 | 39 042 | 38 688 | 38 502 | 38 247 \| | 37 956 | 37 828 | 37 765 | 37 728 | 37 811 |
| Females | 27 679 | 27 708 | 27 821 | 27 828 | 27 700 \| | 27 693 | 28 095 | 28 318 | 28 516 | 28 919 |
| **Unemployed, thousands** | | | | | | | | | | |
| All persons | 2 568 | 2 650 | 3 356 | 3 336 | 3 018 \| | 2 848 | 2 651 | 2 359 | 2 219 | 2 080 |
| Males | 1 540 | 1 590 | 2 030 \| | 2 070 | 1 870 | 1 730 | 1 620 | 1 410 | 1 340 | 1 260 |
| Females | 1 040 | 1 070 | 1 330 \| | 1 270 | 1 150 | 1 120 | 1 030 | 950 | 880 | 820 |
| **Employment, thousands** | | | | | | | | | | |
| All persons | 64 275 | 64 092 | 63 145 | 62 982 | 62 934 \| | 62 797 | 63 266 | 63 712 | 64 015 | 64 649 |
| Males | 37 630 | 37 453 | 36 657 | 36 433 | 36 390 \| | 36 224 | 36 203 | 36 352 | 36 388 | 36 550 |
| Females | 26 650 | 26 643 | 26 495 | 26 563 | 26 544 \| | 26 578 | 27 068 | 27 368 | 27 638 | 28 101 |
| **Employment (%)** | | | | | | | | | | |
| Males | 58.5 | 58.4 | 58.1 | 57.8 | 57.8 \| | 57.7 | 57.2 | 57.1 | 56.8 | 56.5 |
| Females | 41.5 | 41.6 | 42.0 | 42.2 | 42.2 \| | 42.3 | 42.8 | 43.0 | 43.2 | 43.5 |
| **Unemployment rate (% of labour force)** | | | | | | | | | | |
| All persons | 3.8 | 4.0 | 5.1 | 5.1 | 4.6 | 4.4 | 4.0 | 3.6 | 3.4 | 3.1 |
| Males | 3.9 | 4.1 | 5.2 \| | 5.4 | 4.9 | 4.6 | 4.3 | 3.7 | 3.6 | 3.3 |
| Females | 3.8 | 3.9 | 4.8 \| | 4.6 | 4.2 | 4.0 | 3.7 | 3.4 | 3.1 | 2.8 |
| **EMPLOYMENT - PROFESSIONAL STATUS, thousands** | | | | | | | | | | |
| **All activities** | **64 120** | **63 850** | **62 820 \|** | **62 570** | **59 770** | **62 700** | **63 110** | **63 510** | **63 760** | **64 400** |
| Employees | 55 230 | 55 240 | 54 600 \| | 54 630 | 52 440 | 55 040 | 55 530 | 55 950 | 56 400 | 57 290 |
| Employers and persons working on own account | 6 220 | 6 070 | 5 940 \| | 5 790 | 5 350 | 5 590 | 5 540 | 5 560 | 5 430 | 5 270 |
| Unpaid family workers | 2 360 | 2 240 | 2 020 \| | 1 890 | 1 740 | 1 800 | 1 740 | 1 680 | 1 620 | 1 530 |
| **Employees as % of employment** | **86.1** | **86.5** | **86.9 \|** | **87.3** | **87.7** | **87.8** | **88.0** | **88.1** | **88.5** | **89.0** |
| **Part-time employment (%)** | | | | | | | | | | |
| Part-time as % of employment | 18.9 | 19.6 | 20.3 | 20.2 | 20.6 | 20.5 | 21.9 | 22.7 | 22.7 | 22.8 |
| Male share of part time employment | 28.5 | 29.6 | 30.1 | 29.7 | 29.0 | 29.2 | 29.7 | 30.2 | 30.2 | 29.7 |
| Female share of part time employment | 71.5 | 70.4 | 69.9 | 70.3 | 71.0 | 70.8 | 70.3 | 69.8 | 69.8 | 70.3 |
| Male part-time as % of male employment | 9.2 | 9.9 | 10.5 | 10.4 | 10.3 | 10.3 | 11.3 | 12.0 | 12.0 | 11.9 |
| Female part-time as % of female employment | 32.6 | 33.2 | 33.8 | 33.9 | 34.8 | 34.5 | 36.2 | 37.2 | 36.9 | 37.1 |
| **Duration of unemployment (% of total unemployment)** | | | | | | | | | | |
| Less than one month | 15.8 | 14.7 | 13.5 | 9.9 | 10.9 | 12.2 | 11.3 | 12.2 | 12.6 | 13.0 |
| More than 1 month and less than 3 months | 21.1 | 21.7 | 22.4 | 18.9 | 18.6 | 18.0 | 18.7 | 21.4 | 21.0 | 22.0 |
| More than 3 months and less than 6 months | 15.0 | 16.7 | 17.8 | 15.5 | 15.0 | 15.1 | 14.0 | 14.4 | 15.9 | 13.0 |
| More than 6 months and less than 1 year | 16.2 | 13.6 | 17.8 | 18.0 | 16.1 | 16.2 | 14.8 | 14.4 | 15.0 | 12.5 |
| More than 1 year | 32.0 | 33.3 | 28.5 | 37.6 | 39.4 | 38.5 | 41.2 | 37.6 | 35.5 | 39.5 |

*Note:* Detailed metadata: http://metalinks.oecd.org/lfs/20180108/13eb, http://metalinks.oecd.org/lfs/20180108/56a2, http://metalinks.oecd.org/lfs/20180108/f68c and http://metalinks.oecd.org/lfs/20180108/7edc.

*Disclaimer:* http://oe.cd/disclaimer

## Table 2. Participation rates and unemployment rates by age and sex

*Annual average estimates, percentage*

| | 2007 | 2008 | 2009 | 2010 | 2011 | 2012 | 2013 | 2014 | 2015 | 2016 |
|---|---|---|---|---|---|---|---|---|---|---|
| **Participation rates** | | | | | | | | | | |
| **Males** | | | | | | | | | | |
| 15-19 | 16.4 | 16.1 | 14.7 | 14.5 | 13.6 | 14.8 | 15.2 | 15.9 | 16.0 | 17.3 |
| 20-24 | 70.0 | 69.1 | 67.6 | 67.1 | 67.4 | 67.4 | 67.7 | 68.6 | 68.8 | 70.5 |
| 25-34 | 95.8 | 95.5 | 95.2 | 95.3 | 95.1 | 94.6 | 94.7 | 94.7 | 94.4 | 94.7 |
| 35-44 | 96.8 | 96.8 | 96.8 | 96.8 | 96.6 | 96.3 | 96.4 | 96.4 | 96.2 | 96.1 |
| 45-54 | 96.3 | 96.4 | 96.1 | 96.4 | 95.8 | 95.6 | 95.8 | 95.4 | 95.6 | 95.6 |
| 55-59 | 93.1 | 92.7 | 92.4 | 92.8 | 92.6 | 92.2 | 92.7 | 93.2 | 93.1 | 93.3 |
| 60-64 | 74.4 | 76.4 | 76.3 | 76.0 | 75.6 | 75.6 | 76.0 | 77.6 | 78.9 | 80.0 |
| 15-24 | 45.1 | 44.5 | 43.0 | 42.3 | 41.7 | 41.5 | 41.8 | 42.7 | 43.0 | 44.6 |
| 25-54 | 96.3 | 96.3 | 96.1 | 96.2 | 95.9 | 95.6 | 95.7 | 95.6 | 95.5 | 95.5 |
| 55-64 | 84.9 | 85.1 | 84.4 | 83.9 | 83.1 | 82.9 | 83.5 | 84.8 | 85.6 | 86.4 |
| 65 and over | 29.7 | 29.7 | 29.4 | 28.8 | 28.4 | 28.7 | 29.5 | 30.2 | 31.1 | 31.7 |
| 15-64 | 85.2 | 85.2 | 84.8 | 84.8 | 84.4 | 84.3 | 84.6 | 84.9 | 85.0 | 85.4 |
| **Females** | | | | | | | | | | |
| 15-19 | 16.2 | 16.2 | 16.2 | 15.6 | 15.0 | 14.6 | 15.9 | 16.3 | 16.8 | 17.2 |
| 20-24 | 69.5 | 69.5 | 69.9 | 69.4 | 69.1 | 68.4 | 70.3 | 69.8 | 68.5 | 71.6 |
| 25-34 | 69.3 | 70.1 | 71.6 | 72.2 | 72.2 | 72.9 | 74.3 | 74.8 | 75.4 | 77.2 |
| 35-44 | 68.0 | 67.8 | 68.3 | 68.7 | 69.0 | 69.8 | 71.4 | 72.6 | 73.4 | 74.0 |
| 45-54 | 73.2 | 73.4 | 73.9 | 74.3 | 74.2 | 74.6 | 75.7 | 76.3 | 76.8 | 77.9 |
| 55-59 | 60.8 | 61.6 | 62.5 | 63.3 | 63.8 | 64.4 | 66.5 | 68.1 | 69.0 | 70.9 |
| 60-64 | 42.2 | 43.6 | 44.6 | 45.7 | 45.8 | 46.0 | 47.4 | 48.7 | 50.6 | 52.0 |
| 15-24 | 44.7 | 44.7 | 44.8 | 44.0 | 43.3 | 42.0 | 43.5 | 43.4 | 43.1 | 44.9 |
| 25-54 | 70.1 | 70.3 | 71.1 | 71.6 | 71.6 | 72.3 | 73.6 | 74.5 | 75.2 | 76.3 |
| 55-64 | 52.5 | 53.1 | 53.5 | 53.9 | 53.7 | 54.0 | 55.8 | 57.5 | 59.2 | 61.0 |
| 65 and over | 13.0 | 13.0 | 13.1 | 13.3 | 13.2 | 13.4 | 13.8 | 14.5 | 15.3 | 16.0 |
| 15-64 | 61.9 | 62.2 | 62.9 | 63.2 | 63.0 | 63.4 | 65.0 | 66.0 | 66.7 | 68.1 |
| **All persons** | | | | | | | | | | |
| 15-24 | 44.9 | 44.6 | 43.9 | 43.1 | 42.5 | 41.8 | 42.6 | 43.0 | 43.0 | 44.8 |
| 25-54 | 83.3 | 83.4 | 83.7 | 84.0 | 83.9 | 84.0 | 84.8 | 85.1 | 85.4 | 86.0 |
| 55-64 | 68.4 | 68.8 | 68.7 | 68.7 | 68.2 | 68.2 | 69.4 | 71.0 | 72.2 | 73.6 |
| 65 and over | 20.1 | 20.2 | 20.1 | 19.9 | 19.7 | 19.9 | 20.5 | 21.3 | 22.1 | 22.8 |
| 15-64 | 73.6 | 73.8 | 73.9 | 74.0 | 73.8 | 73.9 | 74.9 | 75.5 | 75.9 | 76.9 |
| **Unemployment rates** | | | | | | | | | | |
| **Males** | | | | | | | | | | |
| 15-19 | 9.4 | 9.8 | 10.9 | 11.1 | 10.0 | 8.7 | 6.4 | 6.1 | 6.1 | 3.8 |
| 20-24 | 8.0 | 7.5 | 9.9 | 10.3 | 8.8 | 8.8 | 7.9 | 7.3 | 5.9 | 6.2 |
| 25-34 | 4.9 | 5.2 | 6.6 | 6.6 | 6.0 | 5.7 | 5.7 | 4.8 | 4.8 | 4.2 |
| 35-44 | 3.0 | 3.2 | 4.4 | 4.2 | 3.9 | 3.8 | 3.7 | 3.3 | 3.0 | 2.9 |
| 45-54 | 2.9 | 3.1 | 3.9 | 4.1 | 3.5 | 3.4 | 3.4 | 2.9 | 2.9 | 2.6 |
| 55-59 | 3.5 | 3.7 | 4.7 | 5.2 | 4.4 | 4.1 | 3.9 | 3.4 | 3.1 | 2.9 |
| 60-64 | 5.0 | 5.1 | 6.3 | 7.1 | 6.2 | 5.7 | 4.9 | 4.3 | 4.2 | 4.0 |
| 15-24 | 8.3 | 7.9 | 10.1 | 10.4 | 8.9 | 8.7 | 7.6 | 7.1 | 5.9 | 5.7 |
| 25-54 | 3.6 | 3.8 | 4.9 | 4.9 | 4.4 | 4.3 | 4.2 | 3.6 | 3.5 | 3.2 |
| 55-64 | 4.1 | 4.3 | 5.4 | 6.1 | 5.3 | 4.9 | 4.4 | 3.8 | 3.7 | 3.4 |
| 65 and over | 2.6 | 2.5 | 3.3 | 3.0 | 2.9 | 2.9 | 3.0 | 2.8 | 2.6 | 2.5 |
| 15-64 | 4.1 | 4.3 | 5.5 | 5.6 | 5.0 | 4.7 | 4.5 | 4.0 | 3.7 | 3.4 |
| Total | 4.0 | 4.1 | 5.3 | 5.4 | 4.8 | 4.6 | 4.3 | 3.8 | 3.6 | 3.3 |
| **Females** | | | | | | | | | | |
| 15-19 | 8.0 | 6.1 | 8.3 | 6.5 | 7.1 | 7.0 | 6.4 | 4.2 | 4.1 | 4.0 |
| 20-24 | 6.9 | 6.6 | 8.0 | 8.3 | 7.1 | 7.1 | 6.1 | 5.7 | 5.3 | 4.6 |
| 25-34 | 5.1 | 5.4 | 6.1 | 5.6 | 5.4 | 5.0 | 4.7 | 4.2 | 4.3 | 4.1 |
| 35-44 | 3.9 | 3.8 | 4.9 | 5.0 | 4.6 | 4.4 | 3.9 | 3.5 | 3.0 | 2.9 |
| 45-54 | 2.6 | 2.8 | 3.8 | 3.8 | 3.3 | 3.4 | 3.1 | 3.1 | 2.7 | 2.4 |
| 55-59 | 2.2 | 2.6 | 3.1 | 3.2 | 2.8 | 2.7 | 2.7 | 2.7 | 2.3 | 2.2 |
| 60-64 | 2.8 | 2.5 | 3.8 | 3.5 | 3.4 | 3.3 | 3.0 | 2.2 | 2.3 | 2.3 |
| 15-24 | 7.1 | 6.6 | 8.1 | 8.0 | 7.1 | 7.1 | 6.2 | 5.4 | 5.1 | 4.5 |
| 25-54 | 3.9 | 4.0 | 4.9 | 4.8 | 4.4 | 4.3 | 3.9 | 3.5 | 3.3 | 3.1 |
| 55-64 | 2.4 | 2.6 | 3.4 | 3.3 | 3.1 | 3.0 | 2.8 | 2.5 | 2.3 | 2.3 |
| 65 and over | 1.0 | 1.4 | 1.4 | 0.9 | 0.9 | 1.3 | 1.2 | 1.5 | 1.0 | 1.3 |
| 15-64 | 3.9 | 4.0 | 5.0 | 4.8 | 4.4 | 4.3 | 3.9 | 3.5 | 3.3 | 3.1 |
| Total | 3.7 | 3.8 | 4.7 | 4.5 | 4.1 | 4.0 | 3.7 | 3.3 | 3.0 | 2.9 |
| **All persons** | | | | | | | | | | |
| 15-24 | 7.7 | 7.2 | 9.1 | 9.2 | 8.0 | 7.9 | 6.9 | 6.3 | 5.5 | 5.1 |
| 25-54 | 3.7 | 3.9 | 4.9 | 4.9 | 4.4 | 4.3 | 4.1 | 3.6 | 3.4 | 3.1 |
| 55-64 | 3.4 | 3.6 | 4.6 | 5.0 | 4.4 | 4.1 | 3.8 | 3.3 | 3.1 | 2.9 |
| 65 and over | 2.0 | 2.1 | 2.6 | 2.2 | 2.2 | 2.3 | 2.3 | 2.3 | 2.0 | 2.0 |
| 15-64 | 4.1 | 4.2 | 5.3 | 5.3 | 4.8 | 4.6 | 4.3 | 3.8 | 3.5 | 3.3 |

*Note:* Detailed metadata at:http://metalinks.oecd.org/lfs/20180108/10b3
*Disclaimer:* http://oe.cd/disclaimer

## Table 3. Employment and employees: breakdown by activity - ISIC Rev. 4

*Annual average estimates*

| | | 2007 | 2008 | 2009 | 2010 | 2011 | 2012 | 2013 | 2014 | 2015 | 2016 |
|---|---|---|---|---|---|---|---|---|---|---|---|
| | **EMPLOYMENT** | | | | | | | | | | |
| | **By activity, thousands** | | | | | | | | | | |
| **A-U** | **All activities** | **64 120.0** | **63 850.0** | **62 820.0 \|** | **62 570.0** | **59 770.0** | **62 700.0** | **63 110.0** | **63 510.0** | **63 760.0** | **64 400.0** |
| A | Agriculture, hunting and forestry | 2 720.0 | 2 680.0 | 2 620.0 \| | 2 520.0 | 2 230.0 | 2 400.0 | 2 330.0 | 2 300.0 | 2 280.0 | 2 220.0 |
| **B-F** | **Industry** | **18 140.0** | **17 780.0** | **16 910.0 \|** | **16 440.0** | **15 570.0** | **16 260.0** | **16 290.0** | **16 370.0** | **16 260.0** | **16 240.0 e** |
| B | Mining and quarrying | 40.0 | 30.0 | 30.0 \| | 30.0 | 30.0 | 30.0 | 30.0 | 30.0 | 30.0 | 30.0 |
| C | Manufacturing | 11 940.0 | 11 740.0 | 11 040.0 \| | 10 780.0 | 10 240.0 | 10 590.0 | 10 660.0 | 10 680.0 | 10 620.0 | 10 670.0 |
| D | Electricity, gas, steam, air cond. supply | 640.0 | 640.0 | 670.0 | 650.0 | 570.0 | 610.0 | 610.0 | 610.0 | 610.0 | 620.0 |
| E | Water supply, sewerage, waste mgt, remediation | 0.0 | 0.0 | 0.0 | 0.0 | 0.0 | 0.0 | 0.0 | 0.0 | 0.0 | 0.0 e |
| F | Construction | 5 520.0 | 5 370.0 | 5 170.0 \| | 4 980.0 | 4 730.0 | 5 030.0 | 4 990.0 | 5 050.0 | 5 000.0 | 4 920.0 |
| **G-U** | **Services** | **43 260.0** | **43 390.0** | **43 290.0 \|** | **43 610.0** | **41 970.0** | **44 040.0** | **44 490.0** | **44 840.0** | **45 220.0** | **45 940.0 e** |
| G | Wholesale, retail trade, vehicle, motorcycle repair | 11 130.0 | 11 010.0 | 10 880.0 \| | 10 900.0 | 10 370.0 | 10 750.0 | 10 890.0 | 10 910.0 | 10 830.0 | 10 880.0 |
| H | Transportation and storage | 3 640.0 | 3 620.0 | 3 660.0 \| | 3 660.0 | 3 500.0 | 3 610.0 | 3 700.0 | 3 680.0 | 3 660.0 | 3 710.0 |
| I | Accommodation and food service activities | 3 800.0 | 3 730.0 | 3 800.0 \| | 3 870.0 | 3 650.0 | 3 760.0 | 3 840.0 | 3 850.0 | 3 830.0 | 3 890.0 |
| J | Information and communication | 1 920.0 | 1 890.0 | 1 930.0 \| | 1 960.0 | 1 850.0 | 1 880.0 | 1 920.0 | 2 030.0 | 2 090.0 | 2 070.0 |
| K | Financial and insurance activities | 1 920.0 | 2 000.0 | 1 990.0 \| | 1 920.0 | 1 790.0 | 1 890.0 | 1 910.0 | 1 790.0 | 1 800.0 | 1 900.0 |
| L | Real estate activities | 850.0 | 830.0 | 830.0 \| | 830.0 | 840.0 | 850.0 | 830.0 | 860.0 | 920.0 | 940.0 |
| M | Professional, scientific and technical activities | 1 980.0 | 2 000.0 | 1 950.0 \| | 1 980.0 | 1 990.0 | 2 050.0 | 2 070.0 | 2 120.0 | 2 140.0 | 2 200.0 |
| N | Administrative and support service activities | 3 590.0 | 3 670.0 | 3 420.0 \| | 3 360.0 | 3 230.0 | 3 450.0 | 2 820.0 | 2 780.0 | 2 940.0 | 3 030.0 |
| O | Public administration, defence, social security | 2 310.0 | 2 260.0 | 2 250.0 \| | 2 240.0 | 2 140.0 | 2 280.0 | 2 320.0 | 2 380.0 | 2 340.0 | 2 350.0 |
| P | Education | 2 790.0 | 2 830.0 | 2 870.0 \| | 2 880.0 | 2 800.0 | 2 950.0 | 2 990.0 | 3 010.0 | 3 030.0 | 3 070.0 |
| Q | Human health and social work activities | 5 790.0 | 5 980.0 | 6 210.0 \| | 6 530.0 | 6 480.0 | 7 060.0 | 7 350.0 | 7 570.0 | 7 840.0 | 8 080.0 |
| R | Arts, entertainment and recreation | 750.0 | 770.0 | 770.0 \| | 790.0 | 760.0 | 770.0 | 770.0 | 730.0 | 710.0 | 750.0 |
| S | Other service activities | 2 010.0 | 2 040.0 | 2 100.0 \| | 2 050.0 | 1 980.0 | 2 080.0 | 2 140.0 | 2 110.0 | 2 060.0 | 2 050.0 |
| T | Households as employers and own-use activities | 0.0 | 0.0 | 0.0 | 0.0 | 0.0 | 0.0 | 0.0 | 0.0 | 0.0 | 0.0 e |
| U | Activities of extraterritorial organizations, bodies | 20.0 | 20.0 | 20.0 \| | 20.0 | 20.0 | 30.0 | 30.0 | 20.0 | 30.0 | 20.0 |
| | **EMPLOYEES** | | | | | | | | | | |
| | **By activity, thousands** | | | | | | | | | | |
| **A-U** | **All activities** | **55 230.0** | **55 240.0** | **54 600.0 \|** | **54 630.0** | **52 440.0** | **55 040.0** | **55 530.0** | **55 950.0** | **56 400.0** | **57 290.0** |
| A | Agriculture, hunting and forestry | 520.0 | 540.0 | 570.0 \| | 590.0 | 550.0 | 570.0 | 580.0 | 610.0 | 610.0 | 620.0 |
| **B-F** | **Industry** | .. | .. | .. | .. | .. | .. | .. | .. | .. | .. |
| B | Mining and quarrying | 40.0 | 30.0 | 30.0 \| | 30.0 | 30.0 | 30.0 | 20.0 | 30.0 | 30.0 | 30.0 |
| C | Manufacturing | 11 150.0 | 11 020.0 | 10 410.0 \| | 10 200.0 | 9 710.0 | 10 030.0 | 10 110.0 | 10 100.0 | 10 060.0 | 10 180.0 |
| D | Electricity, gas, steam, air cond. supply | 630.0 | 630.0 | 660.0 \| | 640.0 | 560.0 | 600.0 | 600.0 | 600.0 | 600.0 | 610.0 |
| E | Water supply, sewerage, waste mgt, remediation | 0.0 | 0.0 | 0.0 | 0.0 | 0.0 | .. | .. | .. | .. | .. |
| F | Construction | 4 490.0 | 4 370.0 | 4 220.0 \| | 4 050.0 | 3 850.0 | 4 110.0 | 4 080.0 | 4 100.0 | 4 070.0 | 4 010.0 |
| **G-U** | **Services** | .. | .. | .. | .. | .. | .. | .. | .. | .. | .. |
| G | Wholesale, retail trade, vehicle, motorcycle repair | 9 730.0 | 9 660.0 | 9 600.0 \| | 9 670.0 | 9 260.0 | 9 630.0 | 9 810.0 | 9 860.0 | 9 850.0 | 9 950.0 |
| H | Transportation and storage | 3 470.0 | 3 450.0 | 3 490.0 \| | 3 510.0 | 3 360.0 | 3 460.0 | 3 550.0 | 3 540.0 | 3 530.0 | 3 580.0 |
| I | Accommodation and food service activities | 3 010.0 | 3 010.0 | 3 080.0 \| | 3 160.0 | 3 010.0 | 3 110.0 | 3 200.0 | 3 230.0 | 3 240.0 | 3 320.0 |
| J | Information and communication | 1 850.0 | 1 820.0 | 1 850.0 \| | 1 880.0 | 1 770.0 | 1 800.0 | 1 840.0 | 1 940.0 | 2 000.0 | 1 990.0 |
| K | Financial and insurance activities | 1 860.0 | 1 950.0 | 1 950.0 \| | 1 870.0 | 1 750.0 | 1 850.0 | 1 860.0 | 1 740.0 | 1 770.0 | 1 870.0 |
| L | Real estate activities | 730.0 | 710.0 | 700.0 \| | 710.0 | 700.0 | 720.0 | 710.0 | 750.0 | 800.0 | 810.0 |
| M | Professional, scientific and technical activities | 1 480.0 | 1 490.0 | 1 470.0 \| | 1 510.0 | 1 530.0 | 1 570.0 | 1 580.0 | 1 630.0 | 1 660.0 | 1 710.0 |
| N | Administrative and support service activities | 3 300.0 | 3 380.0 | 3 130.0 \| | 3 100.0 | 2 970.0 | 3 160.0 | 2 530.0 | 2 490.0 | 2 640.0 | 2 730.0 |
| O | Public administration, defence, social security | 2 310.0 | 2 260.0 | 2 250.0 \| | 2 240.0 | 2 140.0 | 2 280.0 | 2 320.0 | 2 380.0 | 2 340.0 | 2 340.0 |
| P | Education | 2 540.0 | 2 580.0 | 2 610.0 \| | 2 610.0 | 2 540.0 | 2 670.0 | 2 730.0 | 2 740.0 | 2 780.0 | 2 810.0 |
| Q | Human health and social work activities | 5 470.0 | 5 650.0 | 5 880.0 \| | 6 200.0 | 6 180.0 | 6 760.0 | 7 040.0 | 7 240.0 | 7 510.0 | 7 760.0 |
| R | Arts, entertainment and recreation | 720.0 | 720.0 | 730.0 \| | 740.0 | 710.0 | 720.0 | 730.0 | 690.0 | 670.0 | 700.0 |
| S | Other service activities | 1 450.0 | 1 490.0 | 1 540.0 \| | 1 520.0 | 1 470.0 | 1 550.0 | 1 600.0 | 1 560.0 | 1 530.0 | 1 540.0 |
| T | Households as employers and own-use activities | 0.0 | 0.0 | 0.0 | 0.0 | 0.0 | 0.0 | .. | .. | .. | .. |
| U | Activities of extraterritorial organizations, bodies | 20.0 | 20.0 | 20.0 \| | 20.0 | 20.0 | 30.0 | 30.0 | 20.0 | 30.0 | 20.0 |

*Note:* Detailed metadata at: http://metalinks.oecd.org/lfs/20180108/b964.
*Disclaimer:* http://oe.cd/disclaimer

# KOREA

## Table 1. Labour force

*Annual average estimates*

| | 2007 | 2008 | 2009 | 2010 | 2011 | 2012 | 2013 | 2014 | 2015 | 2016 |
|---|---|---|---|---|---|---|---|---|---|---|
| **Labour force, thousands** | | | | | | | | | | |
| All persons | 24 216 | 24 347 | 24 394 | 24 748 | 25 099 | 25 501 | 25 873 | 26 536 | 26 913 | 27 247 |
| Males | 14 124 | 14 208 | 14 318 | 14 492 | 14 683 | 14 891 | 15 071 | 15 387 | 15 543 | 15 718 |
| Females | 10 092 | 10 139 | 10 076 | 10 256 | 10 416 | 10 609 | 10 802 | 11 149 | 11 370 | 11 529 |
| **Unemployed, thousands** | | | | | | | | | | |
| All persons | 783 | 769 | 889 | 920 | 855 | 820 | 807 | 937 | 976 | 1 012 |
| Males | 517 | 505 | 584 | 577 | 530 | 504 | 498 | 548 | 572 | 596 |
| Females | 266 | 265 | 304 | 342 | 325 | 316 | 309 | 389 | 405 | 416 |
| **Employment, thousands** | | | | | | | | | | |
| All persons | 23 433 | 23 577 | 23 506 | 23 829 | 24 244 | 24 681 | 25 066 | 25 599 | 25 936 | 26 235 |
| Males | 13 607 | 13 703 | 13 734 | 13 915 | 14 153 | 14 387 | 14 573 | 14 839 | 14 971 | 15 122 |
| Females | 9 826 | 9 874 | 9 772 | 9 914 | 10 091 | 10 294 | 10 494 | 10 761 | 10 965 | 11 114 |
| **Employment (%)** | | | | | | | | | | |
| Males | 58.1 | 58.1 | 58.4 | 58.4 | 58.4 | 58.3 | 58.1 | 58.0 | 57.7 | 57.6 |
| Females | 41.9 | 41.9 | 41.6 | 41.6 | 41.6 | 41.7 | 41.9 | 42.0 | 42.3 | 42.4 |
| **Unemployment rate (% of labour force)** | | | | | | | | | | |
| All persons | 3.3 | 3.2 | 3.7 | 3.7 | 3.4 | 3.2 | 3.1 | 3.5 | 3.6 | 3.7 |
| Males | 3.7 | 3.6 | 4.1 | 4.0 | 3.6 | 3.4 | 3.3 | 3.6 | 3.7 | 3.8 |
| Females | 2.6 | 2.6 | 3.0 | 3.3 | 3.1 | 3.0 | 2.9 | 3.5 | 3.6 | 3.6 |
| **EMPLOYMENT - PROFESSIONAL STATUS, thousands** | | | | | | | | | | |
| **All activities** | **23 433** | **23 577** | **23 506** | **23 829** | **24 244** | **24 681** | **25 067** | **25 600** | **25 936** | **26 235** |
| Employees | 15 970 | 16 206 | 16 454 | 16 971 | 17 397 | 17 712 | 18 195 | 18 743 | 19 230 | 19 547 |
| Employers and persons working on own account | 6 049 | 5 970 | 5 711 | 5 593 | 5 594 | 5 718 | 5 651 | 5 652 | 5 563 | 5 570 |
| Unpaid family workers | 1 413 | 1 401 | 1 341 | 1 266 | 1 254 | 1 251 | 1 221 | 1 205 | 1 144 | 1 119 |
| **Employees as % of employment** | **68.2** | **68.7** | **70.0** | **71.2** | **71.8** | **71.8** | **72.6** | **73.2** | **74.1** | **74.5** |
| **Part-time employment (%)** | | | | | | | | | | |
| Part-time as % of employment | 8.9 | 9.3 | 9.9 | 10.7 | 13.5 | 10.2 | 11.1 | 10.5 | 10.6 | 10.9 |
| Male share of part time employment | 41.1 | 41.0 | 40.7 | 39.7 | 43.4 | 39.0 | 39.5 | 37.8 | 37.4 | 36.4 |
| Female share of part time employment | 58.9 | 59.0 | 59.3 | 60.3 | 56.6 | 61.0 | 60.5 | 62.2 | 62.6 | 63.6 |
| Male part-time as % of male employment | 6.3 | 6.5 | 6.9 | 7.2 | 10.0 | 6.8 | 7.5 | 6.8 | 6.9 | 6.8 |
| Female part-time as % of female employment | 12.5 | 13.2 | 14.2 | 15.5 | 18.5 | 15.0 | 16.2 | 15.6 | 15.9 | 16.5 |
| **Duration of unemployment (% of total unemployment)** | | | | | | | | | | |
| Less than one month | .. | .. | .. | .. | .. | .. | .. | .. | .. | .. |
| More than 1 month and less than 3 months | 60.1 | 62.3 | 63.9 | 67.2 | 67.5 | 63.9 | 63.9 | 63.3 | 59.5 | 56.0 |
| More than 3 months and less than 6 months | 28.2 | 28.0 | 27.2 | 25.9 | 25.7 | 27.6 | 28.2 | 29.2 | 30.6 | 30.8 |
| More than 6 months and less than 1 year | 11.2 | 9.3 | 8.5 | 6.6 | 6.4 | 8.2 | 7.5 | 7.3 | 9.6 | 12.3 |
| More than 1 year | 0.6 | 0.4 | 0.5 | 0.3 | 0.4 | 0.3 | 0.4 | 0.2 | 0.4 | 0.9 |

*Note:* Detailed metadata: http://metalinks.oecd.org/lfs/20180108/6a19, http://metalinks.oecd.org/lfs/20180108/56a2, http://metalinks.oecd.org/lfs/20180108/a68d and http://metalinks.oecd.org/lfs/20180108/4d04.

*Disclaimer:* http://oe.cd/disclaimer

## Table 2. Participation rates and unemployment rates by age and sex

*Annual average estimates, percentage*

| | 2007 | 2008 | 2009 | 2010 | 2011 | 2012 | 2013 | 2014 | 2015 | 2016 |
|---|---|---|---|---|---|---|---|---|---|---|
| **Participation rates** | | | | | | | | | | |
| **Males** | | | | | | | | | | |
| 15-19 | 6.5 | 5.6 | 5.0 | 5.5 | 6.3 | 6.3 | 6.6 | 7.6 | 7.7 | 8.1 |
| 20-24 | 47.3 | 43.8 | 44.0 | 42.7 | 42.3 | 43.4 | 42.1 | 44.4 | 46.1 | 45.8 |
| 25-34 | 85.0 | 84.4 | 84.2 | 84.4 | 84.9 | 84.8 | 84.9 | 85.7 | 85.6 | 85.4 |
| 35-44 | 94.7 | 94.7 | 93.8 | 94.1 | 94.3 | 94.4 | 94.2 | 94.9 | 94.5 | 94.5 |
| 45-54 | 91.6 | 91.9 | 91.5 | 91.9 | 91.7 | 92.2 | 92.4 | 92.8 | 92.5 | 92.7 |
| 55-59 | 82.6 | 82.3 | 82.7 | 83.4 | 83.8 | 84.7 | 85.5 | 87.4 | 86.7 | 86.8 |
| 60-64 | 69.4 | 68.6 | 68.8 | 70.2 | 72.2 | 72.3 | 73.0 | 74.2 | 74.7 | 74.6 |
| 15-24 | 23.1 | 21.0 | 20.4 | 20.2 | 20.6 | 22.1 | 22.5 | 24.6 | 25.9 | 26.3 |
| 25-54 | 90.5 | 90.5 | 90.0 | 90.3 | 90.5 | 90.7 | 90.7 | 91.3 | 91.1 | 91.1 |
| 55-64 | 76.8 | 76.3 | 76.6 | 77.7 | 78.9 | 79.6 | 80.4 | 82.0 | 81.8 | 81.7 |
| 65 and over | 42.9 | 41.9 | 41.5 | 40.6 | 40.6 | 41.6 | 42.6 | 43.0 | 42.2 | 42.2 |
| 15-64 | 77.6 | 77.3 | 76.9 | 77.1 | 77.4 | 77.6 | 77.6 | 78.6 | 78.6 | 78.9 |
| **Females** | | | | | | | | | | |
| 15-19 | 8.1 | 7.5 | 7.5 | 8.5 | 9.0 | 9.1 | 8.7 | 9.4 | 9.9 | 9.6 |
| 20-24 | 56.5 | 54.5 | 53.0 | 53.5 | 52.3 | 53.5 | 52.2 | 54.6 | 56.3 | 56.6 |
| 25-34 | 61.0 | 61.3 | 60.5 | 62.1 | 63.0 | 63.4 | 64.5 | 66.0 | 66.9 | 68.3 |
| 35-44 | 62.5 | 62.1 | 60.8 | 60.9 | 60.7 | 60.1 | 59.9 | 60.5 | 60.5 | 61.4 |
| 45-54 | 62.5 | 63.3 | 63.3 | 63.5 | 64.6 | 65.1 | 66.0 | 67.9 | 68.9 | 68.5 |
| 55-59 | 50.6 | 52.5 | 51.9 | 53.4 | 54.0 | 54.8 | 56.0 | 57.8 | 58.6 | 58.9 |
| 60-64 | 43.9 | 42.3 | 42.0 | 41.5 | 42.2 | 43.9 | 45.0 | 46.3 | 48.2 | 49.0 |
| 15-24 | 32.7 | 31.1 | 30.0 | 30.4 | 30.1 | 30.9 | 30.6 | 32.5 | 34.1 | 34.4 |
| 25-54 | 62.0 | 62.3 | 61.5 | 62.2 | 62.8 | 62.8 | 63.4 | 64.8 | 65.4 | 66.0 |
| 55-64 | 47.6 | 47.9 | 47.5 | 48.1 | 48.9 | 50.2 | 51.4 | 53.0 | 54.2 | 54.7 |
| 65 and over | 23.3 | 22.9 | 22.2 | 21.7 | 21.8 | 23.0 | 23.4 | 24.0 | 23.4 | 23.7 |
| 15-64 | 54.8 | 54.7 | 53.9 | 54.5 | 54.9 | 55.2 | 55.6 | 57.0 | 57.9 | 58.4 |
| **All persons** | | | | | | | | | | |
| 15-24 | 28.2 | 26.3 | 25.4 | 25.5 | 25.5 | 26.6 | 26.6 | 28.6 | 30.1 | 30.5 |
| 25-54 | 76.4 | 76.6 | 76.0 | 76.4 | 76.9 | 77.0 | 77.3 | 78.2 | 78.5 | 78.8 |
| 55-64 | 62.0 | 61.8 | 61.8 | 62.7 | 63.7 | 64.7 | 65.7 | 67.3 | 67.8 | 68.0 |
| 65 and over | 31.3 | 30.6 | 30.1 | 29.4 | 29.5 | 30.7 | 31.4 | 31.9 | 31.3 | 31.5 |
| 15-64 | 66.2 | 66.0 | 65.4 | 65.8 | 66.2 | 66.4 | 66.6 | 67.8 | 68.3 | 68.7 |
| **Unemployment rates** | | | | | | | | | | |
| **Males** | | | | | | | | | | |
| 15-19 | 9.3 | 12.6 | 15.3 | 15.6 | 12.2 | 9.5 | 11.3 | 10.2 | 10.4 | 11.0 |
| 20-24 | 11.8 | 11.3 | 11.3 | 10.4 | 12.1 | 9.8 | 9.5 | 11.4 | 11.5 | 11.0 |
| 25-34 | 5.9 | 5.6 | 6.6 | 6.5 | 5.6 | 5.3 | 6.1 | 6.1 | 6.2 | 7.1 |
| 35-44 | 2.7 | 2.8 | 3.2 | 2.9 | 2.6 | 2.6 | 2.2 | 2.3 | 2.4 | 2.2 |
| 45-54 | 2.2 | 2.2 | 2.9 | 2.6 | 2.3 | 2.0 | 1.8 | 2.1 | 2.0 | 2.1 |
| 55-59 | 2.6 | 2.7 | 2.8 | 3.1 | 2.5 | 2.7 | 2.5 | 2.6 | 3.2 | 2.8 |
| 60-64 | 2.8 | 2.3 | 2.7 | 3.8 | 3.7 | 3.5 | 3.2 | 3.4 | 3.6 | 4.0 |
| 15-24 | 11.4 | 11.5 | 11.9 | 11.2 | 12.1 | 9.7 | 9.8 | 11.2 | 11.3 | 11.0 |
| 25-54 | 3.6 | 3.5 | 4.1 | 3.8 | 3.4 | 3.2 | 3.2 | 3.3 | 3.3 | 3.6 |
| 55-64 | 2.7 | 2.6 | 2.8 | 3.4 | 3.0 | 3.0 | 2.8 | 2.9 | 3.3 | 3.2 |
| 65 and over | 0.9 | 1.2 | 1.6 | 2.6 | 2.5 | 2.3 | 1.6 | 2.2 | 2.6 | 2.5 |
| 15-64 | 3.8 | 3.7 | 4.3 | 4.1 | 3.7 | 3.5 | 3.4 | 3.7 | 3.8 | 3.9 |
| Total | 3.7 | 3.6 | 4.1 | 4.0 | 3.6 | 3.4 | 3.3 | 3.6 | 3.7 | 3.8 |
| **Females** | | | | | | | | | | |
| 15-19 | 8.9 | 8.5 | 10.2 | 9.6 | 9.7 | 8.3 | 9.5 | 8.4 | 10.7 | 9.2 |
| 20-24 | 6.9 | 7.9 | 8.3 | 8.9 | 7.8 | 8.5 | 9.0 | 9.3 | 9.8 | 10.7 |
| 25-34 | 3.7 | 3.7 | 4.3 | 4.3 | 4.5 | 4.0 | 4.1 | 5.0 | 4.5 | 5.4 |
| 35-44 | 2.1 | 2.0 | 2.4 | 2.7 | 2.5 | 2.3 | 2.1 | 2.7 | 3.0 | 2.7 |
| 45-54 | 1.4 | 1.6 | 1.8 | 1.9 | 1.8 | 1.7 | 1.7 | 2.3 | 2.3 | 1.9 |
| 55-59 | 1.3 | 1.2 | 1.7 | 2.0 | 1.5 | 1.7 | 1.4 | 2.2 | 2.3 | 2.3 |
| 60-64 | 1.5 | 0.9 | 1.5 | 2.6 | 2.0 | 1.8 | 0.9 | 1.3 | 1.5 | 1.8 |
| 15-24 | 7.1 | 8.0 | 8.5 | 9.0 | 8.1 | 8.5 | 9.0 | 9.2 | 10.0 | 10.5 |
| 25-54 | 2.4 | 2.4 | 2.8 | 2.9 | 2.9 | 2.6 | 2.6 | 3.3 | 3.2 | 3.2 |
| 55-64 | 1.4 | 1.1 | 1.7 | 2.2 | 1.7 | 1.7 | 1.2 | 1.9 | 2.0 | 2.1 |
| 65 and over | 0.3 | 0.3 | 0.6 | 2.0 | 2.0 | 1.8 | 1.3 | 1.8 | 2.1 | 2.0 |
| 15-64 | 2.8 | 2.8 | 3.2 | 3.4 | 3.2 | 3.1 | 3.0 | 3.6 | 3.7 | 3.7 |
| Total | 2.6 | 2.6 | 3.0 | 3.3 | 3.1 | 3.0 | 2.9 | 3.5 | 3.6 | 3.6 |
| **All persons** | | | | | | | | | | |
| 15-24 | 8.8 | 9.3 | 9.8 | 9.8 | 9.6 | 9.0 | 9.3 | 10.0 | 10.5 | 10.7 |
| 25-54 | 3.1 | 3.0 | 3.6 | 3.5 | 3.2 | 3.0 | 2.9 | 3.3 | 3.3 | 3.4 |
| 55-64 | 2.2 | 2.0 | 2.3 | 2.9 | 2.5 | 2.5 | 2.1 | 2.5 | 2.8 | 2.8 |
| 65 and over | 0.7 | 0.8 | 1.1 | 2.3 | 2.3 | 2.1 | 1.5 | 2.0 | 2.4 | 2.3 |
| 15-64 | 3.4 | 3.3 | 3.8 | 3.8 | 3.5 | 3.3 | 3.2 | 3.7 | 3.7 | 3.8 |

*Note:* Detailed metadata at:http://metalinks.oecd.org/lfs/20180108/10b3
*Disclaimer:* http://oe.cd/disclaimer

## Table 3. Employment and employees: breakdown by activity - ISIC Rev. 4

*Annual average estimates*

| | | 2007 | 2008 | 2009 | 2010 | 2011 | 2012 | 2013 | 2014 | 2015 | 2016 |
|---|---|---|---|---|---|---|---|---|---|---|---|
| | **EMPLOYMENT** | | | | | | | | | | |
| | **By activity, thousands** | | | | | | | | | | |
| **A-U** | **All activities** | **23 432.8** | **23 577.3** | **23 505.7** | **23 828.7** | **24 244.2** | **24 680.7** | **25 066.5** | **25 599.6** | **25 936.3** | **26 235.3** |
| A | Agriculture, hunting and forestry | 1 722.9 | 1 686.0 | 1 648.3 | 1 566.6 | 1 541.7 | 1 527.9 | 1 520.2 | 1 452.0 | 1 345.1 | 1 286.5 |
| **B-F** | **Industry** | **6 027.0** | **5 953.6** | **5 747.0** | **5 945.0** | **6 005.3** | **6 041.3** | **6 116.7** | **6 309.0** | **6 503.3** | **6 530.3** |
| B | Mining and quarrying | 16.4 | 22.9 | 22.8 | 21.1 | 17.0 | 14.7 | 15.8 | 13.4 | 13.5 | 18.8 |
| C | Manufacturing | 4 014.2 | 3 962.6 | 3 836.3 | 4 027.6 | 4 091.0 | 4 105.1 | 4 184.0 | 4 329.8 | 4 485.9 | 4 481.4 |
| D | Electricity, gas, steam, air cond. supply | 86.0 | 90.3 | 95.8 | 78.6 | 75.7 | 75.8 | 90.3 | 82.8 | 92.8 | 89.2 |
| E | Water supply, sewerage, waste mgt, remediation | 61.5 | 66.2 | 71.9 | 64.8 | 70.8 | 73.0 | 72.8 | 87.3 | 88.1 | 96.0 |
| F | Construction | 1 848.9 | 1 811.7 | 1 720.2 | 1 753.0 | 1 750.8 | 1 772.8 | 1 753.8 | 1 795.8 | 1 822.9 | 1 844.9 |
| **G-U** | **Services** | **15 682.9** | **15 937.8** | **16 110.3** | **16 317.1** | **16 697.3** | **17 111.4** | **17 429.7** | **17 838.6** | **18 088.0** | **18 418.5** |
| G | Wholesale, retail trade, vehicle, motorcycle repair | 3 672.8 | 3 631.3 | 3 599.9 | 3 580.3 | 3 638.2 | 3 688.9 | 3 659.7 | 3 791.5 | 3 783.3 | 3 728.8 |
| H | Transportation and storage | 1 246.9 | 1 247.8 | 1 247.0 | 1 280.0 | 1 332.1 | 1 379.6 | 1 413.3 | 1 406.9 | 1 409.3 | 1 412.3 |
| I | Accommodation and food service activities | 2 049.2 | 2 043.8 | 1 936.3 | 1 889.2 | 1 853.6 | 1 906.3 | 1 970.7 | 2 097.5 | 2 179.0 | 2 277.5 |
| J | Information and communication | 633.9 | 626.8 | 652.1 | 667.8 | 702.9 | 700.3 | 692.1 | 713.8 | 771.5 | 785.5 |
| K | Financial and insurance activities | 806.1 | 821.3 | 766.3 | 807.8 | 845.6 | 841.6 | 863.8 | 837.4 | 789.2 | 796.6 |
| L | Real estate activities | 505.3 | 488.8 | 500.3 | 516.9 | 486.0 | 485.8 | 485.1 | 507.6 | 534.6 | 570.4 |
| M | Professional, scientific and technical activities | 701.7 | 756.5 | 843.8 | 883.2 | 960.8 | 1 028.0 | 1 021.9 | 1 024.3 | 1 047.8 | 1 101.8 |
| N | Administrative and support service activities | 953.5 | 973.8 | 944.3 | 1 022.8 | 1 086.6 | 1 116.6 | 1 173.3 | 1 180.1 | 1 248.4 | 1 292.8 |
| O | Public administration, defence, social security | 796.8 | 840.3 | 1 031.7 | 960.1 | 951.3 | 951.4 | 965.7 | 957.3 | 936.3 | 993.1 |
| P | Education | 1 739.7 | 1 783.8 | 1 831.4 | 1 798.8 | 1 686.2 | 1 743.7 | 1 747.8 | 1 806.8 | 1 817.7 | 1 845.5 |
| Q | Human health and social work activities | 739.8 | 842.3 | 997.9 | 1 152.7 | 1 311.2 | 1 399.3 | 1 554.3 | 1 693.1 | 1 769.9 | 1 851.3 |
| R | Arts, entertainment and recreation | 370.7 | 418.8 | 390.4 | 379.7 | 416.8 | 408.8 | 392.2 | 393.4 | 424.3 | 405.9 |
| S | Other service activities | 1 291.3 | 1 297.2 | 1 211.6 | 1 216.3 | 1 261.6 | 1 286.2 | 1 312.4 | 1 299.3 | 1 277.0 | 1 271.8 |
| T | Households as employers and own-use activities | 160.6 | 149.8 | 146.5 | 149.7 | 153.1 | 166.4 | 171.4 | 115.8 | 82.2 | 69.3 |
| U | Activities of extraterritorial organizations, bodies | 15.4 | 16.3 | 12.5 | 13.4 | 12.8 | 9.3 | 7.5 | 14.2 | 18.4 | 16.3 |
| | **EMPLOYEES** | | | | | | | | | | |
| | **By activity, thousands** | | | | | | | | | | |
| **A-U** | **All activities** | **15 970.2** | **16 206.4** | **16 453.7** | **16 970.6** | **17 397.1** | **17 712.1** | **18 194.7** | **18 742.5** | **19 229.8** | **19 546.4** |
| A | Agriculture, hunting and forestry | 170.3 | 163.6 | 172.7 | 174.5 | 173.4 | 153.3 | 147.3 | 140.3 | 135.2 | 132.5 |
| **B-F** | **Industry** | .. | .. | .. | .. | .. | .. | .. | .. | .. | .. |
| B | Mining and quarrying | 16.2 | 21.9 | 20.4 | 18.9 | 15.6 | 12.9 | 14.5 | 13.2 | 12.5 | 18.7 |
| C | Manufacturing | 3 421.9 | 3 373.3 | 3 277.1 | 3 439.6 | 3 508.8 | 3 548.8 | 3 668.0 | 3 826.3 | 3 996.3 | 3 974.3 |
| D | Electricity, gas, steam, air cond. supply | 84.7 | 89.7 | 95.0 | 77.4 | 74.9 | 75.0 | 89.4 | 80.9 | 91.1 | 87.8 |
| E | Water supply, sewerage, waste mgt, remediation | 56.7 | 58.3 | 63.1 | 58.3 | 65.5 | 67.1 | 66.4 | 78.6 | 81.0 | 88.9 |
| F | Construction | 1 421.1 | 1 420.6 | 1 361.1 | 1 362.2 | 1 347.7 | 1 328.7 | 1 336.5 | 1 365.5 | 1 388.4 | 1 422.7 |
| **G-U** | **Services** | .. | .. | .. | .. | .. | .. | .. | .. | .. | .. |
| G | Wholesale, retail trade, vehicle, motorcycle repair | 1 964.2 | 1 942.4 | 1 945.9 | 2 014.8 | 2 102.2 | 2 130.2 | 2 141.0 | 2 277.4 | 2 264.1 | 2 214.0 |
| H | Transportation and storage | 667.4 | 679.5 | 676.2 | 697.1 | 711.2 | 735.4 | 748.6 | 767.4 | 773.5 | 778.7 |
| I | Accommodation and food service activities | 1 132.5 | 1 143.8 | 1 105.3 | 1 136.0 | 1 096.0 | 1 112.0 | 1 193.8 | 1 282.8 | 1 379.8 | 1 439.6 |
| J | Information and communication | 585.6 | 575.7 | 608.5 | 608.0 | 636.2 | 643.5 | 638.6 | 647.4 | 703.3 | 707.4 |
| K | Financial and insurance activities | 754.4 | 778.1 | 737.2 | 778.4 | 812.5 | 809.6 | 833.8 | 806.6 | 758.8 | 762.8 |
| L | Real estate activities | 301.6 | 287.0 | 313.4 | 337.9 | 312.2 | 320.8 | 333.6 | 359.0 | 369.1 | 381.8 |
| M | Professional, scientific and technical activities | 593.0 | 634.3 | 717.5 | 752.1 | 838.7 | 888.7 | 888.9 | 876.7 | 896.8 | 957.1 |
| N | Administrative and support service activities | 904.2 | 918.6 | 893.1 | 971.4 | 1 041.5 | 1 069.9 | 1 118.7 | 1 109.5 | 1 176.7 | 1 221.0 |
| O | Public administration, defence, social security | 796.5 | 840.1 | 1 031.4 | 960.1 | 951.2 | 951.2 | 965.5 | 957.3 | 936.1 | 993.2 |
| P | Education | 1 371.3 | 1 418.7 | 1 465.0 | 1 439.6 | 1 359.6 | 1 398.4 | 1 379.0 | 1 426.0 | 1 456.3 | 1 495.2 |
| Q | Human health and social work activities | 679.3 | 776.8 | 926.2 | 1 077.0 | 1 232.4 | 1 322.2 | 1 461.2 | 1 596.0 | 1 670.9 | 1 767.4 |
| R | Arts, entertainment and recreation | 230.7 | 261.3 | 239.8 | 234.3 | 245.8 | 247.1 | 247.0 | 236.1 | 279.4 | 270.9 |
| S | Other service activities | 646.8 | 659.9 | 648.5 | 673.2 | 709.3 | 726.0 | 750.8 | 781.8 | 773.6 | 757.9 |
| T | Households as employers and own-use activities | 156.4 | 146.3 | 143.7 | 146.4 | 149.5 | 161.8 | 164.7 | 99.5 | 68.5 | 58.3 |
| U | Activities of extraterritorial organizations, bodies | 15.3 | 16.4 | 12.5 | 13.2 | 12.7 | 9.2 | 7.4 | 14.2 | 18.4 | 16.3 |

*Note:* Detailed metadata:http://metalinks.oecd.org/lfs/20180108/56a2
*Disclaimer:* http://oe.cd/disclaimer

# LATVIA

## Table 1. Labour force

*Annual average estimates*

| | 2007 | 2008 | 2009 | 2010 | 2011 | 2012 | 2013 | 2014 | 2015 | 2016 |
|---|---|---|---|---|---|---|---|---|---|---|
| **Labour force, thousands** | | | | | | | | | | |
| All persons | 1 126 | 1 143 | 1 101 | 1 057 | 1 028 | 1 031 | 1 014 | 992 | 994 | 989 |
| Males | 578 | 580 | 550 | 521 | 512 | 511 | 504 | 497 | 499 | 492 |
| Females | 548 | 563 | 551 | 535 | 517 | 520 | 510 | 495 | 495 | 497 |
| **Unemployed, thousands** | | | | | | | | | | |
| All persons | 68 | 88 | 193 | 206 | 167 | 155 | 120 | 108 | 98 | 95 |
| Males | 38 | 49 | 115 | 119 | 95 | 83 | 64 | 59 | 55 | 54 |
| Females | 31 | 40 | 78 | 87 | 71 | 73 | 57 | 49 | 43 | 42 |
| **Employment, thousands** | | | | | | | | | | |
| All persons | 1 057 | 1 055 | 909 | 851 | 862 | 876 | 894 | 885 | 896 | 893 |
| Males | 540 | 531 | 435 | 403 | 416 | 428 | 441 | 438 | 444 | 438 |
| Females | 517 | 524 | 474 | 448 | 445 | 447 | 453 | 446 | 452 | 455 |
| **Employment (%)** | | | | | | | | | | |
| Males | 51.1 | 50.4 | 47.9 | 47.3 | 48.3 | 48.9 | 49.3 | 49.6 | 49.5 | 49.1 |
| Females | 48.9 | 49.6 | 52.1 | 52.7 | 51.7 | 51.1 | 50.7 | 50.4 | 50.5 | 50.9 |
| **Unemployment rate (% of labour force)** | | | | | | | | | | |
| All persons | 6.1 | 7.7 | 17.6 | 19.5 | 16.2 | 15.1 | 11.9 | 10.8 | 9.9 | 9.6 |
| Males | 6.5 | 8.4 | 20.9 | 22.7 | 18.6 | 16.2 | 12.6 | 11.8 | 11.1 | 10.9 |
| Females | 5.6 | 7.1 | 14.2 | 16.3 | 13.8 | 14.0 | 11.1 | 9.8 | 8.6 | 8.4 |
| **EMPLOYMENT - PROFESSIONAL STATUS, thousands** | | | | | | | | | | |
| **All activities** | **1 057** | **1 055** | **909** | **851** | **862** | **876** | **894** | **885** | **896** | **893** |
| Employees | 941 | 947 | 804 | 753 | 764 | 776 | 790 | 782 | 783 | 778 |
| Employers and persons working on own account | 98 | 94 | 91 | 86 | 88 | 92 | 96 | 95 | 106 | .. |
| Unpaid family workers | 18 | 14 | 14 | 12 | 10 | 8 | 8 | 7 | .. | .. |
| **Employees as % of employment** | **89.0** | **89.8** | **88.5** | **88.5** | **88.7** | **88.6** | **88.4** | **88.4** | **87.4** | **87.1** |
| **Part-time employment (%)** | | | | | | | | | | |
| Part-time as % of employment | 5.4 | 6.0 | 7.4 | 8.2 | 8.0 | 8.3 | 7.6 | 6.6 | 6.8 | 7.3 |
| Male share of part time employment | 32.5 | 32.0 | 35.7 | 35.1 | 36.4 | 34.4 | 34.5 | 30.8 | 30.3 | 32.3 |
| Female share of part time employment | 67.5 | 68.0 | 64.3 | 64.9 | 63.6 | 65.6 | 65.5 | 69.2 | 69.7 | 67.7 |
| Male part-time as % of male employment | 3.4 | 3.8 | 5.5 | 6.1 | 6.1 | 5.9 | 5.4 | 4.1 | 4.2 | 4.8 |
| Female part-time as % of female employment | 7.4 | 8.2 | 9.0 | 10.0 | 9.8 | 10.7 | 9.9 | 9.0 | 9.4 | 9.7 |
| **Duration of unemployment (% of total unemployment)** | | | | | | | | | | |
| Less than one month | 17.7 | 12.5 | 6.7 | 4.0 | 5.1 | 5.6 | 7.9 | 6.6 | 6.6 | 6.0 |
| More than 1 month and less than 3 months | 18.1 | 21.8 | 17.1 | 9.0 | 10.0 | 12.5 | 11.8 | 12.8 | 12.1 | 12.3 |
| More than 3 months and less than 6 months | 21.1 | 24.0 | 23.3 | 17.4 | 13.4 | 14.1 | 14.8 | 18.0 | 17.7 | 18.5 |
| More than 6 months and less than 1 year | 16.0 | 17.7 | 27.1 | 24.6 | 17.0 | 15.7 | 17.0 | 19.6 | 18.1 | 20.6 |
| More than 1 year | 27.1 | 24.0 | 25.8 | 45.0 | 54.5 | 52.1 | 48.5 | 43.1 | 45.5 | 42.6 |

*Note:* Detailed metadata: http://metalinks.oecd.org/lfs/20180108/3f31, http://metalinks.oecd.org/lfs/20180108/56a2, http://metalinks.oecd.org/lfs/20180108/326c and http://metalinks.oecd.org/lfs/20180108/55d3.

*Disclaimer:* http://oe.cd/disclaimer

# LATVIA

## Table 2. Participation rates and unemployment rates by age and sex

*Annual average estimates, percentage*

| | 2007 | 2008 | 2009 | 2010 | 2011 | 2012 | 2013 | 2014 | 2015 | 2016 |
|---|---|---|---|---|---|---|---|---|---|---|
| **Participation rates** | | | | | | | | | | |
| **Males** | | | | | | | | | | |
| 15-19 | 19.3 | 16.0 | 14.4 | 10.7 | 7.8 | 10.6 | 9.6 | 10.4 | 11.5 | 5.9 |
| 20-24 | 79.0 | 79.7 | 74.6 | 68.7 | 67.7 | 69.1 | 65.8 | 70.0 | 70.2 | 69.3 |
| 25-34 | 93.3 | 93.2 | 92.0 | 93.8 | 92.7 | 92.0 | 93.3 | 93.3 | 93.1 | 92.2 |
| 35-44 | 92.2 | 94.0 | 93.1 | 91.1 | 92.1 | 92.7 | 91.5 | 91.7 | 92.2 | 93.6 |
| 45-54 | 89.4 | 88.8 | 88.3 | 88.1 | 87.7 | 89.0 | 86.9 | 86.3 | 86.5 | 86.4 |
| 55-59 | 79.6 | 83.3 | 78.9 | 76.8 | 80.0 | 79.6 | 78.9 | 79.2 | 78.9 | 79.6 |
| 60-64 | 52.3 | 48.7 | 42.5 | 36.4 | 41.9 | 44.2 | 42.7 | 44.3 | 54.4 | 55.3 |
| 15-24 | 49.2 | 49.0 | 46.4 | 42.2 | 41.1 | 44.0 | 42.6 | 45.3 | 45.2 | 43.3 |
| 25-54 | 91.6 | 92.0 | 91.1 | 91.0 | 90.8 | 91.2 | 90.6 | 90.5 | 90.6 | 90.2 |
| 55-64 | 67.6 | 68.2 | 62.8 | 58.5 | 62.5 | 63.2 | 62.2 | 63.7 | 68.0 | 69.4 |
| 65 and over | 17.7 | 19.3 | 12.5 | 8.2 | 7.7 | 9.4 | 10.7 | 9.5 | 10.5 | 10.4 |
| 15-64 | 77.9 | 78.3 | 76.6 | 75.3 | 75.8 | 77.1 | 76.6 | 77.8 | 78.9 | 78.8 |
| **Females** | | | | | | | | | | |
| 15-19 | 13.3 | 9.4 | 9.1 | 8.7 | 8.1 | 9.1 | 8.7 | 5.1 | 6.5 | 0.0 |
| 20-24 | 58.2 | 61.9 | 59.5 | 61.2 | 53.7 | 56.1 | 55.2 | 56.3 | 59.7 | 58.9 |
| 25-34 | 76.6 | 80.3 | 80.4 | 82.7 | 82.2 | 82.4 | 81.6 | 79.9 | 82.2 | 83.5 |
| 35-44 | 85.7 | 89.8 | 89.5 | 88.9 | 86.2 | 87.6 | 86.4 | 85.3 | 86.3 | 87.3 |
| 45-54 | 85.5 | 86.4 | 87.4 | 87.2 | 87.3 | 87.0 | 86.1 | 86.6 | 85.3 | 85.6 |
| 55-59 | 73.4 | 76.9 | 78.7 | 78.0 | 78.9 | 81.7 | 80.4 | 78.6 | 78.1 | 79.4 |
| 60-64 | 35.3 | 38.3 | 37.3 | 31.2 | 33.8 | 39.2 | 39.8 | 43.0 | 47.2 | 50.1 |
| 15-24 | 35.8 | 36.5 | 35.9 | 37.2 | 33.7 | 36.1 | 36.0 | 35.3 | 37.1 | 35.4 |
| 25-54 | 82.8 | 85.6 | 85.9 | 86.3 | 85.3 | 85.7 | 84.8 | 84.0 | 84.6 | 85.5 |
| 55-64 | 55.7 | 59.2 | 59.5 | 55.7 | 57.1 | 60.8 | 60.5 | 61.7 | 63.5 | 66.1 |
| 65 and over | 8.4 | 8.9 | 6.8 | 5.0 | 4.8 | 5.2 | 6.1 | 5.8 | 6.2 | 7.0 |
| 15-64 | 67.8 | 70.3 | 70.7 | 70.8 | 70.1 | 72.0 | 71.6 | 71.6 | 72.8 | 74.0 |
| **All persons** | | | | | | | | | | |
| 15-24 | 42.6 | 42.8 | 41.2 | 39.7 | 37.5 | 40.1 | 39.4 | 40.4 | 41.3 | 39.4 |
| 25-54 | 87.1 | 88.7 | 88.4 | 88.6 | 88.0 | 88.4 | 87.6 | 87.2 | 87.6 | 87.8 |
| 55-64 | 60.7 | 63.0 | 60.9 | 56.9 | 59.4 | 61.8 | 61.3 | 62.6 | 65.5 | 67.6 |
| 65 and over | 11.4 | 12.3 | 8.6 | 6.1 | 5.7 | 6.6 | 7.6 | 7.0 | 7.6 | 8.1 |
| 15-64 | 72.6 | 74.2 | 73.5 | 73.0 | 72.8 | 74.4 | 74.0 | 74.6 | 75.7 | 76.3 |
| **Unemployment rates** | | | | | | | | | | |
| **Males** | | | | | | | | | | |
| 15-19 | 20.0 | 30.3 | 58.2 | 64.6 | 63.7 | 62.3 | 29.6 | 30.2 | 31.1 | 0.0 |
| 20-24 | 8.8 | 11.0 | 32.7 | 33.8 | 28.3 | 23.8 | 21.0 | 18.2 | 16.4 | 21.0 |
| 25-34 | 5.5 | 7.9 | 20.3 | 20.8 | 17.9 | 13.8 | 11.8 | 10.6 | 9.4 | 8.1 |
| 35-44 | 6.4 | 7.2 | 18.0 | 21.1 | 16.4 | 13.9 | 11.1 | 11.1 | 10.2 | 9.6 |
| 45-54 | 6.4 | 8.2 | 19.0 | 21.9 | 17.8 | 16.9 | 12.6 | 12.0 | 11.9 | 11.5 |
| 55-59 | 6.4 | 9.6 | 19.4 | 21.5 | 20.3 | 18.2 | 12.3 | 12.9 | 12.5 | 13.5 |
| 60-64 | 1.9 | 4.2 | 13.2 | 15.6 | 10.8 | 10.8 | 9.3 | 8.6 | 10.1 | 3.3 |
| 15-24 | 11.0 | 14.0 | 36.4 | 37.3 | 31.3 | 27.8 | 21.8 | 19.4 | 18.0 | 21.4 |
| 25-54 | 6.1 | 7.8 | 19.1 | 21.2 | 17.4 | 14.9 | 11.8 | 11.2 | 10.4 | 9.8 |
| 55-64 | 4.9 | 7.9 | 17.5 | 19.8 | 17.4 | 15.8 | 11.4 | 11.6 | 11.6 | 11.8 |
| 65 and over | 2.0 | 0.3 | 4.9 | 7.4 | 1.8 | 2.8 | 4.6 | 2.2 | 1.2 | 0.0 |
| 15-64 | 6.7 | 8.7 | 21.4 | 23.0 | 18.9 | 16.5 | 12.8 | 12.1 | 11.4 | 11.2 |
| Total | 6.5 | 8.4 | 20.9 | 22.7 | 18.6 | 16.2 | 12.6 | 11.8 | 11.1 | 10.9 |
| **Females** | | | | | | | | | | |
| 15-19 | 18.5 | 30.3 | 57.7 | 61.1 | 53.1 | 55.7 | 42.8 | 40.1 | 22.0 | .. |
| 20-24 | 8.0 | 10.6 | 25.3 | 31.6 | 27.9 | 26.3 | 22.9 | 18.7 | 13.5 | 7.3 |
| 25-34 | 6.5 | 7.6 | 14.0 | 16.2 | 13.8 | 12.7 | 10.3 | 10.6 | 8.9 | 9.1 |
| 35-44 | 4.6 | 7.0 | 12.7 | 14.1 | 11.4 | 12.5 | 9.3 | 9.6 | 9.0 | 8.1 |
| 45-54 | 5.1 | 6.3 | 13.2 | 14.5 | 11.9 | 12.5 | 11.1 | 8.4 | 7.9 | 7.2 |
| 55-59 | 4.8 | 5.8 | 12.4 | 14.4 | 15.9 | 17.2 | 11.3 | 10.0 | 8.8 | 8.5 |
| 60-64 | 2.5 | 2.8 | 7.0 | 9.4 | 5.7 | 6.4 | 6.9 | 5.5 | 4.6 | 0.0 |
| 15-24 | 10.0 | 13.1 | 29.2 | 34.8 | 30.6 | 29.5 | 24.9 | 20.0 | 14.2 | 9.9 |
| 25-54 | 5.3 | 6.9 | 13.3 | 14.9 | 12.3 | 12.5 | 10.3 | 9.5 | 8.6 | 8.7 |
| 55-64 | 4.1 | 4.9 | 10.9 | 13.0 | 13.0 | 13.8 | 9.9 | 8.5 | 7.3 | 7.1 |
| 65 and over | 3.2 | 1.4 | 1.1 | 2.6 | 2.6 | 3.0 | 2.6 | 1.4 | 4.6 | 0.0 |
| 15-64 | 5.7 | 7.3 | 14.6 | 16.6 | 14.1 | 14.2 | 11.4 | 10.1 | 8.8 | 8.6 |
| Total | 5.6 | 7.1 | 14.1 | 16.3 | 13.8 | 14.0 | 11.1 | 9.8 | 8.6 | 8.4 |
| **All persons** | | | | | | | | | | |
| 15-24 | 10.6 | 13.6 | 33.3 | 36.2 | 31.0 | 28.5 | 23.2 | 19.6 | 16.3 | 16.4 |
| 25-54 | 5.7 | 7.4 | 16.2 | 18.0 | 14.8 | 13.7 | 11.0 | 10.4 | 9.5 | 9.3 |
| 55-64 | 4.5 | 6.3 | 13.8 | 16.0 | 14.9 | 14.7 | 10.5 | 9.9 | 9.3 | 9.2 |
| 65 and over | 2.6 | 0.8 | 2.9 | 4.7 | 2.3 | 2.9 | 3.5 | 1.8 | 3.1 | 0.0 |
| 15-64 | 6.2 | 8.0 | 18.0 | 19.8 | 16.5 | 15.3 | 12.1 | 11.1 | 10.1 | 9.9 |

*Note:* Detailed metadata at:http://metalinks.oecd.org/lfs/20180108/10b3
*Disclaimer:* http://oe.cd/disclaimer

## Table 3. Employment and employees: breakdown by activity - ISIC Rev. 4

*Annual average estimates*

| | | 2007 | 2008 | 2009 | 2010 | 2011 | 2012 | 2013 | 2014 | 2015 | 2016 |
|---|---|---|---|---|---|---|---|---|---|---|---|
| | **EMPLOYMENT** | | | | | | | | | | |
| | **By activity, thousands** | | | | | | | | | | |
| **A-U** | **All activities** | .. | **1 054.9** | **908.5** | **850.7** | **861.6** | **875.6** | **893.9** | **884.7** | **896.1** | **893.3** |
| A | Agriculture, hunting and forestry | .. | 83.9 | 79.5 | 73.3 | 76.6 | 73.3 | 72.0 | 66.4 | 71.1 | 68.7 |
| **B-F** | **Industry** | .. | **312.1 e** | **222.8 e** | **197.0 e** | **199.2 e** | **207.3 e** | **214.3 e** | **213.1 e** | **216.0 e** | **217.5 e** |
| B | Mining and quarrying | .. | .. | .. | .. | .. | .. | .. | .. | .. | .. |
| C | Manufacturing | .. | 156.4 | 120.0 | 112.2 | 114.4 | 122.5 | 125.7 | 118.8 | 116.4 | 123.5 |
| D | Electricity, gas, steam, air cond. supply | .. | 15.4 | 13.4 | 12.7 | 11.6 | 11.0 | 11.7 | 10.0 | 12.6 | 14.0 |
| E | Water supply, sewerage, waste mgt, remediation | .. | 11.6 | 12.5 | 9.9 | 7.7 | 6.8 | .. | 5.2 | 7.1 | 8.3 |
| F | Construction | .. | 124.2 | 72.3 | 57.6 | 60.9 | 62.4 | 67.3 | 73.3 | 71.9 | 66.1 |
| **G-U** | **Services** | .. | **659.0 e** | **606.3 e** | **580.4 e** | **585.8 e** | **595.1 e** | **607.6 e** | **605.2 e** | **609.0 e** | **607.1 e** |
| G | Wholesale, retail trade, vehicle, motorcycle repair | .. | 168.7 | 149.7 | 135.9 | 136.2 | 127.4 | 133.5 | 132.3 | 128.9 | 124.2 |
| H | Transportation and storage | .. | 88.1 | 79.0 | 71.4 | 73.2 | 75.2 | 77.4 | 84.8 | 85.4 | 83.3 |
| I | Accommodation and food service activities | .. | 28.6 | 23.0 | 26.1 | 25.2 | 28.3 | 26.5 | 29.3 | 30.4 | 30.6 |
| J | Information and communication | .. | 24.3 | 21.6 | 26.6 | 25.3 | 21.5 | 24.3 | 26.3 | 26.0 | 23.8 |
| K | Financial and insurance activities | .. | 17.7 | 19.7 | 16.4 | 17.3 | 24.2 | 21.1 | 17.9 | 20.6 | 23.6 |
| L | Real estate activities | .. | 9.1 | 13.0 | 17.9 | 17.5 | 23.0 | 22.7 | 20.7 | 20.7 | 21.4 |
| M | Professional, scientific and technical activities | .. | 26.3 | 22.4 | 23.1 | 23.7 | 27.8 | 34.3 | 36.1 | 36.2 | 33.6 |
| N | Administrative and support service activities | .. | 29.7 | 27.6 | 30.5 | 32.7 | 25.5 | 24.6 | 24.3 | 24.8 | 23.5 |
| O | Public administration, defence, social security | .. | 83.9 | 70.5 | 59.7 | 59.4 | 59.0 | 61.3 | 58.6 | 59.1 | 62.3 |
| P | Education | .. | 86.9 | 83.5 | 84.5 | 88.8 | 92.2 | 94.6 | 85.1 | 83.4 | 81.7 |
| Q | Human health and social work activities | .. | 48.2 | 50.3 | 49.6 | 51.6 | 51.2 | 47.7 | 52.1 | 55.8 | 53.6 |
| R | Arts, entertainment and recreation | .. | 26.5 | 23.6 | 18.7 | 16.6 | 23.0 | 21.5 | 22.4 | 22.4 | 24.9 |
| S | Other service activities | .. | 18.9 | 20.3 | 18.0 | 18.1 | 17.3 | 16.8 | 14.7 | 18.0 | 19.9 |
| T | Households as employers and own-use activities | .. | .. | .. | .. | .. | .. | .. | .. | .. | .. |
| U | Activities of extraterritorial organizations, bodies | .. | .. | .. | .. | .. | .. | .. | .. | .. | .. |
| | **EMPLOYEES** | | | | | | | | | | |
| | **By activity, thousands** | | | | | | | | | | |
| **A-U** | **All activities** | .. | **946.9** | **803.8** | **752.9** | **763.9** | **776.1** | **790.4** | **782.4** | **783.0** | **778.2** |
| A | Agriculture, hunting and forestry | .. | .. | .. | .. | .. | .. | .. | .. | .. | .. |
| **B-F** | **Industry** | .. | .. | .. | .. | .. | .. | .. | .. | .. | .. |
| B | Mining and quarrying | .. | .. | .. | .. | .. | .. | .. | .. | .. | .. |
| C | Manufacturing | .. | 147.5 | 113.4 | 105.3 | 106.9 | 114.2 | 118.6 | 111.2 | 107.6 | 114.7 |
| D | Electricity, gas, steam, air cond. supply | .. | 14.8 | 12.2 | 12.5 | 11.6 | 11.0 | 11.7 | 10.0 | 12.3 | 13.5 |
| E | Water supply, sewerage, waste mgt, remediation | .. | 11.5 | 12.3 | 9.8 | 7.6 | 6.8 | .. | 5.1 | 7.0 | 8.1 |
| F | Construction | .. | 111.2 | 62.5 | 51.0 | 52.7 | 53.6 | 58.2 | 63.5 | 61.6 | 54.7 |
| **G-U** | **Services** | .. | .. | .. | .. | .. | .. | .. | .. | .. | .. |
| G | Wholesale, retail trade, vehicle, motorcycle repair | .. | 153.0 | 134.5 | 120.7 | 123.8 | 114.5 | 120.5 | 120.0 | 116.3 | 109.6 |
| H | Transportation and storage | .. | 85.5 | 75.9 | 67.1 | 70.2 | 72.8 | 74.5 | 80.9 | 80.8 | 78.8 |
| I | Accommodation and food service activities | .. | 27.2 | 22.1 | 25.1 | 24.5 | 25.5 | 23.2 | 27.3 | 28.3 | 27.9 |
| J | Information and communication | .. | 22.5 | 20.0 | 24.0 | 22.3 | 19.6 | 21.3 | 22.1 | 21.7 | 21.8 |
| K | Financial and insurance activities | .. | 17.4 | 18.8 | 15.6 | 16.5 | 23.4 | 20.6 | 17.2 | 20.0 | 22.4 |
| L | Real estate activities | .. | 8.1 | 11.5 | 16.3 | 16.3 | 21.1 | 20.0 | 17.7 | 18.1 | 18.5 |
| M | Professional, scientific and technical activities | .. | 21.7 | 15.4 | 16.6 | 17.6 | 21.4 | 24.9 | 25.3 | 25.2 | 22.8 |
| N | Administrative and support service activities | .. | 28.7 | 26.1 | 29.3 | 31.3 | 23.4 | 21.9 | 21.5 | 21.1 | 20.9 |
| O | Public administration, defence, social security | .. | 83.5 | 70.3 | 59.6 | 59.3 | 58.8 | 61.2 | 58.5 | 59.0 | 62.2 |
| P | Education | .. | 85.9 | 82.2 | 83.9 | 87.5 | 90.8 | 92.9 | 84.0 | 81.5 | 80.0 |
| Q | Human health and social work activities | .. | 44.8 | 46.5 | 47.1 | 48.2 | 46.9 | 45.1 | 49.8 | 52.0 | 50.5 |
| R | Arts, entertainment and recreation | .. | 25.4 | 22.9 | 17.3 | 14.6 | 20.4 | 18.0 | 19.5 | 19.8 | 21.2 |
| S | Other service activities | .. | 14.6 | 15.1 | 11.6 | 11.1 | 10.6 | 10.5 | 9.2 | 11.2 | 12.2 |
| T | Households as employers and own-use activities | .. | .. | .. | .. | .. | .. | .. | .. | .. | .. |
| U | Activities of extraterritorial organizations, bodies | .. | .. | .. | .. | .. | .. | .. | .. | .. | .. |

*Note:* Detailed metadata:http://metalinks.oecd.org/lfs/20180108/56a2
*Disclaimer:* http://oe.cd/disclaimer

# LUXEMBOURG

## Table 1. Labour force

*Annual average estimates*

| | 2007 | 2008 | 2009 | 2010 | 2011 | 2012 | 2013 | 2014 | 2015 | 2016 |
|---|---|---|---|---|---|---|---|---|---|---|
| **Labour force, thousands** | | | | | | | | | | |
| All persons | 211 | 213 \| | 229 | 231 | 236 | 249 | 254 | 261 \| | 276 | 278 |
| Males | 118 | 121 \| | 130 | 130 | 132 | 138 | 141 | 145 \| | 150 | 152 |
| Females | 94 | 92 \| | 99 | 101 | 104 | 111 | 112 | 116 \| | 125 | 126 |
| **Unemployed, thousands** | | | | | | | | | | |
| All persons | 9 | 11 \| | 12 | 10 | 12 | 13 | 15 | 15 \| | 18 | 17 |
| Males | 4 | 5 \| | 6 | 5 | 5 | 6 | 8 | 9 \| | 9 | 9 |
| Females | 4 | 6 \| | 6 | 5 | 7 | 7 | 7 | 7 \| | 9 | 8 |
| **Employment, thousands** | | | | | | | | | | |
| All persons | 203 | 202 \| | 217 | 221 | 225 | 236 | 239 | 246 \| | 257 | 260 |
| Males | 114 | 116 \| | 124 | 125 | 127 | 132 | 134 | 136 \| | 141 | 143 |
| Females | 89 | 87 \| | 93 | 96 | 97 | 104 | 105 | 110 \| | 116 | 118 |
| **Employment (%)** | | | | | | | | | | |
| Males | 56.0 | 57.1 \| | 57.1 | 56.6 | 56.6 | 55.9 | 55.9 | 55.4 \| | 54.8 | 54.8 |
| Females | 44.0 | 42.9 \| | 42.8 | 43.4 | 43.3 | 44.1 | 44.0 | 44.6 \| | 45.2 | 45.2 |
| **Unemployment rate (% of labour force)** | | | | | | | | | | |
| All persons | 4.1 | 5.1 \| | 5.1 | 4.4 | 4.9 | 5.1 | 5.8 | 5.9 \| | 6.7 | 6.3 |
| Males | 3.6 | 4.3 \| | 4.4 | 3.8 | 3.9 | 4.5 | 5.4 | 5.9 \| | 6.1 | 6.0 |
| Females | 4.7 | 6.0 \| | 6.1 | 5.1 | 6.2 | 5.9 | 6.4 | 5.8 \| | 7.3 | 6.6 |
| **EMPLOYMENT - PROFESSIONAL STATUS, thousands** | | | | | | | | | | |
| **All activities** | **203** | **202 \|** | **217** | **221** | **225** | **236** | **239** | **246 \|** | **257** | **260** |
| Employees | 188 | 189 \| | 198 | 202 | 205 | 215 | 217 | 224 \| | 231 | 234 |
| Employers and persons working on own account | 14 | 13 \| | 18 | 17 | 18 | 20 | 20 | 20 \| | 23 | 24 |
| Unpaid family workers | .. | .. | .. | .. | .. | .. | .. | .. | .. | .. |
| **Employees as % of employment** | **92.8** | **93.5 \|** | **91.2** | **91.7** | **91.3** | **90.9** | **90.8** | **91.1 \|** | **89.8** | **89.7** |
| **Part-time employment (%)** | | | | | | | | | | |
| Part-time as % of employment | 13.1 | 13.4 | 16.4 | 15.8 | 16.0 | 15.5 | 15.3 | 15.5 | 14.9 | 13.6 |
| Male share of part time employment | 6.1 | 7.4 | 18.8 | 16.3 | 17.8 | 19.5 | 19.7 | 19.9 | 19.2 | 19.6 |
| Female share of part time employment | 93.9 | 92.6 | 81.2 | 83.7 | 82.2 | 80.5 | 80.3 | 80.1 | 80.8 | 80.4 |
| Male part-time as % of male employment | 1.4 | 1.7 | 5.4 | 4.6 | 5.0 | 5.4 | 5.4 | 5.6 | 5.2 | 4.9 |
| Female part-time as % of female employment | 27.6 | 28.9 | 31.1 | 30.4 | 30.2 | 28.1 | 27.7 | 27.7 | 26.7 | 24.1 |
| **Duration of unemployment (% of total unemployment)** | | | | | | | | | | |
| Less than one month | 6.5 | 11.3 | 6.2 | 13.2 | 7.8 | 7.5 | 5.2 | 8.9 | 13.9 | 6.7 |
| More than 1 month and less than 3 months | 21.0 | 20.9 | 21.5 | 18.3 | 20.6 | 23.6 | 22.4 | 23.2 | 16.7 | 14.7 |
| More than 3 months and less than 6 months | 23.1 | 18.7 | 23.6 | 23.2 | 18.8 | 18.3 | 23.5 | 20.5 | 19.7 | 16.3 |
| More than 6 months and less than 1 year | 20.7 | 16.7 | 25.6 | 16.0 | 24.0 | 20.3 | 18.4 | 19.9 | 21.3 | 22.7 |
| More than 1 year | 28.7 | 32.4 | 23.1 | 29.3 | 28.8 | 30.3 | 30.4 | 27.4 | 28.4 | 39.5 |

*Note:* Detailed metadata: http://metalinks.oecd.org/lfs/20180108/6b1c, http://metalinks.oecd.org/lfs/20180108/56a2, http://metalinks.oecd.org/lfs/20180108/1f25 and http://metalinks.oecd.org/lfs/20180108/fd49.

*Disclaimer:* http://oe.cd/disclaimer

## Table 2. Participation rates and unemployment rates by age and sex

*Annual average estimates, percentage*

| | 2007 | 2008 | 2009 | 2010 | 2011 | 2012 | 2013 | 2014 | 2015 | 2016 |
|---|---|---|---|---|---|---|---|---|---|---|
| **Participation rates** | | | | | | | | | | |
| **Males** | | | | | | | | | | |
| 15-19 | 10.7 | 12.9 | 15.4 | 12.1 | 9.8 | 11.8 | 13.2 | 15.2 | 18.1 | 3.5 |
| 20-24 | 50.1 | 49.9 | 54.7 | 42.6 | 42.9 | 46.4 | 47.2 | 45.9 | 53.6 | 42.2 |
| 25-34 | 93.2 | 91.6 | 92.9 | 94.5 | 92.5 | 92.4 | 91.5 | 93.1 | 93.3 | 95.2 |
| 35-44 | 97.9 | 96.5 | 97.0 | 97.0 | 96.0 | 97.1 | 97.0 | 97.5 | 96.0 | 100.0 |
| 45-54 | 93.2 | 92.6 | 91.9 | 92.8 | 93.0 | 94.2 | 94.3 | 94.0 | 92.6 | 97.5 |
| 55-59 | 55.1 | 56.6 | 64.7 | 67.2 | 66.3 | 65.4 | 66.4 | 69.1 | 65.3 | 68.3 |
| 60-64 | 13.1 | 18.2 | 26.6 | 26.2 | 26.3 | 27.2 | 30.7 | 30.8 | 20.8 | 22.7 |
| 15-24 | 30.6 | 30.9 | 34.9 | 26.8 | 26.3 | 28.8 | 29.8 | 29.6 | 36.2 | 28.8 |
| 25-54 | 94.9 | 93.7 | 94.1 | 94.8 | 93.9 | 94.6 | 94.4 | 94.9 | 93.9 | 93.1 |
| 55-64 | 36.4 | 39.7 | 47.7 | 48.8 | 48.4 | 48.3 | 50.5 | 52.1 | 45.5 | 47.7 |
| 65 and over | 0.6 | 1.0 | 6.7 | 5.4 | 5.4 | 5.5 | 6.5 | 6.4 | 4.3 | 0.0 |
| 15-64 | 75.0 | 74.7 | 76.6 | 76.0 | 75.0 | 75.9 | 76.3 | 77.2 | 76.0 | 75.1 |
| **Females** | | | | | | | | | | |
| 15-19 | 7.2 | 5.4 | 11.3 | 6.3 | 6.0 | 6.4 | 9.4 | 7.7 | 16.8 | 0.0 |
| 20-24 | 38.2 | 49.8 | 48.0 | 39.0 | 40.7 | 43.1 | 34.6 | 39.0 | 50.4 | 44.9 |
| 25-34 | 83.9 | 79.1 | 83.7 | 82.2 | 83.4 | 84.4 | 84.0 | 85.3 | 86.1 | 85.5 |
| 35-44 | 75.3 | 72.7 | 76.2 | 77.0 | 78.0 | 79.9 | 82.7 | 83.6 | 85.8 | 81.3 |
| 45-54 | 65.3 | 67.2 | 65.9 | 70.2 | 70.2 | 73.3 | 74.9 | 73.9 | 72.1 | 73.9 |
| 55-59 | 43.9 | 44.2 | 44.5 | 46.3 | 45.2 | 48.8 | 46.9 | 52.7 | 51.1 | 49.7 |
| 60-64 | 10.1 | 13.2 | 13.6 | 14.7 | 16.6 | 18.5 | 18.5 | 16.4 | 15.7 | 3.8 |
| 15-24 | 22.3 | 27.1 | 29.5 | 22.7 | 23.4 | 24.7 | 21.8 | 23.0 | 34.1 | 28.2 |
| 25-54 | 74.7 | 72.9 | 75.3 | 76.4 | 77.1 | 79.2 | 80.5 | 80.9 | 81.3 | 81.1 |
| 55-64 | 29.1 | 30.3 | 30.6 | 32.0 | 32.1 | 35.2 | 34.2 | 36.5 | 35.0 | 32.9 |
| 65 and over | 0.3 | 0.9 | 1.4 | 1.9 | 2.2 | 1.9 | 1.7 | 2.2 | 2.2 | 0.0 |
| 15-64 | 58.9 | 58.7 | 60.7 | 60.3 | 60.7 | 62.8 | 63.2 | 64.2 | 65.6 | 64.7 |
| **All persons** | | | | | | | | | | |
| 15-24 | 26.5 | 29.0 | 32.3 | 24.7 | 24.9 | 26.8 | 25.9 | 26.3 | 35.2 | 28.5 |
| 25-54 | 84.7 | 83.4 | 84.8 | 85.7 | 85.6 | 87.0 | 87.5 | 88.0 | 87.7 | 87.2 |
| 55-64 | 32.7 | 35.1 | 39.4 | 40.6 | 40.4 | 41.9 | 42.5 | 44.5 | 40.3 | 40.4 |
| 65 and over | 0.5 | 0.9 | 3.7 | 3.4 | 3.6 | 3.5 | 3.9 | 4.1 | 3.2 | 0.0 |
| 15-64 | 66.9 | 66.8 | 68.7 | 68.2 | 67.9 | 69.4 | 69.9 | 70.8 | 70.9 | 70.0 |
| **Unemployment rates** | | | | | | | | | | |
| **Males** | | | | | | | | | | |
| 15-19 | 19.4 | 11.6 | 23.5 | 23.8 | 15.6 | 23.9 | 23.9 | 25.3 | 29.4 | 0.0 |
| 20-24 | 12.3 | 12.8 | 14.7 | 15.8 | 12.8 | 17.5 | 17.2 | 26.4 | 15.5 | 0.0 |
| 25-34 | 4.8 | 5.6 | 5.4 | 3.6 | 4.0 | 5.2 | 6.9 | 5.8 | 5.1 | 0.0 |
| 35-44 | 2.0 | 3.1 | 2.5 | 2.7 | 2.7 | 2.9 | 4.0 | 4.6 | 4.7 | 0.0 |
| 45-54 | 2.0 | 2.9 | 2.8 | 2.8 | 3.3 | 3.4 | 3.2 | 3.7 | 5.1 | 0.0 |
| 55-59 | 2.8 | 2.5 | 1.6 | 2.8 | 3.3 | 2.1 | 3.7 | 4.9 | 4.8 | 0.0 |
| 60-64 | 0.0 | 2.2 | 4.7 | 0.9 | 2.3 | 1.4 | 6.0 | 2.9 | 8.0 | 0.0 |
| 15-24 | 13.5 | 12.5 | 16.7 | 17.6 | 13.3 | 18.9 | 18.7 | 26.1 | 18.9 | 13.6 |
| 25-54 | 2.8 | 3.8 | 3.5 | 3.0 | 3.3 | 3.8 | 4.6 | 4.7 | 5.0 | 5.0 |
| 55-64 | 2.3 | 2.5 | 2.4 | 2.4 | 3.0 | 1.9 | 4.3 | 4.4 | 5.4 | 0.0 |
| 65 and over | 0.0 | 9.5 | 0.0 | 0.8 | 0.0 | 0.0 | 0.0 | 2.3 | 1.4 | .. |
| 15-64 | 3.6 | 4.3 | 4.4 | 3.8 | 3.9 | 4.6 | 5.5 | 6.0 | 6.2 | 6.0 |
| Total | 3.6 | 4.3 | 4.4 | 3.8 | 3.8 | 4.5 | 5.4 | 5.9 | 6.1 | 6.0 |
| **Females** | | | | | | | | | | |
| 15-19 | 36.2 | 46.1 | 21.1 | 12.4 | 27.3 | 19.2 | 20.0 | 28.1 | 17.9 | .. |
| 20-24 | 13.8 | 21.6 | 17.0 | 9.8 | 19.8 | 18.5 | 8.4 | 16.0 | 14.9 | 0.0 |
| 25-34 | 5.6 | 6.3 | 6.0 | 6.4 | 6.0 | 6.9 | 8.0 | 6.5 | 9.0 | 1.5 |
| 35-44 | 2.8 | 3.6 | 6.2 | 4.4 | 5.6 | 5.0 | 6.4 | 4.8 | 4.6 | 0.0 |
| 45-54 | 3.7 | 4.0 | 2.7 | 4.3 | 4.9 | 3.8 | 4.1 | 3.9 | 7.1 | 0.0 |
| 55-59 | 1.7 | 2.1 | 4.2 | 1.6 | 2.0 | 2.5 | 4.0 | 4.8 | 3.3 | 0.0 |
| 60-64 | 2.0 | 6.8 | 3.1 | 4.2 | 3.6 | 2.3 | 9.3 | 1.6 | 5.5 | 0.0 |
| 15-24 | 17.5 | 24.1 | 17.8 | 10.2 | 20.8 | 18.6 | 10.9 | 18.1 | 15.7 | 6.1 |
| 25-54 | 4.0 | 4.6 | 5.2 | 5.0 | 5.5 | 5.3 | 6.2 | 5.1 | 6.9 | 5.8 |
| 55-64 | 1.7 | 3.0 | 4.0 | 2.2 | 2.4 | 2.5 | 5.3 | 4.2 | 3.8 | 0.0 |
| 65 and over | 0.0 | 0.0 | 8.3 | 0.0 | 5.0 | 0.0 | 0.0 | 4.1 | 3.9 | .. |
| 15-64 | 4.7 | 6.1 | 6.1 | 5.1 | 6.3 | 5.9 | 6.4 | 5.8 | 7.4 | 6.6 |
| Total | 4.7 | 6.0 | 6.1 | 5.1 | 6.3 | 5.9 | 6.4 | 5.8 | 7.3 | 6.6 |
| **All persons** | | | | | | | | | | |
| 15-24 | 15.2 | 17.9 | 17.2 | 14.2 | 16.8 | 18.8 | 15.5 | 22.6 | 17.3 | 10.0 |
| 25-54 | 3.4 | 4.2 | 4.2 | 3.9 | 4.3 | 4.5 | 5.3 | 4.9 | 5.8 | 5.3 |
| 55-64 | 2.1 | 2.7 | 3.0 | 2.3 | 2.8 | 2.1 | 4.7 | 4.3 | 4.7 | 0.0 |
| 65 and over | 0.0 | 4.4 | 1.8 | 0.6 | 1.7 | 0.0 | 0.0 | 2.8 | 2.4 | .. |
| 15-64 | 4.1 | 5.1 | 5.2 | 4.4 | 4.9 | 5.2 | 5.9 | 5.9 | 6.7 | 6.3 |

*Note:* Detailed metadata at:http://metalinks.oecd.org/lfs/20180108/10b3
*Disclaimer:* http://oe.cd/disclaimer

## Table 3. Employment and employees: breakdown by activity - ISIC Rev. 4

*Annual average estimates*

| | | 2007 | 2008 | 2009 | 2010 | 2011 | 2012 | 2013 | 2014 | 2015 | 2016 |
|---|---|---|---|---|---|---|---|---|---|---|---|
| | **EMPLOYMENT** | | | | | | | | | | |
| | **By activity, thousands** | | | | | | | | | | |
| **A-U** | **All activities** | .. | **202.4 \|** | **217.2** | **220.8** | **224.8** | **236.1** | **238.7** | **245.6 \|** | **257.5** | **260.5** |
| A | Agriculture, hunting and forestry | 3.8 | 3.4 \| | 2.9 | 2.3 | 2.7 | 3.1 | 3.7 | 3.5 \| | .. | .. |
| **B-F** | **Industry** | **34.3** | **28.6 \|** | **25.8** | **26.5** | **27.6** | **27.3** | **25.5** | **24.4 \|** | **26.8** | **25.8** |
| B | Mining and quarrying | .. | .. | .. | .. | .. | .. | .. | .. | .. | .. |
| C | Manufacturing | .. | 12.8 \| | 13.5 | 12.5 | 13.1 | 12.6 | 11.6 | 13.2 \| | 11.8 | 11.1 |
| D | Electricity, gas, steam, air cond. supply | .. | .. | .. | .. | .. | .. | .. | .. | .. | .. |
| E | Water supply, sewerage, waste mgt, remediation | .. | .. | .. | .. | .. | .. | .. | .. | .. | .. |
| F | Construction | .. | 15.8 \| | 12.3 | 14.0 | 14.5 | 14.8 | 13.9 | 11.2 \| | 15.0 | 14.7 |
| **G-U** | **Services** | **164.9** | **170.5 \|** | **188.6** | **192.0** | **194.5** | **205.7** | **209.6** | **217.8 \|** | .. | .. |
| G | Wholesale, retail trade, vehicle, motorcycle repair | .. | 20.6 \| | 21.0 | 18.6 | 20.0 | 19.5 | 20.2 | 20.9 \| | 20.8 | 19.0 |
| H | Transportation and storage | .. | 11.4 \| | 10.3 | 9.5 | 8.9 | 9.1 | 10.1 | 9.6 \| | 10.2 | 10.7 |
| I | Accommodation and food service activities | .. | 6.5 \| | 6.6 | 5.5 | 7.6 | 8.1 | 7.0 | 7.7 \| | 9.7 | 9.2 |
| J | Information and communication | .. | 6.8 \| | 7.3 | 8.8 | 8.5 | 9.4 | 9.3 | 10.9 \| | 9.1 | 8.1 |
| K | Financial and insurance activities | .. | 21.5 \| | 27.6 | 27.3 | 28.3 | 29.5 | 30.0 | 31.1 \| | 26.3 | 28.1 |
| L | Real estate activities | .. | .. | .. | .. | .. | .. | .. | .. | .. | .. |
| M | Professional, scientific and technical activities | .. | 13.3 \| | 15.3 | 15.2 | 14.9 | 16.4 | 18.6 | 19.9 \| | 18.9 | 18.9 |
| N | Administrative and support service activities | .. | 6.0 \| | 4.5 | 6.2 | 5.6 | 6.6 | 6.3 | 6.4 \| | 8.1 | 7.7 |
| O | Public administration, defence, social security | .. | 23.8 \| | 24.7 | 25.6 | 26.5 | 27.3 | 26.2 | 27.6 \| | 27.1 | 25.4 |
| P | Education | .. | 17.0 \| | 18.3 | 18.1 | 18.1 | 18.9 | 20.0 | 20.7 \| | 20.0 | 19.5 |
| Q | Human health and social work activities | .. | 20.3 \| | 22.5 | 20.6 | 22.5 | 26.3 | 26.0 | 26.8 \| | 26.5 | 27.5 |
| R | Arts, entertainment and recreation | .. | .. | .. | .. | .. | 3.0 | .. | 2.7 | 2.5 | 3.1 |
| S | Other service activities | .. | 3.5 \| | 4.1 | 3.6 | 3.0 | 3.5 | 3.7 | 3.8 \| | 4.8 | 4.6 |
| T | Households as employers and own-use activities | .. | 3.3 \| | 4.5 | 4.8 | 4.6 | 5.1 | 4.0 | 4.0 \| | 3.8 | 3.3 |
| U | Activities of extraterritorial organizations, bodies | .. | 10.6 \| | 11.5 | 12.2 | 13.6 | 14.4 | 14.9 | 17.3 \| | 13.9 | 15.0 |
| | **EMPLOYEES** | | | | | | | | | | |
| | **By activity, thousands** | | | | | | | | | | |
| **A-U** | **All activities** | .. | **189.2 \|** | **198.3** | **202.5** | **205.4** | **214.8** | **216.9** | **223.8 \|** | **231.5** | **233.7** |
| A | Agriculture, hunting and forestry | .. | .. | .. | .. | .. | .. | .. | .. | .. | .. |
| **B-F** | **Industry** | .. | .. | .. | .. | .. | .. | .. | .. | .. | .. |
| B | Mining and quarrying | .. | .. | .. | .. | .. | .. | .. | .. | .. | .. |
| C | Manufacturing | .. | 12.5 \| | 13.0 | 12.0 | 12.7 | 12.1 | 11.4 | 12.9 \| | 11.2 | 10.5 |
| D | Electricity, gas, steam, air cond. supply | .. | .. | .. | .. | .. | .. | .. | .. | .. | .. |
| E | Water supply, sewerage, waste mgt, remediation | .. | .. | .. | .. | .. | .. | .. | .. | .. | .. |
| F | Construction | .. | 14.7 \| | 11.2 | 13.1 | 13.6 | 13.6 | 12.9 | 10.4 \| | 13.7 | 13.5 |
| **G-U** | **Services** | .. | .. | .. | .. | .. | .. | .. | .. | .. | .. |
| G | Wholesale, retail trade, vehicle, motorcycle repair | .. | 19.0 \| | 18.6 | 17.0 | 18.0 | 17.7 | 18.4 | 18.6 \| | 18.8 | 17.0 |
| H | Transportation and storage | .. | 11.3 \| | 10.0 | 9.1 | 8.8 | 8.9 | 9.9 | 9.5 \| | 9.8 | 10.2 |
| I | Accommodation and food service activities | .. | 5.4 \| | 5.9 | 4.6 | 6.8 | 7.3 | 6.4 | 7.1 \| | 8.3 | 8.4 |
| J | Information and communication | .. | 6.5 \| | 6.7 | 8.0 | 7.6 | 8.3 | 8.4 | 9.5 \| | 8.4 | 7.4 |
| K | Financial and insurance activities | .. | 21.0 \| | 26.7 | 26.2 | 27.3 | 28.4 | 29.0 | 30.0 \| | 25.1 | 26.9 |
| L | Real estate activities | .. | .. | .. | .. | .. | .. | .. | .. | .. | .. |
| M | Professional, scientific and technical activities | .. | 10.7 \| | 11.8 | 12.0 | 11.2 | 12.7 | 14.5 | 15.1 \| | 15.7 | 15.6 |
| N | Administrative and support service activities | .. | 5.7 \| | 4.3 | 5.7 | 5.5 | 6.2 | 5.8 | 5.9 \| | 7.6 | 7.2 |
| O | Public administration, defence, social security | .. | 23.8 \| | 24.6 | 25.4 | 26.2 | 27.1 | 25.6 | 27.3 \| | 26.5 | 25.0 |
| P | Education | .. | 16.8 \| | 17.6 | 17.6 | 17.2 | 18.0 | 19.0 | 20.0 \| | 18.6 | 17.6 |
| Q | Human health and social work activities | .. | 18.9 \| | 19.8 | 18.4 | 20.1 | 23.1 | 22.6 | 23.5 \| | 22.6 | 23.3 |
| R | Arts, entertainment and recreation | .. | .. | .. | .. | .. | .. | .. | .. | .. | .. |
| S | Other service activities | .. | 3.1 \| | 3.5 | 3.2 | .. | 2.8 | 2.9 | 3.2 | 3.5 | 3.2 |
| T | Households as employers and own-use activities | .. | 3.3 \| | 3.9 | 4.2 | 3.8 | 4.6 | 3.1 | 3.6 | 3.2 | .. |
| U | Activities of extraterritorial organizations, bodies | .. | 10.6 \| | 11.4 | 12.2 | 13.5 | 14.3 | 14.8 | 17.2 \| | 13.8 | 15.0 |

*Note:* Detailed metadata:http://metalinks.oecd.org/lfs/20180108/56a2

*Disclaimer:* http://oe.cd/disclaimer

# MEXICO

## Table 1. Labour force

*Annual average estimates*

| | 2007 | 2008 | 2009 | 2010 | 2011 | 2012 | 2013 | 2014 | 2015 | 2016 |
|---|---|---|---|---|---|---|---|---|---|---|
| **Labour force, thousands** | | | | | | | | | | |
| All persons | 45 905 | 46 769 | 48 018 | 48 718 | 49 722 | 51 229 | 51 787 | 51 924 | 52 905 | 53 680 |
| Males | 28 610 | 29 254 | 29 937 | 30 452 | 31 003 | 31 684 | 31 969 | 32 288 | 32 777 | 33 176 |
| Females | 17 294 | 17 515 | 18 081 | 18 266 | 18 718 | 19 545 | 19 818 | 19 636 | 20 128 | 20 504 |
| **Unemployed, thousands** | | | | | | | | | | |
| All persons | 1 673 | 1 826 | 2 583 | 2 596 | 2 583 | 2 522 | 2 560 | 2 509 | 2 294 | 2 085 |
| Males | 896 | 944 | 1 592 \| | 1 591 | 1 623 | 1 518 | 1 605 | 1 586 | 1 374 | 1 295 |
| Females | 623 | 668 | 834 \| | 945 | 968 | 956 | 995 | 949 | 913 | 811 |
| **Employment, thousands** | | | | | | | | | | |
| All persons | 44 231 | 44 944 | 45 435 | 46 122 | 47 139 | 48 707 | 49 227 | 49 415 | 50 611 | 51 595 |
| Males | 27 631 | 28 141 | 28 327 | 28 807 | 29 386 | 30 123 | 30 398 | 30 737 | 31 384 | 31 899 |
| Females | 16 600 | 16 803 | 17 109 | 17 314 | 17 753 | 18 584 | 18 829 | 18 679 | 19 228 | 19 696 |
| **Employment (%)** | | | | | | | | | | |
| Males | 62.5 | 62.6 | 62.3 | 62.5 | 62.3 | 61.8 | 61.8 | 62.2 | 62.0 | 61.8 |
| Females | 37.5 | 37.4 | 37.7 | 37.5 | 37.7 | 38.2 | 38.2 | 37.8 | 38.0 | 38.2 |
| **Unemployment rate (% of labour force)** | | | | | | | | | | |
| All persons | 3.6 | 3.9 | 5.4 | 5.3 | 5.2 | 4.9 | 4.9 | 4.8 | 4.3 | 3.9 |
| Males | 3.1 | 3.2 | 5.3 \| | 5.2 | 5.2 | 4.8 | 5.0 | 4.9 | 4.2 | 3.9 |
| Females | 3.6 | 3.8 | 4.7 \| | 5.1 | 5.2 | 4.8 | 5.0 | 4.8 | 4.6 | 4.0 |
| **EMPLOYMENT - PROFESSIONAL STATUS, thousands** | | | | | | | | | | |
| **All activities** | **44 051** | **45 294** | **45 027** | **46 598** | **46 892** | **49 003** | **49 296** | **49 302** | **50 336** | **51 434** |
| Employees | 28 844 | 29 806 | 29 669 | 30 438 | 31 095 | 32 492 | 33 033 | 33 493 | 34 169 | 35 213 |
| Employers and persons working on own account | 12 321 | 12 582 | 12 525 | 13 101 | 12 946 | 13 487 | 13 466 | 13 086 | 13 427 | 13 699 |
| Unpaid family workers | 2 886 | 2 905 | 2 833 | 3 059 | 2 851 | 3 024 | 2 797 | 2 722 | 2 740 | 2 522 |
| **Employees as % of employment** | **65.5** | **65.8** | **65.9** | **65.3** | **66.3** | **66.3** | **67.0** | **67.9** | **67.9** | **68.5** |
| **Part-time employment (%)** | | | | | | | | | | |
| Part-time as % of employment | 17.8 | 17.7 | 18.3 | 18.2 | 18.4 | 18.9 | 18.4 | 18.2 | 18.1 | 17.7 |
| Male share of part time employment | 40.0 | 41.0 | 41.7 | 41.9 | 42.4 | 42.5 | 42.6 | 42.5 | 42.2 | 41.9 |
| Female share of part time employment | 60.0 | 59.0 | 58.3 | 58.1 | 57.6 | 57.5 | 57.4 | 57.5 | 57.8 | 58.1 |
| Male part-time as % of male employment | 11.4 | 11.6 | 12.2 | 12.2 | 12.5 | 13.0 | 12.8 | 12.4 | 12.3 | 12.0 |
| Female part-time as % of female employment | 28.5 | 27.8 | 28.2 | 28.1 | 28.0 | 28.4 | 27.6 | 27.5 | 27.5 | 26.9 |
| **Duration of unemployment (% of total unemployment)** | | | | | | | | | | |
| Less than one month | 53.3 | 52.8 | 46.2 | 43.5 | 44.3 | 44.0 | 45.8 | 45.2 | 47.0 | 47.5 |
| More than 1 month and less than 3 months | 32.7 | 32.9 | 35.8 | 37.1 | 37.3 | 37.4 | 36.1 | 37.0 | 37.6 | 36.0 |
| More than 3 months and less than 6 months | 9.1 | 9.5 | 11.6 | 12.3 | 12.2 | 12.5 | 11.9 | 11.6 | 9.8 | 10.7 |
| More than 6 months and less than 1 year | 3.0 | 3.1 | 4.8 | 5.1 | 4.1 | 4.3 | 4.6 | 4.5 | 4.0 | 3.9 |
| More than 1 year | 1.9 | 1.6 | 1.6 | 1.9 | 2.1 | 1.8 | 1.7 | 1.6 | 1.7 | 2.0 |

*Note:* Detailed metadata: http://metalinks.oecd.org/lfs/20180108/d489, http://metalinks.oecd.org/lfs/20180108/56a2, http://metalinks.oecd.org/lfs/20180108/e6fc and http://metalinks.oecd.org/lfs/20180108/d044.

*Disclaimer:* http://oe.cd/disclaimer

## Table 2. Participation rates and unemployment rates by age and sex

*Annual average estimates, percentage*

| | 2007 | 2008 | 2009 | 2010 | 2011 | 2012 | 2013 | 2014 | 2015 | 2016 |
|---|---|---|---|---|---|---|---|---|---|---|
| **Participation rates** | | | | | | | | | | |
| **Males** | | | | | | | | | | |
| 15-19 | 49.3 | 48.4 | 46.8 | 47.0 | 45.9 | 45.4 | 43.9 | 41.9 | 41.2 | 40.2 |
| 20-24 | 80.1 | 79.9 | 78.3 | 78.5 | 78.2 | 78.5 | 77.8 | 77.6 | 77.0 | 77.0 |
| 25-34 | 95.2 | 94.8 | 94.7 | 94.1 | 93.9 | 94.5 | 94.0 | 94.0 | 94.0 | 93.9 |
| 35-44 | 96.4 | 95.9 | 95.7 | 95.4 | 95.3 | 95.5 | 95.7 | 95.6 | 95.6 | 95.7 |
| 45-54 | 93.6 | 93.4 | 92.9 | 92.5 | 93.1 | 93.1 | 92.9 | 92.7 | 92.9 | 92.8 |
| 55-59 | 86.3 | 85.9 | 85.2 | 84.5 | 83.8 | 85.0 | 85.0 | 85.5 | 85.1 | 85.0 |
| 60-64 | 72.6 | 71.0 | 70.5 | 69.7 | 69.3 | 71.0 | 69.6 | 70.1 | 69.5 | 69.0 |
| 15-24 | 62.6 | 62.2 | 60.8 | 61.2 | 60.7 | 60.8 | 59.8 | 58.9 | 57.9 | 57.2 |
| 25-54 | 95.2 | 94.8 | 94.6 | 94.1 | 94.2 | 94.5 | 94.3 | 94.2 | 94.2 | 94.2 |
| 55-64 | 80.2 | 79.3 | 78.7 | 77.9 | 77.4 | 78.8 | 78.2 | 78.9 | 78.1 | 77.8 |
| 65 and over | 45.6 | 45.2 | 43.5 | 43.1 | 42.0 | 41.9 | 41.8 | 42.3 | 42.9 | 41.9 |
| 15-64 | 83.8 | 83.4 | 82.7 | 82.4 | 82.4 | 82.7 | 82.4 | 82.2 | 82.0 | 81.8 |
| **Females** | | | | | | | | | | |
| 15-19 | 25.8 | 24.6 | 23.7 | 22.6 | 22.8 | 23.2 | 21.6 | 20.5 | 20.3 | 19.4 |
| 20-24 | 45.8 | 45.3 | 44.8 | 45.7 | 44.8 | 45.4 | 45.5 | 44.3 | 43.6 | 43.7 |
| 25-34 | 51.7 | 51.6 | 53.1 | 52.9 | 53.7 | 55.4 | 56.1 | 54.7 | 54.7 | 55.0 |
| 35-44 | 54.9 | 55.3 | 56.1 | 55.7 | 56.1 | 57.2 | 57.3 | 56.3 | 56.8 | 57.2 |
| 45-54 | 49.6 | 49.6 | 50.8 | 50.5 | 51.4 | 52.5 | 52.6 | 52.2 | 53.8 | 54.0 |
| 55-59 | 37.6 | 38.6 | 39.2 | 39.5 | 40.6 | 41.3 | 42.3 | 41.5 | 42.1 | 42.4 |
| 60-64 | 28.4 | 27.1 | 27.7 | 29.3 | 29.5 | 32.0 | 31.2 | 30.8 | 31.0 | 31.5 |
| 15-24 | 35.1 | 34.1 | 33.4 | 33.3 | 33.3 | 33.8 | 33.1 | 32.0 | 31.6 | 31.2 |
| 25-54 | 52.3 | 52.4 | 53.5 | 53.2 | 53.9 | 55.2 | 55.5 | 54.6 | 55.2 | 55.5 |
| 55-64 | 33.4 | 33.4 | 34.1 | 35.0 | 35.7 | 37.3 | 37.5 | 36.7 | 37.2 | 37.5 |
| 65 and over | 14.3 | 14.8 | 14.8 | 14.6 | 14.1 | 14.9 | 14.6 | 14.1 | 15.1 | 15.0 |
| 15-64 | 45.4 | 45.2 | 45.8 | 45.6 | 46.2 | 47.3 | 47.4 | 46.6 | 46.8 | 47.0 |
| **All persons** | | | | | | | | | | |
| 15-24 | 48.4 | 47.8 | 46.9 | 47.1 | 46.9 | 47.3 | 46.4 | 45.6 | 44.8 | 44.2 |
| 25-54 | 72.0 | 72.1 | 72.6 | 72.3 | 72.8 | 73.6 | 73.7 | 73.1 | 73.5 | 73.7 |
| 55-64 | 55.6 | 55.0 | 55.1 | 55.2 | 55.4 | 56.6 | 56.5 | 56.4 | 56.1 | 56.1 |
| 65 and over | 28.5 | 28.6 | 28.0 | 27.7 | 26.9 | 27.1 | 26.9 | 26.9 | 27.8 | 27.2 |
| 15-64 | 63.4 | 63.2 | 63.3 | 63.1 | 63.4 | 64.2 | 64.1 | 63.6 | 63.6 | 63.6 |
| **Unemployment rates** | | | | | | | | | | |
| **Males** | | | | | | | | | | |
| 15-19 | 7.0 | 7.9 | 9.8 | 10.2 | 9.8 | 9.4 | 9.5 | 9.4 | 8.4 | 7.4 |
| 20-24 | 6.3 | 6.5 | 9.1 | 8.7 | 8.9 | 8.6 | 8.2 | 8.4 | 7.5 | 7.0 |
| 25-34 | 3.5 | 4.0 | 5.7 | 5.7 | 5.6 | 5.3 | 5.4 | 5.4 | 4.7 | 4.4 |
| 35-44 | 2.3 | 2.5 | 4.0 | 4.0 | 3.6 | 3.5 | 3.5 | 3.5 | 3.1 | 2.9 |
| 45-54 | 2.0 | 2.5 | 3.8 | 3.9 | 3.7 | 3.4 | 3.6 | 3.2 | 2.9 | 2.5 |
| 55-59 | 2.3 | 2.8 | 3.9 | 4.0 | 3.7 | 3.5 | 3.3 | 3.5 | 3.1 | 2.6 |
| 60-64 | 2.4 | 2.4 | 3.3 | 3.5 | 3.3 | 3.1 | 3.4 | 2.9 | 2.7 | 2.4 |
| 15-24 | 6.6 | 7.1 | 9.4 | 9.3 | 9.3 | 8.9 | 8.7 | 8.8 | 7.8 | 7.2 |
| 25-54 | 2.7 | 3.1 | 4.6 | 4.6 | 4.4 | 4.1 | 4.2 | 4.1 | 3.7 | 3.3 |
| 55-64 | 2.4 | 2.6 | 3.6 | 3.8 | 3.5 | 3.3 | 3.3 | 3.2 | 3.0 | 2.5 |
| 65 and over | 1.3 | 1.5 | 1.8 | 2.0 | 2.0 | 1.9 | 2.0 | 1.6 | 1.5 | 1.2 |
| 15-64 | 3.5 | 3.9 | 5.6 | 5.6 | 5.4 | 5.1 | 5.1 | 5.0 | 4.4 | 4.0 |
| Total | 3.4 | 3.8 | 5.4 | 5.4 | 5.2 | 4.9 | 4.9 | 4.8 | 4.3 | 3.8 |
| **Females** | | | | | | | | | | |
| 15-19 | 8.7 | 9.4 | 12.0 | 11.2 | 11.8 | 10.7 | 11.8 | 11.8 | 10.9 | 9.4 |
| 20-24 | 7.9 | 8.3 | 10.8 | 10.2 | 10.3 | 10.2 | 10.3 | 10.3 | 9.7 | 8.5 |
| 25-34 | 4.7 | 4.6 | 6.1 | 6.4 | 6.2 | 6.1 | 6.1 | 6.0 | 5.6 | 5.1 |
| 35-44 | 2.5 | 2.6 | 3.8 | 3.5 | 3.7 | 3.4 | 3.5 | 3.5 | 3.3 | 2.9 |
| 45-54 | 1.8 | 1.8 | 2.7 | 2.5 | 2.4 | 2.1 | 2.3 | 2.4 | 2.0 | 1.9 |
| 55-59 | 1.1 | 1.1 | 1.8 | 1.9 | 1.8 | 2.0 | 1.6 | 1.7 | 1.8 | 1.4 |
| 60-64 | 0.7 | 0.9 | 1.4 | 1.2 | 1.1 | 1.8 | 1.3 | 1.1 | 1.0 | 1.0 |
| 15-24 | 8.2 | 8.8 | 11.3 | 10.5 | 10.8 | 10.4 | 10.8 | 10.8 | 10.1 | 8.8 |
| 25-54 | 3.2 | 3.2 | 4.4 | 4.3 | 4.2 | 4.0 | 4.1 | 4.1 | 3.8 | 3.4 |
| 55-64 | 1.0 | 1.0 | 1.6 | 1.7 | 1.5 | 1.9 | 1.5 | 1.4 | 1.5 | 1.2 |
| 65 and over | 0.5 | 0.6 | 0.6 | 0.6 | 0.4 | 0.5 | 0.7 | 0.7 | 0.5 | 0.3 |
| 15-64 | 4.1 | 4.2 | 5.5 | 5.4 | 5.3 | 5.1 | 5.1 | 5.0 | 4.6 | 4.1 |
| Total | 4.0 | 4.1 | 5.4 | 5.2 | 5.2 | 4.9 | 5.0 | 4.9 | 4.5 | 3.9 |
| **All persons** | | | | | | | | | | |
| 15-24 | 7.2 | 7.7 | 10.1 | 9.8 | 9.8 | 9.4 | 9.5 | 9.5 | 8.6 | 7.7 |
| 25-54 | 2.9 | 3.1 | 4.5 | 4.5 | 4.3 | 4.1 | 4.2 | 4.1 | 3.7 | 3.4 |
| 55-64 | 1.9 | 2.1 | 3.0 | 3.1 | 2.9 | 2.8 | 2.7 | 2.6 | 2.4 | 2.1 |
| 65 and over | 1.1 | 1.2 | 1.5 | 1.6 | 1.6 | 1.5 | 1.6 | 1.4 | 1.2 | 1.0 |
| 15-64 | 3.8 | 4.0 | 5.6 | 5.5 | 5.4 | 5.1 | 5.1 | 5.0 | 4.5 | 4.0 |

*Note:* Detailed metadata at:http://metalinks.oecd.org/lfs/20180108/10b3

*Disclaimer:* http://oe.cd/disclaimer

## Table 3. Employment and employees: breakdown by activity - ISIC Rev. 4

*Annual average estimates*

| | | 2007 | 2008 | 2009 | 2010 | 2011 | 2012 | 2013 | 2014 | 2015 | 2016 |
|---|---|---|---|---|---|---|---|---|---|---|---|
| | **EMPLOYMENT** | | | | | | | | | | |
| | **By activity, thousands** | | | | | | | | | | |
| **A-U** | **All activities** | **43 736.3** | **44 956.9** | **44 714.7** | **46 305.6** | **46 606.1** | **48 652.4** | **48 998.8** | **49 026.1** | **50 055.9** | **51 165.8** |
| A | Agriculture, hunting and forestry | 5 961.8 | 6 059.5 | 6 058.0 | 6 417.0 | 6 245.7 | 6 573.5 | 6 594.2 | 6 679.5 | 6 772.6 | 6 615.5 |
| **B-F** | **Industry** | **11 415.6** | **11 671.3** | **10 914.5** | **11 172.4** | **11 449.2** | **11 558.7** | **11 770.2** | **12 134.0** | **12 543.2** | **13 152.1** |
| B | Mining and quarrying | 191.7 | 191.3 | 209.7 | 191.1 | 165.7 | 206.0 | 227.4 | 243.8 | 233.5 | 218.3 |
| C | Manufacturing | 7 243.5 | 7 380.6 | 6 711.7 | 7 010.9 | 7 269.2 | 7 382.7 | 7 646.6 | 7 837.9 | 8 038.3 | 8 336.9 |
| D | Electricity, gas, steam, air cond. supply | 150.6 | 143.6 | 157.9 | 107.1 | 101.8 | 118.1 | 106.5 | 93.9 | 110.2 | 107.9 |
| E | Water supply, sewerage, waste mgt, remediation | 128.7 | 164.0 | 155.7 | 191.1 | 195.7 | 202.7 | 211.9 | 243.8 | 214.3 | 227.4 |
| F | Construction | 3 701.2 | 3 791.8 | 3 679.7 | 3 672.3 | 3 716.8 | 3 649.3 | 3 577.8 | 3 714.6 | 3 947.0 | 4 261.6 |
| **G-U** | **Services** | **26 358.8** | **27 226.1** | **27 742.1** | **28 716.2** | **28 911.1** | **30 520.2** | **30 634.4** | **30 212.6** | **30 740.1** | **31 398.2** |
| G | Wholesale, retail trade, vehicle, motorcycle repair | 8 701.2 | 8 851.7 | 8 900.6 | 9 313.0 | 9 210.8 | 9 715.0 | 9 665.1 | 9 496.8 | 9 571.2 | 9 714.1 |
| H | Transportation and storage | 1 843.6 | 1 880.9 | 1 954.0 | 1 903.5 | 1 925.1 | 1 964.7 | 2 026.0 | 2 046.7 | 2 078.5 | 2 149.5 |
| I | Accommodation and food service activities | 2 734.0 | 2 894.1 | 2 890.2 | 3 095.3 | 3 211.3 | 3 388.4 | 3 482.0 | 3 484.6 | 3 618.5 | 3 868.2 |
| J | Information and communication | 346.8 | 357.7 | 385.5 | 374.1 | 375.4 | 382.4 | 427.0 | 365.5 | 354.3 | 389.9 |
| K | Financial and insurance activities | 408.0 | 413.9 | 392.6 | 431.5 | 413.2 | 531.5 | 508.5 | 521.3 | 494.8 | 472.1 |
| L | Real estate activities | 246.4 | 258.3 | 253.0 | 242.7 | 271.3 | 300.3 | 253.3 | 256.7 | 294.3 | 296.5 |
| M | Professional, scientific and technical activities | 967.3 | 973.6 | 1 027.2 | 1 060.4 | 1 132.7 | 1 104.0 | 1 217.2 | 1 189.3 | 1 197.2 | 1 320.4 |
| N | Administrative and support service activities | 885.9 | 1 031.3 | 1 064.1 | 1 104.5 | 1 137.0 | 1 222.6 | 1 239.9 | 1 305.9 | 1 336.6 | 1 396.3 |
| O | Public administration, defence, social security | 2 098.2 | 2 228.6 | 2 341.8 | 2 330.7 | 2 369.0 | 2 445.0 | 2 379.4 | 2 375.0 | 2 258.7 | 2 258.7 |
| P | Education | 2 397.0 | 2 406.3 | 2 478.5 | 2 510.7 | 2 544.5 | 2 612.5 | 2 609.4 | 2 512.0 | 2 598.9 | 2 570.0 |
| Q | Human health and social work activities | 1 222.3 | 1 261.8 | 1 370.0 | 1 386.6 | 1 353.4 | 1 494.9 | 1 532.2 | 1 503.0 | 1 548.7 | 1 539.5 |
| R | Arts, entertainment and recreation | 396.9 | 407.8 | 394.0 | 452.3 | 420.7 | 449.3 | 436.3 | 429.0 | 463.3 | 458.9 |
| S | Other service activities | 2 189.7 | 2 325.1 | 2 332.0 | 2 406.2 | 2 440.6 | 2 719.5 | 2 657.5 | 2 455.3 | 2 546.9 | 2 606.3 |
| T | Households as employers and own-use activities | 1 914.2 | 1 930.7 | 1 953.1 | 2 099.9 | 2 104.0 | 2 185.3 | 2 196.1 | 2 267.7 | 2 376.8 | 2 354.9 |
| U | Activities of extraterritorial organizations, bodies | 7.1 | 4.2 | 5.5 | 5.0 | 2.3 | 4.9 | 4.5 | 3.6 | 1.4 | 2.9 |
| | **EMPLOYEES** | | | | | | | | | | |
| | **By activity, thousands** | | | | | | | | | | |
| **A-U** | **All activities** | **28 559.3** | **29 510.9** | **29 395.5** | **30 192.7** | **30 841.6** | **32 179.1** | **32 766.9** | **33 256.9** | **33 917.6** | **34 973.6** |
| A | Agriculture, hunting and forestry | 2 129.3 | 2 259.6 | 2 322.0 | 2 430.3 | 2 547.1 | 2 663.9 | 2 664.6 | 2 776.4 | 2 881.0 | 3 011.4 |
| **B-F** | **Industry** | .. | .. | .. | .. | .. | .. | .. | .. | .. | .. |
| B | Mining and quarrying | 182.6 | 182.4 | 198.2 | 179.8 | 159.1 | 196.6 | 213.3 | 228.8 | 227.4 | 208.4 |
| C | Manufacturing | 5 518.3 | 5 598.1 | 5 009.1 | 5 293.9 | 5 558.5 | 5 652.3 | 5 922.4 | 6 174.5 | 6 354.7 | 6 585.2 |
| D | Electricity, gas, steam, air cond. supply | 149.9 | 142.9 | 156.8 | 106.2 | 101.3 | 116.2 | 105.7 | 93.4 | 109.2 | 107.2 |
| E | Water supply, sewerage, waste mgt, remediation | 95.2 | 97.5 | 109.7 | 121.8 | 112.1 | 126.9 | 138.4 | 158.9 | 135.6 | 136.0 |
| F | Construction | 2 660.7 | 2 712.1 | 2 631.7 | 2 622.2 | 2 654.8 | 2 632.0 | 2 571.7 | 2 666.4 | 2 859.1 | 3 110.9 |
| **G-U** | **Services** | .. | .. | .. | .. | .. | .. | .. | .. | .. | .. |
| G | Wholesale, retail trade, vehicle, motorcycle repair | 4 013.3 | 4 117.9 | 4 164.1 | 4 407.4 | 4 328.3 | 4 657.3 | 4 805.6 | 4 801.6 | 4 797.6 | 4 911.7 |
| H | Transportation and storage | 1 396.5 | 1 433.5 | 1 439.5 | 1 428.4 | 1 489.0 | 1 472.7 | 1 575.2 | 1 620.0 | 1 618.3 | 1 674.4 |
| I | Accommodation and food service activities | 1 509.2 | 1 640.0 | 1 610.0 | 1 667.0 | 1 795.5 | 1 805.1 | 1 909.3 | 1 987.9 | 1 942.5 | 2 134.5 |
| J | Information and communication | 327.1 | 337.9 | 365.2 | 353.2 | 354.5 | 371.8 | 400.9 | 353.0 | 336.0 | 375.9 |
| K | Financial and insurance activities | 394.3 | 398.7 | 376.6 | 415.2 | 402.9 | 511.9 | 491.5 | 500.7 | 480.2 | 464.8 |
| L | Real estate activities | 169.3 | 186.7 | 182.4 | 165.6 | 184.9 | 194.3 | 172.3 | 177.8 | 214.9 | 207.5 |
| M | Professional, scientific and technical activities | 541.8 | 569.9 | 607.1 | 599.8 | 673.4 | 666.7 | 735.2 | 717.9 | 735.4 | 795.7 |
| N | Administrative and support service activities | 734.1 | 863.5 | 897.9 | 913.9 | 949.2 | 1 018.6 | 1 038.5 | 1 106.8 | 1 153.7 | 1 201.3 |
| O | Public administration, defence, social security | 2 085.3 | 2 213.9 | 2 326.6 | 2 305.8 | 2 352.0 | 2 420.1 | 2 362.7 | 2 359.5 | 2 241.1 | 2 237.8 |
| P | Education | 2 324.8 | 2 324.0 | 2 393.4 | 2 423.3 | 2 452.7 | 2 518.5 | 2 516.9 | 2 418.9 | 2 477.2 | 2 462.3 |
| Q | Human health and social work activities | 1 041.6 | 1 055.1 | 1 173.5 | 1 142.9 | 1 149.2 | 1 255.5 | 1 280.7 | 1 311.3 | 1 311.9 | 1 299.8 |
| R | Arts, entertainment and recreation | 272.7 | 256.0 | 274.1 | 304.6 | 258.8 | 291.4 | 305.8 | 290.4 | 323.8 | 308.6 |
| S | Other service activities | 1 092.9 | 1 186.2 | 1 199.1 | 1 206.8 | 1 211.9 | 1 417.4 | 1 355.6 | 1 241.3 | 1 339.7 | 1 382.5 |
| T | Households as employers and own-use activities | 1 914.2 | 1 930.7 | 1 953.1 | 2 099.9 | 2 104.0 | 2 185.3 | 2 196.1 | 2 267.7 | 2 376.8 | 2 354.9 |
| U | Activities of extraterritorial organizations, bodies | 6.2 | 4.2 | 5.3 | 5.0 | 2.3 | 4.7 | 4.5 | 3.6 | 1.4 | 2.9 |

*Note:* Detailed metadata:http://metalinks.oecd.org/lfs/20180108/56a2
*Disclaimer:* http://oe.cd/disclaimer

# NETHERLANDS

## Table 1. Labour force

*Annual average estimates*

| | 2007 | 2008 | 2009 | 2010 | 2011 | 2012 | 2013 | 2014 | 2015 | 2016 |
|---|---|---|---|---|---|---|---|---|---|---|
| **Labour force, thousands** | | | | | | | | | | |
| All persons | 8 741 | 8 836 | 8 900 \| | 8 760 \| | 8 726 | 8 861 \| | 8 932 | 8 896 | 8 933 | 8 966 |
| Males | 4 765 | 4 797 | 4 810 \| | 4 734 \| | 4 691 | 4 761 \| | 4 804 | 4 802 | 4 795 | 4 804 |
| Females | 3 977 | 4 038 | 4 089 \| | 4 026 \| | 4 034 | 4 100 \| | 4 128 | 4 093 | 4 137 | 4 161 |
| **Unemployed, thousands** | | | | | | | | | | |
| All persons | 278 | 243 | 304 \| | 390 \| | 434 | 516 \| | 647 | 660 | 614 | 539 |
| Males | 133 | 122 | 162 \| | 208 \| | 216 | 260 \| | 346 | 343 | 313 | 268 |
| Females | 145 | 121 | 142 \| | 182 \| | 218 | 255 \| | 301 | 317 | 301 | 271 |
| **Employment, thousands** | | | | | | | | | | |
| All persons | 8 464 | 8 593 | 8 596 \| | 8 370 \| | 8 291 | 8 345 \| | 8 285 | 8 236 | 8 319 | 8 427 |
| Males | 4 631 | 4 676 | 4 648 \| | 4 526 \| | 4 475 | 4 501 \| | 4 459 | 4 460 | 4 482 | 4 536 |
| Females | 3 832 | 3 917 | 3 948 \| | 3 844 \| | 3 816 | 3 845 \| | 3 827 | 3 776 | 3 836 | 3 891 |
| **Employment (%)** | | | | | | | | | | |
| Males | 54.7 | 54.4 | 54.1 \| | 54.1 \| | 54.0 | 53.9 \| | 53.8 | 54.1 | 53.9 | 53.8 |
| Females | 45.3 | 45.6 | 45.9 \| | 45.9 \| | 46.0 | 46.1 \| | 46.2 | 45.9 | 46.1 | 46.2 |
| **Unemployment rate (% of labour force)** | | | | | | | | | | |
| All persons | 3.2 | 2.8 | 3.4 \| | 4.5 \| | 5.0 | 5.8 \| | 7.2 | 7.4 | 6.9 | 6.0 |
| Males | 2.8 | 2.5 | 3.4 \| | 4.4 \| | 4.6 | 5.5 \| | 7.2 | 7.1 | 6.5 | 5.6 |
| Females | 3.6 | 3.0 | 3.5 \| | 4.5 \| | 5.4 | 6.2 \| | 7.3 | 7.7 | 7.3 | 6.5 |
| **EMPLOYMENT - PROFESSIONAL STATUS, thousands** | | | | | | | | | | |
| **All activities** | **8 464** | **8 593** | **8 596 \|** | **8 370 \|** | **8 291** | **8 345 \|** | **8 285** | **8 236** | **8 319** | **8 427** |
| Employees | 7 344 | 7 457 | 7 427 \| | 7 108 \| | 7 031 | 7 057 \| | 6 947 | 6 860 | 6 909 | 7 000 |
| Employers and persons working on own account | 1 067 | 1 092 | 1 123 \| | 1 204 \| | 1 205 | 1 236 | 1 288 | 1 328 | 1 354 | 1 379 |
| Unpaid family workers | 46 | 39 | 39 \| | 52 \| | 52 | 46 | 42 | 41 | 47 | 38 |
| **Employees as % of employment** | **86.8** | **86.8** | **86.4 \|** | **84.9 \|** | **84.8** | **84.6 \|** | **83.9** | **83.3** | **83.1** | **83.1** |
| **Part-time employment (%)** | | | | | | | | | | |
| Part-time as % of employment | 35.9 | 36.1 | 36.7 | 37.1 | 37.0 | 37.6 | 38.5 | 38.3 | 38.5 | 37.7 |
| Male share of part time employment | 24.5 | 24.4 | 25.0 | 25.0 | 24.6 | 25.5 | 26.7 | 27.4 | 27.3 | 26.7 |
| Female share of part time employment | 75.5 | 75.6 | 75.0 | 75.0 | 75.4 | 74.5 | 73.3 | 72.6 | 72.7 | 73.3 |
| Male part-time as % of male employment | 16.1 | 16.2 | 17.0 | 17.2 | 16.9 | 17.8 | 19.2 | 19.4 | 19.5 | 18.7 |
| Female part-time as % of female employment | 59.9 | 59.8 | 59.9 | 60.6 | 60.6 | 60.9 | 61.1 | 60.6 | 60.7 | 59.8 |
| **Duration of unemployment (% of total unemployment)** | | | | | | | | | | |
| Less than one month | 5.0 | 6.7 | 7.5 | 6.8 | 6.7 | 7.9 | 6.8 | 6.2 | 5.9 | 6.8 |
| More than 1 month and less than 3 months | 22.5 | 25.7 | 27.1 | 25.4 | 24.5 | 23.0 | 19.6 | 17.5 | 18.0 | 19.8 |
| More than 3 months and less than 6 months | 16.7 | 17.9 | 22.0 | 19.4 | 18.7 | 18.1 | 18.8 | 17.0 | 16.1 | 15.2 |
| More than 6 months and less than 1 year | 16.4 | 15.3 | 18.6 | 20.9 | 17.0 | 17.4 | 19.2 | 19.4 | 16.3 | 15.5 |
| More than 1 year | 39.4 | 34.4 | 24.8 | 27.6 | 33.2 | 33.5 | 35.6 | 39.9 | 43.6 | 42.7 |

*Note:* Detailed metadata: http://metalinks.oecd.org/lfs/20180108/1580, http://metalinks.oecd.org/lfs/20180108/56a2, http://metalinks.oecd.org/lfs/20180108/0c1e and http://metalinks.oecd.org/lfs/20180108/8250.

*Disclaimer:* http://oe.cd/disclaimer

## Table 2. Participation rates and unemployment rates by age and sex

*Annual average estimates, percentage*

| | 2007 | 2008 | 2009 | 2010 | 2011 | 2012 | 2013 | 2014 | 2015 | 2016 |
|---|---|---|---|---|---|---|---|---|---|---|
| **Participation rates** | | | | | | | | | | |
| **Males** | | | | | | | | | | |
| 15-19 | 60.4 | 63.1 | 61.3 | 58.8 | 57.9 | 59.2 | 59.9 | 58.7 | 59.0 | 59.1 |
| 20-24 | 83.0 | 81.8 | 81.2 | 78.3 | 77.6 | 77.4 | 78.3 | 76.8 | 75.7 | 75.2 |
| 25-34 | 94.5 | 94.8 | 94.2 | 93.5 | 93.0 | 92.9 | 92.1 | 92.0 | 91.8 | 91.3 |
| 35-44 | 94.3 | 95.2 | 95.2 | 94.2 | 93.8 | 93.8 | 92.8 | 93.1 | 93.2 | 92.7 |
| 45-54 | 91.9 | 92.4 | 92.6 | 92.3 | 92.2 | 92.3 | 91.9 | 91.6 | 91.4 | 91.3 |
| 55-59 | 81.9 | 83.9 | 85.2 | 85.2 | 85.7 | 86.6 | 86.5 | 86.4 | 86.4 | 86.2 |
| 60-64 | 40.4 | 46.2 | 48.0 | 50.0 | 51.4 | 56.0 | 63.3 | 65.7 | 67.9 | 69.3 |
| 15-24 | 71.4 | 72.3 | 71.2 | 68.5 | 67.8 | 68.5 | 69.3 | 68.0 | 67.5 | 67.2 |
| 25-54 | 93.5 | 94.1 | 94.0 | 93.3 | 93.0 | 92.9 | 92.3 | 92.2 | 92.1 | 91.7 |
| 55-64 | 62.6 | 65.7 | 66.8 | 67.6 | 68.6 | 71.6 | 75.3 | 76.5 | 77.6 | 78.2 |
| 65 and over | 7.9 | 8.0 | 9.0 | 9.2 | 8.9 | 10.8 | 11.3 | 12.6 | 11.4 | 11.4 |
| 15-64 | 83.8 | 84.8 | 84.6 | 83.8 | 83.6 | 84.2 | 84.7 | 84.6 | 84.6 | 84.4 |
| **Females** | | | | | | | | | | |
| 15-19 | 60.9 | 62.0 | 61.3 | 60.8 | 61.4 | 63.0 | 62.0 | 60.5 | 61.8 | 63.0 |
| 20-24 | 78.0 | 78.6 | 79.3 | 78.0 | 78.1 | 79.3 | 78.9 | 75.6 | 76.6 | 75.1 |
| 25-34 | 84.1 | 85.2 | 85.9 | 85.9 | 85.2 | 85.5 | 85.2 | 84.6 | 84.8 | 84.3 |
| 35-44 | 81.0 | 82.4 | 83.1 | 83.0 | 81.9 | 82.4 | 83.5 | 82.6 | 82.2 | 82.0 |
| 45-54 | 75.1 | 76.8 | 77.2 | 78.6 | 79.3 | 79.8 | 79.8 | 79.4 | 79.9 | 80.5 |
| 55-59 | 54.1 | 56.4 | 59.6 | 61.1 | 64.5 | 65.8 | 66.9 | 67.2 | 68.1 | 69.0 |
| 60-64 | 21.7 | 25.2 | 26.8 | 28.8 | 32.2 | 36.2 | 37.9 | 40.3 | 44.0 | 47.0 |
| 15-24 | 69.4 | 70.2 | 70.3 | 69.5 | 69.9 | 71.4 | 70.8 | 68.4 | 69.4 | 69.2 |
| 25-54 | 79.9 | 81.2 | 81.8 | 82.3 | 81.9 | 82.4 | 82.6 | 82.0 | 82.1 | 82.2 |
| 55-64 | 38.9 | 41.3 | 43.3 | 44.9 | 48.4 | 51.3 | 52.9 | 54.3 | 56.7 | 58.5 |
| 65 and over | 2.5 | 2.4 | 3.1 | 3.2 | 3.0 | 3.4 | 3.3 | 3.6 | 3.8 | 3.3 |
| 15-64 | 70.4 | 71.7 | 72.3 | 72.6 | 73.1 | 74.3 | 74.6 | 74.0 | 74.7 | 75.0 |
| **All persons** | | | | | | | | | | |
| 15-24 | 70.4 | 71.3 | 70.8 | 69.0 | 68.9 | 69.9 | 70.0 | 68.2 | 68.5 | 68.2 |
| 25-54 | 86.8 | 87.7 | 87.9 | 87.8 | 87.5 | 87.7 | 87.5 | 87.1 | 87.1 | 86.9 |
| 55-64 | 50.8 | 53.5 | 55.1 | 56.3 | 58.5 | 61.5 | 64.1 | 65.4 | 67.1 | 68.4 |
| 65 and over | 4.9 | 4.9 | 5.7 | 5.9 | 5.6 | 6.8 | 6.9 | 7.7 | 7.3 | 7.1 |
| 15-64 | 77.1 | 78.3 | 78.5 | 78.2 | 78.4 | 79.3 | 79.7 | 79.3 | 79.6 | 79.7 |
| **Unemployment rates** | | | | | | | | | | |
| **Males** | | | | | | | | | | |
| 15-19 | 8.8 | 8.4 | 9.6 | 10.7 | 9.9 | 11.6 | 13.5 | 13.0 | 14.2 | 14.9 |
| 20-24 | 4.5 | 4.7 | 7.1 | 7.3 | 5.8 | 6.9 | 8.8 | 7.3 | 9.2 | 8.7 |
| 25-34 | 2.3 | 2.1 | 3.5 | 4.6 | 4.9 | 5.5 | 7.6 | 7.3 | 5.7 | 4.4 |
| 35-44 | 2.0 | 1.5 | 2.6 | 3.1 | 3.4 | 4.3 | 6.1 | 6.1 | 4.4 | 3.5 |
| 45-54 | 2.6 | 2.0 | 2.4 | 3.3 | 3.5 | 4.2 | 5.5 | 5.5 | 4.9 | 3.9 |
| 55-59 | 3.8 | 3.3 | 3.3 | 4.3 | 4.1 | 5.1 | 6.7 | 7.2 | 7.1 | 5.2 |
| 60-64 | 5.2 | 3.8 | 3.6 | 3.7 | 4.3 | 4.8 | 7.2 | 8.1 | 10.3 | 9.4 |
| 15-24 | 6.3 | 6.3 | 8.2 | 8.8 | 7.5 | 8.9 | 10.8 | 9.7 | 11.3 | 11.4 |
| 25-54 | 2.3 | 1.8 | 2.8 | 3.6 | 3.9 | 4.6 | 6.3 | 6.2 | 5.0 | 4.0 |
| 55-64 | 4.2 | 3.5 | 3.4 | 4.1 | 4.2 | 5.0 | 6.9 | 7.6 | 8.4 | 7.0 |
| 65 and over | 0.0 | 2.4 | 0.0 | 2.0 | 5.0 | 5.0 | 5.8 | 6.6 | 5.3 | 3.6 |
| 15-64 | 3.2 | 2.8 | 3.7 | 4.5 | 4.5 | 5.3 | 7.1 | 7.0 | 6.6 | 5.6 |
| Total | 3.1 | 2.8 | 3.6 | 4.4 | 4.5 | 5.3 | 7.1 | 7.0 | 6.5 | 5.6 |
| **Females** | | | | | | | | | | |
| 15-19 | 11.1 | 8.9 | 9.6 | 11.7 | 11.1 | 13.7 | 14.5 | 14.0 | 14.8 | 13.2 |
| 20-24 | 5.1 | 4.5 | 5.4 | 6.2 | 5.6 | 7.3 | 8.8 | 9.3 | 8.4 | 7.9 |
| 25-34 | 3.1 | 2.4 | 3.2 | 3.5 | 3.4 | 4.4 | 5.4 | 5.2 | 6.1 | 5.2 |
| 35-44 | 3.5 | 2.8 | 2.9 | 3.7 | 3.4 | 4.3 | 5.2 | 5.7 | 6.3 | 5.4 |
| 45-54 | 3.4 | 2.7 | 3.0 | 3.6 | 4.0 | 3.9 | 5.1 | 5.9 | 6.4 | 5.5 |
| 55-59 | 3.8 | 3.0 | 2.8 | 3.7 | 4.0 | 4.3 | 5.7 | 6.3 | 7.0 | 7.0 |
| 60-64 | 3.9 | 3.9 | 3.6 | 3.9 | 4.0 | 4.4 | 5.0 | 6.7 | 8.7 | 8.1 |
| 15-24 | 7.8 | 6.4 | 7.2 | 8.6 | 7.9 | 10.0 | 11.2 | 11.3 | 11.2 | 10.3 |
| 25-54 | 3.3 | 2.6 | 3.0 | 3.6 | 3.6 | 4.2 | 5.2 | 5.6 | 6.3 | 5.4 |
| 55-64 | 3.8 | 3.3 | 3.1 | 3.7 | 4.0 | 4.4 | 5.5 | 6.4 | 7.6 | 7.4 |
| 65 and over | 0.0 | 0.0 | 0.0 | 4.7 | 0.0 | 4.2 | 3.3 | 2.9 | 3.5 | 4.6 |
| 15-64 | 4.1 | 3.4 | 3.8 | 4.5 | 4.4 | 5.2 | 6.3 | 6.7 | 7.3 | 6.5 |
| Total | 4.1 | 3.3 | 3.7 | 4.5 | 4.4 | 5.2 | 6.3 | 6.6 | 7.3 | 6.5 |
| **All persons** | | | | | | | | | | |
| 15-24 | 7.0 | 6.4 | 7.7 | 8.7 | 7.7 | 9.5 | 11.0 | 10.5 | 11.3 | 10.8 |
| 25-54 | 2.8 | 2.2 | 2.9 | 3.6 | 3.8 | 4.4 | 5.8 | 5.9 | 5.6 | 4.6 |
| 55-64 | 4.0 | 3.4 | 3.3 | 4.0 | 4.1 | 4.7 | 6.3 | 7.1 | 8.1 | 7.2 |
| 65 and over | 0.0 | 1.8 | 0.0 | 2.8 | 3.5 | 4.8 | 5.2 | 5.7 | 4.8 | 3.8 |
| 15-64 | 3.6 | 3.0 | 3.7 | 4.5 | 4.4 | 5.3 | 6.7 | 6.9 | 6.9 | 6.1 |

*Note:* Detailed metadata at:http://metalinks.oecd.org/lfs/20180108/10b3
*Disclaimer:* http://oe.cd/disclaimer

# NETHERLANDS

## Table 3. Employment and employees: breakdown by activity - ISIC Rev. 4

*Annual average estimates*

| | | 2007 | 2008 | 2009 | 2010 | 2011 | 2012 | 2013 | 2014 | 2015 | 2016 |
|---|---|---|---|---|---|---|---|---|---|---|---|
| | **EMPLOYMENT** | | | | | | | | | | |
| | **By activity, thousands** | | | | | | | | | | |
| **A-U** | **All activities** | .. | **8 592.6** | **8 596.1** | **8 370.2** | **8 291.4** | **8 345.1** | **8 285.2** | **8 236.1** | **8 318.7** | **8 427.1** |
| A | Agriculture, hunting and forestry | 241.8 | 223.6 | 218.1 | 232.6 | 206.0 | 205.1 | 159.1 | 174.0 | 178.0 | 175.1 |
| **B-F** | **Industry** | **1 568.6** | **1 513.7** | **1 425.6** | **1 334.9** | **1 270.3** | **1 291.7** | **1 254.2** | **1 232.0** | **1 260.7** | **1 275.9** |
| B | Mining and quarrying | .. | 11.1 | 11.0 | 9.0 | 7.2 | 9.6 | 11.0 | 10.0 | 13.4 | 10.8 |
| C | Manufacturing | .. | 917.7 | 847.5 | 800.6 | 761.4 | 767.5 | 764.5 | 764.6 | 786.2 | 802.3 |
| D | Electricity, gas, steam, air cond. supply | .. | 35.1 | 37.3 | 34.3 | 33.2 | 38.2 | 31.4 | 27.4 | 27.7 | 32.5 |
| E | Water supply, sewerage, waste mgt, remediation | .. | 34.5 | 36.8 | 35.0 | 33.0 | 35.0 | 34.5 | 32.6 | 30.9 | 32.8 |
| F | Construction | .. | 515.3 | 493.1 | 456.0 | 435.5 | 441.5 | 412.8 | 397.5 | 402.6 | 397.6 |
| **G-U** | **Services** | **6 653.1** | **6 855.4** | **6 952.5** | **6 802.7** | **6 815.1** | **6 848.3** | **6 871.9** | **6 830.0** | **6 880.0** | **6 976.0** |
| G | Wholesale, retail trade, vehicle, motorcycle repair | .. | 1 175.1 | 1 145.7 | 1 095.3 | 1 084.6 | 1 125.9 | 1 215.7 | 1 234.7 | 1 233.0 | 1 242.3 |
| H | Transportation and storage | .. | 440.0 | 419.5 | 391.6 | 389.5 | 389.9 | 366.8 | 357.7 | 356.1 | 374.3 |
| I | Accommodation and food service activities | .. | 339.7 | 335.2 | 337.5 | 335.8 | 340.4 | 313.4 | 325.3 | 351.8 | 356.5 |
| J | Information and communication | .. | 325.7 | 309.6 | 294.2 | 284.7 | 283.5 | 254.0 | 244.8 | 256.0 | 272.3 |
| K | Financial and insurance activities | .. | 254.7 | 241.1 | 217.1 | 218.5 | 219.7 | 274.0 | 280.4 | 268.2 | 263.8 |
| L | Real estate activities | .. | 75.8 | 71.5 | 62.9 | 60.4 | 64.4 | 62.7 | 63.8 | 67.0 | 65.5 |
| M | Professional, scientific and technical activities | .. | 571.7 | 522.0 | 477.3 | 471.3 | 490.8 | 575.8 | 580.8 | 585.2 | 577.6 |
| N | Administrative and support service activities | .. | 322.2 | 319.4 | 300.1 | 296.1 | 309.1 | 385.6 | 410.1 | 429.1 | 445.0 |
| O | Public administration, defence, social security | .. | 563.9 | 567.4 | 541.9 | 538.0 | 517.7 | 501.5 | 490.4 | 484.9 | 483.0 |
| P | Education | .. | 590.7 | 592.4 | 570.9 | 557.4 | 557.7 | 547.6 | 543.8 | 557.5 | 561.2 |
| Q | Human health and social work activities | .. | 1 358.3 | 1 378.2 | 1 359.9 | 1 356.2 | 1 362.1 | 1 330.2 | 1 299.1 | 1 291.1 | 1 292.9 |
| R | Arts, entertainment and recreation | .. | 172.6 | 166.0 | 171.9 | 165.2 | 168.6 | 159.3 | 159.5 | 168.7 | 169.2 |
| S | Other service activities | .. | 170.7 | 183.8 | 175.6 | 160.0 | 176.0 | 186.5 | 185.8 | 180.6 | 180.6 |
| T | Households as employers and own-use activities | .. | 6.1 | 5.9 | 4.5 | 3.5 | 2.9 | 6.7 | 9.5 | .. | 4.0 |
| U | Activities of extraterritorial organizations, bodies | .. | .. | .. | 2.7 | .. | .. | .. | .. | 1.8 | .. |
| | **EMPLOYEES** | | | | | | | | | | |
| | **By activity, thousands** | | | | | | | | | | |
| **A-U** | **All activities** | .. | **7 461.3** | **7 433.6** | **7 112.8** | **7 034.8** | **7 063.0** | **6 955.2** | **6 867.6** | **6 917.7** | **7 010.1** |
| A | Agriculture, hunting and forestry | .. | 108.5 | 104.3 | 100.6 | 100.2 | 98.1 | 72.9 | 75.1 | 70.2 | 73.4 |
| **B-F** | **Industry** | .. | **1 348.1** | **1 263.8** | **1 158.3** | **1 104.5** | **1 118.1** | **1 065.6** | **1 044.8** | **1 077.3** | **1 093.1** |
| B | Mining and quarrying | .. | 10.8 | 11.0 | 9.0 | 7.1 | 9.5 | 10.6 | 9.8 | 13.2 | 10.7 |
| C | Manufacturing | .. | 868.7 | 798.1 | 749.6 | 713.1 | 716.6 | 706.3 | 707.4 | 729.4 | 747.5 |
| D | Electricity, gas, steam, air cond. supply | .. | 34.7 | 37.3 | 34.2 | 32.8 | 37.8 | 31.0 | 26.4 | 26.6 | 31.8 |
| E | Water supply, sewerage, waste mgt, remediation | .. | 33.8 | 35.3 | 33.7 | 32.0 | 33.1 | 33.6 | 32.0 | 30.2 | 31.9 |
| F | Construction | .. | 400.0 | 382.2 | 331.8 | 319.6 | 321.0 | 284.1 | 269.2 | 277.9 | 271.2 |
| **G-U** | **Services** | .. | **6 004.8** | **6 065.5** | **5 853.9** | **5 830.1** | **5 846.9** | **5 816.8** | **5 747.8** | **5 770.3** | **5 843.7** |
| G | Wholesale, retail trade, vehicle, motorcycle repair | .. | 1 033.2 | 1 011.7 | 956.2 | 954.4 | 990.7 | 1 048.5 | 1 055.6 | 1 056.3 | 1 059.1 |
| H | Transportation and storage | .. | 407.4 | 390.7 | 358.0 | 356.7 | 359.6 | 333.3 | 324.6 | 322.6 | 340.6 |
| I | Accommodation and food service activities | .. | 291.6 | 289.2 | 288.3 | 286.2 | 293.5 | 265.7 | 271.9 | 294.0 | 295.1 |
| J | Information and communication | .. | 272.2 | 260.7 | 238.0 | 228.4 | 225.4 | 196.2 | 183.4 | 191.8 | 205.1 |
| K | Financial and insurance activities | .. | 242.7 | 228.9 | 207.3 | 208.1 | 208.5 | 236.1 | 229.2 | 217.0 | 216.7 |
| L | Real estate activities | .. | 61.7 | 57.4 | 51.6 | 49.7 | 53.8 | 48.2 | 49.1 | 52.2 | 52.3 |
| M | Professional, scientific and technical activities | .. | 409.8 | 373.7 | 332.4 | 323.2 | 322.8 | 363.7 | 362.8 | 358.5 | 354.1 |
| N | Administrative and support service activities | .. | 300.0 | 292.9 | 271.9 | 265.7 | 277.6 | 328.0 | 347.1 | 363.2 | 373.5 |
| O | Public administration, defence, social security | .. | 560.1 | 562.7 | 537.5 | 533.9 | 513.8 | 494.6 | 481.1 | 477.0 | 475.6 |
| P | Education | .. | 556.6 | 558.2 | 534.8 | 517.4 | 514.3 | 492.9 | 489.9 | 496.9 | 496.8 |
| Q | Human health and social work activities | .. | 1 256.6 | 1 274.2 | 1 256.0 | 1 243.7 | 1 246.2 | 1 206.1 | 1 168.2 | 1 155.2 | 1 159.6 |
| R | Arts, entertainment and recreation | .. | 116.1 | 110.4 | 111.0 | 106.1 | 104.7 | 95.6 | 91.6 | 99.1 | 100.0 |
| S | Other service activities | .. | 111.6 | 122.2 | 113.1 | 99.3 | 112.0 | 119.6 | 117.9 | 108.5 | 104.4 |
| T | Households as employers and own-use activities | .. | 4.4 | 3.3 | 2.5 | 2.2 | 2.4 | 3.9 | 4.0 | .. | .. |
| U | Activities of extraterritorial organizations, bodies | .. | .. | .. | 2.7 | .. | .. | .. | .. | .. | .. |

*Note:* Detailed metadata:http://metalinks.oecd.org/lfs/20180108/56a2
*Disclaimer:* http://oe.cd/disclaimer

# NEW ZEALAND

## Table 1. Labour force

*Annual average estimates*

| | 2007 | 2008 | 2009 | 2010 | 2011 | 2012 | 2013 | 2014 | 2015 | 2016 |
|---|---|---|---|---|---|---|---|---|---|---|
| **Labour force, thousands** | | | | | | | | | | |
| All persons | 2 249 | 2 267 | 2 280 | 2 298 | 2 327 | 2 333 | 2 363 | 2 436 | 2 491 | 2 598 |
| Males | 1 201 | 1 204 | 1 206 | 1 215 | 1 227 | 1 224 | 1 237 | 1 276 | 1 309 | 1 367 |
| Females | 1 048 | 1 063 | 1 074 | 1 082 | 1 100 | 1 109 | 1 126 | 1 160 | 1 182 | 1 231 |
| **Unemployed, thousands** | | | | | | | | | | |
| All persons | 81 | 91 | 133 | 141 | 139 | 150 | 136 | 131 | 134 | 133 |
| Males | 41 | 49 | 74 | 76 | 77 | 80 | 70 | 64 | 69 | 65 |
| Females | 42 | 45 | 67 | 75 | 75 | 83 | 79 | 76 | 75 | 67 |
| **Employment, thousands** | | | | | | | | | | |
| All persons | 2 169 | 2 176 | 2 147 | 2 157 | 2 188 | 2 183 | 2 227 | 2 305 | 2 357 | 2 466 |
| Males | 1 161 | 1 156 | 1 136 | 1 144 | 1 156 | 1 149 | 1 172 | 1 216 | 1 244 | 1 302 |
| Females | 1 008 | 1 020 | 1 011 | 1 013 | 1 032 | 1 034 | 1 055 | 1 090 | 1 113 | 1 164 |
| **Employment (%)** | | | | | | | | | | |
| Males | 53.5 | 53.1 | 52.9 | 53.0 | 52.8 | 52.6 | 52.6 | 52.7 | 52.8 | 52.8 |
| Females | 46.5 | 46.9 | 47.1 | 47.0 | 47.2 | 47.4 | 47.4 | 47.3 | 47.2 | 47.2 |
| **Unemployment rate (% of labour force)** | | | | | | | | | | |
| All persons | 3.6 | 4.0 | 5.8 | 6.2 | 6.0 | 6.4 | 5.8 | 5.4 | 5.4 | 5.1 |
| Males | 3.4 | 4.1 | 6.1 | 6.2 | 6.2 | 6.5 | 5.6 | 5.0 | 5.3 | 4.8 |
| Females | 4.0 | 4.2 | 6.2 | 6.9 | 6.8 | 7.4 | 7.0 | 6.5 | 6.3 | 5.4 |
| **EMPLOYMENT - PROFESSIONAL STATUS, thousands** | | | | | | | | | | |
| **All activities** | **2 166** | **2 174** | **2 145** | **2 154** | **2 186** | **2 180** | **2 224** | **2 303** | **2 354** | **2 463** |
| Employees | 1 793 | 1 798 | 1 792 | 1 804 | 1 819 | 1 817 | 1 881 | 1 952 | 2 005 | 2 022 |
| Employers and persons working on own account | 349 | 355 | 330 | 327 | 344 | 340 | 317 | 328 | 327 | 419 |
| Unpaid family workers | 24 | 21 | 23 | 23 | 22 | 23 | 26 | 24 | 21 | 22 |
| **Employees as % of employment** | **82.8** | **82.7** | **83.5** | **83.8** | **83.2** | **83.3** | **84.6** | **84.8** | **85.2** | **82.1** |
| **Part-time employment (%)** | | | | | | | | | | |
| Part-time as % of employment | 21.9 | 22.1 | 22.4 | 21.8 | 22.1 | 22.3 | 21.6 | 21.5 | 21.3 | 21.2 |
| Male share of part time employment | 26.8 | 27.1 | 27.8 | 27.5 | 26.6 | 26.0 | 26.8 | 28.0 | 27.7 | 28.7 |
| Female share of part time employment | 73.2 | 72.9 | 72.2 | 72.5 | 73.4 | 74.0 | 73.2 | 72.0 | 72.3 | 71.3 |
| Male part-time as % of male employment | 11.0 | 11.2 | 11.8 | 11.3 | 11.1 | 11.0 | 11.0 | 11.4 | 11.2 | 11.6 |
| Female part-time as % of female employment | 34.5 | 34.4 | 34.3 | 33.7 | 34.4 | 35.0 | 33.5 | 32.7 | 32.7 | 32.1 |
| **Duration of unemployment (% of total unemployment)** | | | | | | | | | | |
| Less than one month | 40.0 | 38.4 | 29.0 | 23.4 | 25.6 | 25.4 | 24.3 | 25.2 | 26.8 | 26.9 |
| More than 1 month and less than 3 months | 28.8 | 33.0 | 29.6 | 28.9 | 27.1 | 25.6 | 26.0 | 25.9 | 25.4 | 23.3 |
| More than 3 months and less than 6 months | 14.1 | 13.6 | 18.1 | 19.5 | 18.3 | 16.7 | 17.6 | 16.5 | 15.4 | 17.0 |
| More than 6 months and less than 1 year | 11.1 | 10.6 | 16.9 | 19.3 | 20.1 | 19.1 | 20.0 | 18.8 | 19.3 | 18.6 |
| More than 1 year | 6.0 | 4.3 | 6.4 | 8.9 | 8.9 | 13.3 | 12.2 | 13.6 | 13.2 | 14.1 |

*Note:* Detailed metadata: http://metalinks.oecd.org/lfs/20180108/5f60, http://metalinks.oecd.org/lfs/20180108/56a2, http://metalinks.oecd.org/lfs/20180108/3792 and http://metalinks.oecd.org/lfs/20180108/d18a.

*Disclaimer:* http://oe.cd/disclaimer

# NEW ZEALAND

## Table 2. Participation rates and unemployment rates by age and sex

*Annual average estimates, percentage*

| | 2007 | 2008 | 2009 | 2010 | 2011 | 2012 | 2013 | 2014 | 2015 | 2016 |
|---|---|---|---|---|---|---|---|---|---|---|
| **Participation rates** | | | | | | | | | | |
| **Males** | | | | | | | | | | |
| 15-19 | 55.1 | 54.9 | 51.0 | 46.7 | 45.8 | 42.4 | 43.5 | 46.0 | 46.9 | 45.6 |
| 20-24 | 80.4 | 78.2 | 77.9 | 77.7 | 79.4 | 80.4 | 77.8 | 79.6 | 80.8 | 82.4 |
| 25-34 | 91.8 | 92.0 | 91.1 | 91.7 | 91.0 | 90.7 | 91.9 | 91.7 | 92.2 | 93.0 |
| 35-44 | 92.8 | 92.0 | 92.2 | 92.6 | 92.7 | 91.9 | 92.5 | 93.8 | 93.4 | 94.0 |
| 45-54 | 91.7 | 91.4 | 91.1 | 91.1 | 91.9 | 91.1 | 91.1 | 91.8 | 90.9 | 91.8 |
| 55-59 | 86.7 | 87.6 | 86.9 | 86.3 | 87.0 | 88.1 | 87.8 | 87.8 | 86.6 | 87.0 |
| 60-64 | 76.0 | 74.8 | 77.7 | 78.8 | 78.2 | 77.7 | 76.6 | 78.8 | 79.9 | 81.3 |
| 15-24 | 67.1 | 65.9 | 63.8 | 61.6 | 62.2 | 61.1 | 60.5 | 63.0 | 64.4 | 64.9 |
| 25-54 | 92.1 | 91.8 | 91.5 | 91.8 | 91.9 | 91.3 | 91.8 | 92.4 | 92.2 | 92.9 |
| 55-64 | 81.9 | 81.7 | 82.6 | 82.7 | 82.8 | 83.1 | 82.5 | 83.6 | 83.5 | 84.3 |
| 65 and over | 19.6 | 20.6 | 21.1 | 22.6 | 24.8 | 25.6 | 27.0 | 27.4 | 27.8 | 29.2 |
| 15-64 | 84.9 | 84.4 | 83.9 | 83.6 | 83.7 | 83.1 | 83.1 | 84.1 | 84.2 | 85.0 |
| **Females** | | | | | | | | | | |
| 15-19 | 56.6 | 52.5 | 50.0 | 48.3 | 44.9 | 45.7 | 43.4 | 45.1 | 46.9 | 45.8 |
| 20-24 | 67.7 | 68.5 | 68.4 | 68.1 | 69.2 | 69.0 | 70.2 | 71.4 | 72.1 | 73.2 |
| 25-34 | 72.6 | 73.4 | 72.5 | 70.0 | 73.4 | 73.0 | 74.0 | 74.7 | 74.8 | 76.5 |
| 35-44 | 76.0 | 76.8 | 77.4 | 77.2 | 76.5 | 77.1 | 77.6 | 79.7 | 80.5 | 80.5 |
| 45-54 | 80.7 | 81.4 | 82.0 | 82.4 | 82.9 | 82.4 | 83.4 | 83.0 | 82.0 | 84.3 |
| 55-59 | 72.7 | 73.8 | 74.3 | 76.8 | 77.9 | 77.3 | 79.1 | 80.5 | 78.8 | 78.5 |
| 60-64 | 53.4 | 54.3 | 57.6 | 60.8 | 61.0 | 64.1 | 65.3 | 66.9 | 66.4 | 67.0 |
| 15-24 | 61.9 | 60.2 | 58.9 | 58.0 | 57.0 | 57.4 | 56.9 | 58.5 | 59.9 | 60.0 |
| 25-54 | 76.5 | 77.3 | 77.5 | 76.8 | 77.8 | 77.7 | 78.5 | 79.3 | 79.1 | 80.5 |
| 55-64 | 64.1 | 64.8 | 66.4 | 69.2 | 69.8 | 71.1 | 72.6 | 74.2 | 73.0 | 73.2 |
| 65 and over | 9.8 | 11.1 | 11.5 | 12.4 | 14.0 | 15.0 | 15.3 | 16.0 | 16.9 | 18.2 |
| 15-64 | 71.5 | 71.7 | 71.8 | 71.6 | 72.1 | 72.4 | 73.0 | 74.1 | 74.1 | 74.9 |
| **All persons** | | | | | | | | | | |
| 15-24 | 64.5 | 63.0 | 61.4 | 59.8 | 59.6 | 59.3 | 58.8 | 60.8 | 62.2 | 62.6 |
| 25-54 | 84.0 | 84.3 | 84.2 | 84.0 | 84.5 | 84.2 | 84.9 | 85.6 | 85.4 | 86.5 |
| 55-64 | 72.9 | 73.1 | 74.4 | 75.8 | 76.2 | 77.0 | 77.4 | 78.7 | 78.1 | 78.6 |
| 65 and over | 14.3 | 15.5 | 16.0 | 17.1 | 19.0 | 20.0 | 20.8 | 21.4 | 22.1 | 23.4 |
| 15-64 | 78.1 | 77.9 | 77.7 | 77.4 | 77.7 | 77.6 | 77.9 | 79.0 | 79.0 | 79.9 |
| **Unemployment rates** | | | | | | | | | | |
| **Males** | | | | | | | | | | |
| 15-19 | 15.3 | 17.3 | 22.5 | 23.9 | 28.1 | 26.3 | 24.1 | 20.8 | 21.7 | 20.5 |
| 20-24 | 6.0 | 7.5 | 11.6 | 12.7 | 12.7 | 12.9 | 11.2 | 10.7 | 10.8 | 9.3 |
| 25-34 | 3.1 | 3.7 | 5.7 | 6.2 | 5.4 | 6.1 | 4.7 | 4.3 | 4.4 | 4.8 |
| 35-44 | 1.8 | 2.4 | 3.8 | 3.6 | 3.9 | 4.0 | 3.4 | 3.0 | 2.9 | 2.4 |
| 45-54 | 1.9 | 2.1 | 4.0 | 3.8 | 3.8 | 4.3 | 3.6 | 3.1 | 3.3 | 2.8 |
| 55-59 | 1.7 | 2.1 | 3.8 | 4.0 | 3.4 | 4.0 | 3.4 | 3.4 | 3.7 | 3.4 |
| 60-64 | 1.2 | 2.5 | 3.8 | 3.7 | 3.1 | 4.6 | 4.7 | 3.2 | 3.4 | 2.9 |
| 15-24 | 10.0 | 11.8 | 16.2 | 17.1 | 18.5 | 17.6 | 15.9 | 14.3 | 14.6 | 13.1 |
| 25-54 | 2.2 | 2.7 | 4.4 | 4.5 | 4.3 | 4.8 | 3.9 | 3.4 | 3.6 | 3.4 |
| 55-64 | 1.5 | 2.2 | 3.8 | 3.9 | 3.2 | 4.3 | 3.9 | 3.3 | 3.6 | 3.2 |
| 65 and over | 0.9 | 1.5 | 1.6 | 2.1 | 1.6 | 1.9 | 2.1 | 1.8 | 1.7 | 1.1 |
| 15-64 | 3.5 | 4.2 | 6.3 | 6.4 | 6.5 | 6.8 | 5.9 | 5.3 | 5.5 | 5.0 |
| Total | 3.4 | 4.1 | 6.1 | 6.2 | 6.3 | 6.5 | 5.6 | 5.0 | 5.3 | 4.8 |
| **Females** | | | | | | | | | | |
| 15-19 | 13.6 | 15.0 | 24.4 | 26.3 | 23.3 | 25.8 | 24.7 | 21.3 | 21.3 | 20.4 |
| 20-24 | 7.1 | 7.6 | 11.8 | 11.5 | 11.8 | 13.5 | 11.8 | 12.3 | 10.7 | 9.3 |
| 25-34 | 3.7 | 4.4 | 5.7 | 7.6 | 6.7 | 7.7 | 8.0 | 7.7 | 7.4 | 6.0 |
| 35-44 | 3.1 | 3.0 | 4.3 | 5.2 | 5.8 | 5.8 | 5.6 | 5.3 | 4.5 | 4.0 |
| 45-54 | 2.2 | 2.5 | 3.4 | 4.0 | 4.4 | 4.8 | 4.2 | 4.1 | 4.0 | 3.5 |
| 55-59 | 1.5 | 1.8 | 2.8 | 3.2 | 3.5 | 3.9 | 4.4 | 3.0 | 4.2 | 3.1 |
| 60-64 | 1.1 | 1.7 | 2.0 | 2.5 | 3.1 | 3.7 | 3.6 | 3.2 | 3.3 | 3.2 |
| 15-24 | 10.2 | 11.0 | 17.4 | 17.8 | 16.4 | 18.4 | 16.7 | 15.7 | 14.7 | 13.4 |
| 25-54 | 3.0 | 3.2 | 4.4 | 5.4 | 5.5 | 6.0 | 5.8 | 5.6 | 5.2 | 4.5 |
| 55-64 | 1.3 | 1.7 | 2.5 | 2.9 | 3.4 | 3.8 | 4.1 | 3.1 | 3.8 | 3.1 |
| 65 and over | 0.8 | 1.0 | 0.9 | 1.7 | 1.9 | 1.3 | 1.0 | 1.3 | 1.6 | 1.3 |
| 15-64 | 4.0 | 4.4 | 6.3 | 7.1 | 6.9 | 7.6 | 7.2 | 6.8 | 6.6 | 5.7 |
| Total | 4.0 | 4.3 | 6.1 | 6.9 | 6.8 | 7.4 | 7.0 | 6.5 | 6.3 | 5.5 |
| **All persons** | | | | | | | | | | |
| 15-24 | 10.1 | 11.4 | 16.8 | 17.4 | 17.5 | 18.0 | 16.3 | 15.0 | 14.7 | 13.2 |
| 25-54 | 2.6 | 2.9 | 4.4 | 4.9 | 4.9 | 5.3 | 4.8 | 4.4 | 4.4 | 3.9 |
| 55-64 | 1.4 | 2.0 | 3.2 | 3.5 | 3.3 | 4.1 | 4.0 | 3.2 | 3.7 | 3.1 |
| 65 and over | 0.8 | 1.3 | 1.3 | 2.0 | 1.7 | 1.7 | 1.7 | 1.6 | 1.6 | 1.2 |
| 15-64 | 3.8 | 4.3 | 6.3 | 6.7 | 6.7 | 7.2 | 6.5 | 6.0 | 6.0 | 5.3 |

*Note:* Detailed metadata at:http://metalinks.oecd.org/lfs/20180108/10b3
*Disclaimer:* http://oe.cd/disclaimer

## Table 3. Employment and employees: breakdown by activity - ISIC Rev. 4

*Annual average estimates*

| | | 2007 | 2008 | 2009 | 2010 | 2011 | 2012 | 2013 | 2014 | 2015 | 2016 |
|---|---|---|---|---|---|---|---|---|---|---|---|
| | **EMPLOYMENT** | | | | | | | | | | |
| | **By activity, thousands** | | | | | | | | | | |
| **A-U** | **All activities** | .. | .. | .. | **2 149.0** | **2 183.0** | **2 177.0** | **2 218.0** | **2 294.0** | **2 344.0** | **2 428.0** |
| A | Agriculture, hunting and forestry | .. | .. | .. | 145.0 | 151.0 | 147.0 | 143.0 | 143.0 | 143.0 | 160.0 |
| **B-F** | **Industry** | .. | .. | .. | **450.0** | **444.0** | **439.0** | **449.0** | **478.0** | **517.0** | **503.0** |
| B | Mining and quarrying | .. | .. | .. | 7.0 | 7.0 | 7.0 | 7.0 | 7.0 | 7.0 | 4.0 |
| C | Manufacturing | .. | .. | .. | 250.0 | 251.0 | 248.0 | 251.0 | 251.0 | 264.0 | 249.0 |
| D | Electricity, gas, steam, air cond. supply | .. | .. | .. | 10.0 | 10.0 | 11.0 | 11.0 | 14.0 | 14.0 | 13.0 |
| E | Water supply, sewerage, waste mgt, remediation | .. | .. | .. | 7.0 | 7.0 | 6.0 | 7.0 | 7.0 | 9.0 | 8.0 |
| F | Construction | .. | .. | .. | 176.0 | 169.0 | 167.0 | 173.0 | 199.0 | 223.0 | 229.0 |
| **G-U** | **Services** | .. | .. | .. | **1 554.0** | **1 588.0** | **1 591.0** | **1 626.0** | **1 673.0** | **1 684.0** | **1 765.0** |
| G | Wholesale, retail trade, vehicle, motorcycle repair | .. | .. | .. | 342.0 | 343.0 | 330.0 | 334.0 | 353.0 | 347.0 | 365.0 |
| H | Transportation and storage | .. | .. | .. | 92.0 | 95.0 | 105.0 | 106.0 | 104.0 | 101.0 | 100.0 |
| I | Accommodation and food service activities | .. | .. | .. | 118.0 | 122.0 | 121.0 | 127.0 | 122.0 | 130.0 | 141.0 |
| J | Information and communication | .. | .. | .. | 73.0 | 77.0 | 81.0 | 83.0 | 85.0 | 92.0 | 90.0 |
| K | Financial and insurance activities | .. | .. | .. | 62.0 | 66.0 | 69.0 | 70.0 | 70.0 | 69.0 | 70.0 |
| L | Real estate activities | .. | .. | .. | 28.0 | 27.0 | 26.0 | 27.0 | 28.0 | 29.0 | 32.0 |
| M | Professional, scientific and technical activities | .. | .. | .. | 138.0 | 135.0 | 134.0 | 141.0 | 141.0 | 137.0 | 153.0 |
| N | Administrative and support service activities | .. | .. | .. | 82.0 | 90.0 | 92.0 | 95.0 | 98.0 | 97.0 | 104.0 |
| O | Public administration, defence, social security | .. | .. | .. | 112.0 | 111.0 | 108.0 | 108.0 | 116.0 | 116.0 | 126.0 |
| P | Education | .. | .. | .. | 188.0 | 199.0 | 193.0 | 193.0 | 197.0 | 201.0 | 216.0 |
| Q | Human health and social work activities | .. | .. | .. | 223.0 | 228.0 | 229.0 | 241.0 | 249.0 | 254.0 | 253.0 |
| R | Arts, entertainment and recreation | .. | .. | .. | 41.0 | 39.0 | 44.0 | 42.0 | 46.0 | 49.0 | 48.0 |
| S | Other service activities | .. | .. | .. | 51.0 | 52.0 | 56.0 | 57.0 | 61.0 | 62.0 | 63.0 |
| T | Households as employers and own-use activities | .. | .. | .. | 3.0 | 3.0 | 2.0 | 2.0 | 2.0 | 2.0 | 2.0 |
| U | Activities of extraterritorial organizations, bodies | .. | .. | .. | 1.0 | 1.0 | 1.0 | 0.0 | 1.0 | 1.0 | 0.0 |
| | **EMPLOYEES** | | | | | | | | | | |
| | **By activity, thousands** | | | | | | | | | | |
| **A-U** | **All activities** | .. | .. | .. | **1 803.0** | **1 817.0** | **1 814.0** | **1 876.0** | **1 943.0** | **1 997.0** | **2 009.0** |
| A | Agriculture, hunting and forestry | .. | .. | .. | 84.0 | 83.0 | 81.0 | 82.0 | 83.0 | 89.0 | 90.0 |
| **B-F** | **Industry** | .. | .. | .. | .. | .. | .. | .. | .. | .. | .. |
| B | Mining and quarrying | .. | .. | .. | 7.0 | 7.0 | 6.0 | 6.0 | 7.0 | 6.0 | 4.0 |
| C | Manufacturing | .. | .. | .. | 228.0 | 229.0 | 225.0 | 225.0 | 227.0 | 240.0 | 220.0 |
| D | Electricity, gas, steam, air cond. supply | .. | .. | .. | 10.0 | 9.0 | 11.0 | 11.0 | 14.0 | 13.0 | 12.0 |
| E | Water supply, sewerage, waste mgt, remediation | .. | .. | .. | 6.0 | 5.0 | 5.0 | 6.0 | 7.0 | 8.0 | 7.0 |
| F | Construction | .. | .. | .. | 120.0 | 117.0 | 118.0 | 123.0 | 143.0 | 164.0 | 156.0 |
| **G-U** | **Services** | .. | .. | .. | .. | .. | .. | .. | .. | .. | .. |
| G | Wholesale, retail trade, vehicle, motorcycle repair | .. | .. | .. | 301.0 | 299.0 | 288.0 | 297.0 | 314.0 | 310.0 | 317.0 |
| H | Transportation and storage | .. | .. | .. | 79.0 | 82.0 | 92.0 | 93.0 | 91.0 | 89.0 | 88.0 |
| I | Accommodation and food service activities | .. | .. | .. | 102.0 | 103.0 | 104.0 | 108.0 | 107.0 | 112.0 | 122.0 |
| J | Information and communication | .. | .. | .. | 58.0 | 61.0 | 64.0 | 69.0 | 73.0 | 76.0 | 72.0 |
| K | Financial and insurance activities | .. | .. | .. | 58.0 | 60.0 | 63.0 | 64.0 | 63.0 | 63.0 | 64.0 |
| L | Real estate activities | .. | .. | .. | 14.0 | 12.0 | 14.0 | 16.0 | 15.0 | 15.0 | 17.0 |
| M | Professional, scientific and technical activities | .. | .. | .. | 100.0 | 96.0 | 95.0 | 105.0 | 103.0 | 105.0 | 112.0 |
| N | Administrative and support service activities | .. | .. | .. | 63.0 | 70.0 | 70.0 | 76.0 | 80.0 | 80.0 | 77.0 |
| O | Public administration, defence, social security | .. | .. | .. | 110.0 | 110.0 | 105.0 | 106.0 | 114.0 | 113.0 | 125.0 |
| P | Education | .. | .. | .. | 180.0 | 191.0 | 184.0 | 184.0 | 187.0 | 189.0 | 205.0 |
| Q | Human health and social work activities | .. | .. | .. | 206.0 | 209.0 | 211.0 | 224.0 | 229.0 | 235.0 | 234.0 |
| R | Arts, entertainment and recreation | .. | .. | .. | 33.0 | 31.0 | 34.0 | 35.0 | 38.0 | 40.0 | 38.0 |
| S | Other service activities | .. | .. | .. | 40.0 | 40.0 | 42.0 | 44.0 | 47.0 | 48.0 | 46.0 |
| T | Households as employers and own-use activities | .. | .. | .. | 3.0 | 2.0 | 2.0 | 2.0 | 1.0 | 1.0 | 1.0 |
| U | Activities of extraterritorial organizations, bodies | .. | .. | .. | 1.0 | 1.0 | 0.0 | 0.0 | 0.0 | 1.0 | 0.0 |

*Note:* Detailed metadata:http://metalinks.oecd.org/lfs/20180108/56a2
*Disclaimer:* http://oe.cd/disclaimer

# NORWAY

## Table 1. Labour force

*Annual average estimates*

| | 2007 | 2008 | 2009 | 2010 | 2011 | 2012 | 2013 | 2014 | 2015 | 2016 |
|---|---|---|---|---|---|---|---|---|---|---|
| **Labour force, thousands** | | | | | | | | | | |
| All persons | 2 496 | 2 579 | 2 580 | 2 592 | 2 620 | 2 669 | 2 694 | 2 721 | 2 760 | 2 768 |
| Males | 1 315 | 1 360 | 1 358 | 1 370 | 1 379 | 1 413 | 1 422 | 1 437 | 1 461 | 1 466 |
| Females | 1 181 | 1 219 | 1 222 | 1 222 | 1 241 | 1 256 | 1 272 | 1 285 | 1 298 | 1 302 |
| **Unemployed, thousands** | | | | | | | | | | |
| All persons | 62 | 66 | 80 | 91 | 84 | 83 | 92 | 95 | 119 | 129 |
| Males | 34 | 37 | 48 | 55 | 47 | 50 | 51 | 53 | 67 | 79 |
| Females | 29 | 29 | 32 | 36 | 37 | 33 | 41 | 42 | 52 | 51 |
| **Employment, thousands** | | | | | | | | | | |
| All persons | 2 434 | 2 514 | 2 499 | 2 501 | 2 536 | 2 585 | 2 602 | 2 627 | 2 641 | 2 638 |
| Males | 1 281 | 1 323 | 1 309 | 1 315 | 1 332 | 1 362 | 1 371 | 1 384 | 1 395 | 1 387 |
| Females | 1 153 | 1 191 | 1 190 | 1 186 | 1 204 | 1 223 | 1 230 | 1 243 | 1 246 | 1 251 |
| **Employment (%)** | | | | | | | | | | |
| Males | 52.6 | 52.6 | 52.4 | 52.6 | 52.5 | 52.7 | 52.7 | 52.7 | 52.8 | 52.6 |
| Females | 47.4 | 47.4 | 47.6 | 47.4 | 47.5 | 47.3 | 47.3 | 47.3 | 47.2 | 47.4 |
| **Unemployment rate (% of labour force)** | | | | | | | | | | |
| All persons | 2.5 | 2.5 | 3.1 | 3.5 | 3.2 | 3.1 | 3.4 | 3.5 | 4.3 | 4.7 |
| Males | 2.6 | 2.7 | 3.6 | 4.0 | 3.4 | 3.6 | 3.6 | 3.7 | 4.6 | 5.4 |
| Females | 2.4 | 2.4 | 2.6 | 2.9 | 3.0 | 2.6 | 3.2 | 3.2 | 4.0 | 3.9 |
| **EMPLOYMENT - PROFESSIONAL STATUS, thousands** | | | | | | | | | | |
| **All activities** | **2 434** | **2 514** | **2 499** | **2 501** | **2 536** | **2 585** | **2 602** | **2 627** | **2 641** | **2 638** |
| Employees | 2 239 | 2 318 | 2 297 | 2 308 | 2 357 | 2 406 | 2 419 | 2 436 | 2 455 | 2 454 |
| Employers and persons working on own account | 188 | 189 | 196 | 188 | 174 | 175 | 176 | 185 | 180 | 179 |
| Unpaid family workers | 6 | 7 | 6 | 5 | 4 | 5 | 5 | 4 | 5 | 5 |
| **Employees as % of employment** | **92.0** | **92.2** | **91.9** | **92.3** | **93.0** | **93.0** | **93.0** | **92.8** | **93.0** | **93.0** |
| **Part-time employment (%)** | | | | | | | | | | |
| Part-time as % of employment | 20.4 | 20.3 | 20.4 | 20.1 | 20.0 | 19.8 | 19.5 | 18.8 | 19.4 | 19.2 |
| Male share of part time employment | 27.1 | 28.3 | 29.2 | 29.7 | 28.9 | 30.6 | 30.6 | 30.2 | 32.9 | 32.9 |
| Female share of part time employment | 72.9 | 71.7 | 70.8 | 70.3 | 71.1 | 69.4 | 69.4 | 69.8 | 67.1 | 67.1 |
| Male part-time as % of male employment | 10.5 | 10.9 | 11.3 | 11.4 | 11.0 | 11.5 | 11.3 | 10.8 | 12.1 | 12.0 |
| Female part-time as % of female employment | 31.6 | 30.8 | 30.4 | 29.8 | 30.0 | 29.1 | 28.8 | 27.7 | 27.6 | 27.2 |
| **Duration of unemployment (% of total unemployment)** | | | | | | | | | | |
| Less than one month | 33.0 | 39.1 | 29.0 | 26.5 | 26.0 | 26.6 | 26.6 | 25.8 | 22.8 | 21.2 |
| More than 1 month and less than 3 months | 26.1 | 28.3 | 28.1 | 25.1 | 24.6 | 27.1 | 26.9 | 24.7 | 25.2 | 22.5 |
| More than 3 months and less than 6 months | 15.1 | 14.2 | 17.8 | 17.1 | 16.9 | 17.6 | 17.8 | 17.7 | 20.1 | 18.3 |
| More than 6 months and less than 1 year | 17.0 | 12.4 | 17.4 | 21.9 | 21.0 | 20.1 | 19.6 | 20.2 | 20.3 | 25.5 |
| More than 1 year | 8.8 | 6.0 | 7.7 | 9.5 | 11.6 | 8.7 | 9.2 | 11.8 | 11.7 | 12.5 |

*Note:* Detailed metadata: http://metalinks.oecd.org/lfs/20180108/3387, http://metalinks.oecd.org/lfs/20180108/56a2, http://metalinks.oecd.org/lfs/20180108/28c4 and http://metalinks.oecd.org/lfs/20180108/e75e.

## Table 2. Participation rates and unemployment rates by age and sex

*Annual average estimates, percentage*

| | 2007 | 2008 | 2009 | 2010 | 2011 | 2012 | 2013 | 2014 | 2015 | 2016 |
|---|---|---|---|---|---|---|---|---|---|---|
| **Participation rates** | | | | | | | | | | |
| **Males** | | | | | | | | | | |
| 15-19 | 42.6 | 48.5 | 41.3 | 40.4 | 37.8 | 39.7 | 39.0 | 35.7 | 37.5 | 38.1 |
| 20-24 | 76.4 | 78.7 | 75.9 | 75.3 | 73.6 | 74.0 | 74.2 | 72.0 | 74.3 | 71.1 |
| 25-34 | 90.0 | 90.2 | 90.7 | 89.1 | 89.0 | 88.1 | 88.4 | 88.4 | 88.3 | 87.6 |
| 35-44 | 93.1 | 93.2 | 92.4 | 92.4 | 91.4 | 91.8 | 91.1 | 90.5 | 90.7 | 91.4 |
| 45-54 | 89.4 | 90.4 | 89.4 | 88.9 | 88.4 | 88.8 | 87.9 | 89.1 | 88.3 | 87.7 |
| 55-59 | 83.6 | 84.1 | 83.0 | 82.9 | 82.9 | 83.8 | 82.7 | 83.9 | 83.2 | 85.1 |
| 60-64 | 65.0 | 65.7 | 64.5 | 63.9 | 64.7 | 67.5 | 68.6 | 69.3 | 70.0 | 69.8 |
| 15-24 | 58.6 | 62.9 | 57.9 | 57.6 | 55.6 | 57.1 | 56.9 | 54.3 | 56.3 | 55.1 |
| 25-54 | 90.9 | 91.4 | 90.9 | 90.2 | 89.7 | 89.6 | 89.2 | 89.3 | 89.1 | 88.9 |
| 55-64 | 74.7 | 75.0 | 73.9 | 73.5 | 73.9 | 76.0 | 76.0 | 77.0 | 76.9 | 77.8 |
| 65 and over | 19.0 | 20.0 | 21.5 | 23.2 | 23.2 | 23.1 | 23.0 | 24.4 | 25.7 | 24.5 |
| 15-64 | 81.8 | 82.9 | 81.4 | 80.8 | 80.1 | 80.7 | 80.4 | 80.2 | 80.5 | 80.3 |
| **Females** | | | | | | | | | | |
| 15-19 | 47.0 | 51.5 | 47.6 | 44.3 | 43.2 | 45.3 | 44.6 | 41.8 | 42.6 | 41.6 |
| 20-24 | 74.9 | 74.5 | 71.5 | 70.3 | 70.2 | 70.7 | 71.5 | 69.7 | 70.9 | 68.6 |
| 25-34 | 82.7 | 85.6 | 84.7 | 82.6 | 82.5 | 81.8 | 81.8 | 82.0 | 81.5 | 82.5 |
| 35-44 | 86.0 | 86.7 | 86.5 | 86.5 | 86.5 | 86.1 | 86.0 | 86.8 | 86.7 | 85.6 |
| 45-54 | 82.9 | 84.3 | 84.4 | 83.7 | 83.7 | 84.0 | 84.1 | 83.6 | 83.7 | 83.5 |
| 55-59 | 74.6 | 75.5 | 75.2 | 75.8 | 77.1 | 76.3 | 76.3 | 78.1 | 77.3 | 77.2 |
| 60-64 | 53.8 | 53.9 | 54.7 | 55.2 | 56.2 | 58.1 | 59.0 | 59.7 | 61.8 | 63.1 |
| 15-24 | 60.3 | 62.5 | 59.2 | 57.1 | 56.9 | 58.2 | 58.5 | 56.2 | 57.2 | 55.5 |
| 25-54 | 84.0 | 85.6 | 85.2 | 84.4 | 84.3 | 84.0 | 84.0 | 84.1 | 83.9 | 83.9 |
| 55-64 | 64.6 | 64.9 | 65.0 | 65.6 | 66.9 | 67.5 | 68.0 | 69.2 | 69.8 | 70.4 |
| 65 and over | 12.1 | 13.2 | 13.6 | 13.7 | 14.5 | 14.6 | 14.0 | 14.5 | 14.8 | 13.4 |
| 15-64 | 75.9 | 77.4 | 76.5 | 75.6 | 75.8 | 75.9 | 76.1 | 75.9 | 76.2 | 75.9 |
| **All persons** | | | | | | | | | | |
| 15-24 | 59.4 | 62.7 | 58.5 | 57.4 | 56.2 | 57.6 | 57.7 | 55.2 | 56.7 | 55.3 |
| 25-54 | 87.5 | 88.5 | 88.1 | 87.4 | 87.1 | 86.9 | 86.7 | 86.8 | 86.6 | 86.4 |
| 55-64 | 69.7 | 70.0 | 69.5 | 69.6 | 70.5 | 71.8 | 72.0 | 73.1 | 73.4 | 74.1 |
| 65 and over | 15.4 | 16.4 | 17.4 | 18.3 | 18.7 | 18.7 | 18.4 | 19.4 | 20.2 | 18.9 |
| 15-64 | 78.9 | 80.2 | 79.0 | 78.2 | 78.0 | 78.4 | 78.3 | 78.1 | 78.4 | 78.2 |
| **Unemployment rates** | | | | | | | | | | |
| **Males** | | | | | | | | | | |
| 15-19 | 11.2 | 13.2 | 12.8 | 14.0 | 12.5 | 12.7 | 13.3 | 11.7 | 13.7 | 17.8 |
| 20-24 | 5.9 | 4.9 | 8.8 | 9.1 | 7.6 | 8.5 | 9.2 | 7.6 | 9.8 | 10.0 |
| 25-34 | 2.3 | 3.0 | 3.8 | 5.3 | 4.3 | 4.0 | 4.3 | 5.3 | 6.2 | 7.1 |
| 35-44 | 2.0 | 1.7 | 2.6 | 3.1 | 2.5 | 2.7 | 2.5 | 2.5 | 3.8 | 5.1 |
| 45-54 | 1.4 | 1.6 | 2.2 | 2.2 | 2.1 | 2.4 | 2.1 | 2.7 | 2.9 | 2.7 |
| 55-59 | 1.0 | 1.2 | 1.6 | 1.9 | 1.4 | 2.2 | 1.8 | 1.9 | 2.1 | 2.8 |
| 60-64 | 1.4 | 1.1 | 1.4 | 1.6 | 1.3 | 0.8 | 0.8 | 1.0 | 1.4 | 2.5 |
| 15-24 | 7.9 | 8.2 | 10.3 | 10.9 | 9.3 | 10.0 | 10.6 | 8.9 | 11.1 | 12.6 |
| 25-54 | 1.9 | 2.0 | 2.9 | 3.5 | 2.9 | 3.0 | 2.9 | 3.5 | 4.3 | 5.0 |
| 55-64 | 1.1 | 1.1 | 1.5 | 1.8 | 1.4 | 1.6 | 1.4 | 1.5 | 1.8 | 2.7 |
| 65 and over | 1.6 | 0.6 | 1.6 | 0.5 | 0.4 | 0.6 | 1.0 | 0.9 | 1.1 | 1.2 |
| 15-64 | 2.6 | 2.8 | 3.7 | 4.2 | 3.5 | 3.7 | 3.8 | 3.9 | 4.8 | 5.6 |
| Total | 2.6 | 2.8 | 3.6 | 4.1 | 3.4 | 3.6 | 3.7 | 3.7 | 4.6 | 5.4 |
| **Females** | | | | | | | | | | |
| 15-19 | 9.8 | 10.5 | 10.7 | 10.4 | 10.0 | 9.4 | 11.3 | 8.4 | 13.3 | 14.0 |
| 20-24 | 4.5 | 4.1 | 6.1 | 5.9 | 6.6 | 5.9 | 5.6 | 5.6 | 6.2 | 6.7 |
| 25-34 | 2.8 | 2.7 | 2.8 | 3.9 | 3.7 | 3.2 | 4.0 | 4.6 | 5.4 | 5.3 |
| 35-44 | 1.8 | 1.6 | 1.9 | 2.4 | 2.1 | 2.1 | 2.9 | 2.8 | 3.7 | 3.3 |
| 45-54 | 1.3 | 1.2 | 1.4 | 1.6 | 2.0 | 1.7 | 1.9 | 2.2 | 2.5 | 2.5 |
| 55-59 | 0.8 | 1.0 | 0.7 | 1.1 | 1.2 | 0.9 | 1.4 | 1.2 | 1.8 | 1.4 |
| 60-64 | 0.8 | 0.8 | 0.4 | 0.7 | 1.1 | 0.9 | 1.1 | 0.7 | 1.2 | 1.1 |
| 15-24 | 6.6 | 6.8 | 8.0 | 7.7 | 7.9 | 7.2 | 7.7 | 6.6 | 8.8 | 9.3 |
| 25-54 | 2.0 | 1.8 | 2.0 | 2.6 | 2.6 | 2.3 | 2.9 | 3.2 | 3.9 | 3.7 |
| 55-64 | 0.8 | 0.9 | 0.6 | 0.9 | 1.2 | 0.9 | 1.2 | 1.0 | 1.6 | 1.3 |
| 65 and over | 0.0 | 0.0 | 0.4 | 1.1 | 1.3 | 0.3 | 0.3 | 0.6 | 0.6 | 0.6 |
| 15-64 | 2.5 | 2.5 | 2.7 | 3.1 | 3.1 | 2.8 | 3.4 | 3.3 | 4.2 | 4.1 |
| Total | 2.5 | 2.4 | 2.6 | 3.0 | 3.1 | 2.8 | 3.3 | 3.3 | 4.1 | 4.0 |
| **All persons** | | | | | | | | | | |
| 15-24 | 7.3 | 7.5 | 9.2 | 9.3 | 8.6 | 8.6 | 9.2 | 7.8 | 10.0 | 11.0 |
| 25-54 | 1.9 | 2.0 | 2.5 | 3.1 | 2.7 | 2.7 | 2.9 | 3.3 | 4.1 | 4.4 |
| 55-64 | 1.0 | 1.0 | 1.1 | 1.4 | 1.3 | 1.3 | 1.3 | 1.3 | 1.7 | 2.0 |
| 65 and over | 1.0 | 0.4 | 1.1 | 0.7 | 0.8 | 0.5 | 0.7 | 0.8 | 0.9 | 1.0 |
| 15-64 | 2.6 | 2.6 | 3.2 | 3.7 | 3.3 | 3.3 | 3.6 | 3.6 | 4.5 | 4.9 |

*Note:* Detailed metadata at:http://metalinks.oecd.org/lfs/20180108/10b3
*Disclaimer:* http://oe.cd/disclaimer

## Table 3. Employment and employees: breakdown by activity - ISIC Rev. 4

*Annual average estimates*

| | | 2007 | 2008 | 2009 | 2010 | 2011 | 2012 | 2013 | 2014 | 2015 | 2016 |
|---|---|---|---|---|---|---|---|---|---|---|---|
| | **EMPLOYMENT** | | | | | | | | | | |
| | **By activity, thousands** | | | | | | | | | | |
| **A-U** | **All activities** | .. | **2 513.7** | **2 499.5** | **2 500.8** | **2 535.5** | **2 585.4** | **2 601.6** | **2 626.6** | **2 641.0** | **2 638.2** |
| A | Agriculture, hunting and forestry | 56.5 | 64.6 | 67.5 | 63.7 | 60.0 | 57.5 | 57.3 | 58.9 | 53.0 | 55.0 |
| **B-F** | **Industry** | **515.3** | **516.6** | **505.0** | **492.3** | **513.0** | **522.3** | **526.9** | **535.2** | **530.3** | **511.9** |
| B | Mining and quarrying | .. | 41.9 | 45.2 | 45.7 | 53.2 | 59.2 | 71.9 | 76.8 | 68.6 | 57.5 |
| C | Manufacturing | .. | 260.6 | 248.4 | 236.7 | 238.4 | 239.1 | 228.8 | 228.6 | 227.5 | 218.0 |
| D | Electricity, gas, steam, air cond. supply | .. | 16.3 | 18.0 | 17.5 | 17.6 | 16.3 | 15.2 | 15.5 | 15.4 | 17.1 |
| E | Water supply, sewerage, waste mgt, remediation | .. | 13.2 | 13.2 | 12.6 | 14.0 | 13.3 | 12.2 | 12.8 | 12.9 | 13.0 |
| F | Construction | .. | 184.6 | 180.4 | 179.8 | 189.9 | 194.5 | 199.0 | 201.6 | 206.0 | 206.4 |
| **G-U** | **Services** | **1 862.4** | **1 932.5** | **1 927.0** | **1 944.8** | **1 962.5** | **2 005.6** | **2 017.4** | **2 032.5** | **2 057.8** | **2 071.3** |
| G | Wholesale, retail trade, vehicle, motorcycle repair | .. | 355.6 | 345.7 | 346.4 | 349.2 | 359.1 | 355.9 | 348.6 | 358.0 | 360.4 |
| H | Transportation and storage | .. | 135.2 | 134.0 | 140.1 | 144.2 | 143.5 | 140.1 | 139.1 | 144.4 | 138.9 |
| I | Accommodation and food service activities | .. | 67.5 | 68.1 | 68.9 | 66.9 | 68.1 | 68.7 | 75.1 | 77.1 | 71.8 |
| J | Information and communication | .. | 95.5 | 93.4 | 91.8 | 95.9 | 103.8 | 105.8 | 103.5 | 100.0 | 97.8 |
| K | Financial and insurance activities | .. | 52.9 | 53.8 | 52.5 | 51.9 | 52.2 | 54.5 | 58.1 | 53.8 | 47.0 |
| L | Real estate activities | .. | 24.4 | 25.9 | 23.8 | 19.9 | 19.5 | 23.6 | 25.8 | 25.9 | 22.4 |
| M | Professional, scientific and technical activities | .. | 129.5 | 139.9 | 137.7 | 134.2 | 144.4 | 149.0 | 154.2 | 157.2 | 159.7 |
| N | Administrative and support service activities | .. | 96.4 | 94.0 | 93.3 | 91.9 | 94.0 | 96.4 | 103.1 | 111.4 | 112.7 |
| O | Public administration, defence, social security | .. | 140.8 | 148.1 | 149.7 | 145.2 | 157.4 | 159.2 | 162.4 | 163.8 | 172.8 |
| P | Education | .. | 218.9 | 205.9 | 208.0 | 211.5 | 214.1 | 219.8 | 226.5 | 227.1 | 226.8 |
| Q | Human health and social work activities | .. | 462.4 | 518.6 | 529.9 | 547.9 | 545.4 | 534.1 | 521.1 | 521.6 | 538.7 |
| R | Arts, entertainment and recreation | .. | 38.6 | 45.1 | 51.6 | 50.9 | 49.2 | 52.3 | 56.4 | 56.8 | 59.3 |
| S | Other service activities | .. | 46.9 | 50.0 | 47.0 | 47.9 | 48.5 | 48.9 | 48.2 | 52.5 | 53.8 |
| T | Households as employers and own-use activities | .. | .. | .. | 2.6 | 2.8 | .. | .. | .. | .. | .. |
| U | Activities of extraterritorial organizations, bodies | .. | .. | .. | .. | .. | .. | .. | .. | .. | .. |
| | **EMPLOYEES** | | | | | | | | | | |
| | **By activity, thousands** | | | | | | | | | | |
| **A-U** | **All activities** | .. | **2 317.6** | **2 297.3** | **2 307.8** | **2 357.2** | **2 405.5** | **2 418.9** | **2 436.4** | **2 455.0** | **2 454.4** |
| A | Agriculture, hunting and forestry | .. | 24.5 | 24.4 | 22.5 | 25.1 | 24.2 | 24.7 | 25.5 | 23.0 | 25.4 |
| **B-F** | **Industry** | .. | **479.2** | **465.6** | **456.7** | **479.5** | **486.5** | **492.5** | **497.7** | **496.3** | **478.2** |
| B | Mining and quarrying | .. | 41.2 | 44.7 | 45.4 | 52.9 | 58.9 | 71.4 | 76.4 | 68.5 | 57.5 |
| C | Manufacturing | .. | 252.2 | 239.2 | 229.1 | 230.2 | 229.5 | 220.3 | 221.3 | 221.2 | 211.6 |
| D | Electricity, gas, steam, air cond. supply | .. | 16.2 | 18.0 | 17.5 | 17.6 | 16.3 | 15.2 | 15.5 | 15.4 | 17.0 |
| E | Water supply, sewerage, waste mgt, remediation | .. | 13.0 | 13.2 | 12.6 | 13.8 | 13.1 | 12.1 | 12.7 | 12.9 | 13.0 |
| F | Construction | .. | 156.7 | 150.6 | 152.1 | 165.2 | 168.7 | 173.5 | 171.8 | 178.4 | 179.2 |
| **G-U** | **Services** | .. | **1 813.9** | **1 807.3** | **1 828.7** | **1 852.6** | **1 894.9** | **1 901.7** | **1 913.2** | **1 935.7** | **1 950.9** |
| G | Wholesale, retail trade, vehicle, motorcycle repair | .. | 336.0 | 327.4 | 328.3 | 331.6 | 342.7 | 338.8 | 331.9 | 339.7 | 343.5 |
| H | Transportation and storage | .. | 123.2 | 122.1 | 125.7 | 131.2 | 130.5 | 127.4 | 128.1 | 133.6 | 126.2 |
| I | Accommodation and food service activities | .. | 63.8 | 65.3 | 65.5 | 63.7 | 64.7 | 64.5 | 71.0 | 72.3 | 67.1 |
| J | Information and communication | .. | 91.5 | 88.6 | 87.2 | 91.8 | 98.8 | 100.8 | 96.8 | 94.2 | 93.4 |
| K | Financial and insurance activities | .. | 51.9 | 53.0 | 50.7 | 50.5 | 51.7 | 53.9 | 57.3 | 52.8 | 45.5 |
| L | Real estate activities | .. | 20.5 | 21.5 | 19.8 | 17.2 | 16.4 | 20.6 | 22.5 | 22.3 | 19.7 |
| M | Professional, scientific and technical activities | .. | 107.9 | 117.6 | 116.5 | 113.9 | 123.1 | 127.6 | 133.5 | 135.2 | 139.7 |
| N | Administrative and support service activities | .. | 89.8 | 87.6 | 87.3 | 87.8 | 88.9 | 88.6 | 93.7 | 103.7 | 104.5 |
| O | Public administration, defence, social security | .. | 140.7 | 147.9 | 149.7 | 145.2 | 157.3 | 159.2 | 162.2 | 163.6 | 172.4 |
| P | Education | .. | 215.9 | 201.2 | 204.1 | 207.1 | 208.6 | 215.3 | 222.5 | 222.0 | 222.4 |
| Q | Human health and social work activities | .. | 443.8 | 496.8 | 510.7 | 529.8 | 528.6 | 517.3 | 504.0 | 503.3 | 520.2 |
| R | Arts, entertainment and recreation | .. | 28.1 | 32.3 | 40.6 | 37.9 | 36.9 | 38.6 | 40.3 | 42.5 | 44.8 |
| S | Other service activities | .. | 38.9 | 42.0 | 38.9 | 40.2 | 41.1 | 41.1 | 40.2 | 43.8 | 44.2 |
| T | Households as employers and own-use activities | .. | .. | .. | 2.5 | 2.6 | .. | .. | .. | .. | .. |
| U | Activities of extraterritorial organizations, bodies | .. | .. | .. | .. | .. | .. | .. | .. | .. | .. |

*Note:* Detailed metadata:http://metalinks.oecd.org/lfs/20180108/56a2
*Disclaimer:* http://oe.cd/disclaimer

# POLAND

## Table 1. Labour force

*Annual average estimates*

| | 2007 | 2008 | 2009 | 2010 | 2011 | 2012 | 2013 | 2014 | 2015 | 2016 |
|---|---|---|---|---|---|---|---|---|---|---|
| **Labour force, thousands** | | | | | | | | | | |
| All persons | 16 859 | 17 011 | 17 279 \| | 17 123 | 17 221 | 17 340 | 17 361 | 17 428 | 17 388 | 17 260 |
| Males | 9 233 | 9 317 | 9 455 \| | 9 446 | 9 504 | 9 551 | 9 568 | 9 593 | 9 568 | 9 514 |
| Females | 7 626 | 7 694 | 7 824 \| | 7 677 | 7 717 | 7 789 | 7 793 | 7 835 | 7 820 | 7 746 |
| **Unemployed, thousands** | | | | | | | | | | |
| All persons | 1 619 | 1 211 | 1 411 \| | 1 650 | 1 659 | 1 749 | 1 793 | 1 567 | 1 304 | 1 063 |
| Males | 831 | 599 | 734 \| | 881 | 856 | 900 | 927 | 815 | 701 | 581 |
| Females | 788 | 612 | 678 \| | 769 | 802 | 850 | 866 | 752 | 603 | 482 |
| **Employment, thousands** | | | | | | | | | | |
| All persons | 15 240 | 15 800 | 15 868 \| | 15 473 | 15 562 | 15 591 | 15 568 | 15 862 | 16 084 | 16 197 |
| Males | 8 403 | 8 718 | 8 722 \| | 8 566 | 8 648 | 8 651 | 8 641 | 8 778 | 8 867 | 8 933 |
| Females | 6 838 | 7 082 | 7 146 \| | 6 907 | 6 914 | 6 940 | 6 927 | 7 084 | 7 217 | 7 264 |
| **Employment (%)** | | | | | | | | | | |
| Males | 55.1 | 55.2 | 55.0 \| | 55.4 | 55.6 | 55.5 | 55.5 | 55.3 | 55.1 | 55.2 |
| Females | 44.9 | 44.8 | 45.0 \| | 44.6 | 44.4 | 44.5 | 44.5 | 44.7 | 44.9 | 44.8 |
| **Unemployment rate (% of labour force)** | | | | | | | | | | |
| All persons | 9.6 | 7.1 | 8.2 \| | 9.6 | 9.6 | 10.1 | 10.3 | 9.0 | 7.5 | 6.2 |
| Males | 9.0 | 6.4 | 7.8 \| | 9.3 | 9.0 | 9.4 | 9.7 | 8.5 | 7.3 | 6.1 |
| Females | 10.3 | 8.0 | 8.7 \| | 10.0 | 10.4 | 10.9 | 11.1 | 9.6 | 7.7 | 6.2 |
| **EMPLOYMENT - PROFESSIONAL STATUS, thousands** | | | | | | | | | | |
| **All activities** | **15 240** | **15 800** | **15 868 \|** | **15 473** | **15 562** | **15 591** | **15 568** | **15 862** | **16 084** | **16 197** |
| Employees | 11 655 | 12 169 | 12 249 \| | 11 906 | 11 993 | 12 088 | 12 157 | 12 460 | 12 656 | 12 828 |
| Employers and persons working on own account | 2 932 | 2 970 | 2 979 \| | 2 955 | 2 979 | 2 942 | 2 885 | 2 896 | 2 940 | 2 928 |
| Unpaid family workers | 643 | 651 | 629 \| | 601 | 580 | 549 | 514 | 491 | 475 | 428 |
| **Employees as % of employment** | **76.5** | **77.0** | **77.2 \|** | **76.9** | **77.1** | **77.5** | **78.1** | **78.6** | **78.7** | **79.2** |
| **Part-time employment (%)** | | | | | | | | | | |
| Part-time as % of employment | 10.1 | 9.3 | 8.7 | 8.7 | 8.3 | 8.0 | 7.7 | 7.1 | 6.4 | 6.0 |
| Male share of part time employment | 33.0 | 31.9 | 31.6 | 33.1 | 33.1 | 32.4 | 32.1 | 32.9 | 33.0 | 31.8 |
| Female share of part time employment | 67.0 | 68.1 | 68.4 | 66.9 | 66.9 | 67.6 | 67.9 | 67.1 | 67.0 | 68.2 |
| Male part-time as % of male employment | 6.0 | 5.3 | 5.0 | 5.2 | 5.0 | 4.7 | 4.5 | 4.2 | 3.8 | 3.4 |
| Female part-time as % of female employment | 15.0 | 14.1 | 13.1 | 13.1 | 12.5 | 12.2 | 11.8 | 10.7 | 9.6 | 9.0 |
| **Duration of unemployment (% of total unemployment)** | | | | | | | | | | |
| Less than one month | 8.2 | 15.3 | 14.1 | 13.2 | 11.8 | 11.0 | 10.9 | 11.7 | 11.5 | 13.0 |
| More than 1 month and less than 3 months | 12.3 | 18.6 | 20.6 | 19.2 | 17.2 | 16.2 | 15.3 | 15.8 | 11.5 | 13.3 |
| More than 3 months and less than 6 months | 15.2 | 19.4 | 20.6 | 21.1 | 18.9 | 18.0 | 17.5 | 16.7 | 19.3 | 20.8 |
| More than 6 months and less than 1 year | 18.4 | 17.6 | 19.5 | 21.0 | 20.5 | 20.1 | 19.8 | 19.5 | 18.5 | 17.9 |
| More than 1 year | 45.9 | 29.0 | 25.2 | 25.5 | 31.6 | 34.8 | 36.5 | 36.2 | 39.3 | 35.0 |

*Note:* Detailed metadata: http://metalinks.oecd.org/lfs/20180108/9293, http://metalinks.oecd.org/lfs/20180108/56a2, http://metalinks.oecd.org/lfs/20180108/de4b and http://metalinks.oecd.org/lfs/20180108/9b56.

## Table 2. Participation rates and unemployment rates by age and sex

*Annual average estimates, percentage*

| | 2007 | 2008 | 2009 | 2010 | 2011 | 2012 | 2013 | 2014 | 2015 | 2016 |
|---|---|---|---|---|---|---|---|---|---|---|
| **Participation rates** | | | | | | | | | | |
| **Males** | | | | | | | | | | |
| 15-19 | 9.4 | 8.7 | 9.0 | 9.7 | 8.8 | 8.3 | 7.9 | 7.9 | 7.7 | 7.6 |
| 20-24 | 61.4 | 62.6 | 65.3 | 65.3 | 64.5 | 64.1 | 63.9 | 64.4 | 63.9 | 66.6 |
| 25-34 | 91.9 | 92.5 | 93.0 | 93.0 | 93.1 | 92.9 | 93.0 | 93.0 | 92.6 | 93.1 |
| 35-44 | 92.2 | 92.8 | 93.0 | 93.0 | 92.5 | 92.9 | 92.8 | 93.0 | 93.1 | 93.2 |
| 45-54 | 80.2 | 81.2 | 82.0 | 82.7 | 83.0 | 83.6 | 83.3 | 84.4 | 84.9 | 84.9 |
| 55-59 | 54.7 | 58.5 | 61.7 | 64.6 | 66.9 | 68.5 | 70.2 | 71.0 | 71.4 | 71.6 |
| 60-64 | 28.3 | 28.8 | 27.4 | 28.4 | 32.7 | 35.7 | 39.3 | 41.5 | 42.2 | 45.1 |
| 15-24 | 36.5 | 36.5 | 38.1 | 39.3 | 38.7 | 38.5 | 38.4 | 38.8 | 38.4 | 39.8 |
| 25-54 | 87.9 | 88.8 | 89.4 | 89.6 | 89.7 | 90.0 | 90.0 | 90.5 | 90.6 | 90.8 |
| 55-64 | 44.8 | 46.8 | 47.5 | 48.9 | 51.6 | 53.5 | 55.9 | 57.2 | 57.5 | 58.6 |
| 65 and over | 7.6 | 7.6 | 7.5 | 7.7 | 7.8 | 7.7 | 7.5 | 7.9 | 7.9 | 8.3 |
| 15-64 | 70.0 | 70.9 | 71.8 | 72.1 | 72.6 | 73.3 | 73.9 | 74.6 | 74.8 | 75.7 |
| **Females** | | | | | | | | | | |
| 15-19 | 6.4 | 6.6 | 6.3 | 6.5 | 5.7 | 6.0 | 5.4 | 5.3 | 4.0 | 5.5 |
| 20-24 | 49.4 | 49.8 | 49.9 | 50.1 | 47.6 | 47.5 | 47.0 | 48.3 | 46.2 | 48.5 |
| 25-34 | 76.8 | 76.4 | 76.5 | 77.2 | 76.8 | 77.2 | 77.1 | 78.0 | 78.2 | 77.3 |
| 35-44 | 81.7 | 82.2 | 82.9 | 83.0 | 82.8 | 83.0 | 82.8 | 82.7 | 82.0 | 80.9 |
| 45-54 | 69.6 | 71.3 | 73.8 | 76.1 | 76.7 | 77.4 | 77.5 | 78.1 | 78.5 | 78.7 |
| 55-59 | 26.2 | 28.5 | 31.4 | 36.3 | 42.2 | 46.6 | 50.7 | 53.2 | 55.4 | 58.2 |
| 60-64 | 11.9 | 11.8 | 12.1 | 13.1 | 13.8 | 14.2 | 14.4 | 16.0 | 18.6 | 20.1 |
| 15-24 | 29.3 | 29.6 | 29.4 | 29.6 | 28.1 | 28.4 | 27.9 | 28.7 | 27.0 | 28.9 |
| 25-54 | 75.6 | 76.3 | 77.5 | 78.6 | 78.6 | 79.1 | 79.1 | 79.6 | 79.6 | 79.0 |
| 55-64 | 20.6 | 21.6 | 23.2 | 25.9 | 29.0 | 31.3 | 33.3 | 35.2 | 37.3 | 39.0 |
| 65 and over | 3.2 | 3.1 | 3.0 | 3.0 | 3.1 | 3.0 | 3.0 | 2.9 | 2.7 | 2.7 |
| 15-64 | 56.5 | 57.0 | 57.8 | 58.5 | 58.9 | 59.7 | 60.1 | 61.1 | 61.4 | 62.0 |
| **All persons** | | | | | | | | | | |
| 15-24 | 33.0 | 33.1 | 33.8 | 34.6 | 33.5 | 33.6 | 33.3 | 33.9 | 32.9 | 34.5 |
| 25-54 | 81.7 | 82.5 | 83.4 | 84.1 | 84.2 | 84.6 | 84.6 | 85.1 | 85.1 | 84.9 |
| 55-64 | 31.8 | 33.3 | 34.5 | 36.7 | 39.6 | 41.8 | 44.0 | 45.6 | 46.9 | 48.3 |
| 65 and over | 4.9 | 4.8 | 4.7 | 4.8 | 4.9 | 4.8 | 4.7 | 4.8 | 4.7 | 4.9 |
| 15-64 | 63.2 | 63.8 | 64.7 | 65.3 | 65.7 | 66.5 | 67.0 | 67.9 | 68.1 | 68.8 |
| **Unemployment rates** | | | | | | | | | | |
| **Males** | | | | | | | | | | |
| 15-19 | 18.4 | 15.6 | 28.1 | 28.0 | 28.9 | 34.1 | 34.5 | 35.2 | 32.7 | 32.9 |
| 20-24 | 20.2 | 15.2 | 19.2 | 21.7 | 23.0 | 23.0 | 24.4 | 21.4 | 19.4 | 16.0 |
| 25-34 | 8.8 | 6.3 | 7.4 | 9.4 | 8.8 | 9.4 | 9.9 | 8.9 | 7.8 | 6.5 |
| 35-44 | 6.1 | 4.5 | 5.3 | 6.5 | 6.0 | 6.5 | 6.9 | 5.8 | 5.1 | 4.3 |
| 45-54 | 8.1 | 5.2 | 6.0 | 7.6 | 7.4 | 7.7 | 7.4 | 6.8 | 5.6 | 4.4 |
| 55-59 | 7.8 | 6.4 | 7.0 | 8.0 | 7.4 | 8.0 | 8.3 | 7.4 | 6.0 | 5.1 |
| 60-64 | 6.0 | 3.7 | 5.8 | 6.2 | 7.3 | 7.9 | 8.3 | 6.6 | 5.8 | 5.0 |
| 15-24 | 20.0 | 15.2 | 20.2 | 22.4 | 23.6 | 24.1 | 25.4 | 22.7 | 20.7 | 17.4 |
| 25-54 | 7.8 | 5.4 | 6.3 | 7.9 | 7.5 | 8.0 | 8.2 | 7.2 | 6.2 | 5.1 |
| 55-64 | 7.4 | 5.8 | 6.7 | 7.5 | 7.4 | 8.0 | 8.3 | 7.1 | 5.9 | 5.1 |
| 65 and over | 1.8 | 1.6 | 0.6 | 1.5 | 1.4 | 2.0 | 2.0 | 2.0 | 1.4 | 0.0 |
| 15-64 | 9.1 | 6.5 | 7.9 | 9.5 | 9.1 | 9.5 | 9.8 | 8.6 | 7.4 | 6.2 |
| Total | 9.0 | 6.4 | 7.8 | 9.3 | 9.0 | 9.4 | 9.7 | 8.5 | 7.3 | 6.1 |
| **Females** | | | | | | | | | | |
| 15-19 | 28.1 | 26.2 | 26.2 | 34.4 | 41.1 | 43.1 | 40.7 | 37.0 | 33.4 | 31.2 |
| 20-24 | 23.3 | 19.1 | 20.7 | 24.4 | 27.6 | 28.5 | 29.0 | 24.5 | 20.0 | 16.7 |
| 25-34 | 10.1 | 7.9 | 9.0 | 10.8 | 11.6 | 12.5 | 12.6 | 11.0 | 8.6 | 7.1 |
| 35-44 | 8.3 | 5.9 | 6.6 | 7.4 | 7.5 | 8.4 | 9.0 | 7.8 | 6.3 | 5.1 |
| 45-54 | 8.6 | 6.6 | 6.9 | 7.8 | 8.0 | 8.0 | 8.4 | 7.2 | 6.4 | 4.9 |
| 55-59 | 6.5 | 4.8 | 6.3 | 7.5 | 7.2 | 7.5 | 7.5 | 7.3 | 5.4 | 4.1 |
| 60-64 | 3.1 | 3.0 | 2.8 | 3.1 | 2.6 | 3.3 | 4.6 | 3.1 | 2.9 | 1.6 |
| 15-24 | 23.8 | 19.9 | 21.2 | 25.4 | 28.8 | 30.0 | 30.1 | 25.5 | 20.9 | 18.0 |
| 25-54 | 9.1 | 6.8 | 7.6 | 8.7 | 9.1 | 9.7 | 10.0 | 8.7 | 7.1 | 5.7 |
| 55-64 | 5.7 | 4.4 | 5.5 | 6.5 | 6.2 | 6.6 | 6.9 | 6.3 | 4.8 | 3.5 |
| 65 and over | 2.4 | 1.2 | 1.1 | 2.6 | 1.0 | 0.9 | 1.5 | 1.5 | 1.6 | 0.0 |
| 15-64 | 10.4 | 8.0 | 8.8 | 10.1 | 10.5 | 11.0 | 11.2 | 9.7 | 7.8 | 6.3 |
| Total | 10.3 | 7.9 | 8.7 | 10.0 | 10.4 | 10.9 | 11.1 | 9.6 | 7.7 | 6.2 |
| **All persons** | | | | | | | | | | |
| 15-24 | 21.7 | 17.3 | 20.7 | 23.7 | 25.8 | 26.5 | 27.3 | 23.9 | 20.8 | 17.7 |
| 25-54 | 8.4 | 6.1 | 6.9 | 8.3 | 8.2 | 8.8 | 9.0 | 7.9 | 6.6 | 5.4 |
| 55-64 | 6.8 | 5.3 | 6.3 | 7.1 | 6.9 | 7.4 | 7.7 | 6.8 | 5.4 | 4.4 |
| 65 and over | 2.0 | 1.5 | 0.8 | 1.9 | 1.2 | 1.6 | 1.8 | 1.8 | 1.5 | 0.0 |
| 15-64 | 9.7 | 7.2 | 8.3 | 9.7 | 9.8 | 10.2 | 10.5 | 9.1 | 7.6 | 6.2 |

*Note:* Detailed metadata at:http://metalinks.oecd.org/lfs/20180108/10b3
*Disclaimer:* http://oe.cd/disclaimer

# POLAND

## Table 3. Employment and employees: breakdown by activity - ISIC Rev. 4

*Annual average estimates*

| | | 2007 | 2008 | 2009 | 2010 | 2011 | 2012 | 2013 | 2014 | 2015 | 2016 |
|---|---|---|---|---|---|---|---|---|---|---|---|
| | **EMPLOYMENT** | | | | | | | | | | |
| | **By activity, thousands** | | | | | | | | | | |
| **A-U** | **All activities** | .. | **15 799.9** | **15 868.0** | **15 473.1** | **15 562.2** | **15 590.7** | **15 568.0** | **15 861.5** | **16 083.9** | **16 196.9** |
| A | Agriculture, hunting and forestry | 2 239.2 | 2 206.3 | 2 106.9 | 2 018.5 | 2 008.1 | 1 960.3 | 1 867.0 | 1 819.5 | 1 849.4 | 1 707.8 |
| **B-F** | **Industry** | **4 681.3** | **5 036.0** | **4 934.2** | **4 685.5** | **4 771.8** | **4 739.9** | **4 752.0** | **4 836.1** | **4 896.3** | **5 074.2** |
| B | Mining and quarrying | .. | 233.8 | 220.9 | 224.1 | 247.1 | 251.6 | 268.1 | 267.5 | 230.4 | 228.6 |
| C | Manufacturing | .. | 3 228.3 | 3 059.1 | 2 876.0 | 2 919.5 | 2 905.8 | 2 968.7 | 3 035.9 | 3 106.8 | 3 278.9 |
| D | Electricity, gas, steam, air cond. supply | .. | 174.3 | 190.1 | 177.9 | 173.6 | 164.3 | 166.5 | 175.9 | 174.5 | 172.7 |
| E | Water supply, sewerage, waste mgt, remediation | .. | 165.7 | 156.2 | 150.8 | 152.8 | 165.0 | 164.2 | 170.4 | 178.0 | 171.0 |
| F | Construction | .. | 1 234.0 | 1 308.0 | 1 256.7 | 1 278.9 | 1 253.3 | 1 184.5 | 1 186.6 | 1 206.7 | 1 223.0 |
| **G-U** | **Services** | **8 320.0** | **8 557.6** | **8 826.9** | **8 769.1** | **8 782.3** | **8 890.5** | **8 949.1** | **9 206.0** | **9 338.1** | **9 414.9** |
| G | Wholesale, retail trade, vehicle, motorcycle repair | .. | 2 325.9 | 2 332.2 | 2 285.9 | 2 274.3 | 2 270.5 | 2 226.3 | 2 295.7 | 2 329.4 | 2 353.0 |
| H | Transportation and storage | .. | 896.9 | 888.5 | 864.3 | 874.0 | 898.1 | 922.7 | 927.0 | 944.4 | 969.8 |
| I | Accommodation and food service activities | .. | 307.3 | 329.1 | 338.1 | 341.4 | 346.4 | 330.0 | 333.9 | 340.1 | 376.2 |
| J | Information and communication | .. | 294.5 | 318.2 | 302.8 | 300.0 | 316.0 | 330.8 | 356.0 | 369.0 | 360.0 |
| K | Financial and insurance activities | .. | 340.1 | 371.7 | 353.9 | 369.0 | 393.7 | 379.0 | 376.2 | 394.6 | 383.9 |
| L | Real estate activities | .. | 143.4 | 156.0 | 168.5 | 164.6 | 146.9 | 138.8 | 158.0 | 172.0 | 161.4 |
| M | Professional, scientific and technical activities | .. | 411.0 | 459.1 | 477.0 | 489.8 | 515.2 | 521.5 | 554.7 | 560.7 | 584.1 |
| N | Administrative and support service activities | .. | 363.4 | 386.2 | 396.5 | 431.3 | 424.1 | 420.0 | 455.5 | 440.0 | 428.9 |
| O | Public administration, defence, social security | .. | 984.4 | 1 020.8 | 1 009.2 | 1 018.1 | 1 039.3 | 1 054.2 | 1 063.3 | 1 075.0 | 1 084.6 |
| P | Education | .. | 1 184.3 | 1 226.8 | 1 206.0 | 1 179.6 | 1 175.4 | 1 212.4 | 1 249.3 | 1 232.8 | 1 192.6 |
| Q | Human health and social work activities | .. | 856.9 | 881.0 | 900.7 | 888.6 | 906.5 | 941.8 | 935.4 | 946.7 | 969.6 |
| R | Arts, entertainment and recreation | .. | 197.1 | 199.0 | 192.7 | 188.7 | 189.3 | 195.8 | 208.2 | 213.1 | 215.7 |
| S | Other service activities | .. | 225.1 | 229.5 | 238.3 | 232.3 | 232.8 | 237.3 | 239.2 | 245.1 | 246.3 |
| T | Households as employers and own-use activities | .. | 19.1 | 20.0 | 23.5 | 24.7 | 28.5 | 29.0 | 25.8 | 25.2 | 26.6 |
| U | Activities of extraterritorial organizations, bodies | .. | .. | .. | .. | .. | .. | .. | .. | .. | .. |
| | **EMPLOYEES** | | | | | | | | | | |
| | **By activity, thousands** | | | | | | | | | | |
| **A-U** | **All activities** | .. | **12 178.5** | **12 260.0** | **11 917.9** | **12 003.9** | **12 099.3** | **12 169.6** | **12 474.6** | **12 668.9** | **12 841.4** |
| A | Agriculture, hunting and forestry | .. | 215.4 | 208.2 | 212.5 | 218.6 | 217.2 | 216.5 | 219.2 | 217.0 | 216.9 |
| **B-F** | **Industry** | .. | **4 587.9** | **4 454.7** | **4 205.2** | **4 302.2** | **4 264.5** | **4 261.7** | **4 351.0** | **4 417.3** | **4 552.6** |
| B | Mining and quarrying | .. | 233.6 | 220.4 | 223.0 | 245.7 | 249.4 | 266.4 | 267.0 | 229.6 | 228.3 |
| C | Manufacturing | .. | 3 036.4 | 2 865.9 | 2 691.0 | 2 739.7 | 2 723.7 | 2 771.6 | 2 832.9 | 2 903.7 | 3 069.7 |
| D | Electricity, gas, steam, air cond. supply | .. | 174.1 | 189.8 | 177.0 | 172.2 | 162.9 | 164.5 | 173.3 | 171.2 | 168.0 |
| E | Water supply, sewerage, waste mgt, remediation | .. | 155.7 | 150.3 | 146.1 | 147.4 | 156.8 | 157.2 | 166.1 | 171.1 | 162.4 |
| F | Construction | .. | 988.2 | 1 028.3 | 968.1 | 997.1 | 971.8 | 902.0 | 911.8 | 941.8 | 924.1 |
| **G-U** | **Services** | .. | **7 375.2** | **7 597.1** | **7 500.3** | **7 483.1** | **7 617.6** | **7 691.4** | **7 904.4** | **8 034.6** | **8 072.0** |
| G | Wholesale, retail trade, vehicle, motorcycle repair | .. | 1 782.6 | 1 806.2 | 1 760.1 | 1 743.6 | 1 754.3 | 1 725.1 | 1 795.2 | 1 861.7 | 1 900.3 |
| H | Transportation and storage | .. | 749.7 | 738.0 | 722.7 | 728.9 | 755.8 | 787.5 | 798.5 | 805.4 | 820.9 |
| I | Accommodation and food service activities | .. | 265.0 | 277.6 | 281.0 | 284.2 | 293.5 | 281.5 | 285.6 | 287.1 | 313.9 |
| J | Information and communication | .. | 245.2 | 264.0 | 252.8 | 246.9 | 259.9 | 273.7 | 291.4 | 299.5 | 283.6 |
| K | Financial and insurance activities | .. | 299.8 | 318.6 | 305.0 | 314.2 | 342.1 | 325.9 | 320.6 | 341.0 | 335.9 |
| L | Real estate activities | .. | 129.5 | 135.8 | 146.4 | 143.5 | 129.6 | 122.0 | 134.5 | 147.4 | 138.5 |
| M | Professional, scientific and technical activities | .. | 274.0 | 306.4 | 311.3 | 315.5 | 331.9 | 336.3 | 355.3 | 361.8 | 358.2 |
| N | Administrative and support service activities | .. | 331.6 | 351.3 | 362.3 | 387.5 | 387.3 | 386.2 | 409.0 | 392.8 | 388.6 |
| O | Public administration, defence, social security | .. | 984.4 | 1 020.5 | 1 009.0 | 1 018.1 | 1 039.3 | 1 054.2 | 1 063.3 | 1 075.0 | 1 084.6 |
| P | Education | .. | 1 156.9 | 1 195.5 | 1 169.0 | 1 143.7 | 1 139.5 | 1 174.5 | 1 214.7 | 1 194.3 | 1 149.4 |
| Q | Human health and social work activities | .. | 803.8 | 820.4 | 825.3 | 815.1 | 828.5 | 855.1 | 850.7 | 851.3 | 873.8 |
| R | Arts, entertainment and recreation | .. | 174.5 | 179.1 | 170.7 | 166.5 | 171.3 | 175.5 | 182.1 | 188.8 | 189.4 |
| S | Other service activities | .. | 152.6 | 156.5 | 152.2 | 146.7 | 150.3 | 157.3 | 156.3 | 161.8 | 155.6 |
| T | Households as employers and own-use activities | .. | 17.7 | 18.7 | 21.1 | 23.0 | 26.4 | 27.7 | 24.2 | 23.5 | 25.0 |
| U | Activities of extraterritorial organizations, bodies | .. | .. | .. | .. | .. | .. | .. | .. | .. | .. |

*Note:* Detailed metadata:http://metalinks.oecd.org/lfs/20180108/56a2
*Disclaimer:* http://oe.cd/disclaimer

## Table 1. Labour force

*Annual average estimates*

| | 2007 | 2008 | 2009 | 2010 | 2011 | 2012 | 2013 | 2014 | 2015 | 2016 |
|---|---|---|---|---|---|---|---|---|---|---|
| **Labour force, thousands** | | | | | | | | | | |
| All persons | 5 533 | 5 535 | 5 486 | 5 490 \| | 5 428 | 5 383 | 5 285 | 5 226 | 5 195 | 5 178 |
| Males | 2 918 | 2 914 | 2 865 | 2 847 \| | 2 837 | 2 791 | 2 725 | 2 681 | 2 657 | 2 652 |
| Females | 2 616 | 2 621 | 2 622 | 2 643 \| | 2 591 | 2 591 | 2 560 | 2 545 | 2 538 | 2 526 |
| **Unemployed, thousands** | | | | | | | | | | |
| All persons | 441 | 418 | 517 | 591 \| | 688 | 836 | 855 | 726 | 647 | 573 |
| Males | 192 | 189 | 253 | 278 \| | 350 | 434 | 436 | 362 | 323 | 291 |
| Females | 248 | 229 | 265 | 314 \| | 338 | 402 | 419 | 365 | 324 | 282 |
| **Employment, thousands** | | | | | | | | | | |
| All persons | 5 093 | 5 117 | 4 969 | 4 898 \| | 4 740 | 4 547 | 4 429 | 4 500 | 4 549 | 4 605 |
| Males | 2 725 | 2 725 | 2 612 | 2 569 \| | 2 487 | 2 357 | 2 288 | 2 319 | 2 334 | 2 361 |
| Females | 2 367 | 2 391 | 2 357 | 2 329 \| | 2 253 | 2 190 | 2 141 | 2 180 | 2 214 | 2 244 |
| **Employment (%)** | | | | | | | | | | |
| Males | 53.5 | 53.3 | 52.6 | 52.5 \| | 52.5 | 51.8 | 51.7 | 51.5 | 51.3 | 51.3 |
| Females | 46.5 | 46.7 | 47.4 | 47.5 \| | 47.5 | 48.2 | 48.3 | 48.4 | 48.7 | 48.7 |
| **Unemployment rate (% of labour force)** | | | | | | | | | | |
| All persons | 8.0 | 7.6 | 9.4 | 10.8 \| | 12.7 | 15.5 | 16.2 | 13.9 | 12.4 | 11.1 |
| Males | 6.6 | 6.5 | 8.8 | 9.8 \| | 12.3 | 15.6 | 16.0 | 13.5 | 12.2 | 11.0 |
| Females | 9.5 | 8.8 | 10.1 | 11.9 \| | 13.0 | 15.5 | 16.4 | 14.3 | 12.7 | 11.2 |
| **EMPLOYMENT - PROFESSIONAL STATUS, thousands** | | | | | | | | | | |
| **All activities** | **5 093** | **5 117** | **4 969** | **4 898 \|** | **4 740** | **4 547** | **4 429** | **4 500** | **4 549** | **4 605** |
| Employees | 3 826 | 3 870 | 3 772 | 3 762 \| | 3 715 | 3 539 | 3 453 | 3 608 | 3 707 | 3 783 |
| Employers and persons working on own account | 1 209 | 1 198 | 1 151 | 1 087 \| | 992 | 974 | 942 | 865 | 815 | 789 |
| Unpaid family workers | 54 | 46 | 43 | 46 \| | 29 | 30 | 30 | 24 | 23 | 29 |
| **Employees as % of employment** | **75.1** | **75.6** | **75.9** | **76.8 \|** | **78.4** | **77.8** | **78.0** | **80.2** | **81.5** | **82.1** |
| **Part-time employment (%)** | | | | | | | | | | |
| Part-time as % of employment | 10.0 | 9.9 | 9.8 | 9.6 | 11.7 | 12.5 | 12.0 | 11.0 | 10.5 | 9.1 |
| Male share of part time employment | 33.3 | 31.6 | 32.1 | 34.2 | 40.2 | 41.4 | 42.0 | 42.1 | 40.7 | 37.5 |
| Female share of part time employment | 66.7 | 68.4 | 67.9 | 65.8 | 59.8 | 58.6 | 58.0 | 57.9 | 59.3 | 62.5 |
| Male part-time as % of male employment | 6.3 | 5.9 | 6.0 | 6.3 | 9.1 | 10.1 | 9.9 | 9.1 | 8.5 | 6.8 |
| Female part-time as % of female employment | 14.4 | 14.5 | 14.0 | 13.2 | 14.5 | 14.9 | 14.1 | 12.9 | 12.6 | 11.5 |
| **Duration of unemployment (% of total unemployment)** | | | | | | | | | | |
| Less than one month | 6.3 | 7.1 | 6.4 | 5.2 | 5.0 | 4.0 | 3.2 | 3.8 | 4.1 | 4.9 |
| More than 1 month and less than 3 months | 14.0 | 15.3 | 14.8 | 11.3 | 15.2 | 13.8 | 11.4 | 11.7 | 13.8 | 14.2 |
| More than 3 months and less than 6 months | 14.6 | 13.9 | 15.1 | 13.0 | 15.0 | 14.6 | 12.3 | 10.6 | 11.7 | 12.4 |
| More than 6 months and less than 1 year | 17.9 | 16.3 | 19.5 | 18.2 | 16.5 | 18.9 | 16.9 | 14.2 | 13.0 | 13.0 |
| More than 1 year | 47.2 | 47.4 | 44.2 | 52.2 | 48.4 | 48.8 | 56.4 | 59.6 | 57.4 | 55.4 |

*Note:* Detailed metadata: http://metalinks.oecd.org/lfs/20180108/1d63, http://metalinks.oecd.org/lfs/20180108/56a2, http://metalinks.oecd.org/lfs/20180108/53b9 and http://metalinks.oecd.org/lfs/20180108/f898.

*Disclaimer:* http://oe.cd/disclaimer

## Table 2. Participation rates and unemployment rates by age and sex

*Annual average estimates, percentage*

| | 2007 | 2008 | 2009 | 2010 | 2011 | 2012 | 2013 | 2014 | 2015 | 2016 |
|---|---|---|---|---|---|---|---|---|---|---|
| **Participation rates** | | | | | | | | | | |
| **Males** | | | | | | | | | | |
| 15-19 | 20.2 | 18.4 | 15.9 | 14.2 | 14.8 | 14.0 | 13.1 | 12.5 | 11.1 | 11.0 |
| 20-24 | 67.0 | 67.4 | 63.5 | 61.4 | 65.4 | 63.8 | 58.9 | 57.1 | 58.0 | 60.1 |
| 25-34 | 92.4 | 93.0 | 92.3 | 92.1 | 92.5 | 91.9 | 90.6 | 90.6 | 89.5 | 89.4 |
| 35-44 | 94.8 | 94.9 | 93.7 | 94.4 | 94.6 | 93.6 | 92.2 | 94.2 | 95.0 | 94.6 |
| 45-54 | 91.4 | 91.5 | 91.4 | 91.3 | 90.0 | 90.8 | 90.5 | 89.7 | 90.2 | 91.0 |
| 55-59 | 71.7 | 72.6 | 73.7 | 73.4 | 74.2 | 72.6 | 75.6 | 77.2 | 77.9 | 80.1 |
| 60-64 | 53.1 | 51.7 | 50.1 | 49.3 | 47.8 | 47.3 | 48.9 | 49.6 | 51.0 | 52.5 |
| 15-24 | 44.7 | 43.6 | 40.1 | 38.0 | 40.4 | 39.2 | 36.2 | 34.8 | 34.2 | 35.0 |
| 25-54 | 92.9 | 93.2 | 92.5 | 92.7 | 92.4 | 92.1 | 91.1 | 91.6 | 91.7 | 91.9 |
| 55-64 | 63.2 | 62.9 | 62.6 | 62.0 | 61.6 | 60.4 | 62.7 | 64.0 | 65.0 | 67.0 |
| 65 and over | 24.2 | 23.4 | 22.3 | 22.3 | 22.2 | 21.9 | 20.5 | 18.3 | 17.7 | 17.1 |
| 15-64 | 79.2 | 79.2 | 78.2 | 77.8 | 78.0 | 77.3 | 76.5 | 76.7 | 76.7 | 77.2 |
| **Females** | | | | | | | | | | |
| 15-19 | 13.7 | 12.5 | 11.8 | 10.6 | 12.1 | 11.3 | 11.5 | 10.1 | 9.9 | 8.9 |
| 20-24 | 59.5 | 61.8 | 61.5 | 56.9 | 58.5 | 57.3 | 55.0 | 56.9 | 55.9 | 54.3 |
| 25-34 | 86.9 | 86.9 | 87.2 | 88.2 | 88.8 | 89.1 | 89.3 | 89.0 | 89.5 | 89.3 |
| 35-44 | 85.6 | 85.1 | 86.0 | 87.3 | 87.3 | 87.7 | 88.3 | 88.8 | 89.0 | 89.9 |
| 45-54 | 75.2 | 76.4 | 76.5 | 79.0 | 77.6 | 78.6 | 79.5 | 80.1 | 80.4 | 81.1 |
| 55-59 | 56.3 | 55.2 | 55.8 | 56.6 | 58.2 | 59.1 | 59.1 | 58.9 | 63.6 | 64.5 |
| 60-64 | 36.7 | 37.3 | 35.5 | 37.6 | 33.9 | 34.3 | 34.0 | 35.4 | 35.3 | 36.4 |
| 15-24 | 37.8 | 38.1 | 37.2 | 34.2 | 35.9 | 34.9 | 33.8 | 33.8 | 32.8 | 31.3 |
| 25-54 | 82.7 | 82.9 | 83.3 | 84.9 | 84.5 | 85.0 | 85.5 | 85.8 | 86.0 | 86.6 |
| 55-64 | 47.0 | 46.7 | 46.0 | 47.4 | 46.4 | 47.0 | 46.9 | 47.5 | 49.9 | 51.0 |
| 65 and over | 13.9 | 13.4 | 13.3 | 12.5 | 9.2 | 9.6 | 8.3 | 7.4 | 7.2 | 6.7 |
| 15-64 | 68.7 | 68.9 | 68.9 | 69.7 | 69.5 | 69.7 | 69.8 | 70.0 | 70.3 | 70.5 |
| **All persons** | | | | | | | | | | |
| 15-24 | 41.3 | 40.9 | 38.7 | 36.1 | 38.1 | 37.1 | 35.0 | 34.3 | 33.5 | 33.2 |
| 25-54 | 87.7 | 87.9 | 87.8 | 88.7 | 88.4 | 88.5 | 88.3 | 88.6 | 88.8 | 89.1 |
| 55-64 | 54.6 | 54.3 | 53.8 | 54.3 | 53.6 | 53.3 | 54.4 | 55.3 | 57.0 | 58.5 |
| 65 and over | 18.1 | 17.6 | 17.0 | 16.6 | 14.5 | 14.7 | 13.4 | 11.9 | 11.6 | 11.1 |
| 15-64 | 73.9 | 73.9 | 73.4 | 73.7 | 73.6 | 73.4 | 73.0 | 73.2 | 73.4 | 73.7 |
| **Unemployment rates** | | | | | | | | | | |
| **Males** | | | | | | | | | | |
| 15-19 | 21.6 | 21.3 | 26.1 | 33.3 | 47.6 | 53.3 | 50.0 | 48.9 | 39.9 | 35.4 |
| 20-24 | 11.7 | 11.6 | 17.4 | 19.0 | 24.9 | 33.2 | 33.9 | 31.0 | 27.6 | 25.7 |
| 25-34 | 7.3 | 6.7 | 9.5 | 10.5 | 13.4 | 17.7 | 18.0 | 14.5 | 12.8 | 11.7 |
| 35-44 | 5.2 | 5.9 | 7.8 | 8.0 | 10.4 | 13.1 | 13.8 | 10.6 | 9.7 | 7.7 |
| 45-54 | 5.8 | 5.2 | 8.1 | 9.4 | 11.0 | 13.6 | 14.9 | 11.5 | 10.5 | 10.1 |
| 55-59 | 8.1 | 8.2 | 9.0 | 11.1 | 13.1 | 15.2 | 14.9 | 15.5 | 14.1 | 12.9 |
| 60-64 | 5.5 | 5.7 | 6.9 | 8.0 | 10.0 | 13.3 | 14.2 | 14.5 | 13.8 | 12.1 |
| 15-24 | 13.8 | 13.6 | 19.1 | 21.6 | 29.0 | 36.7 | 36.7 | 34.2 | 29.6 | 27.2 |
| 25-54 | 6.1 | 6.0 | 8.5 | 9.3 | 11.6 | 14.7 | 15.4 | 12.0 | 10.8 | 9.7 |
| 55-64 | 7.1 | 7.3 | 8.2 | 9.9 | 11.9 | 14.5 | 14.6 | 15.2 | 14.0 | 12.6 |
| 65 and over | 0.3 | 0.3 | 0.3 | 0.3 | 0.6 | 1.3 | 1.4 | 1.7 | 2.2 | 1.8 |
| 15-64 | 7.0 | 6.9 | 9.4 | 10.4 | 13.1 | 16.5 | 17.0 | 14.2 | 12.8 | 11.5 |
| Total | 6.6 | 6.5 | 8.8 | 9.8 | 12.3 | 15.6 | 16.0 | 13.5 | 12.2 | 11.0 |
| **Females** | | | | | | | | | | |
| 15-19 | 27.7 | 28.9 | 29.4 | 36.1 | 51.5 | 60.6 | 57.0 | 49.4 | 52.6 | 42.0 |
| 20-24 | 18.8 | 18.7 | 20.3 | 21.9 | 27.8 | 35.3 | 36.1 | 33.0 | 31.3 | 26.6 |
| 25-34 | 12.3 | 10.8 | 12.6 | 15.1 | 14.8 | 18.5 | 19.9 | 16.5 | 13.3 | 13.2 |
| 35-44 | 8.3 | 7.5 | 9.1 | 11.7 | 11.5 | 13.5 | 14.9 | 12.7 | 10.8 | 9.2 |
| 45-54 | 7.5 | 7.1 | 8.3 | 9.4 | 10.7 | 12.4 | 12.3 | 11.4 | 11.0 | 9.4 |
| 55-59 | 6.5 | 7.0 | 8.4 | 9.3 | 10.1 | 11.6 | 13.4 | 13.2 | 11.7 | 9.3 |
| 60-64 | 4.5 | 3.8 | 4.4 | 5.0 | 8.5 | 8.9 | 11.0 | 8.4 | 8.8 | 8.5 |
| 15-24 | 20.3 | 20.3 | 21.7 | 24.0 | 31.7 | 39.3 | 39.6 | 35.4 | 34.5 | 28.8 |
| 25-54 | 9.5 | 8.6 | 10.1 | 12.1 | 12.3 | 14.7 | 15.6 | 13.4 | 11.6 | 10.4 |
| 55-64 | 5.8 | 5.8 | 6.9 | 7.7 | 9.5 | 10.7 | 12.5 | 11.5 | 10.7 | 9.1 |
| 65 and over | 0.1 | 0.0 | 0.3 | 0.8 | 1.7 | 2.0 | 1.1 | 1.9 | 2.9 | 2.4 |
| 15-64 | 10.1 | 9.3 | 10.7 | 12.5 | 13.5 | 16.1 | 17.0 | 14.8 | 13.1 | 11.5 |
| Total | 9.5 | 8.7 | 10.1 | 11.9 | 13.0 | 15.5 | 16.4 | 14.3 | 12.7 | 11.2 |
| **All persons** | | | | | | | | | | |
| 15-24 | 16.7 | 16.7 | 20.3 | 22.8 | 30.3 | 37.9 | 38.1 | 34.8 | 32.0 | 28.0 |
| 25-54 | 7.7 | 7.2 | 9.2 | 10.7 | 11.9 | 14.7 | 15.5 | 12.7 | 11.2 | 10.0 |
| 55-64 | 6.5 | 6.6 | 7.6 | 8.9 | 10.8 | 12.7 | 13.7 | 13.5 | 12.5 | 11.0 |
| 65 and over | 0.2 | 0.2 | 0.3 | 0.5 | 1.0 | 1.6 | 1.3 | 1.8 | 2.5 | 2.0 |
| 15-64 | 8.5 | 8.0 | 10.0 | 11.4 | 13.3 | 16.3 | 17.0 | 14.5 | 12.9 | 11.5 |

*Note:* Detailed metadata at:http://metalinks.oecd.org/lfs/20180108/10b3
*Disclaimer:* http://oe.cd/disclaimer

## Table 3. Employment and employees: breakdown by activity - ISIC Rev. 4

*Annual average estimates*

| | | 2007 | 2008 | 2009 | 2010 | 2011 | 2012 | 2013 | 2014 | 2015 | 2016 |
|---|---|---|---|---|---|---|---|---|---|---|---|
| | **EMPLOYMENT** | | | | | | | | | | |
| | **By activity, thousands** | | | | | | | | | | |
| **A-U** | **All activities** | .. | **5 116.6** | **4 968.7** | **4 898.4** | **4 740.1** | **4 546.9** | **4 429.4** | **4 499.6** | **4 548.7** | **4 605.2** |
| A | Agriculture, hunting and forestry | 584.3 | 585.3 | 568.8 | 548.5 | 483.9 | 491.4 | 453.1 | 389.1 | 342.5 | 318.4 |
| **B-F** | **Industry** | **1 577.8** | **1 483.4** | **1 381.5** | **1 335.1** | **1 272.9** | **1 143.5** | **1 049.7** | **1 073.6** | **1 107.6** | **1 128.3** |
| B | Mining and quarrying | .. | 17.3 | 17.4 | 19.2 | 18.4 | 13.7 | 13.2 | 12.3 | 12.4 | 12.1 |
| C | Manufacturing | .. | 869.7 | 825.0 | 801.7 | 783.2 | 740.7 | 705.0 | 739.0 | 769.2 | 777.1 |
| D | Electricity, gas, steam, air cond. supply | .. | 22.6 | 21.1 | 15.8 | 18.4 | 17.9 | 15.9 | 15.2 | 19.0 | 18.4 |
| E | Water supply, sewerage, waste mgt, remediation | .. | 34.3 | 28.3 | 31.5 | 29.8 | 28.2 | 27.3 | 31.3 | 29.5 | 31.0 |
| F | Construction | .. | 539.6 | 489.8 | 466.8 | 423.1 | 343.1 | 288.4 | 275.8 | 277.5 | 289.9 |
| **G-U** | **Services** | **2 930.4** | **3 047.9** | **3 018.4** | **3 014.9** | **2 983.3** | **2 912.0** | **2 926.6** | **3 036.9** | **3 098.6** | **3 158.6** |
| G | Wholesale, retail trade, vehicle, motorcycle repair | .. | 750.0 | 744.7 | 719.0 | 692.8 | 659.9 | 644.0 | 669.7 | 702.3 | 702.4 |
| H | Transportation and storage | .. | 175.0 | 175.5 | 174.0 | 169.1 | 165.8 | 179.7 | 175.4 | 172.2 | 188.7 |
| I | Accommodation and food service activities | .. | 317.5 | 291.7 | 287.0 | 286.5 | 276.8 | 289.1 | 276.4 | 258.7 | 279.3 |
| J | Information and communication | .. | 91.0 | 90.6 | 103.5 | 80.3 | 84.2 | 89.5 | 106.2 | 103.5 | 110.6 |
| K | Financial and insurance activities | .. | 95.0 | 86.9 | 86.6 | 103.8 | 97.0 | 86.6 | 100.2 | 108.0 | 112.2 |
| L | Real estate activities | .. | 26.7 | 33.3 | 27.6 | 25.1 | 23.6 | 27.6 | 29.8 | 28.1 | 32.6 |
| M | Professional, scientific and technical activities | .. | 170.9 | 164.0 | 154.5 | 171.6 | 152.9 | 167.3 | 180.7 | 192.5 | 202.5 |
| N | Administrative and support service activities | .. | 132.5 | 135.5 | 152.8 | 139.3 | 144.8 | 141.8 | 161.1 | 153.7 | 152.8 |
| O | Public administration, defence, social security | .. | 334.7 | 327.2 | 307.2 | 305.8 | 289.1 | 291.8 | 316.1 | 306.4 | 288.0 |
| P | Education | .. | 341.9 | 355.7 | 366.1 | 363.2 | 368.0 | 354.9 | 357.2 | 380.0 | 380.8 |
| Q | Human health and social work activities | .. | 300.9 | 320.0 | 347.4 | 361.7 | 370.0 | 368.5 | 380.5 | 404.2 | 424.3 |
| R | Arts, entertainment and recreation | .. | 45.5 | 45.8 | 36.3 | 50.7 | 50.8 | 50.5 | 57.3 | 67.3 | 60.5 |
| S | Other service activities | .. | 89.1 | 94.8 | 102.4 | 94.0 | 93.1 | 103.0 | 107.0 | 103.3 | 108.2 |
| T | Households as employers and own-use activities | .. | 175.1 | 150.4 | 146.4 | 137.6 | 134.1 | 130.5 | 116.9 | 116.9 | 113.6 |
| U | Activities of extraterritorial organizations, bodies | .. | .. | .. | .. | .. | .. | .. | .. | .. | .. |
| | **EMPLOYEES** | | | | | | | | | | |
| | **By activity, thousands** | | | | | | | | | | |
| **A-U** | **All activities** | .. | **3 871.9** | **3 774.5** | **3 765.8** | **3 719.1** | **3 542.6** | **3 457.5** | **3 611.1** | **3 710.6** | **3 787.2** |
| A | Agriculture, hunting and forestry | .. | 87.4 | 81.3 | 82.3 | 82.5 | 82.9 | 84.7 | 84.6 | 79.5 | 86.6 |
| **B-F** | **Industry** | .. | **1 266.3** | **1 179.2** | **1 153.5** | **1 097.7** | **984.8** | **906.8** | **935.8** | **968.2** | **987.6** |
| B | Mining and quarrying | .. | 16.4 | 16.1 | 17.8 | 17.4 | 13.1 | 12.4 | 11.6 | 12.3 | 11.9 |
| C | Manufacturing | .. | 782.3 | 742.4 | 721.9 | 704.7 | 663.1 | 630.7 | 666.7 | 697.9 | 709.3 |
| D | Electricity, gas, steam, air cond. supply | .. | 22.0 | 20.5 | 15.3 | 17.5 | 17.7 | 15.8 | 14.6 | 18.7 | 18.3 |
| E | Water supply, sewerage, waste mgt, remediation | .. | 33.0 | 27.0 | 30.1 | 27.9 | 25.7 | 25.5 | 29.6 | 28.2 | 29.4 |
| F | Construction | .. | 412.6 | 373.3 | 368.4 | 330.3 | 265.3 | 222.5 | 213.3 | 211.1 | 218.8 |
| **G-U** | **Services** | .. | **2 518.2** | **2 514.1** | **2 530.0** | **2 539.0** | **2 474.9** | **2 466.0** | **2 590.7** | **2 663.0** | **2 713.0** |
| G | Wholesale, retail trade, vehicle, motorcycle repair | .. | 541.8 | 535.5 | 516.7 | 514.6 | 489.2 | 471.3 | 503.1 | 533.5 | 528.4 |
| H | Transportation and storage | .. | 149.6 | 159.7 | 156.9 | 153.7 | 150.8 | 161.6 | 158.2 | 155.5 | 170.6 |
| I | Accommodation and food service activities | .. | 221.9 | 213.1 | 217.0 | 216.6 | 206.9 | 216.1 | 205.5 | 197.1 | 215.5 |
| J | Information and communication | .. | 81.0 | 82.6 | 93.1 | 73.4 | 74.9 | 77.3 | 92.9 | 95.3 | 102.3 |
| K | Financial and insurance activities | .. | 88.9 | 82.6 | 78.2 | 97.3 | 89.6 | 79.0 | 91.4 | 98.9 | 103.3 |
| L | Real estate activities | .. | 18.6 | 23.4 | 21.8 | 18.1 | 16.8 | 20.7 | 20.8 | 20.1 | 23.8 |
| M | Professional, scientific and technical activities | .. | 116.3 | 111.1 | 106.2 | 112.1 | 96.4 | 104.4 | 123.4 | 132.2 | 138.3 |
| N | Administrative and support service activities | .. | 119.5 | 120.4 | 140.5 | 128.3 | 134.1 | 131.5 | 148.3 | 140.5 | 140.3 |
| O | Public administration, defence, social security | .. | 333.0 | 325.5 | 306.7 | 304.5 | 287.8 | 290.4 | 314.8 | 305.4 | 286.7 |
| P | Education | .. | 334.5 | 347.1 | 353.6 | 353.8 | 355.8 | 343.2 | 347.5 | 367.9 | 368.2 |
| Q | Human health and social work activities | .. | 284.5 | 301.9 | 325.1 | 343.7 | 350.8 | 348.7 | 359.0 | 383.2 | 403.8 |
| R | Arts, entertainment and recreation | .. | 36.4 | 33.8 | 30.2 | 39.1 | 39.1 | 40.4 | 47.8 | 55.5 | 48.7 |
| S | Other service activities | .. | 54.4 | 58.3 | 61.8 | 55.5 | 52.7 | 54.0 | 62.4 | 61.6 | 68.3 |
| T | Households as employers and own-use activities | .. | 135.9 | 116.9 | 118.4 | 126.6 | 128.1 | 125.9 | 113.2 | 114.6 | 112.7 |
| U | Activities of extraterritorial organizations, bodies | .. | .. | .. | .. | .. | .. | .. | .. | .. | .. |

*Note:* Detailed metadata:http://metalinks.oecd.org/lfs/20180108/56a2
*Disclaimer:* http://oe.cd/disclaimer

# SLOVAK REPUBLIC

## Table 1. Labour force

*Annual average estimates*

| | 2007 | 2008 | 2009 | 2010 | 2011 | 2012 | 2013 | 2014 | 2015 | 2016 |
|---|---|---|---|---|---|---|---|---|---|---|
| **Labour force, thousands** | | | | | | | | | | |
| All persons | 2 653 | 2 689 | 2 690 | 2 707 \| | 2 680 | 2 707 | 2 715 | 2 722 | 2 738 | 2 759 |
| Males | 1 467 | 1 488 | 1 497 | 1 497 \| | 1 496 | 1 507 | 1 506 | 1 510 | 1 505 | 1 511 |
| Females | 1 186 | 1 201 | 1 193 | 1 210 \| | 1 185 | 1 200 | 1 210 | 1 212 | 1 234 | 1 248 |
| **Unemployed, thousands** | | | | | | | | | | |
| All persons | 296 | 256 | 323 | 389 \| | 365 | 378 | 386 | 359 | 314 | 267 |
| Males | 145 | 124 | 170 | 213 \| | 204 | 204 | 210 | 194 | 155 | 133 |
| Females | 150 | 131 | 153 | 177 \| | 161 | 174 | 176 | 165 | 159 | 134 |
| **Employment, thousands** | | | | | | | | | | |
| All persons | 2 358 | 2 434 | 2 366 | 2 318 \| | 2 315 | 2 329 | 2 329 | 2 363 | 2 424 | 2 492 |
| Males | 1 322 | 1 364 | 1 326 | 1 285 \| | 1 292 | 1 303 | 1 295 | 1 316 | 1 349 | 1 378 |
| Females | 1 036 | 1 070 | 1 040 | 1 033 \| | 1 023 | 1 025 | 1 034 | 1 047 | 1 075 | 1 114 |
| **Employment (%)** | | | | | | | | | | |
| Males | 56.1 | 56.0 | 56.1 | 55.4 \| | 55.8 | 56.0 | 55.6 | 55.7 | 55.7 | 55.3 |
| Females | 43.9 | 44.0 | 43.9 | 44.6 \| | 44.2 | 44.0 | 44.4 | 44.3 | 44.3 | 44.7 |
| **Unemployment rate (% of labour force)** | | | | | | | | | | |
| All persons | 11.1 | 9.5 | 12.0 | 14.4 \| | 13.6 | 14.0 | 14.2 | 13.2 | 11.5 | 9.7 |
| Males | 9.9 | 8.4 | 11.4 | 14.2 \| | 13.6 | 13.5 | 14.0 | 12.8 | 10.3 | 8.8 |
| Females | 12.7 | 10.9 | 12.8 | 14.6 \| | 13.6 | 14.5 | 14.5 | 13.6 | 12.9 | 10.8 |
| **EMPLOYMENT - PROFESSIONAL STATUS, thousands** | | | | | | | | | | |
| **All activities** | **2 358** | **2 434** | **2 366** | **2 318 \|** | **2 315** | **2 329** | **2 329** | **2 363** | **2 424** | **2 492** |
| Employees | 2 043 | 2 093 | 1 995 | 1 946 \| | 1 946 | 1 969 | 1 966 | 1 999 | 2 056 | 2 107 |
| Employers and persons working on own account | 302 | 332 | 368 | 367 \| | 367 | 359 | 361 | 362 | 364 | 382 |
| Unpaid family workers | .. | .. | 3 | .. | .. | .. | .. | .. | 4 | .. |
| **Employees as % of employment** | **86.7** | **86.0** | **84.3** | **84.0 \|** | **84.0** | **84.5** | **84.4** | **84.6** | **84.8** | **84.6** |
| **Part-time employment (%)** | | | | | | | | | | |
| Part-time as % of employment | 2.4 | 2.6 | 2.9 | 3.7 | 4.0 | 3.8 | 4.3 | 4.9 | 5.7 | 5.8 |
| Male share of part time employment | 26.0 | 32.9 | 41.0 | 41.4 | 38.4 | 40.6 | 42.0 | 41.8 | 40.1 | 41.0 |
| Female share of part time employment | 74.0 | 67.1 | 59.0 | 58.6 | 61.6 | 59.4 | 58.0 | 58.2 | 59.9 | 59.0 |
| Male part-time as % of male employment | 1.1 | 1.5 | 2.1 | 2.7 | 2.7 | 2.7 | 3.3 | 3.7 | 4.1 | 4.2 |
| Female part-time as % of female employment | 4.0 | 4.0 | 4.0 | 4.8 | 5.6 | 5.1 | 5.6 | 6.4 | 7.8 | 7.6 |
| **Duration of unemployment (% of total unemployment)** | | | | | | | | | | |
| Less than one month | 5.6 | 7.5 | 11.3 | 6.6 | 5.9 | 6.6 | 6.2 | 6.4 | 9.9 | 10.6 |
| More than 1 month and less than 3 months | 5.4 | 6.0 | 10.2 | 6.4 | 6.4 | 6.6 | 5.9 | 6.2 | 7.5 | 9.4 |
| More than 3 months and less than 6 months | 6.7 | 7.9 | 11.7 | 9.5 | 8.6 | 8.4 | 7.9 | 7.4 | 8.4 | 9.3 |
| More than 6 months and less than 1 year | 11.5 | 12.6 | 15.9 | 18.2 | 15.1 | 14.6 | 13.5 | 13.2 | 11.9 | 14.1 |
| More than 1 year | 70.8 | 66.0 | 50.9 | 59.3 | 64.0 | 63.7 | 66.6 | 66.8 | 62.3 | 56.6 |

*Note:* Detailed metadata: http://metalinks.oecd.org/lfs/20180108/3f31, http://metalinks.oecd.org/lfs/20180108/56a2, http://metalinks.oecd.org/lfs/20180108/0c8f and http://metalinks.oecd.org/lfs/20180108/c1bc.

*Disclaimer:* http://oe.cd/disclaimer

# SLOVAK REPUBLIC

## Table 2. Participation rates and unemployment rates by age and sex

*Annual average estimates, percentage*

| | 2007 | 2008 | 2009 | 2010 | 2011 | 2012 | 2013 | 2014 | 2015 | 2016 |
|---|---|---|---|---|---|---|---|---|---|---|
| **Participation rates** | | | | | | | | | | |
| **Males** | | | | | | | | | | |
| 15-19 | 9.2 | 9.1 | 8.3 | 6.9 | 7.8 | 7.9 | 7.4 | 8.0 | 7.3 | 8.8 |
| 20-24 | 65.5 | 63.4 | 62.7 | 62.1 | 62.7 | 61.7 | 62.4 | 62.0 | 63.0 | 65.2 |
| 25-34 | 94.6 | 94.9 | 94.9 | 94.2 | 94.0 | 94.7 | 94.9 | 94.8 | 94.7 | 94.5 |
| 35-44 | 94.8 | 95.1 | 95.0 | 94.7 | 95.3 | 95.3 | 95.0 | 96.0 | 95.1 | 95.1 |
| 45-54 | 89.3 | 90.1 | 90.5 | 89.6 | 90.9 | 91.0 | 90.5 | 90.7 | 90.5 | 90.2 |
| 55-59 | 77.1 | 79.1 | 78.3 | 81.0 | 80.9 | 82.0 | 81.9 | 82.1 | 81.5 | 81.8 |
| 60-64 | 27.1 | 31.4 | 30.6 | 29.9 | 29.4 | 33.1 | 32.8 | 32.0 | 32.8 | 36.9 |
| 15-24 | 38.7 | 37.7 | 37.0 | 36.2 | 37.2 | 37.1 | 37.6 | 38.1 | 38.3 | 39.8 |
| 25-54 | 93.0 | 93.4 | 93.6 | 92.9 | 93.5 | 93.8 | 93.6 | 94.0 | 93.6 | 93.5 |
| 55-64 | 56.9 | 60.0 | 58.8 | 59.9 | 58.7 | 60.3 | 59.5 | 58.9 | 58.4 | 60.1 |
| 65 and over | 1.5 | 2.8 | 2.5 | 2.8 | 2.9 | 2.8 | 2.8 | 3.3 | 4.2 | 3.8 |
| 15-64 | 75.8 | 76.4 | 76.3 | 76.0 | 76.6 | 77.1 | 77.2 | 77.6 | 77.5 | 78.3 |
| **Females** | | | | | | | | | | |
| 15-19 | 7.0 | 5.3 | 4.8 | 5.7 | 5.2 | 5.5 | 4.8 | 4.6 | 5.3 | 5.6 |
| 20-24 | 51.0 | 46.0 | 43.6 | 42.8 | 37.8 | 38.8 | 39.1 | 38.6 | 40.4 | 40.3 |
| 25-34 | 71.2 | 72.8 | 71.3 | 70.5 | 69.7 | 70.8 | 69.9 | 68.6 | 70.2 | 72.0 |
| 35-44 | 87.7 | 89.1 | 87.2 | 87.9 | 85.2 | 84.1 | 85.4 | 85.8 | 85.0 | 84.4 |
| 45-54 | 84.2 | 86.5 | 85.6 | 85.8 | 87.8 | 87.3 | 87.5 | 88.0 | 87.9 | 88.4 |
| 55-59 | 35.1 | 40.9 | 46.4 | 51.3 | 54.7 | 62.1 | 65.7 | 68.2 | 73.6 | 75.3 |
| 60-64 | 7.9 | 7.3 | 6.5 | 8.0 | 9.9 | 10.0 | 12.3 | 14.1 | 17.2 | 21.3 |
| 15-24 | 30.1 | 26.8 | 25.4 | 25.5 | 22.7 | 23.6 | 23.7 | 23.6 | 24.9 | 24.7 |
| 25-54 | 80.5 | 82.2 | 80.8 | 80.8 | 80.4 | 80.3 | 80.5 | 80.4 | 80.8 | 81.4 |
| 55-64 | 23.3 | 26.5 | 29.1 | 32.4 | 34.5 | 38.0 | 40.4 | 42.1 | 45.8 | 48.2 |
| 65 and over | 1.0 | 0.9 | 0.9 | 1.2 | 1.2 | 1.1 | 1.1 | 1.2 | 1.5 | 2.0 |
| 15-64 | 60.7 | 61.4 | 60.6 | 61.3 | 60.8 | 61.7 | 62.4 | 62.8 | 64.3 | 65.3 |
| **All persons** | | | | | | | | | | |
| 15-24 | 34.5 | 32.3 | 31.3 | 31.0 | 30.1 | 30.5 | 30.8 | 31.0 | 31.7 | 32.4 |
| 25-54 | 86.8 | 87.8 | 87.2 | 86.9 | 87.0 | 87.1 | 87.2 | 87.3 | 87.3 | 87.5 |
| 55-64 | 38.8 | 42.0 | 42.9 | 45.2 | 45.9 | 48.5 | 49.5 | 50.1 | 51.8 | 53.9 |
| 65 and over | 1.2 | 1.6 | 1.5 | 1.8 | 1.8 | 1.8 | 1.7 | 2.0 | 2.6 | 2.7 |
| 15-64 | 68.2 | 68.9 | 68.4 | 68.7 | 68.7 | 69.4 | 69.8 | 70.3 | 70.9 | 71.8 |
| **Unemployment rates** | | | | | | | | | | |
| **Males** | | | | | | | | | | |
| 15-19 | 42.7 | 37.4 | 49.1 | 60.2 | 67.6 | 65.0 | 62.1 | 51.2 | 49.6 | 43.9 |
| 20-24 | 17.4 | 15.6 | 25.4 | 32.2 | 29.5 | 31.7 | 32.3 | 27.2 | 23.6 | 17.1 |
| 25-34 | 9.0 | 8.3 | 11.4 | 14.9 | 14.5 | 13.5 | 15.1 | 15.3 | 10.2 | 9.1 |
| 35-44 | 8.7 | 6.6 | 9.2 | 10.8 | 9.6 | 10.3 | 9.7 | 8.2 | 8.0 | 6.6 |
| 45-54 | 7.9 | 7.3 | 9.1 | 10.8 | 10.5 | 10.2 | 11.5 | 10.7 | 9.0 | 7.4 |
| 55-59 | 8.3 | 6.2 | 7.0 | 11.1 | 12.0 | 13.0 | 12.4 | 11.1 | 8.9 | 9.3 |
| 60-64 | 4.9 | 2.5 | 4.2 | 3.9 | 6.0 | 4.8 | 4.9 | 5.6 | 6.5 | 6.2 |
| 15-24 | 20.3 | 18.1 | 27.9 | 34.7 | 33.2 | 35.0 | 34.9 | 29.5 | 25.8 | 19.8 |
| 25-54 | 8.6 | 7.5 | 10.0 | 12.4 | 11.8 | 11.5 | 12.2 | 11.5 | 9.1 | 7.7 |
| 55-64 | 7.7 | 5.5 | 6.4 | 9.6 | 10.7 | 11.0 | 10.6 | 9.7 | 8.2 | 8.4 |
| 65 and over | 2.1 | 2.1 | 1.5 | 4.0 | 0.0 | 2.0 | 4.7 | 7.8 | 2.7 | 2.0 |
| 15-64 | 9.8 | 8.4 | 11.4 | 14.3 | 13.7 | 13.6 | 14.0 | 12.9 | 10.4 | 8.8 |
| Total | 9.8 | 8.4 | 11.4 | 14.2 | 13.6 | 13.5 | 14.0 | 12.8 | 10.3 | 8.8 |
| **Females** | | | | | | | | | | |
| 15-19 | 50.4 | 48.4 | 61.1 | 63.7 | 66.6 | 59.3 | 62.8 | 65.7 | 58.3 | 46.8 |
| 20-24 | 16.1 | 16.9 | 23.2 | 28.3 | 29.9 | 29.4 | 28.5 | 26.7 | 24.4 | 24.0 |
| 25-34 | 13.1 | 11.7 | 13.2 | 14.2 | 15.3 | 18.3 | 17.4 | 16.2 | 14.4 | 11.9 |
| 35-44 | 10.8 | 9.9 | 11.4 | 13.5 | 11.8 | 11.1 | 12.0 | 11.1 | 11.6 | 9.1 |
| 45-54 | 11.8 | 9.5 | 10.8 | 12.2 | 10.6 | 11.0 | 11.7 | 11.2 | 10.7 | 8.4 |
| 55-59 | 9.0 | 8.7 | 10.4 | 12.0 | 9.6 | 12.2 | 12.9 | 12.6 | 11.2 | 11.0 |
| 60-64 | 9.4 | 7.2 | 6.4 | 2.8 | 5.5 | 6.7 | 4.4 | 6.8 | 7.9 | 5.0 |
| 15-24 | 19.9 | 19.9 | 26.5 | 32.0 | 33.8 | 32.5 | 31.6 | 30.1 | 27.5 | 26.3 |
| 25-54 | 11.9 | 10.3 | 11.8 | 13.3 | 12.5 | 13.4 | 13.6 | 12.7 | 12.2 | 9.7 |
| 55-64 | 9.1 | 8.5 | 10.0 | 11.0 | 9.1 | 11.6 | 11.6 | 11.7 | 10.6 | 9.7 |
| 65 and over | 3.4 | 0.9 | 1.0 | 4.2 | 6.0 | 5.6 | 3.0 | 4.1 | 1.6 | 3.0 |
| 15-64 | 12.6 | 11.1 | 12.9 | 14.6 | 13.6 | 14.5 | 14.6 | 13.7 | 12.9 | 10.8 |
| Total | 12.5 | 11.0 | 12.9 | 14.6 | 13.6 | 14.5 | 14.5 | 13.6 | 12.9 | 10.7 |
| **All persons** | | | | | | | | | | |
| 15-24 | 20.1 | 18.8 | 27.3 | 33.6 | 33.4 | 34.0 | 33.6 | 29.7 | 26.4 | 22.2 |
| 25-54 | 10.1 | 8.8 | 10.8 | 12.8 | 12.1 | 12.4 | 12.8 | 12.0 | 10.5 | 8.6 |
| 55-64 | 8.1 | 6.5 | 7.7 | 10.1 | 10.1 | 11.2 | 11.0 | 10.6 | 9.3 | 9.0 |
| 65 and over | 2.8 | 1.6 | 1.3 | 4.1 | 2.4 | 3.4 | 4.1 | 6.4 | 2.3 | 2.5 |
| 15-64 | 11.0 | 9.6 | 12.1 | 14.4 | 13.7 | 14.0 | 14.3 | 13.2 | 11.5 | 9.7 |

*Note:* Detailed metadata at:http://metalinks.oecd.org/lfs/20180108/10b3

*Disclaimer:* http://oe.cd/disclaimer

## Table 3. Employment and employees: breakdown by activity - ISIC Rev. 4

*Annual average estimates*

| | | 2007 | 2008 | 2009 | 2010 | 2011 | 2012 | 2013 | 2014 | 2015 | 2016 |
|---|---|---|---|---|---|---|---|---|---|---|---|
| **EMPLOYMENT** | | | | | | | | | | | |
| **By activity, thousands** | | | | | | | | | | | |
| **A-U** | **All activities** | .. | **2 433.8** | **2 366.3** | **2 317.5** | **2 315.3** | **2 329.0** | **2 329.3** | **2 363.0** | **2 424.0** | **2 492.1** |
| A | Agriculture, hunting and forestry | 99.3 | 96.3 | 84.9 | 75.0 | 71.3 | 75.4 | 77.1 | 82.7 | 77.1 | 72.0 |
| **B-F** | **Industry** | **928.2** | **976.6** | **897.4** | **860.1** | **867.8** | **874.1** | **834.4** | **837.4** | **875.1** | **908.6** |
| B | Mining and quarrying | .. | 14.1 | 10.8 | 13.9 | 11.6 | 12.7 | 11.5 | 9.6 | 12.0 | 11.0 |
| C | Manufacturing | .. | 639.9 | 565.5 | 530.0 | 560.7 | 570.3 | 539.5 | 550.4 | 598.3 | 610.3 |
| D | Electricity, gas, steam, air cond. supply | .. | 29.9 | 30.7 | 27.0 | 26.4 | 24.3 | 23.5 | 26.6 | 25.0 | 29.7 |
| E | Water supply, sewerage, waste mgt, remediation | .. | 35.2 | 33.4 | 31.1 | 28.2 | 26.1 | 27.1 | 27.6 | 26.2 | 28.2 |
| F | Construction | .. | 257.6 | 257.1 | 258.3 | 241.0 | 240.7 | 232.9 | 223.3 | 213.6 | 229.4 |
| **G-U** | **Services** | **1 330.2** | **1 360.9** | **1 384.0** | **1 382.5** | **1 376.3** | **1 379.5** | **1 417.8** | **1 443.0** | **1 471.8** | **1 511.6** |
| G | Wholesale, retail trade, vehicle, motorcycle repair | .. | 292.3 | 312.8 | 306.3 | 298.2 | 289.9 | 299.2 | 284.2 | 296.9 | 310.5 |
| H | Transportation and storage | .. | 158.4 | 151.3 | 145.4 | 150.3 | 157.0 | 148.5 | 152.0 | 161.4 | 163.6 |
| I | Accommodation and food service activities | .. | 107.6 | 107.2 | 103.6 | 99.1 | 97.2 | 112.6 | 119.2 | 114.8 | 113.9 |
| J | Information and communication | .. | 45.8 | 48.8 | 55.9 | 56.5 | 61.1 | 51.7 | 56.6 | 65.5 | 67.0 |
| K | Financial and insurance activities | .. | 55.5 | 50.0 | 47.8 | 51.9 | 51.9 | 52.4 | 50.9 | 39.4 | 46.8 |
| L | Real estate activities | .. | 13.0 | 13.0 | 13.8 | 10.6 | 16.0 | 18.4 | 14.8 | 13.3 | 16.2 |
| M | Professional, scientific and technical activities | .. | 76.5 | 81.9 | 75.4 | 76.3 | 72.1 | 70.7 | 76.5 | 73.0 | 79.0 |
| N | Administrative and support service activities | .. | 60.2 | 58.7 | 59.5 | 60.5 | 61.5 | 64.2 | 60.9 | 64.6 | 59.9 |
| O | Public administration, defence, social security | .. | 167.0 | 178.5 | 188.9 | 190.2 | 184.8 | 200.4 | 211.0 | 217.3 | 222.4 |
| P | Education | .. | 164.0 | 162.0 | 165.0 | 161.7 | 157.4 | 163.6 | 166.9 | 175.2 | 177.0 |
| Q | Human health and social work activities | .. | 151.2 | 149.8 | 157.1 | 157.5 | 161.3 | 164.1 | 175.6 | 181.0 | 181.5 |
| R | Arts, entertainment and recreation | .. | 24.6 | 28.9 | 26.8 | 26.3 | 28.2 | 30.6 | 37.7 | 34.7 | 34.1 |
| S | Other service activities | .. | 38.6 | 35.1 | 31.2 | 29.4 | 35.0 | 35.6 | 31.8 | 32.4 | 36.5 |
| T | Households as employers and own-use activities | .. | 5.7 | 5.1 | 4.8 | 6.4 | 5.4 | 5.3 | .. | .. | .. |
| U | Activities of extraterritorial organizations, bodies | .. | .. | .. | .. | .. | .. | .. | .. | .. | .. |
| **EMPLOYEES** | | | | | | | | | | | |
| **By activity, thousands** | | | | | | | | | | | |
| **A-U** | **All activities** | .. | **2 094.2** | **1 995.2** | **1 947.1** | **1 946.4** | **1 968.9** | **1 967.1** | **1 999.3** | **2 056.6** | **2 107.7** |
| A | Agriculture, hunting and forestry | .. | 78.6 | 69.1 | 60.1 | 54.1 | 62.6 | 63.8 | 64.5 | 59.4 | 57.6 |
| **B-F** | **Industry** | .. | **836.8** | **744.1** | **703.1** | **713.2** | **727.6** | **692.4** | **701.3** | **733.6** | **766.4** |
| B | Mining and quarrying | .. | 13.9 | 10.8 | 13.9 | 11.6 | 12.6 | 11.1 | 9.1 | 11.3 | 10.8 |
| C | Manufacturing | .. | 602.9 | 528.7 | 489.2 | 517.8 | 530.1 | 496.9 | 510.1 | 552.5 | 567.7 |
| D | Electricity, gas, steam, air cond. supply | .. | 28.1 | 29.9 | 26.3 | 25.2 | 23.3 | 21.5 | 24.4 | 22.8 | 27.2 |
| E | Water supply, sewerage, waste mgt, remediation | .. | 34.4 | 32.4 | 29.3 | 26.9 | 25.4 | 26.4 | 27.0 | 25.4 | 26.8 |
| F | Construction | .. | 157.6 | 142.4 | 144.5 | 131.6 | 136.3 | 136.6 | 130.8 | 121.5 | 133.9 |
| **G-U** | **Services** | .. | **1 178.8** | **1 182.0** | **1 184.0** | **1 179.1** | **1 178.7** | **1 210.9** | **1 233.5** | **1 263.7** | **1 283.7** |
| G | Wholesale, retail trade, vehicle, motorcycle repair | .. | 241.1 | 252.9 | 245.5 | 240.0 | 235.8 | 244.5 | 234.7 | 245.4 | 256.4 |
| H | Transportation and storage | .. | 141.6 | 135.1 | 130.7 | 136.4 | 142.0 | 133.6 | 135.0 | 145.8 | 148.4 |
| I | Accommodation and food service activities | .. | 94.1 | 89.9 | 87.1 | 84.9 | 87.7 | 98.4 | 102.4 | 96.6 | 96.5 |
| J | Information and communication | .. | 40.1 | 44.9 | 48.6 | 47.4 | 48.3 | 41.7 | 45.2 | 55.2 | 55.6 |
| K | Financial and insurance activities | .. | 44.2 | 39.8 | 35.9 | 40.5 | 39.7 | 38.3 | 38.9 | 28.5 | 33.0 |
| L | Real estate activities | .. | 10.4 | 10.0 | 10.9 | 7.9 | 12.1 | 13.8 | 11.0 | 10.6 | 12.4 |
| M | Professional, scientific and technical activities | .. | 45.4 | 45.3 | 43.5 | 42.3 | 39.1 | 37.3 | 41.3 | 42.6 | 46.1 |
| N | Administrative and support service activities | .. | 52.3 | 50.9 | 51.6 | 54.0 | 55.7 | 58.6 | 54.4 | 56.9 | 53.6 |
| O | Public administration, defence, social security | .. | 167.0 | 178.3 | 188.9 | 190.2 | 184.8 | 200.4 | 211.0 | 217.3 | 222.4 |
| P | Education | .. | 161.2 | 157.1 | 160.5 | 157.5 | 153.1 | 160.3 | 162.6 | 170.0 | 172.0 |
| Q | Human health and social work activities | .. | 139.9 | 134.3 | 140.7 | 137.8 | 140.5 | 141.3 | 149.6 | 147.4 | 141.7 |
| R | Arts, entertainment and recreation | .. | 19.1 | 24.1 | 22.4 | 22.2 | 23.1 | 24.6 | 29.1 | 28.3 | 26.7 |
| S | Other service activities | .. | 19.6 | 16.6 | 16.1 | 15.6 | 15.7 | 17.6 | 17.1 | 17.4 | 17.0 |
| T | Households as employers and own-use activities | .. | .. | .. | .. | .. | .. | .. | .. | .. | .. |
| U | Activities of extraterritorial organizations, bodies | .. | .. | .. | .. | .. | .. | .. | .. | .. | .. |

*Note:* Detailed metadata:http://metalinks.oecd.org/lfs/20180108/56a2
*Disclaimer:* http://oe.cd/disclaimer

# SLOVENIA

## Table 1. Labour force

*Annual average estimates*

| | 2007 | 2008 | 2009 | 2010 | 2011 | 2012 | 2013 | 2014 | 2015 | 2016 |
|---|---|---|---|---|---|---|---|---|---|---|
| **Labour force, thousands** | | | | | | | | | | |
| All persons | 1 035 | 1 042 | 1 042 | 1 041 | 1 019 | 1 013 | 1 008 | 1 015 | 1 008 | 995 |
| Males | 562 | 565 | 564 | 565 | 551 | 546 | 546 | 548 | 545 | 531 |
| Females | 473 | 476 | 478 | 476 | 468 | 468 | 462 | 467 | 463 | 464 |
| **Unemployed, thousands** | | | | | | | | | | |
| All persons | 50 | 46 | 61 | 75 | 83 | 90 | 102 | 98 | 90 | 80 |
| Males | 22 | 23 | 33 | 42 | 45 | 46 | 51 | 49 | 44 | 40 |
| Females | 28 | 23 | 28 | 33 | 38 | 44 | 50 | 49 | 46 | 40 |
| **Employment, thousands** | | | | | | | | | | |
| All persons | 985 | 996 | 981 | 966 | 936 | 924 | 906 | 917 | 917 | 915 |
| Males | 540 | 543 | 531 | 523 | 506 | 500 | 495 | 499 | 501 | 491 |
| Females | 446 | 453 | 450 | 443 | 430 | 424 | 411 | 417 | 417 | 424 |
| **Employment (%)** | | | | | | | | | | |
| Males | 54.8 | 54.5 | 54.1 | 54.2 | 54.1 | 54.1 | 54.6 | 54.5 | 54.6 | 53.7 |
| Females | 45.2 | 45.5 | 45.9 | 45.8 | 45.9 | 45.9 | 45.4 | 45.5 | 45.4 | 46.3 |
| **Unemployment rate (% of labour force)** | | | | | | | | | | |
| All persons | 4.8 | 4.4 | 5.8 | 7.2 | 8.2 | 8.8 | 10.1 | 9.7 | 9.0 | 8.0 |
| Males | 4.0 | 4.0 | 5.9 | 7.4 | 8.2 | 8.4 | 9.4 | 8.9 | 8.1 | 7.5 |
| Females | 5.8 | 4.8 | 5.8 | 7.0 | 8.2 | 9.4 | 10.9 | 10.6 | 10.0 | 8.6 |
| **EMPLOYMENT - PROFESSIONAL STATUS, thousands** | | | | | | | | | | |
| **All activities** | **985** | **996** | **981** | **966** | **936** | **924** | **906** | **917** | **917** | **915** |
| Employees | 828 | 855 | 822 | 799 | 778 | 774 | 753 | 746 | 766 | 785 |
| Employers and persons working on own account | 109 | 99 | 105 | 119 | 117 | 113 | 109 | 116 | 114 | 108 |
| Unpaid family workers | 47 | 42 | 54 | 47 | 40 | 37 | 43 | 54 | 37 | 22 |
| **Employees as % of employment** | **84.1** | **85.9** | **83.8** | **82.7** | **83.1** | **83.7** | **83.1** | **81.4** | **83.5** | **85.8** |
| **Part-time employment (%)** | | | | | | | | | | |
| Part-time as % of employment | 7.8 | 7.5 | 8.3 | 9.4 | 8.6 | 7.9 | 8.6 | 9.6 | 9.2 | 8.0 |
| Male share of part time employment | 43.8 | 41.7 | 42.7 | 41.5 | 42.0 | 40.5 | 40.9 | 40.5 | 40.2 | 35.2 |
| Female share of part time employment | 56.2 | 58.3 | 57.3 | 58.5 | 58.0 | 59.5 | 59.1 | 59.5 | 59.8 | 64.8 |
| Male part-time as % of male employment | 6.3 | 5.7 | 6.6 | 7.2 | 6.7 | 5.9 | 6.4 | 7.1 | 6.7 | 5.2 |
| Female part-time as % of female employment | 9.7 | 9.6 | 10.4 | 12.1 | 10.9 | 10.3 | 11.2 | 12.5 | 12.1 | 11.1 |
| **Duration of unemployment (% of total unemployment)** | | | | | | | | | | |
| Less than one month | 5.1 | 6.4 | 5.9 | 4.0 | 3.7 | 3.9 | 3.0 | 2.2 | 3.7 | 2.6 |
| More than 1 month and less than 3 months | 17.5 | 19.2 | 22.2 | 13.6 | 16.3 | 15.0 | 12.3 | 12.3 | 13.2 | 13.4 |
| More than 3 months and less than 6 months | 16.0 | 17.0 | 21.3 | 19.0 | 17.1 | 15.2 | 14.7 | 14.0 | 13.9 | 12.1 |
| More than 6 months and less than 1 year | 15.7 | 15.2 | 20.5 | 20.1 | 18.7 | 18.0 | 19.0 | 17.0 | 16.9 | 17.4 |
| More than 1 year | 45.7 | 42.2 | 30.1 | 43.3 | 44.2 | 47.9 | 51.0 | 54.5 | 52.3 | 54.5 |

*Note:* Detailed metadata: http://metalinks.oecd.org/lfs/20180108/2533, http://metalinks.oecd.org/lfs/20180108/56a2, http://metalinks.oecd.org/lfs/20180108/5206 and http://metalinks.oecd.org/lfs/20180108/247a.

*Disclaimer:* http://oe.cd/disclaimer

# SLOVENIA

## Table 2. Participation rates and unemployment rates by age and sex

*Annual average estimates, percentage*

| | 2007 | 2008 | 2009 | 2010 | 2011 | 2012 | 2013 | 2014 | 2015 | 2016 |
|---|---|---|---|---|---|---|---|---|---|---|
| **Participation rates** | | | | | | | | | | |
| **Males** | | | | | | | | | | |
| 15-19 | 23.1 | 20.9 | 19.1 | 18.3 | 17.8 | 12.4 | 13.7 | 14.8 | 16.0 | 9.7 |
| 20-24 | 68.0 | 68.0 | 64.7 | 63.3 | 59.8 | 57.5 | 55.5 | 55.1 | 59.4 | 60.6 |
| 25-34 | 93.3 | 93.8 | 92.9 | 92.6 | 92.8 | 93.2 | 92.6 | 92.5 | 92.9 | 92.1 |
| 35-44 | 94.4 | 94.1 | 93.7 | 94.4 | 94.2 | 95.1 | 95.6 | 95.2 | 95.8 | 94.6 |
| 45-54 | 86.5 | 87.1 | 87.5 | 88.5 | 88.6 | 89.0 | 89.6 | 89.3 | 90.1 | 89.0 |
| 55-59 | 62.9 | 62.4 | 61.9 | 61.7 | 59.3 | 62.0 | 62.2 | 64.0 | 67.0 | 66.3 |
| 60-64 | 22.6 | 21.1 | 26.8 | 27.4 | 21.5 | 21.0 | 25.0 | 26.0 | 23.2 | 24.8 |
| 15-24 | 47.6 | 47.7 | 45.4 | 44.4 | 42.0 | 38.1 | 37.1 | 36.6 | 38.9 | 36.8 |
| 25-54 | 91.3 | 91.6 | 91.3 | 91.7 | 91.8 | 92.4 | 92.6 | 92.2 | 92.9 | 92.0 |
| 55-64 | 46.7 | 46.4 | 48.2 | 47.5 | 42.7 | 43.6 | 45.1 | 45.7 | 46.4 | 47.1 |
| 65 and over | 12.0 | 8.5 | 10.7 | 10.4 | 8.6 | 6.9 | 7.2 | 9.1 | 5.8 | 4.4 |
| 15-64 | 75.8 | 75.8 | 75.6 | 75.4 | 73.9 | 73.7 | 74.2 | 74.3 | 75.4 | 74.5 |
| **Females** | | | | | | | | | | |
| 15-19 | 14.7 | 16.7 | 16.0 | 15.9 | 12.3 | 9.0 | 10.7 | 13.1 | 12.9 | 7.8 |
| 20-24 | 53.9 | 55.0 | 52.1 | 50.8 | 48.8 | 48.5 | 46.9 | 45.3 | 47.4 | 49.0 |
| 25-34 | 88.8 | 89.2 | 87.7 | 88.5 | 89.1 | 87.6 | 86.5 | 83.6 | 86.3 | 87.1 |
| 35-44 | 92.1 | 91.9 | 91.4 | 92.8 | 92.2 | 92.8 | 92.0 | 93.3 | 91.8 | 92.2 |
| 45-54 | 81.5 | 84.7 | 85.1 | 83.7 | 84.3 | 87.1 | 87.7 | 87.8 | 87.5 | 87.4 |
| 55-59 | 31.0 | 30.3 | 36.3 | 35.5 | 34.9 | 39.8 | 40.8 | 46.7 | 52.3 | 56.0 |
| 60-64 | 12.6 | 11.7 | 11.7 | 13.2 | 10.7 | 10.5 | 10.5 | 13.5 | 11.7 | 13.7 |
| 15-24 | 35.4 | 37.4 | 35.8 | 34.8 | 32.3 | 30.0 | 30.2 | 30.4 | 31.7 | 30.6 |
| 25-54 | 87.3 | 88.5 | 87.9 | 88.1 | 88.4 | 89.1 | 88.7 | 88.3 | 88.6 | 88.9 |
| 55-64 | 23.1 | 22.2 | 25.6 | 25.5 | 23.7 | 26.5 | 27.0 | 31.1 | 32.9 | 35.2 |
| 65 and over | 6.7 | 4.9 | 5.6 | 5.2 | 4.8 | 3.7 | 3.5 | 5.1 | 3.1 | 2.4 |
| 15-64 | 66.6 | 67.5 | 67.9 | 67.4 | 66.5 | 66.9 | 66.6 | 67.2 | 67.9 | 68.6 |
| **All persons** | | | | | | | | | | |
| 15-24 | 41.8 | 42.9 | 40.9 | 39.9 | 37.4 | 34.4 | 33.8 | 33.6 | 35.3 | 33.7 |
| 25-54 | 89.3 | 90.1 | 89.6 | 90.0 | 90.1 | 90.8 | 90.7 | 90.3 | 90.8 | 90.5 |
| 55-64 | 34.6 | 34.2 | 36.9 | 36.5 | 33.3 | 35.1 | 36.0 | 38.4 | 39.7 | 41.2 |
| 65 and over | 8.8 | 6.4 | 7.6 | 7.3 | 6.3 | 5.0 | 5.0 | 6.7 | 4.2 | 3.2 |
| 15-64 | 71.3 | 71.8 | 71.8 | 71.5 | 70.3 | 70.4 | 70.5 | 70.9 | 71.8 | 71.6 |
| **Unemployment rates** | | | | | | | | | | |
| **Males** | | | | | | | | | | |
| 15-19 | 8.4 | 8.4 | 17.5 | 16.7 | 14.4 | 20.8 | 13.8 | 15.6 | 15.9 | 0.0 |
| 20-24 | 9.6 | 10.2 | 13.0 | 14.9 | 15.1 | 20.2 | 21.3 | 20.3 | 18.1 | 16.2 |
| 25-34 | 4.3 | 4.1 | 7.5 | 9.7 | 9.7 | 10.3 | 11.5 | 12.0 | 10.4 | 9.8 |
| 35-44 | 2.3 | 2.8 | 4.1 | 6.0 | 6.5 | 6.0 | 6.8 | 5.8 | 5.4 | 5.9 |
| 45-54 | 3.7 | 2.8 | 4.3 | 5.6 | 6.7 | 6.5 | 8.6 | 7.2 | 6.2 | 5.3 |
| 55-59 | 3.5 | 4.1 | 4.4 | 4.4 | 8.5 | 7.5 | 7.8 | 9.5 | 7.6 | 7.2 |
| 60-64 | 0.8 | 1.5 | 1.5 | 3.3 | 3.7 | 3.3 | 6.2 | 6.0 | 9.9 | 8.1 |
| 15-24 | 9.4 | 9.9 | 13.8 | 15.2 | 15.0 | 20.3 | 20.1 | 19.4 | 17.7 | 15.6 |
| 25-54 | 3.4 | 3.3 | 5.3 | 7.1 | 7.6 | 7.6 | 8.9 | 8.3 | 7.3 | 6.9 |
| 55-64 | 3.0 | 3.6 | 3.8 | 4.2 | 7.5 | 6.6 | 7.4 | 8.6 | 8.1 | 7.5 |
| 65 and over | 0.0 | 0.0 | 0.0 | 0.0 | 0.0 | 0.0 | 0.0 | 0.0 | 0.0 | 0.0 |
| 15-64 | 4.1 | 4.1 | 6.1 | 7.6 | 8.3 | 8.5 | 9.6 | 9.1 | 8.2 | 7.6 |
| Total | 4.0 | 4.0 | 5.9 | 7.4 | 8.2 | 8.4 | 9.4 | 8.9 | 8.0 | 7.5 |
| **Females** | | | | | | | | | | |
| 15-19 | 12.1 | 12.0 | 11.4 | 13.5 | 15.8 | 17.5 | 16.4 | 18.6 | 13.8 | 0.0 |
| 20-24 | 11.0 | 11.1 | 13.9 | 13.9 | 17.0 | 21.6 | 25.1 | 21.9 | 14.8 | 14.8 |
| 25-34 | 8.4 | 6.1 | 8.3 | 10.1 | 11.4 | 13.4 | 16.3 | 17.1 | 14.9 | 13.3 |
| 35-44 | 3.9 | 3.2 | 4.2 | 4.9 | 5.8 | 7.0 | 7.2 | 8.0 | 9.0 | 7.5 |
| 45-54 | 4.4 | 3.4 | 3.8 | 5.4 | 6.6 | 6.9 | 8.5 | 7.2 | 7.4 | 6.1 |
| 55-59 | 4.7 | 5.1 | 3.6 | 4.2 | 4.6 | 5.9 | 6.9 | 7.8 | 7.4 | 4.9 |
| 60-64 | 1.0 | 4.0 | 1.5 | 1.5 | 1.7 | 3.1 | 3.6 | 1.9 | 6.1 | 0.0 |
| 15-24 | 11.2 | 11.3 | 13.4 | 13.8 | 16.8 | 21.0 | 23.7 | 21.3 | 14.6 | 14.7 |
| 25-54 | 5.6 | 4.2 | 5.4 | 6.8 | 7.9 | 9.0 | 10.6 | 10.5 | 10.2 | 8.7 |
| 55-64 | 3.8 | 4.8 | 3.2 | 3.6 | 4.0 | 5.4 | 6.3 | 6.6 | 7.2 | 5.1 |
| 65 and over | 0.0 | 0.0 | 0.0 | 0.0 | 0.0 | 0.0 | 0.0 | 0.0 | 0.0 | 0.0 |
| 15-64 | 6.0 | 4.9 | 5.9 | 7.2 | 8.3 | 9.5 | 11.1 | 10.8 | 10.2 | 8.7 |
| Total | 5.8 | 4.8 | 5.8 | 7.0 | 8.2 | 9.4 | 10.9 | 10.5 | 10.0 | 8.6 |
| **All persons** | | | | | | | | | | |
| 15-24 | 10.1 | 10.4 | 13.6 | 14.7 | 15.7 | 20.6 | 21.6 | 20.2 | 16.3 | 15.2 |
| 25-54 | 4.5 | 3.7 | 5.3 | 7.0 | 7.8 | 8.3 | 9.7 | 9.3 | 8.7 | 7.7 |
| 55-64 | 3.3 | 4.0 | 3.6 | 4.0 | 6.3 | 6.2 | 7.0 | 7.8 | 7.8 | 6.5 |
| 65 and over | 0.0 | 0.0 | 0.0 | 0.0 | 0.0 | 0.0 | 0.0 | 0.0 | 0.0 | 0.0 |
| 15-64 | 5.0 | 4.5 | 6.0 | 7.4 | 8.3 | 9.0 | 10.3 | 9.9 | 9.1 | 8.1 |

*Note:* Detailed metadata at:http://metalinks.oecd.org/lfs/20180108/10b3
*Disclaimer:* http://oe.cd/disclaimer

## Table 3. Employment and employees: breakdown by activity - ISIC Rev. 4

*Annual average estimates*

| | | 2007 | 2008 | 2009 | 2010 | 2011 | 2012 | 2013 | 2014 | 2015 | 2016 |
|---|---|---|---|---|---|---|---|---|---|---|---|
| | **EMPLOYMENT** | | | | | | | | | | |
| | **By activity, thousands** | | | | | | | | | | |
| **A-U** | **All activities** | .. | **996.1** | **980.7** | **966.1** | **936.1** | **923.8** | **905.9** | **916.7** | **917.5** | **915.0** |
| A | Agriculture, hunting and forestry | 96.4 | 85.2 | 89.0 | 84.8 | 80.1 | 77.1 | 76.6 | 87.7 | 64.2 | 45.6 |
| **B-F** | **Industry** | **343.4** | **348.2** | **323.5** | **313.5** | **295.0** | **284.6** | **279.7** | **281.9** | **290.1** | **301.1** |
| B | Mining and quarrying | .. | 3.8 | 4.0 | 4.1 | 4.8 | 4.3 | 4.2 | 2.9 | 3.1 | 2.8 |
| C | Manufacturing | .. | 260.2 | 237.7 | 234.0 | 216.7 | 206.5 | 203.2 | 206.4 | 214.7 | 229.8 |
| D | Electricity, gas, steam, air cond. supply | .. | 9.8 | 8.2 | 7.5 | 9.2 | 9.0 | 9.0 | 11.2 | 10.2 | 8.3 |
| E | Water supply, sewerage, waste mgt, remediation | .. | 8.0 | 10.1 | 9.9 | 10.2 | 10.2 | 9.5 | 9.4 | 9.2 | 9.4 |
| F | Construction | .. | 66.5 | 63.5 | 58.1 | 54.2 | 54.7 | 53.9 | 52.0 | 52.9 | 50.9 |
| **G-U** | **Services** | **545.5** | **562.7** | **568.2** | **567.8** | **561.1** | **562.1** | **549.6** | **547.1** | **563.2** | **568.3** |
| G | Wholesale, retail trade, vehicle, motorcycle repair | .. | 119.3 | 120.8 | 116.5 | 112.8 | 111.5 | 115.5 | 109.9 | 111.4 | 116.9 |
| H | Transportation and storage | .. | 57.0 | 57.2 | 51.7 | 52.7 | 51.8 | 48.9 | 42.2 | 45.3 | 48.4 |
| I | Accommodation and food service activities | .. | 43.4 | 41.1 | 46.5 | 42.7 | 39.9 | 37.9 | 40.4 | 46.5 | 40.8 |
| J | Information and communication | .. | 28.8 | 31.1 | 32.3 | 29.9 | 27.0 | 29.0 | 30.8 | 33.5 | 30.5 |
| K | Financial and insurance activities | .. | 24.0 | 27.2 | 26.1 | 29.3 | 31.3 | 25.4 | 23.9 | 23.2 | 22.0 |
| L | Real estate activities | .. | 2.5 | 2.7 | 2.5 | 3.3 | 2.7 | 3.7 | 3.1 | 2.2 | 2.0 |
| M | Professional, scientific and technical activities | .. | 39.9 | 40.6 | 42.3 | 41.9 | 45.0 | 42.5 | 44.7 | 42.1 | 44.1 |
| N | Administrative and support service activities | .. | 22.2 | 22.7 | 21.1 | 20.6 | 22.1 | 20.9 | 23.4 | 19.9 | 23.2 |
| O | Public administration, defence, social security | .. | 57.2 | 60.8 | 59.3 | 58.6 | 61.5 | 54.8 | 57.1 | 55.4 | 55.2 |
| P | Education | .. | 74.5 | 72.8 | 76.9 | 78.6 | 80.1 | 77.8 | 76.2 | 80.6 | 82.0 |
| Q | Human health and social work activities | .. | 55.5 | 54.0 | 56.0 | 54.9 | 53.4 | 55.5 | 57.4 | 59.7 | 67.0 |
| R | Arts, entertainment and recreation | .. | 18.6 | 17.5 | 18.1 | 17.9 | 16.7 | 18.6 | 17.6 | 18.2 | 15.8 |
| S | Other service activities | .. | 14.6 | 14.6 | 14.3 | 13.1 | 14.0 | 14.4 | 15.2 | 14.0 | 13.2 |
| T | Households as employers and own-use activities | .. | .. | .. | .. | .. | .. | .. | .. | .. | .. |
| U | Activities of extraterritorial organizations, bodies | .. | .. | .. | .. | .. | .. | .. | .. | .. | .. |
| | **EMPLOYEES** | | | | | | | | | | |
| | **By activity, thousands** | | | | | | | | | | |
| **A-U** | **All activities** | .. | **855.4** | **821.9** | **799.3** | **778.7** | **773.8** | **753.0** | **746.5** | **766.1** | **785.1** |
| A | Agriculture, hunting and forestry | .. | 12.9 | 10.5 | 9.4 | 9.9 | 10.0 | 8.8 | 8.7 | 8.7 | 7.8 |
| **B-F** | **Industry** | .. | **324.8** | **295.8** | **283.2** | **267.1** | **258.2** | **255.0** | **254.9** | **261.7** | **274.0** |
| B | Mining and quarrying | .. | 3.8 | 3.9 | 4.1 | 4.8 | 4.2 | 4.2 | 2.9 | 3.0 | 2.8 |
| C | Manufacturing | .. | 248.0 | 223.5 | 216.4 | 201.8 | 193.4 | 190.6 | 192.2 | 199.7 | 214.9 |
| D | Electricity, gas, steam, air cond. supply | .. | 9.7 | 8.0 | 7.3 | 9.1 | 8.9 | 8.8 | 10.9 | 10.1 | 8.1 |
| E | Water supply, sewerage, waste mgt, remediation | .. | 7.9 | 10.1 | 9.8 | 9.9 | 10.0 | 9.3 | 9.2 | 9.1 | 9.3 |
| F | Construction | .. | 55.5 | 50.3 | 45.6 | 41.6 | 41.6 | 42.1 | 39.7 | 39.8 | 39.0 |
| **G-U** | **Services** | .. | **517.8** | **515.6** | **506.8** | **501.8** | **505.7** | **489.3** | **482.9** | **495.7** | **503.4** |
| G | Wholesale, retail trade, vehicle, motorcycle repair | .. | 109.7 | 108.4 | 102.0 | 98.1 | 99.5 | 101.1 | 95.4 | 94.5 | 101.9 |
| H | Transportation and storage | .. | 49.9 | 51.1 | 45.3 | 45.9 | 45.4 | 43.0 | 36.8 | 40.5 | 43.2 |
| I | Accommodation and food service activities | .. | 38.3 | 34.3 | 39.4 | 37.3 | 33.1 | 31.8 | 34.3 | 39.3 | 34.7 |
| J | Information and communication | .. | 26.5 | 26.4 | 27.9 | 26.9 | 23.8 | 25.0 | 25.2 | 28.0 | 26.5 |
| K | Financial and insurance activities | .. | 23.4 | 26.2 | 24.9 | 27.8 | 29.7 | 24.2 | 22.8 | 22.6 | 21.5 |
| L | Real estate activities | .. | 2.1 | 2.0 | 1.8 | 2.6 | 2.1 | 3.1 | 2.7 | .. | 1.5 |
| M | Professional, scientific and technical activities | .. | 31.2 | 31.6 | 29.0 | 28.9 | 32.9 | 30.5 | 29.9 | 27.0 | 27.0 |
| N | Administrative and support service activities | .. | 20.7 | 20.8 | 19.5 | 17.7 | 19.9 | 18.7 | 20.0 | 17.4 | 20.8 |
| O | Public administration, defence, social security | .. | 57.1 | 60.4 | 58.9 | 58.3 | 61.0 | 54.2 | 56.9 | 55.3 | 54.9 |
| P | Education | .. | 73.9 | 71.6 | 75.1 | 76.6 | 78.7 | 76.6 | 74.5 | 78.9 | 79.7 |
| Q | Human health and social work activities | .. | 53.9 | 51.8 | 53.4 | 53.1 | 51.7 | 53.6 | 55.9 | 58.3 | 64.5 |
| R | Arts, entertainment and recreation | .. | 16.1 | 15.6 | 15.3 | 15.0 | 14.3 | 14.3 | 14.2 | 14.1 | 12.0 |
| S | Other service activities | .. | 9.9 | 10.7 | 10.5 | 9.1 | 8.8 | 8.9 | 9.4 | 8.6 | 9.1 |
| T | Households as employers and own-use activities | .. | .. | .. | .. | .. | .. | .. | .. | .. | .. |
| U | Activities of extraterritorial organizations, bodies | .. | .. | .. | .. | .. | .. | .. | .. | .. | .. |

*Note:* Detailed metadata:http://metalinks.oecd.org/lfs/20180108/56a2
*Disclaimer:* http://oe.cd/disclaimer

# SPAIN

## Table 1. Labour force

*Annual average estimates*

| | 2007 | 2008 | 2009 | 2010 | 2011 | 2012 | 2013 | 2014 | 2015 | 2016 |
|---|---|---|---|---|---|---|---|---|---|---|
| **Labour force, thousands** | | | | | | | | | | |
| All persons | 22 426 | 23 066 | 23 260 | 23 365 | 23 434 | 23 444 | 23 190 | 22 955 | 22 922 | 22 823 |
| Males | 12 894 | 13 125 | 13 033 | 12 959 | 12 858 | 12 740 | 12 521 | 12 359 | 12 320 | 12 214 |
| Females | 9 532 | 9 941 | 10 228 | 10 405 | 10 576 | 10 704 | 10 669 | 10 595 | 10 602 | 10 609 |
| **Unemployed, thousands** | | | | | | | | | | |
| All persons | 1 846 | 2 596 | 4 154 | 4 640 | 5 013 | 5 811 | 6 051 | 5 610 | 5 056 | 4 481 |
| Males | 826 | 1 320 | 2 300 | 2 536 | 2 706 | 3 131 | 3 206 | 2 917 | 2 559 | 2 213 |
| Females | 1 020 | 1 276 | 1 854 | 2 104 | 2 307 | 2 680 | 2 846 | 2 694 | 2 497 | 2 268 |
| **Employment, thousands** | | | | | | | | | | |
| All persons | 20 580 | 20 470 | 19 107 | 18 724 | 18 421 | 17 633 | 17 139 | 17 344 | 17 866 | 18 342 |
| Males | 12 067 | 11 805 | 10 733 | 10 424 | 10 152 | 9 608 | 9 316 | 9 443 | 9 760 | 10 001 |
| Females | 8 513 | 8 665 | 8 374 | 8 301 | 8 269 | 8 025 | 7 823 | 7 902 | 8 106 | 8 341 |
| **Employment (%)** | | | | | | | | | | |
| Males | 58.6 | 57.7 | 56.2 | 55.7 | 55.1 | 54.5 | 54.4 | 54.4 | 54.6 | 54.5 |
| Females | 41.4 | 42.3 | 43.8 | 44.3 | 44.9 | 45.5 | 45.6 | 45.6 | 45.4 | 45.5 |
| **Unemployment rate (% of labour force)** | | | | | | | | | | |
| All persons | 8.2 | 11.2 | 17.9 | 19.9 | 21.4 | 24.8 | 26.1 | 24.4 | 22.1 | 19.6 |
| Males | 6.4 | 10.1 | 17.6 | 19.6 | 21.0 | 24.6 | 25.6 | 23.6 | 20.8 | 18.1 |
| Females | 10.7 | 12.8 | 18.1 | 20.2 | 21.8 | 25.0 | 26.7 | 25.4 | 23.5 | 21.4 |
| **EMPLOYMENT - PROFESSIONAL STATUS, thousands** | | | | | | | | | | |
| **All activities** | **20 580** | **20 470** | **19 107** | **18 724** | **18 421** | **17 633** | **17 139** | **17 344** | **17 866** | **18 342** |
| Employees | 16 966 | 16 859 | 15 878 | 15 588 | 15 390 | 14 569 | 14 065 | 14 283 | 14 771 | 15 226 |
| Employers and persons working on own account | 3 381 | 3 387 | 3 042 | 2 970 | 2 882 | 2 928 | 2 946 | 2 948 | 2 987 | 3 019 |
| Unpaid family workers | 221 | 210 | 173 | 153 | 138 | 123 | 115 | 103 | 100 | 88 |
| **Employees as % of employment** | **82.4** | **82.4** | **83.1** | **83.2** | **83.5** | **82.6** | **82.1** | **82.4** | **82.7** | **83.0** |
| **Part-time employment (%)** | | | | | | | | | | |
| Part-time as % of employment | 10.5 | 10.9 | 11.6 | 12.2 | 12.7 | 13.6 | 14.7 | 14.7 | 14.5 | 14.1 |
| Male share of part time employment | 20.0 | 19.8 | 21.2 | 22.1 | 23.6 | 24.0 | 26.6 | 26.0 | 26.7 | 27.2 |
| Female share of part time employment | 80.0 | 80.2 | 78.8 | 77.9 | 76.4 | 76.0 | 73.4 | 74.0 | 73.3 | 72.8 |
| Male part-time as % of male employment | 3.6 | 3.8 | 4.4 | 4.9 | 5.4 | 6.0 | 7.3 | 7.1 | 7.2 | 7.1 |
| Female part-time as % of female employment | 20.1 | 20.4 | 20.7 | 21.2 | 21.4 | 22.4 | 23.4 | 23.6 | 23.1 | 22.3 |
| **Duration of unemployment (% of total unemployment)** | | | | | | | | | | |
| Less than one month | 18.6 | 16.0 | 9.6 | 7.5 | 7.4 | 6.3 | 5.8 | 5.9 | 6.5 | 7.5 |
| More than 1 month and less than 3 months | 28.5 | 29.7 | 21.7 | 17.6 | 16.2 | 15.0 | 13.3 | 13.4 | 14.5 | 15.7 |
| More than 3 months and less than 6 months | 18.1 | 20.6 | 22.1 | 17.2 | 16.2 | 15.3 | 13.9 | 12.8 | 13.0 | 13.9 |
| More than 6 months and less than 1 year | 14.4 | 15.7 | 22.8 | 21.1 | 18.6 | 19.0 | 17.3 | 15.0 | 14.4 | 14.5 |
| More than 1 year | 20.4 | 18.0 | 23.8 | 36.6 | 41.6 | 44.4 | 49.7 | 52.8 | 51.6 | 48.4 |

*Note:* Detailed metadata: http://metalinks.oecd.org/lfs/20180108/fc50, http://metalinks.oecd.org/lfs/20180108/56a2, http://metalinks.oecd.org/lfs/20180108/7e89 and http://metalinks.oecd.org/lfs/20180108/79fd.

*Disclaimer:* http://oe.cd/disclaimer

## Table 2. Participation rates and unemployment rates by age and sex

*Annual average estimates, percentage*

| | 2007 | 2008 | 2009 | 2010 | 2011 | 2012 | 2013 | 2014 | 2015 | 2016 |
|---|---|---|---|---|---|---|---|---|---|---|
| **Participation rates** | | | | | | | | | | |
| **Males** | | | | | | | | | | |
| 15-19 | 34.9 | 32.9 | 28.9 | 24.5 | 21.4 | 19.0 | 18.6 | 16.2 | 16.6 | 15.4 |
| 20-24 | 72.2 | 72.7 | 69.8 | 67.4 | 64.9 | 63.1 | 62.1 | 60.3 | 58.9 | 57.5 |
| 25-34 | 92.6 | 92.6 | 92.1 | 92.2 | 92.2 | 92.7 | 92.2 | 92.2 | 91.6 | 91.2 |
| 35-44 | 94.2 | 94.0 | 93.8 | 94.5 | 94.6 | 94.3 | 94.4 | 94.6 | 94.9 | 94.9 |
| 45-54 | 90.4 | 90.3 | 90.2 | 90.1 | 90.3 | 90.5 | 90.4 | 90.5 | 90.9 | 90.8 |
| 55-59 | 76.3 | 78.3 | 78.1 | 79.4 | 78.7 | 79.6 | 79.5 | 79.2 | 80.2 | 81.1 |
| 60-64 | 47.7 | 49.8 | 48.0 | 46.5 | 46.6 | 45.6 | 44.8 | 46.6 | 49.4 | 49.8 |
| 15-24 | 57.3 | 56.6 | 53.0 | 49.6 | 46.7 | 44.5 | 43.7 | 41.5 | 40.6 | 38.9 |
| 25-54 | 92.5 | 92.4 | 92.2 | 92.4 | 92.5 | 92.6 | 92.4 | 92.6 | 92.6 | 92.5 |
| 55-64 | 62.8 | 64.7 | 63.6 | 63.7 | 63.5 | 63.6 | 63.3 | 64.3 | 66.2 | 67.0 |
| 65 and over | 3.3 | 3.1 | 2.9 | 2.7 | 2.6 | 2.7 | 2.4 | 2.3 | 2.4 | 2.5 |
| 15-64 | 82.6 | 82.8 | 82.0 | 81.8 | 81.5 | 81.2 | 80.9 | 80.7 | 80.9 | 80.5 |
| **Females** | | | | | | | | | | |
| 15-19 | 24.5 | 25.1 | 20.3 | 18.3 | 17.1 | 15.8 | 14.5 | 13.3 | 13.0 | 12.0 |
| 20-24 | 62.6 | 63.4 | 63.1 | 61.8 | 61.4 | 59.3 | 57.3 | 55.2 | 54.5 | 52.3 |
| 25-34 | 80.7 | 82.6 | 83.5 | 84.7 | 84.9 | 85.3 | 86.0 | 86.1 | 85.1 | 84.3 |
| 35-44 | 73.8 | 75.8 | 78.7 | 79.8 | 81.4 | 83.3 | 84.0 | 84.4 | 84.6 | 85.6 |
| 45-54 | 63.5 | 65.8 | 68.2 | 71.1 | 72.4 | 74.6 | 75.5 | 75.9 | 76.8 | 77.3 |
| 55-59 | 41.7 | 44.2 | 47.9 | 48.9 | 53.1 | 56.0 | 57.8 | 58.7 | 61.1 | 63.1 |
| 60-64 | 22.9 | 23.7 | 25.8 | 27.4 | 29.5 | 30.6 | 31.1 | 33.3 | 35.6 | 38.2 |
| 15-24 | 47.5 | 48.1 | 45.8 | 44.1 | 43.2 | 41.3 | 39.6 | 37.6 | 36.8 | 34.9 |
| 25-54 | 73.3 | 75.3 | 77.2 | 78.8 | 79.7 | 81.1 | 81.8 | 82.0 | 82.0 | 82.3 |
| 55-64 | 32.7 | 34.2 | 37.1 | 38.4 | 41.8 | 43.9 | 45.2 | 46.9 | 49.4 | 51.7 |
| 65 and over | 1.1 | 1.4 | 1.4 | 1.5 | 1.5 | 1.6 | 1.4 | 1.3 | 1.4 | 1.5 |
| 15-64 | 62.8 | 64.5 | 66.0 | 67.1 | 68.3 | 69.3 | 69.7 | 69.8 | 70.0 | 70.2 |
| **All persons** | | | | | | | | | | |
| 15-24 | 52.5 | 52.4 | 49.5 | 46.9 | 44.9 | 43.0 | 41.7 | 39.6 | 38.8 | 36.9 |
| 25-54 | 83.1 | 84.0 | 84.8 | 85.7 | 86.2 | 86.9 | 87.2 | 87.3 | 87.4 | 87.4 |
| 55-64 | 47.4 | 49.1 | 50.0 | 50.7 | 52.4 | 53.5 | 54.1 | 55.4 | 57.6 | 59.2 |
| 65 and over | 2.0 | 2.1 | 2.1 | 2.0 | 2.0 | 2.1 | 1.8 | 1.7 | 1.9 | 2.0 |
| 15-64 | 72.8 | 73.8 | 74.1 | 74.6 | 74.9 | 75.3 | 75.3 | 75.3 | 75.5 | 75.4 |
| **Unemployment rates** | | | | | | | | | | |
| **Males** | | | | | | | | | | |
| 15-19 | 23.9 | 35.8 | 54.8 | 60.1 | 64.4 | 72.0 | 72.3 | 65.8 | 64.7 | 58.8 |
| 20-24 | 12.4 | 19.8 | 34.5 | 38.7 | 44.3 | 50.2 | 52.7 | 51.0 | 45.2 | 40.9 |
| 25-34 | 6.5 | 11.0 | 19.9 | 22.1 | 23.8 | 28.7 | 29.4 | 26.4 | 24.0 | 20.8 |
| 35-44 | 4.9 | 8.0 | 15.3 | 16.7 | 17.9 | 20.7 | 21.4 | 19.5 | 16.4 | 14.4 |
| 45-54 | 4.7 | 7.3 | 12.6 | 14.6 | 16.4 | 20.0 | 21.5 | 20.2 | 17.8 | 15.2 |
| 55-59 | 5.1 | 6.6 | 11.6 | 15.0 | 15.9 | 18.9 | 21.1 | 22.0 | 19.7 | 17.3 |
| 60-64 | 4.9 | 6.1 | 10.8 | 13.3 | 14.4 | 16.5 | 18.6 | 17.2 | 16.2 | 15.9 |
| 15-24 | 15.2 | 23.6 | 39.1 | 43.1 | 48.2 | 54.1 | 56.2 | 53.4 | 48.6 | 44.0 |
| 25-54 | 5.5 | 8.9 | 16.1 | 17.9 | 19.4 | 23.0 | 23.8 | 21.7 | 18.9 | 16.3 |
| 55-64 | 5.0 | 6.5 | 11.3 | 14.4 | 15.4 | 18.1 | 20.3 | 20.4 | 18.5 | 16.9 |
| 65 and over | 1.1 | 1.4 | 3.0 | 3.4 | 1.6 | 4.0 | 6.4 | 4.4 | 4.1 | 3.3 |
| 15-64 | 6.5 | 10.1 | 17.7 | 19.7 | 21.2 | 24.7 | 25.7 | 23.7 | 20.9 | 18.2 |
| Total | 6.4 | 10.1 | 17.6 | 19.6 | 21.0 | 24.6 | 25.6 | 23.6 | 20.8 | 18.1 |
| **Females** | | | | | | | | | | |
| 15-19 | 35.9 | 44.4 | 55.9 | 62.9 | 63.5 | 73.2 | 76.3 | 72.2 | 70.7 | 61.6 |
| 20-24 | 18.1 | 20.5 | 31.8 | 34.9 | 40.2 | 47.4 | 50.7 | 49.6 | 43.9 | 42.0 |
| 25-34 | 10.1 | 12.6 | 18.4 | 21.1 | 23.1 | 26.4 | 28.7 | 27.2 | 25.3 | 23.4 |
| 35-44 | 9.4 | 11.8 | 16.2 | 18.8 | 20.0 | 23.0 | 24.1 | 23.0 | 21.0 | 18.8 |
| 45-54 | 8.6 | 9.8 | 14.5 | 16.3 | 17.9 | 21.2 | 23.0 | 22.4 | 21.5 | 19.5 |
| 55-59 | 8.2 | 9.4 | 14.4 | 15.1 | 16.2 | 19.0 | 20.1 | 20.8 | 19.5 | 17.7 |
| 60-64 | 6.8 | 8.2 | 11.1 | 11.6 | 11.8 | 15.8 | 18.9 | 16.6 | 17.2 | 16.3 |
| 15-24 | 21.7 | 25.5 | 36.1 | 39.6 | 44.0 | 51.4 | 54.6 | 52.9 | 48.0 | 44.9 |
| 25-54 | 9.5 | 11.6 | 16.6 | 18.9 | 20.5 | 23.6 | 25.2 | 24.1 | 22.4 | 20.3 |
| 55-64 | 7.7 | 9.0 | 13.3 | 13.9 | 14.7 | 17.9 | 19.7 | 19.4 | 18.7 | 17.2 |
| 65 and over | 2.2 | 4.3 | 2.5 | 1.3 | 2.7 | 4.1 | 6.2 | 6.3 | 4.1 | 5.8 |
| 15-64 | 10.7 | 12.9 | 18.2 | 20.3 | 21.9 | 25.2 | 26.8 | 25.5 | 23.7 | 21.5 |
| Total | 10.7 | 12.8 | 18.1 | 20.2 | 21.8 | 25.0 | 26.7 | 25.4 | 23.5 | 21.4 |
| **All persons** | | | | | | | | | | |
| 15-24 | 18.1 | 24.5 | 37.7 | 41.5 | 46.2 | 52.9 | 55.5 | 53.2 | 48.3 | 44.4 |
| 25-54 | 7.2 | 10.1 | 16.3 | 18.4 | 19.9 | 23.3 | 24.5 | 22.8 | 20.6 | 18.2 |
| 55-64 | 6.0 | 7.4 | 12.1 | 14.2 | 15.1 | 18.0 | 20.0 | 20.0 | 18.6 | 17.0 |
| 65 and over | 1.4 | 2.5 | 2.8 | 2.5 | 2.1 | 4.0 | 6.3 | 5.2 | 4.1 | 4.4 |
| 15-64 | 8.3 | 11.3 | 18.0 | 20.0 | 21.5 | 24.9 | 26.2 | 24.6 | 22.2 | 19.7 |

*Note:* Detailed metadata at:http://metalinks.oecd.org/lfs/20180108/10b3
*Disclaimer:* http://oe.cd/disclaimer

## Table 3. Employment and employees: breakdown by activity - ISIC Rev. 4

*Annual average estimates*

| | | 2007 | 2008 | 2009 | 2010 | 2011 | 2012 | 2013 | 2014 | 2015 | 2016 |
|---|---|---|---|---|---|---|---|---|---|---|---|
| | **EMPLOYMENT** | | | | | | | | | | |
| | **By activity, thousands** | | | | | | | | | | |
| **A-U** | **All activities** | .. | **20 469.7** | **19 106.9** | **18 724.5** | **18 421.4** | **17 632.7** | **17 139.0** | **17 344.2** | **17 866.1** | **18 341.6** |
| A | Agriculture, hunting and forestry | 873.4 | 828.2 | 788.1 | 786.1 | 755.3 | 743.4 | 736.6 | 735.9 | 736.8 | 774.5 |
| **B-F** | **Industry** | **5 959.2** | **5 696.6** | **4 697.4** | **4 301.8** | **4 008.6** | **3 645.1** | **3 385.0** | **3 373.4** | **3 556.0** | **3 596.0** |
| B | Mining and quarrying | .. | 52.7 | 44.4 | 45.6 | 42.0 | 37.0 | 29.9 | 31.5 | 33.6 | 30.5 |
| C | Manufacturing | .. | 2 986.4 | 2 549.4 | 2 405.5 | 2 349.7 | 2 223.9 | 2 118.7 | 2 141.4 | 2 225.0 | 2 284.2 |
| D | Electricity, gas, steam, air cond. supply | .. | 74.4 | 80.5 | 80.0 | 80.5 | 84.7 | 78.7 | 93.8 | 92.3 | 83.6 |
| E | Water supply, sewerage, waste mgt, remediation | .. | 123.2 | 133.3 | 119.5 | 132.5 | 138.2 | 128.2 | 113.3 | 131.5 | 123.9 |
| F | Construction | .. | 2 459.9 | 1 889.8 | 1 651.4 | 1 403.9 | 1 161.3 | 1 029.5 | 993.5 | 1 073.7 | 1 073.9 |
| **G-U** | **Services** | **13 747.4** | **13 944.9** | **13 621.3** | **13 636.6** | **13 657.6** | **13 244.2** | **13 017.5** | **13 234.9** | **13 573.3** | **13 971.0** |
| G | Wholesale, retail trade, vehicle, motorcycle repair | .. | 3 222.2 | 2 990.5 | 2 936.6 | 2 962.5 | 2 860.5 | 2 846.6 | 2 866.8 | 2 921.4 | 2 968.9 |
| H | Transportation and storage | .. | 969.0 | 923.8 | 925.9 | 899.3 | 852.2 | 831.7 | 852.8 | 870.5 | 932.1 |
| I | Accommodation and food service activities | .. | 1 457.9 | 1 423.3 | 1 383.2 | 1 401.1 | 1 336.9 | 1 332.6 | 1 403.8 | 1 505.2 | 1 604.1 |
| J | Information and communication | .. | 575.2 | 533.3 | 527.7 | 533.3 | 534.6 | 522.9 | 515.6 | 530.2 | 545.6 |
| K | Financial and insurance activities | .. | 515.1 | 487.5 | 476.7 | 464.6 | 435.7 | 454.1 | 452.7 | 454.1 | 457.9 |
| L | Real estate activities | .. | 119.2 | 91.9 | 84.3 | 96.3 | 97.2 | 92.1 | 99.5 | 104.2 | 114.2 |
| M | Professional, scientific and technical activities | .. | 905.1 | 881.8 | 874.7 | 853.0 | 858.4 | 836.6 | 851.4 | 890.7 | 924.4 |
| N | Administrative and support service activities | .. | 934.3 | 911.6 | 910.5 | 914.7 | 894.3 | 882.8 | 899.4 | 927.9 | 940.0 |
| O | Public administration, defence, social security | .. | 1 299.8 | 1 387.8 | 1 438.8 | 1 452.8 | 1 351.0 | 1 277.4 | 1 308.8 | 1 325.2 | 1 266.4 |
| P | Education | .. | 1 164.3 | 1 180.1 | 1 211.4 | 1 206.1 | 1 208.1 | 1 163.6 | 1 151.9 | 1 182.3 | 1 267.8 |
| Q | Human health and social work activities | .. | 1 287.0 | 1 352.6 | 1 397.2 | 1 462.5 | 1 416.2 | 1 365.6 | 1 416.5 | 1 442.1 | 1 510.7 |
| R | Arts, entertainment and recreation | .. | 321.0 | 312.3 | 341.2 | 325.2 | 316.1 | 315.7 | 350.3 | 365.2 | 376.8 |
| S | Other service activities | .. | 429.9 | 424.5 | 390.1 | 395.2 | 424.4 | 419.6 | 405.5 | 424.3 | 434.6 |
| T | Households as employers and own-use activities | .. | 743.0 | 718.6 | 735.5 | 686.9 | 653.5 | 669.8 | 657.0 | 627.8 | 624.1 |
| U | Activities of extraterritorial organizations, bodies | .. | .. | .. | .. | 4.3 | 5.1 | 6.6 | .. | .. | 3.5 |
| | **EMPLOYEES** | | | | | | | | | | |
| | **By activity, thousands** | | | | | | | | | | |
| **A-U** | **All activities** | .. | **16 861.2** | **15 881.1** | **15 592.3** | **15 394.2** | **14 573.4** | **14 069.1** | **14 285.8** | **14 773.5** | **15 228.2** |
| A | Agriculture, hunting and forestry | .. | 425.6 | 421.6 | 438.8 | 426.5 | 415.7 | 408.4 | 428.8 | 447.5 | 479.7 |
| **B-F** | **Industry** | .. | **4 798.0** | **3 938.8** | **3 604.7** | **3 381.4** | **3 017.1** | **2 801.3** | **2 804.6** | **2 963.0** | **3 019.4** |
| B | Mining and quarrying | .. | 48.3 | 41.4 | 43.8 | 39.8 | 31.3 | 26.8 | 30.3 | 32.5 | 28.4 |
| C | Manufacturing | .. | 2 627.9 | 2 246.1 | 2 138.2 | 2 090.3 | 1 960.4 | 1 876.4 | 1 898.4 | 1 987.2 | 2 039.9 |
| D | Electricity, gas, steam, air cond. supply | .. | 73.2 | 79.0 | 77.8 | 78.9 | 81.6 | 76.6 | 90.2 | 88.1 | 81.6 |
| E | Water supply, sewerage, waste mgt, remediation | .. | 118.5 | 127.5 | 113.1 | 125.4 | 130.9 | 122.5 | 106.2 | 120.8 | 117.5 |
| F | Construction | .. | 1 930.2 | 1 444.8 | 1 232.0 | 1 047.1 | 813.0 | 699.1 | 679.5 | 734.5 | 752.0 |
| **G-U** | **Services** | .. | **11 637.7** | **11 520.7** | **11 548.9** | **11 586.2** | **11 140.7** | **10 859.5** | **11 052.4** | **11 363.0** | **11 729.2** |
| G | Wholesale, retail trade, vehicle, motorcycle repair | .. | 2 358.3 | 2 217.3 | 2 181.0 | 2 191.5 | 2 072.5 | 2 041.9 | 2 086.8 | 2 148.3 | 2 210.5 |
| H | Transportation and storage | .. | 780.3 | 765.5 | 751.6 | 735.9 | 695.1 | 677.4 | 691.7 | 705.6 | 753.9 |
| I | Accommodation and food service activities | .. | 1 101.9 | 1 080.3 | 1 048.8 | 1 079.3 | 1 030.0 | 1 022.5 | 1 068.9 | 1 165.9 | 1 276.5 |
| J | Information and communication | .. | 500.9 | 471.9 | 464.8 | 464.6 | 467.5 | 463.9 | 449.4 | 468.1 | 475.1 |
| K | Financial and insurance activities | .. | 462.4 | 452.1 | 438.2 | 425.1 | 401.3 | 419.4 | 420.8 | 413.3 | 420.2 |
| L | Real estate activities | .. | 70.5 | 54.3 | 50.8 | 58.6 | 59.9 | 54.9 | 56.0 | 59.8 | 69.0 |
| M | Professional, scientific and technical activities | .. | 593.5 | 584.3 | 581.2 | 560.4 | 559.8 | 523.9 | 528.4 | 567.1 | 593.5 |
| N | Administrative and support service activities | .. | 861.9 | 842.5 | 837.4 | 850.1 | 829.9 | 809.4 | 825.6 | 848.2 | 851.9 |
| O | Public administration, defence, social security | .. | 1 299.8 | 1 387.8 | 1 438.8 | 1 452.8 | 1 351.0 | 1 277.4 | 1 308.8 | 1 325.2 | 1 266.4 |
| P | Education | .. | 1 101.9 | 1 129.6 | 1 162.1 | 1 157.8 | 1 151.2 | 1 105.7 | 1 094.5 | 1 112.9 | 1 199.1 |
| Q | Human health and social work activities | .. | 1 211.9 | 1 279.4 | 1 316.3 | 1 383.5 | 1 341.3 | 1 284.6 | 1 323.4 | 1 351.8 | 1 409.6 |
| R | Arts, entertainment and recreation | .. | 266.7 | 259.7 | 281.5 | 271.1 | 256.1 | 253.1 | 286.5 | 297.2 | 311.3 |
| S | Other service activities | .. | 284.7 | 277.6 | 260.8 | 268.5 | 271.5 | 255.6 | 253.6 | 271.9 | 267.8 |
| T | Households as employers and own-use activities | .. | 743.0 | 718.6 | 735.5 | 686.9 | 653.5 | 669.8 | 657.0 | 627.8 | 624.1 |
| U | Activities of extraterritorial organizations, bodies | .. | .. | .. | .. | .. | .. | .. | .. | .. | .. |

*Note:* Detailed metadata at: http://metalinks.oecd.org/lfs/20180108/4a5c.
*Disclaimer:* http://oe.cd/disclaimer

# SWEDEN

## Table 1. Labour force

*Annual average estimates*

| | 2007 | 2008 | 2009 | 2010 | 2011 | 2012 | 2013 | 2014 | 2015 | 2016 |
|---|---|---|---|---|---|---|---|---|---|---|
| **Labour force, thousands** | | | | | | | | | | |
| All persons | 4 839 | 4 898 | 4 909 | 4 950 | 5 017 | 5 061 | 5 116 | 5 184 | 5 225 | 5 279 |
| Males | 2 540 | 2 575 | 2 583 | 2 621 | 2 646 | 2 661 | 2 688 | 2 726 | 2 737 | 2 765 |
| Females | 2 299 | 2 324 | 2 327 | 2 329 | 2 372 | 2 400 | 2 429 | 2 459 | 2 488 | 2 514 |
| **Unemployed, thousands** | | | | | | | | | | |
| All persons | 298 | 305 | 410 | 426 | 392 | 404 | 412 | 412 | 388 | 369 |
| Males | 149 | 153 | 224 | 228 | 207 | 219 | 220 | 223 | 207 | 203 |
| Females | 149 | 153 | 186 | 198 | 184 | 185 | 192 | 189 | 181 | 166 |
| **Employment, thousands** | | | | | | | | | | |
| All persons | 4 541 | 4 593 | 4 499 | 4 524 | 4 626 | 4 657 | 4 704 | 4 772 | 4 837 | 4 910 |
| Males | 2 390 | 2 422 | 2 359 | 2 394 | 2 438 | 2 442 | 2 468 | 2 502 | 2 530 | 2 562 |
| Females | 2 150 | 2 171 | 2 140 | 2 130 | 2 188 | 2 215 | 2 237 | 2 270 | 2 307 | 2 348 |
| **Employment (%)** | | | | | | | | | | |
| Males | 52.6 | 52.7 | 52.4 | 52.9 | 52.7 | 52.4 | 52.5 | 52.4 | 52.3 | 52.2 |
| Females | 47.4 | 47.3 | 47.6 | 47.1 | 47.3 | 47.6 | 47.6 | 47.6 | 47.7 | 47.8 |
| **Unemployment rate (% of labour force)** | | | | | | | | | | |
| All persons | 6.2 | 6.2 | 8.3 | 8.6 | 7.8 | 8.0 | 8.1 | 8.0 | 7.4 | 7.0 |
| Males | 5.9 | 5.9 | 8.7 | 8.7 | 7.8 | 8.2 | 8.2 | 8.2 | 7.6 | 7.4 |
| Females | 6.5 | 6.6 | 8.0 | 8.5 | 7.8 | 7.7 | 7.9 | 7.7 | 7.3 | 6.6 |
| **EMPLOYMENT - PROFESSIONAL STATUS, thousands** | | | | | | | | | | |
| **All activities** | **4 541** | **4 593** | **4 499** | **4 524** | **4 626** | **4 657** | **4 704** | **4 772** | **4 837** | **4 910** |
| Employees | 4 059 | 4 115 | 4 018 | 4 028 | 4 144 | 4 170 | 4 206 | 4 279 | 4 341 | 4 419 |
| Employers and persons working on own account | 468 | 466 | 471 | 484 | 472 | 476 | 488 | 483 | 484 | 478 |
| Unpaid family workers | 13 | 12 | 10 | 11 | 10 | 11 | 10 | 10 | 12 | 13 |
| **Employees as % of employment** | **89.4** | **89.6** | **89.3** | **89.0** | **89.6** | **89.5** | **89.4** | **89.7** | **89.7** | **90.0** |
| **Part-time employment (%)** | | | | | | | | | | |
| Part-time as % of employment | 14.4 | 14.4 | 14.6 | 14.5 | 14.3 | 14.3 | 14.3 | 14.2 | 14.1 | 13.8 |
| Male share of part time employment | 35.0 | 35.4 | 35.8 | 37.0 | 37.3 | 38.0 | 38.8 | 38.9 | 39.3 | 38.2 |
| Female share of part time employment | 65.0 | 64.6 | 64.2 | 63.0 | 62.7 | 62.0 | 61.2 | 61.1 | 60.7 | 61.8 |
| Male part-time as % of male employment | 9.5 | 9.6 | 10.0 | 10.1 | 10.1 | 10.3 | 10.6 | 10.5 | 10.6 | 10.1 |
| Female part-time as % of female employment | 19.7 | 19.6 | 19.8 | 19.4 | 19.0 | 18.6 | 18.4 | 18.3 | 18.0 | 17.8 |
| **Duration of unemployment (% of total unemployment)** | | | | | | | | | | |
| Less than one month | 30.9 | 34.5 | 25.6 | 24.2 | 25.0 | 25.5 | 25.4 | 27.3 | 27.6 | 28.4 |
| More than 1 month and less than 3 months | 25.0 | 24.1 | 25.3 | 23.2 | 24.6 | 24.5 | 24.3 | 24.0 | 23.9 | 22.6 |
| More than 3 months and less than 6 months | 17.3 | 16.2 | 19.7 | 17.7 | 16.8 | 17.0 | 17.3 | 16.7 | 16.0 | 16.8 |
| More than 6 months and less than 1 year | 14.1 | 13.1 | 16.6 | 17.6 | 15.4 | 15.5 | 16.0 | 15.1 | 14.9 | 15.4 |
| More than 1 year | 12.8 | 12.1 | 12.8 | 17.3 | 18.2 | 17.5 | 17.0 | 16.8 | 17.6 | 16.8 |

*Note:* Detailed metadata: http://metalinks.oecd.org/lfs/20180108/8310, http://metalinks.oecd.org/lfs/20180108/56a2, http://metalinks.oecd.org/lfs/20180108/2a4d and http://metalinks.oecd.org/lfs/20180108/90c5.

*Disclaimer:* http://oe.cd/disclaimer

# SWEDEN

## Table 2. Participation rates and unemployment rates by age and sex

*Annual average estimates, percentage*

| | 2007 | 2008 | 2009 | 2010 | 2011 | 2012 | 2013 | 2014 | 2015 | 2016 |
|---|---|---|---|---|---|---|---|---|---|---|
| **Participation rates** | | | | | | | | | | |
| **Males** | | | | | | | | | | |
| 15-19 | 30.2 | 30.0 | 28.1 | 28.8 | 29.1 | 26.3 | 28.9 | 30.3 | 28.8 | 29.4 |
| 20-24 | 76.2 | 77.6 | 75.6 | 74.9 | 75.5 | 73.7 | 74.3 | 74.2 | 73.3 | 74.2 |
| 25-34 | 92.3 | 92.5 | 92.1 | 91.2 | 91.4 | 91.4 | 91.5 | 91.6 | 91.6 | 90.8 |
| 35-44 | 95.1 | 95.1 | 94.5 | 95.1 | 95.2 | 95.7 | 96.0 | 95.4 | 95.0 | 95.4 |
| 45-54 | 91.0 | 91.5 | 91.6 | 92.1 | 92.7 | 93.2 | 93.2 | 93.4 | 93.4 | 93.8 |
| 55-59 | 85.1 | 86.7 | 87.6 | 88.1 | 88.3 | 89.2 | 89.5 | 89.1 | 89.5 | 90.0 |
| 60-64 | 67.8 | 67.4 | 68.9 | 71.3 | 72.2 | 72.9 | 74.1 | 74.0 | 74.1 | 74.8 |
| 15-24 | 51.5 | 52.4 | 50.9 | 51.6 | 53.0 | 51.6 | 53.7 | 54.7 | 53.6 | 54.0 |
| 25-54 | 92.9 | 93.1 | 92.8 | 92.9 | 93.2 | 93.5 | 93.6 | 93.5 | 93.3 | 93.3 |
| 55-64 | 76.4 | 76.7 | 77.9 | 79.4 | 80.1 | 81.0 | 81.8 | 81.7 | 82.0 | 82.6 |
| 65 and over | 15.2 | 16.6 | 16.4 | 18.7 | 18.0 | 19.3 | 18.8 | 21.9 | 21.2 | 19.6 |
| 15-64 | 81.4 | 81.6 | 81.3 | 81.8 | 82.4 | 82.6 | 83.3 | 83.6 | 83.5 | 83.9 |
| **Females** | | | | | | | | | | |
| 15-19 | 36.9 | 38.2 | 34.7 | 34.0 | 34.5 | 35.4 | 36.8 | 37.6 | 38.0 | 37.2 |
| 20-24 | 70.7 | 69.5 | 68.1 | 68.3 | 69.7 | 69.0 | 69.9 | 70.2 | 70.5 | 70.1 |
| 25-34 | 85.0 | 85.3 | 84.1 | 83.4 | 84.3 | 83.8 | 84.0 | 84.8 | 84.9 | 84.9 |
| 35-44 | 88.8 | 89.6 | 89.4 | 88.9 | 89.2 | 89.8 | 90.9 | 90.4 | 90.9 | 90.6 |
| 45-54 | 87.2 | 87.5 | 87.4 | 87.2 | 88.1 | 88.8 | 89.1 | 88.7 | 89.3 | 89.9 |
| 55-59 | 80.2 | 80.6 | 81.6 | 82.1 | 83.4 | 83.3 | 82.4 | 83.6 | 84.4 | 85.2 |
| 60-64 | 59.3 | 58.6 | 59.4 | 59.6 | 61.9 | 63.3 | 64.7 | 66.6 | 66.9 | 68.4 |
| 15-24 | 52.6 | 53.0 | 50.8 | 51.1 | 52.7 | 53.4 | 55.0 | 55.9 | 56.3 | 55.4 |
| 25-54 | 87.1 | 87.5 | 87.1 | 86.6 | 87.3 | 87.6 | 88.1 | 88.0 | 88.3 | 88.4 |
| 55-64 | 69.6 | 69.3 | 70.0 | 70.4 | 72.3 | 73.1 | 73.5 | 75.2 | 75.7 | 76.9 |
| 65 and over | 7.6 | 8.3 | 9.2 | 8.6 | 9.5 | 11.4 | 11.1 | 12.3 | 12.6 | 12.8 |
| 15-64 | 76.8 | 77.0 | 76.4 | 76.2 | 77.4 | 77.9 | 78.8 | 79.3 | 79.9 | 80.2 |
| **All persons** | | | | | | | | | | |
| 15-24 | 52.1 | 52.7 | 50.8 | 51.4 | 52.8 | 52.5 | 54.3 | 55.3 | 54.9 | 54.7 |
| 25-54 | 90.0 | 90.4 | 90.0 | 89.8 | 90.3 | 90.6 | 90.9 | 90.8 | 90.9 | 90.9 |
| 55-64 | 73.0 | 73.0 | 74.0 | 74.9 | 76.2 | 77.1 | 77.7 | 78.4 | 78.9 | 79.8 |
| 65 and over | 11.3 | 12.3 | 12.7 | 13.5 | 13.7 | 15.3 | 14.9 | 17.0 | 16.8 | 16.2 |
| 15-64 | 79.1 | 79.3 | 78.9 | 79.0 | 79.9 | 80.3 | 81.1 | 81.5 | 81.7 | 82.0 |
| **Unemployment rates** | | | | | | | | | | |
| **Males** | | | | | | | | | | |
| 15-19 | 30.5 | 32.5 | 37.9 | 37.8 | 35.1 | 39.1 | 39.3 | 38.5 | 34.3 | 34.8 |
| 20-24 | 13.2 | 13.9 | 21.4 | 21.3 | 19.0 | 20.6 | 20.1 | 19.7 | 17.1 | 15.9 |
| 25-34 | 5.2 | 5.1 | 8.5 | 7.9 | 7.3 | 8.2 | 7.8 | 7.9 | 7.6 | 7.2 |
| 35-44 | 3.7 | 3.3 | 5.2 | 5.4 | 4.7 | 4.9 | 5.4 | 5.2 | 5.0 | 4.8 |
| 45-54 | 3.5 | 3.7 | 5.7 | 5.6 | 5.2 | 5.4 | 5.0 | 5.0 | 4.8 | 4.7 |
| 55-59 | 3.8 | 3.7 | 5.8 | 6.6 | 6.0 | 5.5 | 5.7 | 5.8 | 5.5 | 5.9 |
| 60-64 | 5.0 | 4.5 | 6.0 | 6.7 | 5.8 | 5.9 | 6.1 | 6.6 | 6.7 | 6.3 |
| 15-24 | 18.6 | 19.6 | 26.1 | 25.9 | 23.3 | 25.0 | 24.8 | 24.3 | 21.2 | 20.5 |
| 25-54 | 4.1 | 4.0 | 6.4 | 6.3 | 5.6 | 6.1 | 6.0 | 6.0 | 5.8 | 5.6 |
| 55-64 | 4.3 | 4.1 | 5.8 | 6.6 | 5.9 | 5.7 | 5.8 | 6.2 | 6.0 | 6.1 |
| 65 and over | 1.2 | 1.8 | 1.6 | 1.5 | 1.6 | 1.7 | 1.5 | 2.2 | 2.1 | 2.2 |
| 15-64 | 6.0 | 6.0 | 8.8 | 8.9 | 8.0 | 8.4 | 8.4 | 8.4 | 7.8 | 7.5 |
| Total | 5.9 | 5.9 | 8.6 | 8.7 | 7.8 | 8.2 | 8.2 | 8.2 | 7.5 | 7.3 |
| **Females** | | | | | | | | | | |
| 15-19 | 29.4 | 31.8 | 33.8 | 34.2 | 33.8 | 34.5 | 34.5 | 33.9 | 31.5 | 29.7 |
| 20-24 | 14.0 | 14.0 | 18.2 | 18.2 | 16.9 | 16.8 | 17.0 | 16.3 | 14.3 | 11.9 |
| 25-34 | 6.6 | 6.3 | 7.7 | 8.4 | 7.5 | 7.7 | 8.3 | 7.4 | 7.3 | 6.5 |
| 35-44 | 4.6 | 4.2 | 5.5 | 6.3 | 5.6 | 5.1 | 5.3 | 5.7 | 5.6 | 5.4 |
| 45-54 | 3.2 | 3.6 | 4.8 | 5.4 | 4.7 | 4.7 | 4.9 | 4.7 | 4.5 | 4.2 |
| 55-59 | 3.1 | 3.3 | 4.3 | 4.7 | 4.3 | 4.3 | 4.1 | 4.5 | 4.4 | 4.1 |
| 60-64 | 4.1 | 3.6 | 4.9 | 5.0 | 4.7 | 5.0 | 4.3 | 4.7 | 4.9 | 4.7 |
| 15-24 | 19.8 | 20.8 | 23.7 | 23.6 | 22.2 | 22.3 | 22.3 | 21.5 | 19.4 | 17.2 |
| 25-54 | 4.7 | 4.7 | 6.0 | 6.6 | 5.8 | 5.7 | 6.1 | 5.9 | 5.8 | 5.3 |
| 55-64 | 3.5 | 3.4 | 4.6 | 4.8 | 4.5 | 4.6 | 4.2 | 4.6 | 4.6 | 4.4 |
| 65 and over | 2.9 | 2.5 | 3.2 | 3.0 | 2.6 | 4.0 | 2.7 | 3.9 | 2.7 | 2.5 |
| 15-64 | 6.5 | 6.6 | 8.1 | 8.6 | 7.8 | 7.8 | 8.0 | 7.8 | 7.4 | 6.7 |
| Total | 6.5 | 6.6 | 8.0 | 8.5 | 7.7 | 7.7 | 7.9 | 7.7 | 7.2 | 6.5 |
| **All persons** | | | | | | | | | | |
| 15-24 | 19.2 | 20.2 | 24.9 | 24.8 | 22.8 | 23.7 | 23.6 | 22.9 | 20.3 | 18.9 |
| 25-54 | 4.4 | 4.3 | 6.2 | 6.4 | 5.7 | 5.9 | 6.1 | 6.0 | 5.8 | 5.5 |
| 55-64 | 3.9 | 3.8 | 5.2 | 5.8 | 5.2 | 5.2 | 5.1 | 5.4 | 5.3 | 5.3 |
| 65 and over | 1.8 | 2.0 | 2.2 | 2.0 | 2.0 | 2.5 | 1.9 | 2.8 | 2.3 | 2.3 |
| 15-64 | 6.2 | 6.3 | 8.5 | 8.7 | 7.9 | 8.1 | 8.2 | 8.1 | 7.6 | 7.1 |

*Note:* Detailed metadata at:http://metalinks.oecd.org/lfs/20180108/10b3
*Disclaimer:* http://oe.cd/disclaimer

## SWEDEN

# Table 3. Employment and employees: breakdown by activity - ISIC Rev. 4

*Annual average estimates*

| | | 2007 | 2008 | 2009 | 2010 | 2011 | 2012 | 2013 | 2014 | 2015 | 2016 |
|---|---|---|---|---|---|---|---|---|---|---|---|
| | **EMPLOYMENT** | | | | | | | | | | |
| | **By activity, thousands** | | | | | | | | | | |
| **A-U** | **All activities** | .. | **4 593.0** | **4 499.3** | **4 523.7** | **4 625.9** | **4 657.1** | **4 704.5** | **4 772.1** | **4 836.9** | **4 909.9** |
| A | Agriculture, hunting and forestry | 99.2 \| | 97.0 | 97.6 | 94.8 | 91.6 | 95.4 | 95.2 | 93.7 | 97.9 | 92.0 |
| **B-F** | **Industry** | **979.4 \|** | **975.2** | **904.1** | **898.1** | **917.7** | **910.2** | **896.4** | **882.9** | **878.8** | **887.9** |
| B | Mining and quarrying | .. | 9.3 | 9.2 | 8.6 | 9.1 | 9.8 | 11.2 | 10.0 | 9.3 | 8.8 |
| C | Manufacturing | .. | 620.7 | 559.3 | 544.8 | 556.5 | 537.9 | 524.9 | 509.4 | 503.4 | 501.0 |
| D | Electricity, gas, steam, air cond. supply | .. | 22.3 | 23.5 | 23.3 | 22.5 | 24.2 | 24.7 | 25.3 | 29.7 | 28.9 |
| E | Water supply, sewerage, waste mgt, remediation | .. | 17.9 | 18.6 | 19.2 | 20.3 | 20.9 | 19.1 | 21.4 | 23.3 | 21.2 |
| F | Construction | .. | 305.1 | 293.6 | 302.3 | 309.5 | 317.4 | 316.6 | 316.9 | 313.1 | 328.0 |
| **G-U** | **Services** | **3 462.1 \|** | **3 520.8** | **3 497.7** | **3 530.8** | **3 616.6** | **3 651.5** | **3 712.9** | **3 795.6** | **3 860.2** | **3 930.0** |
| G | Wholesale, retail trade, vehicle, motorcycle repair | .. | 557.8 | 550.1 | 553.5 | 563.6 | 553.4 | 548.5 | 555.6 | 562.8 | 563.7 |
| H | Transportation and storage | .. | 236.2 | 239.2 | 243.3 | 237.3 | 237.7 | 245.8 | 245.0 | 245.1 | 243.1 |
| I | Accommodation and food service activities | .. | 147.9 | 144.1 | 153.6 | 144.6 | 145.7 | 154.0 | 158.7 | 167.2 | 173.0 |
| J | Information and communication | .. | 181.9 | 179.5 | 175.0 | 191.4 | 200.5 | 196.6 | 197.1 | 202.7 | 207.4 |
| K | Financial and insurance activities | .. | 93.4 | 98.4 | 95.9 | 96.0 | 95.4 | 96.6 | 98.0 | 97.5 | 97.5 |
| L | Real estate activities | .. | 65.0 | 66.7 | 64.1 | 64.0 | 66.9 | 70.4 | 75.5 | 71.3 | 74.6 |
| M | Professional, scientific and technical activities | .. | 335.4 | 339.3 | 348.9 | 363.3 | 371.4 | 382.3 | 402.3 | 413.3 | 425.3 |
| N | Administrative and support service activities | .. | 205.8 | 197.3 | 197.2 | 212.8 | 216.4 | 215.8 | 218.0 | 226.7 | 232.4 |
| O | Public administration, defence, social security | .. | 260.6 | 266.7 | 270.6 | 276.6 | 282.6 | 294.7 | 306.7 | 312.8 | 323.6 |
| P | Education | .. | 487.4 | 479.1 | 488.0 | 501.2 | 511.0 | 517.6 | 532.4 | 550.8 | 562.2 |
| Q | Human health and social work activities | .. | 710.2 | 698.7 | 700.2 | 719.5 | 715.0 | 715.0 | 732.5 | 734.6 | 745.2 |
| R | Arts, entertainment and recreation | .. | 106.1 | 108.2 | 111.8 | 108.7 | 108.6 | 116.2 | 120.7 | 118.5 | 118.0 |
| S | Other service activities | .. | 111.1 | 114.6 | 115.3 | 115.2 | 120.4 | 130.0 | 124.1 | 123.9 | 131.4 |
| T | Households as employers and own-use activities | .. | .. | .. | .. | .. | .. | .. | .. | .. | .. |
| U | Activities of extraterritorial organizations, bodies | .. | .. | .. | .. | .. | .. | .. | .. | .. | .. |
| | **EMPLOYEES** | | | | | | | | | | |
| | **By activity, thousands** | | | | | | | | | | |
| **A-U** | **All activities** | .. | **4 114.9** | **4 018.3** | **4 028.3** | **4 143.9** | **4 170.3** | **4 206.2** | **4 278.9** | **4 340.6** | **4 419.3** |
| A | Agriculture, hunting and forestry | .. | 33.8 | 36.4 | 35.3 | 36.5 | 37.0 | 40.2 | 37.8 | 36.6 | 34.6 |
| **B-F** | **Industry** | .. | **878.9** | **807.4** | **796.4** | **818.5** | **810.4** | **797.8** | **785.2** | **786.9** | **791.9** |
| B | Mining and quarrying | .. | 8.9 | 8.9 | 8.3 | 8.9 | 9.6 | 10.8 | 9.5 | 9.0 | 8.4 |
| C | Manufacturing | .. | 584.0 | 524.2 | 509.3 | 523.8 | 505.3 | 492.2 | 478.1 | 475.9 | 473.0 |
| D | Electricity, gas, steam, air cond. supply | .. | 22.1 | 23.3 | 23.1 | 22.3 | 24.0 | 24.4 | 25.0 | 29.5 | 28.6 |
| E | Water supply, sewerage, waste mgt, remediation | .. | 17.8 | 18.2 | 18.4 | 19.5 | 20.4 | 18.8 | 20.7 | 22.3 | 20.3 |
| F | Construction | .. | 246.2 | 232.9 | 237.4 | 244.1 | 251.2 | 251.6 | 251.9 | 250.2 | 261.8 |
| **G-U** | **Services** | .. | **3 202.1** | **3 174.5** | **3 196.5** | **3 288.8** | **3 322.9** | **3 368.3** | **3 455.9** | **3 517.2** | **3 592.8** |
| G | Wholesale, retail trade, vehicle, motorcycle repair | .. | 483.3 | 475.2 | 478.0 | 490.3 | 479.7 | 476.8 | 487.6 | 495.7 | 501.0 |
| H | Transportation and storage | .. | 214.9 | 217.8 | 221.4 | 218.6 | 220.1 | 226.4 | 227.6 | 227.7 | 225.8 |
| I | Accommodation and food service activities | .. | 123.6 | 120.6 | 125.9 | 121.5 | 125.7 | 131.9 | 136.0 | 143.1 | 150.0 |
| J | Information and communication | .. | 159.5 | 157.0 | 154.6 | 167.3 | 175.8 | 170.7 | 170.7 | 174.4 | 177.5 |
| K | Financial and insurance activities | .. | 90.8 | 95.3 | 91.8 | 92.3 | 91.8 | 92.2 | 93.9 | 93.7 | 92.7 |
| L | Real estate activities | .. | 55.2 | 56.8 | 55.2 | 55.6 | 57.2 | 58.7 | 64.5 | 61.2 | 64.1 |
| M | Professional, scientific and technical activities | .. | 261.6 | 262.8 | 269.6 | 282.7 | 291.0 | 301.5 | 316.8 | 321.3 | 332.2 |
| N | Administrative and support service activities | .. | 190.4 | 180.3 | 180.8 | 198.7 | 200.5 | 195.4 | 199.1 | 209.4 | 215.5 |
| O | Public administration, defence, social security | .. | 260.5 | 266.5 | 270.1 | 276.1 | 282.3 | 294.6 | 306.6 | 312.7 | 323.3 |
| P | Education | .. | 479.0 | 472.2 | 478.5 | 491.1 | 503.2 | 508.1 | 522.2 | 540.1 | 552.6 |
| Q | Human health and social work activities | .. | 693.4 | 681.1 | 682.1 | 702.4 | 696.2 | 697.5 | 715.2 | 718.1 | 730.3 |
| R | Arts, entertainment and recreation | .. | 84.5 | 86.7 | 89.4 | 86.8 | 85.4 | 91.3 | 96.2 | 94.8 | 93.9 |
| S | Other service activities | .. | 85.0 | 88.2 | 86.7 | 85.5 | 90.0 | 96.6 | 93.0 | 94.2 | 102.9 |
| T | Households as employers and own-use activities | .. | .. | .. | .. | .. | .. | .. | .. | .. | .. |
| U | Activities of extraterritorial organizations, bodies | .. | .. | .. | .. | .. | .. | .. | .. | .. | .. |

*Note:* Detailed metadata:http://metalinks.oecd.org/lfs/20180108/56a2
*Disclaimer:* http://oe.cd/disclaimer

# SWITZERLAND

## Table 1. Labour force

*Annual average estimates*

| | 2007 | 2008 | 2009 | 2010 | 2011 | 2012 | 2013 | 2014 | 2015 | 2016 |
|---|---|---|---|---|---|---|---|---|---|---|
| **Labour force, thousands** | | | | | | | | | | |
| All persons | 4 278 | 4 375 | 4 451 \| | 4 420 | 4 496 | 4 556 | 4 612 | 4 696 | 4 767 | 4 843 |
| Males | 2 327 | 2 356 | 2 395 \| | 2 396 | 2 434 | 2 460 | 2 483 | 2 515 | 2 550 | 2 586 |
| Females | 1 951 | 2 020 | 2 057 \| | 2 024 | 2 062 | 2 096 | 2 129 | 2 180 | 2 217 | 2 257 |
| **Unemployed, thousands** | | | | | | | | | | |
| All persons | 156 | 147 | 183 \| | 212 | 198 | 204 | 219 | 227 | 229 | 238 |
| Males | 68 | 66 | 90 \| | 108 | 99 | 105 | 114 | 118 | 120 | 125 |
| Females | 88 | 80 | 93 \| | 105 | 99 | 99 | 105 | 109 | 109 | 113 |
| **Employment, thousands** | | | | | | | | | | |
| All persons | 4 122 | 4 229 | 4 268 \| | 4 208 | 4 298 | 4 351 | 4 393 | 4 469 | 4 538 | 4 604 |
| Males | 2 259 | 2 289 | 2 304 \| | 2 289 | 2 335 | 2 355 | 2 369 | 2 398 | 2 430 | 2 461 |
| Females | 1 863 | 1 940 | 1 964 \| | 1 919 | 1 963 | 1 996 | 2 024 | 2 072 | 2 108 | 2 144 |
| **Employment (%)** | | | | | | | | | | |
| Males | 54.8 | 54.1 | 54.0 \| | 54.4 | 54.3 | 54.1 | 53.9 | 53.6 | 53.6 | 53.4 |
| Females | 45.2 | 45.9 | 46.0 \| | 45.6 | 45.7 | 45.9 | 46.1 | 46.4 | 46.4 | 46.6 |
| **Unemployment rate (% of labour force)** | | | | | | | | | | |
| All persons | .. | .. | .. | 4.8 | 4.4 | 4.5 | 4.7 | 4.8 | 4.8 | 4.9 |
| Males | .. | .. | .. | 4.5 | 4.1 | 4.3 | 4.6 | 4.7 | 4.7 | 4.8 |
| Females | .. | .. | .. | 5.2 | 4.8 | 4.7 | 4.9 | 5.0 | 4.9 | 5.0 |
| **EMPLOYMENT - PROFESSIONAL STATUS, thousands** | | | | | | | | | | |
| **All activities** | **4 122** | **4 229** | **4 268 \|** | **4 208** | **4 298** | **4 351** | **4 393** | **4 469** | **4 538** | **4 604** |
| Employees | 3 907 | 4 030 | 4 086 \| | 3 540 | 3 630 | 3 679 | 3 713 | 3 779 | 3 855 | 3 899 |
| Employers and persons working on own account | .. | .. | .. | 577 | 570 | 576 | 579 | 591 | 586 | 602 |
| Unpaid family workers | .. | .. | .. | 85 | 92 | 90 | 94 | 92 | 89 | 91 |
| **Employees as % of employment** | **94.8** | **95.3** | **95.7 \|** | **84.1** | **84.5** | **84.6** | **84.5** | **84.6** | **84.9** | **84.7** |
| **Part-time employment (%)** | | | | | | | | | | |
| Part-time as % of employment | 25.4 | 25.9 | 26.5 | 26.3 | 25.9 | 26.2 | 26.5 | 27.1 | 27.0 | 27.0 |
| Male share of part time employment | 18.7 | 18.8 | 18.8 | 19.5 | 20.0 | 20.0 | 20.2 | 21.5 | 21.8 | 22.6 |
| Female share of part time employment | 81.3 | 81.2 | 81.2 | 80.5 | 80.0 | 80.0 | 79.8 | 78.5 | 78.2 | 77.4 |
| Male part-time as % of male employment | 8.7 | 9.0 | 9.2 | 9.4 | 9.5 | 9.7 | 10.0 | 10.9 | 11.0 | 11.4 |
| Female part-time as % of female employment | 45.6 | 45.9 | 46.7 | 46.4 | 45.4 | 45.7 | 45.9 | 45.9 | 45.5 | 44.9 |
| **Duration of unemployment (% of total unemployment)** | | | | | | | | | | |
| Less than one month | 7.9 | 11.6 | 10.5 | 8.5 | 10.1 | 11.3 | 8.5 | 9.8 | 8.3 | 8.7 |
| More than 1 month and less than 3 months | 15.3 | 16.6 | 19.6 | 17.5 | 16.8 | 18.4 | 19.4 | 17.1 | 18.7 | 17.6 |
| More than 3 months and less than 6 months | 20.2 | 22.5 | 21.9 | 16.8 | 15.5 | 17.9 | 18.1 | 15.1 | 17.0 | 15.8 |
| More than 6 months and less than 1 year | 15.8 | 15.0 | 17.9 \| | 21.7 | 17.9 | 15.8 | 20.3 | 19.4 | 16.5 | 18.4 |
| More than 1 year | 40.8 | 34.3 | 30.1 | 35.5 | 39.8 | 36.6 | 33.7 | 38.6 | 39.6 | 39.4 |

*Note:* Detailed metadata: http://metalinks.oecd.org/lfs/20180108/7687, http://metalinks.oecd.org/lfs/20180108/56a2, http://metalinks.oecd.org/lfs/20180108/93d6 and http://metalinks.oecd.org/lfs/20180108/3f4b.

*Disclaimer:* http://oe.cd/disclaimer

## Table 2. Participation rates and unemployment rates by age and sex

*Annual average estimates, percentage*

| | 2007 | 2008 | 2009 | 2010 | 2011 | 2012 | 2013 | 2014 | 2015 | 2016 |
|---|---|---|---|---|---|---|---|---|---|---|
| **Participation rates** | | | | | | | | | | |
| **Males** | | | | | | | | | | |
| 15-19 | 55.9 | 56.9 | 54.9 | 56.8 | 58.3 | 57.3 | 58.1 | 58.2 | 56.0 | 57.9 |
| 20-24 | 83.7 | 79.3 | 77.2 | 80.6 | 79.2 | 79.1 | 78.5 | 77.6 | 76.7 | 76.8 |
| 25-34 | 95.4 | 95.5 | 95.3 | 93.8 | 94.8 | 94.9 | 94.1 | 94.5 | 94.8 | 94.9 |
| 35-44 | 97.3 | 97.5 | 97.3 | 96.5 | 96.5 | 96.6 | 96.4 | 96.3 | 96.6 | 96.8 |
| 45-54 | 94.6 | 94.5 | 95.2 | 93.5 | 94.0 | 94.1 | 93.8 | 94.4 | 95.0 | 95.1 |
| 55-59 | 90.0 | 90.0 | 90.4 | 89.1 | 89.0 | 89.6 | 89.4 | 88.6 | 89.7 | 90.1 |
| 60-64 | 66.0 | 66.8 | 68.0 | 67.0 | 68.9 | 67.8 | 69.0 | 68.0 | 69.0 | 69.4 |
| 15-24 | 70.2 | 68.1 | 66.1 | 68.8 | 69.2 | 68.9 | 68.9 | 68.3 | 66.8 | 67.8 |
| 25-54 | 95.8 | 95.9 | 96.0 | 94.6 | 95.1 | 95.1 | 94.7 | 95.0 | 95.5 | 95.5 |
| 55-64 | 78.4 | 78.9 | 79.5 | 78.4 | 79.3 | 79.4 | 80.0 | 79.1 | 80.2 | 80.7 |
| 65 and over | 13.2 | 13.5 | 14.5 | 13.2 | 14.2 | 14.4 | 14.5 | 15.5 | 15.8 | 16.9 |
| 15-64 | 88.2 | 88.0 | 87.8 | 87.2 | 87.8 | 87.8 | 87.6 | 87.6 | 87.8 | 88.2 |
| **Females** | | | | | | | | | | |
| 15-19 | 51.5 | 52.0 | 56.2 | 54.3 | 54.8 | 51.3 | 53.3 | 53.2 | 54.6 | 54.3 |
| 20-24 | 78.3 | 80.5 | 80.4 | 79.3 | 80.2 | 79.9 | 79.3 | 79.6 | 79.9 | 81.4 |
| 25-34 | 82.2 | 84.1 | 83.9 | 83.0 | 84.0 | 84.6 | 84.6 | 86.2 | 86.9 | 87.4 |
| 35-44 | 80.8 | 82.4 | 83.0 | 80.2 | 81.2 | 82.5 | 82.6 | 83.1 | 83.4 | 84.0 |
| 45-54 | 83.0 | 84.5 | 84.8 | 82.8 | 83.5 | 83.9 | 83.7 | 84.9 | 84.3 | 85.2 |
| 55-59 | 74.5 | 76.4 | 74.2 | 72.6 | 72.9 | 75.1 | 76.0 | 76.8 | 79.1 | 79.8 |
| 60-64 | 44.6 | 46.3 | 47.1 | 44.7 | 47.5 | 47.8 | 49.5 | 49.7 | 51.3 | 53.8 |
| 15-24 | 64.5 | 66.1 | 68.5 | 67.4 | 67.9 | 66.2 | 67.1 | 67.5 | 68.3 | 69.0 |
| 25-54 | 81.9 | 83.6 | 83.9 | 81.9 | 82.9 | 83.6 | 83.6 | 84.7 | 84.8 | 85.5 |
| 55-64 | 60.3 | 61.6 | 61.0 | 59.0 | 60.6 | 61.8 | 63.3 | 64.1 | 66.2 | 67.9 |
| 65 and over | 5.7 | 6.6 | 6.7 | 6.3 | 6.2 | 6.7 | 7.4 | 8.0 | 8.2 | 8.3 |
| 15-64 | 75.0 | 76.6 | 77.1 | 75.3 | 76.3 | 76.7 | 77.1 | 78.1 | 78.6 | 79.5 |
| **All persons** | | | | | | | | | | |
| 15-24 | 67.4 | 67.1 | 67.3 | 68.1 | 68.6 | 67.6 | 68.0 | 67.9 | 67.5 | 68.4 |
| 25-54 | 88.9 | 89.8 | 90.0 | 88.3 | 89.0 | 89.4 | 89.2 | 89.9 | 90.2 | 90.6 |
| 55-64 | 69.3 | 70.2 | 70.2 | 68.6 | 69.9 | 70.6 | 71.6 | 71.6 | 73.2 | 74.3 |
| 65 and over | 8.8 | 9.5 | 10.0 | 9.3 | 9.7 | 10.0 | 10.5 | 11.3 | 11.5 | 12.1 |
| 15-64 | 81.6 | 82.3 | 82.5 | 81.3 | 82.1 | 82.3 | 82.4 | 82.9 | 83.3 | 83.9 |
| **Unemployment rates** | | | | | | | | | | |
| **Males** | | | | | | | | | | |
| 15-19 | 6.8 | 6.2 | 7.6 | 7.1 | 6.7 | 7.8 | 9.0 | 8.0 | 8.6 | 9.9 |
| 20-24 | 6.8 | 7.0 | 8.2 | 8.2 | 8.2 | 9.1 | 8.5 | 9.0 | 9.7 | 8.0 |
| 25-34 | 2.9 | 2.4 | 5.1 | 5.3 | 4.9 | 5.3 | 5.9 | 5.8 | 4.6 | 5.1 |
| 35-44 | 2.0 | 2.3 | 2.8 | 4.2 | 3.3 | 3.0 | 3.7 | 3.7 | 3.8 | 4.5 |
| 45-54 | 2.1 | 2.0 | 2.2 | 3.3 | 3.1 | 3.3 | 3.5 | 4.0 | 4.0 | 4.0 |
| 55-59 | 1.8 | 2.0 | 3.3 | 3.6 | 3.0 | 3.2 | 3.6 | 3.0 | 4.8 | 4.5 |
| 60-64 | 3.7 | 3.2 | 2.6 | 3.4 | 4.1 | 3.5 | 3.0 | 4.1 | 3.8 | 4.0 |
| 15-24 | 6.8 | 6.7 | 7.9 | 7.8 | 7.6 | 8.6 | 8.7 | 8.6 | 9.2 | 8.8 |
| 25-54 | 2.3 | 2.2 | 3.3 | 4.2 | 3.7 | 3.8 | 4.3 | 4.5 | 4.1 | 4.5 |
| 55-64 | 2.6 | 2.5 | 3.0 | 3.5 | 3.4 | 3.3 | 3.4 | 3.4 | 4.4 | 4.3 |
| 65 and over | 0.7 | 0.7 | 0.7 | 0.9 | 0.5 | 0.8 | 0.7 | 0.7 | 1.5 | 0.5 |
| 15-64 | 3.0 | 2.9 | 3.9 | 4.6 | 4.2 | 4.4 | 4.7 | 4.8 | 4.8 | 5.0 |
| Total | 2.9 | 2.8 | 3.8 | 4.5 | 4.1 | 4.3 | 4.6 | 4.7 | 4.7 | 4.8 |
| **Females** | | | | | | | | | | |
| 15-19 | 7.0 | 8.1 | 8.8 | 8.4 | 9.6 | 7.6 | 9.0 | 8.6 | 9.7 | 9.0 |
| 20-24 | 7.7 | 6.9 | 9.0 | 8.9 | 6.8 | 8.2 | 8.6 | 8.5 | 7.7 | 8.1 |
| 25-34 | 4.9 | 4.1 | 5.5 | 6.1 | 5.3 | 5.4 | 5.6 | 6.0 | 5.5 | 5.5 |
| 35-44 | 4.3 | 3.8 | 3.9 | 5.0 | 4.5 | 4.3 | 4.7 | 4.8 | 4.7 | 4.7 |
| 45-54 | 3.3 | 3.0 | 3.1 | 3.8 | 3.7 | 3.9 | 3.8 | 3.9 | 3.9 | 4.6 |
| 55-59 | 3.7 | 2.6 | 2.5 | 3.6 | 4.1 | 3.4 | 3.4 | 3.4 | 3.7 | 3.5 |
| 60-64 | 3.9 | 2.7 | 2.0 | 3.2 | 3.0 | 3.4 | 2.7 | 2.8 | 3.2 | 2.5 |
| 15-24 | 7.4 | 7.4 | 9.0 | 8.7 | 7.9 | 8.0 | 8.8 | 8.6 | 8.4 | 8.4 |
| 25-54 | 4.1 | 3.6 | 4.1 | 4.9 | 4.5 | 4.5 | 4.7 | 4.8 | 4.6 | 4.9 |
| 55-64 | 3.8 | 2.7 | 2.3 | 3.5 | 3.7 | 3.4 | 3.1 | 3.2 | 3.5 | 3.1 |
| 65 and over | 1.3 | 1.7 | 0.8 | 0.4 | 1.1 | 0.8 | 0.8 | 0.7 | 1.8 | 0.9 |
| 15-64 | 4.6 | 4.0 | 4.6 | 5.3 | 4.9 | 4.8 | 5.0 | 5.1 | 5.0 | 5.1 |
| Total | 4.5 | 4.0 | 4.5 | 5.2 | 4.8 | 4.7 | 4.9 | 5.0 | 4.9 | 5.0 |
| **All persons** | | | | | | | | | | |
| 15-24 | 7.1 | 7.0 | 8.4 | 8.2 | 7.7 | 8.3 | 8.7 | 8.6 | 8.8 | 8.6 |
| 25-54 | 3.1 | 2.9 | 3.7 | 4.5 | 4.1 | 4.1 | 4.5 | 4.6 | 4.4 | 4.7 |
| 55-64 | 3.1 | 2.6 | 2.7 | 3.5 | 3.5 | 3.4 | 3.3 | 3.3 | 4.0 | 3.8 |
| 65 and over | 0.9 | 1.1 | 0.7 | 0.7 | 0.8 | 0.8 | 0.7 | 0.7 | 1.6 | 0.6 |
| 15-64 | 3.7 | 3.4 | 4.2 | 4.9 | 4.5 | 4.6 | 4.9 | 5.0 | 4.9 | 5.1 |

*Note:* Detailed metadata at:http://metalinks.oecd.org/lfs/20180108/10b3
*Disclaimer:* http://oe.cd/disclaimer

## Table 3. Employment and employees: breakdown by activity - ISIC Rev. 4

*Annual average estimates*

| | | 2007 | 2008 | 2009 | 2010 | 2011 | 2012 | 2013 | 2014 | 2015 | 2016 |
|---|---|---|---|---|---|---|---|---|---|---|---|
| | **EMPLOYMENT** | | | | | | | | | | |
| | **By activity, thousands** | | | | | | | | | | |
| **A-U** | **All activities** | .. | .. | .. | **4 207.6** | **4 298.1** | **4 351.4** | **4 393.0** | **4 469.0** | **4 538.4** | **4 604.4** |
| A | Agriculture, hunting and forestry | 163.6 | 140.0 | 131.2 \| | 138.9 | 144.5 | 147.8 | 149.6 | 154.8 | 151.9 | 150.8 |
| **B-F** | **Industry** | **922.9** | **893.0** | **892.5 \|** | **898.6** | **916.0** | **904.4** | **924.2** | **921.3** | **916.5** | **923.3** |
| B | Mining and quarrying | .. | .. | .. | 3.0 | 4.3 | 3.7 | 3.1 | 2.4 | 3.8 | 4.6 |
| C | Manufacturing | .. | .. | .. | 584.8 | 586.4 | 572.3 | 583.7 | 585.5 | 571.3 | 574.5 |
| D | Electricity, gas, steam, air cond. supply | .. | .. | .. | 21.1 | 24.2 | 26.4 | 27.6 | 29.2 | 27.2 | 27.1 |
| E | Water supply, sewerage, waste mgt, remediation | .. | .. | .. | 14.5 | 13.8 | 12.6 | 12.3 | 11.8 | 14.5 | 14.5 |
| F | Construction | .. | .. | .. | 275.2 | 287.3 | 289.4 | 297.5 | 292.5 | 299.8 | 302.8 |
| **G-U** | **Services** | **3 035.5** | **3 195.8** | **3 244.3 \|** | **3 170.2** | **3 237.6** | **3 299.2** | **3 319.2** | **3 392.9** | **3 470.0** | **3 530.3** |
| G | Wholesale, retail trade, vehicle, motorcycle repair | .. | .. | .. | 584.9 | 604.2 | 605.1 | 576.7 | 577.2 | 581.5 | 579.6 |
| H | Transportation and storage | .. | .. | .. | 180.5 | 184.9 | 191.7 | 192.9 | 194.9 | 201.3 | 196.5 |
| I | Accommodation and food service activities | .. | .. | .. | 187.5 | 189.7 | 181.2 | 187.3 | 188.2 | 196.4 | 188.0 |
| J | Information and communication | .. | .. | .. | 122.9 | 126.8 | 131.3 | 134.2 | 151.6 | 146.3 | 154.3 |
| K | Financial and insurance activities | .. | .. | .. | 220.2 | 227.4 | 235.4 | 229.5 | 232.4 | 232.8 | 237.5 |
| L | Real estate activities | .. | .. | .. | 42.4 | 41.6 | 44.5 | 45.3 | 47.5 | 46.0 | 50.0 |
| M | Professional, scientific and technical activities | .. | .. | .. | 304.5 | 310.7 | 335.6 | 354.1 | 362.9 | 377.4 | 396.7 |
| N | Administrative and support service activities | .. | .. | .. | 131.9 | 138.8 | 141.1 | 140.6 | 155.4 | 164.1 | 170.8 |
| O | Public administration, defence, social security | .. | .. | .. | 193.0 | 195.5 | 203.8 | 202.1 | 199.4 | 208.5 | 206.9 |
| P | Education | .. | .. | .. | 277.8 | 282.9 | 280.5 | 288.3 | 313.2 | 322.7 | 335.0 |
| Q | Human health and social work activities | .. | .. | .. | 499.5 | 520.2 | 547.6 | 564.3 | 577.8 | 609.2 | 618.1 |
| R | Arts, entertainment and recreation | .. | .. | .. | 51.3 | 54.1 | 52.2 | 59.6 | 66.1 | 75.2 | 76.6 |
| S | Other service activities | .. | .. | .. | 124.9 | 130.7 | 138.4 | 144.3 | 138.2 | 136.1 | 143.2 |
| T | Households as employers and own-use activities | .. | .. | .. | 37.7 | 36.8 | 39.9 | 40.5 | 41.4 | 46.3 | 52.0 |
| U | Activities of extraterritorial organizations, bodies | .. | .. | .. | 6.4 | 7.0 | 5.1 | 7.5 | 5.4 | 5.1 | 5.7 |
| | **EMPLOYEES** | | | | | | | | | | |
| | **By activity, thousands** | | | | | | | | | | |
| **A-U** | **All activities** | .. | .. | .. | **3 546.0** | **3 636.1** | **3 685.4** | **3 719.5** | **3 786.7** | **3 863.7** | **3 911.1** |
| A | Agriculture, hunting and forestry | .. | .. | .. | 44.9 | 52.1 | 50.0 | 50.4 | 53.4 | 54.3 | 54.7 |
| **B-F** | **Industry** | .. | .. | .. | **788.1** | **811.0** | **800.3** | **819.9** | **817.2** | **811.2** | **810.5** |
| B | Mining and quarrying | .. | .. | .. | 2.8 | 3.5 | 3.2 | 2.9 | 2.3 | 3.5 | 4.1 |
| C | Manufacturing | .. | .. | .. | 527.9 | 532.9 | 521.8 | 533.8 | 533.8 | 521.5 | 518.6 |
| D | Electricity, gas, steam, air cond. supply | .. | .. | .. | 21.1 | 24.1 | 26.4 | 27.5 | 28.8 | 27.1 | 27.0 |
| E | Water supply, sewerage, waste mgt, remediation | .. | .. | .. | 13.5 | 13.3 | 12.0 | 11.8 | 10.5 | 13.2 | 13.3 |
| F | Construction | .. | .. | .. | 222.8 | 237.2 | 237.0 | 244.0 | 241.8 | 246.0 | 247.5 |
| **G-U** | **Services** | .. | .. | .. | **2 713.0** | **2 773.0** | **2 835.2** | **2 849.2** | **2 916.1** | **2 998.2** | **3 045.9** |
| G | Wholesale, retail trade, vehicle, motorcycle repair | .. | .. | .. | 494.0 | 513.1 | 516.8 | 491.1 | 494.3 | 494.4 | 493.6 |
| H | Transportation and storage | .. | .. | .. | 168.8 | 175.2 | 181.0 | 182.7 | 185.1 | 190.7 | 182.9 |
| I | Accommodation and food service activities | .. | .. | .. | 156.3 | 153.9 | 146.1 | 154.4 | 154.0 | 160.0 | 148.6 |
| J | Information and communication | .. | .. | .. | 104.8 | 109.7 | 111.8 | 112.6 | 129.7 | 126.8 | 130.5 |
| K | Financial and insurance activities | .. | .. | .. | 210.3 | 218.5 | 225.6 | 218.1 | 219.1 | 221.5 | 226.0 |
| L | Real estate activities | .. | .. | .. | 34.1 | 32.4 | 35.8 | 36.8 | 38.3 | 35.6 | 39.5 |
| M | Professional, scientific and technical activities | .. | .. | .. | 222.4 | 225.8 | 246.8 | 262.6 | 269.4 | 280.5 | 298.9 |
| N | Administrative and support service activities | .. | .. | .. | 114.9 | 121.0 | 123.4 | 120.2 | 130.6 | 137.1 | 144.1 |
| O | Public administration, defence, social security | .. | .. | .. | 193.0 | 195.5 | 203.8 | 202.1 | 199.4 | 208.5 | 206.9 |
| P | Education | .. | .. | .. | 269.6 | 273.3 | 270.3 | 276.2 | 299.3 | 309.1 | 320.8 |
| Q | Human health and social work activities | .. | .. | .. | 452.4 | 471.2 | 495.7 | 509.1 | 519.7 | 549.7 | 556.7 |
| R | Arts, entertainment and recreation | .. | .. | .. | 43.2 | 45.0 | 42.2 | 48.5 | 53.3 | 59.0 | 62.1 |
| S | Other service activities | .. | .. | .. | 94.3 | 97.0 | 102.6 | 106.4 | 99.2 | 103.5 | 108.3 |
| T | Households as employers and own-use activities | .. | .. | .. | 35.0 | 34.4 | 37.1 | 36.6 | 38.1 | 42.9 | 47.9 |
| U | Activities of extraterritorial organizations, bodies | .. | .. | .. | 6.2 | 4.6 | 3.6 | 5.8 | 3.9 | 4.5 | 4.5 |

*Note:* Detailed metadata:http://metalinks.oecd.org/lfs/20180108/56a2
*Disclaimer:* http://oe.cd/disclaimer

# TURKEY

## Table 1. Labour force

*Annual average estimates*

| | 2007 | 2008 | 2009 | 2010 | 2011 | 2012 | 2013 | 2014 | 2015 | 2016 |
|---|---|---|---|---|---|---|---|---|---|---|
| **Labour force, thousands** | | | | | | | | | | |
| All persons | 22 769 | 23 472 | 24 324 | 25 288 | 26 424 | 27 021 | 27 961 \| | 28 774 | 29 654 | 30 524 |
| Males | 16 872 | 17 254 | 17 609 | 18 038 | 18 674 | 18 957 | 19 418 \| | 20 052 | 20 455 | 20 894 |
| Females | 5 897 | 6 218 | 6 715 | 7 250 | 7 749 | 8 064 | 8 543 \| | 8 722 | 9 199 | 9 630 |
| **Unemployed, thousands** | | | | | | | | | | |
| All persons | 2 019 | 2 279 | 3 053 | 2 696 | 2 324 | 2 202 | 2 442 \| | 2 843 | 3 035 | 3 308 |
| Males | 1 480 | 1 659 | 2 207 | 1 870 | 1 544 | 1 446 | 1 540 \| | 1 811 | 1 877 | 1 996 |
| Females | 539 | 621 | 847 | 826 | 781 | 756 | 902 \| | 1 032 | 1 158 | 1 313 |
| **Employment, thousands** | | | | | | | | | | |
| All persons | 20 750 | 21 193 | 21 271 | 22 593 | 24 099 | 24 819 | 25 520 \| | 25 931 | 26 619 | 27 216 |
| Males | 15 392 | 15 596 | 15 402 | 16 169 | 17 131 | 17 511 | 17 878 \| | 18 241 | 18 578 | 18 898 |
| Females | 5 357 | 5 597 | 5 868 | 6 424 | 6 969 | 7 308 | 7 641 \| | 7 690 | 8 041 | 8 317 |
| **Employment (%)** | | | | | | | | | | |
| Males | 74.2 | 73.6 | 72.4 | 71.6 | 71.1 | 70.6 | 70.1 \| | 70.3 | 69.8 | 69.4 |
| Females | 25.8 | 26.4 | 27.6 | 28.4 | 28.9 | 29.4 | 29.9 \| | 29.7 | 30.2 | 30.6 |
| **Unemployment rate (% of labour force)** | | | | | | | | | | |
| All persons | 8.9 | 9.7 | 12.6 | 10.7 | 8.8 | 8.2 | 8.7 \| | 9.9 | 10.2 | 10.8 |
| Males | 8.8 | 9.6 | 12.6 | 10.4 | 8.3 | 7.6 | 7.9 \| | 9.0 | 9.2 | 9.6 |
| Females | 9.2 | 10.0 | 12.6 | 11.4 | 10.1 | 9.4 | 10.6 \| | 11.8 | 12.6 | 13.6 |
| **EMPLOYMENT - PROFESSIONAL STATUS, thousands** | | | | | | | | | | |
| **All activities** | **20 750** | **21 193** | **21 271** | **22 593** | **24 099** | **24 819** | **25 520 \|** | **25 931** | **26 619** | **27 216** |
| Employees | 12 541 | 12 922 | 12 763 | 13 755 | 14 867 | 15 613 | 16 345 \| | 17 122 | 17 860 | 18 374 |
| Employers and persons working on own account | 5 573 | 5 582 | 5 633 | 5 754 | 5 929 | 5 934 | 5 952 \| | 5 650 | 5 643 | 5 775 |
| Unpaid family workers | 2 631 | 2 685 | 2 870 | 3 080 | 3 298 | 3 266 | 3 216 \| | 3 150 | 3 105 | 3 055 |
| **Employees as % of employment** | **60.4** | **61.0** | **60.0** | **60.9** | **61.7** | **62.9** | **64.0 \|** | **66.0** | **67.1** | **67.5** |
| **Part-time employment (%)** | | | | | | | | | | |
| Part-time as % of employment | 8.1 | 8.5 | 11.1 | 11.5 | 11.7 | 11.8 | 12.3 | 10.6 | 9.9 | 9.5 |
| Male share of part time employment | 40.4 | 41.3 | 41.6 | 42.0 | 40.0 | 40.0 | 40.1 | 42.3 | 41.8 | 42.6 |
| Female share of part time employment | 59.6 | 58.7 | 58.4 | 58.0 | 60.0 | 60.0 | 59.9 | 57.7 | 58.2 | 57.4 |
| Male part-time as % of male employment | 4.4 | 4.8 | 6.4 | 6.7 | 6.6 | 6.7 | 7.0 | 6.4 | 5.9 | 5.8 |
| Female part-time as % of female employment | 18.6 | 19.0 | 23.5 | 23.4 | 24.3 | 24.2 | 24.5 | 20.6 | 19.0 | 17.8 |
| **Duration of unemployment (% of total unemployment)** | | | | | | | | | | |
| Less than one month | 2.7 | 3.3 | 2.9 | 4.1 | 4.4 | 3.9 | 4.3 | 5.0 | 5.2 | 5.0 |
| More than 1 month and less than 3 months | 26.1 | 27.4 | 25.1 | 26.3 | 29.2 | 29.7 | 29.4 | 36.9 | 36.1 | 36.4 |
| More than 3 months and less than 6 months | 24.9 | 26.7 | 27.0 | 24.0 | 23.5 | 25.9 | 26.2 | 24.3 | 23.2 | 23.8 |
| More than 6 months and less than 1 year | 16.0 | 15.7 | 19.7 | 17.1 | 16.4 | 15.6 | 15.7 | 13.1 | 14.3 | 14.2 |
| More than 1 year | 30.3 | 26.9 | 25.3 | 28.6 | 26.5 | 24.9 | 24.4 | 20.6 | 21.2 | 20.6 |

*Note:* Detailed metadata: http://metalinks.oecd.org/lfs/20180108/cde5, http://metalinks.oecd.org/lfs/20180108/56a2, http://metalinks.oecd.org/lfs/20180108/9edd and http://metalinks.oecd.org/lfs/20180108/9903.

*Disclaimer:* http://oe.cd/disclaimer

## Table 2. Participation rates and unemployment rates by age and sex

*Annual average estimates, percentage*

| | 2007 | 2008 | 2009 | 2010 | 2011 | 2012 | 2013 | 2014 | 2015 | 2016 |
|---|---|---|---|---|---|---|---|---|---|---|
| **Participation rates** | | | | | | | | | | |
| **Males** | | | | | | | | | | |
| 15-19 | 36.3 | 36.6 | 37.0 | 35.6 | 35.8 | 34.6 | 35.3 | 37.8 | 37.5 | 37.1 |
| 20-24 | 71.4 | 71.8 | 72.3 | 71.6 | 72.9 | 70.7 | 72.7 | 73.8 | 74.5 | 74.6 |
| 25-34 | 93.3 | 93.5 | 93.7 | 93.9 | 93.8 | 92.8 | 93.5 | 92.7 | 93.3 | 93.4 |
| 35-44 | 93.8 | 94.2 | 94.4 | 94.6 | 94.6 | 94.3 | 94.5 | 94.4 | 94.5 | 94.6 |
| 45-54 | 72.8 | 73.4 | 74.5 | 76.4 | 78.3 | 78.6 | 79.5 | 80.0 | 81.4 | 82.7 |
| 55-59 | 47.1 | 48.3 | 49.7 | 50.6 | 53.6 | 54.2 | 54.2 | 54.4 | 56.7 | 60.0 |
| 60-64 | 37.0 | 37.7 | 38.0 | 40.0 | 41.3 | 42.2 | 40.4 | 42.5 | 42.4 | 44.8 |
| 15-24 | 51.6 | 51.7 | 52.2 | 50.9 | 52.3 | 50.8 | 51.9 | 54.0 | 54.2 | 54.3 |
| 25-54 | 88.1 | 88.5 | 88.8 | 89.5 | 90.0 | 89.5 | 90.0 | 89.8 | 90.4 | 90.8 |
| 55-64 | 42.9 | 43.8 | 44.8 | 46.1 | 48.4 | 49.1 | 48.2 | 49.3 | 50.3 | 53.0 |
| 65 and over | 18.9 | 19.4 | 19.6 | 19.9 | 20.9 | 20.2 | 20.5 | 19.3 | 19.9 | 19.9 |
| 15-64 | 74.4 | 74.8 | 75.2 | 75.4 | 76.4 | 75.8 | 76.3 | 76.6 | 77.0 | 77.6 |
| **Females** | | | | | | | | | | |
| 15-19 | 16.6 | 17.1 | 17.3 | 17.0 | 17.0 | 15.8 | 16.6 | 17.1 | 18.4 | 18.8 |
| 20-24 | 32.1 | 33.2 | 34.5 | 36.0 | 37.1 | 36.8 | 39.5 | 39.1 | 42.2 | 43.0 |
| 25-34 | 31.2 | 32.5 | 35.3 | 36.9 | 37.9 | 39.9 | 41.3 | 42.6 | 43.5 | 45.5 |
| 35-44 | 29.5 | 30.7 | 33.1 | 36.7 | 38.4 | 39.9 | 42.1 | 41.5 | 43.6 | 45.3 |
| 45-54 | 21.3 | 22.7 | 23.9 | 26.2 | 29.0 | 30.0 | 31.3 | 30.0 | 31.8 | 33.0 |
| 55-59 | 15.9 | 16.5 | 17.8 | 19.1 | 20.2 | 20.1 | 20.8 | 20.2 | 21.2 | 21.3 |
| 60-64 | 13.3 | 13.2 | 14.3 | 15.0 | 15.7 | 16.0 | 16.2 | 15.1 | 14.9 | 15.7 |
| 15-24 | 24.4 | 25.1 | 25.8 | 26.3 | 26.8 | 25.9 | 27.5 | 27.7 | 29.8 | 30.4 |
| 25-54 | 28.0 | 29.3 | 31.6 | 34.0 | 35.7 | 37.3 | 38.9 | 38.8 | 40.3 | 42.0 |
| 55-64 | 14.8 | 15.0 | 16.3 | 17.3 | 18.2 | 18.3 | 18.8 | 17.9 | 18.3 | 18.6 |
| 65 and over | 5.7 | 5.7 | 5.9 | 5.9 | 6.5 | 6.4 | 6.1 | 5.4 | 5.8 | 5.5 |
| 15-64 | 25.7 | 26.7 | 28.4 | 30.2 | 31.5 | 32.3 | 33.7 | 33.6 | 35.0 | 36.2 |
| **All persons** | | | | | | | | | | |
| 15-24 | 37.7 | 38.1 | 38.7 | 38.3 | 39.3 | 38.2 | 39.6 | 40.8 | 42.0 | 42.4 |
| 25-54 | 58.2 | 59.0 | 60.3 | 61.8 | 62.9 | 63.5 | 64.5 | 64.4 | 65.5 | 66.5 |
| 55-64 | 28.3 | 28.9 | 30.1 | 31.4 | 33.0 | 33.4 | 33.2 | 33.4 | 34.2 | 35.6 |
| 65 and over | 11.5 | 11.7 | 11.9 | 12.0 | 12.8 | 12.4 | 12.4 | 11.4 | 11.9 | 11.8 |
| 15-64 | 49.8 | 50.6 | 51.7 | 52.7 | 53.8 | 54.0 | 55.0 | 55.1 | 56.1 | 57.0 |
| **Unemployment rates** | | | | | | | | | | |
| **Males** | | | | | | | | | | |
| 15-19 | 20.1 | 20.1 | 24.2 | 19.0 | 16.0 | 14.9 | 15.9 | 16.1 | 15.6 | 15.7 |
| 20-24 | 19.3 | 20.1 | 26.2 | 22.4 | 17.8 | 17.1 | 17.6 | 17.0 | 17.1 | 18.4 |
| 25-34 | 10.1 | 11.0 | 14.5 | 11.5 | 9.3 | 8.7 | 9.0 | 9.2 | 9.1 | 10.1 |
| 35-44 | 7.1 | 8.0 | 10.7 | 8.9 | 6.9 | 6.2 | 6.4 | 6.4 | 7.1 | 7.1 |
| 45-54 | 7.7 | 8.1 | 10.5 | 9.3 | 7.5 | 7.3 | 6.9 | 7.6 | 7.8 | 7.9 |
| 55-59 | 6.1 | 7.5 | 9.7 | 8.6 | 7.3 | 6.4 | 6.9 | 8.2 | 8.3 | 7.6 |
| 60-64 | 4.2 | 4.8 | 5.5 | 5.7 | 4.0 | 4.2 | 5.3 | 6.0 | 7.3 | 6.9 |
| 15-24 | 19.6 | 20.1 | 25.4 | 21.0 | 17.1 | 16.3 | 16.9 | 16.6 | 16.5 | 17.4 |
| 25-54 | 8.5 | 9.3 | 12.2 | 10.1 | 8.0 | 7.5 | 7.6 | 7.8 | 8.1 | 8.5 |
| 55-64 | 5.4 | 6.6 | 8.2 | 7.5 | 6.1 | 5.6 | 6.3 | 7.4 | 7.9 | 7.3 |
| 65 and over | 1.3 | 1.0 | 1.9 | 2.1 | 1.7 | 1.5 | 1.5 | 2.4 | 3.1 | 3.2 |
| 15-64 | 10.2 | 11.0 | 14.2 | 11.7 | 9.4 | 8.7 | 8.9 | 9.2 | 9.4 | 9.8 |
| Total | 10.0 | 10.7 | 13.9 | 11.4 | 9.2 | 8.5 | 8.7 | 9.0 | 9.2 | 9.6 |
| **Females** | | | | | | | | | | |
| 15-19 | 18.9 | 18.7 | 22.2 | 18.6 | 15.5 | 14.9 | 17.4 | 16.0 | 18.3 | 17.2 |
| 20-24 | 21.7 | 22.5 | 26.5 | 25.2 | 23.2 | 22.2 | 24.0 | 22.5 | 24.1 | 26.8 |
| 25-34 | 12.4 | 13.2 | 16.8 | 15.4 | 13.6 | 13.7 | 14.4 | 14.3 | 15.0 | 16.9 |
| 35-44 | 7.1 | 7.9 | 10.8 | 9.7 | 8.4 | 7.8 | 9.2 | 9.7 | 9.8 | 10.9 |
| 45-54 | 3.4 | 4.6 | 6.0 | 6.0 | 5.1 | 4.6 | 5.5 | 6.3 | 7.1 | 7.5 |
| 55-59 | 1.4 | 1.7 | 2.3 | 1.7 | 2.2 | 2.7 | 3.3 | 2.7 | 4.2 | 3.6 |
| 60-64 | 0.7 | 0.7 | 0.6 | 1.1 | 1.0 | 0.5 | 1.8 | 1.4 | 2.2 | 1.9 |
| 15-24 | 20.8 | 21.2 | 25.0 | 23.0 | 20.7 | 19.9 | 21.9 | 20.4 | 22.2 | 23.7 |
| 25-54 | 8.8 | 9.6 | 12.5 | 11.4 | 9.9 | 9.6 | 10.6 | 10.9 | 11.4 | 12.6 |
| 55-64 | 1.1 | 1.3 | 1.6 | 1.5 | 1.7 | 1.8 | 2.7 | 2.2 | 3.4 | 2.9 |
| 65 and over | 0.0 | 0.6 | 0.0 | 0.0 | 0.0 | 0.0 | 0.0 | 1.1 | 0.5 | 0.5 |
| 15-64 | 11.3 | 11.9 | 14.7 | 13.3 | 11.6 | 11.0 | 12.2 | 12.1 | 12.9 | 14.0 |
| Total | 11.0 | 11.6 | 14.3 | 13.0 | 11.3 | 10.8 | 11.9 | 11.9 | 12.7 | 13.7 |
| **All persons** | | | | | | | | | | |
| 15-24 | 20.0 | 20.5 | 25.3 | 21.7 | 18.4 | 17.5 | 18.7 | 17.9 | 18.5 | 19.6 |
| 25-54 | 8.5 | 9.4 | 12.3 | 10.4 | 8.6 | 8.1 | 8.5 | 8.7 | 9.1 | 9.7 |
| 55-64 | 4.3 | 5.1 | 6.4 | 5.8 | 4.9 | 4.5 | 5.3 | 6.0 | 6.7 | 6.2 |
| 65 and over | 0.9 | 0.9 | 1.4 | 1.5 | 1.2 | 1.1 | 1.0 | 2.0 | 2.4 | 2.5 |
| 15-64 | 10.5 | 11.2 | 14.3 | 12.1 | 10.0 | 9.4 | 9.9 | 10.1 | 10.5 | 11.1 |

*Note:* Detailed metadata at:http://metalinks.oecd.org/lfs/20180108/10b3

*Disclaimer:* http://oe.cd/disclaimer

## Table 3. Employment and employees: breakdown by activity - ISIC Rev. 4

*Annual average estimates*

| | | 2007 | 2008 | 2009 | 2010 | 2011 | 2012 | 2013 | 2014 | 2015 | 2016 |
|---|---|---|---|---|---|---|---|---|---|---|---|
| | **EMPLOYMENT** | | | | | | | | | | |
| | **By activity, thousands** | | | | | | | | | | |
| **A-U** | **All activities** | .. | **21 193.0** | **21 270.7** | **22 592.7** | **24 099.4** | **24 819.4** | **25 519.8** | **25 930.7** | **26 618.5** | **27 215.6** |
| A | Agriculture, hunting and forestry | 4 847.2 | 4 994.2 | 4 881.2 | 5 355.5 | 5 822.1 | 5 846.4 | 5 850.1 | 5 467.5 | 5 431.9 | 5 307.3 |
| **B-F** | **Industry** | **5 550.5** | **5 678.0** | **5 382.0** | **5 924.4** | **6 377.1** | **6 459.9** | **6 734.9** | **7 223.6** | **7 247.1** | **7 287.3** |
| B | Mining and quarrying | .. | .. | 98.1 | 114.4 | 124.4 | 113.4 | 105.5 | 132.9 | 118.9 | 124.7 |
| C | Manufacturing | .. | .. | 3 866.7 | 4 213.2 | 4 366.2 | 4 419.3 | 4 631.8 | 4 934.7 | 4 966.0 | 4 918.4 |
| D | Electricity, gas, steam, air cond. supply | .. | .. | 64.5 | 73.0 | 81.2 | 96.7 | 95.9 | 91.9 | 102.5 | 106.3 |
| E | Water supply, sewerage, waste mgt, remediation | .. | .. | 47.8 | 92.0 | 130.8 | 121.5 | 122.0 | 153.7 | 153.0 | 151.1 |
| F | Construction | .. | .. | 1 305.0 | 1 431.8 | 1 674.5 | 1 709.1 | 1 779.7 | 1 910.5 | 1 906.9 | 1 986.8 |
| **G-U** | **Services** | **10 352.1** | **10 520.9** | **11 007.6** | **11 312.9** | **11 900.2** | **12 513.1** | **12 934.8** | **13 239.6** | **13 939.5** | **14 621.0** |
| G | Wholesale, retail trade, vehicle, motorcycle repair | .. | .. | 3 381.1 | 3 326.2 | 3 475.9 | 3 501.1 | 3 518.3 | 3 585.8 | 3 693.3 | 3 756.9 |
| H | Transportation and storage | .. | .. | 986.4 | 1 009.6 | 1 044.6 | 1 093.8 | 1 151.3 | 1 118.8 | 1 109.6 | 1 186.3 |
| I | Accommodation and food service activities | .. | .. | 1 050.5 | 1 084.3 | 1 139.8 | 1 206.2 | 1 308.0 | 1 350.7 | 1 445.9 | 1 470.9 |
| J | Information and communication | .. | .. | 157.1 | 204.1 | 210.7 | 237.9 | 254.2 | 228.1 | 253.2 | 248.3 |
| K | Financial and insurance activities | .. | .. | 273.2 | 273.4 | 280.1 | 264.5 | 287.7 | 300.7 | 296.2 | 300.6 |
| L | Real estate activities | .. | .. | 62.9 | 60.3 | 153.9 | 183.9 | 185.9 | 205.2 | 212.8 | 242.6 |
| M | Professional, scientific and technical activities | .. | .. | 397.8 | 428.7 | 427.7 | 506.8 | 553.1 | 684.1 | 752.5 | 846.5 |
| N | Administrative and support service activities | .. | .. | 598.4 | 767.1 | 777.6 | 923.7 | 1 018.9 | 1 154.7 | 1 295.5 | 1 397.1 |
| O | Public administration, defence, social security | .. | .. | 1 206.0 | 1 290.5 | 1 337.8 | 1 458.6 | 1 463.4 | 1 385.5 | 1 457.6 | 1 454.8 |
| P | Education | .. | .. | 967.1 | 1 018.5 | 1 106.7 | 1 224.6 | 1 247.7 | 1 320.9 | 1 419.5 | 1 607.5 |
| Q | Human health and social work activities | .. | .. | 590.7 | 590.4 | 692.7 | 808.0 | 858.1 | 973.8 | 1 056.0 | 1 123.1 |
| R | Arts, entertainment and recreation | .. | .. | 130.2 | 101.7 | 100.3 | 107.7 | 121.0 | 130.6 | 149.6 | 141.5 |
| S | Other service activities | .. | .. | 611.6 | 582.3 | 595.3 | 587.6 | 636.1 | 638.4 | 649.1 | 682.2 |
| T | Households as employers and own-use activities | .. | .. | 589.2 | 572.4 | 552.7 | 403.4 | 325.6 | 160.2 | 145.0 | 156.8 |
| U | Activities of extraterritorial organizations, bodies | .. | .. | 5.3 | .. | 4.8 | .. | 5.5 | .. | .. | 6.1 |
| | **EMPLOYEES** | | | | | | | | | | |
| | **By activity, thousands** | | | | | | | | | | |
| **A-U** | **All activities** | .. | **12 925.6** | **12 768.1** | **13 758.6** | **14 871.8** | **15 619.4** | **16 351.5** | **17 130.0** | **17 871.1** | **18 385.0** |
| A | Agriculture, hunting and forestry | .. | .. | 454.9 | 527.2 | 621.9 | 606.8 | 590.9 | 548.5 | 596.7 | 545.4 |
| **B-F** | **Industry** | .. | .. | **4 490.5** | **4 947.3** | **5 392.1** | **5 505.2** | **5 741.6** | **6 126.6** | **6 154.2** | **6 150.3** |
| B | Mining and quarrying | .. | .. | 94.3 | 110.9 | 120.4 | 108.6 | 102.6 | 129.0 | 113.5 | 122.3 |
| C | Manufacturing | .. | .. | 3 280.5 | 3 591.9 | 3 764.1 | 3 840.5 | 4 009.2 | 4 244.3 | 4 284.8 | 4 246.6 |
| D | Electricity, gas, steam, air cond. supply | .. | .. | 64.5 | 72.8 | 80.2 | 96.7 | 95.1 | 90.8 | 102.4 | 105.8 |
| E | Water supply, sewerage, waste mgt, remediation | .. | .. | 29.3 | 40.3 | 62.8 | 60.2 | 67.2 | 81.1 | 77.1 | 70.4 |
| F | Construction | .. | .. | 1 021.9 | 1 131.5 | 1 364.6 | 1 399.3 | 1 467.5 | 1 581.4 | 1 576.5 | 1 605.1 |
| **G-U** | **Services** | .. | .. | **7 822.7** | **8 284.0** | **8 857.7** | **9 507.4** | **10 019.0** | **10 454.9** | **11 120.2** | **11 689.4** |
| G | Wholesale, retail trade, vehicle, motorcycle repair | .. | .. | 1 827.3 | 1 897.7 | 2 022.4 | 2 072.5 | 2 132.9 | 2 172.5 | 2 276.9 | 2 330.5 |
| H | Transportation and storage | .. | .. | 651.3 | 672.1 | 695.1 | 735.1 | 784.0 | 799.4 | 805.9 | 862.0 |
| I | Accommodation and food service activities | .. | .. | 761.6 | 789.5 | 845.4 | 905.6 | 1 002.3 | 1 016.0 | 1 125.7 | 1 130.9 |
| J | Information and communication | .. | .. | 145.4 | 167.5 | 177.8 | 204.8 | 218.3 | 191.6 | 213.6 | 202.4 |
| K | Financial and insurance activities | .. | .. | 253.4 | 257.1 | 264.2 | 250.0 | 272.1 | 274.7 | 275.7 | 278.5 |
| L | Real estate activities | .. | .. | 24.9 | 25.8 | 115.0 | 140.9 | 142.2 | 150.0 | 163.7 | 179.6 |
| M | Professional, scientific and technical activities | .. | .. | 253.6 | 289.4 | 295.1 | 356.9 | 399.9 | 524.4 | 571.3 | 655.7 |
| N | Administrative and support service activities | .. | .. | 570.5 | 725.4 | 737.9 | 805.6 | 881.5 | 1 026.8 | 1 147.0 | 1 237.3 |
| O | Public administration, defence, social security | .. | .. | 1 206.0 | 1 290.5 | 1 337.8 | 1 458.6 | 1 463.4 | 1 385.5 | 1 457.6 | 1 454.8 |
| P | Education | .. | .. | 956.0 | 1 007.1 | 1 092.8 | 1 205.2 | 1 229.5 | 1 297.5 | 1 397.3 | 1 584.3 |
| Q | Human health and social work activities | .. | .. | 565.9 | 571.3 | 671.3 | 787.2 | 835.9 | 954.3 | 1 034.2 | 1 098.0 |
| R | Arts, entertainment and recreation | .. | .. | 81.8 | 74.4 | 76.5 | 80.9 | 92.1 | 93.8 | 104.8 | 100.7 |
| S | Other service activities | .. | .. | 376.9 | 364.3 | 369.7 | 358.3 | 397.1 | 406.1 | 397.5 | 412.0 |
| T | Households as employers and own-use activities | .. | .. | 143.1 | 148.6 | 152.3 | 140.8 | 162.5 | 160.2 | 145.0 | 156.8 |
| U | Activities of extraterritorial organizations, bodies | .. | .. | 5.3 | .. | 4.8 | .. | 5.5 | .. | .. | 6.1 |

*Note:* Detailed metadata at: http://metalinks.oecd.org/lfs/20180108/6595.
*Disclaimer:* http://oe.cd/disclaimer

# UNITED KINGDOM

## Table 1. Labour force

*Annual average estimates*

| | 2007 | 2008 | 2009 | 2010 | 2011 | 2012 | 2013 | 2014 | 2015 | 2016 |
|---|---|---|---|---|---|---|---|---|---|---|
| **Labour force, thousands** | | | | | | | | | | |
| All persons | 30 886 | 31 276 | 31 427 | 31 584 | 31 841 | 32 129 | 32 392 | 32 667 | 32 939 | 33 227 |
| Males | 16 712 | 16 916 | 16 920 | 16 983 | 17 094 | 17 241 | 17 331 | 17 434 | 17 570 | 17 715 |
| Females | 14 174 | 14 361 | 14 508 | 14 602 | 14 747 | 14 888 | 15 061 | 15 233 | 15 370 | 15 512 |
| **Unemployed, thousands** | | | | | | | | | | |
| All persons | 1 625 | 1 756 | 2 369 | 2 459 | 2 559 | 2 534 | 2 438 | 1 996 | 1 746 | 1 599 |
| Males | 922 | 1 026 | 1 437 | 1 456 | 1 477 | 1 434 | 1 377 | 1 109 | 958 | 873 |
| Females | 703 | 730 | 931 | 1 004 | 1 083 | 1 100 | 1 060 | 887 | 788 | 727 |
| **Employment, thousands** | | | | | | | | | | |
| All persons | 29 261 | 29 520 | 29 059 | 29 125 | 29 282 | 29 596 | 29 954 | 30 671 | 31 193 | 31 628 |
| Males | 15 790 | 15 890 | 15 483 | 15 527 | 15 618 | 15 808 | 15 953 | 16 325 | 16 611 | 16 842 |
| Females | 13 471 | 13 630 | 13 576 | 13 598 | 13 664 | 13 788 | 14 001 | 14 346 | 14 582 | 14 786 |
| **Employment (%)** | | | | | | | | | | |
| Males | 54.0 | 53.8 | 53.3 | 53.3 | 53.3 | 53.4 | 53.3 | 53.2 | 53.3 | 53.3 |
| Females | 46.0 | 46.2 | 46.7 | 46.7 | 46.7 | 46.6 | 46.7 | 46.8 | 46.7 | 46.7 |
| **Unemployment rate (% of labour force)** | | | | | | | | | | |
| All persons | 5.3 | 5.6 | 7.5 | 7.8 | 8.0 | 7.9 | 7.5 | 6.1 | 5.3 | 4.8 |
| Males | 5.5 | 6.1 | 8.5 | 8.6 | 8.6 | 8.3 | 7.9 | 6.4 | 5.5 | 4.9 |
| Females | 5.0 | 5.1 | 6.4 | 6.9 | 7.3 | 7.4 | 7.0 | 5.8 | 5.1 | 4.7 |
| **EMPLOYMENT - PROFESSIONAL STATUS, thousands** | | | | | | | | | | |
| **All activities** | **29 261** | **29 520** | **29 059** | **29 125** | **29 282** | **29 596** | **29 954** | **30 671** | **31 193** | **31 628** |
| Employees | 25 269 | 25 485 | 25 011 | 24 929 | 25 027 | 25 095 | 25 399 | 25 841 | 26 381 | 26 632 |
| Employers and persons working on own account | 3 816 | 3 838 | 3 863 | 3 979 | 4 049 | 4 218 | 4 258 | 4 555 | 4 571 | 4 763 |
| Unpaid family workers | 100 | 100 | 87 | 94 | 102 | 107 | 109 | 115 | 102 | 117 |
| **Employees as % of employment** | **86.4** | **86.3** | **86.1** | **85.6** | **85.5** | **84.8** | **84.8** | **84.3** | **84.6** | **84.2** |
| **Part-time employment (%)** | | | | | | | | | | |
| Part-time as % of employment | 22.9 | 23.0 | 23.9 | 24.6 | 24.7 | 25.0 | 24.6 | 24.1 | 24.0 | 23.8 |
| Male share of part time employment | 22.8 | 23.8 | 24.0 | 25.0 | 25.2 | 26.1 | 26.2 | 25.8 | 26.3 | 25.9 |
| Female share of part time employment | 77.2 | 76.2 | 76.0 | 75.0 | 74.8 | 73.9 | 73.8 | 74.2 | 73.7 | 74.1 |
| Male part-time as % of male employment | 9.7 | 10.2 | 10.8 | 11.6 | 11.7 | 12.3 | 12.2 | 11.7 | 11.9 | 11.6 |
| Female part-time as % of female employment | 38.2 | 37.7 | 38.7 | 39.3 | 39.3 | 39.4 | 38.7 | 38.1 | 37.7 | 37.5 |
| **Duration of unemployment (% of total unemployment)** | | | | | | | | | | |
| Less than one month | 16.5 | 16.7 | 12.5 | 10.4 | 10.5 | 10.9 | 11.0 | 12.7 | 14.5 | 15.3 |
| More than 1 month and less than 3 months | 25.2 | 24.8 | 22.5 | 19.7 | 19.9 | 18.8 | 19.4 | 19.7 | 22.4 | 24.3 |
| More than 3 months and less than 6 months | 18.3 | 18.2 | 20.3 | 17.4 | 17.8 | 16.8 | 16.4 | 15.6 | 16.7 | 17.9 |
| More than 6 months and less than 1 year | 16.2 | 16.1 | 20.2 | 20.0 | 18.3 | 18.8 | 17.1 | 16.3 | 15.8 | 15.2 |
| More than 1 year | 23.8 | 24.2 | 24.5 | 32.6 | 33.5 | 34.7 | 36.2 | 35.7 | 30.7 | 27.2 |

*Note:* Detailed metadata: http://metalinks.oecd.org/lfs/20180108/6ecc, http://metalinks.oecd.org/lfs/20180108/56a2, http://metalinks.oecd.org/lfs/20180108/a10b and http://metalinks.oecd.org/lfs/20180108/f4b3.

## Table 2. Participation rates and unemployment rates by age and sex

*Annual average estimates, percentage*

| | 2007 | 2008 | 2009 | 2010 | 2011 | 2012 | 2013 | 2014 | 2015 | 2016 |
|---|---|---|---|---|---|---|---|---|---|---|
| **Participation rates** | | | | | | | | | | |
| **Males** | | | | | | | | | | |
| 15-19 | 53.3 | 53.4 | 51.4 | 48.1 | 46.2 | 47.5 | 44.2 | 40.7 | 42.6 | 42.0 |
| 20-24 | 81.0 | 80.0 | 78.9 | 77.6 | 78.9 | 79.1 | 77.5 | 78.5 | 77.8 | 77.5 |
| 25-34 | 93.1 | 93.2 | 92.5 | 92.8 | 92.5 | 92.9 | 93.2 | 93.4 | 92.1 | 93.5 |
| 35-44 | 92.6 | 92.5 | 92.5 | 91.9 | 92.4 | 93.7 | 92.7 | 93.2 | 93.5 | 93.2 |
| 45-54 | 89.2 | 89.3 | 89.6 | 89.5 | 90.0 | 89.4 | 90.2 | 90.6 | 89.8 | 90.3 |
| 55-59 | 77.7 | 80.0 | 81.7 | 81.1 | 79.1 | 79.8 | 81.4 | 81.7 | 80.4 | 80.7 |
| 60-64 | 59.2 | 60.0 | 59.3 | 58.0 | 58.4 | 58.7 | 58.6 | 59.0 | 60.5 | 62.9 |
| 15-24 | 68.7 | 68.2 | 66.7 | 64.6 | 64.8 | 65.6 | 63.4 | 62.7 | 63.1 | 62.7 |
| 25-54 | 91.7 | 91.7 | 91.5 | 91.4 | 91.6 | 92.0 | 92.0 | 92.4 | 91.7 | 92.3 |
| 55-64 | 68.8 | 70.0 | 70.3 | 69.3 | 68.5 | 69.3 | 70.4 | 70.9 | 71.1 | 72.5 |
| 65 and over | 10.0 | 10.9 | 10.5 | 11.3 | 12.2 | 12.6 | 13.5 | 13.3 | 13.7 | 14.4 |
| 15-64 | 83.3 | 83.5 | 83.2 | 82.5 | 82.5 | 83.1 | 82.9 | 83.1 | 82.8 | 83.4 |
| **Females** | | | | | | | | | | |
| 15-19 | 53.1 | 53.1 | 49.6 | 50.2 | 46.9 | 48.6 | 45.7 | 44.6 | 47.1 | 44.4 |
| 20-24 | 70.1 | 69.6 | 68.9 | 67.5 | 68.7 | 68.4 | 69.1 | 70.2 | 70.7 | 72.9 |
| 25-34 | 75.6 | 76.5 | 76.2 | 76.7 | 77.7 | 76.8 | 77.5 | 78.0 | 78.2 | 78.7 |
| 35-44 | 78.0 | 78.1 | 78.7 | 78.7 | 78.6 | 79.2 | 79.7 | 80.0 | 80.0 | 79.4 |
| 45-54 | 79.0 | 80.1 | 80.4 | 80.4 | 80.6 | 80.9 | 81.5 | 81.9 | 81.8 | 81.9 |
| 55-59 | 65.4 | 65.4 | 67.2 | 67.9 | 68.0 | 69.0 | 71.1 | 70.3 | 71.2 | 71.6 |
| 60-64 | 33.2 | 34.5 | 34.8 | 34.2 | 34.8 | 36.9 | 38.4 | 41.4 | 41.4 | 46.0 |
| 15-24 | 62.7 | 62.5 | 60.6 | 60.1 | 59.5 | 60.2 | 59.4 | 59.6 | 60.9 | 61.1 |
| 25-54 | 77.5 | 78.2 | 78.5 | 78.6 | 79.0 | 79.0 | 79.6 | 80.0 | 80.0 | 80.1 |
| 55-64 | 49.9 | 50.0 | 50.7 | 50.6 | 50.9 | 53.0 | 55.1 | 56.4 | 57.1 | 59.7 |
| 65 and over | 4.4 | 4.7 | 5.5 | 6.3 | 6.4 | 6.5 | 6.8 | 7.7 | 7.5 | 7.6 |
| 15-64 | 69.8 | 70.2 | 70.2 | 70.2 | 70.4 | 70.9 | 71.6 | 72.1 | 72.5 | 73.0 |
| **All persons** | | | | | | | | | | |
| 15-24 | 65.7 | 65.4 | 63.6 | 62.4 | 62.2 | 62.9 | 61.4 | 61.2 | 62.0 | 61.9 |
| 25-54 | 84.5 | 84.9 | 84.9 | 84.9 | 85.2 | 85.4 | 85.7 | 86.1 | 85.8 | 86.1 |
| 55-64 | 59.2 | 59.8 | 60.4 | 59.8 | 59.6 | 61.0 | 62.6 | 63.5 | 64.0 | 66.0 |
| 65 and over | 6.9 | 7.5 | 7.7 | 8.6 | 9.0 | 9.3 | 9.8 | 10.3 | 10.3 | 10.7 |
| 15-64 | 76.5 | 76.8 | 76.6 | 76.3 | 76.4 | 76.9 | 77.2 | 77.6 | 77.6 | 78.2 |
| **Unemployment rates** | | | | | | | | | | |
| **Males** | | | | | | | | | | |
| 15-19 | 23.5 | 22.8 | 29.5 | 32.0 | 33.5 | 32.9 | 34.5 | 27.2 | 26.4 | 22.7 |
| 20-24 | 11.7 | 12.4 | 17.8 | 16.6 | 17.3 | 20.1 | 18.9 | 15.2 | 13.7 | 11.9 |
| 25-34 | 4.4 | 5.0 | 8.9 | 8.5 | 8.2 | 7.4 | 7.5 | 5.6 | 5.4 | 4.0 |
| 35-44 | 3.5 | 3.8 | 5.8 | 6.1 | 5.2 | 5.4 | 4.8 | 4.3 | 3.2 | 2.8 |
| 45-54 | 3.2 | 3.5 | 5.6 | 5.6 | 5.8 | 5.2 | 5.7 | 4.3 | 3.7 | 3.4 |
| 55-59 | 4.6 | 3.9 | 6.5 | 6.1 | 6.6 | 5.7 | 5.5 | 4.6 | 3.9 | 4.2 |
| 60-64 | 3.5 | 2.7 | 5.3 | 6.4 | 5.7 | 5.9 | 5.5 | 4.4 | 3.4 | 4.5 |
| 15-24 | 15.8 | 16.0 | 21.8 | 21.6 | 22.3 | 24.0 | 23.5 | 18.5 | 17.3 | 14.9 |
| 25-54 | 3.7 | 4.1 | 6.8 | 6.7 | 6.4 | 6.0 | 6.0 | 4.7 | 4.1 | 3.4 |
| 55-64 | 4.1 | 3.4 | 6.0 | 6.2 | 6.2 | 5.8 | 5.5 | 4.6 | 3.7 | 4.3 |
| 65 and over | 3.1 | 2.3 | 3.3 | 2.8 | 2.0 | 2.0 | 3.3 | 2.8 | 1.9 | 1.1 |
| 15-64 | 5.6 | 5.8 | 8.9 | 8.8 | 8.7 | 8.6 | 8.4 | 6.6 | 5.9 | 5.1 |
| Total | 5.5 | 5.7 | 8.7 | 8.6 | 8.4 | 8.4 | 8.2 | 6.5 | 5.7 | 4.9 |
| **Females** | | | | | | | | | | |
| 15-19 | 17.9 | 16.3 | 22.0 | 24.9 | 25.1 | 25.9 | 24.1 | 23.4 | 19.1 | 18.1 |
| 20-24 | 9.4 | 9.6 | 12.5 | 12.8 | 14.4 | 14.1 | 15.8 | 9.8 | 10.6 | 8.4 |
| 25-34 | 4.7 | 4.7 | 6.9 | 6.7 | 7.7 | 8.0 | 6.4 | 6.4 | 4.9 | 5.0 |
| 35-44 | 3.8 | 3.6 | 5.0 | 5.4 | 5.9 | 5.8 | 5.9 | 4.6 | 4.4 | 3.9 |
| 45-54 | 2.9 | 2.8 | 4.0 | 4.4 | 4.1 | 4.3 | 4.5 | 3.9 | 3.6 | 3.0 |
| 55-59 | 2.3 | 2.4 | 3.1 | 3.7 | 3.6 | 4.2 | 4.3 | 4.2 | 3.3 | 2.8 |
| 60-64 | 1.9 | 1.4 | 2.2 | 1.7 | 2.0 | 3.2 | 3.0 | 3.2 | 2.9 | 2.9 |
| 15-24 | 12.5 | 12.0 | 15.9 | 17.1 | 17.9 | 18.1 | 18.4 | 14.0 | 13.3 | 11.3 |
| 25-54 | 3.8 | 3.7 | 5.3 | 5.4 | 5.8 | 6.0 | 5.6 | 4.9 | 4.3 | 3.9 |
| 55-64 | 2.2 | 2.1 | 2.8 | 3.0 | 3.0 | 3.8 | 3.8 | 3.8 | 3.2 | 2.8 |
| 65 and over | 1.6 | 1.2 | 1.7 | 1.1 | 1.4 | 1.6 | 0.6 | 1.4 | 1.8 | 2.1 |
| 15-64 | 5.0 | 4.8 | 6.6 | 6.9 | 7.3 | 7.5 | 7.2 | 6.1 | 5.4 | 4.8 |
| Total | 4.9 | 4.8 | 6.5 | 6.8 | 7.2 | 7.4 | 7.0 | 5.9 | 5.3 | 4.7 |
| **All persons** | | | | | | | | | | |
| 15-24 | 14.2 | 14.1 | 19.0 | 19.5 | 20.2 | 21.2 | 21.1 | 16.3 | 15.4 | 13.2 |
| 25-54 | 3.8 | 3.9 | 6.1 | 6.1 | 6.1 | 6.0 | 5.8 | 4.8 | 4.2 | 3.7 |
| 55-64 | 3.3 | 2.8 | 4.6 | 4.8 | 4.8 | 4.9 | 4.8 | 4.2 | 3.5 | 3.6 |
| 65 and over | 2.6 | 1.9 | 2.7 | 2.1 | 1.8 | 1.8 | 2.3 | 2.2 | 1.9 | 1.5 |
| 15-64 | 5.3 | 5.3 | 7.8 | 7.9 | 8.0 | 8.1 | 7.9 | 6.4 | 5.7 | 5.0 |

*Note:* Detailed metadata at:http://metalinks.oecd.org/lfs/20180108/10b3
*Disclaimer:* http://oe.cd/disclaimer

## Table 3. Employment and employees: breakdown by activity - ISIC Rev. 4

*Annual average estimates*

| | | 2007 | 2008 | 2009 | 2010 | 2011 | 2012 | 2013 | 2014 | 2015 | 2016 |
|---|---|---|---|---|---|---|---|---|---|---|---|
| **EMPLOYMENT** | | | | | | | | | | | |
| | **By activity, thousands** | | | | | | | | | | |
| **A-U** | **All activities** | .. | **29 520.2** | **29 058.7** | **29 125.0** | **29 282.1** | **29 595.9** | **29 954.1** | **30 671.3** | **31 193.2** | **31 627.7** |
| A | Agriculture, hunting and forestry | 385.2 \| | 318.0 | 320.5 | 351.6 | 354.8 | 348.3 | 314.1 | 381.6 | 352.3 | 353.6 |
| **B-F** | **Industry** | **6 439.7 \|** | **6 473.8** | **5 661.0** | **5 554.5** | **5 576.2** | **5 587.7** | **5 598.8** | **5 767.3** | **5 779.5** | **5 806.8** |
| B | Mining and quarrying | .. | 129.5 | 109.9 | 103.4 | 103.2 | 124.6 | 131.4 | 132.2 | 154.2 | 114.7 |
| C | Manufacturing | .. | 3 345.3 | 2 806.1 | 2 864.7 | 2 859.3 | 2 899.9 | 2 920.9 | 3 007.2 | 2 991.7 | 2 991.0 |
| D | Electricity, gas, steam, air cond. supply | .. | 151.5 | 161.6 | 176.0 | 182.1 | 176.1 | 178.3 | 181.9 | 184.2 | 186.2 |
| E | Water supply, sewerage, waste mgt, remediation | .. | 216.0 | 214.0 | 194.7 | 229.6 | 230.2 | 210.8 | 209.9 | 215.3 | 220.6 |
| F | Construction | .. | 2 631.6 | 2 369.4 | 2 215.7 | 2 202.1 | 2 157.0 | 2 157.4 | 2 236.1 | 2 234.2 | 2 294.4 |
| **G-U** | **Services** | **22 435.8 \|** | **22 728.4** | **23 077.2** | **23 219.0** | **23 351.1** | **23 659.9** | **24 041.3** | **24 522.4** | **25 061.5** | **25 467.4** |
| G | Wholesale, retail trade, vehicle, motorcycle repair | .. | 4 274.3 | 4 010.7 | 4 009.9 | 4 020.0 | 4 063.6 | 4 020.8 | 4 019.1 | 4 065.0 | 4 166.3 |
| H | Transportation and storage | .. | 1 623.8 | 1 496.4 | 1 453.7 | 1 437.3 | 1 442.2 | 1 499.0 | 1 474.8 | 1 556.6 | 1 610.8 |
| I | Accommodation and food service activities | .. | 1 271.5 | 1 364.1 | 1 428.0 | 1 453.2 | 1 483.5 | 1 517.3 | 1 598.1 | 1 637.0 | 1 707.7 |
| J | Information and communication | .. | 1 158.6 | 1 017.7 | 1 012.4 | 1 067.0 | 1 116.9 | 1 169.0 | 1 200.6 | 1 262.7 | 1 263.8 |
| K | Financial and insurance activities | .. | 1 270.0 | 1 230.1 | 1 179.3 | 1 188.1 | 1 201.7 | 1 157.3 | 1 178.6 | 1 234.4 | 1 245.0 |
| L | Real estate activities | .. | 256.4 | 264.9 | 281.3 | 299.1 | 333.9 | 337.8 | 351.4 | 340.7 | 354.2 |
| M | Professional, scientific and technical activities | .. | 1 600.2 | 1 871.8 | 1 873.9 | 1 868.5 | 1 946.9 | 2 042.3 | 2 143.4 | 2 176.5 | 2 280.7 |
| N | Administrative and support service activities | .. | 1 189.7 | 1 304.8 | 1 339.8 | 1 326.4 | 1 364.4 | 1 414.6 | 1 440.5 | 1 499.8 | 1 511.0 |
| O | Public administration, defence, social security | .. | 2 093.8 | 1 972.5 | 1 906.9 | 1 855.2 | 1 822.1 | 1 849.5 | 1 825.0 | 1 846.3 | 1 907.2 |
| P | Education | .. | 2 676.5 | 2 956.3 | 3 099.6 | 3 059.0 | 3 074.0 | 3 090.1 | 3 181.8 | 3 279.2 | 3 310.2 |
| Q | Human health and social work activities | .. | 3 626.5 | 3 775.6 | 3 831.8 | 3 941.9 | 3 909.8 | 4 020.9 | 4 090.3 | 4 146.8 | 4 126.1 |
| R | Arts, entertainment and recreation | .. | 756.6 | 757.6 | 756.6 | 750.4 | 774.4 | 737.9 | 794.0 | 843.8 | 825.2 |
| S | Other service activities | .. | 678.3 | 753.3 | 730.1 | 762.6 | 735.3 | 802.2 | 837.7 | 864.8 | 872.5 |
| T | Households as employers and own-use activities | .. | 141.7 | 65.6 | 64.3 | 67.9 | 62.4 | 64.5 | 83.6 | 55.2 | 69.5 |
| U | Activities of extraterritorial organizations, bodies | .. | .. | 43.4 | 41.0 | 50.3 | 40.8 | 42.1 | 43.1 | 39.3 | 49.6 |
| **EMPLOYEES** | | | | | | | | | | | |
| | **By activity, thousands** | | | | | | | | | | |
| **A-U** | **All activities** | .. | **25 519.8** | **25 042.1** | **24 965.8** | **25 064.3** | **25 136.3** | **25 439.4** | **25 895.1** | **26 436.0** | **26 686.4** |
| A | Agriculture, hunting and forestry | .. | 148.1 | 128.2 | 143.3 | 143.3 | 153.1 | 138.2 | 159.8 | 167.3 | 168.9 |
| **B-F** | **Industry** | .. | **5 284.6** | **4 576.1** | **4 468.1** | **4 493.8** | **4 478.4** | **4 468.9** | **4 603.0** | **4 605.3** | **4 585.9** |
| B | Mining and quarrying | .. | 120.4 | 103.8 | 94.2 | 95.5 | 109.7 | 116.7 | 122.0 | 140.2 | 103.6 |
| C | Manufacturing | .. | 3 130.8 | 2 622.2 | 2 675.6 | 2 670.8 | 2 696.0 | 2 704.3 | 2 791.8 | 2 760.7 | 2 753.4 |
| D | Electricity, gas, steam, air cond. supply | .. | 146.4 | 157.0 | 168.2 | 173.7 | 171.4 | 169.5 | 172.0 | 172.9 | 173.2 |
| E | Water supply, sewerage, waste mgt, remediation | .. | 206.8 | 203.6 | 186.0 | 220.5 | 217.8 | 201.5 | 198.7 | 204.5 | 210.8 |
| F | Construction | .. | 1 680.3 | 1 489.5 | 1 344.1 | 1 333.3 | 1 283.6 | 1 277.0 | 1 318.4 | 1 327.1 | 1 344.8 |
| **G-U** | **Services** | .. | **20 087.2** | **20 337.8** | **20 354.4** | **20 427.2** | **20 504.8** | **20 832.3** | **21 132.4** | **21 663.4** | **21 931.6** |
| G | Wholesale, retail trade, vehicle, motorcycle repair | .. | 3 840.6 | 3 615.5 | 3 615.3 | 3 624.6 | 3 646.7 | 3 607.7 | 3 604.0 | 3 668.9 | 3 744.2 |
| H | Transportation and storage | .. | 1 377.2 | 1 234.2 | 1 198.2 | 1 185.7 | 1 178.7 | 1 236.7 | 1 214.2 | 1 294.7 | 1 315.5 |
| I | Accommodation and food service activities | .. | 1 134.6 | 1 230.4 | 1 280.6 | 1 308.1 | 1 332.1 | 1 370.5 | 1 451.2 | 1 480.5 | 1 544.7 |
| J | Information and communication | .. | 1 000.7 | 872.5 | 859.7 | 877.7 | 913.4 | 958.3 | 976.3 | 1 038.5 | 1 044.4 |
| K | Financial and insurance activities | .. | 1 210.4 | 1 157.3 | 1 105.5 | 1 116.2 | 1 121.7 | 1 078.5 | 1 081.7 | 1 134.3 | 1 132.3 |
| L | Real estate activities | .. | 203.1 | 220.0 | 231.1 | 242.6 | 269.0 | 272.3 | 280.1 | 268.4 | 284.7 |
| M | Professional, scientific and technical activities | .. | 1 208.4 | 1 415.0 | 1 390.7 | 1 385.6 | 1 429.8 | 1 516.8 | 1 571.0 | 1 591.6 | 1 666.0 |
| N | Administrative and support service activities | .. | 969.2 | 1 063.9 | 1 084.6 | 1 060.9 | 1 053.7 | 1 109.4 | 1 107.8 | 1 166.0 | 1 162.7 |
| O | Public administration, defence, social security | .. | 2 062.3 | 1 943.5 | 1 878.5 | 1 825.7 | 1 787.7 | 1 813.7 | 1 787.7 | 1 804.4 | 1 853.5 |
| P | Education | .. | 2 541.3 | 2 764.5 | 2 908.6 | 2 858.2 | 2 873.7 | 2 890.7 | 2 949.3 | 3 032.0 | 3 033.1 |
| Q | Human health and social work activities | .. | 3 366.7 | 3 504.9 | 3 528.9 | 3 645.5 | 3 618.2 | 3 710.8 | 3 766.4 | 3 816.8 | 3 799.6 |
| R | Arts, entertainment and recreation | .. | 568.9 | 598.0 | 587.3 | 579.1 | 578.7 | 546.1 | 578.5 | 609.9 | 598.7 |
| S | Other service activities | .. | 486.4 | 529.8 | 492.6 | 504.5 | 493.6 | 533.5 | 542.3 | 570.4 | 571.2 |
| T | Households as employers and own-use activities | .. | 67.5 | 37.0 | 41.9 | 38.9 | 31.6 | 33.9 | 39.7 | 32.9 | 36.9 |
| U | Activities of extraterritorial organizations, bodies | .. | .. | 42.0 | 40.7 | 49.5 | 39.6 | 40.5 | 41.9 | 36.9 | 48.3 |

*Note:* Detailed metadata:http://metalinks.oecd.org/lfs/20180108/56a2
*Disclaimer:* http://oe.cd/disclaimer

# UNITED STATES

## Table 1. Labour force

*Annual average estimates*

| | 2007 | 2008 | 2009 | 2010 | 2011 | 2012 | 2013 | 2014 | 2015 | 2016 |
|---|---|---|---|---|---|---|---|---|---|---|
| **Labour force, thousands** | | | | | | | | | | |
| All persons | 153 124 | 154 287 | 154 142 | 153 889 | 153 617 | 154 975 | 155 389 | 155 922 | 157 130 | 159 187 |
| Males | 82 136 | 82 520 | 82 123 | 81 985 | 81 975 | 82 327 | 82 667 | 82 882 | 83 620 | 84 755 |
| Females | 70 988 | 71 767 | 72 019 | 71 904 | 71 642 | 72 648 | 72 722 | 73 039 | 73 510 | 74 432 |
| **Unemployed, thousands** | | | | | | | | | | |
| All persons | 7 078 | 8 924 | 14 265 | 14 825 | 13 747 | 12 506 | 11 460 | 9 616 | 8 296 | 7 751 |
| Males | 3 882 | 5 033 | 8 453 | 8 626 | 7 684 | 6 771 | 6 314 | 5 190 | 4 490 | 4 187 |
| Females | 3 196 | 3 891 | 5 811 | 6 199 | 6 063 | 5 734 | 5 146 | 4 427 | 3 807 | 3 565 |
| **Employment, thousands** | | | | | | | | | | |
| All persons | 146 047 | 145 363 | 139 878 | 139 064 | 139 869 | 142 469 | 143 929 | 146 305 | 148 833 | 151 436 |
| Males | 78 254 | 77 486 | 73 670 | 73 359 | 74 290 | 75 555 | 76 353 | 77 692 | 79 131 | 80 568 |
| Females | 67 792 | 67 876 | 66 208 | 65 705 | 65 579 | 66 914 | 67 577 | 68 613 | 69 703 | 70 868 |
| **Employment (%)** | | | | | | | | | | |
| Males | 53.6 | 53.3 | 52.7 | 52.8 | 53.1 | 53.0 | 53.0 | 53.1 | 53.2 | 53.2 |
| Females | 46.4 | 46.7 | 47.3 | 47.2 | 46.9 | 47.0 | 47.0 | 46.9 | 46.8 | 46.8 |
| **Unemployment rate (% of labour force)** | | | | | | | | | | |
| All persons | 4.6 | 5.8 | 9.3 | 9.6 | 9.0 | 8.1 | 7.4 | 6.2 | 5.3 | 4.9 |
| Males | 4.7 | 6.1 | 10.3 | 10.5 | 9.4 | 8.2 | 7.6 | 6.3 | 5.4 | 4.9 |
| Females | 4.5 | 5.4 | 8.1 | 8.6 | 8.5 | 7.9 | 7.1 | 6.1 | 5.2 | 4.8 |
| **EMPLOYMENT - PROFESSIONAL STATUS, thousands** | | | | | | | | | | |
| **All activities** | **146 047** | **145 362** | **139 877** | **139 064** | **139 869** | **142 469** | **143 929** | **146 305** | **148 833** | **151 436** |
| Employees | 135 503 | 135 161 | 129 956 | 129 267 | 130 315 | 132 830 | 134 420 | 136 861 | 139 225 | 141 744 |
| Employers and persons working on own account | 10 413 | 10 080 | 9 831 | 9 681 | 9 449 | 9 529 | 9 408 | 9 358 | 9 509 | 9 604 |
| Unpaid family workers | 131 | 122 | 91 | 117 | 106 | 110 | 101 | 86 | 100 | 88 |
| **Employees as % of employment** | **92.8** | **93.0** | **92.9** | **93.0** | **93.2** | **93.2** | **93.4** | **93.5** | **93.5** | **93.6** |
| **Part-time employment (%)** | | | | | | | | | | |
| Part-time as % of employment | .. | .. | .. | .. | .. | .. | .. | .. | .. | .. |
| Male share of part time employment | .. | .. | .. | .. | .. | .. | .. | .. | .. | .. |
| Female share of part time employment | .. | .. | .. | .. | .. | .. | .. | .. | .. | .. |
| Male part-time as % of male employment | .. | .. | .. | .. | .. | .. | .. | .. | .. | .. |
| Female part-time as % of female employment | .. | .. | .. | .. | .. | .. | .. | .. | .. | .. |
| **Duration of unemployment (% of total unemployment)** | | | | | | | | | | |
| Less than one month | 35.9 | 32.8 | 22.2 | 18.7 | 19.5 | 21.1 | 22.6 | 25.7 | 28.9 | 45.9 |
| More than 1 month and less than 3 months | 31.5 | 31.4 | 26.8 | 22.0 | 21.8 | 22.9 | 24.1 | 25.3 | 27.8 | 22.3 |
| More than 3 months and less than 6 months | 15.0 | 16.0 | 19.5 | 16.0 | 15.0 | 14.9 | 15.8 | 15.6 | 15.3 | 11.6 |
| More than 6 months and less than 1 year | 7.6 | 9.1 | 15.3 | 14.3 | 12.4 | 11.8 | 11.7 | 10.5 | 9.4 | 6.8 |
| More than 1 year | 10.0 | 10.6 | 16.3 | 29.0 | 31.3 | 29.3 | 25.9 | 23.0 | 18.7 | 13.3 |

*Note:* Detailed metadata: http://metalinks.oecd.org/lfs/20180108/c430, http://metalinks.oecd.org/lfs/20180108/56a2, http://metalinks.oecd.org/lfs/20180108/259c and http://metalinks.oecd.org/lfs/20180108/6824.

*Disclaimer:* http://oe.cd/disclaimer

## UNITED STATES

### Table 2. Participation rates and unemployment rates by age and sex

*Annual average estimates, percentage*

| | 2007 | 2008 | 2009 | 2010 | 2011 | 2012 | 2013 | 2014 | 2015 | 2016 |
|---|---|---|---|---|---|---|---|---|---|---|
| **Participation rates** | | | | | | | | | | |
| **Males** | | | | | | | | | | |
| 15-19 | 41.1 | 40.1 | 37.3 | 34.9 | 33.7 | 34.0 | 34.2 | 33.5 | 34.2 | 35.4 |
| 20-24 | 78.7 | 78.7 | 76.2 | 74.5 | 74.7 | 74.5 | 73.9 | 73.9 | 73.0 | 73.0 |
| 25-34 | 92.2 | 91.5 | 90.3 | 89.7 | 89.2 | 89.5 | 89.2 | 88.7 | 88.8 | 88.8 |
| 35-44 | 92.3 | 92.2 | 91.7 | 91.5 | 90.9 | 90.7 | 90.7 | 90.5 | 90.3 | 90.6 |
| 45-54 | 88.2 | 88.0 | 87.4 | 86.8 | 86.2 | 86.0 | 85.5 | 85.6 | 85.9 | 86.3 |
| 55-59 | 77.7 | 78.8 | 78.0 | 78.5 | 78.2 | 78.0 | 78.0 | 76.8 | 77.1 | 77.4 |
| 60-64 | 59.2 | 59.9 | 60.9 | 60.0 | 59.1 | 60.5 | 60.5 | 61.9 | 61.5 | 62.0 |
| 15-24 | 61.5 | 61.0 | 58.5 | 56.7 | 56.6 | 56.5 | 56.6 | 56.4 | 56.2 | 56.5 |
| 25-54 | 90.9 | 90.5 | 89.7 | 89.3 | 88.7 | 88.7 | 88.4 | 88.2 | 88.3 | 88.5 |
| 55-64 | 69.6 | 70.4 | 70.3 | 70.0 | 69.3 | 69.9 | 70.0 | 69.9 | 69.8 | 70.2 |
| 65 and over | 20.5 | 21.5 | 21.9 | 22.1 | 22.8 | 23.6 | 23.5 | 23.0 | 23.4 | 24.0 |
| 15-64 | 81.7 | 81.4 | 80.4 | 79.6 | 78.9 | 78.8 | 78.7 | 78.5 | 78.5 | 78.8 |
| **Females** | | | | | | | | | | |
| 15-19 | 41.5 | 40.2 | 37.7 | 35.0 | 34.6 | 34.6 | 34.7 | 34.5 | 34.4 | 35.1 |
| 20-24 | 70.1 | 70.0 | 69.6 | 68.2 | 67.8 | 67.4 | 67.6 | 67.7 | 68.3 | 68.0 |
| 25-34 | 74.5 | 75.2 | 75.0 | 74.7 | 73.9 | 74.1 | 73.5 | 73.8 | 73.4 | 74.5 |
| 35-44 | 75.5 | 76.1 | 75.9 | 75.2 | 74.7 | 74.8 | 74.0 | 74.1 | 74.3 | 74.5 |
| 45-54 | 76.0 | 76.1 | 76.0 | 75.7 | 75.4 | 74.7 | 74.1 | 73.8 | 73.4 | 73.9 |
| 55-59 | 66.6 | 67.7 | 68.5 | 68.4 | 67.8 | 67.3 | 67.2 | 66.4 | 66.3 | 65.9 |
| 60-64 | 47.9 | 48.7 | 49.9 | 50.7 | 50.3 | 50.4 | 50.0 | 50.2 | 49.8 | 50.1 |
| 15-24 | 57.2 | 56.5 | 55.2 | 53.5 | 53.3 | 53.2 | 53.5 | 53.6 | 53.8 | 53.8 |
| 25-54 | 75.4 | 75.8 | 75.6 | 75.2 | 74.7 | 74.5 | 73.9 | 73.9 | 73.7 | 74.3 |
| 55-64 | 58.3 | 59.1 | 60.0 | 60.2 | 59.5 | 59.4 | 59.2 | 58.8 | 58.5 | 58.4 |
| 65 and over | 12.6 | 13.3 | 13.6 | 13.8 | 14.0 | 14.4 | 14.9 | 15.1 | 15.3 | 15.5 |
| 15-64 | 69.1 | 69.3 | 69.0 | 68.4 | 67.8 | 67.6 | 67.2 | 67.1 | 66.9 | 67.3 |
| **All persons** | | | | | | | | | | |
| 15-24 | 59.4 | 58.8 | 56.9 | 55.2 | 55.0 | 54.9 | 55.0 | 55.0 | 55.0 | 55.2 |
| 25-54 | 83.0 | 83.1 | 82.6 | 82.2 | 81.6 | 81.4 | 81.0 | 80.9 | 80.9 | 81.3 |
| 55-64 | 63.8 | 64.5 | 64.9 | 64.9 | 64.2 | 64.5 | 64.4 | 64.1 | 63.9 | 64.1 |
| 65 and over | 16.0 | 16.8 | 17.2 | 17.4 | 17.9 | 18.5 | 18.7 | 18.6 | 18.9 | 19.3 |
| 15-64 | 75.3 | 75.3 | 74.6 | 73.9 | 73.3 | 73.1 | 72.8 | 72.7 | 72.6 | 73.0 |
| **Unemployment rates** | | | | | | | | | | |
| **Males** | | | | | | | | | | |
| 15-19 | 17.6 | 21.2 | 27.8 | 28.8 | 27.2 | 26.8 | 25.5 | 21.4 | 18.4 | 17.1 |
| 20-24 | 8.9 | 11.4 | 17.0 | 17.8 | 15.7 | 14.3 | 14.0 | 12.2 | 10.8 | 9.3 |
| 25-34 | 4.7 | 6.1 | 10.9 | 10.9 | 9.7 | 8.2 | 7.6 | 6.4 | 5.5 | 5.0 |
| 35-44 | 3.3 | 4.6 | 8.6 | 8.5 | 7.4 | 6.4 | 5.8 | 4.6 | 4.0 | 3.6 |
| 45-54 | 3.1 | 4.2 | 8.2 | 8.6 | 7.4 | 6.2 | 5.7 | 4.4 | 3.6 | 3.4 |
| 55-59 | 3.2 | 3.8 | 7.2 | 7.8 | 7.0 | 6.4 | 5.7 | 4.4 | 4.0 | 3.8 |
| 60-64 | 3.2 | 3.7 | 7.1 | 8.2 | 7.4 | 6.1 | 5.6 | 4.7 | 3.9 | 3.8 |
| 15-24 | 11.6 | 14.4 | 20.1 | 20.8 | 18.7 | 17.6 | 17.1 | 14.5 | 12.8 | 11.5 |
| 25-54 | 3.7 | 5.0 | 9.2 | 9.3 | 8.2 | 6.9 | 6.4 | 5.2 | 4.4 | 4.0 |
| 55-64 | 3.2 | 3.7 | 7.2 | 8.0 | 7.1 | 6.3 | 5.6 | 4.5 | 3.9 | 3.8 |
| 65 and over | 3.4 | 4.5 | 6.7 | 7.1 | 6.5 | 6.2 | 5.5 | 4.6 | 3.8 | 3.8 |
| 15-64 | 4.8 | 6.2 | 10.5 | 10.7 | 9.5 | 8.3 | 7.8 | 6.4 | 5.5 | 5.0 |
| Total | 4.7 | 6.1 | 10.3 | 10.5 | 9.4 | 8.2 | 7.6 | 6.3 | 5.4 | 4.9 |
| **Females** | | | | | | | | | | |
| 15-19 | 13.8 | 16.2 | 20.7 | 22.8 | 21.6 | 21.1 | 20.3 | 17.7 | 15.5 | 14.3 |
| 20-24 | 7.3 | 8.8 | 12.3 | 13.0 | 13.4 | 12.1 | 11.5 | 10.1 | 8.5 | 7.4 |
| 25-34 | 4.6 | 5.5 | 8.6 | 9.1 | 9.1 | 8.4 | 7.3 | 6.6 | 5.5 | 5.1 |
| 35-44 | 3.6 | 4.5 | 7.1 | 7.7 | 7.2 | 6.8 | 6.0 | 4.9 | 4.4 | 4.1 |
| 45-54 | 3.2 | 3.9 | 6.0 | 6.8 | 6.7 | 6.2 | 5.5 | 4.5 | 3.8 | 3.7 |
| 55-59 | 3.1 | 3.8 | 6.0 | 6.2 | 6.1 | 5.6 | 5.0 | 4.2 | 3.5 | 3.3 |
| 60-64 | 2.8 | 3.5 | 6.1 | 6.3 | 6.2 | 5.6 | 5.0 | 4.1 | 3.7 | 3.3 |
| 15-24 | 9.4 | 11.2 | 14.9 | 15.8 | 15.7 | 14.7 | 13.9 | 12.2 | 10.4 | 9.3 |
| 25-54 | 3.8 | 4.6 | 7.2 | 7.8 | 7.6 | 7.1 | 6.3 | 5.3 | 4.6 | 4.3 |
| 55-64 | 3.0 | 3.7 | 6.0 | 6.2 | 6.1 | 5.6 | 5.0 | 4.2 | 3.6 | 3.3 |
| 65 and over | 3.1 | 4.0 | 6.1 | 6.2 | 6.6 | 6.3 | 5.1 | 4.7 | 3.9 | 3.9 |
| 15-64 | 4.6 | 5.5 | 8.2 | 8.7 | 8.5 | 8.0 | 7.2 | 6.1 | 5.3 | 4.8 |
| Total | 4.5 | 5.4 | 8.1 | 8.6 | 8.5 | 7.9 | 7.1 | 6.1 | 5.2 | 4.8 |
| **All persons** | | | | | | | | | | |
| 15-24 | 10.5 | 12.8 | 17.6 | 18.4 | 17.3 | 16.2 | 15.5 | 13.4 | 11.6 | 10.4 |
| 25-54 | 3.7 | 4.8 | 8.3 | 8.6 | 7.9 | 7.0 | 6.3 | 5.2 | 4.5 | 4.2 |
| 55-64 | 3.1 | 3.7 | 6.6 | 7.1 | 6.6 | 5.9 | 5.3 | 4.3 | 3.8 | 3.6 |
| 65 and over | 3.3 | 4.2 | 6.4 | 6.7 | 6.5 | 6.2 | 5.3 | 4.6 | 3.8 | 3.8 |
| 15-64 | 4.7 | 5.8 | 9.4 | 9.8 | 9.1 | 8.2 | 7.5 | 6.3 | 5.4 | 4.9 |

*Note:* Detailed metadata at:http://metalinks.oecd.org/lfs/20180108/10b3
*Disclaimer:* http://oe.cd/disclaimer

# UNITED STATES

**Data for:**
**Table 3. Employment and employees: breakdown by activity are not available for United States.**

# BRAZIL

## Table 1. Labour force

*Annual average estimates*

| | 2007 | 2008 | 2009 | 2010 | 2011 | 2012 | 2013 | 2014 | 2015 | 2016 |
|---|---|---|---|---|---|---|---|---|---|---|
| **Labour force, thousands** | | | | | | | | | | |
| All persons | 96 829 | 98 824 | 100 551 | .. | 100 219 | 101 184 | 102 170 | 105 537 | 104 480 | .. |
| Males | 54 370 | 55 530 | 56 166 | .. | 56 622 | 57 143 | 57 540 | 58 867 | 58 626 | .. |
| Females | 42 459 | 43 294 | 44 385 | .. | 43 597 | 44 041 | 44 630 | 46 670 | 45 854 | .. |
| **Unemployed, thousands** | | | | | | | | | | |
| All persons | 7 839 | 7 010 | 8 325 | .. | 6 718 | 6 244 | 6 637 | 7 254 | 10 014 | .. |
| Males | 3 264 | 2 870 | 3 444 | .. | 2 758 | 2 637 | 2 857 | 3 142 | 4 644 | .. |
| Females | 4 575 | 4 140 | 4 881 | .. | 3 960 | 3 607 | 3 780 | 4 112 | 5 371 | .. |
| **Employment, thousands** | | | | | | | | | | |
| All persons | 88 990 | 91 814 | 92 226 | .. | 93 501 | 94 940 | 95 533 | 98 283 | 94 465 | .. |
| Males | 51 105 | 52 660 | 52 722 | .. | 53 864 | 54 506 | 54 682 | 55 725 | 53 982 | .. |
| Females | 37 884 | 39 154 | 39 504 | .. | 39 637 | 40 434 | 40 851 | 42 558 | 40 483 | .. |
| **Employment (%)** | | | | | | | | | | |
| Males | 57.4 | 57.4 | 57.2 | .. | 57.6 | 57.4 | 57.2 | 56.7 | 57.1 | .. |
| Females | 42.6 | 42.6 | 42.8 | .. | 42.4 | 42.6 | 42.8 | 43.3 | 42.9 | .. |
| **Unemployment rate (% of labour force)** | | | | | | | | | | |
| All persons | 8.1 | 7.1 | 8.3 | .. | 6.7 | 6.2 | 6.5 | 6.9 | 9.6 | .. |
| Males | 6.0 | 5.2 | 6.1 | .. | 4.9 | 4.6 | 5.0 | 5.3 | 7.9 | .. |
| Females | 10.8 | 9.6 | 11.0 | .. | 9.1 | 8.2 | 8.5 | 8.8 | 11.7 | .. |
| **EMPLOYMENT - PROFESSIONAL STATUS, thousands** | | | | | | | | | | |
| **All activities** | **88 990** | **91 814** | **92 226** | **..** | **93 501** | **94 940** | **95 533** | **98 283** | **94 465** | **..** |
| Employees | 58 074 | 60 792 | 61 533 | .. | 63 939 | 65 297 | 65 772 | 66 561 | 63 347 | .. |
| Employers and persons working on own account | 26 407 | 27 044 | 26 886 | .. | 26 789 | 27 060 | 27 634 | 29 198 | 29 042 | .. |
| Unpaid family workers | 4 509 | 3 978 | 3 807 | .. | 2 772 | 2 583 | 2 127 | 2 524 | 2 076 | .. |
| **Employees as % of employment** | **65.3** | **66.2** | **66.7** | **..** | **68.4** | **68.8** | **68.8** | **67.7** | **67.1** | **..** |
| **Part-time employment (%)** | | | | | | | | | | |
| Part-time as % of employment | 18.3 | 18.0 | 17.8 | .. | 16.0 | 16.2 | 16.4 | 17.1 | 17.9 | .. |
| Male share of part time employment | 32.4 | 32.2 | 32.5 | .. | 34.9 | 35.6 | 35.8 | 35.2 | 36.8 | .. |
| Female share of part time employment | 67.6 | 67.8 | 67.5 | .. | 65.1 | 64.4 | 64.2 | 64.8 | 63.2 | .. |
| Male part-time as % of male employment | 10.3 | 10.1 | 10.1 | .. | 9.7 | 10.0 | 10.2 | 10.6 | 11.5 | .. |
| Female part-time as % of female employment | 29.1 | 28.7 | 28.1 | .. | 24.6 | 24.6 | 24.7 | 25.6 | 26.5 | .. |
| **Duration of unemployment (% of total unemployment)** | | | | | | | | | | |
| Less than one month | .. | .. | .. | .. | .. | .. | .. | .. | .. | .. |
| More than 1 month and less than 3 months | .. | .. | .. | .. | .. | .. | .. | .. | .. | .. |
| More than 3 months and less than 6 months | .. | .. | .. | .. | .. | .. | .. | .. | .. | .. |
| More than 6 months and less than 1 year | .. | .. | .. | .. | .. | .. | .. | .. | .. | .. |
| More than 1 year | .. | .. | .. | .. | .. | .. | .. | .. | .. | .. |

*Note:* Detailed metadata: http://metalinks.oecd.org/lfs/20180108/aac3, http://metalinks.oecd.org/lfs/20180108/56a2, http://metalinks.oecd.org/lfs/20180108/971e and http://metalinks.oecd.org/lfs/20180108/e010.

*Disclaimer:* http://oe.cd/disclaimer

## Table 2. Participation rates and unemployment rates by age and sex

*Annual average estimates, percentage*

| | 2007 | 2008 | 2009 | 2010 | 2011 | 2012 | 2013 | 2014 | 2015 | 2016 |
|---|---|---|---|---|---|---|---|---|---|---|
| **Participation rates** | | | | | | | | | | |
| **Males** | | | | | | | | | | |
| 15-19 | 58.1 | 56.1 | 55.3 | .. | 50.2 | 50.7 | 47.7 | 50.2 | 46.4 | .. |
| 20-24 | 87.2 | 88.4 | 88.1 | .. | 86.2 | 85.3 | 84.8 | 85.8 | 83.7 | .. |
| 25-34 | 94.2 | 94.7 | 94.6 | .. | 93.4 | 93.4 | 93.1 | 93.4 | 93.0 | .. |
| 35-44 | 94.3 | 94.3 | 94.9 | .. | 94.2 | 93.8 | 94.2 | 93.8 | 93.6 | .. |
| 45-54 | 89.0 | 89.9 | 90.0 | .. | 89.5 | 89.0 | 89.0 | 89.5 | 89.1 | .. |
| 55-59 | 77.2 | 77.9 | 77.6 | .. | 78.2 | 78.2 | 78.7 | 79.6 | 78.1 | .. |
| 60-64 | 65.6 | 65.4 | 63.9 | .. | 63.2 | 62.0 | 63.2 | 65.0 | 62.5 | .. |
| 15-24 | 72.3 | 71.9 | 71.4 | .. | 67.4 | 67.2 | 65.0 | 66.9 | 64.0 | .. |
| 25-54 | 92.8 | 93.3 | 93.4 | .. | 92.6 | 92.3 | 92.3 | 92.4 | 92.1 | .. |
| 55-64 | 72.3 | 72.5 | 71.7 | .. | 71.6 | 70.9 | 71.8 | 72.8 | 71.1 | .. |
| 65 and over | 33.8 | 34.3 | 33.6 | .. | 29.8 | 30.0 | 29.9 | 31.1 | 28.1 | .. |
| 15-64 | 84.9 | 85.1 | 85.1 | .. | 83.5 | 83.3 | 82.8 | 83.5 | 82.4 | .. |
| **Females** | | | | | | | | | | |
| 15-19 | 41.5 | 40.0 | 39.4 | .. | 35.3 | 36.5 | 33.7 | 36.5 | 34.1 | .. |
| 20-24 | 67.8 | 68.6 | 68.8 | .. | 66.8 | 65.8 | 65.3 | 66.7 | 65.3 | .. |
| 25-34 | 73.0 | 73.1 | 74.3 | .. | 72.2 | 71.8 | 72.2 | 73.7 | 72.4 | .. |
| 35-44 | 72.7 | 72.7 | 73.9 | .. | 71.3 | 72.0 | 72.5 | 73.3 | 72.8 | .. |
| 45-54 | 63.3 | 63.2 | 65.0 | .. | 62.7 | 63.3 | 63.5 | 65.9 | 65.1 | .. |
| 55-59 | 46.9 | 49.2 | 48.1 | .. | 45.7 | 45.5 | 46.6 | 50.1 | 48.1 | .. |
| 60-64 | 32.4 | 34.9 | 32.7 | .. | 29.2 | 30.0 | 31.3 | 32.4 | 31.6 | .. |
| 15-24 | 54.7 | 54.2 | 54.0 | .. | 50.8 | 50.7 | 48.9 | 51.0 | 48.8 | .. |
| 25-54 | 70.2 | 70.2 | 71.5 | .. | 69.2 | 69.4 | 69.7 | 71.2 | 70.3 | .. |
| 55-64 | 40.6 | 42.8 | 41.4 | .. | 38.4 | 38.5 | 39.7 | 41.9 | 40.5 | .. |
| 65 and over | 14.6 | 14.7 | 13.6 | .. | 11.5 | 11.7 | 11.3 | 13.3 | 11.2 | .. |
| 15-64 | 62.8 | 62.9 | 63.5 | .. | 60.8 | 60.8 | 60.7 | 62.4 | 61.1 | .. |
| **All persons** | | | | | | | | | | |
| 15-24 | 63.6 | 63.2 | 62.7 | .. | 59.2 | 59.0 | 57.1 | 59.0 | 56.6 | .. |
| 25-54 | 81.1 | 81.2 | 82.0 | .. | 80.4 | 80.4 | 80.6 | 81.4 | 80.8 | .. |
| 55-64 | 55.4 | 56.5 | 55.5 | .. | 54.0 | 53.5 | 54.6 | 56.2 | 54.5 | .. |
| 65 and over | 22.9 | 23.1 | 22.3 | .. | 19.4 | 19.7 | 19.4 | 21.0 | 18.6 | .. |
| 15-64 | 73.5 | 73.7 | 73.9 | .. | 71.8 | 71.7 | 71.4 | 72.6 | 71.4 | .. |
| **Unemployment rates** | | | | | | | | | | |
| **Males** | | | | | | | | | | |
| 15-19 | 16.8 | 15.4 | 18.5 | .. | 16.1 | 15.6 | 16.8 | 19.1 | 25.3 | .. |
| 20-24 | 10.2 | 9.5 | 10.8 | .. | 9.5 | 8.6 | 9.4 | 10.3 | 15.3 | .. |
| 25-34 | 5.3 | 4.6 | 5.8 | .. | 4.3 | 4.4 | 4.8 | 4.9 | 7.9 | .. |
| 35-44 | 3.4 | 2.8 | 3.6 | .. | 2.9 | 2.6 | 3.1 | 3.1 | 5.1 | .. |
| 45-54 | 3.5 | 2.7 | 3.0 | .. | 2.3 | 2.1 | 2.3 | 2.7 | 4.3 | .. |
| 55-59 | 3.1 | 2.1 | 2.9 | .. | 2.3 | 2.0 | 2.4 | 2.1 | 3.7 | .. |
| 60-64 | 2.8 | 2.3 | 2.2 | .. | 2.0 | 2.1 | 1.8 | 2.0 | 3.4 | .. |
| 15-24 | 12.9 | 11.8 | 13.8 | .. | 12.1 | 11.4 | 12.3 | 13.8 | 19.1 | .. |
| 25-54 | 4.2 | 3.5 | 4.3 | .. | 3.3 | 3.1 | 3.5 | 3.7 | 5.9 | .. |
| 55-64 | 3.0 | 2.2 | 2.6 | .. | 2.2 | 2.1 | 2.2 | 2.0 | 3.6 | .. |
| 65 and over | 1.7 | 1.2 | 1.9 | .. | 1.2 | 1.3 | 1.4 | 1.2 | 1.8 | .. |
| 15-64 | 6.1 | 5.3 | 6.3 | .. | 5.0 | 4.7 | 5.1 | 5.5 | 8.1 | .. |
| Total | 6.0 | 5.1 | 6.1 | .. | 4.9 | 4.6 | 4.9 | 5.3 | 7.9 | .. |
| **Females** | | | | | | | | | | |
| 15-19 | 28.1 | 26.6 | 29.1 | .. | 26.5 | 25.3 | 25.3 | 28.5 | 37.4 | .. |
| 20-24 | 18.2 | 16.9 | 19.6 | .. | 16.1 | 15.2 | 15.1 | 16.8 | 23.3 | .. |
| 25-34 | 11.5 | 10.4 | 12.0 | .. | 10.0 | 8.6 | 9.5 | 9.7 | 12.5 | .. |
| 35-44 | 7.4 | 6.2 | 7.2 | .. | 6.3 | 5.4 | 6.1 | 6.0 | 8.3 | .. |
| 45-54 | 5.0 | 4.2 | 5.4 | .. | 3.9 | 3.6 | 3.8 | 3.8 | 5.7 | .. |
| 55-59 | 2.9 | 3.0 | 4.0 | .. | 2.9 | 3.1 | 2.7 | 2.7 | 4.0 | .. |
| 60-64 | 2.4 | 2.4 | 2.3 | .. | 1.6 | 2.1 | 2.2 | 2.1 | 2.9 | .. |
| 15-24 | 21.9 | 20.5 | 23.1 | .. | 19.8 | 18.9 | 18.7 | 21.2 | 28.5 | .. |
| 25-54 | 8.5 | 7.4 | 8.6 | .. | 7.1 | 6.2 | 6.8 | 6.8 | 9.1 | .. |
| 55-64 | 2.7 | 2.8 | 3.4 | .. | 2.5 | 2.7 | 2.6 | 2.5 | 3.6 | .. |
| 65 and over | 1.0 | 1.4 | 1.4 | .. | 1.6 | 1.4 | 2.4 | 1.4 | 2.1 | .. |
| 15-64 | 11.0 | 9.8 | 11.3 | .. | 9.3 | 8.4 | 8.6 | 9.0 | 12.0 | .. |
| Total | 10.8 | 9.6 | 11.0 | .. | 9.1 | 8.2 | 8.5 | 8.8 | 11.7 | .. |
| **All persons** | | | | | | | | | | |
| 15-24 | 16.8 | 15.5 | 17.8 | .. | 15.3 | 14.6 | 15.0 | 17.0 | 23.1 | .. |
| 25-54 | 6.1 | 5.2 | 6.3 | .. | 5.0 | 4.5 | 5.0 | 5.1 | 7.3 | .. |
| 55-64 | 2.9 | 2.4 | 3.0 | .. | 2.3 | 2.3 | 2.3 | 2.2 | 3.6 | .. |
| 65 and over | 1.4 | 1.3 | 1.8 | .. | 1.3 | 1.3 | 1.7 | 1.2 | 1.9 | .. |
| 15-64 | 8.3 | 7.3 | 8.5 | .. | 6.9 | 6.3 | 6.6 | 7.1 | 9.8 | .. |

*Note:* Detailed metadata at:http://metalinks.oecd.org/lfs/20180108/10b3
*Disclaimer:* http://oe.cd/disclaimer

## Table 3. Employment and employees: breakdown by activity - ISIC Rev. 3

*Annual average estimates*

| | | 2007 | 2008 | 2009 | 2010 | 2011 | 2012 | 2013 | 2014 | 2015 | 2016 |
|---|---|---|---|---|---|---|---|---|---|---|---|
| | **EMPLOYMENT** | | | | | | | | | | |
| | **By activity, thousands** | | | | | | | | | | |
| **A-X** | **All activities** | **88 990** | **91 814** | **92 226** | .. | **93 501** | **94 940** | **95 533** | **98 283** | **94 465** | .. |
| A | Agriculture, hunting and forestry | 15 581 | 15 300 | 14 932 | .. | 13 863 | 13 077 | 13 062 | 13 556 | 12 685 | .. |
| B | Fishing | 359 | 394 | 461 | .. | 460 | 492 | 506 | 469 | 486 | .. |
| C | Mining and quarrying | 380 | 362 | 388 | .. | 381 | 395 | 372 | 403 | 339 | .. |
| D | Manufacturing | 12 928 | 13 334 | 12 887 | .. | 11 888 | 12 636 | 12 170 | 12 173 | 11 215 | .. |
| E | Electricity, gas and water supply | 360 | 377 | 404 | .. | 350 | 335 | 363 | 389 | 374 | .. |
| F | Construction | 6 070 | 6 928 | 6 933 | .. | 7 888 | 8 334 | 8 848 | 9 072 | 8 535 | .. |
| G | Wholesale, retail trade: vehicle repair, household gds | 15 992 | 15 991 | 16 379 | .. | 16 712 | 16 933 | 17 055 | 17 906 | 17 222 | .. |
| H | Hotels and restaurants | 3 282 | 3 548 | 3 593 | .. | 4 559 | 4 534 | 4 414 | 4 595 | 4 654 | .. |
| I | Transport, storage and communication | 4 328 | 4 615 | 4 459 | .. | 5 170 | 5 331 | 5 393 | 5 441 | 5 306 | .. |
| J | Financial intermediation | 1 173 | 1 166 | 1 145 | .. | 1 234 | 1 254 | 1 334 | 1 303 | 1 229 | .. |
| K | Real estate, renting and business activities | 5 445 | 6 017 | 6 052 | .. | 6 978 | 7 173 | 6 838 | 7 289 | 7 025 | .. |
| L | Public adm., defence; social sec., excl. armed forces | 4 256 | 4 299 | 4 511 | .. | 4 921 | 4 896 | 5 006 | 4 807 | 4 655 | .. |
| M | Education | 5 042 | 5 146 | 5 289 | .. | 5 131 | 5 318 | 5 747 | 5 896 | 5 768 | .. |
| N | Health and social work | 3 305 | 3 444 | 3 475 | .. | 3 598 | 3 912 | 4 165 | 4 303 | 4 562 | .. |
| O | Other community, social, personal service activities | 3 665 | 4 087 | 3 930 | .. | 3 559 | 3 802 | 3 769 | 4 175 | 4 061 | .. |
| P | Private households with employed persons | 6 616 | 6 605 | 7 183 | .. | 6 674 | 6 446 | 6 423 | 6 439 | 6 277 | .. |
| Q | Extra-territorial organisations and bodies | 3 | 3 | 4 | .. | 4 | 5 | 5 | 2 | 5 | .. |
| X | Not classifiable by economic activities | 208 | 197 | 199 | .. | 131 | 70 | 63 | 65 | 69 | .. |
| | **By sector, thousands** | | | | | | | | | | |
| A-B | Agriculture | 15 940 | 15 694 | 15 393 | .. | 14 323 | 13 569 | 13 568 | 14 025 | 13 171 | .. |
| C-F | Industry | 19 738 | 21 001 | 20 612 | .. | 20 506 | 21 700 | 21 754 | 22 036 | 20 462 | .. |
| G-Q | Services | 53 105 | 54 922 | 56 021 | .. | 58 540 | 59 602 | 60 149 | 62 156 | 60 763 | .. |
| | **By sector, percentages** | | | | | | | | | | |
| A-B | Agriculture | 17.9 | 17.1 | 16.7 | .. | 15.3 | 14.3 | 14.2 | 14.3 | 13.9 | .. |
| C-F | Industry | 22.2 | 22.9 | 22.3 | .. | 21.9 | 22.9 | 22.8 | 22.4 | 21.7 | .. |
| G-Q | Services | 59.7 | 59.8 | 60.7 | .. | 62.6 | 62.8 | 63.0 | 63.2 | 64.3 | .. |
| | **EMPLOYEES** | | | | | | | | | | |
| | **By activity, thousands** | | | | | | | | | | |
| **A-X** | **All activities** | **58 074** | **60 792** | **61 533** | .. | **63 939** | **65 297** | **65 772** | **66 561** | **63 347** | .. |
| A | Agriculture, hunting and forestry | 4 703 | 4 710 | 4 738 | .. | 4 148 | 4 118 | 3 969 | 3 874 | 3 808 | .. |
| B | Fishing | 52 | 53 | 75 | .. | 67 | 63 | 61 | 67 | 61 | .. |
| C | Mining and quarrying | 336 | 321 | 357 | .. | 363 | 369 | 346 | 369 | 305 | .. |
| D | Manufacturing | 9 798 | 10 128 | 9 743 | .. | 9 451 | 10 056 | 9 544 | 9 426 | 8 434 | .. |
| E | Electricity, gas and water supply | 356 | 374 | 400 | .. | 347 | 333 | 358 | 387 | 372 | .. |
| F | Construction | 3 020 | 3 683 | 3 608 | .. | 4 241 | 4 413 | 4 789 | 4 751 | 4 174 | .. |
| G | Wholesale, retail trade: vehicle repair, household gds | 9 365 | 9 701 | 10 053 | .. | 10 599 | 10 781 | 11 013 | 11 450 | 10 834 | .. |
| H | Hotels and restaurants | 1 936 | 2 081 | 2 121 | .. | 2 901 | 2 789 | 2 774 | 2 883 | 2 844 | .. |
| I | Transport, storage and communication | 2 903 | 3 211 | 3 050 | .. | 3 687 | 3 821 | 3 900 | 3 894 | 3 731 | .. |
| J | Financial intermediation | 1 077 | 1 085 | 1 058 | .. | 1 169 | 1 169 | 1 253 | 1 207 | 1 152 | .. |
| K | Real estate, renting and business activities | 4 112 | 4 537 | 4 542 | .. | 5 429 | 5 636 | 5 271 | 5 601 | 5 308 | .. |
| L | Public adm., defence; social sec., excl. armed forces | 4 244 | 4 282 | 4 496 | .. | 4 917 | 4 892 | 5 002 | 4 799 | 4 650 | .. |
| M | Education | 4 775 | 4 862 | 5 023 | .. | 4 893 | 5 068 | 5 473 | 5 636 | 5 494 | .. |
| N | Health and social work | 2 797 | 2 927 | 2 952 | .. | 3 173 | 3 415 | 3 682 | 3 750 | 3 975 | .. |
| O | Other community, social, personal service activities | 1 922 | 2 178 | 2 108 | .. | 1 825 | 1 906 | 1 891 | 2 010 | 1 905 | .. |
| P | Private households with employed persons | 6 616 | 6 605 | 7 183 | .. | 6 674 | 6 446 | 6 423 | 6 439 | 6 277 | .. |
| Q | Extra-territorial organisations and bodies | 3 | 3 | 4 | .. | 4 | 5 | 5 | 2 | 5 | .. |
| X | Not classifiable by economic activities | 61 | 49 | 22 | .. | 51 | 17 | 18 | 18 | 21 | .. |
| | **By sector, thousands** | | | | | | | | | | |
| A-B | Agriculture | 4 755 | 4 763 | 4 813 | .. | 4 216 | 4 180 | 4 030 | 3 941 | 3 868 | .. |
| C-F | Industry | 13 510 | 14 507 | 14 107 | .. | 14 401 | 15 172 | 15 037 | 14 932 | 13 284 | .. |
| G-Q | Services | 39 749 | 41 473 | 42 591 | .. | 45 272 | 45 928 | 46 686 | 47 670 | 46 174 | .. |
| | **By sector, percentages** | | | | | | | | | | |
| A-B | Agriculture | 8.2 | 7.8 | 7.8 | .. | 6.6 | 6.4 | 6.1 | 5.9 | 6.1 | .. |
| C-F | Industry | 23.3 | 23.9 | 22.9 | .. | 22.5 | 23.2 | 22.9 | 22.4 | 21.0 | .. |
| G-Q | Services | 68.4 | 68.2 | 69.2 | .. | 70.8 | 70.3 | 71.0 | 71.6 | 72.9 | .. |

*Note:* Detailed metadata:http://metalinks.oecd.org/lfs/20180108/56a2

*Disclaimer:* http://oe.cd/disclaimer

# COLOMBIA

## Table 1. Labour force

*Annual average estimates*

| | 2007 | 2008 | 2009 | 2010 | 2011 | 2012 | 2013 | 2014 | 2015 | 2016 |
|---|---|---|---|---|---|---|---|---|---|---|
| **Labour force, thousands** | | | | | | | | | | |
| All persons | 19 065 | 19 476 | 20 688 | 21 518 | 22 126 | 22 772 | 23 017 | 23 391 | 23 938 | 24 201 |
| Males | 11 326 | 11 543 | 12 061 | 12 399 | 12 711 | 12 974 | 13 096 | 13 301 | 13 566 | 13 713 |
| Females | 7 738 | 7 933 | 8 627 | 9 119 | 9 415 | 9 799 | 9 921 | 10 090 | 10 372 | 10 487 |
| **Unemployed, thousands** | | | | | | | | | | |
| All persons | 2 136 | 2 196 | 2 496 | 2 546 | 2 406 | 2 375 | 2 232 | 2 141 | 2 143 | 2 242 |
| Males | 1 001 | 1 035 | 1 142 | 1 127 | 1 058 | 1 034 | 977 | 940 | 924 | 981 |
| Females | 1 151 | 1 178 | 1 373 | 1 437 | 1 369 | 1 360 | 1 267 | 1 211 | 1 232 | 1 268 |
| **Employment, thousands** | | | | | | | | | | |
| All persons | 16 929 | 17 280 | 18 191 | 18 972 | 19 719 | 20 397 | 20 785 | 21 250 | 21 795 | 21 958 |
| Males | 10 336 | 10 518 | 10 931 | 11 283 | 11 666 | 11 950 | 12 125 | 12 369 | 12 650 | 12 737 |
| Females | 6 592 | 6 762 | 7 261 | 7 689 | 8 054 | 8 448 | 8 660 | 8 881 | 9 144 | 9 221 |
| **Employment (%)** | | | | | | | | | | |
| Males | 61.1 | 60.9 | 60.1 | 59.5 | 59.2 | 58.6 | 58.3 | 58.2 | 58.0 | 58.0 |
| Females | 38.9 | 39.1 | 39.9 | 40.5 | 40.8 | 41.4 | 41.7 | 41.8 | 42.0 | 42.0 |
| **Unemployment rate (% of labour force)** | | | | | | | | | | |
| All persons | 11.2 | 11.3 | 12.1 | 11.8 | 10.9 | 10.4 | 9.7 | 9.2 | 9.0 | 9.3 |
| Males | 8.7 | 8.9 | 9.3 | 9.0 | 8.2 | 7.8 | 7.4 | 7.0 | 6.7 | 7.1 |
| Females | 14.8 | 14.8 | 15.8 | 15.6 | 14.4 | 13.7 | 12.7 | 11.9 | 11.8 | 12.0 |
| **EMPLOYMENT - PROFESSIONAL STATUS, thousands** | | | | | | | | | | |
| **All activities** | **17 106** | **17 442** | **18 420** | **19 213** | **20 020** | **20 696** | **21 048** | **21 503** | **22 017** | **22 156** |
| Employees | 9 227 | 8 603 | 8 692 | 8 894 | 9 178 | 9 633 | 9 979 | 10 373 | 10 719 | 10 783 |
| Employers and persons working on own account | 7 137 | 8 112 | 8 795 | 9 305 | 9 750 | 9 926 | 9 985 | 10 085 | 10 277 | 10 427 |
| Unpaid family workers | 742 | 726 | 933 | 1 014 | 1 091 | 1 138 | 1 084 | 1 045 | 1 021 | 946 |
| **Employees as % of employment** | **53.9** | **49.3** | **47.2** | **46.3** | **45.8** | **46.5** | **47.4** | **48.2** | **48.7** | **48.7** |
| **Part-time employment (%)** | | | | | | | | | | |
| Part-time as % of employment | 14.5 | 14.0 | 15.1 | 16.3 | 16.9 | 18.0 | 17.8 | 16.5 | 16.6 | 15.9 |
| Male share of part time employment | 38.7 | 35.4 | 34.3 | 34.5 | 34.0 | 34.1 | 33.5 | 32.5 | 31.7 | 31.0 |
| Female share of part time employment | 61.3 | 64.6 | 65.7 | 65.5 | 66.0 | 65.9 | 66.5 | 67.5 | 68.3 | 69.0 |
| Male part-time as % of male employment | 9.2 | 8.1 | 8.6 | 9.4 | 9.7 | 10.4 | 10.2 | 9.2 | 9.1 | 8.5 |
| Female part-time as % of female employment | 22.8 | 23.1 | 24.8 | 26.3 | 27.3 | 28.6 | 28.4 | 26.6 | 27.0 | 26.1 |
| **Duration of unemployment (% of total unemployment)** | | | | | | | | | | |
| Less than one month | 19.7 | 19.4 | 18.4 | 19.4 | 21.9 | 23.6 | 24.1 | 24.7 | 24.2 | 22.5 |
| More than 1 month and less than 3 months | 34.7 | 34.5 | 34.2 | 34.0 | 35.3 | 35.9 | 36.4 | 36.3 | 38.4 | 37.6 |
| More than 3 months and less than 6 months | 17.9 | 19.4 | 19.1 | 19.0 | 18.1 | 17.7 | 17.6 | 16.9 | 17.0 | 18.7 |
| More than 6 months and less than 1 year | 15.7 | 16.5 | 16.9 | 15.7 | 14.3 | 13.3 | 13.2 | 13.0 | 12.7 | 13.9 |
| More than 1 year | 12.0 | 10.2 | 11.4 | 11.9 | 10.4 | 9.5 | 8.7 | 9.1 | 7.7 | 7.3 |

*Note:* Detailed metadata: http://metalinks.oecd.org/lfs/20180108/15bd, http://metalinks.oecd.org/lfs/20180108/56a2, http://metalinks.oecd.org/lfs/20180108/1f2e and http://metalinks.oecd.org/lfs/20180108/c539.

*Disclaimer:* http://oe.cd/disclaimer

# COLOMBIA

## Table 2. Participation rates and unemployment rates by age and sex

*Annual average estimates, percentage*

| | 2007 | 2008 | 2009 | 2010 | 2011 | 2012 | 2013 | 2014 | 2015 | 2016 |
|---|---|---|---|---|---|---|---|---|---|---|
| **Participation rates** | | | | | | | | | | |
| **Males** | | | | | | | | | | |
| 15-19 | 38.6 | 37.9 | 42.2 | 42.9 | 44.5 | 45.9 | 43.6 | 43.1 | 43.0 | 39.7 |
| 20-24 | 81.7 | 82.6 | 84.9 | 85.6 | 86.6 | 87.3 | 85.7 | 85.7 | 86.1 | 85.2 |
| 25-34 | 95.2 | 95.5 | 96.3 | 96.6 | 96.7 | 96.5 | 96.3 | 96.1 | 96.2 | 96.3 |
| 35-44 | 96.5 | 96.9 | 97.3 | 97.5 | 97.4 | 97.4 | 97.1 | 97.3 | 96.9 | 97.0 |
| 45-54 | 93.4 | 93.9 | 94.8 | 95.4 | 95.2 | 95.6 | 95.4 | 95.4 | 95.1 | 95.4 |
| 55-59 | 84.7 | 85.9 | 88.4 | 87.9 | 89.0 | 88.9 | 90.0 | 90.4 | 90.8 | 90.9 |
| 60-64 | 68.5 | 70.6 | 72.3 | 74.6 | 75.3 | 76.3 | 75.5 | 76.8 | 78.0 | 78.0 |
| 15-24 | 58.2 | 57.5 | 61.3 | 62.0 | 63.7 | 64.8 | 63.2 | 63.1 | 63.4 | 61.3 |
| 25-54 | 95.2 | 95.5 | 96.2 | 96.5 | 96.5 | 96.5 | 96.3 | 96.2 | 96.1 | 96.3 |
| 55-64 | 77.7 | 79.3 | 81.3 | 82.0 | 82.9 | 83.3 | 83.5 | 84.3 | 85.1 | 85.1 |
| 65 and over | 38.5 | 38.7 | 42.6 | 44.2 | 44.8 | 44.3 | 43.9 | 44.1 | 44.3 | 44.4 |
| 15-64 | 82.6 | 82.8 | 84.5 | 84.9 | 85.6 | 86.0 | 85.5 | 85.7 | 85.8 | 85.4 |
| **Females** | | | | | | | | | | |
| 15-19 | 23.9 | 24.0 | 27.5 | 28.4 | 29.1 | 30.1 | 29.1 | 29.2 | 28.9 | 27.3 |
| 20-24 | 55.8 | 55.7 | 59.8 | 61.7 | 62.2 | 64.0 | 63.6 | 62.8 | 62.7 | 63.7 |
| 25-34 | 66.0 | 66.7 | 70.3 | 72.7 | 72.9 | 74.0 | 74.2 | 74.3 | 75.3 | 74.8 |
| 35-44 | 66.8 | 67.0 | 71.0 | 73.3 | 74.2 | 75.3 | 75.4 | 75.4 | 76.5 | 76.5 |
| 45-54 | 58.4 | 59.9 | 64.0 | 66.2 | 67.7 | 69.3 | 68.9 | 69.2 | 70.4 | 69.9 |
| 55-59 | 41.1 | 43.0 | 46.9 | 49.1 | 51.9 | 54.5 | 53.9 | 53.9 | 55.6 | 56.6 |
| 60-64 | 27.7 | 29.4 | 30.9 | 35.2 | 37.8 | 40.3 | 41.1 | 41.2 | 42.4 | 42.5 |
| 15-24 | 39.5 | 39.2 | 42.9 | 44.3 | 45.0 | 46.6 | 46.0 | 46.1 | 46.0 | 46.0 |
| 25-54 | 64.2 | 64.9 | 68.8 | 71.1 | 71.8 | 73.1 | 73.1 | 73.2 | 74.3 | 73.9 |
| 55-64 | 35.2 | 37.1 | 40.0 | 43.0 | 45.8 | 48.3 | 48.3 | 48.3 | 49.7 | 50.4 |
| 65 and over | 12.1 | 12.1 | 13.9 | 15.8 | 16.2 | 17.4 | 17.8 | 18.1 | 18.5 | 18.7 |
| 15-64 | 54.2 | 54.8 | 58.5 | 60.5 | 61.5 | 63.0 | 62.8 | 62.9 | 63.7 | 63.6 |
| **All persons** | | | | | | | | | | |
| 15-24 | 48.8 | 48.3 | 52.1 | 53.2 | 54.4 | 55.8 | 54.6 | 54.6 | 54.7 | 53.7 |
| 25-54 | 79.1 | 79.7 | 82.0 | 83.4 | 83.7 | 84.4 | 84.3 | 84.4 | 84.9 | 84.8 |
| 55-64 | 55.2 | 57.0 | 59.4 | 61.4 | 63.1 | 64.7 | 64.7 | 65.1 | 66.1 | 66.5 |
| 65 and over | 24.3 | 24.3 | 27.1 | 28.7 | 29.3 | 29.6 | 29.7 | 29.9 | 30.2 | 30.3 |
| 15-64 | 68.0 | 68.4 | 71.1 | 72.4 | 73.2 | 74.2 | 73.9 | 74.0 | 74.5 | 74.3 |
| **Unemployment rates** | | | | | | | | | | |
| **Males** | | | | | | | | | | |
| 15-19 | 20.8 | 20.9 | 20.6 | 20.5 | 19.0 | 18.0 | 16.3 | 17.1 | 14.7 | 15.7 |
| 20-24 | 16.1 | 16.5 | 17.1 | 16.8 | 15.8 | 14.3 | 13.5 | 13.1 | 12.4 | 13.6 |
| 25-34 | 8.1 | 8.8 | 8.7 | 8.3 | 7.4 | 7.1 | 6.8 | 6.4 | 6.4 | 6.9 |
| 35-44 | 5.3 | 5.4 | 5.8 | 5.5 | 4.7 | 4.9 | 4.8 | 4.3 | 4.4 | 4.5 |
| 45-54 | 6.1 | 5.9 | 6.5 | 5.9 | 5.4 | 5.3 | 5.0 | 4.5 | 4.4 | 4.5 |
| 55-59 | 6.0 | 6.3 | 7.9 | 6.3 | 6.4 | 6.1 | 5.9 | 5.6 | 5.7 | 5.8 |
| 60-64 | 7.0 | 6.0 | 6.9 | 8.2 | 6.0 | 6.4 | 5.6 | 5.7 | 5.5 | 6.6 |
| 15-24 | 17.8 | 18.1 | 18.4 | 18.2 | 17.0 | 15.7 | 14.6 | 14.6 | 13.2 | 14.3 |
| 25-54 | 6.6 | 6.8 | 7.1 | 6.7 | 5.9 | 5.9 | 5.7 | 5.2 | 5.2 | 5.4 |
| 55-64 | 6.3 | 6.2 | 7.5 | 7.1 | 6.2 | 6.2 | 5.8 | 5.6 | 5.6 | 6.2 |
| 65 and over | 5.3 | 5.0 | 5.9 | 5.7 | 6.0 | 5.5 | 5.1 | 4.7 | 4.8 | 4.6 |
| 15-64 | 8.9 | 9.1 | 9.5 | 9.2 | 8.3 | 8.0 | 7.5 | 7.1 | 6.9 | 7.3 |
| Total | 8.7 | 8.9 | 9.4 | 9.0 | 8.2 | 7.9 | 7.4 | 7.0 | 6.8 | 7.1 |
| **Females** | | | | | | | | | | |
| 15-19 | 32.0 | 34.9 | 35.1 | 34.9 | 33.0 | 31.7 | 27.3 | 27.9 | 26.1 | 28.0 |
| 20-24 | 27.0 | 27.1 | 28.7 | 28.2 | 26.7 | 25.1 | 24.5 | 22.6 | 22.8 | 22.2 |
| 25-34 | 16.2 | 15.9 | 16.8 | 16.7 | 15.8 | 15.4 | 14.0 | 12.8 | 13.2 | 13.9 |
| 35-44 | 11.3 | 10.8 | 12.2 | 11.9 | 10.5 | 10.1 | 9.3 | 9.0 | 9.0 | 9.4 |
| 45-54 | 7.6 | 8.0 | 9.0 | 9.2 | 8.3 | 8.0 | 7.7 | 7.2 | 7.0 | 7.2 |
| 55-59 | 5.6 | 6.1 | 7.0 | 7.0 | 6.6 | 6.3 | 5.9 | 5.7 | 5.8 | 5.1 |
| 60-64 | 3.8 | 3.8 | 4.9 | 6.1 | 5.7 | 4.9 | 4.4 | 4.0 | 4.4 | 4.0 |
| 15-24 | 28.6 | 29.6 | 30.9 | 30.5 | 28.9 | 27.3 | 25.4 | 24.3 | 23.8 | 23.9 |
| 25-54 | 12.3 | 12.0 | 13.1 | 13.0 | 11.9 | 11.6 | 10.7 | 10.0 | 10.1 | 10.5 |
| 55-64 | 5.0 | 5.3 | 6.3 | 6.7 | 6.3 | 5.8 | 5.4 | 5.1 | 5.2 | 4.7 |
| 65 and over | 2.4 | 2.8 | 2.8 | 4.3 | 3.9 | 2.6 | 2.1 | 3.1 | 2.4 | 2.7 |
| 15-64 | 15.1 | 15.1 | 16.2 | 16.0 | 14.8 | 14.2 | 13.1 | 12.3 | 12.2 | 12.4 |
| Total | 14.8 | 14.8 | 15.8 | 15.7 | 14.5 | 13.8 | 12.7 | 12.0 | 11.8 | 12.1 |
| **All persons** | | | | | | | | | | |
| 15-24 | 22.2 | 22.8 | 23.5 | 23.3 | 21.9 | 20.5 | 19.1 | 18.7 | 17.7 | 18.4 |
| 25-54 | 9.0 | 9.0 | 9.7 | 9.5 | 8.6 | 8.4 | 7.9 | 7.3 | 7.4 | 7.7 |
| 55-64 | 5.9 | 5.9 | 7.1 | 6.9 | 6.2 | 6.1 | 5.6 | 5.4 | 5.5 | 5.5 |
| 65 and over | 4.5 | 4.4 | 5.0 | 5.3 | 5.4 | 4.6 | 4.1 | 4.2 | 4.0 | 4.0 |
| 15-64 | 11.5 | 11.5 | 12.3 | 12.1 | 11.1 | 10.7 | 9.9 | 9.4 | 9.2 | 9.5 |

*Note:* Detailed metadata at:http://metalinks.oecd.org/lfs/20180108/10b3
*Disclaimer:* http://oe.cd/disclaimer

# COLOMBIA

## Table 3. Employment and employees: breakdown by activity - ISIC Rev. 3

*Annual average estimates*

| | | 2007 | 2008 | 2009 | 2010 | 2011 | 2012 | 2013 | 2014 | 2015 | 2016 |
|---|---|---|---|---|---|---|---|---|---|---|---|
| **EMPLOYMENT** | | | | | | | | | | | |
| | **By activity, thousands** | | | | | | | | | | |
| **A-X** | **All activities** | **17 106** | **17 442** | **18 420** | **19 213** | **20 020** | **20 696** | **21 048** | **21 503** | **22 017** | **22 156** |
| A | Agriculture, hunting and forestry | 3 142 | 3 176 | 3 440 | 3 561 | 3 634 | 3 622 | 3 549 | 3 495 | 3 544 | 3 571 |
| B | Fishing | 0 | 0 | 0 | 0 | 0 | 0 | 0 | 0 | 0 | 0 |
| C | Mining and quarrying | 180 | 202 | 184 | 213 | 244 | 235 | 224 | 214 | 204 | 181 |
| D | Manufacturing | 2 300 | 2 317 | 2 416 | 2 455 | 2 604 | 2 656 | 2 533 | 2 586 | 2 606 | 2 550 |
| E | Electricity, gas and water supply | 73 | 73 | 79 | 96 | 109 | 108 | 109 | 121 | 117 | 113 |
| F | Construction | 901 | 889 | 969 | 1 047 | 1 145 | 1 242 | 1 220 | 1 302 | 1 375 | 1 397 |
| G | Wholesale, retail trade: vehicle repair, household gds | 4 301 | 4 489 | 4 764 | 5 038 | 5 286 | 5 535 | 5 777 | 5 859 | 6 042 | 6 176 |
| H | Hotels and restaurants | 0 | 0 | 0 | 0 | 0 | 0 | 0 | 0 | 0 | .. |
| I | Transport, storage and communication | 1 419 | 1 453 | 1 535 | 1 619 | 1 660 | 1 721 | 1 742 | 1 793 | 1 805 | 1 778 |
| J | Financial intermediation | 226 | 223 | 220 | 240 | 238 | 260 | 290 | 290 | 298 | 323 |
| K | Real estate, renting and business activities | 949 | 1 117 | 1 190 | 1 212 | 1 303 | 1 386 | 1 489 | 1 560 | 1 676 | 1 747 |
| L | Public adm., defence; social sec., excl. armed forces | 3 602 | 3 477 | 3 609 | 3 725 | 3 794 | 3 924 | 4 111 | 4 280 | 4 349 | 4 318 |
| M | Education | 0 | 0 | 0 | 0 | 0 | 0 | 0 | 0 | 0 | 0 |
| N | Health and social work | 0 | 0 | 0 | 0 | 0 | 0 | 0 | 0 | 0 | 0 |
| O | Other community, social, personal service activities | 0 | 0 | 0 | 0 | 0 | 0 | 0 | 0 | 0 | 0 |
| P | Private households with employed persons | 0 | 0 | 0 | 0 | 0 | 0 | 0 | 0 | 0 | 0 |
| Q | Extra-territorial organisations and bodies | 0 | 0 | 0 | 0 | 0 | 0 | 0 | 0 | 0 | 0 |
| X | Not classifiable by economic activities | 12 | 25 | 13 | 8 | 3 | 6 | 4 | 3 | 2 | 2 |
| | **By sector, thousands** | | | | | | | | | | |
| A-B | Agriculture | 3 142 | 3 176 | 3 440 | 3 561 | 3 634 | 3 622 | 3 549 | 3 495 | 3 544 | 3 571 |
| C-F | Industry | 3 454 | 3 482 | 3 648 | 3 811 | 4 102 | 4 242 | 4 085 | 4 224 | 4 302 | 4 241 |
| G-Q | Services | 10 498 | 10 759 | 11 318 | 11 833 | 12 280 | 12 826 | 13 410 | 13 781 | 14 170 | .. |
| | **By sector, percentages** | | | | | | | | | | |
| A-B | Agriculture | 18.4 | 18.2 | 18.7 | 18.5 | 18.2 | 17.5 | 16.9 | 16.3 | 16.1 | 16.1 |
| C-F | Industry | 20.2 | 20.0 | 19.8 | 19.8 | 20.5 | 20.5 | 19.4 | 19.6 | 19.5 | 19.1 |
| G-Q | Services | 61.4 | 61.7 | 61.4 | 61.6 | 61.3 | 62.0 | 63.7 | 64.1 | 64.4 | .. |
| **EMPLOYEES** | | | | | | | | | | | |
| | **By activity, thousands** | | | | | | | | | | |
| **A-X** | **All activities** | **9 227** | **8 603** | **8 692** | **8 894** | **9 178** | **9 633** | **9 979** | **10 373** | **10 719** | **10 783** |
| A | Agriculture, hunting and forestry | 1 579 | 1 348 | 1 238 | 1 243 | 1 254 | 1 228 | 1 210 | 1 146 | 1 136 | 1 122 |
| B | Fishing | 0 | 0 | 0 | 0 | 0 | 0 | 0 | 0 | 0 | 0 |
| C | Mining and quarrying | 110 | 124 | 95 | 109 | 133 | 124 | 130 | 140 | 126 | 105 |
| D | Manufacturing | 1 388 | 1 287 | 1 305 | 1 304 | 1 363 | 1 400 | 1 412 | 1 472 | 1 500 | 1 512 |
| E | Electricity, gas and water supply | 68 | 69 | 69 | 86 | 97 | 99 | 100 | 109 | 107 | 100 |
| F | Construction | 456 | 416 | 452 | 492 | 563 | 633 | 624 | 657 | 678 | 675 |
| G | Wholesale, retail trade: vehicle repair, household gds | 1 716 | 1 640 | 1 749 | 1 828 | 1 904 | 2 031 | 2 139 | 2 250 | 2 361 | 2 432 |
| H | Hotels and restaurants | 0 | 0 | 0 | 0 | 0 | 0 | 0 | 0 | 0 | 0 |
| I | Transport, storage and communication | 593 | 537 | 550 | 572 | 582 | 613 | 644 | 661 | 679 | 659 |
| J | Financial intermediation | 196 | 192 | 194 | 208 | 209 | 223 | 257 | 254 | 264 | 284 |
| K | Real estate, renting and business activities | 521 | 533 | 555 | 542 | 585 | 691 | 752 | 815 | 915 | 939 |
| L | Public adm., defence; social sec., excl. armed forces | 2 593 | 2 448 | 2 479 | 2 506 | 2 487 | 2 586 | 2 711 | 2 867 | 2 953 | 2 955 |
| M | Education | 0 | 0 | 0 | 0 | 0 | 0 | 0 | 0 | 0 | 0 |
| N | Health and social work | 0 | 0 | 0 | 0 | 0 | 0 | 0 | 0 | 0 | 0 |
| O | Other community, social, personal service activities | 0 | 0 | 0 | 0 | 0 | 0 | 0 | 0 | 0 | 0 |
| P | Private households with employed persons | 0 | 0 | 0 | 0 | 0 | 0 | 0 | 0 | 0 | 0 |
| Q | Extra-territorial organisations and bodies | 0 | 0 | 0 | 0 | 0 | 0 | 0 | 0 | 0 | 0 |
| X | Not classifiable by economic activities | 7 | 9 | 5 | 3 | 2 | 3 | 1 | 0 | 0 | 1 |
| | **By sector, thousands** | | | | | | | | | | |
| A-B | Agriculture | 1 579 | 1 348 | 1 238 | 1 243 | 1 254 | 1 228 | 1 210 | 1 146 | 1 136 | 1 122 |
| C-F | Industry | 2 022 | 1 896 | 1 922 | 1 991 | 2 156 | 2 257 | 2 265 | 2 379 | 2 411 | 2 391 |
| G-Q | Services | 5 619 | 5 351 | 5 527 | 5 657 | 5 767 | 6 145 | 6 503 | 6 847 | 7 171 | 7 269 |
| | **By sector, percentages** | | | | | | | | | | |
| A-B | Agriculture | 17.1 | 15.7 | 14.2 | 14.0 | 13.7 | 12.7 | 12.1 | 11.0 | 10.6 | 10.4 |
| C-F | Industry | 21.9 | 22.0 | 22.1 | 22.4 | 23.5 | 23.4 | 22.7 | 22.9 | 22.5 | 22.2 |
| G-Q | Services | 60.9 | 62.2 | 63.6 | 63.6 | 62.8 | 63.8 | 65.2 | 66.0 | 66.9 | 67.4 |

*Note:* Detailed metadata:http://metalinks.oecd.org/lfs/20180108/56a2

*Disclaimer:* http://oe.cd/disclaimer

## Table 1. Labour force

*Annual average estimates*

| | 2007 | 2008 | 2009 | 2010 | 2011 | 2012 | 2013 | 2014 | 2015 | 2016 |
|---|---|---|---|---|---|---|---|---|---|---|
| **Labour force, thousands** | | | | | | | | | | |
| All persons | 75 159 | 75 757 | 75 658 | 75 440 | 75 779 | 75 676 | 75 529 | 75 428 | 76 588 | 76 636 |
| Males | 38 103 | 38 681 | 38 527 | 38 575 | 38 717 | 38 720 | 38 720 | 38 729 | 39 433 | 39 470 |
| Females | 37 056 | 37 076 | 37 131 | 36 866 | 37 063 | 36 956 | 36 809 | 36 700 | 37 155 | 37 166 |
| **Unemployed, thousands** | | | | | | | | | | |
| All persons | 4 588 | 4 791 | 6 403 | 5 636 | 4 922 | 4 131 | 4 137 | 3 889 | 4 264 | 4 243 |
| Males | 2 421 | 2 492 | 3 430 | 3 034 | 2 684 | 2 250 | 2 242 | 2 123 | 2 296 | 2 269 |
| Females | 2 097 | 2 206 | 2 854 | 2 510 | 2 238 | 1 881 | 1 896 | 1 766 | 1 968 | 1 975 |
| **Employment, thousands** | | | | | | | | | | |
| All persons | 70 570 | 70 965 | 69 305 | 69 804 | 70 857 | 71 545 | 71 391 | 71 539 | 72 324 | 72 393 |
| Males | 35 650 | 36 139 | 35 063 | 35 500 | 36 032 | 36 470 | 36 478 | 36 605 | 37 137 | 37 201 |
| Females | 34 921 | 34 827 | 34 242 | 34 304 | 34 824 | 35 075 | 34 913 | 34 934 | 35 187 | 35 192 |
| **Employment (%)** | | | | | | | | | | |
| Males | 50.5 | 50.9 | 50.6 | 50.9 | 50.9 | 51.0 | 51.1 | 51.2 | 51.3 | 51.4 |
| Females | 49.5 | 49.1 | 49.4 | 49.1 | 49.1 | 49.0 | 48.9 | 48.8 | 48.7 | 48.6 |
| **Unemployment rate (% of labour force)** | | | | | | | | | | |
| All persons | 6.1 | 6.4 | 8.4 | 7.5 | 6.5 | 5.5 | 5.5 | 5.2 | 5.6 | 5.5 |
| Males | 6.4 | 6.5 | 8.9 | 7.9 | 6.9 | 5.8 | 5.8 | 5.5 | 5.8 | 5.7 |
| Females | 5.6 | 5.9 | 7.7 | 6.8 | 6.0 | 5.1 | 5.2 | 4.8 | 5.3 | 5.3 |
| **EMPLOYMENT - PROFESSIONAL STATUS, thousands** | | | | | | | | | | |
| **All activities** | **70 770** | **71 003** | **69 410** | **69 934** | **70 857** | **71 545** | **71 391** | **71 539** | **72 324** | **72 393** |
| Employees | 65 593 | 65 814 | 64 266 | 65 158 | 65 827 | 66 598 | 66 197 | 66 378 | 67 109 | 66 968 |
| Employers and persons working on own account | 5 100 | 5 099 | 4 917 | 4 479 | 4 825 | 4 664 | 4 930 | 4 883 | 4 951 | 5 133 |
| Unpaid family workers | 78 | 90 | 228 | 297 | 204 | 284 | 265 | 278 | 263 | 291 |
| **Employees as % of employment** | **92.7** | **92.7** | **92.6** | **93.2** | **92.9** | **93.1** | **92.7** | **92.8** | **92.8** | **92.5** |
| **Part-time employment (%)** | | | | | | | | | | |
| Part-time as % of employment | 5.1 | 5.0 | 4.7 | 4.3 | 4.1 | 4.1 | 4.3 | 4.0 | 4.2 | 4.3 |
| Male share of part time employment | 35.2 | 35.5 | 34.8 | 35.7 | 34.6 | 35.5 | 34.5 | 34.9 | 35.1 | 37.1 |
| Female share of part time employment | 64.8 | 64.5 | 65.2 | 64.3 | 65.4 | 64.5 | 65.5 | 65.1 | 64.9 | 62.9 |
| Male part-time as % of male employment | 3.5 | 3.5 | 3.3 | 3.0 | 2.8 | 2.9 | 2.9 | 2.7 | 2.9 | 3.1 |
| Female part-time as % of female employment | 6.6 | 6.5 | 6.2 | 5.6 | 5.4 | 5.4 | 5.8 | 5.3 | 5.6 | 5.6 |
| **Duration of unemployment (% of total unemployment)** | | | | | | | | | | |
| Less than one month | 10.9 | 13.0 | 12.6 | 11.3 | 10.6 | 11.4 | 11.9 | 12.3 | 11.5 | 10.3 |
| More than 1 month and less than 3 months | 16.7 | 19.5 | 22.1 | 18.7 | 19.4 | 21.4 | 21.6 | 21.9 | 22.7 | 21.1 |
| More than 3 months and less than 6 months | 13.8 | 15.1 | 20.3 | 22.6 | 17.1 | 18.7 | 16.6 | 17.0 | 17.8 | 18.0 |
| More than 6 months and less than 1 year | 18.0 | 17.2 | 16.2 | 17.4 | 20.0 | 17.5 | 18.8 | 20.7 | 20.6 | 21.1 |
| More than 1 year | 40.6 | 35.2 | 28.7 | 30.0 | 32.9 | 30.9 | 31.0 | 28.1 | 27.3 | 29.6 |

*Note:* Detailed metadata: http://metalinks.oecd.org/lfs/20180108/7bec, http://metalinks.oecd.org/lfs/20180108/56a2, http://metalinks.oecd.org/lfs/20180108/da43 and http://metalinks.oecd.org/lfs/20180108/ea53.

*Disclaimer:* http://oe.cd/disclaimer

## Table 2. Participation rates and unemployment rates by age and sex

*Annual average estimates, percentage*

| | 2007 | 2008 | 2009 | 2010 | 2011 | 2012 | 2013 | 2014 | 2015 | 2016 |
|---|---|---|---|---|---|---|---|---|---|---|
| **Participation rates** | | | | | | | | | | |
| **Males** | | | | | | | | | | |
| 15-19 | 16.8 | 17.4 | 15.6 | 13.9 | 12.5 | 11.0 | 10.3 | 9.5 | 10.2 | 10.9 |
| 20-24 | 66.6 | 70.5 | 69.5 | 68.3 | 68.3 | 65.5 | 66.4 | 65.2 | 64.0 | 64.6 |
| 25-34 | 93.6 | 93.7 | 93.5 | 94.2 | 94.3 | 94.6 | 94.9 | 95.1 | 95.6 | 95.9 |
| 35-44 | 93.1 | 93.6 | 93.5 | 93.9 | 93.9 | 94.5 | 94.4 | 94.6 | 94.9 | 95.2 |
| 45-54 | 89.3 | 89.5 | 89.2 | 89.7 | 90.0 | 90.5 | 90.1 | 90.8 | 91.2 | 91.7 |
| 55-59 | 76.3 | 76.3 | 76.2 | 76.3 | 77.0 | 77.8 | 77.4 | 77.9 | 78.3 | 79.6 |
| 60-64 | 43.9 | 43.9 | 40.9 | 40.0 | 38.8 | 38.5 | 38.8 | 38.6 | 39.1 | 39.4 |
| 15-24 | 42.7 | 46.2 | 45.8 | 45.5 | 45.7 | 43.8 | 44.1 | 43.0 | 41.9 | 41.8 |
| 25-54 | 92.0 | 92.2 | 92.1 | 92.6 | 92.8 | 93.3 | 93.2 | 93.6 | 94.0 | 94.4 |
| 55-64 | 66.3 | 65.5 | 63.3 | 61.6 | 60.6 | 60.6 | 60.4 | 60.5 | 61.0 | 61.7 |
| 65 and over | 16.4 | 14.6 | 14.1 | 12.7 | 14.0 | 14.1 | 14.3 | 13.9 | 14.6 | .. |
| 15-64 | 76.9 | 77.9 | 77.6 | 77.7 | 77.8 | 78.1 | 78.1 | 78.6 | 79.1 | 79.8 |
| **Females** | | | | | | | | | | |
| 15-19 | 12.6 | 12.3 | 11.2 | 9.2 | 8.6 | 7.5 | 7.6 | 6.6 | 7.1 | 7.0 |
| 20-24 | 57.3 | 58.5 | 59.3 | 56.5 | 55.8 | 53.1 | 53.6 | 52.4 | 52.3 | 52.4 |
| 25-34 | 84.4 | 82.5 | 82.1 | 82.2 | 82.8 | 83.2 | 81.6 | 81.7 | 81.4 | 82.5 |
| 35-44 | 89.9 | 89.8 | 89.8 | 89.9 | 89.9 | 90.0 | 89.5 | 89.7 | 89.4 | 89.9 |
| 45-54 | 85.9 | 86.1 | 86.2 | 86.4 | 86.6 | 87.2 | 86.8 | 87.4 | 87.5 | 88.3 |
| 55-59 | 53.0 | 51.6 | 51.2 | 50.7 | 51.8 | 52.9 | 53.6 | 53.3 | 53.8 | 53.9 |
| 60-64 | 26.7 | 26.9 | 27.2 | 25.4 | 25.9 | 24.9 | 25.6 | 26.1 | 26.8 | 27.2 |
| 15-24 | 36.0 | 37.4 | 38.3 | 36.7 | 36.7 | 35.1 | 35.4 | 34.3 | 33.7 | 33.2 |
| 25-54 | 86.6 | 86.0 | 85.9 | 86.0 | 86.3 | 86.7 | 85.8 | 86.1 | 85.9 | 86.7 |
| 55-64 | 44.2 | 42.9 | 41.9 | 39.9 | 40.1 | 40.0 | 40.7 | 40.7 | 41.2 | 41.3 |
| 65 and over | 9.5 | 9.3 | 8.8 | 7.8 | 8.7 | 8.9 | 9.6 | 9.9 | 10.5 | .. |
| 15-64 | 69.2 | 68.9 | 68.8 | 68.0 | 68.1 | 68.2 | 67.9 | 68.1 | 68.2 | 68.9 |
| **All persons** | | | | | | | | | | |
| 15-24 | 39.4 | 41.8 | 42.1 | 41.2 | 41.3 | 39.5 | 39.8 | 38.7 | 37.9 | 37.6 |
| 25-54 | 89.2 | 89.0 | 88.9 | 89.2 | 89.4 | 89.9 | 89.4 | 89.7 | 89.9 | 90.5 |
| 55-64 | 53.7 | 52.6 | 51.1 | 49.2 | 48.8 | 48.8 | 49.1 | 49.1 | 49.6 | 50.0 |
| 65 and over | 12.0 | 11.2 | 10.7 | 9.5 | 10.6 | 10.8 | 11.3 | 11.4 | 12.0 | .. |
| 15-64 | 72.9 | 73.2 | 73.0 | 72.7 | 72.8 | 73.0 | 72.8 | 73.1 | 73.4 | 74.1 |
| **Unemployment rates** | | | | | | | | | | |
| **Males** | | | | | | | | | | |
| 15-19 | 23.2 | 22.7 | 27.4 | 28.5 | 28.1 | 26.0 | 23.0 | 24.7 | 28.6 | 26.7 |
| 20-24 | 12.4 | 11.2 | 16.5 | 14.9 | 13.4 | 13.2 | 12.3 | 12.2 | 13.8 | 14.4 |
| 25-34 | 5.8 | 6.0 | 8.5 | 7.7 | 6.7 | 5.4 | 5.5 | 5.1 | 5.4 | 5.4 |
| 35-44 | 5.4 | 5.4 | 7.4 | 6.2 | 5.4 | 4.5 | 4.6 | 4.3 | 4.6 | 4.6 |
| 45-54 | 4.8 | 5.0 | 7.2 | 6.3 | 5.6 | 4.6 | 4.7 | 4.4 | 4.7 | 4.5 |
| 55-59 | 3.7 | 4.7 | 6.8 | 6.1 | 5.5 | 4.5 | 4.5 | 4.6 | 4.8 | 4.7 |
| 60-64 | 2.9 | 4.1 | 4.8 | 4.4 | 4.1 | 3.0 | 3.4 | 3.6 | 3.2 | 3.6 |
| 15-24 | 14.5 | 13.2 | 18.1 | 16.6 | 15.0 | 14.5 | 13.3 | 13.3 | 15.3 | 15.7 |
| 25-54 | 5.4 | 5.5 | 7.7 | 6.8 | 6.0 | 4.9 | 5.0 | 4.7 | 5.0 | 4.9 |
| 55-64 | 3.5 | 4.6 | 6.3 | 5.6 | 5.1 | 4.1 | 4.2 | 4.4 | 4.3 | 4.4 |
| 65 and over | 2.5 | 4.0 | 4.2 | 3.5 | 3.1 | 3.3 | 3.1 | 2.7 | 2.8 | .. |
| 15-64 | 6.4 | 6.5 | 9.0 | 7.9 | 7.0 | 5.8 | 5.8 | 5.5 | 5.9 | 5.8 |
| Total | 6.4 | 6.5 | 8.9 | 7.9 | 6.9 | 5.8 | 5.8 | 5.5 | 5.8 | 5.7 |
| **Females** | | | | | | | | | | |
| 15-19 | 26.9 | 30.5 | 36.1 | 37.0 | 34.9 | 31.5 | 30.4 | 33.1 | 38.2 | 33.1 |
| 20-24 | 11.9 | 12.4 | 16.3 | 15.0 | 13.4 | 13.6 | 13.1 | 12.5 | 14.9 | 15.5 |
| 25-34 | 5.6 | 5.7 | 7.8 | 7.1 | 6.4 | 5.6 | 5.5 | 5.3 | 5.9 | 6.1 |
| 35-44 | 4.8 | 4.8 | 5.9 | 5.2 | 4.5 | 3.7 | 3.9 | 3.6 | 3.9 | 4.0 |
| 45-54 | 4.1 | 4.4 | 5.8 | 5.2 | 4.8 | 3.7 | 3.9 | 3.6 | 3.8 | 3.9 |
| 55-59 | 2.5 | 3.4 | 4.9 | 4.1 | 3.6 | 2.5 | 3.0 | 2.6 | 2.9 | 2.8 |
| 60-64 | 3.1 | 3.4 | 4.4 | 4.0 | 3.7 | 2.4 | 3.2 | 2.9 | 3.2 | 3.1 |
| 15-24 | 14.4 | 15.1 | 18.9 | 17.3 | 15.5 | 15.1 | 14.5 | 14.1 | 16.9 | 17.1 |
| 25-54 | 4.8 | 5.0 | 6.5 | 5.8 | 5.2 | 4.4 | 4.4 | 4.2 | 4.6 | 4.7 |
| 55-64 | 2.6 | 3.4 | 4.8 | 4.1 | 3.7 | 2.5 | 3.1 | 2.7 | 3.0 | 2.9 |
| 65 and over | 1.7 | 3.5 | 4.1 | 3.8 | 2.8 | 3.1 | 2.6 | 3.0 | 2.8 | .. |
| 15-64 | 5.7 | 6.0 | 7.7 | 6.8 | 6.1 | 5.1 | 5.2 | 4.8 | 5.3 | 5.3 |
| Total | 5.6 | 5.9 | 7.7 | 6.8 | 6.0 | 5.1 | 5.2 | 4.8 | 5.3 | 5.3 |
| **All persons** | | | | | | | | | | |
| 15-24 | 14.4 | 14.0 | 18.5 | 16.9 | 15.2 | 14.8 | 13.8 | 13.7 | 16.0 | 16.3 |
| 25-54 | 5.1 | 5.2 | 7.1 | 6.3 | 5.6 | 4.6 | 4.7 | 4.4 | 4.8 | 4.8 |
| 55-64 | 3.1 | 4.0 | 5.6 | 4.9 | 4.4 | 3.3 | 3.7 | 3.6 | 3.7 | 3.7 |
| 65 and over | 2.1 | 3.7 | 4.1 | 3.6 | 2.9 | 3.2 | 2.8 | 2.8 | 2.8 | .. |
| 15-64 | 6.1 | 6.2 | 8.4 | 7.4 | 6.5 | 5.5 | 5.5 | 5.2 | 5.6 | 5.6 |

*Note:* Detailed metadata at:http://metalinks.oecd.org/lfs/20180108/10b3
*Disclaimer:* http://oe.cd/disclaimer

## Table 3. Employment and employees: breakdown by activity - ISIC Rev. 3

*Annual average estimates*

| | | 2007 | 2008 | 2009 | 2010 | 2011 | 2012 | 2013 | 2014 | 2015 | 2016 |
|---|---|---|---|---|---|---|---|---|---|---|---|
| | **EMPLOYMENT** | | | | | | | | | | |
| | **By activity, thousands** | | | | | | | | | | |
| **A-X** | **All activities** | **70 770** | **71 003** | **69 410** | **69 934** | **70 857** | **71 545** | **71 391** | **71 539** | **72 324** | **72 393** |
| A | Agriculture, hunting and forestry | 6 071 | 5 920 | 5 618 | 5 302 | 5 322 | 5 123 | 4 880 | 4 698 | 4 725 | 4 736 |
| B | Fishing | 197 | 139 | 120 | 116 | 124 | 118 | 112 | 112 | 128 | 127 |
| C | Mining and quarrying | 1 330 | 1 333 | 1 362 | 1 406 | 1 446 | 1 451 | 1 541 | 1 526 | 1 505 | 1 579 |
| D | Manufacturing | 12 321 | 11 721 | 10 590 | 10 646 | 10 607 | 10 718 | 10 562 | 10 382 | 10 343 | 10 390 |
| E | Electricity, gas and water supply | 2 052 | 2 110 | 2 245 | 2 296 | 2 292 | 2 378 | 2 299 | 2 358 | 2 335 | 2 336 |
| F | Construction | 4 932 | 5 406 | 4 912 | 5 053 | 5 106 | 5 320 | 5 392 | 5 419 | 5 475 | 5 201 |
| G | Wholesale, retail trade: vehicle repair, household gds | 11 059 | 10 770 | 10 583 | 10 894 | 11 246 | 11 503 | 11 495 | 11 469 | 11 513 | 11 540 |
| H | Hotels and restaurants | 1 348 | 1 472 | 1 436 | 1 372 | 1 495 | 1 532 | 1 616 | 1 728 | 1 802 | 1 836 |
| I | Transport, storage and communication | 6 629 | 6 581 | 6 540 | 6 522 | 6 690 | 6 711 | 6 767 | 6 775 | 6 883 | 6 873 |
| J | Financial intermediation | 1 256 | 1 332 | 1 254 | 1 332 | 1 427 | 1 463 | 1 579 | 1 592 | 1 573 | 1 600 |
| K | Real estate, renting and business activities | 4 487 | 4 486 | 4 516 | 4 512 | 4 755 | 4 726 | 4 829 | 5 032 | 5 220 | 5 068 |
| L | Public adm., defence; social sec., excl. armed forces | 4 913 | 5 368 | 5 522 | 5 669 | 5 467 | 5 397 | 5 259 | 5 203 | 5 330 | 5 352 |
| M | Education | 6 473 | 6 458 | 6 522 | 6 580 | 6 508 | 6 617 | 6 534 | 6 577 | 6 667 | 6 782 |
| N | Health and social work | 5 220 | 5 269 | 5 513 | 5 528 | 5 570 | 5 721 | 5 623 | 5 626 | 5 717 | 5 824 |
| O | Other community, social, personal service activities | 2 467 | 2 591 | 2 648 | 2 681 | 2 769 | 2 738 | 2 875 | 3 019 | 3 079 | 3 119 |
| P | Private households with employed persons | 16 | 44 | 29 | 22 | 28 | 22 | 25 | 21 | 23 | 24 |
| Q | Extra-territorial organisations and bodies | 0 | 5 | 2 | 1 | 2 | 7 | 3 | 2 | 5 | 4 |
| X | Not classifiable by economic activities | 0 | 0 | 0 | 0 | 0 | 0 | 0 | 0 | 0 | 0 |
| | **By sector, thousands** | | | | | | | | | | |
| A-B | Agriculture | 6 268 | 6 058 | 5 739 | 5 418 | 5 446 | 5 242 | 4 992 | 4 811 | 4 853 | 4 863 |
| C-F | Industry | 20 635 | 20 569 | 19 109 | 19 402 | 19 452 | 19 867 | 19 794 | 19 685 | 19 658 | 19 507 |
| G-Q | Services | 43 867 | 44 376 | 44 563 | 45 114 | 45 958 | 46 437 | 46 605 | 47 044 | 47 812 | 48 023 |
| | **By sector, percentages** | | | | | | | | | | |
| A-B | Agriculture | 8.9 | 8.5 | 8.3 | 7.7 | 7.7 | 7.3 | 7.0 | 6.7 | 6.7 | 6.7 |
| C-F | Industry | 29.2 | 29.0 | 27.5 | 27.7 | 27.5 | 27.8 | 27.7 | 27.5 | 27.2 | 26.9 |
| G-Q | Services | 62.0 | 62.5 | 64.2 | 64.5 | 64.9 | 64.9 | 65.3 | 65.8 | 66.1 | 66.3 |
| | **EMPLOYEES** | | | | | | | | | | |
| | **By activity, thousands** | | | | | | | | | | |
| **A-X** | **All activities** | **65 593** | **65 814** | **64 266** | **65 158** | **65 827** | **66 598** | **66 197** | **66 378** | **67 109** | **66 968** |
| A | Agriculture, hunting and forestry | 3 574 | 3 722 | 3 545 | 3 418 | 3 276 | 3 158 | 2 886 | 2 814 | 2 789 | 2 747 |
| B | Fishing | 163 | 118 | 99 | 104 | 104 | 102 | 97 | 95 | 108 | 107 |
| C | Mining and quarrying | 1 324 | 1 332 | 1 357 | 1 402 | 1 443 | 1 447 | 1 538 | 1 523 | 1 502 | 1 574 |
| D | Manufacturing | 12 086 | 11 412 | 10 245 | 10 303 | 10 292 | 10 409 | 10 232 | 10 091 | 10 058 | 10 062 |
| E | Electricity, gas and water supply | 2 046 | 2 102 | 2 236 | 2 288 | 2 284 | 2 370 | 2 293 | 2 350 | 2 329 | 2 325 |
| F | Construction | 4 689 | 5 104 | 4 624 | 4 805 | 4 796 | 4 994 | 5 024 | 5 006 | 5 041 | 4 760 |
| G | Wholesale, retail trade: vehicle repair, household gds | 9 594 | 9 232 | 9 094 | 9 482 | 9 845 | 10 124 | 10 072 | 10 087 | 10 130 | 10 176 |
| H | Hotels and restaurants | 1 306 | 1 428 | 1 392 | 1 323 | 1 451 | 1 485 | 1 563 | 1 660 | 1 739 | 1 763 |
| I | Transport, storage and communication | 6 270 | 6 180 | 6 118 | 6 137 | 6 275 | 6 265 | 6 291 | 6 282 | 6 411 | 6 354 |
| J | Financial intermediation | 1 250 | 1 327 | 1 245 | 1 323 | 1 420 | 1 456 | 1 571 | 1 582 | 1 567 | 1 587 |
| K | Real estate, renting and business activities | 4 377 | 4 340 | 4 354 | 4 342 | 4 569 | 4 549 | 4 627 | 4 808 | 4 988 | 4 816 |
| L | Public adm., defence; social sec., excl. armed forces | 4 913 | 5 368 | 5 522 | 5 668 | 5 466 | 5 397 | 5 259 | 5 203 | 5 330 | 5 352 |
| M | Education | 6 455 | 6 439 | 6 493 | 6 556 | 6 484 | 6 588 | 6 507 | 6 544 | 6 634 | 6 743 |
| N | Health and social work | 5 186 | 5 233 | 5 462 | 5 488 | 5 525 | 5 684 | 5 575 | 5 573 | 5 668 | 5 763 |
| O | Other community, social, personal service activities | 2 343 | 2 431 | 2 450 | 2 499 | 2 571 | 2 543 | 2 636 | 2 739 | 2 789 | 2 811 |
| P | Private households with employed persons | 16 | 44 | 25 | 19 | 25 | 20 | 23 | 19 | 20 | 23 |
| Q | Extra-territorial organisations and bodies | 0 | 5 | 2 | 1 | 2 | 7 | 3 | 2 | 5 | 4 |
| X | Not classifiable by economic activities | 0 | 0 | 0 | 0 | .. | .. | .. | .. | .. | .. |
| | **By sector, thousands** | | | | | | | | | | |
| A-B | Agriculture | 3 738 | 3 839 | 3 645 | 3 522 | 3 381 | 3 260 | 2 983 | 2 909 | 2 897 | 2 854 |
| C-F | Industry | 20 144 | 19 949 | 18 463 | 18 798 | 18 815 | 19 221 | 19 087 | 18 970 | 18 931 | 18 722 |
| G-Q | Services | 41 711 | 42 026 | 42 158 | 42 838 | 43 632 | 44 118 | 44 127 | 44 499 | 45 282 | 45 393 |
| | **By sector, percentages** | | | | | | | | | | |
| A-B | Agriculture | 5.7 | 5.8 | 5.7 | 5.4 | 5.1 | 4.9 | 4.5 | 4.4 | 4.3 | 4.3 |
| C-F | Industry | 30.7 | 30.3 | 28.7 | 28.8 | 28.6 | 28.9 | 28.8 | 28.6 | 28.2 | 28.0 |
| G-Q | Services | 63.6 | 63.9 | 65.6 | 65.7 | 66.3 | 66.2 | 66.7 | 67.0 | 67.5 | 67.8 |

*Note:* Detailed metadata:http://metalinks.oecd.org/lfs/20180108/56a2
*Disclaimer:* http://oe.cd/disclaimer

# ORGANISATION FOR ECONOMIC CO-OPERATION AND DEVELOPMENT

The OECD is a unique forum where governments work together to address the economic, social and environmental challenges of globalisation. The OECD is also at the forefront of efforts to understand and to help governments respond to new developments and concerns, such as corporate governance, the information economy and the challenges of an ageing population. The Organisation provides a setting where governments can compare policy experiences, seek answers to common problems, identify good practice and work to co-ordinate domestic and international policies.

The OECD member countries are: Australia, Austria, Belgium, Canada, Chile, the Czech Republic, Denmark, Estonia, Finland, France, Germany, Greece, Hungary, Iceland, Ireland, Israel, Italy, Japan, Korea, Latvia, Luxembourg, Mexico, the Netherlands, New Zealand, Norway, Poland, Portugal, the Slovak Republic, Slovenia, Spain, Sweden, Switzerland, Turkey, the United Kingdom and the United States. The European Commission takes part in the work of the OECD.

OECD Publishing disseminates widely the results of the Organisation's statistics gathering and research on economic, social and environmental issues, as well as the conventions, guidelines and standards agreed by its members.

OECD PUBLISHING, 2, rue André-Pascal, 75775 PARIS CEDEX 16
(01 2017 22 1 P) ISBN 978-92-64-28701-3 – 2018

www.ingramcontent.com/pod-product-compliance
Lightning Source LLC
Chambersburg PA
CBHW061216240926
51846CB00006B/1248